U0828589

"十三五"国家重点图书出版规划项目

交通运输科技丛书·公路基础设施建设与养护

河北省组合结构桥梁设计研究与应用

何勇海　著

人民交通出版社股份有限公司

北　京

内 容 提 要

本书以河北省10余年来在组合结构桥梁方面的研究成果和实践经验为基础,从发展理念、设计要点、控制要素等方面,结合河北省多年来应用的工程实例,对工字钢组合梁桥、组合结构箱梁桥、波形钢腹板组合箱梁桥和钢桁腹组合梁桥等桥型进行了详尽的介绍。此外,针对特殊环境、特定条件下的桥梁建造实际,对FRP-钢、FRP-混凝土组合结构桥梁以及公路波纹钢管(板)桥涵进行了深入的剖析和介绍,较为系统地展现了组合结构在河北省桥梁工程中的建设成就。

本书可为组合结构桥梁设计、制作与施工人员提供直接的技术指导,同时也为广大科研工作者及桥梁工程师提供较为科学、系统的参考和借鉴。

图书在版编目(CIP)数据

河北省组合结构桥梁设计研究与应用 / 何勇海著.
— 北京 : 人民交通出版社股份有限公司, 2020.1

ISBN 978-7-114-15203-0

Ⅰ. ①河… Ⅱ. ①何… Ⅲ. ①组合结构—桥梁设计—研究—河北 Ⅳ. ①U442.5

中国版本图书馆 CIP 数据核字(2019)第046127号

"十三五"国家重点图书出版规划项目
交通运输科技丛书 · 公路基础设施建设与养护
Hebei Sheng Zuhe Jiegou Qiaoliang Sheji Yanjiu yu Yingyong

书　　名: 河北省组合结构桥梁设计研究与应用
著 作 者: 何勇海
责任编辑: 潘艳霞　朱伟康
责任校对: 孙国靖　魏佳宁
责任印制: 张　凯
出版发行: 人民交通出版社股份有限公司
地　　址: (100011)北京市朝阳区安定门外外馆斜街3号
网　　址: http://www.ccpress.com.cn
销售电话: (010)59757973
总 经 销: 人民交通出版社股份有限公司发行部
经　　销: 各地新华书店
印　　刷: 中国电影出版社印刷厂
开　　本: 787×1092　1/16
印　　张: 24.25
字　　数: 587千
版　　次: 2020年1月　第1版
印　　次: 2020年1月　第1次印刷
书　　号: ISBN 978-7-114-15203-0
定　　价: 150.00元

总　　序

科技是国家强盛之基，创新是民族进步之魂。中华民族正处在全面建成小康社会的决胜阶段，比以往任何时候都更加需要强大的科技创新力量。党的十八大以来，以习近平同志为核心的党中央做出了实施创新驱动发展战略的重大部署。党的十八届五中全会提出必须牢固树立并切实贯彻创新、协调、绿色、开放、共享的发展理念，进一步发挥科技创新在全面创新中的引领作用。在最近召开的全国科技创新大会上，习近平总书记指出要在我国发展新的历史起点上，把科技创新摆在更加重要的位置，吹响了建设世界科技强国的号角。大会强调，实现"两个一百年"奋斗目标，实现中华民族伟大复兴的中国梦，必须坚持走中国特色自主创新道路，面向世界科技前沿、面向经济主战场、面向国家重大需求。这是党中央综合分析国内外大势、立足我国发展全局提出的重大战略目标和战略部署，为加快推进我国科技创新指明了战略方向。

科技创新为我国交通运输事业发展提供了不竭的动力。交通运输部党组坚决贯彻落实中央战略部署，将科技创新摆在交通运输现代化建设全局的突出位置，坚持面向需求、面向世界、面向未来，把智慧交通建设作为主战场，深入实施创新驱动发展战略，以科技创新引领交通运输的全面创新。通过全行业广大科研工作者长期不懈的努力，交通运输科技创新取得了重大进展与突出成效，在黄金水道能力提升、跨海集群工程建设、沥青路面新材料、智能化水面溢油处置、饱和潜水成套技术等方面取得了一系列具有国际领先水平的重大成果，培养了一批高素质的科技创新人才，支撑了行业持续快速发展。同时，通过科技示范工程、科技成果推广计划、专项行动计划、科技成果推广目录等，推广应用了千余项科研成果，有力促进了科研向现实生产力转化。组织出版"交通运输建设科技丛书"，是推进科技成果公开、加强科技成果推广应用的一项重要举措。"十二五"期间，该丛书共出版72册，全部列入"十二五"国家重点图书出版规划项目，其中12册获得国家出版基金支持，6册获中华优秀出版物奖图书提名奖，行业影响力和社会知名度不断扩大，逐渐成为交通运输高端学术交流和科技成果公开的重要平台。

"十三五"时期，交通运输改革发展任务更加艰巨繁重，政策制定、基础设施建设、运输管理等领域更加迫切需要科技创新提供有力支撑。为适应形势变化的需要，在以往工作的基础上，我们将组织出版"交通运输科技丛书"，其覆盖内容由建设技术扩展到交通运输科学技术各领域，汇集交通运输行业高水平的学术专著，及时集中展示交通运输重大科技成果，将对提升交通运输决策管理水平、促进高层次学术交流、技术传播和专业人才培养发挥积极作用。

当前，全党全国各族人民正在为全面建成小康社会、实现中华民族伟大复兴的中国梦而团结奋斗。交通运输肩负着经济社会发展先行官的政治使命和重大任务，并力争在第二个百年目标实现之前建成世界交通强国，我们迫切需要以科技创新推动转型升级。创新的事业呼唤创新的人才。希望广大科技工作者牢牢抓住科技创新的重要历史机遇，紧密结合交通运输发展的中心任务，锐意进取、锐意创新，以科技创新的丰硕成果为建设综合交通、智慧交通、绿色交通、平安交通贡献新的更大的力量！

杨传堂

2016年6月24日

序

组合结构桥梁具有自重轻、易工厂制造和拼装施工、建造周期短、抗震性能好、节能环保可循环利用的特点，是今后桥梁工程发展的一个重要方向。我国公路桥梁中，钢结构、钢混组合结构桥梁的数量及其钢材消耗量占比很小。统计显示，截至2014年，我国钢结构和钢混组合结构桥梁分别只有584座和1293座，仅占已建桥梁总量的0.08%和0.17%，远小于钢筋混凝土桥梁的数量。我国“十三五”发展规划对桥梁标准化建设、工厂化制造和便捷化施工提出了更高的要求，交通运输部发布了《关于推进公路钢结构桥梁建设的指导意见》，以推进钢混组合结构桥梁的建设，解决钢铁产能过剩的问题，有效提升了桥梁工程品质，提高了结构安全耐久性，降低了全寿命周期成本，促进了交通工程建设的转型升级。在国家和交通运输部门产业政策的大力支持下，我国在钢混组合结构桥梁建造的技术和应用方面都取得了重要的进展。

河北省是最早开始推广钢结构和钢混组合结构桥梁的省份之一。近年来，河北省交通规划设计院积极开展钢混组合结构桥梁建造技术的基础性研究，立项并开展了钢-混凝土工字组合梁桥的技术、公路中小跨径钢-混凝土工字组合梁桥标准化技术、公路波形钢腹板PC组合梁桥结构动力特性与抗震性能、波形钢腹板PC组合梁桥标准化设计、中小跨径钢梁桥专用伸缩装置与支座等交通运输科研项目的研究，形成了钢混组合结构桥梁的结构力学分析、构造设计、通用图纸、设计与施工地方标准的推广与应用技术体系，编制出版了公路波形钢腹板PC组合梁桥典型图与《公路波形钢腹板预应力混凝土组合梁桥设计与施工规范》(DB 13/T 2466—2017)，为波形钢腹板PC组合箱梁结构在河北省桥梁工程中的应用与推广，起到了积极的推动作用。同时，河北省交通规划设计院还编制出版了常规跨径钢混组合梁桥通用图以及相应的地方标准《公路钢混凝土组合梁桥设计与施工规范》(DB 13/T 2686—2017)，并在太行山高速公路、延崇高速公路河北段进行了泛应用，应用比例达到1/3以上，总用钢量达到了20万t，有效地化解了过剩产能，促进了河北省钢铁产业的转型升级。

本书总结了河北省交通规划设计院在组合结构桥梁的研究与应用方面所取得的成果。其中的内容涉及了钢混组合结构、FRP-钢以及FRP-混凝土组合结构桥梁的关键技术，并介绍了工程应用实例，其目的是为从事组合结构桥梁的设计与建设的科研与工程技术人员提供参考，为我国组合结构桥梁技术的应用与推广助力。

中国工程设计大师

2019 年 3 月

前　言

组合结构桥梁是实现常规跨径桥梁工业化生产和智能化建造的发展要素，同时也是实践“绿色交通”的重要方式之一。国际上，组合结构桥梁的发展已有数百年的历史，无论在结构选型还是在材料特性方面，均具备独特的适应性、耐久性、可靠性且应用范围较广。在国内，组合结构桥梁发展较晚，占比很小，随着建造要求的不断提升，组合结构桥梁的应用范围将不断扩大。同时，随着BIM技术应用的不断深入，结合现代化制造、运输、安装和科学管理的工业化生产方式，组合结构桥梁将更好地实现提高桥梁结构耐久性、提升桥梁品质的目标。

本书以河北省10余年来在组合结构桥梁方面的研究成果和实践经验为基础，从发展理念、设计要点、控制要素等方面，结合河北省多年来应用的工程实例，对工字钢组合梁桥、组合结构箱梁桥、波形钢腹板组合箱梁桥和钢桁腹组合梁桥等桥型进行了详尽的介绍。此外，针对特殊环境、特定条件下的桥梁建造实际，对FRP-钢、FRP-混凝土组合结构桥梁以及公路波纹钢管(板)桥涵进行了深入的剖析和介绍，较为系统地展现了组合结构在河北省桥梁工程中建设成就，可为组合结构桥梁设计、制作与施工人员提供直接的技术指导，同时也为广大科研工作者及桥梁工程师提供较为科学、系统的参考和借鉴。

本书共分10章。第1章介绍了钢混组合结构桥梁的发展概况，并介绍了河北省独特的地理环境和产业背景。第2~5章分别介绍了组合结构钢板梁桥、组合结构箱梁桥、波形钢腹板PC组合箱梁桥、钢桁腹-混凝土组合结构桥梁的构造、受力特点和工程实例。第6章介绍了FRP-钢和FRP-混凝土组合结构桥梁特点及工程实例。第7章介绍了公路波纹钢管(板)桥涵的设计要点和工程实例。第8章针对组合结构桥梁的关键连接构件——抗剪连接件进行了系统的介绍。第9章概述了组合结构桥梁附属构件。第10章介绍了组合结构桥梁制作与安装。

本书研究成果和工程案例主要由河北省交通规划设计院在组合结构桥梁研究与应用方面的经验总结而来。目前,作者仍在开展组合结构桥梁方面的持续研究,尚在探索更多、更深层次的问题,且由于理论水平与实践经验有限,书中难免存在不足之处,恳请读者批评指正。

作 者

2018 年 11 月

目　　录

第 1 章 绪　　论

1.1 工字钢-混凝土组合梁的发展概况

近几十年来,工字钢-混凝土组合结构发展很快,在桥梁及建筑等领域已经得到广泛应用,取得了显著的技术经济效益和社会效益。工字钢-混凝土组合结构大约出现在 20 世纪 20 年代,但是作为工字钢-混凝土组合结构最基本形式的组合梁在工程上的大量应用,还是 20 世纪 70 年代以后的事情。工字钢-混凝土组合梁的发展历史大致可划分为以下三个阶段。

1)创始阶段

最早出现的工字钢-混凝土组合结构主要是出于防火的要求。当时的做法是在钢梁外面包裹混凝土,而且并没有考虑两者之间的组合作用。在 20 世纪 20 ~ 30 年代,出现了钢梁与支承其上的混凝土板之间设置抗剪连接件的构造方法。1926 年美国工程师 J. Kahn 获得组合梁的专利权。这段时间可以认为是组合梁发展的创始阶段。

2)发展阶段

20 世纪 40 ~ 60 年代可以认为是组合梁的发展阶段。在这期间,世界各国相继开展了试验研究,特别是针对组合梁的关键技术——抗剪连接件,开展了系统研究。1933 年,瑞士的 Voellmy 为研究连接件的工作性质,提出了压、拉试验方法,并针对他们采用的螺旋形连接件进行了强度计算。当时欧洲各国习惯于采用钩状和块状的具有较大刚性的连接件时,美国使用的则是槽钢或螺栓(销钉)等柔性的连接件。对此,他们也分别进行了深入、系统的研究。

从 1954 年开始,美国的伊里诺斯大学和里海大学等高校对当时应用最多的销钉连接件进行了静态试验和疲劳试验研究。有关连接件的研究成果促进了工字钢-混凝土组合梁的应用和发展。为适应实际工程的需要,许多国家都相继制定了有关组合梁的设计规范或规程。

(1)美国是最早制定组合梁设计规范的国家。1944 年美国洲际公路协会(ASSHO)制定的《公路桥涵设计规范》已纳入了有关组合梁的规定,但到 1957 年修订之前,实际使用的并不多。

(2)德国在 1945 年就颁布了相关的设计规范,但早期应用不多。1954 年以后,德国急需重建战争中被毁坏的大量房屋和桥梁,但钢材短缺,工程师们被迫采用最经济的设计——大量使用组合梁结构。在实践的基础上,于 1954 年制定了《桥梁组合梁标准》(CIDIN1078),1956 年制定了《房屋建筑组合梁标准》(D1N4239)。

(3)苏联第一座公路组合梁桥建于 1944 年。1962 年颁布的《苏联铁路、公路、城市道路桥涵设计技术规范》(CH200-62)中,专门列出一章系统地介绍了“钢-混凝土结合的结构”的设计和有关构造。

(4)日本建设省土木研究所于 1952 年开始进行组合梁的研究,于 1953 年建成了第一座组合梁桥(大阪市神户桥)。1959 年制定了《道路钢桥组合梁设计施工指南》,此后日本修建了大量的组合梁桥。

(5)英国于1965年制定了《钢-混凝土组合梁结构、房屋建筑中的简支梁》(CP117:pt1),1967年制定了《钢-混凝土组合结构梁》(CP117:ptl)设计标准。

(6)印度标准协会于1966年制定了《组合结构设计规范》(IS:3955-1966)。

(7)由此可见,世界各国关于组合梁的应用和研究起步的时间相差不多,而且多从桥梁结构开始。在这期间,组合梁的设计理论也逐渐完善。在20世纪60年代以前,组合梁结构基本上按弹性理论进行计算分析,而从20世纪60年代开始则逐步转为按塑性理论计算分析,或者两种计算方法并行。

3)联合开发应用阶段

20世纪70年代之后,可以认为是组合梁发展的第三阶段。世界一些主要产钢国家曾在20世纪60~70年代发展建筑钢结构,并使得钢结构在各类结构中一直处于领先地位。然而,当组合结构兴起之后,从20世纪70年代开始,它的发展便逐渐赶上钢结构,而且能在一定领域内代替钢结构和钢筋混凝土结构。组合结构的这种发展趋势必然吸引那些有远见的钢结构和钢筋混凝土结构专家,把注意力转移到这方面来,联手开展合作研究。早在1960年,美国钢结构协会和钢筋混凝土协会就联合组成AISC-ACI组合梁联合委员会开展工作。最值得注意的是,在国际土木工程师协会联合委员会主持下,于1971年成立了由欧洲混凝土协会(CEB)、欧洲钢结构协会(ECSS)、国际预应力混凝土联合会(FIP)以及国际桥梁与结构工程协会(IABSE)共同组成的组合结构委员会,并于1981年发表了《组合结构规范》,为组合结构的发展及应用作了肯定的总结,并展示了新的努力方向。

我国在组合梁应用方面的起步与世界各国相比并不算太晚。从20世纪50年代起,组合梁在交通、冶金、电力及煤矿等系统都有所应用。1957年建成的武汉长江大桥,其上层公路桥就已采用了组合梁结构(跨度18m,梁距1.8m);铁道部还编制了钢筋混凝土板与钢梁联合梁的通用图(跨度达到44m)。交通部❶1975年颁布的《公路桥涵设计规范》中亦有关于钢-混凝土组合梁的专门条款。

我国工字钢-混凝土组合梁的研究工作是从20世纪80年代开始的。哈尔滨建筑工程学院、郑州工学院等高校结合我国的实际情况对组合梁的性能进行了较为系统的研究。在此基础上重新修订和编制了《钢结构设计规范》(GBJ 17—1988)、《火力发电厂高厂房组合结构设计规范》和《公路桥涵钢结构及木结构设计规范》(JTJ 025—86)等规范。在这些规范中都将组合梁单独列为一章,并对有关设计和构造要求作出了一些规定。这些工作均为组合梁的推广应用提供了理论依据。

工字钢-混凝土组合结构是钢-混凝土组合结构的主要组成部分之一。它是由外露的工字形钢与钢筋混凝土板通过剪力键连接形成的一种组合结构。从实际应用情况来看,工字钢-混凝土组合梁桥在中、小跨径组合梁方面具有十分强大的竞争力。这主要归功于,在这种跨径范围内,该结构形式具有十分明显的技术优势和经济效益,它兼具钢桥和混凝土桥梁的优点,主要包括以下几个方面:

(1)技术优点兼具有两种桥梁的优势。与钢梁桥相比,其刚度大,稳定性好,抗震性能好;与混凝土梁桥相比,钢梁位于受拉区,避免了混凝土开裂、跨中下挠等预应力混凝土桥梁的常

❶ 2008年,交通部更名为交通运输部。

见病害,耐久性好。

(2)施工迅速、便捷,钢梁可以作为施工时的临时模板,不需要搭立支架。对于跨线桥或立交桥时,可不中断桥下交通,施工简单;钢梁和混凝土板均可以采用预制块段,栓钉连接件采用自动焊接技术,施工快速,设备简单。

(3)在某些跨径范围内甚至比预应力混凝土梁桥更具有经济优势。根据法国在2000年统计的不同跨径范围内组合梁桥与预应力梁桥在桥梁上部结构成本方面的对比可以看出,在40~80m的范围内,钢-混凝土组合梁桥的成本更具技术和经济优势。

(4)与钢桥相比,工字钢-混凝土组合梁桥行车时的噪声明显减小,对城市的环境影响小;与混凝土桥梁相比,组合梁桥在建设阶段以及将来的回收利用方面,符合可持续性发展的要求。而且组合梁桥建筑高度较小,结构轻盈,能够满足桥梁美观要求,与周围环境和谐。

(5)造型美观。与传统的混凝土梁桥相比,材料质感不同,造型简捷,刚劲有力,尤其是连续梁桥可获得线形和质感两方面美的感受。

近几十年来,工字钢-混凝土组合结构发展很快,应用实践表明,这种组合结构能够满足现代结构对功能的要求,具有显著的技术经济效益和社会效益,已成为结构体系的重要发展方向之一。作为组合结构体系中重要横向承重构件的工字钢-混凝土组合梁在桥梁结构及建筑结构等领域具有广阔的应用前景。

1.1.1 工字钢-混凝土组合梁抗剪连接件研究

抗剪连接件是保证工字钢与钢筋混凝土翼板协同工作的关键原件。目前,栓钉是最常用的抗剪连接件。栓钉抗剪承载力主要通过试验确定,常用的试验方法有推出试验和梁式试验两种,推出试验方法简便,因此被广泛应用且被作为制定规范的依据。目前,国内外对抗剪连接件的研究主要包括静力和动力两方面。

1.1.1.1 静力试验研究

瑞士在20世纪30年代最早进行了钢-混凝土组合梁中机械连接件的相关研究。在随后的几十年里,各国利用试验方法对栓钉连接件的受力性能进行了深入、系统的研究,得出了栓钉连接件受剪承载力的设计公式。1988年,我国《钢结构设计规范》(GBJ 17—1988)首次引入了钢-混凝土组合梁设计的内容,其中给出了相应的栓钉连接件受剪承载力的设计公式。之后,聂建国等对栓钉抗剪连接件的实际承载力进行了研究,试验表明栓钉抗剪连接件的实际承载力比推出试验结果要高,为此提出了放宽对栓钉连接件承载力公式限制条件的建议。2003年,新修订的《钢结构设计规范》(GB 50017—2003)采用了此项建议,对栓钉承载力计算公式的上限值进行了较大幅度的修正。

自1996年以来,胡少伟对复合弯扭下工字钢-混凝土组合梁栓钉连接件进行了研究,提出了复合受扭作用下组合梁的抗剪连接件简化设计计算方法和分析计算公式,并推出了抗扭组合梁的抗剪连接件的设计程序。

1.1.1.2 动力试验研究

在桥梁结构承受动力荷载的情况下,工字钢-混凝土组合梁的疲劳破坏在很多情况下是由栓钉的剪切破坏造成的,为此各国学者对抗剪连接件的疲劳强度及疲劳寿命开展了大量研究。

自1966年以来,对栓钉抗剪连接件疲劳性能的研究主要集中在以下几个方面:

(1)采用推出疲劳试验对栓钉的疲劳性能进行研究,并建立了基于可靠性分析基础上的重复荷载作用下的栓钉疲劳承载力计算公式。

(2)通过对单向循环和反向循环加载的大量推出试验结果的研究,得到了每次疲劳循环加载引起的残余滑移变形量。

(3)通过总结大量的静力和疲劳试验数据,采用回归分析的方法对栓钉疲劳强度进行研究,并得出了相应的计算公式。

(4)通过对推出试件进行不同荷载幅下的疲劳试验,对栓钉疲劳寿命的主要影响因素、疲劳破坏的形态以及栓钉的疲劳寿命与剪力幅的关系进行研究,认为剪应力幅是影响栓钉疲劳寿命的主要因素;疲劳破坏形态主要有3种情况,即焊缝处母材被栓钉撕裂、栓钉焊缝半边拉脱母材和钉杆靠近焊缝处断开;并得出了栓钉疲劳寿命与剪力幅的关系式。

1.1.2 工字钢-混凝土简支组合梁基本性能研究

工字钢-混凝土简支组合梁自20世纪20年代出现以来已有90余年的历史,在这期间,各国学者对其基本性能展开了大量深入系统的研究,研究内容主要集中在两大方面:一是静力性能方面的研究;二是动力性能方面的研究。

1.1.2.1 静力性能研究

1)抗弯承载力及变形研究

最初,工字钢-混凝土简支组合梁抗弯承载力的计算采用弹性理论的换算截面法。换算截面法假定钢与混凝土两种材料均为理想弹性体,两者连接可靠,完全共同变形,通过弹性模量比将两种材料换算成一种材料进行计算。该方法使用简便,一直作为弹性分析和设计的基本方法而被各种设计规范所采用。梁在实际受力过程中,材料并非为理想弹性体,且栓钉连接件本身会变形,两种材料并非完全共同变形,为此各国学者又进一步展开了滑移效应对工字钢-混凝土组合梁抗弯承载力及变形影响的研究。我国《钢结构设计规范》(GB 50017—2003)对工字钢-混凝土简支组合梁抗弯承载力的计算采用了弹性分析法和塑性分析法,两种分析方法均没有考虑滑移效应。

1995年,聂建国等对工字钢-混凝土简支组合梁交界面相对滑移引起的附加变形进行了研究,提出了用折减刚度法建立考虑滑移效应的组合梁简化挠度计算公式,该方法已被列入我国《钢结构设计规范》(GB 50017—2003)中。1997年,聂建国等又通过对组合梁抗弯承载力影响因素的研究,建立了考虑滑移效应的工字钢-混凝土组合梁弹性和极限抗弯承载力计算公式。此外,各国还对工字钢-混凝土简支组合梁的长期性能进行了研究,建立了考虑混凝土收缩、徐变的组合梁长期刚度计算公式。

除了滑移效应会影响工字钢-混凝土组合梁的抗弯强度外,抗剪连接程度和横向配筋率也会影响组合梁的抗弯性能。为此,国内外研究人员对部分抗剪连接工字钢-混凝土组合梁的抗弯性能进行了研究,提出了部分抗剪连接组合梁的简化计算公式。另外,聂建国等通过试验研究了横向配筋率对工字钢-混凝土简支组合梁破坏形态的影响以及对塑性极限抗弯强度的影响。各国学者还对工字钢-混凝土简支组合梁混凝土翼板的有效宽度进行了研究,提出了在对称加载试验情况下考虑截面几何参数及材料特性的有效宽度计算方法,并借助软件对该组合梁混凝土翼板的有效宽度进行了弹性分析和弹塑性分析。

2)混凝土翼板纵向开裂研究

工字钢-混凝土组合梁的混凝土翼板由于受到栓钉抗剪连接件的作用,有时会发生沿栓钉纵轴线纵向开裂的现象。1997 年,聂建国等通过试验研究,分析了组合梁纵向开裂的主要影响因素,建立了组合梁纵向抗剪的计算模型和计算公式,对组合梁的纵向抗剪计算和横向配筋设计具有实际参考价值。我国现行的《钢结构设计规范》(GB 50017—2017)还没有列入关于控制混凝土翼板纵向开裂而配置横向钢筋的内容,欧洲有关规范已列入了此项内容。

3)竖向抗剪性能研究

由于工字钢-混凝土组合梁的钢梁部分比相应纯钢梁的腹板高度小,在某些情况下,竖向剪力有可能在设计中起控制作用,出现仅仅依靠钢梁腹板不能满足要求的情况。目前各国有关规范都规定,按塑性理论设计时,组合截面的竖向抗剪计算均不计混凝土翼板部分的贡献,仅考虑钢梁腹板的抗剪作用。但是,通过试验研究发现,混凝土翼板对抗剪承载力也有贡献,其贡献程度受混凝土翼板与钢梁上翼缘间的相对滑移、混凝土开裂、抗剪连接件的布置等因素的影响,目前尚没有一个简单的计算方法。

4)复合受扭性能研究

桥梁结构及建筑结构在很多情况下处于弯、剪、扭复合受力状态,且在动力荷载或地震荷载作用下,结构的破坏大都是弯、剪、扭的不同组合引起的。为此,自 1996 年开始,胡少伟等对工字钢-混凝土简支组合梁的复合受力性能进行了研究,推导了纯扭和弯扭作用下工字钢-混凝土组合梁的开裂扭矩和极限扭矩计算公式;利用变角桁架模型理论和平衡、变形协调和混凝土软化本构关系,推出了进行工字钢-混凝土组合梁受扭极限状态分析的一系列方程和提出了相应的简化算法;编制了工字钢-混凝土组合梁受扭极限状态分析程序,并把计算结果和试验结果做对比;提出了连接件复合受力下的级数分析法,可以方便求解工字钢-混凝土组合梁在复合受力下的挠度、滑移和纵向翘曲等;把受复合弯扭的直梁等效为复合弯扭的圆弧曲梁,建立了复合弯扭下由扭矩引起连接件的剪力和轴力计算公式,并提出复合受扭下连接件的设计方法,对曲梁组合梁连接件的受力机理进行研究;对受扭工字钢-混凝土组合梁进行了全过程分析,利用平衡、变形和协调条件,推出了适用于工字钢-混凝土组合梁受扭全过程分析的一系列方程,并提出了全过程分析的简化算法,编制了受扭全过程分析程序;对抗扭刚度进行了研究,分别建立了工字钢-混凝土组合梁在开裂前阶段、从开裂到极限阶段、极限破坏阶段不同的抗扭刚度计算公式。

1.1.2.2 动力性能研究

1)疲劳性能研究

重复荷载作用对工字钢-混凝土组合梁的受力性能有很大影响,使钢梁与混凝土翼板之间的相对滑移增加,引起组合梁截面刚度下降、挠度增大、极限承载力降低等。为此,近年来各国对工字钢-混凝土组合梁的疲劳性能展开了研究,指出组合梁的疲劳强度及疲劳寿命取决于混凝土、钢材、抗剪连接件等的疲劳强度及其构造措施的疲劳性能,同时也受到疲劳荷载上、下限以及荷载幅等因素的影响,并在试验的基础上,得到了剪应力幅与循环次数之间的关系。

我国在借鉴已有研究成果的基础上,对部分抗剪连接的工字钢-混凝土组合梁进行了疲劳试验,分析了荷载及加载次数对组合梁截面应变、钢梁与混凝土翼板之间滑移效应以及组合梁挠度的影响,并且还对该组合梁正常使用阶段的疲劳刚度、疲劳挠度和组合梁的疲劳寿命进行了分析,建立了在一定范围内适用的相关计算公式。

2)抗震性能研究

国内外对工字钢-混凝土组合梁抗震性能的研究起步较晚,研究成果也相对较少。我国是从 20 世纪 90 年代开始对其抗震性能开展研究的,研究内容包括组合梁的滞回特性、考虑抗剪连接程度的组合梁恢复力模型等。之后,又通过试验方法,研究了组合梁在往复荷载作用下的延性和耗能,提出了与试验吻合较好的骨架曲线,并且还提出了组合梁的非线性有限元数值分析方法。

1.1.3 工字钢-混凝土连续组合梁性能研究

工字钢-混凝土连续组合梁是在简支组合梁的基础上发展起来的一种结构形式,具有刚度大、承载力高等优点。但是,连续组合梁性能的发挥受到负弯矩区钢梁屈曲、抗剪连接件变形和混凝土开裂等因素的影响。同时,混凝土开裂及钢材屈服使连续组合梁产生明显的内力重分布。国内外学者从 20 世纪 50 年代开始通过试验手段对连续组合梁开展广泛的研究工作,提出了几种连续组合梁的分析方法:弯矩调幅法、塑性铰法、变刚度法和全过程分析法。近几年,我国研究人员通过模型试验和理论分析,对负弯矩作用下的连续组合梁进行了研究,建立了连续组合梁在正常使用极限状态及承载力极限状态下的计算模型和分析方法,其中包括:组合梁负弯矩区刚度及承载力计算、连续组合梁滑移特性及变形计算、连续组合梁承载力计算和连续组合梁的裂缝控制与计算。

1.1.4 工字钢-混凝土预应力组合梁性能研究

工字钢-混凝土预应力组合梁是在普通工字钢-混凝土组合梁、预应力钢结构和预应力混凝土结构基础上发展起来的,对它的研究,借鉴、吸收了这些结构形式的研究成果。同时,预应力组合梁又具有本身的特点,使得这一结构形式表现出复杂的特性。国外对工字钢-混凝土预应力组合梁的研究是从 20 世纪 40 年代开始的,主要研究成果有:

(1)通过对预应力简支组合梁弹性阶段和弹塑性阶段的工作性能分析,提出了用增量理论计算钢梁与混凝土翼板的应变、构件挠度和预应力筋受力变化。

(2)通过对预应力简支组合梁受力性能进行分析,用应变能原理计算钢构件和混凝土翼板中的应力,进而推导出由于施加外荷载而引起的预应力增加公式。

(3)通过试验方法讨论了混凝土厚度、预应力大小和荷载类型对预应力组合梁整体性能的影响。

(4)对多种影响因素条件下(如混凝土收缩、徐变及应力松弛等)的预应力组合梁性能展开了研究,提出了多种理论和计算模型。

我国对工字钢-混凝土预应力组合梁的研究是从近几年开始的,2003 年聂建国等采用试验方法,对预应力简支组合梁的承载力和刚度进行了分析,提出了考虑预应力筋内力增量和滑移效应的弹性抗弯承载力和极限抗弯承载力的简化计算公式、弹性挠度和极限挠度计算公式。同年,聂建国等又分析了预应力连续组合梁的内力重分布过程,指出了影响负弯矩区内力重分布程度的因素,并在此基础上建立了预应力连续组合梁的负弯矩调幅系数计算公式。

1.2 波形钢腹板PC组合箱梁桥的发展概况

自20世纪30年代梁出现以来,现代桥梁有了长足的发展,桥梁跨越能力达到了一个新的水平。大跨桥梁的恒载占总荷载的很大比例,有的达到80%以上,桥梁的自重成为约束其跨越能力的瓶颈,减轻自重就成了提高现代桥梁跨越能力的有效方法之一。为了实现桥梁结构轻型化,法国根据建设Bubiyan桁架式组合桥的经验,于20世纪80年代末期成功地用钢板替换混凝土箱梁的腹板,称为预应力钢-混凝土组合箱梁(Ponts Mixtes Metal-Beton Precontraint),并建成了Ferte-saint-Aubin桥。在该桥设计中发现,由于钢材与混凝土的变形量相差较大,平钢腹板对箱梁顶、底板混凝土在桥轴方向的变形产生较大的约束,从而造成混凝土截面的预应力效率降低。为解决平钢腹板箱梁这一缺陷,1975年法国CB(Campenon Bernard)公司提出了用波形钢板替代平面钢板的设想,将原来的平直钢腹板箱梁改为沿桥轴方向可伸缩的波形钢腹板箱梁,见图1.2-1,由此而形成了一种新型的、更为合理的箱梁结构——波形钢腹板组合箱梁结构。

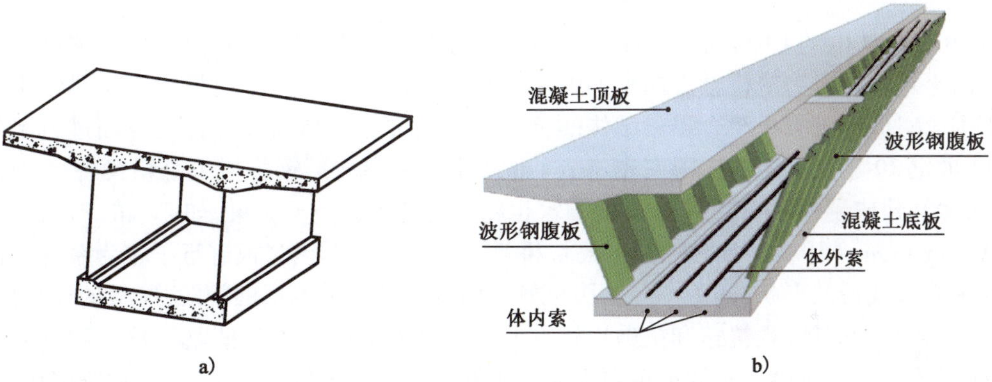

图1.2-1 箱梁构造示意图

a)平钢腹板组合箱梁;b)波形钢腹板组合箱梁

波形钢腹板组合箱梁,其顶、底板为钢筋混凝土结构,腹板为波形钢板,预应力采用体外或体内与体外相结合的布置方式。波形钢腹板与传统预应力混凝土箱梁相比,具有如下特点:

(1)采用较轻的波形钢板作为腹板,减轻结构自重,提高结构的抗震性能。与传统箱梁桥相比,波形钢腹板组合箱梁主梁自重可减轻25%~30%,使得包括基础工程在内的下部结构工程量亦减少,因而降低了材料用量和造价。所以,当在软土地基或地震区修建桥梁时,应考虑采用该种桥型,经济效益是非常可观的。

(2)波形钢腹板可以在工厂里制作完成,使用体外索,因而免除了在混凝土腹板内设置预应力管道的复杂工艺,减少了预应力钢筋用量以及腹板模板的拼装、拆除作业,缩短了工期。

(3)波形钢腹板在受压时能自由收缩,沿桥梁纵向刚度几乎为零,基本不抵抗轴向力,从而避免吸收施加在顶、底板的纵向预应力,大幅度提高了预应力的施加效率。

(4)波形钢腹板的纵向刚度几乎为零,使得上下混凝土翼缘板相互之间不受到约束,徐变、干燥收缩的影响减少,从而降低了混凝土顶底板产生的裂缝,最为重要的是,彻底解决了混凝土腹板的开裂问题。

虽然对于波纹钢腹板组合箱梁的研究已经取得了相当多的成果,但仍有大量问题需要进一步深入地进行探讨,其中包括:波形钢板的制作、拼装工艺;波形钢腹板与箱梁顶、底板的剪力连接构造;波形钢腹板组合箱梁桥(特别是大跨径桥梁)的施工方法与架桥机械的研究;波形钢腹板组合箱梁的疲劳性能研究;波形钢腹板组合箱梁的动力性能研究等等。另外,建立与我国现行桥梁设计规范相适应的波形钢腹板组合箱梁设计方法也是有待解决的问题。

波形钢腹板体外预应力组合箱梁结构因其自身的优势正越来越为国内工程界重视,而国外已经成功修建的桥梁实例更加激励我国加紧研究这一组合结构。随着上述各项研究的开展,这种结构将为国内的工程界提供一种可供选择的新桥型。连续梁桥、连续刚构梁桥、斜拉桥、悬索桥等大跨经桥梁的上部结构或主梁等过去采用预应力钢筋混凝土箱梁或钢箱梁、钢-混凝土组合结构桥梁的方案都可以采用波形钢腹板组合箱梁以获得这一结构带来的诸多优点。随着国内工程界对这一结构了解的深入,相信这一结构必将在我国得到广泛的应用,并带来显著的社会效益和经济效益。

1.2.1 国外波形钢腹板 PC 组合箱梁桥的研究现状

自 1975 年法国的 CB(Campenon Bernard)公司提出了用波形钢板代替平面钢板的设想,将原来的平钢腹板改为沿桥轴方向可伸缩的波形钢腹板形成波形钢腹板组合箱梁以来,世界上很多国家对波形钢腹板组合箱梁结构的抗弯、抗扭、抗剪和结构稳定性几方面进行了研究,并于 20 世纪 80 年代末期由法国率先建造了世界上第一座波形钢腹板组合箱梁桥——Cognac 桥,不久后又建成了 Maup're 桥等,其他国家也相继建造了此类型桥梁,如挪威的 Tronko 桥,德国的 Altwipfergrund 桥,委内瑞拉的 Caracas 桥等。日本对波形钢腹板进行了较为系统的研究,着重在钢腹板波折的形状、间距、高度、腹板倾斜角度、板厚、横隔板的间距、腹板的稳定性等研究领域,并在箱梁的抗弯、抗扭和抗剪连接件的设计等方面提出了一些基本概念和计算公式,于 1993 年建造了日本第一座波形钢腹板简支箱梁桥——新开桥。近年来,这种桥型在日本得到了广泛的应用,目前已建成和在建的波形钢腹板组合箱梁桥已近 200 座,其中具有代表性的桥梁见表 1.2-1 及图 1.2-2。

国外已建代表性波形钢腹板组合箱梁桥　　表 1.2-1

编号	桥　梁　名	施工方法	构造形式	桥长(m)	跨径布置(m)	竣工年份
1	法国 Cognac 桥	顶推施工	3 跨连续梁	105	31.0 +43.0 +31.0	1986
2	法国 Maup're 桥	顶推施工	7 跨连续梁	324.7	41.0 +47.3 +53.6 +50.4 + 47.3 +44.1 +41.0	1987
3	法国 Asterix 桥	支架施工	2 跨连续梁	74	37.0 +37.0	1989
4	法国 Dole 桥	悬臂施工	7 跨连续梁	496	48.0 +5 ×80.0 +48.0	1994
5	德国 Altwipfergrund 桥	悬臂施工	3 跨连续梁	277.9 ~ 280.1	南线 84.6 +115.0 +80.5 北线 81.5 +115.0 +81.4	2001
6	日本日见梦大桥	悬臂施工	3 跨矮塔斜拉桥	365	91.8 +180 +91.8	2003
7	日本矢作川桥(东)	悬臂施工	4 跨斜拉桥	820	173.4 +2 ×235.0 +173.4	2005

续上表

编号	桥　梁　名	施工方法	构造形式	桥长(m)	跨径布置(m)	竣工年份
8	日本池山高架桥	悬臂施工	10 跨连续刚构	941	46.5 + 104.0 + 114.0 + 99.0 + 4 × 106.5 + 98.0 + 50.5	2006
9	日本中一色川桥(上)	悬臂施工	5 跨连续梁	535.4	71.3 + 3 × 130.0 + 71.3	2007
10	日本中一色川桥(下)	悬臂施工	6 跨连续梁	574.3	62.8 + 3 × 112.0 + 110.5 + 61.3	2007
11	日本宫家岛高架桥	悬臂施工	23 跨连续梁	1432	51.2 + 7 × 53.0 + 54.0 + 85.0 + 53.0 + 3 × 52.0 + 58.5 + 60.0 + 101.5	2007
12	日本入野高架桥	支架施工	10 跨连续梁	679	56.7 + 3 × 58.0 + 80.0 + 124.0 + 80.0 + 2 × 58.0 + 45.7	2007
13	日本栗东桥	悬臂施工	4 跨矮塔斜拉桥	495	137.6 + 170.0 + 115.0 + 67.6	2008
14	日本朝比奈川桥	悬臂施工	7 跨连续刚构	670.7	81.2 + 150.4 + 91.2 + 73.2 + 94.7 + 104.8 + 73.2	2008
15	日本上伊佐布第三高架桥	悬臂施工	5 跨连续刚构	449	53.0 + 105.0 + 136.0 + 99.0 + 53.0	2008
16	日本前川桥	悬臂施工	5 跨连续梁	500	76.8 + 120.0 + 104.0 + 120.0 + 76.8	2008
17	日本谷津川桥	悬臂施工	5 跨连续梁	383.5	43.8 + 91.0 + 135.0 + 74.0 + 37.3	2008
18	日本菱田川桥	悬臂施工	8 跨连续刚构	688	64.9 + 3 × 105.0 + 124.0 + 75.0 + 54.0 + 52.9	2008

a)

b)

c)

d)

图　1.2-2

图 1.2-2　国外波形钢腹板 PC 组合梁桥

a)法国 Cognac 桥；b)法国 Maup're 高架桥；c)日本凉风桥；d)法国 Dole 桥；e)德国 Altwipfergrund 桥；f)日本本谷桥；g)日本鬼怒川桥；h)日本日见梦矮塔斜拉桥；i)日本栗东桥；j)日本矢作川斜拉桥

国外对波形钢腹板组合桥梁进行的研究主要包括以下方面：

1)抗弯性能研究

1993 年，美国 M. Elgaaly 和 Hamilton 等人选取 6 根不同波形尺寸的小比例模型梁做了钢翼缘的波形钢腹板梁抗弯试验，测试腹板和下翼缘的应变及挠度，并用有限元分析软件模拟梁的加载过程，得到了关于波形钢腹板梁在纯弯情况下的应力和破坏特征的结论。EL-Metwally 进行了 5 根波形钢腹板梁预应力混凝土组合梁桥的足尺模型试验，即模型梁的相对尺寸及高跨比与实桥基本一致。以上试验均表明：试验梁的破坏均是始于上翼缘的屈服，最终导致腹板的屈曲破坏；弯矩几乎完全由上下翼缘板承担，而波形钢腹板的应力与上下翼缘相比来说很小，在抵抗弯矩方面基本不起作用。有限元的分析计算也验证了上述结论。而且，M. Elgaaly

等通过有限元进行参数分析,表明波形钢腹板梁的极限抗弯承载能力与波形钢腹板的材料属性、波形形状及钢腹板的长宽比无关。

2)抗剪及屈曲性能研究

20 世纪 20 年代,国外就开始进行波形钢腹板的抗剪性能研究,Bergmann 和 Reissner 基于弹性理论将矩形波形钢板看作在两个垂直方向上具有不同抗弯刚度的正交异性板,推出了波形钢板单位长度剪切屈曲荷载。美国的 M. Elgaaly 等人对该结构进行了较为系统的研究。M. Elgaaly和 Hamilton 根据试验得出波形钢腹板梁的剪切完全由腹板承担而且钢腹板的破坏是由于屈曲造成的结论。当波纹较密时,由整体屈曲强度控制;当波纹较疏时,由局部屈曲强度控制;而在屈曲过程中,又有可能伴随着局部屈曲和整体屈曲同时发生的合成屈曲。同时,利用有限元分析系统 ABAQUS 对试验梁进行了数值模拟计算,分析中采用了 8 节点薄壳单元,同时考虑材料非线性和几何非线性。结果表明,有限元分析能够较好地与试验结果相吻合,进一步验证了上述结论。此外,通过有限元分析发现钢板的局部缺陷和残余应力对屈曲强度有影响。1995 年,R. Luo 和 B. Edlund 等人又对波形钢腹板的抗剪切屈曲强度进行了非线性有限元分析。分析结果发现,波形钢腹板的几何参数对屈曲强度有很大的影响。钢腹板的屈曲强度随着腹板高 h、腹板厚度 t、折叠角度 α 的增大而提高,同时,波形钢板的子板宽度 b 越小,腹板屈曲强度越大。1997 年,英国 Warwick 大学的 Johnson 教授在研究波形钢腹板的腹板梁的几何参数优化时发现,波形钢腹板的有效剪切模量比钢板本身的剪切模量有所降低约 10%,并建立了波形钢腹板有效剪切模量的公式。

3)扭转与畸变性能研究

Y. L. Mo 等人将软化桁架理论应用到波形钢腹板预应力混凝土组合箱梁的抗扭计算当中,给出了该类桥的抗扭承载力计算公式。1998 年,上平嫌二等人根据有限元的解析结果,提出了波形钢腹板组合箱梁桥的抗扭刚度计算公式。1999 年,上平嫌二等人又对横隔板间距对扭转变形及应力的影响做了研究,并绘出扭转角及应力与横隔板间距的相关曲线。

4)稳定性研究

1997 年,R. P. Johnson 等人就波形钢腹板工字钢梁的钢翼缘局部屈曲进行了有限元分析、参数分析及试验研究。结果表明:设计当中为防止钢翼缘的局部屈曲应满足 $R \leqslant 0.14$,R 为与波形钢腹板几何参数及钢翼缘宽度有关的参数。M. Elgaaly 等人也通过有限元分析及试验,研究了波形钢腹板梁在上翼缘承受荷载时的力学行为,得出了翼缘板在荷载作用下破坏形态和破坏机理。

日本的研究着重在实桥的应用上。日本结合波形钢腹板组合箱梁桥的建设,做了大量模型试验、有限元分析和成桥试验,进一步确认了波形钢腹板的抗弯、抗剪、抗扭转变形等特性,为波形钢腹板组合箱梁桥的设计提供了宝贵的试验数据资料及建造经验。日本结合波形钢腹板组合箱梁桥的构造特点,发明了多种波形钢腹板同混凝土顶板、底板的抗剪结合方式,并做了大量强度确认试验,初步形成了一整套接合部设计计算方法。对于波形钢腹板节段之间的连接,日本也有独到之处,并通过强度试验以及疲劳试验对不同的结合方式进行了比较分析,得到了一些有价值的结论。此外,日本在大量修建该类桥梁的基础上,制定了该类桥梁的设计规范和设计指南,进一步规范了和优化了波形钢腹板箱梁桥的设计、施工以及养护。

总之,波形钢腹板箱梁桥在国外的大量建造表明,该类桥的设计已是切实可行的,设计思路可参照混凝土箱梁桥的设计，结合其本身固有的特点引入组合梁桥的概念，参考国外已有的相关规范，其施工也可以采用常规施工方法稍做改进来实现。

1.2.2 国内波形钢腹板PC组合箱梁桥的研究现状

近年来，随着国外波形钢腹板在桥梁中的应用越来越多，国内也开始对波形钢腹板组合箱梁结构的抗弯、抗剪、扭转与畸变、波形钢腹板参数设计、屈曲特性、抗剪连接件分析等专题进行研究，并取得重要的进展。目前，国内已建成及在建的该类桥梁近60座，代表性桥梁见表1.2-2及表图1.2-3。

国内代表性波形钢腹板PC组合梁桥实例　　表1.2-2

编号	桥　　名	结构形式	跨径布置(m)	施工方法	单幅桥宽(m)	竣工年份	省份
1	光山泼河公路桥	4跨先简支后连续箱梁	4×30	预制吊装	16	2005	河南
2	淮安长征人行桥	3跨连续梁	18.5+30+18.5	满堂支架	7	2005	江苏
3	大堰河桥	简支箱梁	1×25	满堂支架	9	2006	重庆
4	宁波百丈路甬新河桥	3跨连续梁	24+40+24	满堂支架	50.4	2006	浙江
5	东营银座B桥、C桥	简支箱梁	1×38	满堂支架	7	2007	山东
6	青海三道河桥	简支箱梁	1×50	满堂支架	12	2008	青海
7	郭守敬桥	3跨连续梁	17+35+17	满堂支架	30	2009	河北
8	钢铁路桥	3跨连续梁	17+35+17	满堂支架	36	2009	河北
9	梁庄路桥	3跨连续梁	17+35+17	满堂支架	35	2009	河北
10	邢州路桥	3跨连续梁	17+35+17	满堂支架	35	2009	河北
11	浦东中环线立交匝道桥	2跨连续梁	45+45	满堂支架	8.2	2010	上海
12	李家河桥	3跨连续梁	20+30+20	满堂支架	16	2010	湖南
13	大广高速公路6号桥	6跨连续梁	20+4×25+20	预制吊装	8	2010	河北
14	广西百隆高速公路东部2号高架桥	简支箱梁	1×40	满堂支架	12.75	2010	广西
15	卫河大桥	3跨连续梁	47+52+47	满堂支架	15.25	2010	河南
16	鄄城黄河大桥	14跨连续梁	70+11×120+70	悬臂施工	13.5	2011	山东
17	新密溱水河大桥	3跨无背索斜拉桥	30+70+30	满堂支架	50	2011	河南
18	辽宁宽甸桥	3跨连续梁	32+48+32	满堂支架	15	2011	辽宁
19	南京四桥滁河大桥	3跨连续梁	58+96+58	悬臂施工	16	2012	江苏
20	广州绕城公路鱼窝头桥	3跨连续梁	35+50+35	满堂支架	10.5	2012	广东
21	金马高速公路东阳立交桥	3跨连续梁	30+40+30	满堂支架	12.75	2012	江苏
22	南京东绕城玉春桥	3跨连续梁	30+40+30	满堂支架	8	2012	江苏
23	准兴高速公路景家湾大桥	5跨连续刚构	44+3×80+44	悬臂施工	12.75 (14.5)	2013	内蒙古

续上表

编号	桥 名	结构形式	跨径布置(m)	施工方法	单幅桥宽(m)	竣工年份	省份
24	准兴高速公路长虫沟大桥	5跨连续刚构	44+77+80+77+44	悬臂施工	13 (17.25)	2013	内蒙古
25	杭州德胜东路桥	3跨连续梁	45+75+45	悬臂施工	25	2013	浙江
26	台中4号线大里溪桥	5跨连续梁	99+3×145+99	满堂支架	25.8	2013	台湾
27	桃花峪黄河大桥	3跨连续梁	75+135+75	悬臂施工	16.55	2013	河南
28	邢台南水北调大桥	3跨连续梁	70+120+70	悬臂施工	14.01	2013	河北
29	草桥沟桥	3跨连续梁	22+36+22m	满堂支架	28	2013	山东
30	郑州常庄水库干渠桥	9跨连续梁+ 10跨连续梁	(9×50)+ (9×50+40)	顶推施工	12.75	2014	河南
31	天目山路跨东营河桥	3跨连续梁	15+30+15	满堂支架	20	2014	山东
32	内乡县张家庄天桥	2跨连续梁	2×40	预制吊装	7	2014	河南
33	郑州龙湖中环跨北引水渠桥	3跨连续梁	42.5+56+42.5	满堂支架	22.5	2014	河南
34	石安高速公路西鸭池大桥	4跨连续梁	25+2×32+25	预制吊装	12.75	2014	河北
35	石家庄至磁县柏乡 服务区人行天桥	2跨连续梁	2×30	预制吊装	3.3	2014	河北
36	京石高速公路保定 北互通匝道桥	13跨连续梁	3×25+(2×25+22+ 25)+3×19+3×19	预制吊装	19.5	2014	河北
37	南昌朝阳大桥主桥	6塔斜拉桥	79+5×150+79	悬臂施工	45.84	2015	江西
38	朝阳沟特大桥	4跨部分斜拉桥	58+118+188+108	悬臂施工	35	2015	河南
39	甘肃兰州北二环小砂沟桥	4跨连续刚构	57+2×100+57	悬臂施工	13	2015	甘肃
40	巴中恩阳河桥	3跨连续梁	51+90+51	悬臂施工	18	2015	四川
41	郑州南三环东延线跨郑尉路桥	3跨连续梁	40+60+40	满堂支架	25.3	2016	河南
42	头道河大桥	3跨连续刚构	72+130+72	悬臂施工	12.75	2016	四川
43	合肥跨南淝河大桥	3跨连续梁	95+153+95	悬臂施工	26	2018	安徽
44	井冈山经开区深圳大桥	3跨连续梁	61+8+61	顶推施工	17	在建	江西
45	深圳东宝河新安大桥	3跨连续梁	88+156+88	满堂支架	16.25	2017	广东
46	绵阳虹云桥	3跨连续梁	75+130+75	悬臂施工	12	2017	四川
47	西咸高速公路K115+300天桥	2跨连续梁	2×30	满堂支架	8	2015	陕西
48	西咸高速公路K50+312.9天桥	2跨连续梁	2×30	满堂支架	5.5	2015	陕西
49	郑州南三环紫宸路桥	3跨连续梁	40+77+40	悬臂施工	13	2016	河南
50	运宝黄河大桥	矮塔斜拉桥+ 连续刚构+连续梁	110+2×200+110+ 48+9×90+48	悬臂施工	34	2018	山西
51	叶盛黄河大桥	7跨连续梁	70+5×120+70	悬臂施工	12.75	2018	宁夏
52	宝鸡市清水河大桥	7跨连续刚构	65+5×120+65	悬臂施工	16	在建	陕西
53	宝汉高速公路堡子沟天桥	2跨连续梁	2×40	满堂支架	6.5	2016	陕西
54	港珠澳前山河特大桥	3跨连续梁	90+160+90	悬臂施工	15.75	2016	广东

续上表

编号	桥　　名	结 构 形 式	跨径布置(m)	施工方法	单幅桥宽(m)	竣工年份	省份
55	湖州南浔区应界桥	3 跨连续梁	52 +90 +52	悬臂施工	13.75	2017	浙江
56	南昌富山特大桥	6 跨连续梁	69 +4 ×120 +69	悬臂施工	16.4	2017	江西
57	西昌市西部新区 天王山大道跨海河桥	3 跨连续梁	40 +65 +40	满堂支架	24.99	在建	四川
58	广东珠海前山河大桥	连续梁	90 +160 +90	悬壁施工	15.75	2016	广东
59	滁河大桥	连续梁	53 +96 +53	悬臂施工	16.55	在建	江苏

注:截至 2019 年 12 月 1 日。

图　1.2-3

g)

h)

i)

j)

k)

l)

m)

n)

图 1.2-3 国内波形钢腹板梁桥

a）光山泼河公路桥；b）淮安长征人行桥；c）东营银座人行桥；d）广东珠海前山河大桥；e）郭守敬桥；f）钢铁路桥；g）梁庄路桥；h）邢州路桥；i）浦东中环线立交匝道桥；j）大广高速公路6号桥；k）卫河大桥；l）滁河大桥；m）邢台南水北调大桥；n）朝阳沟特大桥

1.3 钢桁腹-混凝土组合梁桥的发展概况

钢桁腹-混凝土组合梁桥是近30年出现的一种新型钢-混组合结构桥梁，钢桁腹-混凝土组合梁的构思最早由法国工程师提出并对其力学性能开展了研究。1985年，法国建成了第一座钢桁腹-混凝土组合梁桥——Arbois桥。在加拿大建成的世界第一座活性混凝土(Reactive Powder Concrete)人行桥，采用的也是钢桁腹-混凝土组合梁的结构形式。2003年，由Jean Muller International设计的法国Bras de la Plaine桥因技术创新获得了当年国际桥梁及结构工程协会(IABSE)最佳结构奖。该座公路桥跨越一座河谷，于1999年开始施工，2001年竣工通车。该桥采用悬臂挂篮施工工艺，截面为变截面单孔刚构，结构同时配有体内预应力束与体外预应力束。为了减少温度在结构内产生的温度应力，采取仅合龙跨中混凝土顶板，而不合龙底板的做法，此方法是在刚构桥中应用钢桁腹-混凝土组合截面的一个突出特点。

日本的木之川高架桥为四跨连续梁桥，设计时考虑到采用了钢腹杆，增大梁高几乎不增加主梁自重，因此采用了较大的梁高，以增大截面刚度和减少预应力筋数量。对于受压的钢腹杆，向内填充混凝土，达到减小钢管厚度的目的。钢腹杆与混凝土板的结合方式为直接插入式。

美国目前虽然还没有建造该类桥梁，但佛罗里达州提出的中等跨径桥梁发展方向的建议把钢桁腹-混凝土组合梁桥列为一种经济的解决方案。

2011年，江苏省交通科学研究院有限公司在长春至深圳国家高速公路南京绕越公路南京江山桥的设计中采用了钢桁腹-混凝土组合梁，该桥现已建成通车。表1.3-1列出了国内外具有代表性的已建同类桥梁。

国内外具有代表性钢桁腹-混凝土组合结构桥梁　　表1.3-1

所在国家	桥　名	结构形式与桥跨布置	施工方式	建成年份
法国	Arbois桥	(29.85+40.4+29.85)m连续梁	支架法	1985
法国	Boulonnais高架桥	Quegen高架：(44.5+5×77+44.5)m连续梁 Herquelingue高架：(52.5+5×77+52.5)m连续梁 Echinghen高架：(44.5+3×77+93.5+5×110+93.5+3×77)m连续梁	节段悬拼	1997
新加坡	SBS Linkway桥	30m桁腹杆部分斜拉桥	支架法	1997
加拿大	Sherbrooke桥	60m简支梁人行桥	节段拼装	1997
法国	Bras de la Plaine桥	280m单跨桥	悬臂浇筑	2001
日本	严门园地园路桥	39m吊床板结构桁腹简支梁	上桥板：节契悬吊架设 下桥板：节铰顶推架设	2001
日本	木之川高架桥	(51.85+2×85.0+43.85)m连续梁	悬臂浇筑	2003

续上表

所在国家	桥　名	结构形式与桥跨布置	施工方式	建成年份
日本	青云桥	97m	利用悬吊结构预制板节段架设	2004
日本	山仓川桥	53.2m 简支梁	支架法	2005
日本	志津见大桥	(65 + 75 + 60 + 45 + 35) m 连续梁	缆索吊装悬臂施工与支架施工结合	2005
日本	第二东名高速公路	猿田川桥:(48.5 + 2 × 90 + 100 + 2 × 110 + 58.5) m 连续梁 巴川桥:(59.5 + 3 × 119 + 59.5) m 连续梁	悬臂浇筑	2008
中国	江山桥	(2 × 35) m 连续梁	支架法	2013

1.3.1 国外钢桁腹-混凝土组合梁桥的研究现状

国外对钢桁腹-混凝土组合梁桥的研究主要集中在节点与全桥承载能力两方面,主要采用试验方法对节点与整体结构的受力性能进行研究,并结合有限元数值分析对试验结果进行验证。

1.3.1.1 结构受力性能与施工方法研究

木之川高架桥是日本第一座钢桁腹-混凝土组合梁。对该桥进行设计与施工时,日本鹿岛建设公司对其悬臂施工方法进行了研究,采用平面桁架模型与空间模型对桥梁的上部结构进行了分析计算。

日本大林组技术研究所依托第二东名高速公路上的两座钢-混组合桁架桥,探讨了钢桁腹-混凝土组合梁的经济跨径和合理高跨比。2005 年,日本预应力混凝土技术协会颁布的《组合桥设计施工规准》中也对钢-混组合桁架桥的设计与施工作出了相关规定。为了研究钢桁腹-混凝土组合梁挠度计算的理论方法,日本学者以志津见大桥为工程背景,对实桥进行了静载试验,对比了实测挠度值与理论计算结果以验证计算方法的准确性。此外,日本学者在该桥上进行了温度效应的研究,并与理论值进行对了对比。日本九州大学研究了对该类组合梁的抗震性能和振动特性。

韩国学者结合规划中的桁腹-混凝土组合梁桥,对一座 70m 跨径的简支试验梁桥进行了静载试验,同时研究了腹杆的合理倾角、节点的合理构造以及不同形式节点的性能。

1.3.1.2 节点受力性能研究

节点是钢桁腹-混凝土组合梁受力的重要部位,节点连接形式多样,是该类结构需要重点研究的关键部位。典型的节点连接构造主要有钢制箱结构、共剪键结构、双套管、双面节点板、T 形钢板(或 PBL)和销钉剪力键结构,如图 1.3-1 所示。近年来,一些研究人员提出的几种新型节点连接构造,如图 1.3-2 所示。不同节点构造的受力性能与施工难度各有不同,日本和韩国的研究人员对不同形式的节点进行了试验研究与对比分析。

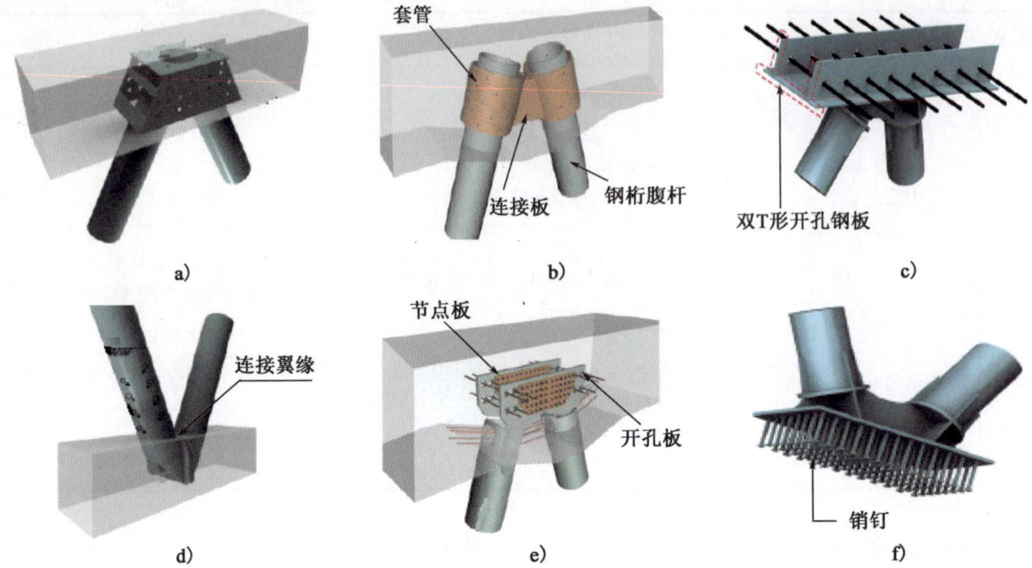

图 1.3-1　典型节点连接构造

a)钢制箱;b)共剪键;c)双套管;d)节点板;e)T 形钢板;f)剪力销钉

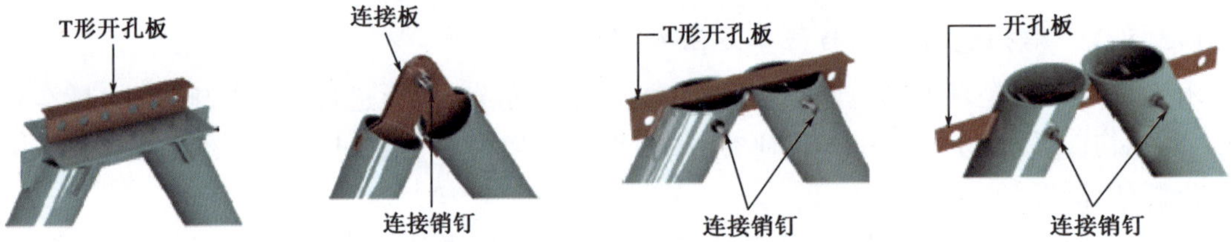

图 1.3-2　新型节点连接构造

日本以木之川高架桥为依托,对其采用的钢制箱节点的静力和疲劳性能进行了研究。在建设猿田川桥和巴川桥的过程中,日本大林技术研究组开展了双套管节点的试验和理论研究。日本九州大学对 PBL 节点进行了缩尺模型试验和非线性有限元分析,研究 PBL 节点的受力机理与承载能力计算方法。

2012 年,韩国学者对波形钢腹板预应力混凝土组合梁桥和钢桁腹预应力混凝土组合梁桥的缩尺模型进行了静载试验,混凝土与钢板或钢桁杆结合的节点构造与节点纵向排布方式不同,制作了五片试验梁,研究了试验梁的承载能力、使用性能及节点的抗剪强度,建议节点连接件采用连续的排布方式。2013 年,韩国现代工程建设有限公司研发部对 4 种新型节点构造(图 1.3-2)的足尺模型进行了静载试验,得到了节点的承载能力与破坏模式。此外,还对采用新型节点的 20m 跨径简支试验梁进行了静载与动载试验。

1.3.2　国内钢桁腹-混凝土组合梁桥的研究现状

1999 年,中铁大桥局桥科院陈开利介绍了法国 Boulonnais 高架桥采用桁式腹板的结构特点。2003 年,江苏省交通科学研究院欧阳平介绍了法国 Bras de la Plaine 桥的结构设计,并称之为钢桁式腹板组合截面桥。同济大学刘玉擎在对组合结构桥梁的分类中,将钢桁腹-混凝土组合梁桥归为组合桁架桥,并介绍了该类桥型的构造特点、技术创新和工程实例。2008 年,上海市政工程设计研究总院邵长宇在介绍组合结构桥梁的发展时,将该类桥型纳入其中,并称之为钢桁腹杆组合梁桥。

2009 年,同济大学土木工程学院韦建刚将桁腹杆截面形式应用于拱桥的设计中,以福建宁德岭兜混凝土拱桥为结构原型,提出采用钢腹杆代替混凝土箱拱截面中的混凝土腹板的设计思路,并用有限元软件对其进行了结构分析。分析结果表明,新桥型较原混凝土拱桥设计自重减少 1/3,达到了减轻自重、简化施工工序和降低造价的目的。同时,为了进一步研究该新桥型的受力机理,开展了缩尺钢桁腹拱的模型试验,但是目前未见发表具体的试验研究成果。

2011 年,东南大学黄华琪将钢桁腹-混凝土组合梁的截面惯性矩界定于符合平截面假定的截面惯性矩与仅考虑混凝土顶底板工作的截面惯性矩之间,假设混凝土顶底板与钢桁腹板共同工作的截面共同工作系数 K,得出包含 K 的等效抗弯惯性矩计算公式,从而采用结构力学方法计算钢桁腹-混凝土梁的挠度。将该方法得出的梁跨中挠度值、应力值与有限元值进行了对比分析,偏差在 15% 以内。该方法的研究中用于进行数据拟合的样本有限,所考虑的影响因素不够全面,计算精度尚需进一步修正。

浙江大学王彤按照抗剪等效原则将钢桁腹杆换算为钢腹板,从而利用箱梁的一般计算理论,推导了钢桁腹-混凝土组合梁的单元刚度矩阵,进而采用有限元方法进一步计算钢桁腹式组合梁桥的弯曲内力和挠度。此方法计算烦琐,没有给出显式的表达式,仅适用于借助有限元程序求解,同时模型中未考虑换算钢腹板的剪切刚度。

东南大学郑尚敏利用 ANSYS 有限元软件研究了简支钢桁腹-混凝土组合梁在集中荷载和均布荷载作用下的截面剪滞效应,并与波形钢腹板组合梁的截面剪滞效应进行了对比分析。

2011 年,东南大学的陈扬利用空间实体有限元模型分析了钢桁腹-混凝土组合梁桥典型截面的剪滞系数和有效宽度,并研究了混凝土顶底板厚度及钢桁管壁厚对剪滞效应的影响;采用实体有限元计算方法对某钢桁腹-混凝土组合梁桥的桥面板进行了横向内力计算,并与现行规范中桥面板的内力计算公式进行了比较,结果表明采用现行规范的方法所得计算值偏大。

2012 年,南京工业大学的张莹莹对江山桥采用的新型节点形式进行了缩尺节点模型荷载试验。对一个普通节点模型和两个新型节点模型进行了水平反复荷载作用下的荷载试验,得到了节点的承载能力和破坏模式。试验结果表明,新型节点的承载能力较强、延性较好。

对类似形式的结构,如板桁组合梁、钢管混凝土空间桁架组合梁等,国内也有一些研究和应用。目前,我国工程界对钢桁腹-混凝土组合梁桥的研究与实践尚处于起步阶段,理论研究成果与工程应用实例较少。目前已建成的钢桁腹-混凝土组合梁桥有,江苏南京江山车行天桥(图 1.3-3)、深圳大学一号桥(图 1.3-4)等。其中,江山车行天桥是我国首座钢桁腹-混凝土组合结构梁桥,它位于南京六合马鞍镇,桥于 2011 年开工,2013 年竣工通车。桥梁全长 78m,两跨等截面连续梁,跨径布置为 35m × 2m,在传统的箱形截面基础上,用 128 根钢管替换了混凝土腹板，128 根 V 字形排列的蓝色钢管，提高了整座桥梁的通透感，避免了高空混凝土结构阴影带来的压抑感。

图 1.3-3　江山车行天桥

a）立面图 1；b）立面图 2；c）支座；d）节点

图 1.3-4　深圳大学一号桥

1.4 河北省组合结构桥梁研究与应用

1.4.1 河北省地形地貌、水文概况

河北省位于东经113°04′~119°53′,北纬36°01′~42°37′之间,地处华北,漳河以北,东临渤海、内环京津,西为太行山地,北为燕山山地,燕山以北为张北高原,其余为河北平原,面积为18.88万km^2。河北省地势西北高、东南低,由西北向东南倾斜。地貌复杂多样,高原、山地、丘陵、盆地、平原类型齐全,有坝上高原、燕山和太行山山地、河北平原三大地貌单元。河北省境内自然河流众多,长度在10km以上的河流有300多条,自南向北依次形成汇入海河的漳卫南运河及黑龙港水系、子牙河水系、大清河水系、永定河与北三河水系,还有自成一体的滦河水系。目前,南水北调中线工程为河北省境内最大的水利工程,河北段全长为461.3km。

1.4.2 河北省钢铁产能现状

2015年,河北省冶金企业累计生产粗钢18833万t,钢材25245.3万t,生铁17383.3万t,与上年同期相比,粗钢、钢材和生铁的产量分别增长1.3%、5.5%和2.6%,钢材占全国产量22%,化解过剩产能任务尤为艰巨。但总体上,河北省钢铁产业重规模,轻品种,高附加值、高技术含量产品比重较低。随着河北省钢铁产业结构调整和压缩过剩产能压力的增大,钢铁行业产业升级势在必行,在此过程中,适时适度推广应用钢桥显得十分必要。

产能上,河北钢铁集团邯钢CSP产线和2250产线、承钢1780产线、舞钢,河北敬业集团,德龙钢铁,河北普阳钢铁,河北文丰钢铁等均生产低合金高强度的桥梁钢板。其中,2009年邯钢中标国家重点工程项目浙江宁波甬江特大桥,2个月内供货1.76万t;舞钢桥梁钢板质量优异,供货上海卢浦大桥、苏通大桥等40个国家重点工程及美国旧金山大桥、加州大桥等,截至2010年,已累计向市场供应优质桥梁结构用钢板60多万吨。在钢材性能上,河北桥梁钢板也在逐步向高端发展。2011年,河北钢铁集团承钢公司生产的牌号为Q235qC/D、Q345qC/D桥梁钢顺利通过中国船级社认证;2012年,舞钢成功研发485MPa耐候桥梁用高强度钢板,普阳钢铁公司成功轧制Q370qD桥梁用钢;2013年,河北钢铁集团唐钢公司首批高强耐候钢Q450NQR试制成功;2014年邯钢实现高强度耐候钢Q450NQR1批量供货,邯钢中板厂成功生产高强度、高韧性、高级别桥梁钢板Q420qE。

1.4.3 河北省钢结构加工现状

随着钢结构的广泛应用,为适应市场的需求,设备完善的大型钢结构加工厂陆续设立,增强了钢结构加工能力。钢结构专业厂商采用计算机与精密机器的配合作业,可有效地确保钢桥的施工品质、提高生产力、节省工时和降低成本,施工技术因此大幅增进,为钢桥应用提供了技术支撑。经调查,河北省范围内钢结构加工企业现有年生产能力82万t,如表1.4-1所示。推广钢桥后,据测算今后15年内待建桥梁面积共计3800万m^2,需要加工钢板材约1100万t,年均需求量73万t。目前,河北省内生产能力还需进一步提高,供需矛盾可由市场调节,以支撑未来巨大的钢桥发展需求。

河北省部分钢结构加工企业情况表

表 1.4-1

公司名称	公司地址	构件年加工能力(万t)	桥梁构件年加工能力(万t)	板材进货厂家
金环建设集团有限公司	石家庄开发区	20	7	宝钢、包钢、邯钢
北京城建重工有限公司(衡水分公司)	衡水市开发区		10	安钢、首钢、中普钢厂
北京蓝天开思班钢结构有限责任公司	北京市大兴区礼贤镇	5	3	首钢、包钢、济钢
北京北雄钢结构有限公司	保定市涞水县城东工业区	5	3	首钢、安钢
中交世通重工(北京)有限公司	北京市朝阳区	15	10	首钢、安钢 舞钢、宝钢
中铁山桥集团有限公司	秦皇岛市山海关区		40	首钢、鞍钢、武钢、舞钢、南钢
中铁建钢结构有限公司	涿州市	7	2	首钢、舞钢 济钢、邯钢
邢台路桥千山桥梁构件有限责任公司	邢台市任县		7	武钢、鞍钢、太钢、安钢、邯钢
合计		52	82	

1.4.4 河北省桥梁结构特点及钢桥应用状况

河北省没有大江大河,基本以梁桥为主。中小跨径桥梁多采用装配式预应力混凝土结构,其余较大跨径桥梁多采用特殊结构。13m、16m 跨径采用装配式预应力混凝土密排 T 梁;20 ~ 40m 跨径采用标准跨径装配式预应力混凝土结构;40 ~ 80m 跨径范围较少采用,一般用于跨线桥及匝道弯桥,采用钢-混凝土组合箱梁桥;大于或等于 80m 的跨径一般采用特殊结构桥梁。截至 2015 年底,河北省高速公路通车里程达到 6333km,位居全国第二位,比 1995 年高速公路通车里程(231km)增长了 27.4 倍;全省建成桥梁总数为 40951 座,286.1 万延米,建成桥梁中多数为中小跨径混凝土桥梁,钢桥应用很少,约有 130 座,占桥梁总数 0.3%。钢桥的主要结构形式有装配式组合钢箱梁、钢-混组合结构箱梁、钢管混凝土拱桥等,主要功能是跨越南水北调中线工程、铁路和既有道路。河北省典型钢桥见表 1.4-2。

相对钢筋混凝土梁桥,钢结构桥梁具有自重轻、材料力学性能明确、破坏机理清晰、质量可靠度高、耐久性好、易于工厂化、自动化生产、施工速度快、建造周期短、抗震性能好、节能环保可循环利用的优点。河北省部分地区处于地震多发区,对于受地震控制设计的桥梁,如果采用自重轻、抗震性能好的钢桥,对比混凝土桥梁能减少桥梁下部工程量,降低工程造价。从气候方面来看,今后河北省待建的高速公路基本都处于内陆山区,干燥少雨,对钢结构材料防腐有利。从自然条件上来说,中小跨径钢桥在河北省公路建设中有一定的结构适用性。对比钢桥各种结构形式的特点，并充分结合河北省的实际情况，钢结构桥梁上部适用的主要结构类型为：

河北省典型钢桥一览表 表 1.4-2

类别	桥名	主跨长(m)	结构特点	备注
钢结构桥梁	西柏坡高速公路 大宋铁路桥	50 + 2 × 90 + 50	变截面 钢混组合结构梁	承秦、青兰等高速公路 40 ~ 60m 跨径的几十座桥梁也采用该类结构
	石环辅道 方台大桥	50 + 90 + 50	等截面 钢混组合结构梁	
	张石高速公路浮图峪大桥	1-70	等截面 钢混组合结构梁	
钢管混凝土拱桥	石家庄北出口 滹沱河大桥	40 + 200 + 40	钢管混凝土拱桥	适用于一些跨越特殊地形或河流的较大跨径的桥梁，市政景观桥梁也有大量应用
	张家口通泰大桥	190	下承式悬索拱 钢箱梁桥	
	张家口工业南桥	18 + 110 + 18	钢箱拱桥	
	邢汾高速公路 沙河特大桥主桥	1-146	钢管混凝土拱桥	
斜拉桥	承秦高速公路滦河大桥	55.051 + 150	无背索斜拉桥	主要是城市景观桥
	曹妃甸工业区 1 号桥	2 × 138	独塔斜拉桥	
大跨径波形钢腹板 PC 组合梁桥	邢衡高速公路衡水段 南水北调大桥	70 + 120 + 70	变截面波形钢腹板 PC 组合梁	已经建成通车
	石家庄南绕城高速公路 南水北调大桥	69.5 + 121 + 69.5	变截面波形钢腹板 PC 组合梁	已经建成通车
	曲港高速公路 南水北调大桥	92 + 158 + 92	变截面波形钢腹板 PC 组合梁	已经建成通车
中小跨径波形钢腹板 PC 组合梁桥	大广高速公路 K1548 + 643 天桥	25 + 25	等截面波形钢腹板 PC 组合梁	承张、邢衡等高速公路也有 7 座此类结构的应用，主要以常规小跨径为主
	石安高速公路 西鸭池立交	25 + 32 + 32 + 25	等截面波形钢腹板 PC 组合梁	
	京石高速公路 保定互通立交桥	3 × 25 + (25 + 25 + 22 + 25) + 6 × 19	等截面波形钢腹板 PC 组合梁	
	石安高速公路柏乡 分离式立交	4 × 30	等截面波形钢腹板 PC 组合梁	

(1)钢-混凝土工字组合梁:大力推广应用于 25 ~ 40m 中小跨径桥梁。

(2)装配式组合钢箱梁:主推应用于 20m、25m、30m 上跨天桥、分离立交桥。

(3)钢-混组合箱梁:位于枢纽互通小半径(≤250m)的跨线桥采用。

(4)波形钢腹板 PC 组合箱梁、钢管拱:有较大跨径使用需求时采用。

(5)钢波纹管涵:平原区主要应用于互通匝道,山区公路可根据情况大规模采用。

第 2 章　组合钢板梁桥

组合钢板梁桥是组合结构桥梁中广泛使用的一种结构，由于设计和建造简便，可以广泛应用于公路、铁路桥梁，普遍适用于城市和乡村环境。桥梁跨径范围从 30 ~ 130m，总长从几十米至上千米，桥宽可达 20m 左右，是一种非常经济和耐久的结构。简支组合板梁桥的高跨比一般可取为 1/25 ~ 1/18。组合板梁桥的钢梁可使用轧制型钢或焊接钢梁。轧制钢梁的间距一般取 2 ~ 4m，焊接钢梁的间距可更大一些。为满足使用阶段特别是施工阶段的稳定性要求，有可能需要在各主梁间设置支撑。由于混凝土桥面板可作为主梁翼缘发挥作用，因此从节省用钢量的角度考虑，可采用上下不对称的钢梁截面形式，即减少上部与混凝土桥面板相连的钢梁翼缘尺寸。对于焊接钢梁，这种不对称截面并不会增加焊接工作量。对于轧制钢梁，如要采用不对称截面，则可在下翼缘下侧再贴焊一层钢板，但这种构造方式增加了焊接工作量，同时带来例如疲劳强度降低等一系列问题，因此不建议采用。

近 20 年来，组合板梁桥的构造已得到很大简化。使得组合桥在施工性能和经济性上比预应力或普通钢筋混凝土桥具有更强的竞争力。对于 25 ~ 45m 跨度的中小跨径组合板梁桥，可不设置横联梁，只依靠混凝土桥面板来横向分配荷载。在混凝土桥面板能满足横向传力荷载的前提下，为减少施工费用，钢梁的数量可尽量减少。当桥面宽度不是很大时，目前常用的做法是只使用两根纵向钢梁，使得现场工作量大大降低。纵向钢梁间通过横向钢梁连接。横梁数量较少，多为 3 ~ 5 道，有时也可以不设置横梁。横梁连接于纵向钢梁的竖向加劲肋，通常与混凝土桥面板不连接。当按照连续组合梁进行设计时，为满足中支座处钢梁的稳定性及承载力要求，纵向钢梁在支座区域的厚度较大。为避免在钢梁受压下翼缘中使用较厚的钢板。可通过与混凝土的组合来降低钢梁的应力并提高其稳定性。当桥面较宽使得两根纵向钢梁间的混凝土桥面板跨度较大或混凝土桥面板外挑长度较大时，还需要在桥面板内横向张拉预应力或采用横向悬臂钢梁。对于带有人行道的组合桥梁。混凝土板悬臂长度不宜超过 2.5m，承担车辆荷载时还要适当减小。双主梁组合桥的跨度超过 50m 后，可每间隔 4 ~ 5m 设置一道横向钢梁形成梁格体系，使桥面板在局部轮压荷载下的单向板受力模式变为双向板受力模式，但这种方式构造较为复杂，用多根钢主梁来代替可能具有更好的综合效益。铁路桥梁中通常用双主梁的结构形式，并在混凝土桥面板上铺设道砟路基或直接安装轨枕。相比同样跨度的公路桥梁，铁路桥由于活载水平更高，需要的结构高度也更大。

2.1　国内外发展概况

20 世纪 30 年代是欧美各国桥梁技术和理论的一个重要发展时期。其中，焊接技术的发明为组合结构的发展创造了更为有利的条件，即在钢筋混凝土板与钢梁之间的连接可以采用焊接代替最初铆接的方式。20 世纪 60 年代是欧美各国和日本桥梁建设的黄金时期，组合结构以其整体的受力的经济性，发挥两种材料各自优势的合理性以及便于施工的突出优点而得到广泛应用，建造了大量的各种形式的组合结构桥梁。

在组合结构桥梁中，钢混组合板梁桥由于构造简单、制作与施工比较容易，得到了广泛应用。以前的钢混组合板梁桥在并排钢板梁之间设置很多横梁、水平及竖向横撑，在腹板上焊接很多横向加劲肋，纵梁间距也很小，导致构件数量多、焊接量大、成本高、维护困难，疲劳破坏也成为突出问题。瑞士从 20 世纪 90 年代以来，修建了大量跨度为 25 ~ 90m 的钢混组合梁桥，并逐渐把两根主梁组合板梁体系加以简化，基本上不设置横撑和腹板纵向加劲肋，并作为标准桥型之一采用。以下三座有代表性的桥梁，可以说明钢混组合板梁不同的发展时期。

萨林河桥（Sarine，1964）。这座高速公路桥建于 1964 年，位于弗里堡（Fribourg）。该桥为（85.5 + 106.5 + 85.5）m 的 3 跨连续梁。主梁部分采用 Fe550 钢，翼缘的最大厚度为 50mm。腹板有水平和垂直两向加劲肋，其厚度从 14 ~ 20mm 不等。借助于上弦联结系和下弦联结系构成闭式断面。钢架采用顶推法架设，中间支座升高 1.6m，全部预制桥面板铺装完毕，落架到永久支座上，这样可使桥面板产生一定的预应力。在中间支座区，通过张拉预应力筋增加混凝土板预应力。

尚德拉尔桥（Chandelard，1972）。它是一座 5 跨连续梁曲线公路桥，全长 330m，最大跨度 83m。该桥是简化结构与尺寸富裕这两种倾向的产物，它以框架形取代了 K 形联结系。腹板板厚（14 ~ 24mm），只设垂直加劲肋。在最后阶段，拆掉用于安装的轻型支架。钢梁为耐候钢，采用顶推法架设。桥面板最小厚度 320mm，采用滑模施工并施有横向预应力。

20 世纪 80 年代以来，组合钢板梁桥的发展体现了对早期桥梁存在问题的持续改进。法国从 1980 年前后开始集中力量进行组合结构桥梁的开发研究，建成了许多有前瞻性的桥梁。其中，在组合钢板梁桥方面，对传统的结构体系进行大幅度简化，用两根主梁的组合钢板梁桥已经成为中小跨径新建桥梁的主流，被认为是极其经济的桥梁形式之一。法国 1985 年制定了双主梁组合钢板梁桥的设计指南，1990 年又加以改定。在法国的桥梁市场，组合结构桥梁最有竞争力的跨径范围可达到 30 ~ 110m，以这个跨径范围建设的桥梁有 85% 是组合梁桥。法国的组合钢板梁桥的桥面板一般设计为横向承重或纵向承重，对应主梁间的横梁分成大横梁和小横梁，采用大横梁或小横梁主要和桥面宽度有关。主梁间距较大时，在桥梁的纵向间距较密（一般间距为 4m）的大横梁，大横梁与混凝土桥面板的连接与主梁一样采用抗剪钉或其他剪力键。主梁的间距不是很大时，两主梁间用小横梁连接，混凝土桥面板仅与主梁纵向结合，小横梁间距较大，一般约为 8m，小横梁设置对施工具有重要作用。

法国在 1990 年建成的 Hopital 桥采用小横梁的组合钢板梁结构体系，跨度（59 + 2 × 64 + 33）m，两片主梁之间的间距 12.6m，桥梁宽 22.6m，见图 2.1-1。

日本从 1980 年末开始对组合钢板梁桥的承重体系进行研究，在大幅减少横撑和腹板加劲肋的同时，积极采用预应力桥面板，把 2 车道公路桥的主梁由原来的 4 根减少到了 2 根，3 车道公路桥的主梁由原来的 7 ~ 8 根减少到 3 ~ 4 根。通过合理的改进，不仅降低了工程费用，而且桥梁的耐久性提高、维护管理费用降低，更加显示出优势。1998 年完成的千鸟之泽川桥（图 2.1-2）与 2001 年完成的大津吕川桥，都是跨度 50m 左右的连续组合钢板梁桥，都采用预应力混凝土桥面板、移动模板浇筑。

图 2.1-1 法国 Hopital 桥

图 2.1-2 日本千鸟泽川桥

近年来,铁路桥也在积极采用组合钢板梁桥,并进行了合理的优化。法国的 TGV 高速铁路上大量采用双主梁组合钢板梁桥,桥长为 120 ~ 1827m;混凝土桥面板厚 40cm,焊接工字钢翼缘宽 800 ~ 1000mm,厚 25 ~ 120mm。地中海线上一座铁路桥采用主跨 51m 的组合钢板梁桥,取消了横撑,在下翼缘上设置 15cm 厚混凝土板以提高主梁抗扭刚度。

近年来,我国每年新建公路桥梁 2.8 万座左右,根据 2009 年的测算(当年新建桥梁 2.73 万座),跨径 30m 以上的桥梁(5383 座),用钢量合计为 1649 万 t;另有 2.2 万座小桥,按公路小桥跨径和桥宽的中位数计(18m 和 17.5m),其用钢量约为 150 万 t。加上配套的支座、伸缩缝、安全设施及附属设施等构件,公路桥梁每年可消耗钢材 2000 万 t 左右,与钢铁行业产能(年 12 亿 t)相比,桥梁用钢总量有限。如果在公路桥梁中加强钢结构的推广,将适用结构改为钢结构或钢混组合结构,根据 2009 年的测算,行业全年可增加 546 万 t 钢材消耗,同目前用钢量相比,约提升 1/3。[1]

近两年,钢混组合结构特别是钢混组合板梁、钢混组合箱梁在国内一些省份(河北、甘肃、安徽等)部分高速公路中小跨径桥梁开始试点使用。由于钢混组合板梁施工快速、质量可靠、全寿命成本与混凝土小箱梁相当,因而备受关注。工字形钢梁结构形式最为简单,可以采用工字钢、H 型钢、焊接工字形梁等结构形式。组合梁桥常用断面形式如图 2.1-3 所示。

经实桥测算,组合钢板梁初期建设成本(建安费)介于预制小箱梁与现浇箱梁之间,比小箱梁略贵 15%,但全寿命周期成本与混凝土梁相差不大。济祁高速公路合肥段淮河特大桥 11km 长的引桥工程中,桥梁上部结构采用钢混组合板梁桥形式,标准跨分别为 30m 和 35m,采用三跨或四跨一联的方式,桥面全宽 26.5m,基于双向四车道的标准设计,并采用分幅方式。主梁断面采用直腹式双工字钢,双主梁间距 7.225m,混凝土桥面板和钢主梁通过栓钉连接,双主梁之间采用中横梁加强横向联系,中横梁的标准间距为 5m。该桥桥面板由预制板和纵横向湿接缝构成,钢板梁桥采用满堂支架吊装到位后,吊装预制桥面板并浇筑湿接缝混凝土完成共同受力,考虑到钢板组合连续梁桥的受力特点,正弯矩区域采用 C40 混凝土,负弯矩区域采用

---

[1] 数据摘自《中国公路》2016 年第 11 期。

PVA 纤维混凝土桥面板。

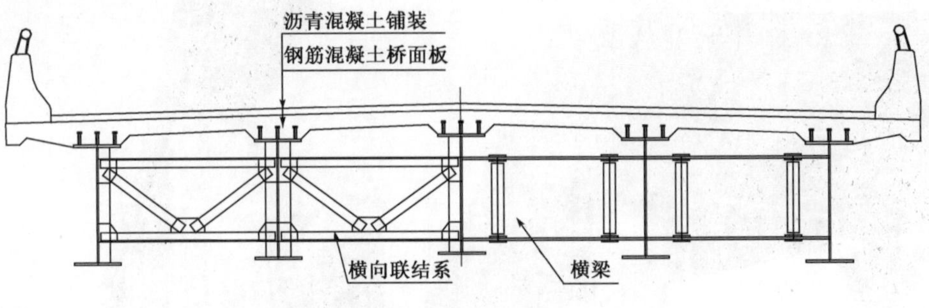

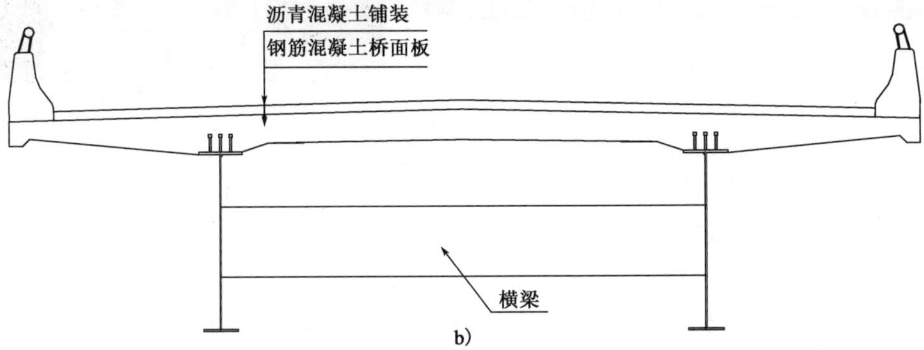

图 2.1-3　组合梁桥常用断面形式

一般在国内的钢混组合结构桥梁建设中，对于 50m 跨径以上的中大跨径桥梁，常采用钢混组合箱梁，以发挥其抗扭能力强、整体性好以及更能适应大跨与特殊要求的特点。考虑到施工快速、养护方便性和经济性，钢混组合板梁多用于中小跨径桥梁，以 20 ~ 40m 为主。由于中小跨径桥梁在高速公路、城市高架中有着极为广泛的应用，因此钢混组合板梁以其轻型化(降低对施工设备和施工环境的要求，保护既有设施)、工厂化(确保工程质量、节能环保)、标准化(降低工程成本)、装配化(提高作业效率)、信息化(确保质量的可追溯性，提高维修养护的针对性)的特点，在国内的发展也存在巨大的应用市场和发展空间。

另外，国内钢结构方面的设计规范为钢混组合板梁标准化设计提供了必要的技术基础。国内最新修订的《公路钢结构桥梁设计规范》(JTG D64—2015)和《公路钢混组合桥梁设计与施工规范》(JTG/T D64-01—2015)以及《钢-混凝土组合桥梁设计规范》(GB 50917—2013)，已经颁布实施。钢桥疲劳、焊接、振动及桥梁上下结构设计、制造、施工等方面技术的成熟与发展，有关规范、规程不断完善，为钢结构桥梁的应用奠定了必要的技术基础。我国有关钢结构焊接和高强度螺栓连接、与混凝土组合结构、钢管混凝土及钢骨混凝土结构等方面的设计、施工、验收规范及行业标准已发行了 20 多部。

2.2　组合钢板梁桥结构形式

组合板梁桥的上部结构由混凝土顶板、剪力连接件、工字钢梁、横向连接、平联等部分组成。剪力连接件的一般形式为栓钉连接件，通过栓钉连接件将混凝土顶板与工字钢梁腹板进行有效的连接,并传递纵向剪力等荷载。主梁之间的横向连接一般采用小横梁连接或桁架连接以提高整体的空间受力性能。整体结构形式如图 2.2-1、图 2.2-2 所示。

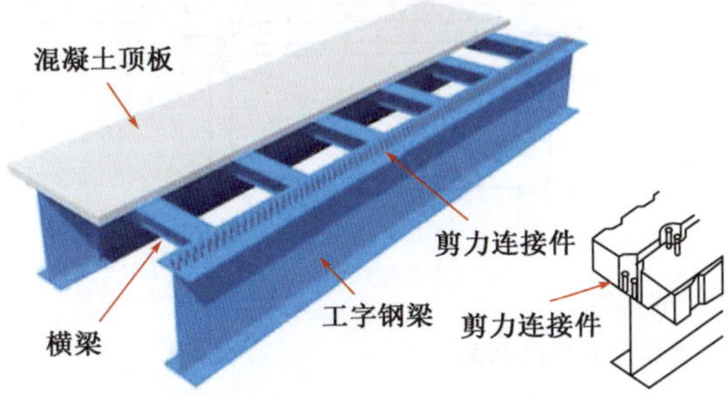

图 2.2-1　组合板梁桥结构形式示意图

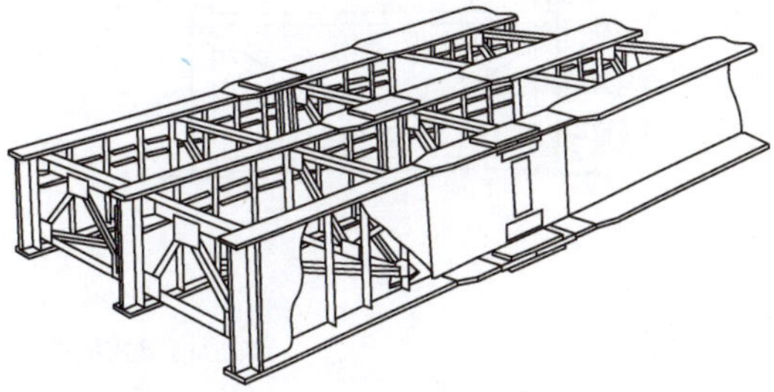

图 2.2-2　组合板梁桥结构形式示意图

组合板梁桥相对于传统的钢筋混凝土梁桥而言,具有以下几个方面的优点:

(1)承载力高。

(2)刚度大。

(3)构件截面尺寸小。

(4)施工快速方便。

(5)经济效益大。

2.2.1　横向联结系的布置

组合梁桥联结系布置应满足施工阶段和使用阶段结构整体稳定性、主梁受力的横向分布、支点反力的传递、桥梁水平力作用、钢结构制作安装定位等多方面要求,应受力合理,便于制作安装和养护。钢混组合梁桥在施工过程中,钢梁的侧向刚度及抗扭刚度均较小,在各种竖向及水平荷载作用下易发生整体弯扭失稳,因此需要设置一定数量的临时或永久横向联系来提高结构的稳定性。在成桥状态下,也需要通过横向联系将各根主梁连接成整体来共同受力。

当活荷载偏心布置时,会在桥梁结构中产生较大的扭矩,对于斜、弯桥,这一现象更加明显。这种情况下,横向联系不仅要设置在跨间,还要设置在支承处。根据构造形式的不同(图 2.2-3),横向联系可分为实腹式(图 2.2-3b)、桁架式(图 2.2-3c)、平联式(图 2.2-3d)等。如果仅仅将钢主梁受压翼缘之间通过缀杆联系在一起(图 2.2-3a),则并不能有效抑制主梁发生整体失稳。平联式(图 2.2-3d)是顶推施工时临时措施,对施工期间和成桥后桥梁受力作用不大。

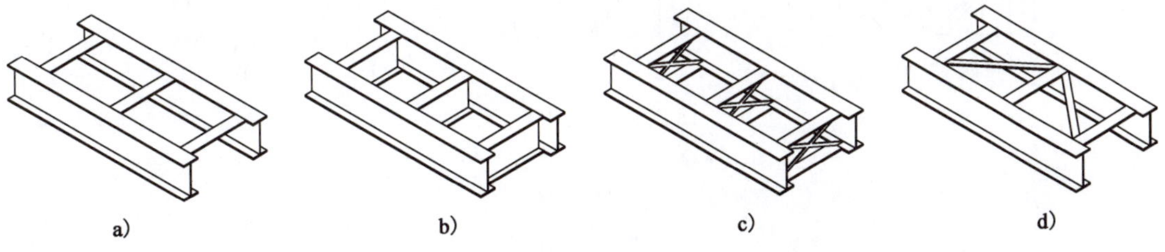

图 2.2-3　组合钢板梁桥横向联系形式

桁架式横向刚度大,抗扭性能好,但是构件多,制造安装成本高。一般可分为三角 K 形系统和X形系统(图2.2-4)。实腹式横梁构造简洁,加工和安装成本低,目前设计的组合钢板梁多采用实腹式横梁。

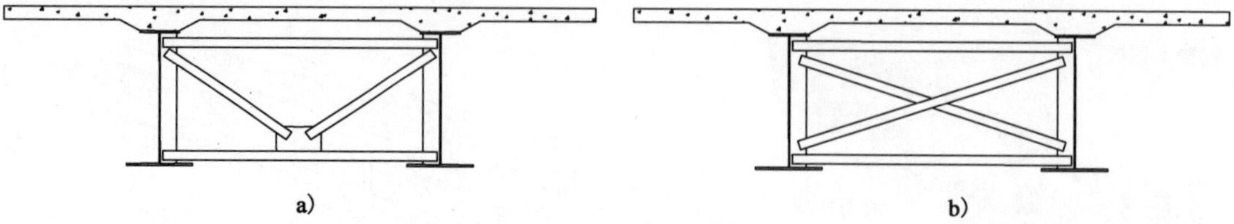

图2.2-4　桁架式横联构造

a)K形桁架式横向联系;b)X形桁架式横向联系

根据横梁位置的不同,可分为跨间和梁端支座处两种类型。为满足更换支座和检修等需要,梁端部的横向联系应加强,以便作为临时受力点来顶升桥梁结构。为设置临时支承和千斤顶,横向联系的下缘与墩台顶面之间需要预留一定的间隙,对于支点横梁一般要比主梁高度小200mm以上。

横梁一般与主梁腹板相连,为了使横梁传力可靠,对于钢板梁横梁,其高度一般大于300mm,是两个纵梁间距的1/18～1/12,设置在纵梁高度中央偏下位置可得到较好的横向刚度。

2.2.2　纵向联结系的布置

工形钢梁组合梁外侧钢梁间和支点处应设置纵向联结系结构,上平联设置于上翼缘附近的腹板,下平联设置于下翼缘附近的腹板。施工阶段可以满足整体稳定受力要求时,可以省略下平联。施工阶段和使用阶段均可以满足整体稳定受力要求时,上平联和下平联均可省略。纵向联结系可采用如图2.2-5所示结构形式。

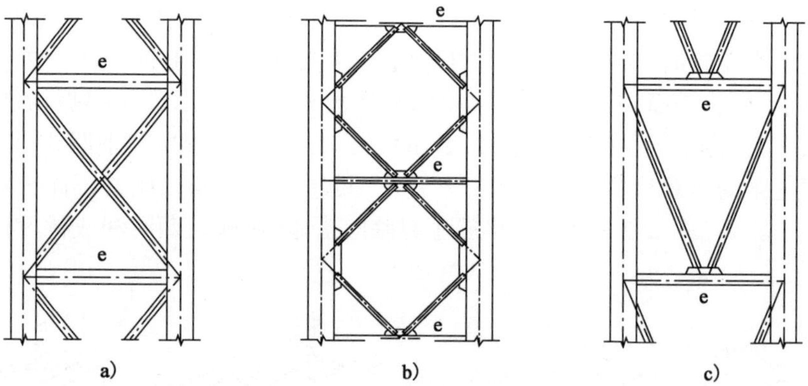

图2.2-5　纵向联结系

a)X形;b)钻石形;c)K形

e-横撑主梁

2.2.3　横梁间距的布置

组合钢板梁桥在阶段施工未浇筑混凝土桥面板或安装预制混凝土桥面板之前,钢梁间的横梁设计可参考钢桥有关规定。如日本《道路桥示方书》规定钢梁的横梁间距不得超过 6m，并且不超过受压翼缘宽度的 30 倍。我国《铁路桥梁钢结构设计规范》(TB 10002.2—2005)规定，对于上承式板梁铁路桥，其横向联结系的间距不应大于 4m。美国公路桥梁设计规范 AASHTO 曾对横隔板间距有不大于 7.6m 的规定，但第三版(2004)第 6.7.4.1 条说明指出，“这一武断要求已被改为要求通过理性的分析来确定，这样有助于避免一些疲劳倾向的构造。”而法国《Steel-concrete composite bridges substainable design guide》规定横梁的间距小于或等于 8m，通常在同一跨径内为常数，但是在不同桥跨间的横梁间距可以不同。

2.2.4　加劲肋的布置形式

工字形钢板梁截面构成简单，设计、制作及其架设容易。通常尽可能地用薄钢板做成腹板与翼缘，达到节约钢材用量的目的，但是也导致钢板的屈曲问题比较突出，必须采取限制其宽厚比或设置加劲肋等措施。

当腹板在弯矩与剪力的作用下发生局部屈曲时，一般通过限制腹板的厚度或在腹板的相应位置焊接纵竖向加劲肋来有效地加以防止。这种情况下，钢板梁的腹板依据加劲肋的布置有 3 种形式，即无加劲肋、仅有竖向加劲肋及纵向和竖向加劲肋都设置。无加劲肋的腹板一般厚度比较大，不会发生屈曲，其梁的弯曲性能能得到充分发挥。但传统的钢板梁都是尽可能地用薄腹板，通过焊接加劲肋提高稳定性。竖向加劲肋的作用主要是防止腹板发生剪切屈曲，纵向加劲肋的作用主要是防止腹板截面由弯曲应力引起的受压区发生屈曲。

2.2.4.1　竖向加劲肋

如图 2.2-6 示，竖向加劲肋配置在主梁的桥轴中心线一侧，尽可能统一尺寸，其形状及焊接，依据主梁受到的弯矩而不同，如图 2.2-7 所示，大致有四种情况：

(1)正弯矩区的加劲肋与腹板、上翼缘焊接，与下翼缘间距取 100mm。

(2)负弯矩区及正负弯矩往复作用区间的加劲肋与腹板、上下翼缘都焊接。

(3)跨内横梁连接处的加劲肋与腹板、上下翼缘都焊接，若与上翼缘采用坡口焊缝可以不用验算疲劳强度。

(4)支座上的加劲肋与腹板采用贴角焊缝，与上下翼缘采用坡口焊缝焊接，并设置补强钢板。

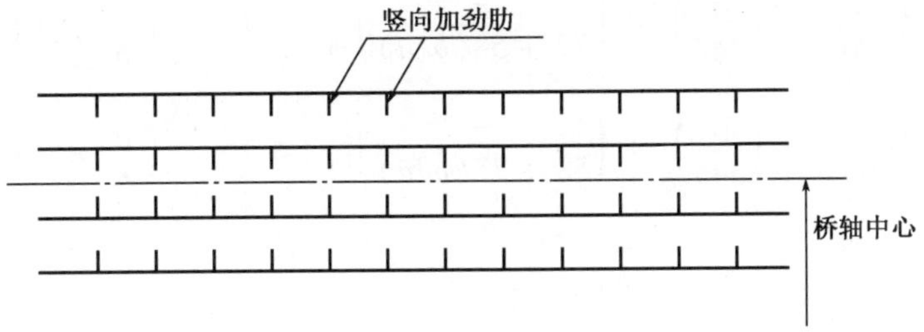

图 2.2-6　竖向加劲肋配置示意图

竖向加劲肋所处位置不同，受到的作用力也不同，其截面尺寸取值及验算方法也不同，主要有以下三种情况：①无集中力作用处；②跨内横梁处；③支座处。在无集中作用力区间，如图 2.2-8所示钢板梁的上、下翼缘最大间距 b 超过表 2.2-1 的规定时，一般需要设置竖向加劲肋,表中的 t 为腹板厚度。

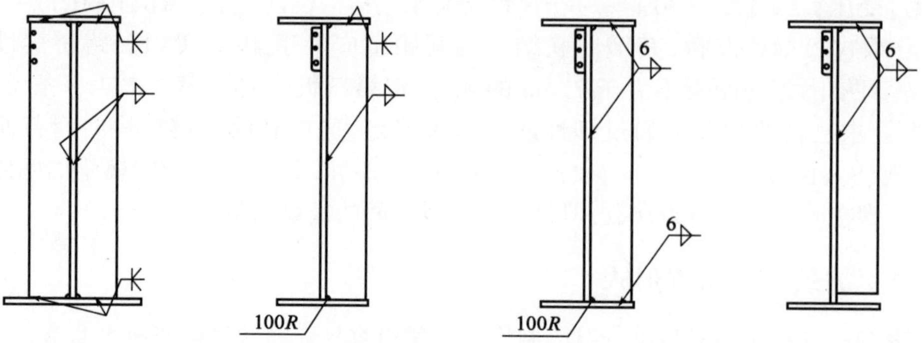

图 2.2-7 竖向加劲肋焊接形式(尺寸单位:mm)
a)支座上;b)跨内横梁上;c)负弯矩区间;d)正弯矩区间

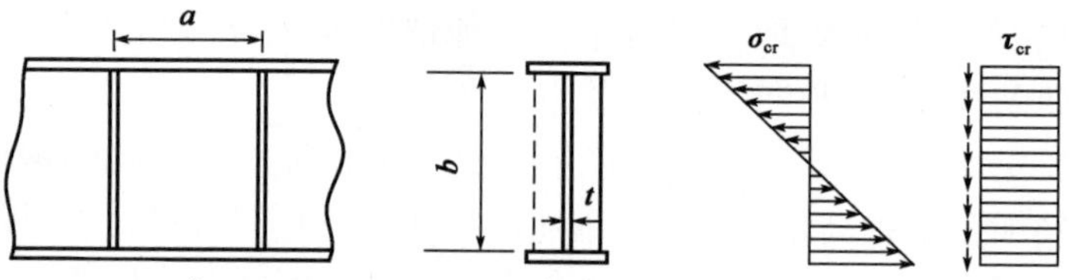

图 2.2-8 竖向加劲肋的间距及应力分布
a)正立面;b)横截面;c)应力分布

关于钢板梁上、下翼缘最大间距的规定 表 2.2-1

钢材抗拉强度	>400MPa	>490MPa	>520MPa	>570MPa
上、下翼缘间距	70t	60t	57t	50t

《日本道路桥示方书》规定竖向加劲肋的间距 a 与上、下翼缘最大间距 b 的比应满足下面各式的要求,但最大不宜超过 1.5,即 $a/b \leqslant 1.5$。

①无纵向加劲肋

$$\left(\frac{b}{100t}\right)^4 \left\{\left(\frac{\sigma}{345}\right)^2 + \left[\frac{\tau}{77 + 58(b/a)}\right]^2\right\}^2 \leqslant 1 \qquad \left(\frac{a}{b} > 1\right)$$

$$\left(\frac{b}{100t}\right)^4 \left\{\left(\frac{\sigma}{345}\right)^2 + \left[\frac{\tau}{58 + 77(b/a)}\right]^2\right\}^2 \leqslant 1 \qquad \left(\frac{a}{b} \leqslant 1\right)$$

②1 道纵向加劲肋

$$\left(\frac{b}{100t}\right)^4 \left\{\left(\frac{\sigma}{900}\right)^2 + \left[\frac{\tau}{120 + 58(b/a)}\right]^2\right\}^2 \leqslant 1 \qquad \left(\frac{a}{b} > 0.8\right)$$

$$\left(\frac{b}{100t}\right)^4 \left\{\left(\frac{\sigma}{900}\right)^2 + \left[\frac{\tau}{90 + 77(b/a)}\right]^2\right\}^2 \leqslant 1 \qquad \left(\frac{a}{b} \leqslant 0.8\right)$$

③2 道纵向加劲肋

$$\left(\frac{b}{100t}\right)^4\left\{\left(\frac{\sigma}{345}\right)^2+\left[\frac{\tau}{187+58(b/a)}\right]^2\right\}^2\leqslant 1\qquad\left(\frac{a}{b}>0.64\right)$$

$$\left(\frac{b}{100t}\right)^4\left\{\left(\frac{\sigma}{345}\right)^2+\left[\frac{\tau}{140+77(b/a)}\right]^2\right\}^2\leqslant 1\qquad\left(\frac{a}{b}\leqslant 0.64\right)$$

上述各式是依据腹板在压应力及剪应力同时作用时的相关屈曲验算式，即下式推导得出的。

$$\left(\frac{\sigma_b}{\sigma_{cr}}\right)^2+\left(\frac{\tau_b}{\tau_{cr}}\right)^2\leqslant\left(\frac{1}{k_b}\right)^2$$

要保证加劲肋与上、下翼缘所围的腹板周边理论上与简支支承相一致，竖向加劲肋还要具有一定的刚度，即每个加劲肋要满足下列的要求：

$$I_v\geqslant\frac{bt^3}{11}\gamma_v$$

式中：γ_v——竖向加劲肋所需的刚度比，即 $\gamma_v=8.0\,(b/a)^2$。

竖向加劲肋通常在腹板单侧设置，对于腹板表面的截面惯性矩为 $I_v=t_v d_v^3/3$，t_v、d_v 分别为加劲肋的厚度及宽度。同时，竖向加劲肋宽度及厚度分别满足下式的要求：

$$d_v\geqslant\frac{b}{30}+50$$

$$t_v\geqslant\frac{b}{13}$$

另外，加劲肋的钢种可以与主梁腹板不同，宜采用低强度钢材。

在跨内横梁处设置的竖向加劲肋，不仅是为了确保主梁腹板在翼缘屈服前能够保持足够的强度，更重要的是使加劲肋与横梁形成的 U 形钢构能够有足够的刚度，从而对主梁翼缘起到横向支撑的作用，要满足下式的刚度要求：

$$C\geqslant C'$$

U 形刚构的刚度用下式计算：

$$C=\frac{6E_sI_1I_2}{h^2(3BI_1+2hI_2)}$$

所需要的刚度用下式给出：

$$C'=\frac{\alpha\lambda N}{D}$$

如图 2.2-9 所示，B、D、h 为主梁间距。横梁间距及主梁翼缘到横梁的高度，I_1、I_2 为竖向加劲肋及横梁的截面惯性距，E_s 为钢材的弹性模量，λ 为屈曲安全系数，$\lambda=2.0$，α 为所需刚度系数，与有效长度系数及横梁间距的梁格数有关，N 为翼缘板上作用的压力，即 $N=\sigma_c(A_f+A_w/6)$。

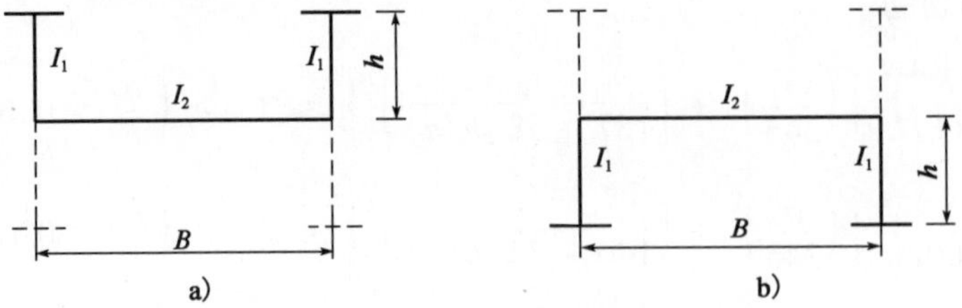

图 2.2-9　U 形刚构计算示意图

a) 正弯矩区；b) 负弯矩区

对于正弯矩区间，仅仅验算施工时的刚度；而对于负弯矩区间，需要同时验算施工时及使用时两种情况的刚度。另外，在计算竖向加劲肋的刚度 I_1 时，还需将有效宽度范围内的腹板计算在内。

另外，在端支座或跨内支座处设置的竖向加劲肋，要求不仅能够承担静荷载、活荷载、风荷载、地震荷载引起的竖向反力，同时还要能承担风荷载、地震荷载引起的弯矩。

2.2.4.2　纵向加劲肋

纵向加劲肋可以设置在与竖向加劲肋不同的腹板面上，但是设置在同一个面上的时候较多，这种情况下在竖向加劲肋处需要断开，在腹板的连接板处断开时，其端部应离开连接板边缘大约 20mm，如图 2.2-10、图 2.2-11 所示。

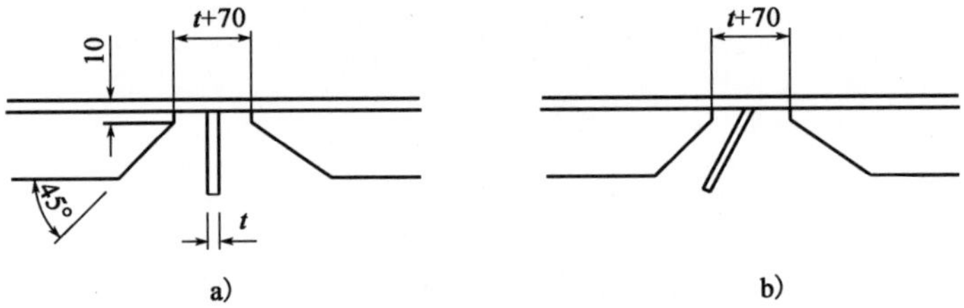

图 2.2-10　纵向加劲肋在竖向加劲肋处的断开形式（尺寸单位：mm）

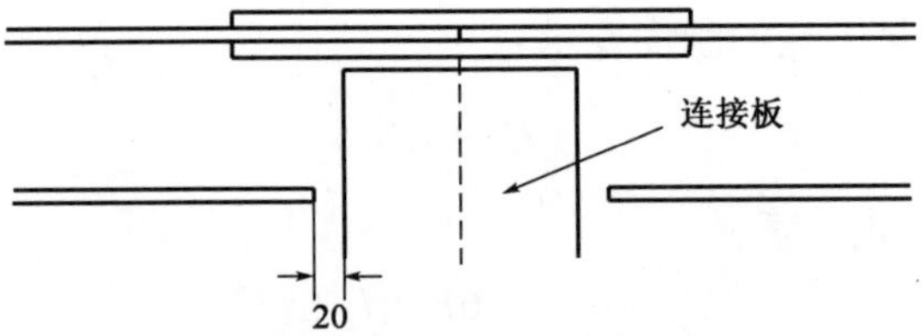

图 2.2-11　纵向加劲肋在腹板连接处的断开形式（尺寸单位：mm）

另外，连续梁在负弯矩区应将纵向加劲肋设置在下部，而在动荷载作用下的弯矩正负变化区域附近，即大致 4～5 根竖向加劲肋之间，应同时设置上、下纵向加劲肋，如图 2.2-12 所示。

为了达到减小腹板厚度的目的，在腹板受压区需要设置纵向加劲肋。其在腹板上设置的位置如图 2.2-12 所示，最多可设置两道，每个加劲肋的刚度要满足下式的要求：

$$I_h \geqslant \frac{bt^3}{11}\gamma_h$$

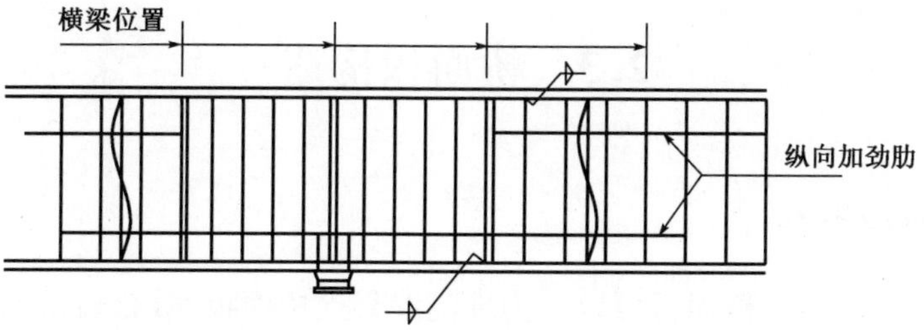

图 2.2-12 负弯矩区的纵向加劲肋的设置示意图

式中：γ_h——纵向加劲肋所需的刚度比，即 $\gamma_v = 30(a/b)$。

纵向加劲肋通常在腹板单侧设置，其对于腹板表面的截面惯性矩为 $I_h = t_h d_h^3/3$，t_h、d_h 分别为竖向加劲肋的厚度及宽度。

另外，纵向加劲肋的钢种及厚度的取值，还需要依据所在位置处的腹板最大应力加以确定，即如式 $\sigma \geqslant \sigma_a$ 所示，用该处腹板所受到的弯曲压应力作为加劲肋所受到的应力，验算是否超过容许压应力。

2.2.5 连续组合梁桥负弯矩区措施

为防止连续组合梁桥负弯矩区混凝土桥面板开裂或控制裂缝宽度，主要措施如下：

(1)控制钢筋混凝土桥面板钢筋应力不应大于 140MPa。

(2)钢梁施工完成后，首先浇筑正弯矩区段混凝土和施加一定的临时荷载，使得支点附近钢梁负弯矩区段产生足够的预应力，然后在预应力状态下浇筑负弯矩区段混凝土，混凝土达到设计强度后，撤去临时荷载。

(3)在钢梁架设后(图 2.2-13a)，将中间支点抬高(图 2.2-13b)，接着浇筑桥面板混凝土，待其硬化后(图 2.2-13c)，将中间支点下降(图 2.2-13d)。

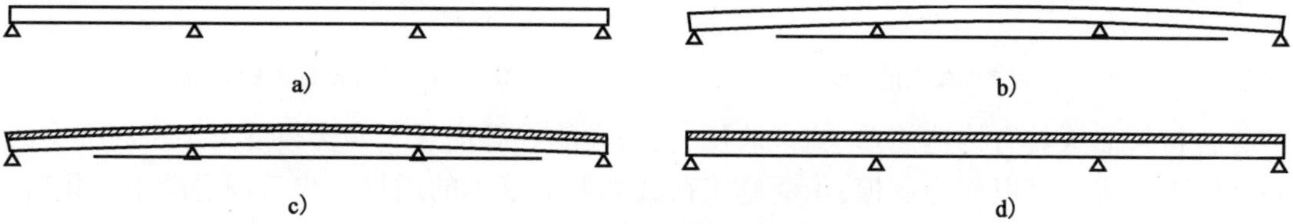

图 2.2-13 移动支点法施工顺序

a)架设钢梁；b)中间支点上升；c)灌注桥面板混凝土；d)中间支点下降

(4)对组合梁施加预应力(图 2.2-14)。

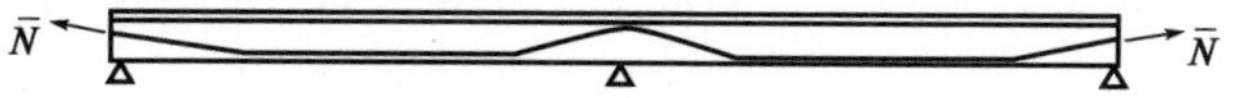

图 2.2-14 施加预应力

(5)在混凝土板与钢梁没有结合之前对混凝土板施加预应力，然后将预应力混凝土板与钢梁组合。

(6)在中间支点负弯矩范围内的钢梁底板处增设混凝土板，使得混凝土与钢梁底板形成组合板。

2.3 桥面板构造

2.3.1 桥面板类型

组合桥中常用的混凝土桥面板可以分为现浇混凝土桥面板、叠合板桥面板、预制混凝土桥面板、压型钢板混凝土组合桥面板以及钢板-混凝土组合桥面板等。

1)现浇混凝土桥面板

现浇混凝土桥面板施工时需要设置模板,然后在模板上现场浇筑混凝土。全现浇混凝土桥面板的整体性好,容易满足各种桥面的截面要求,但模板工程量和现场湿作业量大,施工速度较慢。当模板无法完全由钢梁支撑时,还需要设置满堂落地脚手架,施工费用高,对周边环境的影响大。现浇混凝土桥面板的基本形式如图 2.3-1 所示。

2)叠合板混凝土桥面板

如果在钢梁上先铺设一层较薄的预制板,然后在预制板之上现浇混凝土叠合层,则可形成叠合板混凝土桥面板,如图 2.3-2 所示。

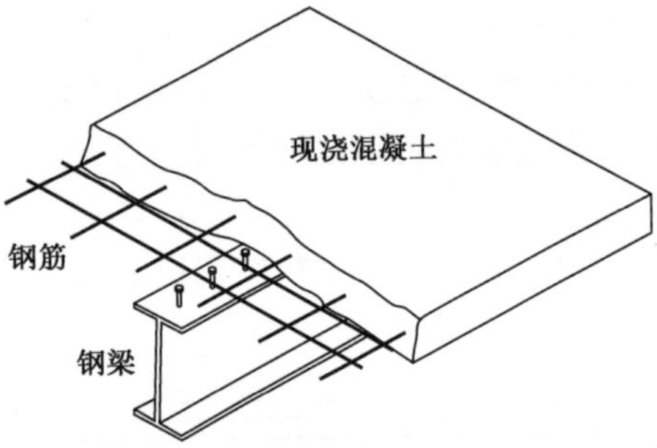

图 2.3-1 现浇混凝土桥面板

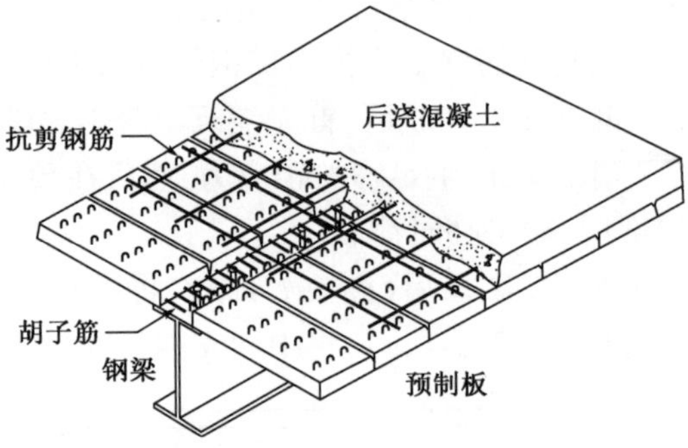

图 2.3-2 叠合板混凝土桥面板

叠合板桥面板具有构造简单、施工简便、受力性能好等优点。叠合板混凝土桥面板中的预制板在施工过程中可以作为底模,承受施工荷载和湿混凝土的质量。当后浇混凝土硬化后,预制板部分则可以作为桥面板的一部分承受组合梁的整体弯矩和轮压下的局部荷载。预制板内需要按照设计要求配置抵抗正弯矩作用的受力钢筋,在后浇层中则需要在垂直梁轴方向配置跨越梁轴的负弯矩钢筋。当后浇混凝土达到一定强度时,下端焊在钢梁翼缘上,上端埋入现浇混凝土中的栓钉连接件,可通过槽口部分的混凝土使叠合板(包括预制板和后浇混凝土)与钢梁连成整体共同工作。

3)预制混凝土桥面板

钢-混凝土组合梁桥也可以采用预制混凝土桥面板。钢梁架设完成后可以直接安装预制混凝土桥面板,然后在预制板预留的槽口处浇筑混凝土,使钢梁与预制混凝土桥面板连成整体。预制混凝土桥面可以减少现场的湿作业量,施工速度快。预制钢筋混凝土桥面板的一般构造如图 2.3-3 所示。

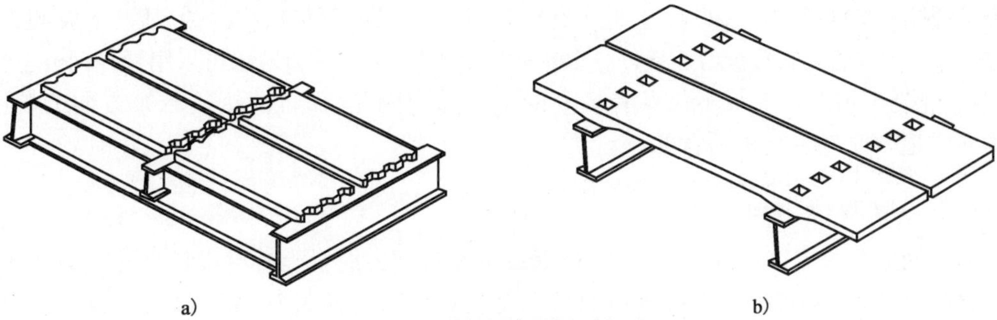

图 2.3-3　预制钢筋混凝土桥面板

预制混凝土桥面板可降低混凝土收缩徐变引起的附加应力，并可减少对板的临时支撑。预制板之间的湿接缝混凝土应选择收缩性较小或具有收缩补偿性能的微膨胀混凝土，并且要有良好的养护措施。为了减少收缩和徐变的影响，预制钢筋混凝土板在安装前通常需要至少放置三个月以上。

4）压型钢板混凝土组合桥面板

近年来，压型钢板在我国的应用越来越广泛，尤其是在高层建筑中的应用越来越多。欧洲规范4已将压型钢板混凝土组合板作为桥面板的一种形式。压型钢板在施工阶段可以代替模板。在建筑结构中，对于带有压痕和抗剪键的开口型压型钢板以及近年来发展起来的闭口型和缩口型压型钢板，还可以代替混凝土板中的下部受力钢筋。但对于桥梁结构，由于桥面板受动力荷载作用较大，因此不宜考虑压型钢板的受力作用，混凝土板内仍需要配置下部受力钢筋。压型钢板混凝土组合桥面板的典型构造如图 2.3-4 所示。

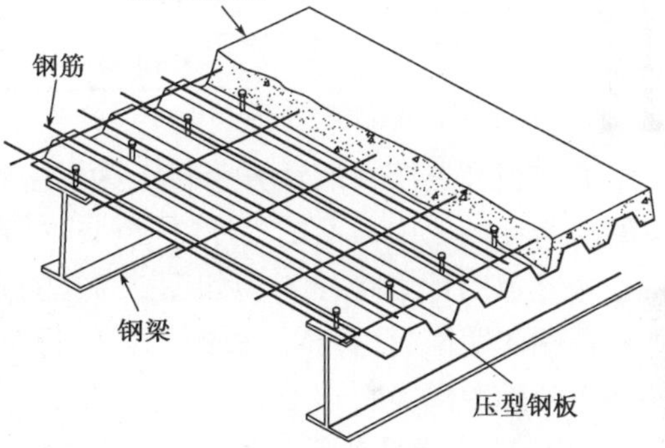

图 2.3-4　压型钢板组合桥面板的典型截面形式

5）钢板-混凝土组合桥面板

在采用钢板梁或开口钢箱梁的组合梁桥中，钢梁上翼缘与混凝土桥面板相接触的面积较窄，上翼缘在垂直于刚梁方向的受力作用可以忽略。如果钢梁上翼缘较宽以至于在主梁之间横向连通，或对于闭口钢箱梁的上翼缘，钢板在横向的受力作用将不可忽略。此时，如能通过构造措施将钢板与混凝土桥面结合成整体，则可形成钢板-混凝土组合桥面板，如图 2.3-5 所示。

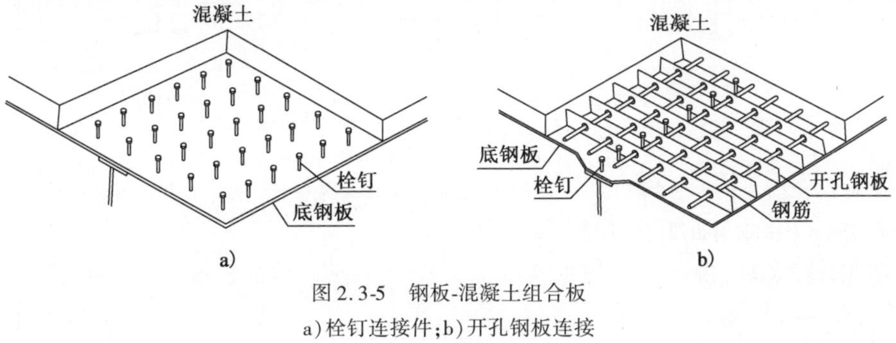

图 2.3-5　钢板-混凝土组合板
a）栓钉连接件；b）开孔钢板连接

为了抵抗由局部荷载引起的剪力，避免钢板的剥离和屈曲，并降低腐蚀的风险，钢板-混凝土组合板的全部面积内需要布置抗剪连接件。采用的抗剪连接件除栓钉外，也可采用开孔钢板连接件。

钢板-混凝土组合桥面板不仅具有较高的承载力及刚度，而且能抵抗各个方向的拉应力，因此也非常适合于异形桥的桥面板。

2.3.2　桥面板构造要求

桥面板构造要求应符合现行《公路钢筋混凝土及预应力混凝土桥涵设计规范》(JTG 3362—2018)的相关规定。钢筋混凝土桥面板的最小厚度必须满足表 2.3-1 的要求，并且车行道部分的桥面板厚度不得小于 200mm。

车行道部分钢筋混凝土桥面板的最小厚度(mm)　　表 2.3-1

桥面板的类型		桥面板的跨度方向	
		垂直于行车方向	平行于行车方向
简支板		$40L+110$	$65L+130$
连续板		$30L+110$	$50L+130$
悬臂板	$0<L\leq0.25$m	$280L+160$	$240L+130$
	$L>0.25$m	$80L+210$	

注：L 为桥面板活载计算跨径(m)。

简支板和连续板的计算跨径 L 为沿主筋方向的支承梁间的距离，但是不得大于沿主筋方向的净跨径与跨中断面的板厚之和(图 2.3-6a)。

悬臂板的计算跨径 L 为如图 2.3-6b)所示，计算恒载弯矩时 L 取翼缘悬臂部分的 1/2 处到悬臂端的距离；计算桥面板的跨径与行车方向垂直情况下的活载弯矩时，L 取翼缘悬臂部分的 1/2 处到距离缘石边缘 25cm 处的距离；计算桥面板的跨径与行车方向平行情况下的活载弯矩时，L 取翼缘悬臂部分的 1/2 处到距离板端 10cm 处的距离。

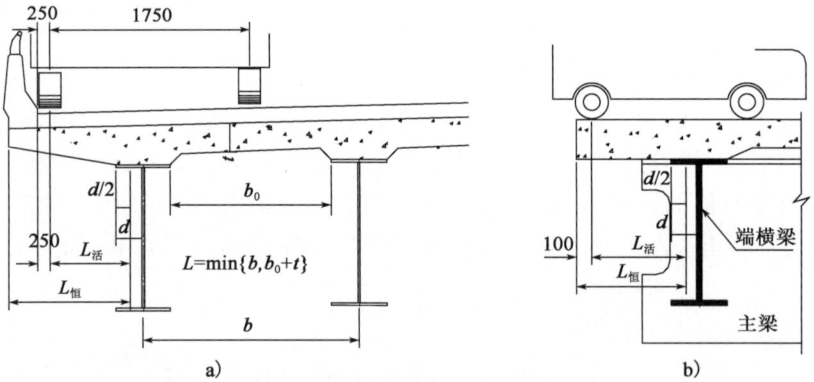

图 2.3-6　桥面板计算跨径 L(尺寸单位：mm)

a)横桥方向；b)顺桥方向

t-板厚；b_0-沿主筋方向的净跨径；b-沿主筋方向的支承梁间的距离；d-翼缘悬臂长度；$L_活$-计算活载弯矩时，悬臂板的计算跨径；$L_恒$-计算恒载弯矩时，悬臂板的计算跨径

当主梁间距较大时，桥面板可根据实际需要设置承托。桥面板设置承托时，其外形尺寸及构造应符合下列规定(图 2.3-7)：

(1)当承托高度在 80mm 以上时,应在承托底侧布置横向加强钢筋。

(2)承托边至连接件外侧的距离不得小于 40mm,承托外形轮廓应在由最外侧连接件根部起的 45°角线的界限以外。

(3)承托中横向钢筋下部水平段距钢梁上翼缘应不大于 50mm,剪力连接件抗掀起端底面高出横向钢筋的距离 h_{e0} 不得小于 30mm,横向钢筋间距不应大于 $4h_{e0}$ 且不应大于 300mm。

(4)对不设承托的组合梁,桥面板中的横向钢筋也应满足本条第(3)款的构造要求。

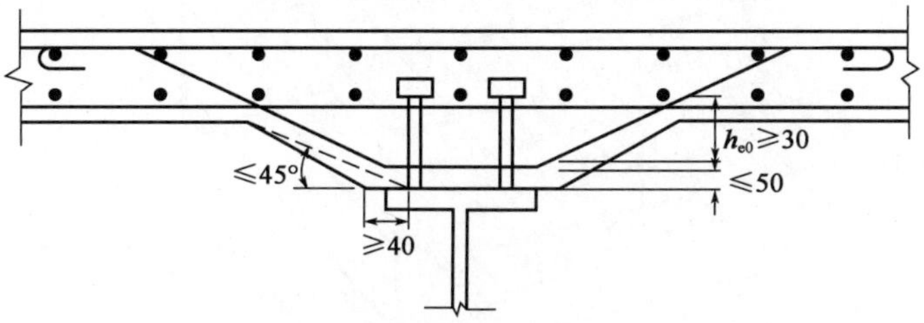

图 2.3-7　承托构造图(尺寸单位:mm)

钢筋混凝土桥面板悬臂部分的截面采用图 2.3-8 所示的直线变化形式,并且在板底设置阻水凹槽。当桥面板的悬臂部分较大时,宜在主梁外侧设置悬臂托梁。并且在悬臂托梁的梁端设置边纵梁,边纵梁必须设置在阻水凹槽的内侧。当桥面板设置悬臂托梁时,桥面板悬臂部分可以做成如图 2.3-8c) ~ f)所示的形式。

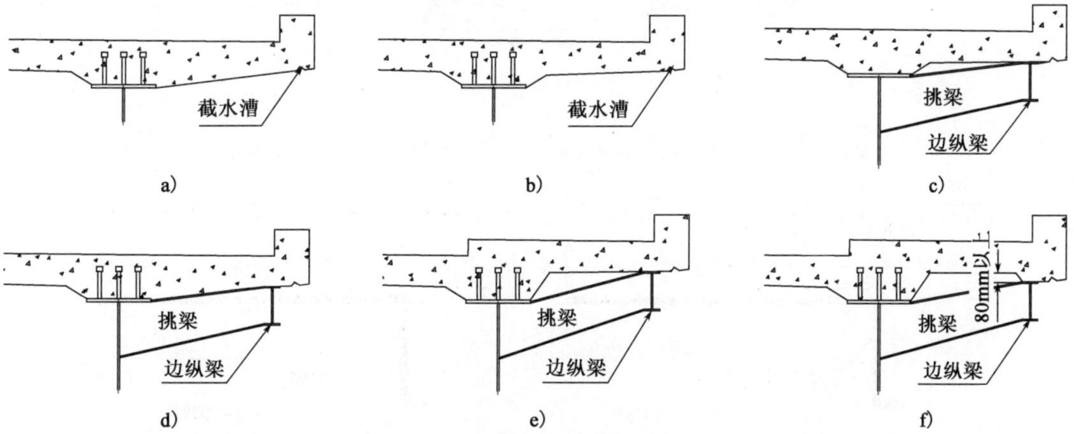

图 2.3-8　钢筋混凝土桥面板悬臂部分构造

主梁端部桥面板必须加强,采用增加梁端桥面板板厚(图 2.3-9)、加强配筋,或者钢结构的方法提高主梁端部桥面板承载力。当梁端桥面板悬出部分很大时,可设置端托架,端横梁与端托架等应能够独立地承担车轮荷载。

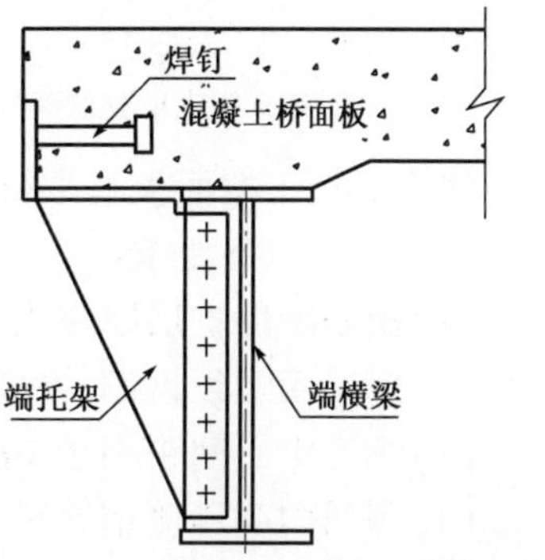

图 2.3-9　梁端桥面板厚加与端托架

2.3.3　配筋要求

钢筋混凝土桥面板应配主要受力方向的主筋、与主筋垂直或斜交的分布筋、梗肋加强筋和梁端桥面板加强筋等(图 2.3-10)。

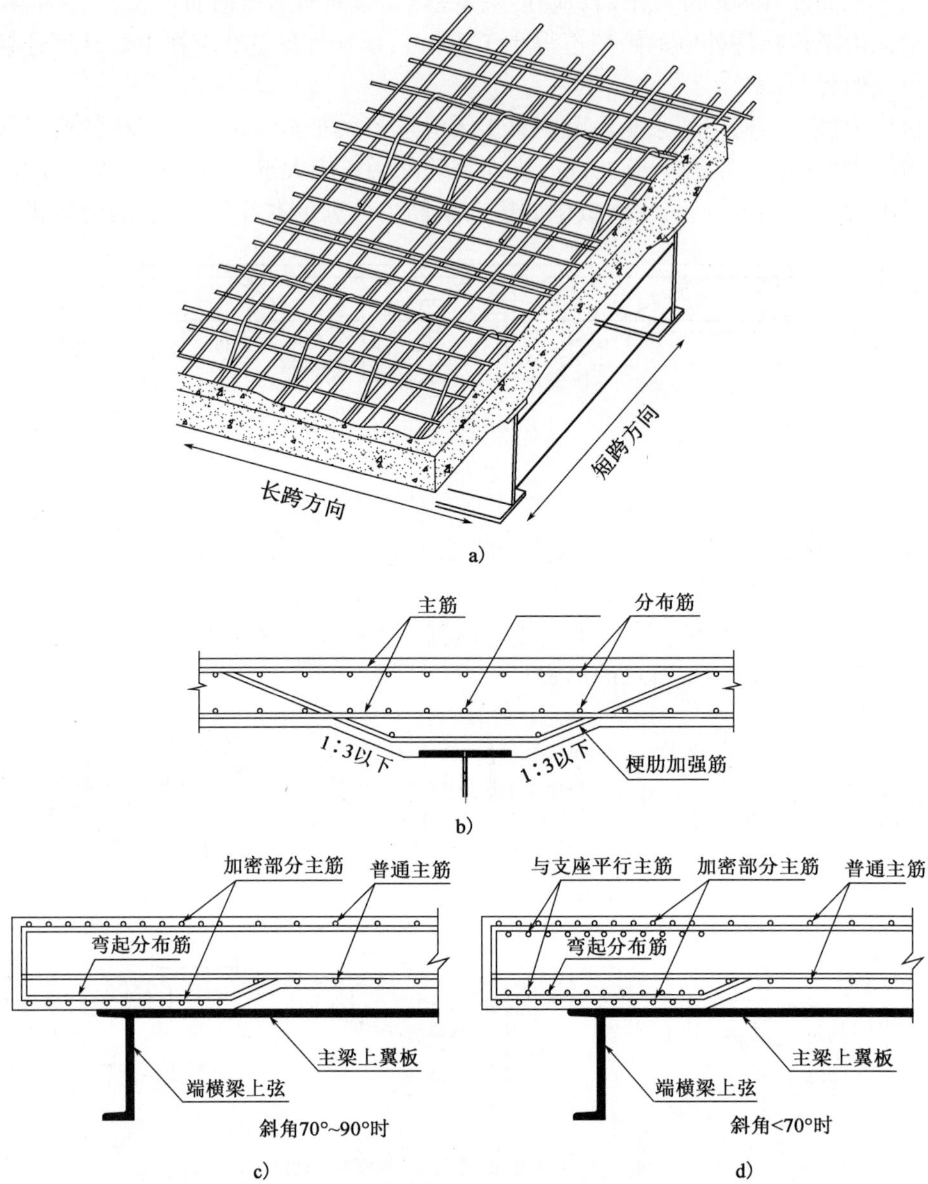

图 2.3-10　钢筋混凝土桥面板配筋示意图

a)配筋示意图;b)梗肋部分配筋;c)斜桥梁端配筋(斜角 70°～90°);d)斜桥梁端配筋(斜角 <70°)

钢筋混凝土桥面板基本组合作用下的最大钢筋应力不应大于 160MPa。钢筋混凝土桥面板配筋应满足以下要求：

(1)钢筋净保护层厚应大于 3cm。

(2)应采用螺纹钢筋,主筋和分布钢筋直径宜大于 16mm。

(3)钢筋中心间距小于 10cm 但不大于 30cm,且受拉主筋间距不得超过桥面板的总厚度。

(4)截面内受压侧钢筋不应少于受拉主筋的 1/2。

(5)桥面板梗肋高度大于 8cm 时,梗肋内需要设置直径不小于 16mm 的构造钢筋,钢筋间距不得大于桥面板下缘钢筋间距的 2 倍。

(6)梁端桥面板无端部支承时,从梁端到 1/2 桥面板跨度范围内,桥面板横桥向钢筋用量应不小于同等跨径连续板或简支板所需主筋用量的 2 倍。

(7)梁端悬臂部分的桥面无端横梁或端托架等支承时,梁端悬臂板的钢筋用量应不小于普通悬臂板所需钢筋用量的 2 倍。

2.3.4　钢筋混凝土桥面板的最小厚度

组合钢板梁的桥面板通常采用钢筋混凝土桥面板。法国《Steel-Concrete Composite Bridges Sustainalbe Design Guide》规定:当桥面宽度为 7 ~ 8m 时,桥面板可采用等厚度 25cm,当桥面跨度大于 8m 但小于 15m 时,需要在钢主梁处设置承托,厚度 35 ~ 45cm,跨中和悬臂端 25cm。当桥面宽度超过 15m 时,可施加横向预应力。但是施加预应力会增加施工难度,同时随着桥面宽度增加和跨度增大,混凝土桥面板厚度增加,从而给钢主梁施加了很大的恒载。通常是通过设置大横梁,把桥面板设置为纵向承重体系,桥面板在横向和纵向均按照等厚度 25cm 左右设置。

根据日本《道路桥示方书》,钢筋混凝土桥面板的最小厚度如表 2.3-2 的规定,其中 L 为轮荷载作用下的计算跨度,单位取 m。预应力混凝土桥面板当预应力钢筋沿跨度方向布置时,其最小厚度在承重方向与车道方向垂直的情况下是表 2.3-2 规定的 90%;承重方向与车道方向平行的情况下是表 2.3-2 规定的 65%。但是桥面板车道部分的最小厚度不能低于 160mm,悬臂板端部的最小厚度还要保证达到根部最小厚度的 50% 以上。

钢筋混凝土桥面板的最小厚度(mm)　　表 2.3-2

桥面板的形式	承重方向与车道方向垂直		承重方向与车道方向平行
简支板跨中	$40L+110$		$65L+130$
连续板跨中	$30L+110$		$50L+130$
悬臂板根部	$0<L\leq 0.25$	$280L+160$	$240L+130$
	$L>0.25$	$80L+210$	

这里规定的最小厚度是在一般条件下的取值,当重载车辆的交通量比较大时应相应加大厚度,确保桥面板的刚度及耐久性。

2.4　桥面板与钢梁的连接

钢与混凝土的结合应采用连接件。连接件应确保钢与混凝土有效结合,共同承担作用力,并具有一定的变形能力。常用连接件形式有焊钉连接件和开孔板连接件(图 2.4-1)。在通过充分研究且验证具有足够结合性能的情况下,可采用其他可靠的连接形式。

钢与混凝土桥面板应选用焊钉连接件;槽形钢梁和钢箱梁底板与混凝土结合,宜选用开孔板连接。采用预制混凝土构件与钢构件结合时,可将焊钉连接件集中配置在混凝土构件预留孔中,并应考虑群钉效应对连接件承载性能的影响。焊有连接件的钢板厚度不应小于焊钉直径的 0.5 倍,也不应小于开孔板连接件或型钢连接件的板厚。

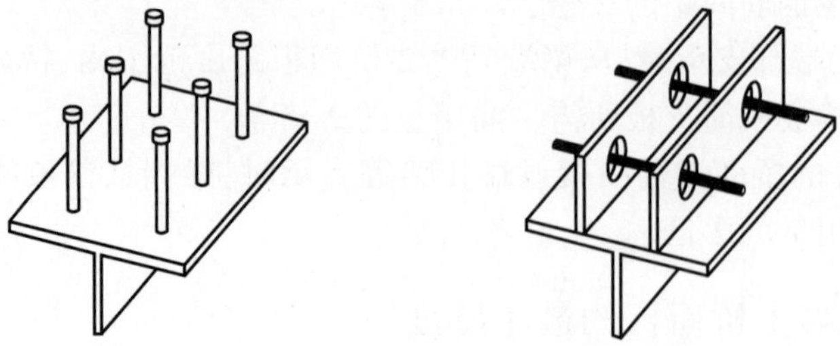

图 2.4-1　常用连接件形式

a) 焊钉连接件；b) 开孔板连接件

2.4.1　焊钉连接件

焊钉的构造应符合下列要求：

(1) 焊钉连接件的材料、机械性能以及焊接要求应满足《电弧螺柱焊用圆柱头焊钉》(GB/T 10433)的规定。

(2) 焊钉连接件的最大中心间距不宜大于 3 倍混凝土板厚度，且不宜超过 300mm。

(3) 焊钉连接件剪力作用方向上的间距不应小于焊钉直径的 5 倍，且不得小于 100mm；剪力作用垂直方向的间距不应小于焊钉直径的 2.5 倍，且不得小于 50mm。

(4) 焊钉连接件的外侧边缘与钢板边缘的距离不应小于 25mm。

(5) 受压钢板边缘与相邻最近的焊钉连接件边缘距离不应大于 $7t_f\sqrt{\frac{345}{f_y}}$；圆柱头焊钉连接件横向间距不应大于 $18t_f\sqrt{\frac{345}{f_y}}$，其中 t_f 为焊接位置处的钢板厚度。

(6) 焊钉连接件直径不宜大于焊接处钢板厚度的 1.5 倍。

2.4.2　开孔板连接件

开孔板连接件的构造应符合下列要求：

(1) 开孔板连接件多列布置时，相邻开孔板连接件的间距不宜小于开孔板高的 3 倍。

(2) 开孔板连接件的钢板厚度不宜小于 12mm。

(3) 开孔板连接件的孔径应大于孔中贯通钢筋直径与混凝土集料最大粒径之和。

(4) 开孔板连接件的孔中贯通钢筋应采用带肋钢筋，其直径不宜小于 12mm。

(5) 开孔板连接件的相邻两孔最小边缘间距应满足下式要求：

$$e > \frac{V_{pu}}{2tf_{vd}}$$

式中：e——开孔板连接件的相邻两孔最小边缘间距(mm)；

V_{pu}——承载能力极限状态下开孔板连接件抗剪承载力设计值(N)；

t——开孔板连接件的板厚(mm)；

f_{vd}——钢板抗剪强度设计值(MPa)。

2.5 负弯矩区受力特性研究

钢-混凝土组合梁在建筑结构和桥梁工程中得到了越来越广泛的应用。在多跨桥梁中采用连续组合梁是比较经济可行的方案。连续组合梁在中间支点附近存在负弯矩区,负弯矩区的存在使得钢梁底部容易屈曲、混凝土板容易开裂,导致结构的承载力和耐久性降低。针对连续组合梁负弯矩区的受力特点,国内外学者进行了大量研究,得到一些有效合理的方法,如针对钢梁底板容易失稳特点,采用了加大底板厚度和加劲肋尺寸的方法;为了避免混凝土开裂,采用了施加预应力、使用剪力连接件和优化施工顺序等方法。另外,采用允许混凝土开裂但是限制裂缝宽度的设计理念可以大大提高连续组合梁的经济性。

组合梁桥由于自身优点显著,逐渐在桥梁工程中被大量使用。目前,国内外对连续梁负弯矩力学性能的研究主要是针对工字形钢板组合梁和矩形钢箱组合梁开展的,主要集中在静力性能方面,对组合梁负弯矩区疲劳力学方面研究较少。连续组合梁中间支座的负弯矩区混凝土受拉开裂,导致组合梁的刚度变化和内力重分配,使得组合梁的负弯矩区域受力较为复杂并呈现高度非线性特征。鉴于钢与混凝土组合梁负弯矩区受力复杂,该部位裂缝的发生与发展对连续梁刚度变化以及内力重分配的影响需仔细研究。

2.5.1 关于钢筋混凝土桥面板结构裂纹控制的研究

2.5.1.1 钢筋混凝土结构裂纹机理的分析理论

1)黏结—滑移理论

黏结—滑移理论被视为最经典的裂纹分析理论,最早由 D. Watstein 等国外学者从钢筋混凝土轴心受拉试验中提出并推广而来。钢筋与混凝土之间的黏结性是该理论裂纹控制的主导思想,即裂纹的产生导致该截面混凝土释放的应力转由钢筋承担,钢筋与混凝土之间的协调变形遭到破坏,二者发生相对滑移。以钢筋混凝土轴心受拉结构分析为例,裂纹产生后钢筋与混凝土沿结构轴线的分布如图 2.5-1 所示。

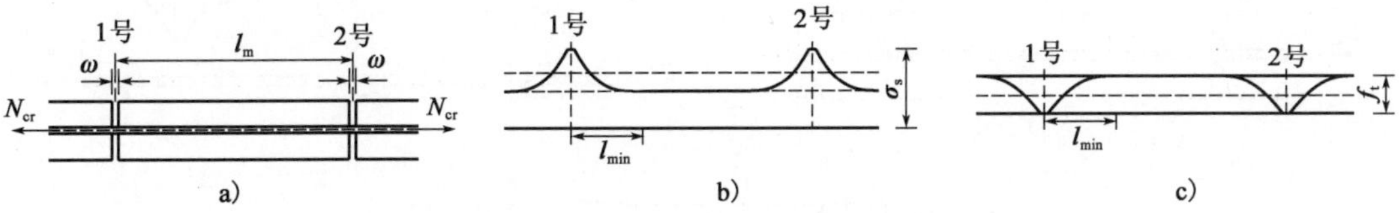

图 2.5-1 黏结—滑移理论裂纹机理

a)结构裂纹示意;b)钢筋应力分布;c)混凝土应力分布

N_{cr}-开裂荷载;σ_s-钢筋应力;l_m-1 号裂纹与 2 号裂纹距离

当 1 号裂纹出现在混凝土抗拉强度最薄弱位置时,该裂纹处钢筋拉应力沿结构轴线达峰值,由于钢筋与混凝土之间的黏结性,混凝土沿裂纹两面收缩一定距离 ω 后即受到钢筋的约束,而该约束只影响到裂纹开裂处的部分区域,随着到 1 号裂纹截面的距离变远,钢筋的约束减小,混凝土的回缩从而变得衰弱,当距离达到应力传递长度 l_{min} 时,钢筋对混凝土已无约束,钢筋和混凝土又开始遵循无裂纹阶段时的应力状态。在 1 号裂纹截面两侧的 l_{min} 长度内,由于

混凝土拉应力 σ_c 达不到其极限强度 f_t，所以难有裂纹继续产生，而在 l_{min} 长度之外当 $\sigma_c = f_t$ 时，即产生图示的 2 号裂纹，同样，当两裂纹间距小于 $2l_{min}$ 时，其间一般无裂纹产生。该理论说明：钢筋与混凝土之间的黏结滑移性直接关系到结构的耐久性能。

2）无滑移理论

由于黏结—滑移理论所做的诸如钢筋处的裂纹宽度与结构表面相同的假设与诸多的试验结果不相符，国外的 G. D. Base 和 J. B. Read 等学者正是在认识到黏结—滑移理论不足之处的基础上建立了无滑移理论。以钢筋混凝土轴心受拉结构分析为例，该理论的假定如图 2.5-2 所示。

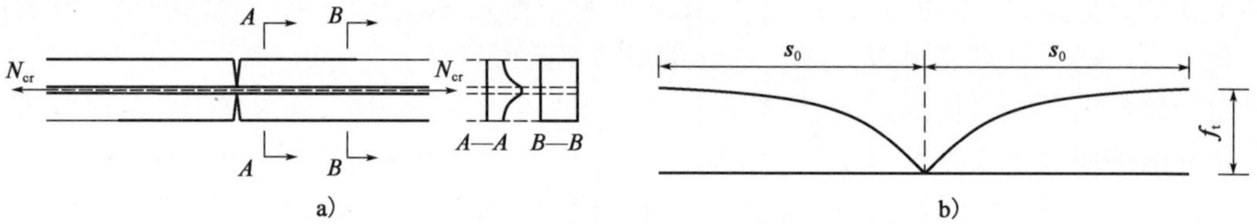

图 2.5-2　无滑移理论裂纹机理

a）结构裂纹示意及截面应变分布；b）表面混凝土应力

s_0-应力传递长度；f_t-混凝土抗拉极限强度

无滑移裂纹机理分析理论表明：在比较小的裂纹宽度下，钢筋与混凝土之间的黏结性能并不会受到所产生裂纹的破坏，因此可以认为结构相对滑移量较小，从而导致了钢筋处的裂纹宽度显著小于结构表面。

3）综合理论

实际构件的裂纹宽度同时受到钢筋与混凝土之间黏结滑移性能及裂纹截面内外应力变化的影响，钢筋与混凝土只在裂纹局部区域内有较小的相对滑移 ω_s，而在其他大部分的黏结长度内不发生滑移，据此，学者们又将黏结—滑移理论与无滑移理论相结合，提出了裂纹机理的综合理论。以钢筋混凝土轴心受拉结构分析为例，裂纹机理的综合分析见图 2.5-3。

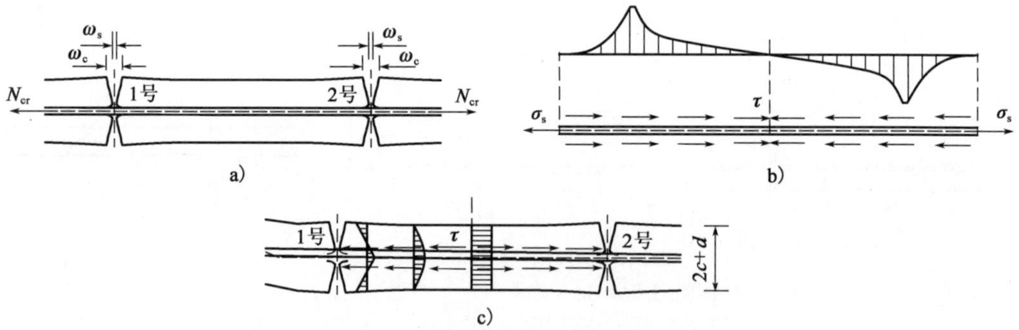

图 2.5-3　无滑移理论裂纹机理

a）结构裂纹示意；b）钢筋应力分布；c）混凝土应力分布

d-钢筋直径；τ-剪应力；ω_s-裂纹宽度

由于图示 1 号、2 号主裂纹的出现，在裂纹截面方向，两条裂纹的宽度均随着裂纹面的高度 c 变化，对这一现象的解释为：混凝土在钢筋周边为拉应力，向结构外缘逐渐变小，并最终转化为压应力（此即为裂纹平面应变梯度现象），而两条裂纹的中截面处钢筋与混凝土继续保持变形协调，其应力分布较为均匀，这样的应力分布状态导致结构表面的混凝土纵向收缩变形增大，而钢筋位置处变小。也就说明：钢筋与混凝土之间黏结力的存在，对钢筋周边的混凝土发展造成显著约束，且距离愈近，影响愈大。

2.5.1.2 国内外关于裂纹发展控制的规定

混凝土结构一旦产生裂纹，势必威胁到混凝土所包裹钢筋的性能。在现行的关于钢筋混凝土结构设计的各种规范中，主要是通过结构正常使用极限状态的验算，采用裂纹开展宽度的控制来保证结构的耐久性。由于裂纹产生的原因及发展过程错综复杂，各国学者对裂纹宽度值的控制标准也各有所异，但都建立在上述裂纹机理的黏结—滑移理论、无滑移理论及综合理论基础之上。下面就有关国家主要规范关于裂纹发展的控制方法做简单的介绍。

1）中国《混凝土结构设计规范》（GB 50010—2010）

按照荷载效应的标准组合（PC，用于不可逆正常使用极限）或准永久组合（RC，用于长期效应作为决定因素的正常使用极限），并把长期荷载作用考虑在内，《混凝土结构设计规范》（GB 50010—2010）列出了截面形式为矩形、T形及I形的钢筋混凝土结构在受弯、受拉、偏心受压等受力过程中的最大裂纹宽度计算公式：

$$\omega_{max} = \alpha_{cr}\psi\frac{\sigma_{sk}}{E_s}\left(1.9c_s + 0.08\frac{d_{eq}}{\rho_{te}}\right) \tag{2.5-1}$$

$$\psi = 1.1 - 0.65\frac{f_{tk}}{\rho_{te}\sigma_s} \tag{2.5-2}$$

式中：α_{cr}——结构受力特性系数；

ψ——裂纹面之间主筋应变不均匀系数，按上述公式计算，其中当 $\psi<0.2$ 时，取 $\psi=0.2$，当 $\psi>1$ 时，取 $\psi=1$；

σ_{sk}——结构纵向主筋应力；

E_s——结构纵向受拉弹性模量；

c_s——结构外部主筋边缘至混凝土受拉外缘的距离，其中当 $c_s<20$mm 时，取 $c_s=20$mm，当 $c_s>65$mm 时，取 $c_s=65$mm；

d_{eq}——纵向主筋等效直径；

ρ_{te}——纵向主筋的截面配筋率，其中计算结构最大裂纹宽度时，若 $\rho_{te}<0.01$，取 $\rho_{te}=0.01$。

2）中国《公路钢筋混凝土及预应力混凝土桥涵设计规范》（JTG D62—2004）

在对钢筋混凝土结构不断地试验研究、理论推导的基础之上，《桥规》（JTG D62）对原规范作了适当调整，其规定截面形式为矩形、T形及I形的钢筋混凝土结构特征裂纹宽度采用如下公式来计算：

$$\omega_f = C_1C_2C_3\frac{\sigma_{ss}}{E_s}\left(\frac{30+d}{0.28+10\rho}\right) \tag{2.5-3}$$

式中：C_1——纵向主筋表观形状系数，若为光圆钢筋时，取 $C_1=1.4$，若为带肋钢筋时，取 $C_1=1.0$；

C_2——荷载长期效应影响系数，$C_2=1+0.5M_L/M_S$，其中 M_L 和 M_S 分别为按荷载长期效

应组合和短期效应组合所计算的弯矩值(或轴力值);

C_3——与结构形状(或受力特性)相关的系数,其中若结构分别为板式受弯构件、其他受弯结构、偏心受压结构、偏心受拉结构时,则分别取 $C_3=1.15$、1.0、0.9、1.1;

σ_{ss}——由荷载短期效应组合所引起,结构开裂截面上纵向受拉主筋应力,根据受力特性采用合适的计算方法;

E_s——结构纵向受拉弹性模量;

d——结构纵向主筋直径,当所采用的钢筋直径不相同时,此时 d 可以采用换算直径 d_e 取而代之;

ρ——纵向主筋截面配筋率,其中若 $\rho>0.02$ 时,取 $\rho=0.02$,若 $\rho<0.006$ 时,取 $\rho=0.006$。

3)美国《钢筋混凝土房屋建筑规范》(ACI 318-08)

根据 R. J. Frosch 基于无滑移理论所推导的短期荷载效应下钢筋混凝土结构最大裂纹宽度公式,美国规范 ACI 318-08 采用限定钢筋间距的方法来控制裂纹宽度的发展,即靠近混凝土受拉边缘的纵向钢筋间距 s 满足下式:

$$\omega_s = 2\frac{f_s}{E_s}\sqrt{d_c^2+d_s^2} \tag{2.5-4}$$

$$s \leqslant 15\left(\frac{40000}{f_s}\right)-2.5c_s \qquad s \leqslant 12\left(\frac{40000}{f_s}\right) \tag{2.5-5}$$

式中:d_c——外层受拉纵向主筋至结构受拉底面距离(mm);

d_s——外层受拉纵向主筋至结构受拉侧面距离(mm);

f_s——纵向受拉主筋应力(MPa);

c_s——结构受拉底面至最近的纵向受拉主筋距离(mm)。

4)欧洲《混凝土结构设计规范》(EN 1992-1-1:2004)

基于上述的裂纹发展机理的综合理论,欧洲规范 EN 1992-1-1:2004 通过特征裂纹宽度 ω_k 来控制裂纹的发展,ω_k 根据下式计算:

$$\omega_k = S_{r,max}\frac{\sigma_s-\kappa_t\dfrac{f_{ct,eff}}{\rho_{p,eff}}(1+\alpha_e\rho_{p,eff})}{E_s} \tag{2.5-6}$$

$$S_{r,max}=\begin{cases}\dfrac{k_3+k_1k_2k_4d}{\rho_{p,eff}} & s\leqslant 5(c+d/2)\\ 1.3(h-x) & s\geqslant 5(c+d/2)\end{cases} \tag{2.5-7}$$

式中:$S_{r,max}$——最大裂纹间距,按式(2.5-7)进行取值;

σ_s——裂纹截面处纵向受拉主筋应力(MPa);

κ_t——荷载长期或短期效应系数,其中短期效应时,取 $\kappa_t=0.6$;

$f_{ct,eff}$——混凝土即将开裂时平均抗拉强度(MPa);

$\rho_{p,eff}$——有效配筋率;

α_e——钢筋与混凝土的弹模比;

d——钢筋直径(mm);

k_1——钢筋与混凝土的黏结特性系数,其中对于高黏结性带肋钢筋,取 $k_1=0.8$,对于低黏结性光圆钢筋,取 $k_1=1.6$;

k_2——应变分布系数,其中对于受弯结构,取 $k_2=0.5$;

k_3、k_4——取 $k_3=3.4$ 及 $k_4=0.425$;

h——结构截面高度(m);

x——正常使用状态下结构的受压区高度(m)。

5)国内外关于裂纹控制方法的比较

我国及欧洲现行的相关规范主要是基于黏结滑移—无滑移综合分析理论对裂纹宽度发展进行研究、控制,对于配置400MPa级及以上的高强度钢筋混凝土结构,裂纹发展机理的综合理论分析结果与实际值偏差较大,而美国相关规范在无滑移理论基础之上建立起来的裂纹分析理论及所采纳的相关公式能与实际数据较好地吻合;对于配置400MPa以下普通钢筋的混凝土结构,我国规范所采用的最大裂纹宽度公式计算结果与实际结果吻合度最高,欧洲规范次之,而美国规范精度则最差。

2.5.2 关于疲劳累积损伤模型的研究

应力循环引起的材料力学性能劣化称为疲劳损伤,当疲劳损伤趋于某一临界值时,材料发生疲劳破坏。疲劳累积损伤模型的意义在于揭示疲劳累积损伤的发展过程,建立可以量化的疲劳损伤的计算方法,对于材料疲劳寿命估算、结构抗疲劳设计有重要作用。

损伤力学将包含各种缺陷的材料视为一种包含“微损伤场”的连续介质,并将这种微损伤的形成与发展当成“损伤演变”过程,引入连续变化的损伤变量来描述损伤状态,并在满足力学和热力学基本公式和定理的条件下唯象地确定材料的损伤本构方程和损伤演变方程。

通常将损伤与失去完整性相联系,如形成微观裂纹、物理性能下降等。疲劳损伤在物理上的形式的多样性使得对疲劳强度和疲劳寿命的分析存在诸多困难。目前的疲劳累积损伤理论,从方法论上可以划分为宏观的疲劳累积损伤理论和基于某种损伤机制的、半分析的疲劳累积损伤理论;从事物的不确定性上可以划分为确定性疲劳累积损伤理论和疲劳累积损伤统计理论。

迄今为止,关于疲劳累积损伤发展过程的疲劳累积损伤理论和计算模型为数众多,但由于问题的复杂性,还没有一个令人满意的分析理论及方法。

2.5.2.1 线性疲劳累积损伤理论

最早提出的疲劳累积损伤理论是Palmgren-Miner线性疲劳累积理论。该理论将疲劳损伤 D 定义为使用应力下的循环次数 n 与该应力下的疲劳寿命 N 之间的比值:

$$D=\frac{n}{N} \tag{2.5-8}$$

在不同的应力幅值作用下发生疲劳破坏时有:

$$\sum\frac{n_i}{N_i}=1 \tag{2.5-9}$$

式中:n_i——i 级应力幅值的循环次数;

N_i——i 级应力幅值下的疲劳寿命。

Palmgren-Miner 线性疲劳累积理论中包含以下假定：①给定的应力循环每次引起等量的损伤；②累积损伤速度与以前的荷载历程无关；③加载顺序的变化不影响疲劳寿命。

大量试验证明，Miner 理论显著简化了疲劳破坏机理，不同的加载过程引起不同的内部结构变化，结构的损伤程度与疲劳累积损伤的过程也不一样。对于不同的加载历程，$\sum \frac{n_i}{N_i}$ 并不总等于 1，而是随着加载顺序、荷载水平而变化。

为此，很多学者对线性疲劳累积损伤理论进行修正，修正的理论表达式为：

$$D = \sum \frac{n_i}{N_i}a \tag{2.5-10}$$

Walter Schutz 认为疲劳破坏时的临界损伤不一定等于 1，应该按照试验的结果或经验确定临界损伤值。

2.5.2.2 双线性疲劳累积损伤理论

线性疲劳累积损伤理论没有考虑疲劳损伤的阶段性，将疲劳损伤过程中裂纹产生和裂纹发展的过程用一个线性方程描述。Grover 和 Manson 在 Miner 理论的基础上，提出了双线性疲劳累积损伤理论。Manson 将疲劳寿命分为两个阶段分别描述：裂纹产生寿命 N_0 和裂纹扩展寿命 ΔN，疲劳总寿命 $N = N_0 + \Delta N$，并且 $\Delta N = 14N^{0.6}$。在此基础上，分别对两个阶段用线性累积损伤理论进行描述。

双线性疲劳累积损伤理论考虑了荷载顺序效应，也符合疲劳损伤在不同阶段发展规律不同的情况。但是，初始缺陷对疲劳裂纹扩展寿命有很大影响，不能简单用公式 $\Delta N = 14N^{0.6}$ 来描述，而且用裂纹产生和裂纹扩展来描述疲劳损伤的过程也不确切。

2.5.2.3 非线性疲劳累积损伤理论

线性疲劳累积损伤理论认为，无论在疲劳损伤的前期还是后期，相同的应力水平每次循环产生的损伤是一样的，而实际上，疲劳损伤并不一定是线性发展的。根据许多学者的研究，在低—高应力顺序作用下，由于低应力的锻炼 $\sum n_i/N_i$ 通常大于 1，而在高—低应力顺序作用下通常小于 1。为解释该现象，许多学者建立了非线性疲劳累积损伤规律。按照数学物理基础，可以将这些理论概括为：①基于损伤曲线法的非线性累积损伤理论，如 Macro-Starkey 理论，Manson 模型等；②基于材料物理性能退化概念的非线性累积损伤理论，其本质是选定一个合适的物理量作为疲劳损伤的度量，并根据该物理量的变化规律确定疲劳累积损伤的规律；③基于连续损伤力学概念的非线性累积损伤理论，如 Chaboche、方华灿等人的研究，该理论以热力学原理为背景，借助严密的数学、力学概念建立表征损伤演变规律的发展方程；④考虑荷载间相互作用效应的非线性累积损伤理论，如 Corten-Dolan 模型、Freudenthal-Heller 模型以及相关的修正模型，由 Bui-Buoc 提出的相关修正模型；⑤基于能量法的非线性累积损伤理论，如 Inglis、Haford 和 Niu 等人的研究结果。Macro S M 和 Starkey W L 将疲劳损伤定义为：

$$D = \sum \frac{n_i}{N_i^a} \tag{2.5-11}$$

式中：a 为大于1的与应力水平相关的常数，应力水平越高 a 越大，应力水平越低 a 越接近1。

对低—高应力顺序，损伤曲线为 $OBAP$：$D=\sum_{i=1}^{m}\frac{n_i}{N_i}=\frac{n_2}{N_2}+\left(1-\frac{n_i}{N_i}\right)>1$；对高—低应力顺序，损伤曲线为 $OBAP$：$D=\sum_{i=1}^{m}\frac{n_i}{N_i}=\frac{n_2}{N_2}+\left(1-\frac{n_i}{N_i}\right)<1$。损伤曲线法较好地解释了两级荷载作用下的顺序效应，但没有将损伤发展的两个阶段分开，实际上裂纹产生阶段与裂纹扩展阶段的疲劳累积损伤规律不相同。而且按照该曲线，疲劳荷载作用后期，高应力水平造成的损伤速率小于低应力水平，与实际情况不符合（图2.5-4）。

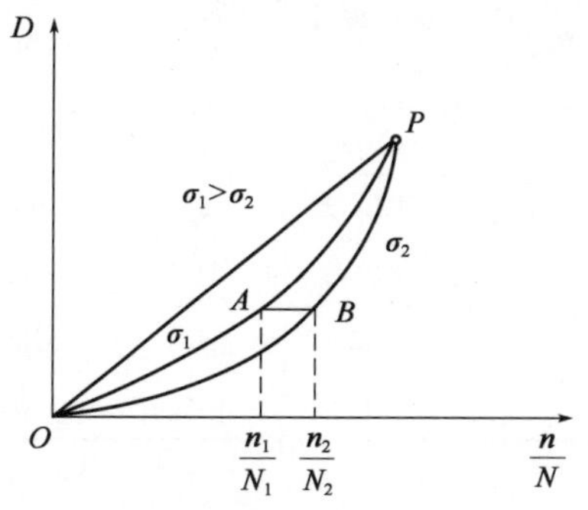

图2.5-4　疲劳损伤与循环比的指数关系图

2.6　负弯矩区受力特性试验研究

2.6.1　试验目的和意义

（1）负弯矩作用下，中支点组合截面弯矩、剪力都很大，受力复杂，会产生混凝土板受拉开裂、钢梁下翼缘受压失稳问题，须进行相关技术措施加以克服。

（2）组合结构桥梁实际运营阶段所承受的动荷载会使负弯矩区桥面板、钢混连接界面产生疲劳问题，有必要开展负弯矩区的疲劳力学性能研究。

（3）依托工程不施加预应力，允许负弯矩区混凝土截面开裂，有必要研究负弯矩区组合截面的开裂性能、裂缝发展、刚度退化规律，以及开裂控制措施。

2.6.2　负弯矩区静力性能试验研究

负弯矩区的力学性能试验共设计两种类型的试验梁，包括：栓钉连接件及PBL连接件，共计3片，用于静力性能试验。

（1）负弯矩区的构造形式研究，包括负弯矩区配置栓钉连接件及PBL连接件两种构造形式。

（2）负弯矩区开裂荷载、裂缝宽度发展、极限承载性能、荷载—挠度关系研究。

（3）通过布置应变仪（应变片）来研究钢梁、混凝土板、钢筋、剪力件加载过程中的受力性能。

2.6.2.1　试验梁的设计

1）试验梁参数设计

依托工程设计按照支点负弯矩区混凝土板不施加预应力，允许截面开裂，并通过提高纵向受拉钢筋配筋率来使混凝土保持较小的裂缝宽度原则来进行。试验梁的负弯矩区钢筋配筋率及最大应力与设计值保持基本一致，并考虑抗剪连接件类型、应力幅水平对疲劳力学性能的影响，试验梁具有相同的截面尺寸和跨径布置。组合梁试件设计如表2.6-1、表2.6-2和图2.6-1所示。

试验梁参数 表2.6-1

剪力件形式	试件编号	试件个数	总长 L (mm)	净跨 L_0 (mm)	b_c (mm)	h_c (mm)	纵向配筋率	栓钉或开孔间距(mm)	荷载幅(kN)
栓钉	SCB1-1	2	3900	3500	600	150	4.0%	100	静力
	SCB1-2	1	3900	3500	600	150	4.0%	100	250-25
	SCB1-3	1	3900	3500	600	150	4.0%	100	400-40
PBL	SCB2-1	1	3900	3500	600	150	4.0%	120	静力
	SCB2-2	1	3900	3500	600	150	4.0%	120	400-40

中截面相关应力计算值 表2.6-2

试件:SCB1-2(设计荷载225kN)							
状态Ⅰ(钢梁+混凝土)							
设计荷载	混凝土上翼缘	钢梁上翼缘	钢梁下翼缘	界面纵向剪力	栓钉		最大裂缝宽度
F(kN)	σ_{cu}(MPa)	σ_{su}(MPa)	σ_{sl}(MPa)	V(kN/m)	T_{sd}(kN)	τ_{sd}(MPa)	ω_m(mm)
$F_u=250$	10.21	9.24	-111.51	302.40	15.12	75.20	—
$F_o=25$	1.02	0.92	-11.15	30.24	1.51	7.52	—
$\Delta F=225$	9.19	8.32	-100.36	272.16	13.61	67.68	—
状态Ⅱ(钢梁+钢筋)							
设计荷载	上层钢筋	钢梁上翼缘	钢梁下翼缘	界面纵向剪力	栓钉		最大裂缝宽度
F(kN)	σ_{cu}(MPa)	σ_{su}(MPa)	σ_{sl}(MPa)	V(kN/m)	T_{sd}(kN)	τ_{sd}(MPa)	ω_m(mm)
$F_u=250$	130.02	68.06	-129.09	228.13	11.41	56.73	0.112
$F_o=25$	13.00	6.81	-12.91	22.81	1.14	5.67	0.011
$\Delta F=225$	117.02	61.25	-116.18	205.32	10.27	51.06	0.101
试件:SCB1-3(设计荷载360kN)							
状态Ⅰ(钢梁+混凝土)							
设计荷载	混凝土上翼缘	钢梁上翼缘	钢梁下翼缘	界面纵向剪力	栓钉		最大裂缝宽度
F(kN)	σ_{cu}(MPa)	σ_{su}(MPa)	σ_{sl}(MPa)	V(kN/m)	T_{sd}(kN)	τ_{sd}(MPa)	ω_m(mm)
$F_u=400$	16.34	14.78	-178.42	483.85	24.19	120.32	—
$F_o=40$	1.63	1.48	-17.84	48.39	2.42	12.03	—
$\Delta F=360$	14.71	13.30	-160.58	435.46	21.77	108.29	—
状态Ⅱ(钢梁+钢筋)							
设计荷载	上层钢筋	钢梁上翼缘	钢梁下翼缘	界面纵向剪力	栓钉		最大裂缝宽度
F(kN)	σ_{cu}(MPa)	σ_{su}(MPa)	σ_{sl}(MPa)	V(kN/m)	T_{sd}(kN)	τ_{sd}(MPa)	ω_m(mm)
$F_u=400$	208.04	108.90	-206.54	365.00	18.25	90.77	0.179
$F_o=40$	20.80	10.89	-20.65	36.50	1.83	9.08	0.018
$\Delta F=360$	187.24	98.01	-185.89	328.50	16.43	81.69	0.161

2)试验梁构造图

设计加工3片试验梁,考虑配筋率、抗剪连接件形等因素对负弯矩区力学性能的影响。图2.6-1为试验梁SCB2-1/SCB2-2构造图,研究剪力键类型对组合梁负弯矩区力学性能的影响。其中,开孔钢板高度为65mm,开孔直径为4cm,贯穿钢筋直径为12mm。

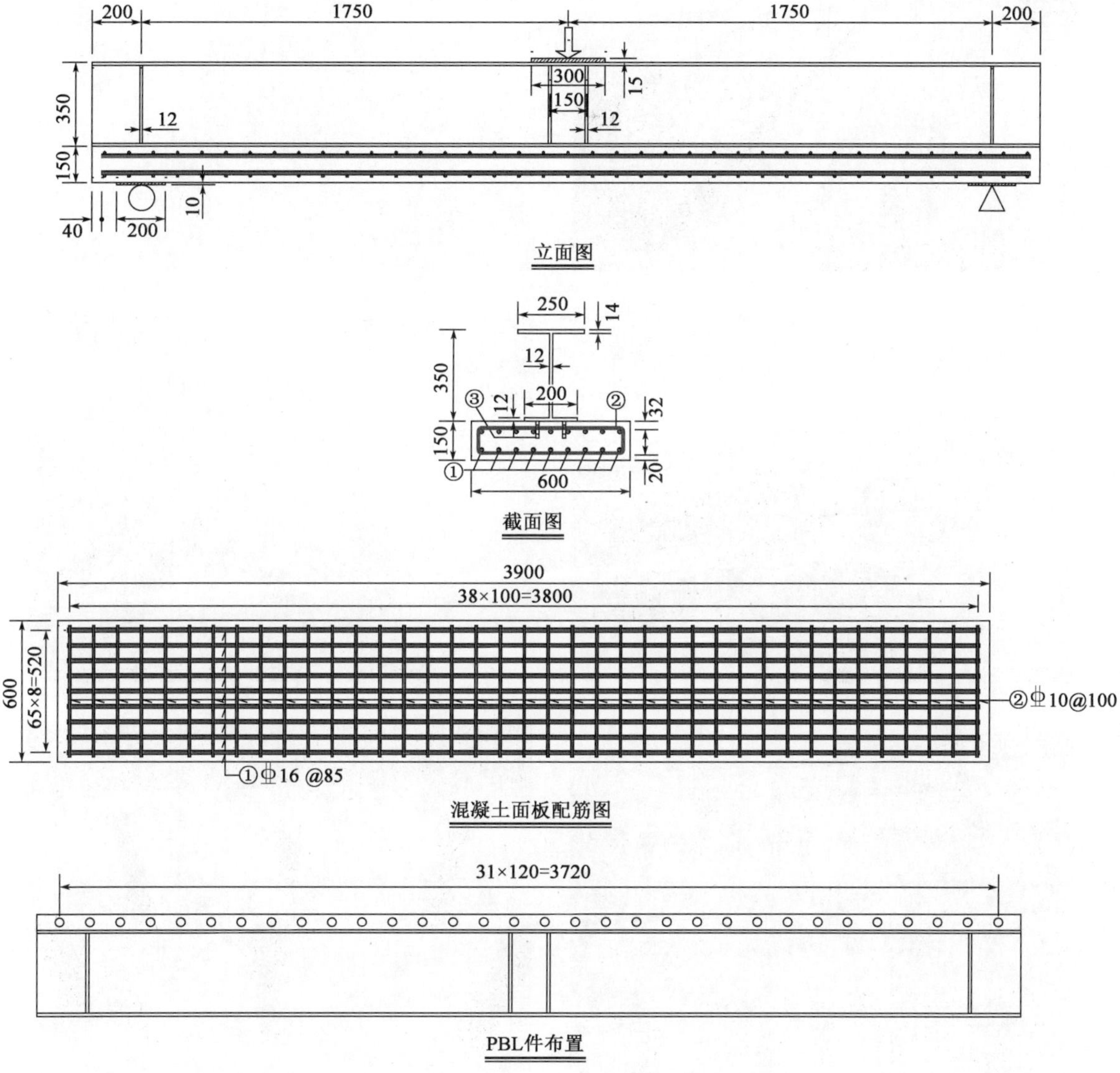

图2.6-1　试验梁SCB2-1/SCB2-2构造图(尺寸单位:mm)

2.6.2.2　试验梁的制作

试验梁制作的主要过程及相关注意点如下:

(1)模板制作及钢筋捆扎、入模对试验所用钢筋进行仔细除锈,相关人员严格按照表2.6-1所列配筋率及图2.6-1所示试验梁构造图进行钢筋骨架的捆扎,而后在钢筋指定位置处粘贴应变片;在严格按照尺寸要求制作的木模板中小心安置钢筋骨架,防止钢筋应变片的损坏,为了保证钢筋外缘的混凝土保护层厚度满足设计要求，在模板底部及侧面垫塞事先预制好的混凝土小试块。钢筋骨架的捆扎及安放结果如图2.6-2所示。

a)

b)

c)

d)

图2.6-2　钢筋应变片预埋

a)模板架立、钢筋骨架捆扎；b)钢筋骨架入模；c)钢筋应变片预埋；d)剪力件应变片预埋

(2)试验梁的浇筑。从木模板中引出钢筋应变片引线，将C50商品混凝土缓慢倾倒入模板内，在此过程中用插入式振捣棒进行振捣，保证振捣密实并避免发生过振现象，试验梁的现场浇筑如图2.6-3所示。

图 2.6-3　试验梁浇筑

a）商品混凝土进入浇筑场地；b）混凝土入模及振捣；c）混凝土表面收平；d）浇筑完成

在试验梁的浇筑过程中，同时按相关试验规程要求进行混凝土标准试件的制作，以备进行混凝土力学性能的测定，其中包括：3 个尺寸为 150mm × 150mm × 150mm 的立方体抗压试块，见图 2.6-4。

图 2.6-4　预留立方体试块

（3）试验梁的养护。为保证混凝土在适宜的条件下硬化，并避免收缩变形的发生，试验梁浇筑完成之后即用薄膜覆盖，每天用自来水喷洒养护，待三天后混凝土达到一定强度后拆去模板，并继续洒水养护；混凝土标准试件则放置在养护室内的进行养护，待一天后拆模，然后在标准养护条件下继续养护至 28 天进行材料性能试验。

2.6.3　试验梁的静力性能试验

2.6.3.1　试验梁的加载

在静力性能试验过程中，试验梁采用中点加载方式，试验主要受力装置包括反力架、活动铰支座、油泵、200t 液压千斤顶、荷载传感器等采用图 2.6-5 所示装置。

图 2.6-5　静力加载装置

加载工况如下：

(1)加载阶段的确定：在试验梁静力加载前，结合理论计算及 ANSYS 有限元软件进行结构受力全过程分析，确定各加载阶段。根据对所设计试验梁的计算结果可得，计算开裂荷载 P_{cr} = 7.0t，计算极限荷载 P_u = 95.0 ~ 100.0t。参照相关文献资料，为模拟构件在正常使用状态及超载状态下的力学性能，将加载阶段设定为 0 ~ P_{cr}(即相当于结构开裂)—0 ~ 50% P_u(即相当于设计荷载水平，该阶段进行一次循环加载)—0 ~ 70% P_u(即相当于超载状态，该阶段进行一次循环加载)—70% P_u ~ P_y(梁屈服荷载)。于是根据试验梁的计算开裂荷载及极限荷载，将试验梁的加载阶段确定为：(0 ~ 7.0t)—(0 ~ 50.0t)—(0 ~ 70.0t)—(70.0t ~ P_y)。实际开裂荷载、试验梁屈服荷载、最终极限荷载待试验加载过程中测定。

(2)试验梁的预加载：在正式加载之前，对试验梁施加 0 ~ 0.5t 的预压荷载，并且分三次进行，以保证结构进入正常工作阶段、试验装置和仪器正常工作。

(3)正式加载：根据《混凝土结构试验方法标准》(GB/T 50152—2012)有关规定确定试验梁加、卸载过程中荷载步的大小，进入正式加载时，各级荷载的施加应当保持缓慢平稳。在试验梁开裂之前，以 1.0t 的步长加载至 5.0t，而后荷载步减小至 0.5t，并密切关注钢筋、混凝土等应变值的变化情况，若有突变现象，即细致观测初始裂纹的出现；达到开裂荷载 P_{cr}后，荷载步长增至 2.0t，达到 50% P_u 后荷载步长增至 4.0t，并参照上述加载阶段进行循环加载；在试验梁出现屈服现象后荷载步长调整至 0.5t。在加载过程中应根据实际情况进行荷载步的调整，每级荷载至少持荷 10min，并在持荷阶段进行试验梁裂纹的观测、跟踪。加载后期注意试验梁挠度的变化，一旦位移计读数急剧增长或快达到其量程时，即撤去底部位移计，防止其受到损坏，并确保人员安全。

2.6.3.2　试验梁的测试

试验梁的测试内容主要包括位移、应变及最大裂缝宽度。

其中，位移测试项目包括：跨中、四分点、支座顶端挠度；钢梁顶板与混凝土面板之间的相对滑移，分别布置在跨中、1/4 跨、1/8 跨，共计 5 个点。应变测试项目包括：跨中区域混凝土、纵向钢筋、剪力件、钢梁的应变。具体布置形式如图 2.6-6 所示。

2.6.3.3　试验梁的数据采集

1)荷载、应变、挠度的采集

采用 200t 的液压千斤顶进行试验梁受弯试验的加载，通过事先校核过的力传感器来控制所加荷载的大小，按上述试验方案进行各级荷载的施加及持荷，并通过应变测试仪进行荷载、应变、挠度的实时采集。试验梁的数据采集系统采用 DH3820 超静态应变采集仪(图 2.6-7a)，与 DH3820 相配套的数据线连接方式如图 2.6-7b)所示。

a)　b)　c)　d)　e)　f)

图 2.6-6　位移、应变测点布置

a)端顶位移计布置；b)跨中/四分点位移计布置；c)相对滑移测点布置；d)混凝土表面应变计布置；e)钢梁应变测点布置；f)预埋应变片布置

2)裂缝的观测及追踪

为保证在加载过程中较为清晰地观测到裂纹的产生与发展，在加载前对所需观测裂纹的试验梁一侧用粗、细砂纸分别进行打磨，而后用干燥抹布抹去水泥粉末，使表面相对光洁；前期加载时要密切观测钢筋及混凝土应变值的变化，一旦产生突变，立即借助裂纹观测仪或放大倍数较高的放大镜进行严密观测，由于初始裂纹出现时宽度较小，肉眼根本无法识别，所以新裂纹尤其是第一条或第一批裂纹的出现一定要细致找寻；当发现裂缝后，即用记号笔在梁上做标记并编号，并在裂纹旁边描绘其沿梁高的发展趋势，在每条裂纹的最大高度处标明荷载等级，量测并记录裂纹宽度、高度。图 2.6-8 为试验梁加载现场裂纹观测图。

a)　　　　b)

图 2.6-7　数据采集系统

a）数据线连接；b）数据采集系统-DH3820

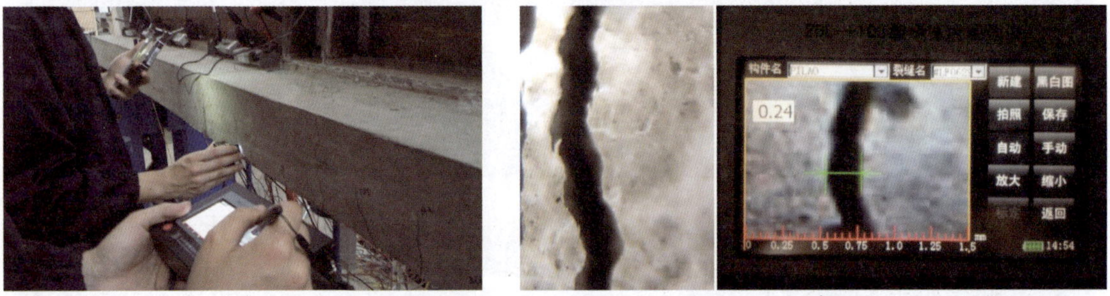

a)　　　　b)

图 2.6-8　混凝土板侧面裂缝宽度测量

a）裂缝观测仪；b）裂缝宽度实时测量

2.6.4　静力试验结果分析

2.6.4.1　试验梁的开裂荷载、屈服荷载及极限荷载

将试验梁的屈服荷载、极限荷载等相关数据列于表 2.6-3 中。

试验数据对比　　　　表 2.6-3

试验梁编号	开裂荷载 P_{cr}(t)	试验梁达到屈服荷载 P_y 时			达到极限荷载 P_u 时			比例 P_y/P_u
		屈服荷载 P_y（t）	跨中挠度（mm）	最大裂纹宽度（mm）	极限荷载 P_u（t）	跨中挠度（mm）	最大裂纹宽度（mm）	
SCB1-1	7.5	80	13.88	0.27	103.3	>50mm	>1mm	77.7%
SCB2-1	7.5	80	15.06	0.30	103.9	>35mm	>1mm	76.9%

由表 2.6-3 数据可见：栓钉连接形式的试验梁 SCB1-1 与 PBL 连接形式的试验梁 SCB2-1 两种形式开裂荷载、屈服荷载及极限荷载基本一致。其中，开裂荷载试验值均为 7.5t，与理论计算值较为相近；极限荷载分别为 103.3t、103.9t，屈服荷载占极限荷载比例分别为 77.7%、76.9%，在最终破坏阶段最大裂缝宽度 >1mm，最大挠度 >50mm/35mm，可见，两种结构形式

的试验梁在达到屈服后均表现出较好的安全储备和延性。

2.6.4.2　试验梁的破坏形态

SCB1-1 和 SCB2-1 两种试验梁最终表现为相同的破坏模式：试验梁的跨中挠度、混凝土面板裂缝宽度不断增大，上层钢筋屈服，加载点附近区域的钢梁底板及腹板屈曲。破坏形式如图 2.6-9所示。

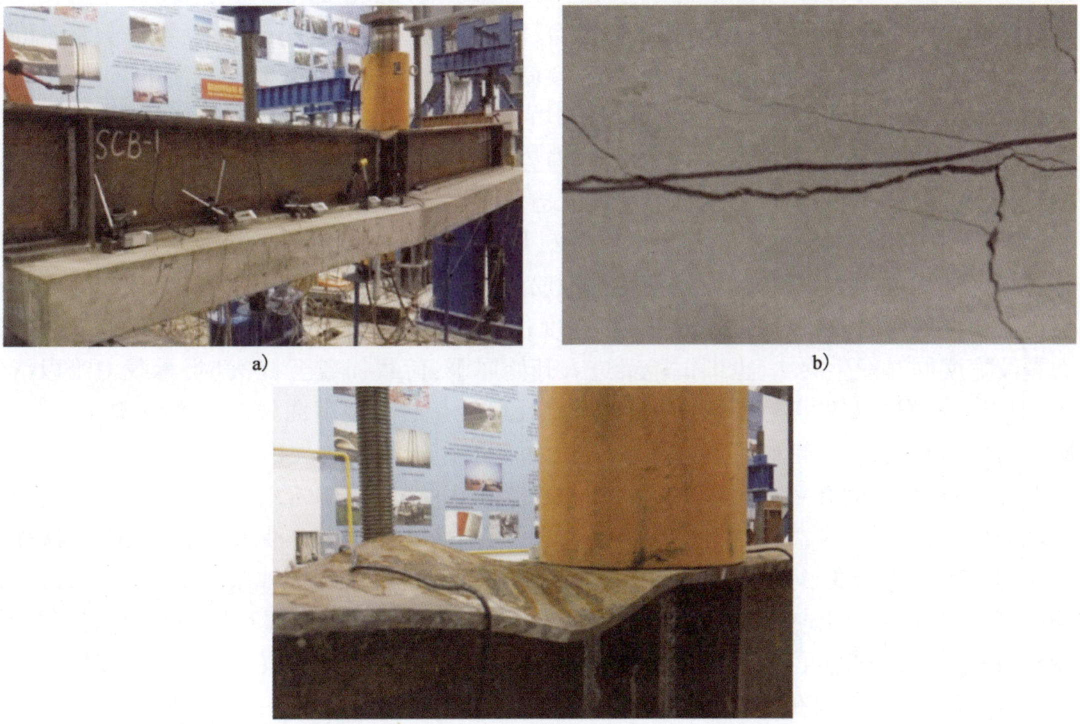

a)　b)　c)

图 2.6-9　试验梁破坏形式

a）跨中挠度显著增大；b）跨中混凝土板裂缝宽度显著增大；c）钢梁底板屈曲

2.6.4.3　试验梁受力过程分析

1）SCB1-1 受力过程分析

负弯矩区剪力件形式为栓钉的 SCB1-1 试验梁荷载—跨中挠度关系曲线如图 2.6-10所示。

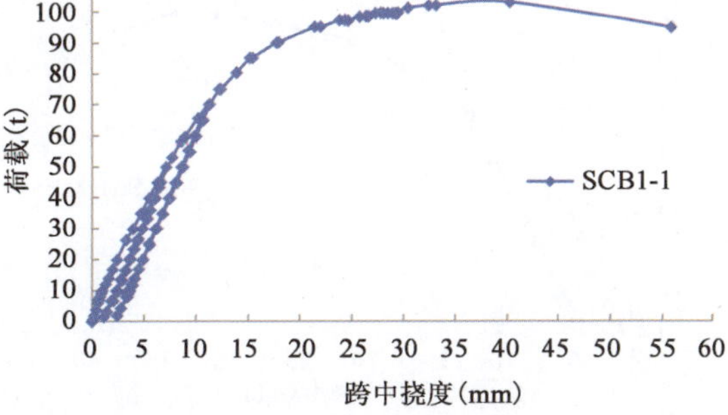

图 2.6-10　试验梁 SCB1-1 荷载—跨中挠度曲线

由图 2.6-10 可以看出，该曲线有两个转折点，试验梁 SCB1-1 受力到破坏过程可分三个阶段来分析：

（1）受力阶段 Ⅰ：对应加载过程为 0 ~ P_{cr}（0 ~ 7.5t），即试验梁的开裂过程。在达到开裂荷载 7.5t 前，试验梁混凝土面板拉应力未达到抗拉强度极限，试验梁全截面参与受力，但混凝土拉、压应力都不大，且沿截面线性分布；该受力过程在荷载—挠度曲线上表现为试验梁跨中挠度随荷载线性增长，对应裂纹发展阶段中的开裂前阶段，即无宏观裂纹产生。

(2)受力阶段Ⅱ：对应加载过程为 $P_{cr} \sim P_y$(7.5～80t)，即初始裂纹的出现至试验梁的屈服（受拉钢筋、钢梁底板屈曲的屈服）。该受力过程对应于裂纹的扩展及稳定两个阶段，试验梁 SCB1-1 在达到 P_{cr} =7.5t 时，混凝土拉应力达到抗拉极限，此时发现第一条裂纹产生，在该荷载点时试验梁由弹性受力过程转为弹塑性受力过程，此后裂纹宽度不断扩展，裂纹数量不断增加；该阶段荷载—挠度变化曲线表现为，在开裂荷载 P_{cr} =7.5t 处曲线斜率有所下降，由于初裂纹出现时宽度、高度较小，因此裂纹开裂所分担的试验梁在加载过程释放的能量很有限，另外由于钢筋、钢梁的参与受力，荷载—挠度曲线趋势并未明显走低，该荷载转折点之后，曲线基本保持线性发展趋势，钢筋应力和主裂纹发展也趋于稳定。

(3)受力阶段Ⅲ：对应加载过程为 P_y～梁破坏(80t～梁破坏)，即试验梁 SCB1-1 开始屈服至其破坏。SCB1-1 在达到 80t 时，跨中受拉钢筋及底板钢梁应变突增，钢筋、加载点附近底板钢梁进入塑性屈服阶段；该荷载点时，跨中挠度达 13.88mm，荷载挠度曲线发生第二次转折，最大裂纹宽度同时发生突增，也即试验梁进入开始屈服；荷载加载至 103t 时，承载力难以继续加大，但挠度和裂纹宽度仍然不断增长，且该荷载点处荷载—挠度曲线的曲率急剧增大，直至梁破坏，且符合组合梁延性破坏的特征；该受力过程对应于裂纹的失稳阶段。

此外，在荷载区间 0～50t(即 0% P_u～50% P_u)和 0～70t(即 0% P_u～70% P_u)内分别进行了一次循环加载，对照荷载—挠度曲线可以看出，两次循环曲线基本保持线性，在第一次循环卸载过程中跨中残余变形为 1.38mm，在第一次循环卸载过程中跨中残余变形为 2.44mm。两次加卸载所表现出来的试验梁刚度略有差异，但都比初始加载时弹性阶段的刚度小，比试验梁混凝土板开裂后的刚度大，究其原因是初始加载过程中产生的新裂纹(或原裂纹继续发展)释放了梁内的塑性变形，而在卸载和再加载过程中只是既有裂纹的闭合—张开过程，即原裂纹不再继续发展，且没有新裂纹产生，因此在两次循环加载过程中，试验梁荷载—挠度曲线都表现为弹性受力变形，且斜率与初始加载有所区别，因而其能够表现出较优的刚度性能。

2)SCB2-1 受力过程分析

负弯矩区剪力件形式为 PBL 的 SCB2-1 试验梁荷载—跨中挠度关系曲线如图 2.6-11 所示。

由图 2.6-11 可知，在加载至跨中 80kN 时，发现跨中附近混凝土顶部及侧面出现初始裂缝，裂缝宽度 0.04mm。随着荷载的增大，裂缝逐渐变宽，分布范围向支座位置扩大。在 750kN 之内跨中挠度与外荷载基本呈线性关系，在 750kN 之后曲线出现明显的非线性特征，曲率逐渐变缓直至为 0，此时的峰值为 104t。在最终的持荷阶段，荷载不变，挠度持续增加，最终达到了 38.38mm，说明试验梁的延性较好。最后曲线出现下降段，钢梁跨中区域的下翼缘及腹板屈曲，混凝土面板内钢筋受拉

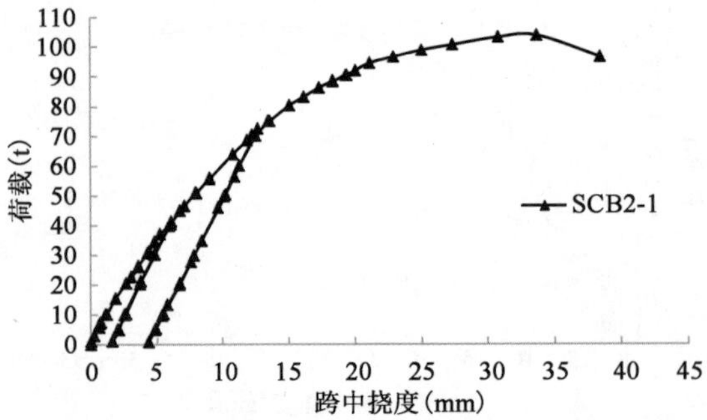

图 2.6-11　试验梁 SCB2-1 荷载—跨中挠度曲线

破坏,整根试验梁有较为明显的变形。

与 SCB1-1 相似,试验梁 SCB2-1 受力到破坏过程可分三个阶段来分析,即:

(1)受力阶段Ⅰ:对应加载过程为 $0\sim P_{cr}$($0\sim7.5$t),即试验梁的开裂过程。

(2)受力阶段Ⅱ:对应加载过程为 $P_{cr}\sim P_y$($7.5\sim80$t),即初始裂纹的出现至试验梁的屈服(受拉钢筋、钢梁底板屈曲的屈服)。

(3)受力阶段Ⅲ:对应加载过程为 P_y ~梁破坏(80t ~梁破坏),即试验梁 SCB2-1 开始屈服至其破坏。

另外,在荷载区间 0 ~50t(即 $0\%P_u\sim50\%P_u$)和 0 ~70t(即 $0\%P_u\sim70\%P_u$)内分别进行的一次循环加载过程可以看出,两次循环曲线基本保持线性,在第一次循环卸载过程中跨中残余变形为 1.03mm,在第一次循环卸载过程中跨中残余变形为 4.31mm,在循环加卸载过程中试验梁能够表现出较好的刚度。

3)试验梁受力过程及荷载—跨中挠度曲线对比分析

两种试验梁 SCB1-1 及 SCB2-1 荷载—跨中挠度变化曲线比较如图 2.6-12 所示。

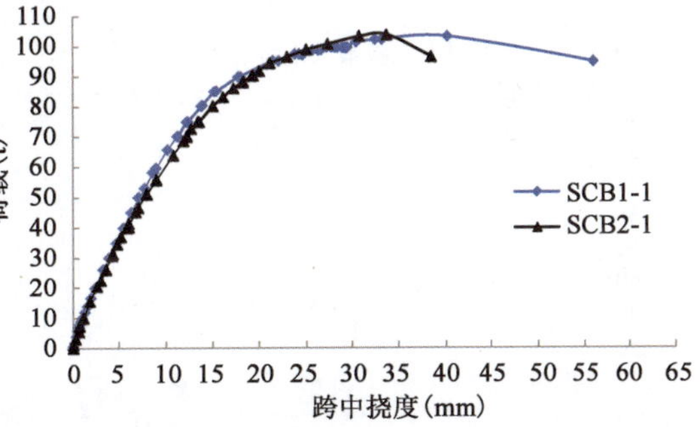

图 2.6-12　试验梁 SCB1-1 及 SCB2-1 荷载—跨中挠度对比曲线

根据荷载—挠度变化曲线比较图,比较试验梁 SCB1-1 及 SCB2-1 的受力全过程可知:

(1)试验梁 SCB1-1 及 SCB2-1 受力过程均可分为三个阶段,其中:受力阶段Ⅰ(即弹性阶段)基本重合,两种试验梁开裂都在 7.5t,这主要是二者除了剪力件形式不同之外,其他构造形式全部一致,而在混凝土面板开裂之前,试验梁处于弹性阶段,钢梁与混凝土界面的连接形式没有受到破坏,因此前期受力基本保持一致。而在荷载增加至一定值时,由于剪力件的受力变形导致钢梁与混凝土界面产生滑移,从而在宏观表现为不同连接形式的试验梁 SCB1-1 及 SCB2-1 荷载—跨中挠度曲线在受力阶段Ⅱ(即弹塑性阶段)和受力阶段Ⅲ(即破坏阶段)有所区别。

(2)在屈服点附近,试验梁 SCB1-1 的刚度要略大于 SCB2-1,但整体上讲,二者在受力全过程基本一致,也即试验梁的荷载—挠度曲线较为相似:在 80t 之前保持基本线性,80t 之后由于钢梁的压曲及钢筋的受拉屈服,曲线斜率开始变缓,最终变为 0,且最终都表现出较好的安全储备和延性。

2.6.4.4　试验梁沿梁纵向挠度测试结果

试验梁 SCB1-1、SCB2-1 沿梁纵向的挠度实测数据分别如图 2.6-13、图 2.6-14 所示。可以看出,试验梁 SCB1-1、SCB2-1 的挠度沿梁长对称分布,四分点的挠度跨中挠度的 0.7 倍左右,与结构力学计算基本一致。

2.6.4.5　试验梁裂纹发展宽度分析

混凝土板最大裂缝宽度发展规律分析

裂纹宽度的发展直接影响着钢-混凝土组合梁结构负弯矩区的耐久性,特别是在不施加预应力、允许负弯矩区混凝土截面开裂的情况下,更无法回避这个问题,因此很有必要对试验梁在加载过程中裂纹宽度的发展变化做一定的分析,寻求裂纹宽度发展规律。在试验加载过程中发现,试验梁 SCB1-1、SCB2-1 的开裂荷载、主裂缝宽度发展情况以及裂缝数量发展基本一致,因此着重分析试验梁 SCB1-1 主裂缝的最大宽度发展规律。试验梁 SCB1-1 的最大裂纹宽度随荷载等级的变化趋势曲线如图 2.6-15 所示。

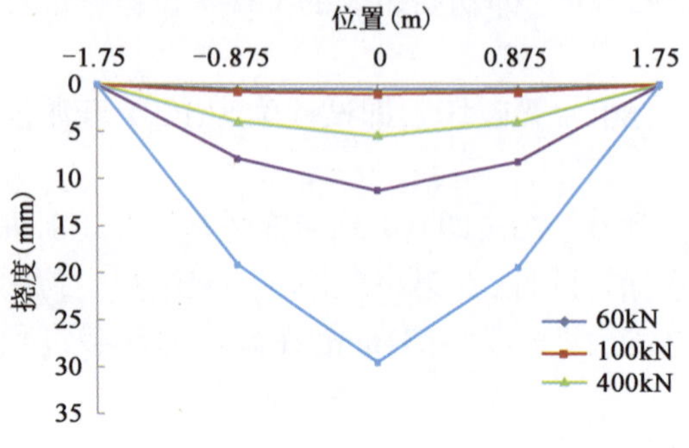

图 2.6-13 试验梁 SCB1-1 在不同荷载下的挠度分布图

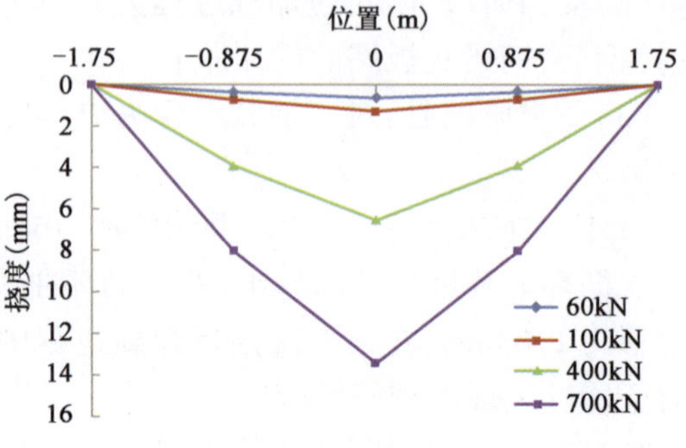

图 2.6-14 试验梁 SCB2-1 在不同荷载下的挠度分布图

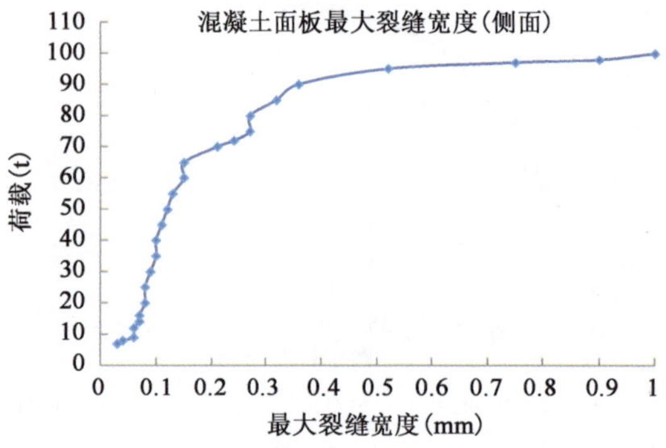

图 2.6-15 试验梁 SCB1-1 荷载—最大裂缝宽度曲线

由图 2.6-15 可以看出:

(1)最大裂缝宽度随荷载的变化规律与荷载—挠度曲线相似,在前期加载过程中增长缓慢,而在荷载达到 80t 后,试验梁进入屈服阶段,裂缝宽度显著增加。

(2)根据图 2.6-15 所描述,与试验梁荷载—挠度曲线所表现出来的受力全过程相似,试验梁主裂缝宽度增长过程同样可以用三个阶段来描述,即开裂前阶段:此阶段对应荷载区间为 0~7.5t。在开裂前阶段,结构处于弹性受力阶段,不产生宏观裂纹。裂纹宽度稳定增长阶段:此阶段对应荷载区间为 7.5~70t。由于首条或首批裂纹的产生,结构进入弹塑性阶段,此后加载过程中,裂纹数量及高度迅速增长,裂纹宽度稳定增大。裂纹宽度显著增大阶段:此阶段对应荷载区间为 70t~梁破坏。当主拉钢筋、钢梁底板/腹板达到屈服荷载时,结构进入失稳阶段,此时由于裂纹宽度的剧烈增大,结构濒临破坏。

(3)整体来看,荷载—最大裂纹宽度曲线在裂纹宽度稳定增长阶段基本呈线性关系;开裂初期,最大裂纹宽度较小,基本上为 0.03~0.04mm,肉眼难以识别,在开裂荷载至 10.0t 左右时最大裂纹宽度缓慢增大,且在该荷载点曲线斜率有所变大,之后的加载过程中裂纹宽度稳定增大,即处于裂纹宽度稳定增大阶段,直到加载至梁屈服荷载附近时,最大裂纹宽度增大速率突增,裂纹进入失稳阶段,直到梁破坏。

2.6.4.6 混凝土板裂纹宽度控制指标分析

控制最大裂纹宽度是保证钢筋混凝土结构耐久性的重要举措之一,相关结构规范《混凝土结构设计规范》(GB 50010—2010)、《公路钢筋混凝土及预应力混凝土桥涵设计规范》(JTG D62—2004)都规定了裂纹宽度控制指标,防止建筑结构裂纹过大造成安全隐患。表 2.6-4分别以裂纹宽度 0.1mm、0.15mm、0.2mm 及 0.25mm 为控制指标,列出了各指标对应的荷载等级及各等级所占实际极限荷载的比例。

裂纹相关实测数据　　表 2.6-4

试验梁编号	对 应 荷 载	不同裂纹宽度时所对应的荷载及其占实际极限荷载的比例			
		0.1mm	0.15mm	0.2mm	0.25mm
SCB1-1	荷载(kN)	35	60	70	74
	比例(%)	34.0	58.3	68.0	71.8

由表中数据可以看出:

(1)从各裂纹宽度指标所对应的荷载占试验梁极限荷载的比例可以看出,在负弯矩区配筋率为4.0%的情况下,组合梁结构受力性能较好,且具有足够的延性和安全储备性能。

(2)试验梁在70t时,即达到极限荷载的68.0%时,最大裂缝宽度为0.2mm,且结构仍处于裂缝宽度稳定增加阶段,可见结构带裂纹工作的能力较强。

2.6.4.7　试验梁钢筋应力测试结果

1)试验梁跨中截面处钢筋应变

试验梁SCB1-1和SCB2-1跨中截面处上、下层钢筋的应变随着荷载变化情况如图2.6-16、图2.6-17所示。在加载的初始阶段,两种试验梁钢筋的应变随荷载呈线性关系,但随着荷载的增加,试验梁的混凝土开裂并导致其跨中位置处钢筋应变显著增加。在荷载达到10t以后,试验梁SCB1-1和SCB2-1钢筋应变稳定增长。在荷载达到80t左右时,钢筋应变不再保持线性,钢筋迅速达到屈服,在90~95t荷载区间内进入受拉极限状态,下层钢筋在上层钢筋受拉破坏后也进入屈服阶段。在工程设计中,通过设置钢筋最小配筋率可以满足在混凝土开裂时钢筋未屈服的要求。对于组合梁,当混凝土板厚度不是很大时,可以近似把混凝土板看作轴心受力构件,当配筋率达到4.0%时,所设计试验梁的变形和裂缝宽度得到了有效控制。

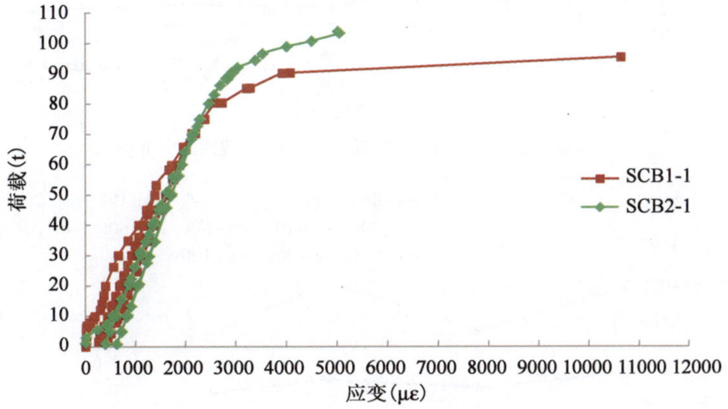

图2.6-16　试验梁SCB1-1、SCB2-1荷载—上层钢筋应变关系

2)钢筋应变沿横向截面分布规律

试验梁SCB1-1和SCB2-1的跨中截面钢筋应变沿横向不同位置处的分布情况随着荷载的变化如图2.6-18、图2.6-19所示。从图中看出,在加载初期试验梁SCB1-1和SCB2-1跨中截面钢筋应变分布比较均匀,但随着荷载的不断增大,达到钢筋的屈服荷载后,两种试验梁底板的应变分布不再均匀,在靠近两个腹板处的钢筋应变高于混凝土面板边缘处,这说明剪力滞效应在钢-混凝土工字组合梁的负弯矩区中存在。而且随着荷载的增加,两种试验梁混凝土面板

的剪力滞效应愈加明显，在整个加载过程中，试验梁 SCB1-1 和 SCB2-1 跨中截面钢筋应变沿横向截面分布规律相似，所表现出来的剪力滞效应基本一致。

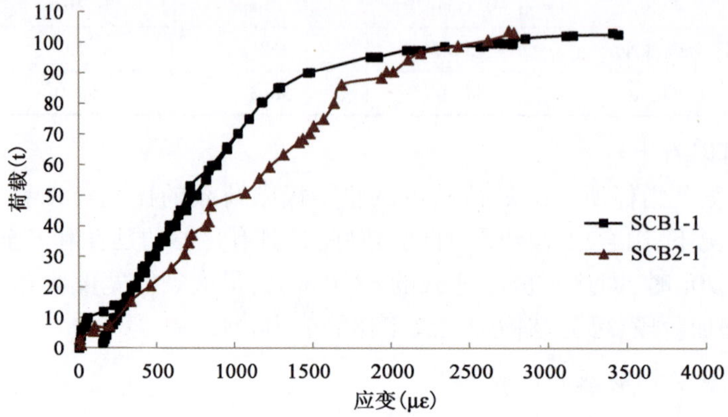

图 2.6-17　试验梁 SCB1-1、SCB2-1 荷载和下层钢筋应变关系

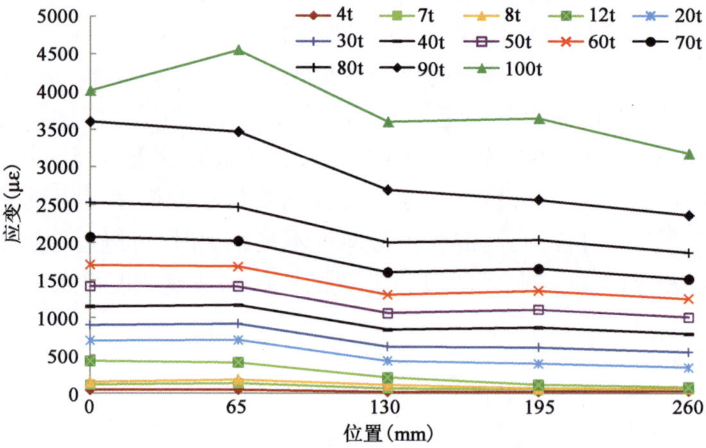

图 2.6-18　试验梁 SCB1-1 钢筋应变沿横向截面的分布情况

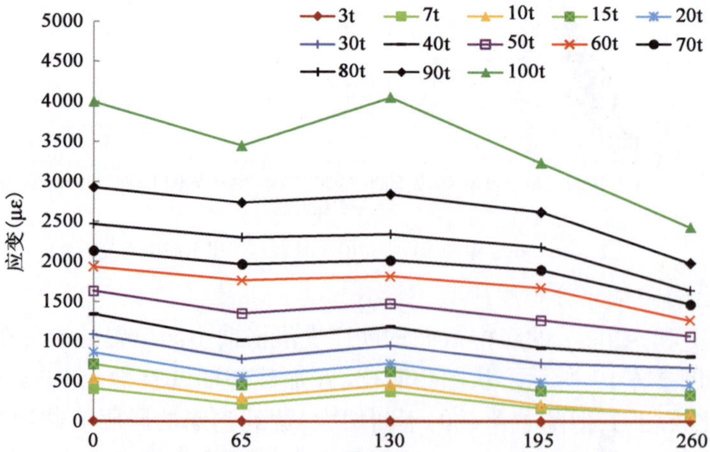

图 2.6-19　试验梁 SCB2-1 钢筋应变沿横向截面的分布情况

2.6.4.8　钢梁应变测试结果

试验梁 SCB1-1 和 SCB2-1 的跨中截面上、下缘附近(钢梁腹板—底、钢梁底板、钢梁腹板—顶、钢梁顶板)的荷载应变关系如图 2.6-20、图 2.6-21 所示。两种试验梁的工字钢梁上板附近应变(钢梁腹板—顶、钢梁顶板)要大于下板(钢梁腹板—底、钢梁底板)。钢梁腹板—顶、钢梁顶板的应变在整个加载过程中基本保持线性,钢梁腹板—底、钢梁底板应变在前期加过程中随荷载线性增长,而在 80t 时由于钢梁屈曲导致曲线曲率迅速下降,且试验梁 SCB1-1 和 SCB2-1 有所区别,表明抗剪连接件形式对组合梁的后期受力有一定的影响,但钢梁整体受力过程基本一致。

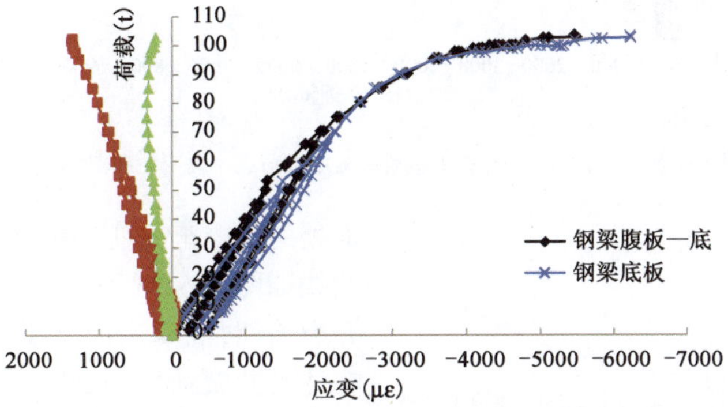

图 2.6-20　SCB1-1 钢梁上、下缘荷载—应变关系(跨中截面)

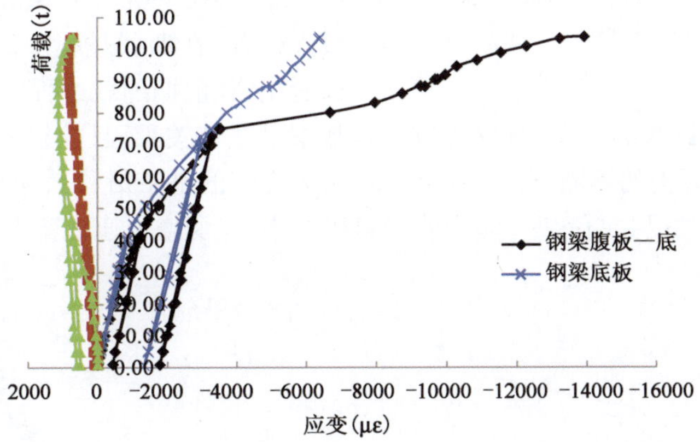

图 2.6-21　SCB2-1 钢梁上、下缘荷载—应变关系(跨中截面)

试验梁 SCB1-1 及 SCB2-1 跨中截面钢梁腹板中部的荷载—应变关系如图 2.6-22 所示。可以看出,在相同的荷载作用下,两种试验梁的钢梁腹板中部应变基本相同。

2.6.4.9　混凝土应变测试结果

混凝土应变在测试过程中离散型较大,特别是跨中截面附近区域,由于弯矩较大,混凝土一旦开裂,混凝土应变片就不再工作。现选择试验梁 SCB1-1 中离跨中截面一定距离的1/4截

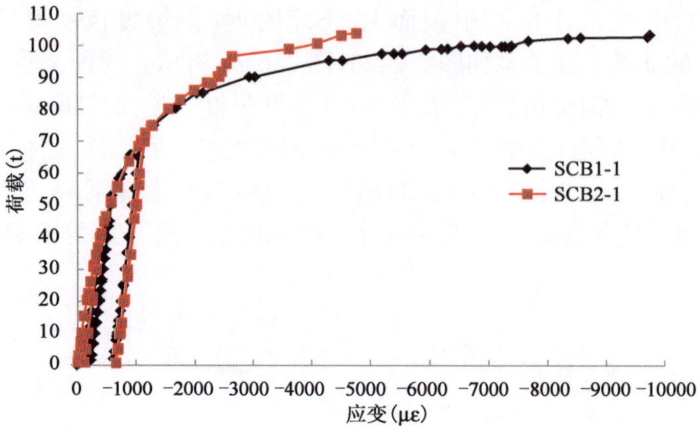

图 2.6-22　SCB1-1 及 SCB2-1 钢梁腹板中部荷载—应变关系(跨中截面)

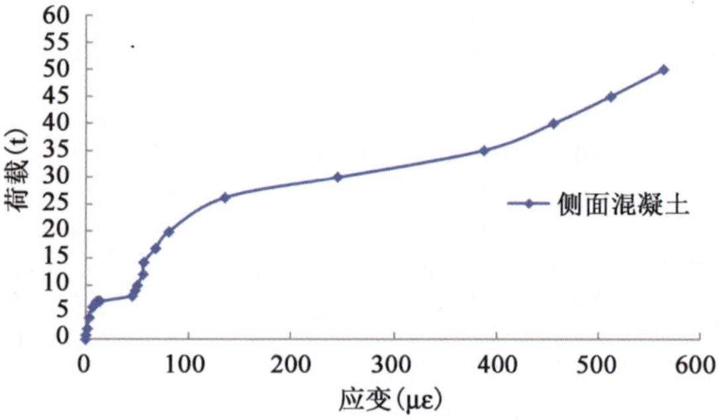

图 2.6-23　试验梁 SCB1-1 荷载—混凝土应变图

面处的混凝土应变来分析,荷载—混凝土应变曲线如图 2.6-23 所示。可以看出,在混凝土板开裂前期,混凝土应变随荷载呈线性关系,而在达到开裂荷载后,由于裂缝的形成,导致混凝土应变突增。

2.6.4.10　剪力件应变测试结果

图 2.6-24 给出了 SCB1-1 栓钉连接件(六分点位置)在加载过程中的荷载—应变图。可以看出,在前期加载过程中(20t 之前),特别是混凝土开裂之前,栓钉两侧应变均较小,与荷载基本呈线性关系,且栓钉一侧受拉、一侧受压;而在 20t 后,由于混凝土的不断开裂,钢梁与混凝土之间的黏结滑移效应遭到破坏,栓钉应力重新分布,栓钉两侧均受拉,荷载—应变曲线斜率变小,应变增长速度变大;但即使在试验梁的

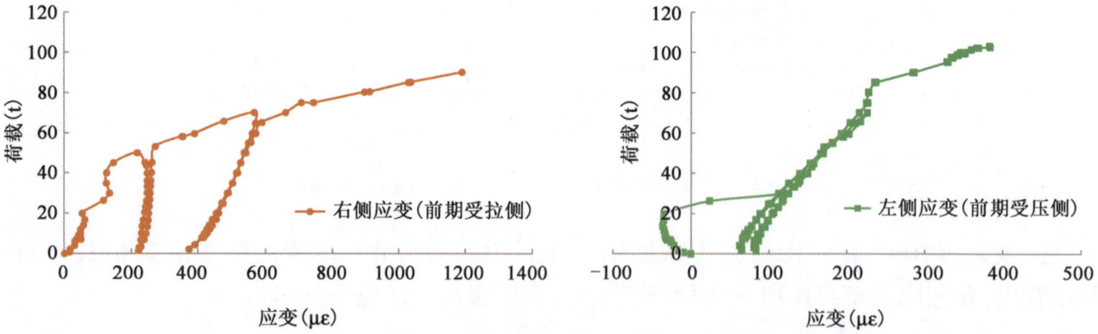

a)　b)

图 2.6-24　试验梁 SCB1-1 荷载—栓钉应变图

a)栓钉右侧应变(前期受拉侧);b)栓钉左侧应变(前期受压侧)

极限状态(103t),栓钉两侧的拉应变仍未达到其极限应变,因此可以判定钢梁与混凝土的连接是可靠的。

2.6.4.11 试验梁荷载—滑移曲线

图2.6-25示出了SCB2-1在1/4跨位置的钢梁与混凝土的荷载—滑移曲线。可以看出,在前期加载过程中,滑移很小,不超过0.025mm,在30t之前随荷载缓慢增加;在试验梁进入屈服阶段后(80t),滑移增长幅度变大,但试验梁即使在极限状态(104t),钢梁与混凝土的相对滑移也小于0.2mm。可见,按照完全抗剪连接设计的试验梁,在弹性阶段可以忽略连接件对试验梁受力性能的影响,而在塑性发展阶段,连接件的抗剪作用则不容忽视。

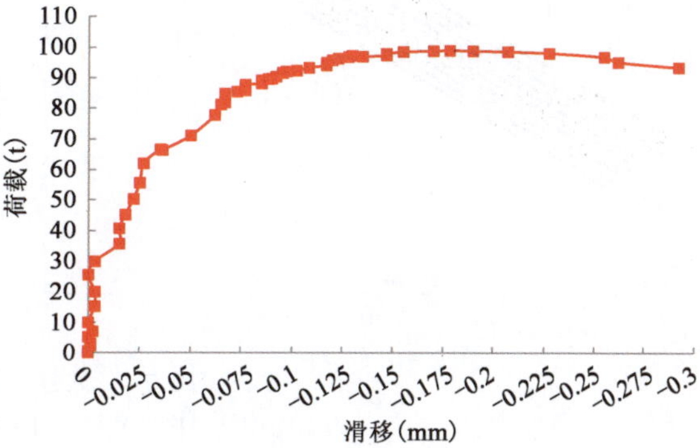

图2.6-25 试验梁SCB2-1荷载—滑移曲线

2.7 钢-混凝土工字组合梁负弯矩区有限元分析

借助ANSYS有限元软件建立钢-混凝土工字组合梁负弯矩区缩尺试验梁的三维实体模型,其中组合梁面板采用分离式的钢筋混凝土三维实体模型,对试验梁进行有限元数值模拟,分析试验梁模型混凝土面板的裂纹发展情况、受力过程等方面内容,从而对试验结果进行进一步的验证。

2.7.1 计算模型及参数

2.7.1.1 模型概况

按照试验设计所述的实际试验概况进行有限元模型的建立,材料采用C50商品混凝土、HRB400级钢筋及Q345级钢材;采用多线性等向强化模型MISO定义的混凝土本构关系曲线及采用双线性等向强化模型BISO定义的钢筋本构关系曲线。

2.7.1.2 单元选择及模型建立

分别采用具有开裂、压碎等属性的六面体单元solid65及3D杆元link8来模拟混凝土和钢筋,且不考虑混凝土与钢筋之间的黏结滑移性能,混凝土单元参数设置时关闭压碎,采用shell43来模拟钢梁、加劲肋等构件;建立全结构模型,钢筋通过切割实体模型并赋予相关位置处线的属性来创建;支座采用线约束、加载位置采用面荷载(均布荷载)来模拟;为保证足够的计算精度,采用5cm的尺寸进行结构单元划分。网格划分后的试验梁分离式有限元实体模型如图2.7-1所示。

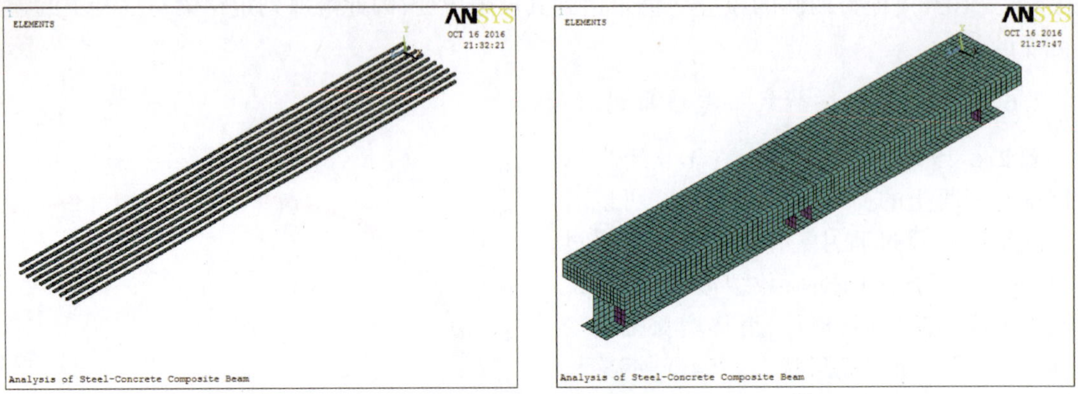

a) b)

图 2.7-1 试验梁有限元模型建立

a)纵向钢筋网格划分模型;b)混凝土及钢梁网格划分模型

2.7.2 有限元计算结果分析

2.7.2.1 开裂荷载及裂纹分布形态分析

试验梁有限元计算的开裂荷载均在 8t 左右(对应的混凝土面板应力云图如图 2.7-2 所示),略大于试验结果 7.5t,可能原因是有限元分析未考虑钢筋外形对黏结滑移性的影响以及试验过程或限元计算中不可避免的误差所致,但总体来说,有限元模拟的准确性较高。图 2.7-3a)给出了 8t 左右时试验梁首批裂纹有限元模拟图,可以看出第一批裂纹基本出现在纯弯段;之后的加载过程中,裂纹由跨中不断向支座两端发展延伸,在 25t 左右时,裂纹支座之间正弯矩区段的裂纹基本出齐,裂纹有限元模拟图如图 2.7-3b)所示;之后加载过程中,在荷载达到 30t 以上,支座区域产生斜剪裂缝,如图 2.7-3c)所示;最终裂缝发展形态如图 2.7-3d)所示。

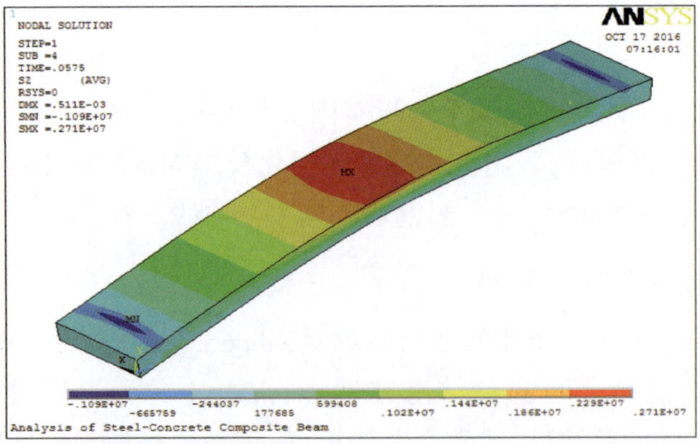

图 2.7-2 试验梁开裂前期对应的混凝土板主拉应力

2.7.2.2 荷载—跨中挠度曲线分析

试验梁开裂荷载在 8t 左右,在 80t 左右发生屈服,此时对应的钢梁主要应力如图 2.7-4

所示,可以看出,此时钢梁底板主拉应力已经超过450MPa,接近钢梁的屈服点,与试验数据相符合;将试验梁试验测试结果与有限元分析所得荷载—跨中挠度曲线对比情况示于图2.7-5中。

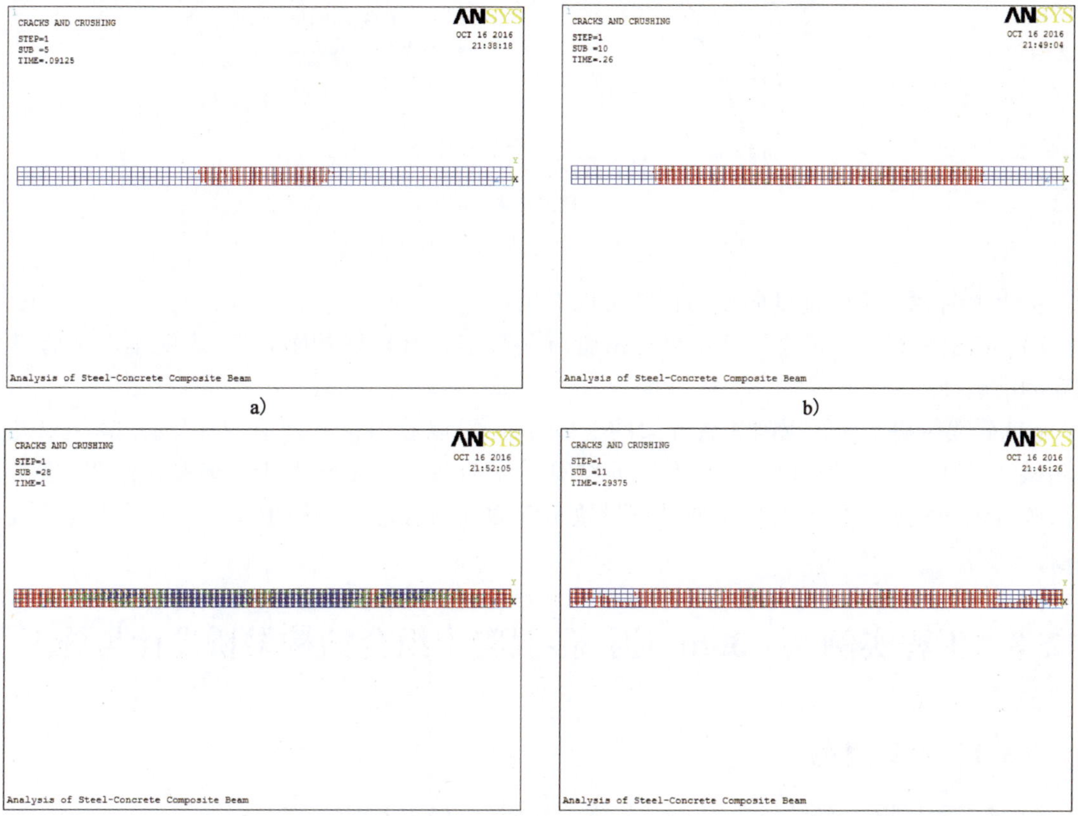

图2.7-3 试验梁裂纹模拟

a)首批裂纹模拟;b)跨中裂纹基本出齐;c)支座区域产生斜剪裂缝;d)最终裂缝发展形态

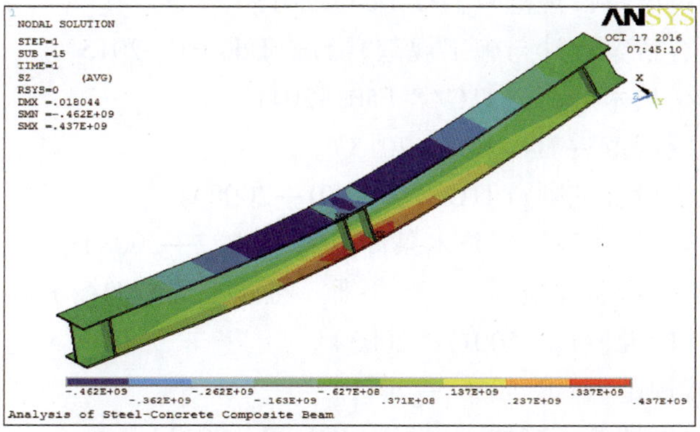

图2.7-4 试验梁屈服点附近对应的钢梁主要应力

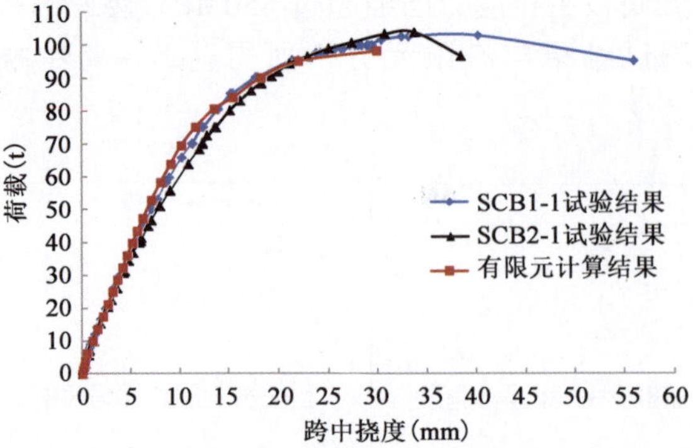

图 2.7-5　试验梁荷载—跨中挠度曲线对比图

由以上荷载—跨中挠度曲线对比图可以看出：

(1)ANSYS 有限元模型计算结果与试验所测数据具有较好的吻合度，表明本次试验具有较高的准确性。

(2)荷载—挠度曲线反映了各片梁的受力过程，可以看出，40t 之前，有限元结算结果与试验测试结果基本吻合；在 40t 之后，有限元结算结果曲线斜率要略大于试验测试结果，这主要是试验过程中抗剪连接件的变形或破坏导致钢混截面滑移增大，从而降低了实际结构的抗弯刚度。

2.8　工程实例——30m 工字梁-混凝土组合结构梁桥设计与施工

2.8.1　设计规范

(1)《工程建设标准强制性条文》(公路工程部分)(2013 年)。

(2)《公路工程技术标准》(JTG B01—2014)。

(3)《公路桥涵设计通用规范》(JTG D60—2015)。

(4)《公路钢筋混凝土及预应力混凝土桥涵设计规范》(JTG D62—2004)。

(5)《公路钢结构桥梁设计规范》(JTG D64—2015)。

(6)《公路钢混组合桥梁设计与施工规范》(JTG D64-01—2015)。

(7)《公路桥涵施工技术规范》(JTG/T F50—2011)。

(8)《公路工程抗震规范》(JTG B02—2013)。

(9)《公路桥梁抗震设计细则》(JTG/T B02-01—2008)。

(10)《公路桥梁钢结构防腐涂装技术条件》(JT/T 722—2008)。

(11)《公路工程质量检验评定标准　第一册　土建工程》(JTG F80/1—2004)。

(12)《钢结构设计标准》(GB 50017—2003)。

(13)《钢结构焊接规范》(GB 50664—2011)。

(14)《钢结构高强度螺栓连接技术规程》(JGJ 82—2011)。

(15)《铁路钢桥制造规范》(Q/CR 9211—2015)。

(16)《桥梁用结构钢》(GB/T 714—2015)。
(17)《低合金高强度结构钢》(GB/T 1591—2008)。
(18)《厚度方向性能钢板》(GB/T 5313—2010)。
(19)《碳素结构钢》(GB/T 700—2006)。
(20)《优质碳素结构钢》(GB/T 699—1999)。
(21)《热轧型钢》(GB/T 706—2008)。
(22)《热轧 H 型钢和剖分 T 型钢》(GB/T 11263—2010)。
(23)《焊缝无损检测　超声检测技术、检测等级和评定》(GB/T 11345—2013)。
(24)《无损检测　焊缝磁粉检测》(JB/T 6061—2007)。
(25)《金属熔化焊焊接接头射线照相》(GB/T 3323—2005)。
(26)《混凝土结构设计规范》(GB 50010—2010)。
(27)《混凝土外加剂应用技术规范》(GB 50119—2013)。
(28)《钢纤维混凝土》(JG/T 472—2015)。
(29)《钢筋机械连接用套筒》(JGT 163—2013)。
(30)《钢筋机械连接技术规程》(JGJ 107—2016)。
(31)《钢筋焊接网混凝土结构技术规程》(JGJ 114—2014)。
(32)《钢筋混凝土用钢　第 1 部分:热轧光圆钢筋》(GB 1499.1—2008)。
(33)《钢筋混凝土用钢　第 2 部分:热轧带肋钢筋》(GB 1499.2—2007)。
(34)《钢筋混凝土用钢　第 3 部分:钢筋焊接网》(GB/T 1499.3—2010)。
(35)《城市桥梁工程施工与质量验收规范》(CJJ 2—2008)。
(36)《公路建设项目环境影响评价规范》(JTG B03—2006)。
(37)《混凝土结构耐久性设计规范》(GB/T 50476—2008)。
(38)《城市桥梁桥面防水工程技术规程》(CJJ 139—2010)。
(39)《公路桥梁盆式支座》(JT/T 391—2009)。
(40)《公路桥梁摩擦摆式减隔震支座》(JT/T 852—2013)。
(41)《公路桥梁伸缩装置通用技术条件》(JT/T 327—2016)。
(42)《单元式多向变位梳形板桥梁伸缩装置》(JT/T 723—2008)。
(43)《道桥用改性沥青防水卷材》(JC/T 974—2005)。
(44)《弹性体改性沥青防水卷材》(GB 18242—2008)。
(45)《建筑防水卷材试验方法》(GB/T 328.1~27—2007)。
(46) AASTHOLRFD 2012 Bridge Design Specifications。
(47) Eurocode 4: Design of composite steel and concrete structures。
(48) Steel-Concrete Composite Bridges Sustainable Design Guide。

2.8.2　技术标准

主要技术标准见表 2.8-1。

主要技术标准表 表 2.8-1

公路等级	高速公路	公路等级	高速公路
路基宽度(m)	26(12.75)、13.0	单幅桥工字主梁片数	4、5
汽车荷载等级	公路—Ⅰ级	梁间距(m)	3.4
行车道数	双向四车道	梁高	2.00
桥面宽度(m)	12.75、13.0	设计安全等级	一级
跨径(m)	30	腐蚀环境类别	C3
斜度(°)	0	结构类型	连续

2.8.3 主要材料

2.8.3.1 混凝土

现浇桥面板采用无收缩C50钢纤维混凝土。膨胀剂的掺量以混凝土28d体积保持不变为原则;钢纤维的掺量为50kg/m^3。

混凝土材料满足《公路钢筋混凝土及预应力混凝土桥涵设计规范》(JTG D62—2004)要求。混凝土耐久性符合《公路钢筋混凝土及预应力混凝土桥涵设计规范》(JTG D62—2004)第1.0.7条表1.0.7中Ⅱ类环境要求。砂、石集料就地取材,经过试验,并符合《公路桥涵施工技术规范》(JTG/T F50—2011)有关条款要求。泵送混凝土坍落度不大于12~14,传统斗浇混凝土坍落度不大于5~8。混凝土用水泥、砂、石料避免采用可能发生碱集料反应的材料。

2.8.3.2 普通钢筋

设计用钢筋为HPB300钢筋和HRB400钢筋两种。HPB300钢筋符合《钢筋混凝土用钢 第1部分:热轧光圆钢筋》(GB 1499.1—2008)的有关规定,HRB400钢筋符合国家标准《钢筋混凝土用钢 第2部分:热轧带肋钢筋》(GB 1499.2—2007)的有关规定。

2.8.3.3 钢材

钢梁板采用Q345qE钢材,钢材性能符合《桥梁用结构钢》(GB/T 714—2015)横向联系及平联型钢采用Q345D,钢材性能符合《低合金高强度结构钢》(GB/T 1591—2008)的有关规定。

附属设施钢材采用Q235钢材,钢材性能符合国家标准《碳素结构钢》(GB/T 700—2006)的有关规定。

2.8.3.4 焊接材料

焊接材料采用与母材相匹配的焊丝、焊剂和手工焊条,且符合相应的国标要求。使用的焊丝、焊剂,焊接上述钢板后,其熔敷金属的屈服强度、极限强度,延伸率不低于母材的机械性能;手工电弧焊采用低氢型焊条。焊接材料供货附有质量证明书,可任意抽查复验焊剂及焊丝。

2.8.3.5 高强度螺栓

高强度螺栓为M22,孔径为24mm。高强度螺栓、螺母、垫圈的尺寸、技术条件及标记符合《钢结构用高强度大六角头螺栓》《钢结构用高强度大六角螺母》《钢结构用高强度垫圈》

(GB/T 1228～1230—2006)的规定,热处理后材料的机械性能符合《钢结构用高强度大六角头螺栓、大六角螺母、垫圈技术要求》(GB/T 1231—2006)的规定。

2.8.3.6　剪力钉

钢主梁及横梁与混凝土桥面板间采用 ϕ22mm 圆柱头焊钉连接,焊钉材料为 ML15 或 ML15AL 材质,焊钉尺寸、化学成分、机械性能等符合《电弧螺柱焊用圆柱头焊钉》(GB/T 10433—2002)的要求。焊钉焊接一律采用机械焊接,杜绝采用手工焊接。

2.8.3.7　支座

地震动峰值加速度小于 0.2g 地区的桥梁:桥梁支座采用盆式橡胶支座,规格和质量符合《公路桥梁盆式支座》(JT/T 391—2009)的规定;地震动峰值加速度大于或等于 0.2g 地区的桥梁:桥梁支座采用 LSJZ-支座,规格和质量符合《公路桥梁摩擦摆式减隔震支座》(JT/T 852—2013)的规定。

2.8.3.8　伸缩缝

伸缩缝采用磁力减震多向变位伸缩装置,其性能指标符合交通行业标准《公路桥梁伸缩装置通用技术条件》(JT/T 327—2016)及《单元式多向变位梳形板桥梁伸缩装置》(JT/T 723—2008)。磁力减震降噪多向变位伸缩装置将永久磁铁应用到桥梁伸缩装置领域,利用伸缩装置主齿板下设置的永久磁铁块,减少锚固螺栓上拔力作用下的损坏,防止车辆在行车过程齿板翘起的现象。

采用可更换的防水装置,有效防止水流入梁间缝隙,减少钢梁环境腐蚀。

2.8.3.9　桥面防水材料

采用桥面专用防水卷材:厚度≥3.5mm,其通用性能及应用性能详见《道桥用改性沥青防水卷材》(JC/T 974—2005)。

采用刚性防水涂料防水层:桥面防水层采用渗透结晶型防水涂料防水,防水涂料性能指标按建材行业标准《道桥用防水涂料》(JC/T 975—2005)选取,满足《城市桥梁桥面防水工程技术规程》(CJJ 139—2010)。桥面防水等级为Ⅰ级,防水涂料用量满足《城市桥梁桥面防水工程技术规程》(CJJ 139—2010)规定的每平方米大于 1.8kg 的要求。

2.8.4　设计要点

2.8.4.1　设计参数

1)一期恒载

混凝土重度 26kN/m^3,沥青混凝土重度 25kN/m^3,钢材重度 78.5kN/m^3。

2)二期恒载

防撞护栏+基座。

车行道:10cm 沥青。

3)活载

荷载标准:公路—Ⅰ级。

4)温度

按《公路桥涵设计通用规范》(JTG D60—2015)规定取值。

5)沉降

5mm。

6)荷载组合

按照《公路桥涵设计通用规范》(JTG D60—2015)、《公路桥涵地基与基础设计规范》(JTG D63—2007)及《公路钢结构桥梁设计规范》(JTG D64—2015)执行。

2.8.4.2 主梁设计

主梁采用4片钢工字梁,由两片外主梁和两片内主梁组成,组合梁桥面全宽12.75/13.0m,钢梁中心线处的梁高为1.65m,梁间距3.4m。钢主梁采用Q345qE工字形直腹板钢梁,由顶板、底板和腹板焊接而成,顶、底板为变厚度钢板,顶板厚20~25mm,顶板厚25~40mm,主梁腹板为变厚度钢板,厚度为12~14mm。主梁之间工地连采用高强螺栓连接。混凝土桥面板和钢主梁通过剪力焊钉连接,焊钉尺寸240mm×22mm,纵向间距115~300mm不等,横向根据结构受力布置有4个。

钢主梁之间通过横梁加强横向联系,横梁标准间距为5.0m,端横梁、中横梁采用实腹式横梁,采用焊接工字形截面,横梁顶板、底板和腹板采用等厚度钢板,顶、底板厚度为16mm,端横梁腹板厚16mm,中横梁腹板厚20mm,设置竖向加劲肋,与钢主梁腹板焊接在一起,同时设置临时起顶构造。其中端横梁采用外包混凝土加强耐久性。横向联系采用框架式横梁,采用L100mm×100mm×12mm Q345D角钢和TN147mm×200mm×12mm×8mm Q345D T型钢;平联采用TN147mm×200mm×12mm×8mm Q345D T型钢。

2.8.4.3 桥面板设计

现浇桥面板为钢筋混凝土结构。标准梁段桥面板标准厚度为25cm,钢梁支撑处板厚加厚至35cm。桥面板下设6mm永久钢模板,形成组合结构。

2.8.4.4 附属设计

(1)支座的承载力满足设计图纸要求,支座设计的竖向转角不小于0.02rad。

(2)桥面铺装采用8cm防水混凝土+防水层+10mm沥青混凝土。

(3)伸缩缝采用单元式磁力减震多向变位伸缩装置。

(4)泄水管采用复合材料模压成型。

2.8.5 结构耐久性设计

2.8.5.1 混凝土耐久性设计措施

混凝土的耐久性通过以下三种措施进行保证:

1)控制混凝土的浇筑质量

本桥桥面板属于Ⅱ类环境,本工程使用的各种混凝土,进行了严格的质量控制和检测。根据《公路钢筋混凝土及预应力混凝土桥涵设计规范》(JTG D62—2004),在进行混凝土配合比设计时,按规范要求考虑所处环境条件下的耐久性要求。结构混凝土耐久性基本要求见表2.8-2。

混凝土耐久性基本要求　　表 2.8-2

环境类别	最大水灰比	最小水泥用量 (kg/m^3)	最大氯离子含量 (%)	最大碱含量 (kg/m^3)	主要结构
Ⅱ	0.50	300	0.15	3.0	桥面板

2）控制混凝土的保护层厚度

根据《公路钢筋混凝土及预应力混凝土桥涵设计规范》（JTG D62—2004）中第9.1.1条控制混凝土最小保护层厚度见表2.8-3。

混凝土最小保护层厚度　　表 2.8-3

所在部位	混凝土强度等级	主筋最小保护层厚度(mm)	允许裂缝宽度(mm)
桥面板	C50	主筋≥40 箍筋≥25	0.20

3）混凝土外加剂的使用

混凝土外加剂的使用满足《混凝土外加剂应用技术规范》（GB 50119—2013）的要求，并注意了如下方面：

（1）含有氯盐的早强型普通减水剂、早强剂、防水剂和氯盐类防冻剂，严禁用于预应力混凝土、钢筋混凝土和钢纤维混凝土结构。

（2）含有亚硝酸盐、碳酸盐的早强型普通减水剂、早强剂、防冻剂和含亚硝酸盐的阻锈剂，严禁用于预应力混凝土结构。

（3）含有强电解质无机盐的早强型普通减水剂、早强剂、防冻剂和防水剂严禁用于与镀锌钢材或铝铁相接触部位的混凝土。

2.8.5.2　钢结构耐久性设计措施

由于钢梁各部位所处的环境条件、工作条件和涂装维修的难易程度各不相同，涂装的功能要求、类型和寿命也不尽相同。具体涂装体系要求如下：

1）钢材预处理涂装

钢板要求进场后辊平后预处理Sa2.5级；粗糙度 R_z40 ~ 80μm，涂装无机硅酸锌车间底漆一道，厚度为25μm。

2）工厂及工地涂装（表2.8-4 ~ 表2.8-7）

钢梁表面涂装方案　　表 2.8-4

序号	设计要求	设计值	备注
1	二次表面处理	S_a2.5	GB 8923
2	表面粗糙度	R_z30 ~ 75μm	GB/T 13288
3	环氧富锌底漆	1 × 60μm	干膜中锌粉含量≥75%，体积固体含量 > 65%
4	环氧云铁中间漆	2 × 120μm	体积固体含量 > 80%，可在 -5℃下施工
5	丙烯酸聚硅氧烷面漆	2 × 100μm	体积固体含量 > 65%，基料中硅氧键含量（全漆）≥15%；不含异氰酸酯，不使用含铅、铬的颜料；通过冷热循环测试；颜色待定，一道为工地涂装
6	总干膜厚度	280μm	

支座钢板涂装方案 表 2.8-5

预处理	表面酸洗处理，清除氧化层，露出钢结构本色	
序号	设计值	设计要求
1	热浸镀锌	80μm（600g/m^2）
2	镀锌表面连接漆	20μm
3	环氧云铁中间漆	2×40μm
4	与箱梁外表面同面漆	2×30μm

高强螺栓连接摩擦面部位涂装方案 表 2.8-6

序号	设计要求	设计值	备注
1	二次表面处理	S_a3.0	GB 8923
2	表面粗糙度	R_z50～100μm	GB/T 13288
3	无机富锌防锈防滑涂料	(120±40)μm	抗滑移系数出厂时不小于0.55 工地安装前的复验值不小于0.45

主梁顶面部位涂装方案（含剪力钉） 表 2.8-7

序号	设计要求	设计值	备注
1	二次表面处理	S_a2.5 级	GB 8923
2	表面粗糙度	R_z30～75μm	GB/T 13288
3	环氧富锌底漆	2×40μm	—

其他：现场焊接接缝处每侧留出 100mm 宽不涂装，待现场焊接完毕，方可进行涂装；焊缝、支墩部位修补，喷砂除锈 S_a2.5 或 S_t3.0 级，环氧富锌底漆 1×60μm + 环氧云铁中间漆 2×120μm + 丙烯酸聚硅氧烷面漆 2×100μm。

高强螺栓终拧后，外露的螺栓头部位打磨至 St3.0 级后按与周边相同的涂装体系进行涂装；外露的摩擦面按照与周边相同的涂装体系补涂除底漆外的后续涂层。

桥面现浇混凝土施工前，该处钢结构顶面应进行净化处理，喷砂除锈达到 S_a2.5 级后，对钢结构主梁顶板上表面（除剪力键部分）进行涂装环氧富锌底漆。组合梁钢梁的防腐范围伸入钢混结合面不小于 20mm；钢混接触面应做好防、排水，必要时设置密封胶等防水填塞料。

2.8.6 施工要点

主桥钢工字梁采用分段吊装施工，桥面板采用分段浇注施工。施工步骤如下：

步骤一：基础及墩柱施工、钢梁制作。

步骤二：运输及吊装第一段钢梁。

步骤三：吊装第二段钢梁并与第一段钢梁连接。

步骤四：吊装第三段钢梁并与第二段钢梁连接。

步骤五：重复，吊装第 n 段钢梁并与第 $n-1$ 段钢梁连接。

步骤六：安装模板，绑扎桥面板钢筋、浇筑正弯矩区混凝土，养护。

步骤七：正弯矩混凝土达到设计强度 80% 以上时，浇筑负弯矩区段混凝土。

步骤八:施工桥面系与附属结构、成桥。

若采用其他施工方法,应征得设计单位同意。

2.8.7 钢结构施工

2.8.7.1 总则

(1)钢材在进料之前完成结构安装施工组织设计、制造工艺技术文件、质量检测与验收规则,焊接工艺试验评定清册等工艺文件,并进行专家评审,根据专家意见对工艺技术文件修改完善后报请监理批准后方可实施。

(2)钢结构加工之前完成钢结构加工制作零件图和结构组拼图等技术文件。

(3)钢结构加工前,加工单位进行焊接工艺评定试验,对到货供应的钢材和选定的焊接材料,进行完整、系统的试验,其评定种类和结果经业主、监理、设计认可。

(4)钢结构加工单位根据钢板定尺、制作工艺和吊装方案对钢梁进行分段,钢梁分段及对接焊缝设置避开应力高峰区,制造时可先将钢板和纵肋焊接成板单元,再在组装台座上拼装。具体分段及对接焊缝设置和设计、监理共同研究确定。

(5)钢结构在大规模制造之前进行首梁试制,在加工、组装、焊接、矫正、验收合格后,再正式投入批量生产,以利及时积累数据,发现与处理问题,使在以后批量生产中予以改进。

(6)钢结构在加工制造中,对关键性零件、构件的半成品和成品进行检查、验收,并做好加工及检查记录以备跟踪和查考。

(7)制造和检验所使用的量具、仪器、仪表等由二级以上计量机构检验合格后使用。工厂与工地用尺由总包统一发放,防止出现系统交互误差。

(8)钢结构加工制造,严格进行施工过程中的全面质量控制和管理,以确保质量,不留隐患。

(9)工地焊接在监理单位现场监督下由钢结构制造加工单位实施。

2.8.7.2 钢结构制造加工一般要求

(1)钢结构零件加工前进行钢板预处理。

(2)对于厚度大于20mm的单轧钢板进行超声波探伤检测,标准为《厚钢板超声波检验方法》(GB/T 2970—2004),合格级别不低于Ⅱ级。其他厚度单轧钢板及其他钢材,根据供需双方协议,也可进行无损检测,其检验标准和级别应在协议或合同中明确。钢板的尺寸、外形、质量及允许偏差符合《热轧钢板和钢带的尺寸、外形、重量及允许偏差》(GB/T 709—2006)的规定。钢板厚度允许偏差满足C类标准,固定负偏差为0,按公称厚度规定正偏差。

(3)钢结构制作和安装的切割、焊接设备,其使用性能满足选定工艺要求。

(4)钢板在到货下料前,认真记录各批钢板的炉批号及钢板规格编号。对来料钢板内在力学性能、化学成分包括试件及超声探伤和表面质量进行复验,检查钢板几何尺寸、平整度及表面锈蚀或非正常锈腐情况,并做好记录以备查考。

(5)钢板作样、下料、切割几何尺寸准确,要正确考虑钢梁纵坡、横坡、预拱度、边缘加工及电焊收缩等各种因素的影响。

(6)下料所划的切割线准备清晰,下料尺寸允许偏差为±1mm。

(7)下料前检查钢板的钢号、规格、质量。确认无误合格后,方可下料。下料后对主要零件做好材料牌号、板号标记的移植,以便材料跟踪。

(8)主要构件的零件下料时,尽量使其受力方向与钢板的轧制方向一致。

(9)板在切割前,以矫平等预加工处理,并使其偏差在1mm/m。两端各2m范围内和顺平整。钢板经矫平后不得出现折皱、翘曲等影响质量的现象。有异常情况,进行特殊加工处理。矫平后钢板表面不应有明显的凸痕和其他损伤。必要时进行局部整修或打磨整平。

(10)除钢衬垫及施工要求的临时结构之外,本桥永久结构钢板(除受力次要的侧壁板及塔头外封板板外),一律不允许进行剪切切割。

(11)各类钢结构部件的零件,优先考虑精密切割、数控自动切割、等离子切割等方法。手工切割只能用于次要零件或手工切割后还要再进行切割机加工的零件。

(12)切割的工艺要求。

①在钢材加工之前,用有代表性的试件进行火焰切割工艺评定。

②进行火焰切割工艺评定的试件,根据各种不同的板厚分档分别评定。对于板厚超过40mm时,加密板厚级差进行工艺评定。

③火焰切割面无裂纹;局部硬度不超过HV350;无其他危害结构使用性能的缺陷。

④火焰切割的边缘打磨或用机加工法除去明显的火焰切痕迹线。

(13)对于主要受力构件的自由边,刨边或铣边加工,火焰切割边机机加工量不小于3mm。对于火焰切割开坡口焊接的板边,可以不进行刨(铣)加工,但需要打磨平顺,去除其他杂质。

(14)刨(铣)加工后的表面粗糙度<100μm。

(15)切割零件边缘允许偏差规定如下:

①精密切割边缘:±1.0mm。

②自动或半自动切割边缘:±1.5mm。

③切割垂直度偏差应不大于板厚的5%,且不大于1.5mm。

④切割边缘的直线度,对于自动、半自动切割为$\Delta h \leq 0.5$mm/m,且在全长内<1.5mm。

(16)切割时,防止缺口。主要受力构件的零件边缘不允许有缺口。一般构件的零件边缘缺口不大于2mm。

(17)待焊接表面和邻近焊缝表面没有氧化皮、漆皮、锈、潮气、油污或其他杂质,以免妨碍正常焊接作业或产生烟尘。

(18)所有埋弧焊(包括角焊缝)被焊钢板表面,在焊缝及坡口两侧用砂轮打磨等时,不允许施加过大压力,以免造成过热。焊剂可能接触部位的浮锈,一律去除干净,以防浮锈夹入助焊剂中。

(19)所有引弧板与熄弧板的表面,均彻底去除氧化皮。引弧板的材质、厚度、坡口与所焊件相同。

(20)需做产品试板检验时,在焊缝端部连接试板,试板材质、厚度、轧制方向及坡口与所焊对接板材相同,其长度大于400mm,宽度每侧不得小于150mm。

(21)零件铣平要求不平整度≤0.1mm。

(22)零件磨光顶紧要求为接触部位进行铣平加工,其不平整度≤0.1mm,顶紧接触面不得少于75%,局部缝隙<0.2mm。

(23)零件边缘加工后,无杂刺、渣、波纹;崩坑等缺陷修磨匀顺;刨铣时避免油污污染钢板。

(24)材料表面伤痕应控制为:主要(零)构件与受力垂直方向小于0.3mm;主要(零)构件与受力平行方向小于0.5mm;其他(零)构件小于0.8mm。

(25)主梁支座垫板由工厂机加工,要求顶面与梁底密贴,底面水平。

(26)未经设计单位同意,不得在钢结构开工作人孔。

(27)人孔表面处理及焊缝处理:人孔孔壁光滑,孔缘无损伤不平,刺屑除干净。

2.8.7.3 焊接连接

(1)全焊透坡口焊缝主要用于:

①钢主纵梁顶、底板、腹板和加劲肋对接焊缝,腹板与顶、底板之间的T形对接焊缝。

②主梁横梁及隔板顶、底板、腹板的对接焊缝。

(2)角焊缝主要用于腹板的竖向、水平加劲,底板加劲、横隔板加劲与主板之间焊缝和其他构造焊缝(均为Ⅱ级焊缝),分为部分焊透坡口角焊缝(开坡口角焊缝)及普通角焊缝(一般为不开坡口角焊缝)。焊角高度 $h_f \geqslant 12$mm 的角焊缝采用部分焊透坡口角焊缝(开坡口角焊缝)。

(3)全桥焊缝构造、焊接方法、焊接程序等必要时由设计、施工、监理共同确定,并经评审通过。

(4)焊工经过考试并取得权威部门(如中国船级社)的合格证后方可从事焊接工作。合格证需要注明施焊条件、有效期限。焊工熟悉工艺要求,明确焊接工艺参数。

(5)正式施工前,先将焊丝、焊剂与钢板进行如下焊接工艺评定试验:

①生产中的焊接工艺应与焊接工艺评定所采用的工艺相符,要进行对接接头,T形接头等接头试验,对特殊的接头形式亦进行了焊接工艺评定。

②本桥工厂焊接和工地焊接分别进行了焊接工艺评定试验。

③工地焊接工艺评定试验,包括现场作业中各种位置,并考虑了工地现场的实际气候状况,焊接工艺评定所采用的钢材、焊接材料及焊接工艺与实际情况相同。

④在实际生产中对于不同厂家的钢材,或厂家相同但钢材成分构成不同,以及焊接材料的改变、焊接方法改变,或由于焊接设备变化引起焊接参数、焊接位置改变、坡口形式改变、角焊缝焊脚尺寸增大2mm以上,焊接部位采用车间底漆等,事先进行了焊接工艺评定试验。

⑤焊接工艺试验进行了外观及内部无损检测(包括X射线、超声波、磁粉等),机械力学性能试验,接头横向侧弯曲试验,接头硬度试验,宏观断面酸蚀试验等各种专项试验并满足不低于相应母材的设计技术和规程要求。

⑥焊接工艺评定的试验用材考虑试验结果对钢板的性能和各种厚度具有覆盖全部所进钢材的效果。

⑦针对钢结构焊接的不同材料、不同的接头,不同的焊接位置、不同的钢板厚度以及不同的焊接方法,分别选出代表性的焊接接头作为评定项目,并汇总列出焊接工艺评定项目清单。该清单由制造方提出,经监理工程师签认批准后实施。

⑧焊接工艺评定后确定的工艺参数,在加工过程中作为指导生产的依据,不得随意改动。

⑨焊接工艺评定中,应包含焊钉的工艺评定内容。

⑩工艺评定用试板尺寸、取样标准以及试验及验收标准按照《铁路钢桥制造规范》(Q/CR

9211—2015)执行。

⑪为确定焊接工艺参数,对焊接接头施焊的指导原则是:焊接接头屈服强度不低于母材,韧性要求按照《铁路钢桥制造规范》(Q/CR 9211—2015)执行,即Q345qE钢焊缝金属和热影响区V缺口 -40℃冲击功 $K_{V2}\geqslant 34J$。严格控制线能量指标,制造厂在实施中通过试验采用合适的指标作为实际使用控制值。而当实际采用线能量超过原工艺评定试验的范围时,进行了与这相应的工艺评定试验,作出评定。

(6)不同厚度的钢板对接,将较厚板的一面加工成斜坡,其坡度小于或等于1∶8。

(7)钢板对接接头,其纵横两方向的对接焊缝,采用十字形交叉或T形交叉。当为T形交叉时,交叉点的距离不小于200mm,且拼接材料的长度和宽度均不小于300mm。

(8)顶、底板、腹板和纵肋对接焊缝没有布置在同一截面,错开了一段距离。工地对接缝顶、底板做成向上的V形坡口。

(9)焊接坡口用火焰切割加工,加工后的坡口形式与尺寸符合相关规定。火焰切割时,切口上没有产生裂纹,并没有大于1.0mm的缺棱,切割后清除边缘的氧化物、熔瘤和飞溅物等。

(10)施焊前,焊工检查焊接部位的组装和表面清理的质量,如不符合要求,修整合格后方能施焊。

(11)焊丝和焊剂均为易吸潮货物,装运和使用前需要妥为包装和防护。手工焊条及焊剂烘焙温度与时间,以及保存温度与时间符合相关规定。

(12)全熔透的对接焊缝,做背面清根焊接,或加垫板单面焊接。

(13)雨天时,禁止露天焊接。构件焊区表面潮湿或有冰雪时,清除干净方可施焊。在四级以上风力焊接时,采取防风措施。

(14)不应在焊接以外的母材上打火引弧。

(15)定位焊,由持有焊工合格证的工人施焊。定位焊用的焊接材料,与正式施焊用的材料相同。定位焊高度不宜超过设计焊缝厚度的一半,定位焊长度为50~100m,定位焊间距为400~600mm,并填满弧坑。如发现定位焊上有气孔或裂纹,必须清除干净后重焊。

(16)对接接头焊缝,其两端配置引弧板和引出板,其材料和坡口形式与被焊工件相同。焊接完毕后,用火焰切除被焊工件上的引弧出板和其他卡具,并沿受力方向修磨平整,严禁用锤击落。

(17)在组装好的构件上施焊,严格按焊接工艺规定的参数以及焊接顺序进行,以控制焊后构件变形。控制焊接变形,可采用反变形措施。在约束焊道上施焊,连续进行。如因故中断,再焊时应对已焊的焊缝局部做预热处理。采用多层焊时,将前一道焊缝表面清理干净后再继续施焊。

(18)为保证构件疲劳受力性能,对下列受拉部位的焊缝进行打磨:

①墩顶横隔板与顶、底板和腹板相交的全焊透T形焊缝。

②腹板与顶、底板之间全焊透焊缝中超差缺陷及不和顺过渡部位。最后一道打磨方向与受力方向一致,严禁沿受力方向横向打磨。

(19)钢板厚度变化处的焊缝和构件加工均在工厂内完成。

(20)焊接严格按相关规范进行,不随意在钢梁构件上引弧;不随意在钢梁上焊接施工用临时附件。

①正式焊接前的母材清理工作,定位焊要求均满足设计技术标准和有关规范、规程的规定。该码拆除时距钢板 1 ~ 3mm 处火焰切除,然后用砂轮磨光与钢板齐平,最后经磁粉探伤合格。

②吊装用的配件,在钢构件现场拼接完成后予以割除,一般分两次切割,第一次切割作为预热用,第二次则完全切除。起吊配件切割后,一律用砂轮打磨。起吊配件切割后的剩余高度不超过 20mm,以 10 ~ 5mm 为好,严禁切割时损伤构件。

③对有疲劳受力要求的受拉部位焊缝进行打磨,具体部位为:所有杆件的横向对接焊缝、支座加劲板的熔透剪切角焊缝、圆弧过渡处焊缝以及其他施工图纸中要求打磨的焊缝。

④为解决部分 T 形接头焊缝表面与母材过渡处的磨光问题,用高耐磨性的指形砂轮进行打磨。

(21)在防风得到保证并且 CO_2 纯度≥99.9% 的情况下,允许采用 CO_2 气体保护焊打底,自动埋弧或手工焊罩面工艺。

(22)钢结构在现场桥位连接的部位采用全焊工艺。制造商在节段加工时根据预先的工艺评定的参数,预留一定的变形量和收缩量,确保结构三维尺寸及精度,防止钢结构出现难以拼装或无法合龙的现象。

(23)现场焊接采取措施对母材焊接部位进行有效的保护,配置合适的防风、防潮设备和预热去潮的设施,在符合工艺的条件下(工厂制作相同条件),方可进行焊接。严禁在无任何防护措施下,在雨、雪天及母材表面潮湿或大风天气进行露天焊接。

(24)工地焊接环境条件:风力 <5 级(施焊部位),温度≥5°C,湿度≤80%。

(25)工地现场施焊前,检查对接钢结构节段接头焊口状况。其中包括接头坡口角度间隙尺寸、焊接高差等是否符合要求。

(26)工地焊接时各类构件节段施焊顺序对称于桥轴线,并对称于构件自身的对称轴,均匀、对称、同步协调地实施。

(27)工地焊接时对各类加劲连接的补偿段,可在大接头环缝施焊后,再予以实施焊接。

(28)图纸中给出了建议运输分段长度,如需调整需要征得设计单位和监理单位同意。

2.8.7.4 焊缝检验与无损检测

(1)在钢梁加工过程中,制造厂根据组装前、后,焊接时和焊接后的需要,对焊缝质量进行检查和试验,以保证材料和加工质量符合制作技术要求。

(2)焊缝无损伤探伤按《公路桥涵施工技术规范》(JTG/T F50—2011)执行。

(3)凡涉及检查的各种作业,在开始之前提前通知制造检查人员和监理人员。检查和监理人员应在已检查验收的各部件和焊接部位做明显的识别标记,并保存所有的现场和试验的记录资料。

(4)探伤人员资格:取得权威部门(如中国船级社)的上岗合格证书,无证人员严禁上岗操作。

(5)制造厂检查人员和监理人员切实查明本桥所用钢板。钢板的内在质量和外表质量的质保情况和商检情况是否符合设计技术要求,并检查在加工过程中可能出现的问题,检查焊接设备是否符合要求。

查明各种焊工是否经考试合格认可;并观察焊工的工作质量是否达到规范的要求,焊工是否按照焊接工艺技术条件进行操作。应切实查明所有焊缝尺寸、长度和位置是否符合技术规定、规范和图纸的要求。

切实查明焊接材料、品种、规格是否应用正确，保管规范。检查人员和监理人员应借助各种手段对焊接质量进行检查，查明是否达到本技术要求以及其他规范的要求。

(6)所有的检验，在焊缝冷却到室温之后，才能开始进行。焊缝在焊接24h之后进行无损检验，对于板厚≥36mm的焊缝在焊接48h之后进行无损探伤。

(7)射线(RT)探伤、超声(UT)探伤、磁粉(MT)探伤均按相应标准执行。

(8)工地焊接和工厂焊接接头焊缝均进行焊接接头的破坏性试验及强度评定。试验数量、结果符合焊接工艺评定的规定。

(9)在焊接主要构件的对接接缝时，增设焊接试板(即送拖带小板)抽样进行上述试验。对各种节段组拼的纵、横对接焊缝施焊后，对于每个节段的不同部位均附上拖带小板抽样检查与试验。产品试板数量参照《铁路钢桥制造规范》(Q/CR 9211—2015)中表4.9.15执行。如试验结果不合格，可在原试板上重新取样再试验，如试验结果仍不合格，则先查明原因，然后对该试板代表的接头进行处理。

(10)超声探伤包括坡口焊缝及其热影响区在内。

(11)生产过程中，当发现有问题时，监理人员可通过业主要求制造厂对钢板材料，进行无损探伤复验。

(12)焊缝缺陷修补。

经检测的工厂焊缝或工地焊缝，凡无损探伤不合格者，按规定的方法予以返修纠正，并重新检查，直到合格为止。

事先严格确定裂缝和修补的范围，返修的焊缝不超过两次，确保焊缝工程质量。

(13)制造厂对焊缝进行无损探伤后，在经制造检查人员验收之前，将所有的照片记录资料，包括不合格待修焊缝的照片。记录资料以及有关报告，全部提交给监理检查人员。

(14)制造厂对焊缝进行无损探伤的全套照片，记录资料，包括以前质量不合格而进行修理前、后的照片，记录资料以及有关报告，在工作完成时交给业主。

2.8.7.5 构件允许误差

钢梁加工尺寸允许误差见表2.8-8，其他按《公路桥涵施工技术规范》(JTG/T F50—2011)执行。

钢梁加工尺寸要求(允许误差，mm)　　表2.8-8

序号	简　述	项　目	钢梁一般区段	钢梁连接区
1		顶板宽度 B	±0.5	±0.5
2		底板宽度 b	±2.0	±1.0
3		腹板高度 h	±2.0	±1.0
4		钢梁中心线偏移	±2.0	±1.0
5		腹板垂直度偏差	±2.0	±1.0
6		顶、底板翘曲	±2.0	±1.0

续上表

序号	简　　述	项　　目	钢梁一般区段	钢梁连接区
7	横隔板及竖向加劲肋尺寸位置	间距 垂直度	±2.0 ±2.0	±2.0 ±2.0
8	平钢板加劲肋、T 型加劲肋位置	间距	±2.0	±1.0
9	所有顶底板、T 型加劲肋平钢板加劲对接	对接偏差	±0.5	±0.5

2.8.7.6 构件试拼装

(1)所有的钢梁构件均逐个检查,确保焊缝及构件各部分尺寸、形状符合要求后,再进行试拼装,试拼装节段一般为不少 3 +1 个节段。

(2)试拼装时,进行平直和几何尺寸检查。

(3)试拼装过程中,检查拼装处有无互相抵触情况。

(4)钢梁试拼装时着重检查在自然状态下钢梁顶、底板和腹板是否对接平齐与扭曲,钢梁立面(应考虑预拱度影响)、平面线形是否满足要求。

(5)对试组装好的构件及部件进行编号、登记,为现场安装提供方便。

(6)钢梁试拼装偏差应满足表 2.8-9 的要求。

钢梁试拼装允许偏差　　表 2.8-9

项　　目	允许偏差(mm)	附　　注
梁高	±2	
总梁长	±15	
中心线偏移	±1	
跨径之间距离	±5	支座中心之间距离
主梁倾斜	5	
支点高低差	1	支座处三点水平时,另一点翘起高度
节段扭曲	每米不超过 1mm,且整个梁长范围内≤5mm	

2.8.7.7 现场安装

(1)现场安装时,保证临时措施安全可靠,有足够的刚度和稳定性。

(2)主梁桥上拼接采用高强螺栓连接;其他构件连接采用焊接。

(3)钢梁拼装精确测定钢梁的 x、y、z 坐标,一旦发现不正确时及时调整,保证线形正确。

(4)现场拼缝处有强大的定位措施,组成的焊缝坡口及其他尺寸的精度符合相应的坡口尺寸允许误差、焊缝连接组装允许偏差及相应的钢梁制作允许误差的要求。

(5)现场安装时,不得随意在钢梁构件上引弧;不得随意在钢梁上焊接施工用临时附件;不得随意将钢梁作为工地一般电焊的接地使用;不得任意在钢梁构件各部位上进行敲打等等。

(6)钢梁的最后一道防护面漆,在全桥安装完成后进行。喷涂前,按规定对原漆表面进行清洗处理和修补。

2.8.8 焊钉

(1)本桥中采用圆柱头焊钉。

(2)焊钉采用ML15或ML15AL材质,其各项性能符合《电弧螺柱焊用圆柱头焊钉》(GB/T 10433—2002)的技术要求。

(3)焊接时,螺柱无锈蚀坑、氧化皮、油脂、受潮或其他会对焊接工作造成有害影响的物质。

(4)施焊前,节段部位不应有涂漆等涂装,不应有表面的氧化皮、锈、受潮或其他有害物质,以达到良好的焊接。使用钢丝刷、喷丸、冲击或打磨方法清理干净。

(5)电弧防护罩或套圈保持干燥,任何由于雾、雨而至电弧防护套圈的表面潮湿时,均在使用前将其置于120°C烘箱中烘焙2h。

(6)焊钉与钢板间保持垂直。

(7)当被焊钢结构的温度低于-5°C或表面很湿或表面有雨、雪落下时,严禁施工。当温度低于0℃时,应在每100个焊成的焊钉增加一个附加的焊钉做试验。这不包括在每次新的生产周期开始时或改变设定参数时先焊的两只焊钉在内。

(8)焊钉评定根据《铁路钢桥制造规范》(Q/CR 9211—2015)及《公路桥涵施工技术规范》(JTG/T F50—2011)规定执行。

(9)生产控制。

①生产前试验

a. 在用特定参数进行生产焊接前,以及每天或每班生产开始时,先将被焊的最初两个焊钉进行试验。可在一块厚度和性能类似于产品构件的材料上焊接,以拟定工艺。所有试验用焊钉应与产品设计状态一致。

b. 试验焊钉应经肉眼检查,整个360°均有飞边。

c. 除目检外,焊接焊钉冷却后进行弯曲试验,用人工或机械方法弯曲焊钉,使焊钉从原轴线弯曲至30°。

②操作人员资质评定。

如按前述要求进行生产前试验合格,则也认为该焊钉焊工资质评定合格。

③如果不合格焊钉已经从组件上去除,则将切除焊钉的部位修整光滑和平齐。

(10)焊钉施焊后,进行监理检验合格后方可出厂。

2.8.9 钢梁存放、运输

1)钢梁节段成品存放

(1)构件节段成品的存放场地,坚实、平整、通风,有排水设施。

(2)构件支点合理布置,并经监理、设计单位同意,禁止钢梁节段叠放。

(3)存放构件节段按工地安装程序编号,并按吊运顺序安排位置。

(4)成品节段短途转移时,避免擦伤扭折、坠落等人为损伤。

2)钢梁节段成品运输

(1)起吊点位置由加工单位和安装单位提出,并经监理、设计单位确认。不允许用捆绑,挂钩等方式起吊。

(2)构件节段的包装在涂装干燥后进行,并防止损伤漆面。

(3)构件节段标明编号、分类以免混淆。重大构件出厂前进行称重,并标明重量、重心位置和定位标记。

(4)构件节段在运输过程中防止倾倒、碰撞。支点要平稳、多点、可靠,支点布置由施工、监理、设计单位共同商定。并且采取可靠措施防止碰损。

2.8.10 混凝土桥面板施工

(1)混凝土桥面板按设计要求分段浇筑,先浇筑正弯矩区段混凝土,后浇筑负弯矩区段混凝土。

(2)混凝土桥面板施工中采取措施保证混凝土板顶面的平整、表面拉毛,以确保铺装层厚度准确,黏结可靠。

(3)桥面板顶高程以道路设计路面高程减去桥面铺装层厚度控制桥面板顶高程。

(4)施工缝构造严格按有关规范要求处理。

(5)施工用永久钢模板严禁集中堆载、超载。

2.8.11 普通钢筋施工

(1)所有普通钢筋应按照施工图要求准确加工安装和定位,严格保证各类钢筋的净保护层厚度。

(2)普通钢筋接长时,同一断面钢筋接头不超过该断面通过钢筋总面积的50%。

(3)所有拉筋均钩到最外层钢筋上,并绑扎牢靠。

2.8.12 高强度螺栓连接的施工

钢桥安装时的高强度螺栓连接施工要点按照《公路桥梁施工技术规范》(JTG/T F50—2011)第19.13.3节中的规定执行。

第3章　组合钢箱梁桥

3.1 概　　述

钢-混凝土合箱梁是在钢结构和混凝土结构、薄壁箱梁结构基础上发展起来的一种新型结构形式，常用于城市立交桥、铁路桥、大跨度工业与民用建筑中。其轻巧的结构形式使建筑物的造型更加优美，线条平顺流畅、意境生动，从而达到建筑美学与环境美协调一致的效果。在组合结构桥梁的发展过程中，钢-混凝土组合箱梁因其抗扭能力强、整体性好、适合曲线线路以及更能适应大跨与特殊要求等特点，获得了较大的发展，在世界各地的应用非常普遍，尤其在大跨度连续梁桥上更为常见。20世纪80年代以来，欧美等国家和地区建造了许多各具特色的钢-混凝土连续组合箱梁桥，其结构形式与具体环境、建设条件巧妙结合，并展示了许多特点，如预制装配式钢与混凝土组合梁、叠合板组合梁、预应力钢与混凝土组合梁、钢板夹心组合梁等多种新形式钢-混凝土组合梁相继出现。同时，研究人员也对钢-混凝土组合箱梁的设计理论与方法开展了更为深入和细致的研究，逐步由线弹性分析向非线性分析发展、由平面结构分析向空间结构分析过渡；试验研究也更为广泛、深入地开展，涉及抗剪连接件、稳定和局部屈曲、结构动力学性能、混凝土桥面板开裂等方面，并得出了大量具有理论与应用价值的成果，使钢-混凝土组合梁的发展步入新的阶段。

随着我国经济的飞速发展，我国交通基础建设步伐加快，工程建设逐步向"大型化、整体化、工厂化"发展，对桥梁安全性、耐久性、适用性、环保性以及快速施工等都提出了更高的要求。由于钢-混凝土组合连续箱梁桥具有抗扭及抗弯刚度大、抗震性能好、能适应大跨要求等优点，近年来国内的已建成的武汉二七长江大桥、上海长江大桥和杭州九堡桥以及港珠澳大桥等都采用了钢-混凝土组合连续箱梁结构。

3.2 组合钢箱梁桥截面构造形式

钢-混凝土组合箱梁结构由上部钢筋混凝土板或预应力混凝土板和下部的钢箱梁组成，混凝土板和钢箱梁之间通过剪力连接件进行连接。混凝土板承担梁体的压应力，钢梁承担拉应力，能充分发挥材料性能。与钢筋混凝土箱梁相比，组合箱梁可以减轻自重，减弱地震影响，减小构件尺寸，增加有效使用空间，降低基础造价，节省模板，简化支模工序，缩短施工工期，增加构件和结构的延性。

钢-混凝土组合箱梁桥结构从混凝土箱梁与钢箱梁的两个方面发展而来。组合箱梁桥的截面形式历经几十年的发展，已经发生诸多的变化。早期的组合箱梁桥常采用多箱截面，一般各箱之间设有横向联结系，具有方便运输与吊装的特点。由于多箱截面形式难以适应组合箱梁桥向大跨发展的要求,从而发展完善了单箱单室截面形式,成为普遍采用的截面形式之一。当遇到深山峡谷等自然条件、桥面宽度20m甚至30m以上时,采用整幅桥面的方案更具有竞争力。单箱双室或单箱多室截面也是可供选择的结构形式之一。组合箱梁的钢结构部分,根据顶面是否开口通常可以分成槽形截面以及闭合截面形式。槽形截面通过设于上翼缘的剪力键与混凝土板结合,结构简洁,受力明确,是组合箱梁桥最常用的形式。闭合截面一般在平面曲线半径较小、抗扭要求高等情况下使用,上翼缘钢板及其加劲构件可兼作永久模板使用,但只有在保证混凝土板完全无渗透的情况下才可使用。因此,槽形截面由于桥面板能观察、能接近其底面的形式而仍然是组合箱梁桥最广泛采用的结构形式。

3.2.1　槽形截面钢梁

在组合箱梁桥的钢箱内,一般设有横向加劲肋、纵向加劲肋及型钢加劲杆件。槽形截面的横向加劲肋由腹板竖向加劲肋和底板横向加劲肋组成,两者一般对应设置。腹板竖向加劲肋除了满足横向受力需要外,还和腹板共同承担抗剪作用。此外,腹板竖向加劲肋在受压区和纵向加劲肋共同防止失稳。为了满足抵抗弯剪作用与稳定等受力要求,可以调节加劲肋的间距、刚度以及腹板厚度。当桥面很宽时,有时在槽形截面的上缘设置横向加劲肋与混凝土板结合,以满足横向受力需要。梁式桥主要受弯剪作用,腹板尤其是腹板加劲肋对截面抗弯贡献很小。由于组合截面的中性轴接近上翼缘混凝土板,因此,对于简支梁桥或连续梁桥的正弯矩区,腹板的绝大部分区域处于受拉状态,这为减少甚至取消腹板加劲肋创造了条件。底板横向加劲肋的主要作用是满足横向受力需要、与底板纵向加劲肋共同防止受压区失稳,因接近截面的下缘,故可以在截面中有效发挥抗弯作用,因此,底板纵向加劲肋一般连续设置。加劲杆件系统在组合箱梁中一般必不可少,它的作用除了支点截面外,还可以满足施工需要。在混凝土桥面板结合受力之前,钢结构尤其是槽形截面的钢结构,一般需要采用加劲杆件系统进行加强才能满足要求,特别是大跨度桥梁更是如此。对于槽形截面,为了减弱施工期间由偏载引起的扭转作用,还需要在上翼缘处设置平面桁式加劲杆件,但应根据施工和运营阶段结构承载与稳定需要共同确定。

3.2.2　桥面板

在钢-混凝土组合箱梁桥中,由于桥面板处于顶层的位置,易受气温变化和盐类侵蚀的影响,因此,提高其耐久性能是人们追求的目标之一,人们为此采取了许多措施预防钢筋混凝土的开裂。根据施工方法、结构形式以及结合方式等不同,可将钢-混凝土组合箱梁组合结构桥中的桥面板分成现浇桥面板、预制桥面板和组合桥面板三种主要类型。每种类型的桥面板又可进一步细分。桥面板的选用需要根据结构受力状况、施工条件、工程造价等综合因素确定。在实际工程应用中,一座具体的桥上并不仅限于使用一种类型的桥面板,可以根据实际工程条件作出最佳选择。

3.3　桥面板与钢箱梁的连接

钢-混凝土组合箱梁桥最初主要通过连接件实现钢梁与桥面板之间的剪力传递。随着结构形式的多样化发展,对连接性能提出了更高要求。不仅要求承担剪力,还要求能够承担拉拔力,即不仅要求连接件性能满足承载能力要求,而且要求能够满足组合结构整体性能要求。

在组合结构桥梁中,焊钉连接件最为常用。根据设计构思与受力状况,焊钉连接件应用最普遍的布置方式是通常把每排焊钉沿翼缘纵向几乎等间距的均匀设置。除此之外,也有分部分把焊钉设置成间距较小的群体,再沿翼缘纵向以较大间距设置焊钉群的布置方式。这种布置方式起源于瑞士,其目的是为了更加有效地给混凝土桥面板施加预应力。长短焊钉组合使用,多用于焊钉需要承受拉拔力的部位。圆柱头焊钉连接件属于弹性连接件,但可以根据不同的要求进行设置,进而表现出不同的性能,当直径、数量较强配置时,其连接性能可以达到接近刚性。

开孔钢板连接件由 Leonhardt 等人于 1987 年提出,试验结果表明,孔中混凝土具有很大的销栓作用,其最终破坏是孔中混凝土的剪切,并且不存在疲劳问题。

3.4 组合钢箱梁构造与特点

3.4.1 横断面布置

槽形钢梁-混凝土组合箱梁横断面如图 3.4-1 所示。槽形钢梁-混凝土组合箱梁桥箱宽以 1.6~4.2m 为宜,主梁间距以 5.0~8.0m 为宜,桥面板悬臂长度不宜大于 2.0m。采用陆路运输的槽形钢梁-混凝土组合箱梁桥的钢梁宽度不应大于 4.2m。采用水路运输和陆路运输不受宽度限制时,槽形钢梁-混凝土组合箱梁的宽度由结构受力合理性和运输吊装条件确定。对于槽形钢梁-混凝土组合箱梁应设置排水孔排除箱梁积水,或者完成封闭防止箱梁内积水。

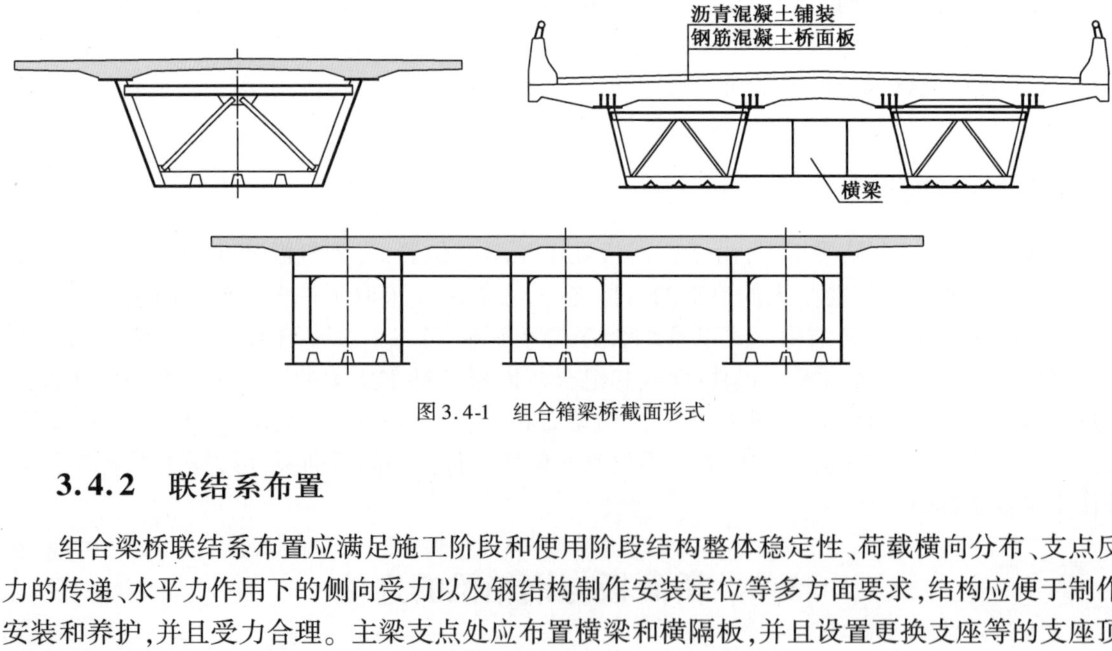

图 3.4-1 组合箱梁桥截面形式

3.4.2 联结系布置

组合梁桥联结系布置应满足施工阶段和使用阶段结构整体稳定性、荷载横向分布、支点反力的传递、水平力作用下的侧向受力以及钢结构制作安装定位等多方面要求,结构应便于制作安装和养护,并且受力合理。主梁支点处应布置横梁和横隔板,并且设置更换支座等的支座顶升加劲结构。

3.4.2.1 横向联结系

横隔板必须有足够的刚度抵抗箱梁的畸变。槽形钢梁采用桁架式、框架式和实腹式横隔板(图 3.4-2)。

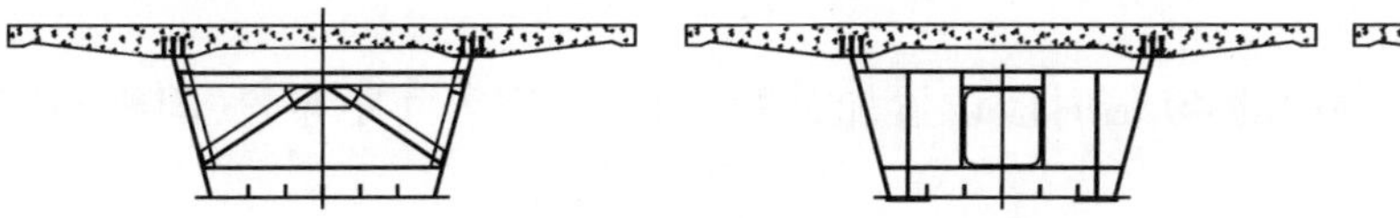

a)　　b)　　c)

图 3.4-2 钢箱组合梁横隔板

a)桁架式横隔板;b)实腹式横隔板;c)框架式横隔板

3.4.2.2 纵向联结系

纵向联结系应满足以下要求:

(1)在纵向联结系与主梁腹板连接处,主梁腹板应设置加劲肋提高主梁腹板抵抗面外局部荷载作用的能力。

(2)纵向联结系与主梁或横梁的夹角不宜小于30°或大于60°。

(3)纵向联结系杆件相互交叉时,交叉处一般做成相互连接的结构形式(图 3.4-3)。角钢或T形钢纵向联结的突出肢位于同一侧时,可将其中一根杆件在连接处截断,借助拼接板将相互交叉的杆件连接在一起。角钢或T形钢的突出肢位于不同侧时,在杆件相互交叉处设置填板,采用螺栓连接在一起,杆间连续通过。

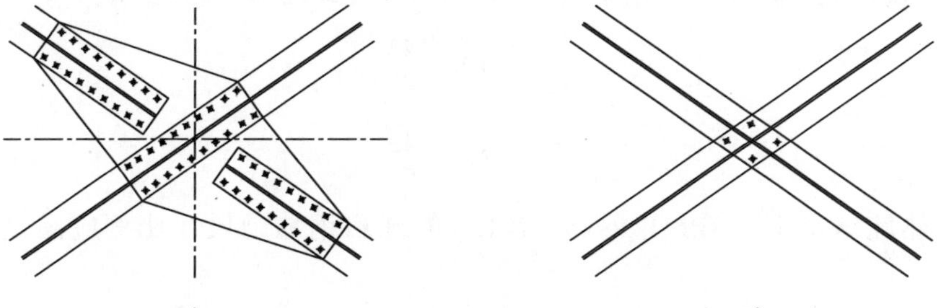

a)　　b)

图 3.4-3 纵向联结系杆件相互交叉连接示意图

a)同一平面;b)不同平面

联结系构件长细比应小于等于表 3.4-1 规定值。

构件容许最大长细比　　表 3.4-1

联结系构件	长 细 比
纵向联结系、支点处横向联结系和制动联结系的受压或受压－拉构件	130
中间横向联结系的受压或受压-拉构件	150
各种联结系的受拉构件	200

注:长细比按《公路桥涵设计通用规范》(JTG D60—2015)附录 A 计算。

3.4.3 加劲肋

槽形钢主梁底板和钢箱梁顶底板应满足以下要求：

(1)受拉顶底板宽度大于厚度的80倍时应设置加劲肋，加劲肋宜等间距布置，间距不应大于顶底板厚度的80倍。

(2)受压顶底板宽度大于厚度的40倍时应设置加劲肋，加劲肋宜等间距布置，间距不宜大于顶底板厚度的40倍。

(3)最小板厚不小于10mm。

(4)受压顶底板的加劲肋几何尺寸(图3.4-4)应满足以下要求：

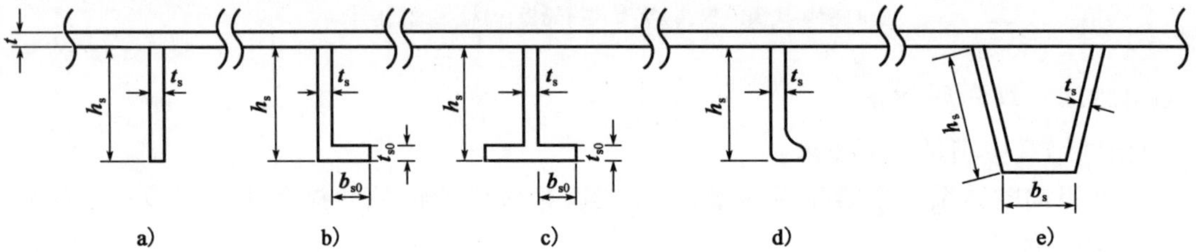

图3.4-4 加劲肋尺寸符号

a)板肋；b)L形肋；c)T形肋；d)球扁钢肋；e)闭口加劲肋

①板肋的宽厚比应满足式(3.4-1)的要求：

$$\frac{h_s}{t_s} \leqslant 12\sqrt{\frac{345}{f_y}} \tag{3.4-1}$$

②L形、T形钢加劲肋的尺寸比例应满足式(3.4-2)、式(3.4-3)的要求：

$$\frac{b_{s0}}{t_{s0}} \leqslant 12\sqrt{\frac{345}{f_y}} \tag{3.4-2}$$

$$\frac{h_s}{t_s} \leqslant 30\sqrt{\frac{345}{f_y}} \tag{3.4-3}$$

③符合《热轧球扁钢》(GB/T 9945—2012)的球扁钢加劲尺寸比例应满足式(3.4-4)要求：

$$\frac{h_s}{t_s} \leqslant 18\sqrt{\frac{345}{f_y}} \tag{3.4-4}$$

④闭口加劲肋的尺寸比例应满足式(3.4-5)、式(3.4-6)的要求：

$$\frac{b_s}{t_s} \leqslant 30\sqrt{\frac{345}{f_y}} \tag{3.4-5}$$

$$\frac{h_s}{t_s} \leqslant 40\sqrt{\frac{345}{f_y}} \tag{3.4-6}$$

a. 受拉顶底板的加劲肋几何尺寸应满足以下要求：

a)板肋的宽厚比应满足式(3.4-7)要求：

$$\frac{h_s}{t_s} \leqslant 16\sqrt{\frac{345}{f_y}} \tag{3.4-7}$$

b）L形、T形钢加劲肋的尺寸比例应满足式（3.4-8）、式（3.4-9）的要求：

$$\frac{b_{s0}}{t_{s0}} \leqslant 16\sqrt{\frac{345}{f_y}} \tag{3.4-8}$$

$$\frac{h_s}{t_s} \leqslant 40\sqrt{\frac{345}{f_y}} \tag{3.4-9}$$

b. 受压加劲板设计应满足以下要求：

a）受压加劲板宜采用刚性加劲肋，构造布置困难或受力较小时可用柔性加劲肋。

b）受压加劲板的刚性加劲肋，其纵、横向加劲肋的相对刚度应满足式（3-4.10）~式（3.4-14）的要求。

$$\gamma_l \geqslant \gamma_l^* \tag{3.4-10}$$

$$A_{s,l} \geqslant \frac{bt}{10n} \tag{3.4-11}$$

$$\gamma_t \geqslant \frac{1 + n\gamma_l^*}{4\,(a_t/b)^3} \tag{3.4-12}$$

$$\begin{cases} \gamma_l^* = \dfrac{1}{n}\left[4n^2(1 + n\delta_l)\alpha^2 - (\alpha^2 + 1)^2\right], & (\alpha \leqslant \alpha_0) \\ \gamma_l^* = \dfrac{1}{n}\left[\{2n^2(1 + n\delta_l) - 1\}^2 - 1\right], & (\alpha > \alpha_0) \end{cases} \tag{3.4-13}$$

$$\alpha_0 = \sqrt[4]{1 + n\gamma_l} \tag{3.4-14}$$

式中：γ_l——纵向加劲肋的相对刚度，$\gamma_l = \dfrac{EI_l}{bD}$；

γ_t——横向加劲肋的相对刚度，$\gamma_t = \dfrac{EI_t}{aD}$；

a——加劲板的计算长度（横隔板或刚性横向加劲肋的间距），如图3.4-5所示；

b——加劲板的计算宽度（腹板或刚性纵向加劲肋的间距），如图3.4-5所示；

I_l——单根纵向加劲肋对加劲板 Y-Y 轴的抗弯惯矩，如图3.4-6所示；

I_t——单根横向加劲肋对加劲板 Y-Y 轴的抗弯惯矩，如图3.4-6所示；

t——母板的厚宽；

a_t——横向加劲肋的间距，如图3.4-5所示；

α——加劲板的长宽比，$\alpha = a/b$；

δ_l——单根纵向加劲肋的截面面积与母板的面积之比，$\delta_l = A_{s,l}/bt$；

$A_{s,l}$——单根纵向加劲肋的截面面积；

D——单宽板刚度，$D = \dfrac{Et^3}{12(1 - \nu^2)}$；

n——等间距布置纵向加劲肋根数，$n = n_l + 1$。

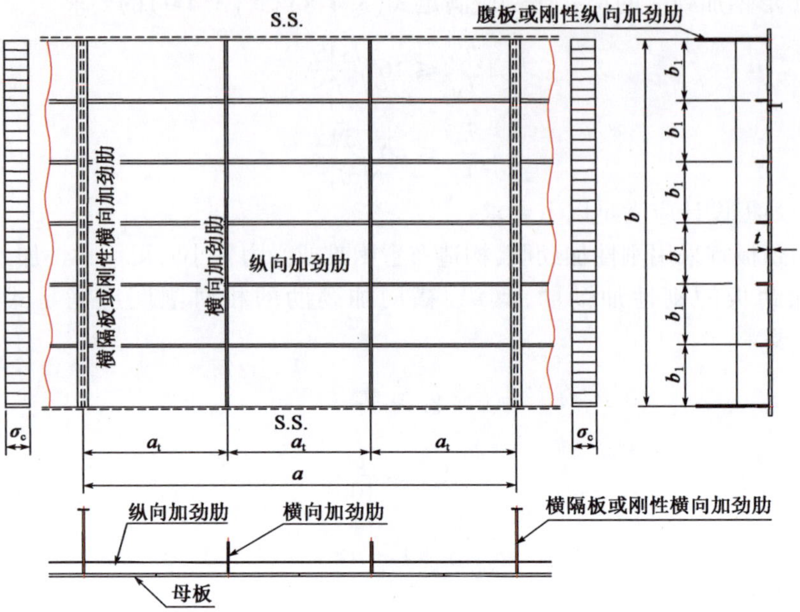

图 3.4-5　加劲板示意图

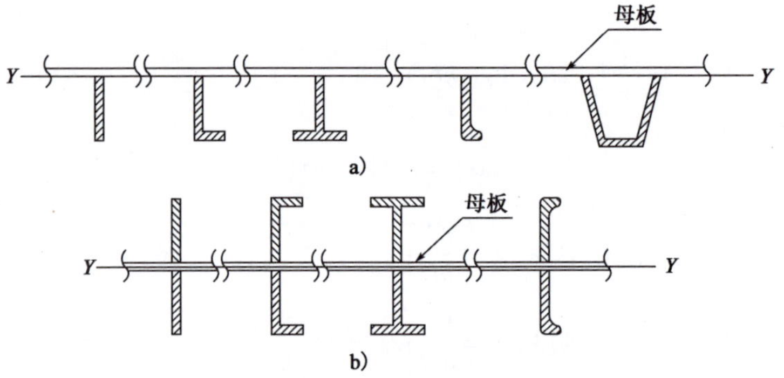

图 3.4-6　计算加劲肋抗弯惯矩的中性轴位置 *Y-Y*

a)单侧加劲肋的 *Y-Y* 轴位于加劲肋与母板焊缝处;b)双侧加劲肋的 *Y-Y* 轴位于母板

3.4.4　横隔板设置

槽形钢梁和钢箱梁在支点处必须设置横隔板,横隔板的结构形式如图 3.4-7 所示。跨间中间横隔板间距 L_D,可采用经验公式(3.4-15)计算:

$$\begin{cases} L_D \leqslant 6 & (L \leqslant 50) \\ L_D \leqslant 0.14L - 1 & (L > 50) \\ L_D \leqslant 20 & \end{cases} \tag{3.4-15}$$

式中:L——桥梁支点间计算跨径(m)。

横隔板应设置人孔,人孔宽度和高度不宜小于400mm 和600mm。支点横隔板人孔宜设置在支座范围以外的部分。

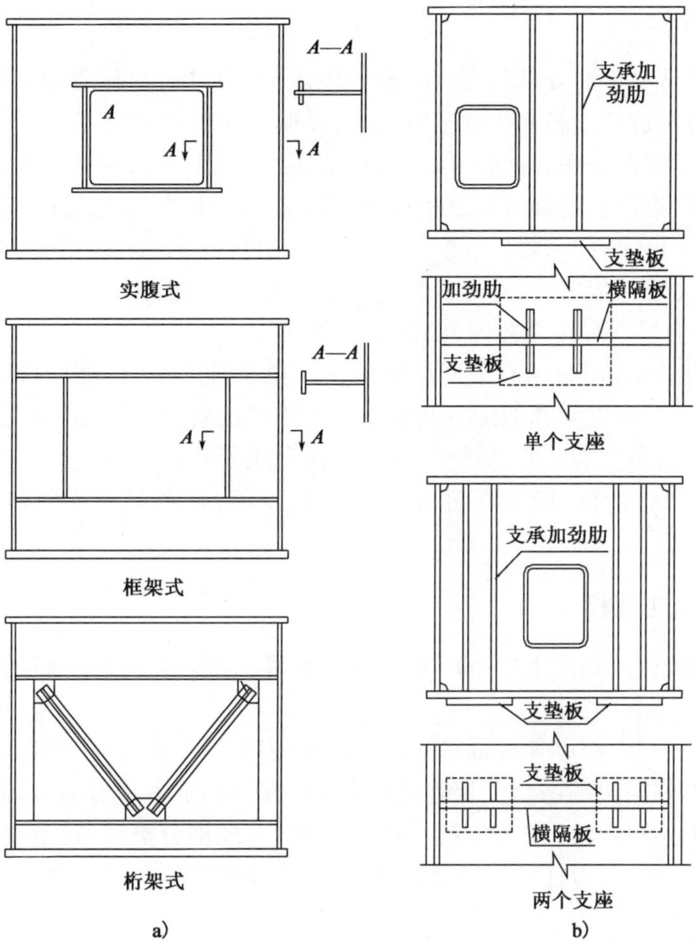

图 3.4-7　横隔板结构形式
a) 中间横隔板；b) 支点横隔板

3.4.5　横隔板连接

支点处横隔板与底板焊接应采用Ⅰ级熔透焊，横隔板与顶底板或腹板的连接可采用的角焊缝、部分熔透焊或质量不低于Ⅱ级的熔透焊；非支点处横隔板与顶底板或腹板的连接可采用的角焊缝、部分熔透焊或质量不低于Ⅱ级的熔透焊；加劲肋与横隔板可采用的角焊缝、部分熔透焊或质量不低于Ⅱ级的熔透焊。

3.5　组合钢箱梁的制造

钢箱梁的制造应根据施工图和制造工艺文件进行。对钢梁产品的各单元件都必须进行全面的质量管理，下料、零件制作、组装、焊接、矫形、探伤、涂装等情况都必须记录在案，并得到监理工程师认可。

3.5.1 材料

材料应符合设计文件的要求和现行标准的规定，必须具有材料质量证明证书。材料进场后必须按照相关规定进行复验并做好复验记录，复验合格并报监理批准后方能使用。按照材料管理的要求进行存放、使用和回收，保证材料使用正确、可靠。钢材除提供生产钢厂的出厂质量证明书外，钢材进厂后还须进行复验，复验按《铁路钢桥制造规范》(TB 10212—2009)标准要求进行，即同一厂家、同一材质、同一板厚、同一出厂状态，每10个炉(批)号抽检一组试件，做化学成分及力学性能试验，并做好复验检查记录。焊接材料应符合以下要求：

(1)焊接材料应根据焊接工艺评定试验结果确定。

(2)焊接材料除进厂时必须有生产厂家的出厂质量证明书外，还应按现行有关标准进行复验，即按同一生产厂家以同样的配方及制造工艺生产的焊材，首批按型号、规格各取一组进行化学成分分析和力学性能试验，后续各批仅做化学成分分析。

(3)焊接材料如有变化，应重新进行焊接工艺评定，并经监理工程师批准后，方可投入使用。

3.5.2 高强度螺栓

(1)高强度螺栓连接副应由生产厂按批配套供货，必须有生产厂家按批提供的产品质量证明书。

(2)高强度螺栓连接副必须按批号配套发运和使用。

(3)高强度螺栓连接副在运输、保管过程中应防雨、防潮，并应轻装、轻卸，防止损伤螺纹。

(4)高强度螺栓连接副应按包装箱上注明的批号、规格分类保管，室内架空存放，堆放不宜超过五层。保管期内不得任意开箱，防止生锈和沾染脏物。

3.5.3 钢板预处理

经复验合格的钢板在下料前，应进行滚平、除锈和喷涂车间底漆。

3.5.4 作样、号料、边缘加工

(1)作样和号料应根据施工图和工艺文件进行，并按要求预留余量。

(2)号料前应检查钢板的牌号、规格、质量，确认无误后方可号料。

(3)号料时应使钢材的轧制方向与零件的主要受力方向一致。

(4)在钢板的起吊、搬运、堆放过程中，应注意保持其平整度。

3.5.5 切割

钢板和型钢应采用数控、自动、半自动等精密火焰切割或等离子切割，型钢也可采用机械切割。

3.5.6 边缘加工

零件的边缘、端头可保留锯切或焰切状态，也可进行刨铣加工，但经锯切或焰切后不再进

行机加工的零件应磨去边缘的飞刺、挂渣,使断面光滑匀顺。

3.5.7 零件矫正

(1)零件矫正前,应将切割挂渣清除干净。

(2)零件矫正宜采用冷矫,冷矫时的环境温度不宜低于 -12℃。矫正后的钢材表面不应有明显的凹痕和损伤。

(3)采用热矫时,加热温度应控制在 600 ~ 800℃,严禁过烧。矫正后零件应缓慢冷却,在降至室温以前,不得锤击零件钢材或用水急冷。

3.5.8 制孔

(1)螺栓孔应采取钻孔工艺或镗孔工艺,不得采用冲孔、气割孔。

(2)采用不同的工装、工艺钻制出的第一根杆件或零件,均应经质检人员检查合格后方可继续钻制,工装胎架修整后亦应检查验收合格后方可继续钻孔。

(3)确定钻孔方法时,优先选用数控钻床钻孔。

3.5.9 组装

(1)组装前必须熟悉图纸和工艺文件,按图纸核对零件编号、外形尺寸、坡口方向及尺寸,确认无误后方可组装。

(2)零件与单元件应检验合格后方可组装,组装前必须彻底清除待焊区域的铁锈、氧化铁皮、油污、水分等有害物,使其表面显露出金属光泽。清除范围应符合图 3.5-1 的规定。

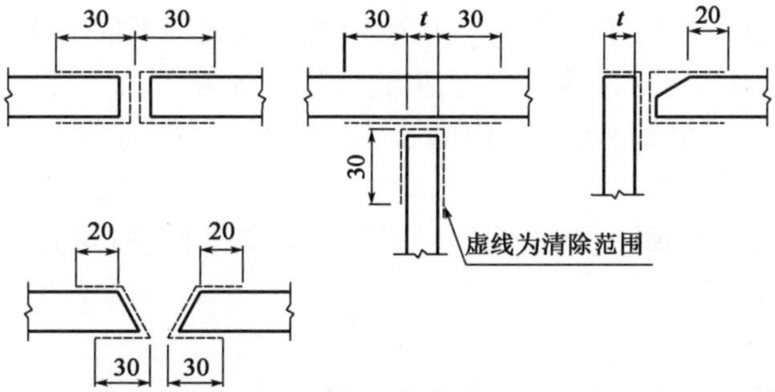

图 3.5-1 待焊区清除范围(尺寸单位:mm)

(3)钢板接料必须在杆件组装前完成,接料长度不宜小于 1000mm,宽度不得小于 200mm,横向接料焊缝中心线距孔中心线不宜小于 100mm。

(4)构件的组装宜采用合适的平台与胎型以及工艺约束板等,拆除工艺板及引板时严禁锤击,须采用火焰切除并磨平。

(5)焊接对接焊缝和主要角焊缝时,应在焊缝的端部连接引、熄弧板(引板);引板的材质、厚度、坡口应与所焊件相同。

(6)需作产品试板检验时,应在焊缝端部连接试板,试板材质、厚度、轧制方向及坡口必须与所焊对接板材相同,其长度应符合以下规定:埋弧自动焊试板应不小于 600mm,CO_2 气体保护焊及手工电弧焊应不小于400mm，每侧宽度应不小于150mm。若产品试板在构件焊缝端部连接困难时，应在该构件焊缝焊完时，立即在同一施焊位置的条件下施焊产品试板。

(7)所有板单元应在组装胎架上进行组装，每次组装前应对组装胎架进行检查，确认合格后方可组装。

(8)在组装板单元时，应以板件的边缘和端头(非二次切头端)作为定位基准。

(9)梁段应在总拼胎架上组装。胎架基础必须有足够的承载力，胎架要有足够的刚度，胎架横向应设置预拱度，纵向线形以监控提供的制造线形为准。

(10)胎架上应设置纵、横基线和基准点；胎架外设置独立的基准线、基准点。

(11)梁段总拼胎架设置测量控制网，测量控制网由标志塔、水准点组成对整个轮次梁段制作及预拼装的测量控制。

(12)每轮次组装前均对胎架进行检测，做好检测记录，确认合格后方可进行下一轮次的组拼。

(13)梁段组装采用连续匹配组装的工艺方案，每次组装的梁段数量不应少于3。

3.5.10 焊接

1)一般要求

(1)焊工必须取得资格证书，且只能从事资格证书中认定范围内的工作。各种焊工如果停止焊接工作时间超过6个月，应对其重新考核。

(2)焊接工艺必须根据焊接工艺评定报告编制，施焊时必须严格执行焊接工艺，焊接工艺评定应符合《钢结构焊接规范》(GB 50661—2011)相关规定。

(3)焊接工作宜在室内或采取防风防雨设施条件下进行，焊接环境湿度应不大于80%；焊接低合金钢的环境温度不应低于5℃，焊接低碳钢的环境温度不应低于0℃。当环境温度或湿度未满足上述要求时，应在采取必要的工艺措施后进行焊接。

(4)焊接前必须彻底清除待焊区域内的有害物，焊接后应清理焊缝表面的熔渣及两侧的飞溅物。

(5)严禁在非焊接区引弧，一旦发现母材表面的电弧击伤，应对其打磨平顺，消除伤痕，修补部位应进行磁粉探伤。

2)焊接材料

(1)焊接材料应按焊接工艺评定试验结果选用。

(2)焊丝上的油、锈必须清除干净后方可使用。

(3)焊剂中不允许混入熔渣和脏物。重复使用的焊剂小于60目的细粉粒量不得超过总量的5%。

(4)焊条、焊剂必须按焊接材料使用说明书的规定烘干后使用。

(5)焊接材料应由专用仓库储存，按规定烘干、登记领用。当焊剂未用完时，应交回重新烘干。烘干后的焊条应放在专用的保温筒内备用。烘干后的焊接材料应随用随取，从保温箱取出的焊接材料超过4h，应重新烘干后再使用。

(6)采用CO_2气体保护焊应满足防风、防雨条件，CO_2气体纯度应不低于99.5%，使用前需经倒置放水处理。

3)定位焊

(1)定位焊前必须按图纸及工艺文件检查焊件的几何尺寸、坡口尺寸、根部间隙、焊接部位的清理情况等,如不符合要求不得实施定位焊。

(2)定位焊缝不得有裂纹、夹渣、焊瘤、焊偏、未填满的弧坑等缺陷,焊接前彻底清除定位焊缝的熔渣。

(3)对于开裂的定位焊缝,应先查明原因然后清除开裂焊缝保证焊件组装尺寸正确的条件下补充定位焊。

(4)定位焊的焊接工艺等同于正式焊接的焊接工艺,不得简化定位焊焊接工艺。

(5)定位焊预热温度应按照正式焊接的有关规定执行。

4)焊接过程

(1)焊接应在组装(除锈)后24h之内进行,否则应重新除锈。

(2)埋弧自动焊应在距设计焊缝端部80mm以外的引板上起、熄弧,引熄弧板的长度不应小于80mm,宽度不应小于60mm。

(3)在埋弧自动焊焊接过程中,应待焊缝稍冷却后再敲去熔渣。其中,用细丝或粗丝焊接的焊缝,敲渣部位到熔池的距离应分别大于0.5m和1m。

(4)在埋弧自动焊焊接过程中不应断弧,如有断弧则必须将停弧处刨成坡度为1:5的斜坡,并搭接50mm再引弧施焊,焊后搭接处应修磨匀顺。

(5)单面焊双面成型的焊缝应在坡口背面贴严、贴牢工艺规定的陶质衬垫。

(6)焊接应按工艺规定的焊接位置、焊接顺序及焊接方向施焊,并严格执行工艺文件规定的焊接变形的控制措施,不得随意焊接。

(7)焊接预热温度及道间温度应按照经过评审的有关文件规定执行,并要有可靠的加热和测定方法。

(8)为了防止坡口焊缝的焊偏并保证熔深,埋弧自动焊前应认真检查轨道与焊缝的位置和焊丝对准状况,施焊过程中及时校对调整。

(9)各种焊缝在施焊前应将定位焊的熔渣清除干净后再施焊。

(10)为了防止气体保护焊的焊接缺陷,应随时清除喷嘴上的飞溅物,气体流量计始终保持加热状态。

(11)主要焊缝焊接应做好施焊记录,主要记录构件名称、焊接日期、焊工姓名及焊接预热温度、焊接参数等。

(12)在焊接进行及焊缝冷却过程中不得冲击或振动。

5)圆柱头焊钉的焊接

(1)圆柱头焊钉的焊接必须按《钢结构焊接规范》(GB 50661—2011)相关规定进行焊接工艺评定。

(2)圆柱头焊钉的焊接应采用专用焊接设备焊接,少量平位、立位及其他位置也可采用手工焊接。

(3)圆柱头焊钉焊接工作必须由经过圆柱头焊钉焊接培训、考试合格的焊工担任。

(4)圆柱头焊钉焊接应严格按照圆柱头焊钉焊接工艺执行,未经焊接主管工程师同意不得随意更改焊接工艺参数。

(5)施焊前焊工必须检查所用设备、工具良好,确保正常工作时才能施焊。

(6)焊接前,圆柱头焊钉及焊接部位应除去铁锈、氧化铁皮、油污、水分等不利于焊接的物质。

(7)瓷环应按规定要求烘干使用。

6)产品试板

(1)用于破坏性检验的产品试板应与产品同时焊接,其数量应符合表3.5-1的规定:

焊接产品试板数量 表3.5-1

名称	焊缝类型及部位	接头数量	产品试板数量	备注
厂内顶板、底板、腹板、横隔板对接接料焊缝	—	24	1组	工厂
顶板	纵向对接焊缝	36	每3个节段1组	整拼
底板	纵向对接焊缝	36	每3个节段1组	整拼
顶、底、腹板	节段对接焊缝	—	每10条环缝顶底腹板各1组	桥位

(2)试板焊缝与板件焊缝应保证同材质、同工艺、同设备、同操作者,在同一地点施焊,禁止异地施焊产品试板。

7)焊缝磨修和返修焊

(1)焊缝焊接后,端部的引板或产品试板必须用气割切掉,并磨平切口,不得损伤母材。

(2)焊脚尺寸、焊波或余高等超出规定上限值的焊缝及小于1mm且超差的咬边必须修磨匀顺。焊缝修磨时,应采用砂轮顺应力方向进行,使磨痕平行于主要受力方向,两垂直方向都存在应力时,修磨应沿45°方向交叉进行。

(3)焊缝咬边超过1mm或焊脚尺寸不足时,可采用CO_2气体保护焊进行返修。

(4)应采用碳弧气刨或其他机械方法清除焊接缺陷,在清除缺陷时应刨出利于返修焊的坡口,并用砂轮磨掉坡口表面的氧化皮,露出金属光泽。

(5)焊接裂纹的清除范围除应包括裂纹全长外,还应由裂纹端外延50mm。

(6)用自动焊返修焊缝时,必须将焊缝清除部位的两端刨成坡度为1∶5的斜坡,焊后将接头处修磨匀顺。

(7)返修焊缝应按原焊缝质量要求检验,同一部位的返修焊不宜超过2次。

(8)返修焊的预热温度应按焊接时确定的温度再提高50℃。

(9)圆柱头焊钉的补焊:对有缺陷的焊钉焊缝可采用手工焊进行补焊,补焊长度应自缺陷两端外延10mm,焊角尺寸为6mm;当钢板厚度达到手工焊要求预热的厚度时应预热,预热温度和手工焊要求的预热温度相同。当焊钉焊缝不合格时,应将焊钉从杆件上切除,且不应伤及母材,切除圆柱头焊钉的部位应打磨平整,然后用原焊接方法重新焊上圆柱头焊钉,并达到合格的焊接质量。

(10)重要缺陷的修补,如裂纹等,必须先查明原因,经质检人员、主管技术人员及监理工程师确认后进行,并记入产品质量文件。

(11)焊脚尺寸、焊波或余高超出规定的上限值的焊缝必须修磨匀顺;焊缝咬边超出规定和焊脚尺寸不足时,可采用手弧焊进行补焊,补焊后修磨匀顺。

(12)超标缺陷的修补方法按有关要求执行,如出现超出规定的缺陷种类,应及时与监理工程师协商。

3.5.11　矫正

(1)冷矫的环境温度不宜低于5℃,矫正时应缓慢加力,总变形量不应大于变形部位原始长度的2%。

(2)局部修整采用锤击时须加垫,不得直接锤击构件。

(3)热矫时加热温度应控制在600～800℃,严禁过烧,不宜在同一部位多次重复加热,温度降至室温前不得锤击钢材,严禁用水急速冷却。

(4)矫正后的板单元、杆件和梁段表面不得有凹痕和其他损伤。

3.5.12　预拼装

(1)预拼装在梁段总装胎架上进行,胎架应具有足够的刚度,其基础应有足够的承载力。梁段应处于不受外力的自由状态。

(2)每批梁段制造完成后,应进行连续匹配预拼装。每批预拼装的梁段数不应少于3,预拼装检查合格后,留下最后一个梁段参与下一批次预拼装,其余梁段平板车出胎架,进入下一道工序。

(3)预拼装时,梁段间临时拼接板所用冲钉不得少于拼接板螺栓孔总数的30%,螺栓不得少于拼接板螺栓孔总数的30%。

(4)预拼装的各部尺寸和线形必须经检查合格。

3.5.13　栓接表面抗滑移系数试验

(1)应保证抗滑移系数试件与钢梁同材质、同工艺、同批制造,随钢梁批次发运及存放。

(2)抗滑移系数试件制造规格及数量执行设计技术文件及铁标。

3.6　工程实例——潴龙河特大桥设计

潴龙河大桥位于曲阳至黄骅港高速公路上,桥梁中心桩号为K155+439.685,第一联、第十四联为主桥部分,主桥上跨潴龙河堤顶路,第一联左右幅错孔布置,左幅上部采用(45+60+36)m预应力钢-混凝土组合梁,右幅上部采用(36+60+45)m预应力钢-混凝土组合梁,第十四联左右幅均采用(45+60+45)m预应力钢-混凝土组合箱梁,桥墩采用柱式墩、桩基础,桥台采用肋板台,基础采用桩基础。

3.6.1　设计标准

(1)设计荷载:公路—Ⅰ级。

(2)桥面宽度:半幅宽度0.5m(护栏)+11.88m(行车道)+0.382m(护栏)=12.762m,护栏内侧间距0.476m,桥面全宽26m。

(3)桥面横坡:双向2%。

(4)地震动峰值加速度:0.1g。

3.6.2 标准与规范

(1)《公路工程技术标准》(JTG B01—2014)。
(2)《公路桥涵设计通用规范》(JTG D60—2004)。
(3)《公路钢筋混凝土及预应力混凝土桥涵设计规范》(JTG D62—2004)。
(4)《公路桥涵地基与基础设计规范》(JTG D63—2007)。
(5)《公路工程抗震规范》(JTB 02—2013)。
(6)《公路桥梁抗震设计细则》(JTG/T B02-01—2008)。
(7)《公路桥涵钢结构及木结构设计规范》(JTJ 025—1986)。
(8)《铁路桥梁钢结构设计规范》(TB 10002.2—2005)。

3.6.3 设计要点

3.6.3.1 主梁构造

主梁截面由预制开口钢箱梁和现浇预应力混凝土桥面板通过抗剪连接器组成(图3.6-1),钢箱梁底宽为3.5m,横断面由两片钢箱组成,箱间净距2.8m,钢箱中心距6.3m,悬臂长度1.481m。结构中心线处钢梁高度2.1m,桥面板厚0.3m,主梁结构中心线处全高2.4m。桥梁横坡通过腹板不等高形成,桥面铺装等厚。

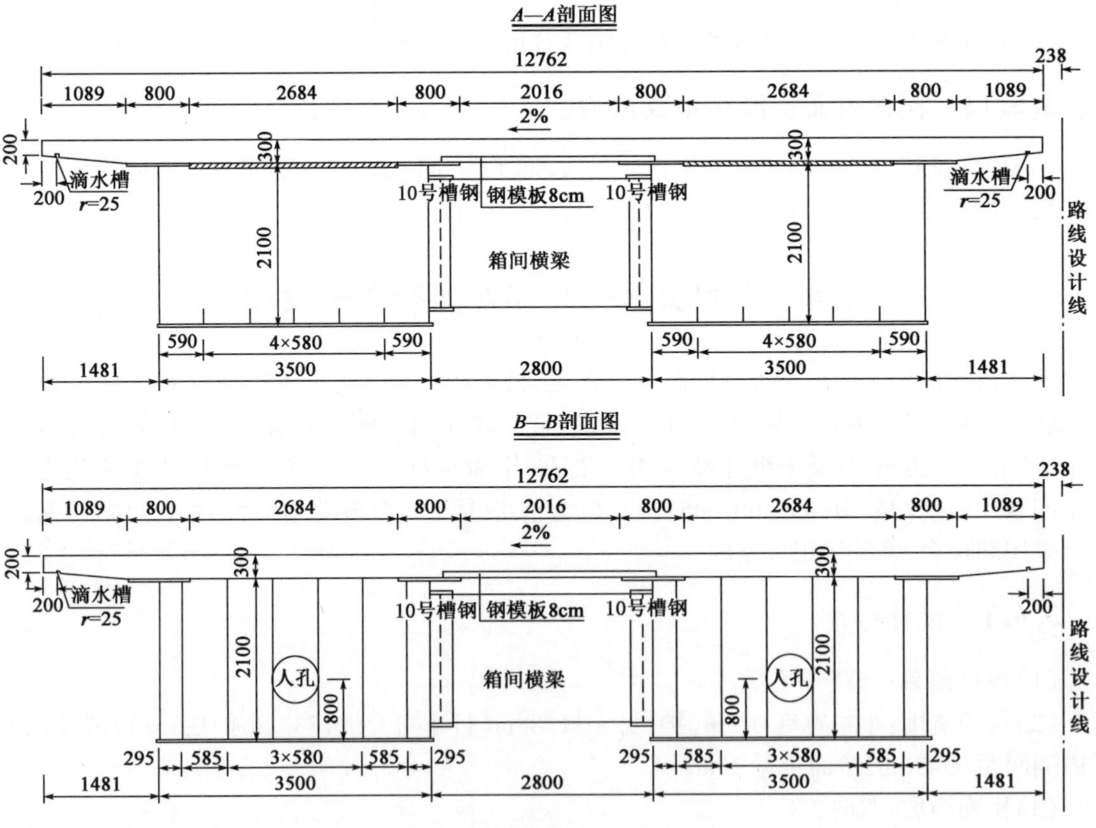

图3.6-1 主梁截面(尺寸单位:mm)

全桥共计 8 根梁,每根预制钢梁根据实际情况共分 5 个制作段。钢梁在工厂或专用场地进行焊接制作,然后在接口处搭设临时支架安装钢梁,采用高强螺栓连接,形成纯钢断面的单孔钢箱梁,再铺设模板,安装体内、体外预应力钢束,浇筑桥面混凝土。达到设计强度后,张拉预应力钢束并拆除临时支架,将体系转换成三孔连续梁,再安装二期恒载(桥面铺装、防撞护栏等),即可成桥。

3.6.3.2 结构分析及预应力系统

潴龙河大桥采用"桥梁综合计算程序"进行结构分析,计算恒载、活载、温差、不均匀沉降、混凝土收缩徐变等荷载产生的内力、应力、位移。

3.6.3.3 钢梁防腐

为保证结构使用寿命,钢结构必须防腐,防腐目标 20 ~ 25 年。钢箱表面应喷砂除锈露出金属本色,除锈质量要达到 Sa2.5 级;然后喷涂冷镀锌高性能防腐涂料进行防腐,钢箱外表面的干膜厚度为 125μm(5mils),钢箱内表面及横隔板各种加劲肋的干膜厚度为 100μm(4mils),分层分次进行涂布,涂层厚度应均匀,第一层干膜厚度不能低于 37.5μm(1.5mils),每次干膜厚度不能超过 50μm(2.0mils)。

高强螺栓连接处,必须经过喷砂处理,同时进行必要的防腐处理;与混凝土接触的钢表面及剪力连接器(剪力钉)表面不喷漆。

3.6.3.4 桥面铺装

采用 10cm 沥青混凝土 +8cm 防水混凝土。

3.6.3.5 下部构造

主墩采用直径 2.0m 柱式墩,1.8m 钻孔灌注桩基础接承台;过渡墩采用 1.6m 柱式墩,1.8m钻孔灌注桩基础;桥台采用 1.2m 厚肋板桥台,1.6m 钻孔灌注桩基础。

3.6.4 施工要点

潴龙河大桥为三孔等截面钢-混凝土组合箱梁,在制造厂按设计制作段加工焊制成各个分段,用汽车运送至工地,在设计制作段接缝处搭设临时支架(图 3.6-2)。采用吊机架设各段钢梁,在支架上将分段钢梁用高强度螺栓连成整梁,顶板制模、绑钢筋、浇筑混凝土。钢箱部分为带上翼板的开口钢箱。在钢箱上翼板焊接剪力连接钉,与桥面板混凝土浇成整体,通过它将桥面板与下面的钢箱连接起来形成组合截面共同受力。

3.6.4.1 钢箱梁加工制作

1)桥胎

将每根钢梁共分为 5 段(图 3.6-2),依据钢梁的平面几何关系和竖向高度,计算所需技术数据,设计箱梁制造样胎。钢箱采用 Q345D 钢板;桥面板采用 C50 无收缩钢纤维混凝土,体外索采用环氧涂层钢绞线成品索及配套锚具。应根据本桥平、纵面资料及预拱度设置同时结合钢箱分段情况在计算机中进行放样,并将加工好的钢梁实地试拼。在梁端设人孔,方便检查维修。为确保钢板材质质量,对于厚度大于或等于 25mm 的钢板,进货时应保证超声波Ⅱ级检验标准。

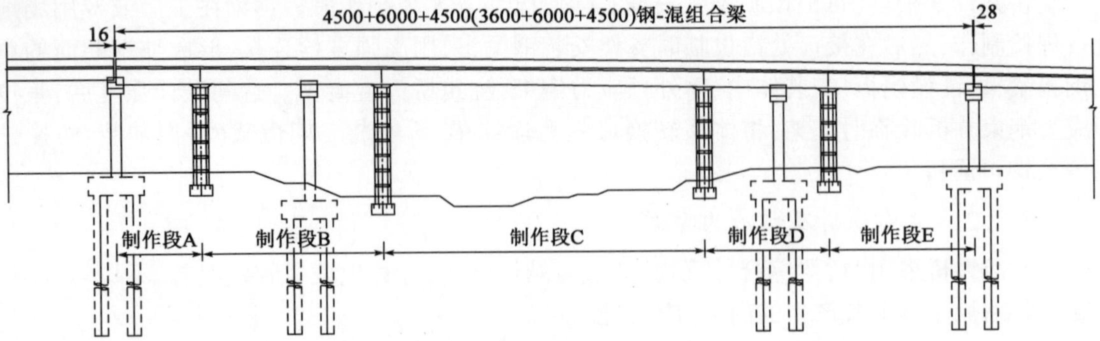

图 3.6-2 潴龙河大桥施工(尺寸单位:cm)

2)号料

(1)号料前检查钢材规格、型号(牌)、质量,均合格后方可进料,号料后要做明显标记。

(2)切割线要准确清晰,气割下一般预留 2~4mm 切口量,尺寸偏差限为 ±1mm。

(3)钢材不平、不直影响号料或切割质量。

(4)固定好挡板,确认切下的部件尺寸无误后,方可大批剪切。剪切时要矫正。

3)切割

(1)定尺剪切时,切割按号料线行进。

(2)焰切前,清除钢材表面的浮锈及脏物,优先采用半自动切割机,采取手工焰切使用辅助工具,使用尺寸准确,边缘整齐。

(3)注意切割坡口的质量,特别是角度、钝边要符合要求。切割后,部件的长、宽偏差不得大于 ±2mm。剪切部件边缘应整齐,无毛刺、反口等缺陷。

4)钢材矫正

(1)钢材宜在切割后矫正,使表面无明显凹面和损伤,表面划痕浓度不大于 0.5mm。

(2)钢材冷作弯曲时,内侧弯曲半径不得小于板厚的 15 倍,小者必须热煨,弯曲后零件边缘不得产生裂纹。

5)边缘加工

剪切、气割、下料后的零件应进行刨(铣)、砂轮打磨边缘中工。顶紧加工面与板面垂直度偏差应小于 0.01 倍板厚,且不大于 0.30mm。

6)制孔

(1)高强螺栓应孔壁光滑,孔缘无损伤不平,刺屑清除干净。

(2)允许偏差见表 3.6-1。

高强螺栓连接孔加工允许偏差(mm) 表 3.6-1

名　称	允许偏差		检查频率	检查方法
	部级标准	优质标准		
螺栓孔直径	0.52	0.52	10%	卡尺
相邻孔间距	±0.5	±0.35	10%	卡尺
对角线孔距	±1.0	±0.7	两个对角	卡尺
孔与定位基准中心孔	±0.5	±0.5	10%	卡尺
不圆度	1.5	0.52	10%	卡尺

7)箱梁组焊

具体要求见施工图文件。主要焊缝达到Ⅰ级焊缝,次要焊缝达到Ⅱ级焊缝。

(1)组焊前将连接表面及沿焊缝每边30~50mm范围内的铁锈、毛刺、油污除净。

(2)钢板焊接须在杆件组装前进行。腹板纵横焊缝间距不小于10倍板厚。

(3)焊波应均匀,焊渣和飞溅物应清理干净。

(4)焊缝表面严禁有裂纹、夹潭、焊瘤、烧穿、弧坑、针状孔和熔合性飞溅缺陷。所有焊缝必须进行外观检测,焊缝外形尺寸符合设计要求,其允许偏差值满足《钢结构焊缝外形尺寸》(GB 10854—1989)标准的规定。焊缝除必须全部进行超声波检测外,另按规范要求进行X光抽检,比例一般不小于20%。

(5)由于市场中焊接材料杂乱,建议施工中使用国内较好质量品牌的焊接材料,且对材料进行对应的焊接工艺评定试验。

8)剪力连接件的焊接

(1)剪力连接器焊接前,清除上翼板表面铁锈等污物,且上翼板表面不得涂漆。

(2)焊接后焊钉做弯曲试验,用大锤打击焊钉圆柱头,使焊钉弯曲成60°,其焊缝和热影响区不得有肉眼可见的裂纹。

3.6.4.2 箱梁安装

(1)安装前对支座的位置高程进行复核。

(2)支座允许偏差为(用水准仪测量):高程小于或等于±1.5mm/每件2点;水平度误差小于或等于1/1000mm/每件2点。

3.6.4.3 高强螺栓连接

(1)对处理后的高强螺栓连接摩擦面,应采取措施保护,防止沾染脏物和油污。摩擦面应保持干燥,不得在雨中作业。

(2)高强螺栓连接,出厂时要求摩擦系数不小于0.55,现场安装后要求摩擦系数不小于0.4。

(3)对连接钢板的摩擦面应做防腐处理。

(4)复验高强螺栓连接副的扭矩系数平均值和标准值。10.9级连接副扭矩系数平均应为0.11~0.15,标准差不大于0.01。

(5)连接拧紧分初拧和终拧,初拧、终拧扭矩分别为施工扭矩的50%、100%。

(6)电动扭矩扳手标定扭矩误差不大于±5%,应用检查定扭矩扳手校正,检查定扭矩扳手误差不大于±3%。

3.6.4.4 除锈涂漆

(1)钢箱采用喷砂除锈,除锈质量要达到Sa2.5级。

(2)除锈工作结束后,应做好表面清洁工作,必须把杆件表面毛刺、铁锈、油污及附属物清除干净,使钢材表面露出银灰色,以增加漆膜与钢材表面的黏结力。不得带锈涂漆。

3.6.4.5 钢箱加工技术措施

(1)号料。根据对上翼板、腹板的规格要求对钢材号料,确定钢板拼焊工作图,划出号料切割线,用氧乙炔半自动切割下料。

(2)自动埋弧拼焊。按照拼板工作图在工作平台上按技术交底单规格的剂规格、焊丝规格、焊接规范参数、装配间隙,以先横后纵的顺序施焊。

(3)上下翼板、腹板切割下料。按上下翼板尺寸及腹板起拱坐标值,求出上下翼板展开长度,在拼焊后的板材上划出切割线,使用半自动切割机下料。

3.6.4.6 钢梁焊接注意事项

(1)上翼板与腹板按照划线位置在组焊胎上点焊成型,组焊成单元体。

(2)在箱梁胎上找正底板位置后,点焊各个横隔板、两侧腹板、底板纵向加劲肋、横隔板上翼板。全部点焊结束后,检查箱梁各部几何尺寸的磨光顶紧情况,合格方可施焊。

(3)全箱梁焊接先立焊后横焊,从中间到两边交错,对称的焊接,防止出现变拱。

3.6.5 钢箱梁连接方法

3.6.5.1 高强螺栓连接

(1)制孔。栓接板上的栓接孔分为左、右两组,其中一组在厂内预制(已知),另外一组在现场加工。使用专用工具。在调整就位的钢梁接口处测量确定两组孔的相对位置,反映在栓接板上,制未知孔,制孔时不得使用润滑液,清理孔缘毛刺,沾梁油污者以汽油清洗,摩擦面受损者按照规定的工艺处理。

(2)栓接顺序。按照先底板再腹板后上翼板和从钢梁一端向另一端的顺序进行。

(3)为保证尺寸精度,防止螺栓施拧前受力,应遵守以下规定:

①使用6条以上冲钉固定栓接板,底板、翼板处还应使用部分普通螺栓,终拧后再以高强螺栓置换冲钉和普通螺栓。

②高强螺栓应顺畅穿入,不得强行打入,穿入方向全桥一致,注意垫圈使用方向。

③拧紧旋拧螺母,施拧要连续、平衡、不得间断,冲击作业。拧紧后续螺栓会使以前拧紧的螺栓降低预应力,需要复拧达终拧力矩。

3.6.5.2 检测

(1)检查应在螺栓终拧1h以后24h以内进行。

(2)检查样本的数量为总数的5%,并且不得少于2个,抽样检查不合格者不得多于样本的2%,否则继续取样,直到总数的80%合格为止,欠拧者补拧,超拧者更换。

3.6.6 预应力及混凝土桥面板施工

3.6.6.1 混凝土桥面板浇筑

(1)采用C50无收缩钢纤维混凝土,掺钢锭铣削型钢纤维,掺量为60kg/m^3,钢纤维长度约30mm。

(2)形成单孔纯钢断面钢箱梁后,就可进行混凝土桥面板浇筑,箱间采用钢模板,箱内及部分异形处需另支模板进行浇筑。

3.6.6.2 预应力施工

潴龙河大桥预应力系统分为体内钢束及体外索两种。

1)体外索

每根钢箱各有体外索 4 束,每束为 $22\phi^{s}15.2$,环氧涂层钢绞线成品索,每束控制张拉力为 3437.3kN。锚固及转向构造采用 OVM 体外索构造体系,体外索的防腐、安装、转向系统施工、定位钢板焊接、张拉等工程由专业厂家完成。图中转向器尺寸均为示意,由体外索厂家提供定型产品;定位钢板及其加劲板等要求施工单位与体外索厂家核实后方可施工,定位钢板与钢箱底板焊接。关于定位钢板、横隔板打孔、转向器等待体外索厂家确定后再根据其提供的具体参数补充相应的图纸。

2)体内束

体内束布置如图 3.6-3 所示,其中 N1 ~ N4 为体内束,N1、N3 每根钢箱为 5 束,N2、N4 每根钢箱为 4 束。

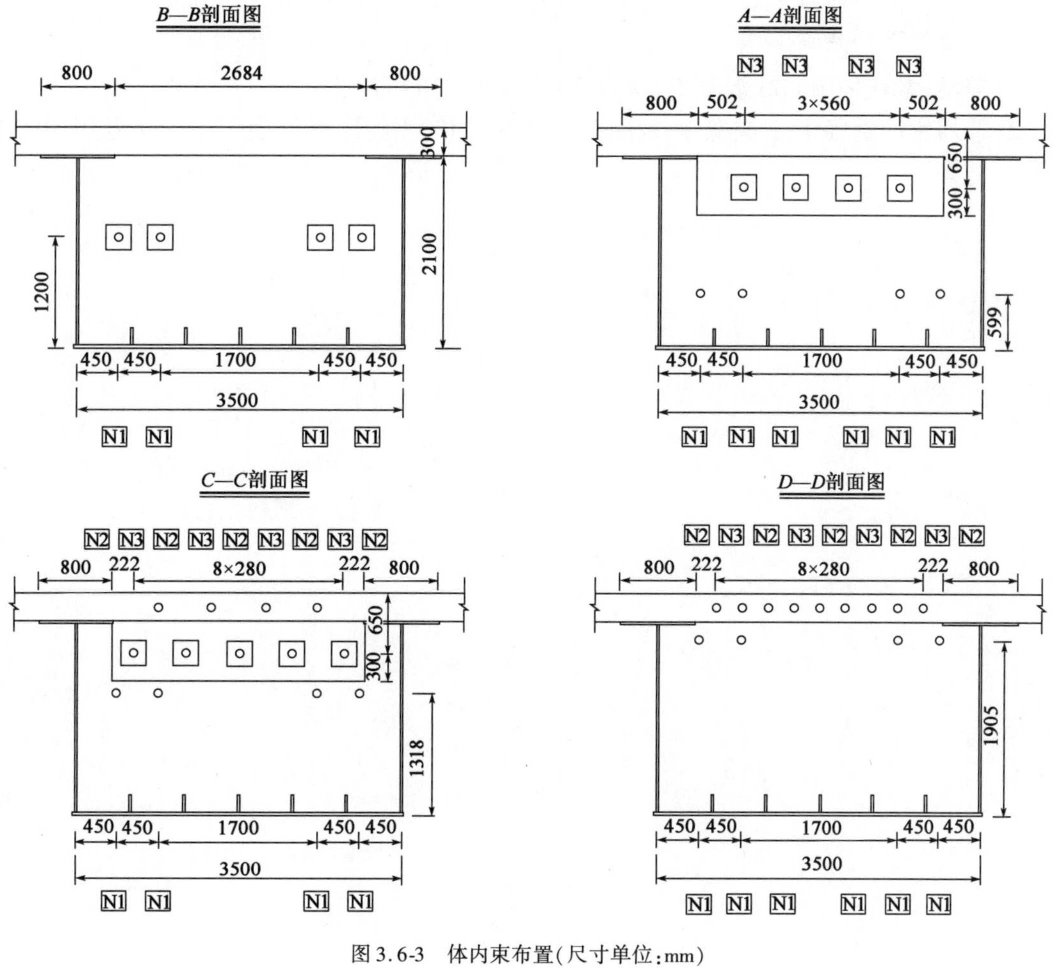

图 3.6-3 体内束布置(尺寸单位:mm)

3)预应力张拉

桥面板混凝土达到设计强度的 100% 后,才能进行预应力张拉。预应力钢束张拉顺序:

(1)张拉 N5 体外索,采用 15-22,张拉力控制应力 1116MPa,两端张拉。

(2)张拉体内索。

(3)N1 ~ N4 为体内索,采用 15-14 和 15-16,张拉控制应力 1358MPa,两端张拉。

(4)张拉完成后应进行封锚。

3.6.6.3 拆除临时支架

预应力张拉完成后就可拆除临时支架,形成最终结构三孔钢-混凝土组合梁。

3.6.7 主要材料

3.6.7.1 上部构造

(1)钢板:Q345D。

(2)桥面板:C50 无收缩钢纤维混凝土。

(3)体外索采用环氧涂层钢绞线成品索,锚具采用可更换式 TT15-22 锚具。

3.6.7.2 下部构造

(1)盖梁、墩柱采用 C30 混凝土;承台、桩基采用 C30 混凝土。

(2)普通钢筋直径大于或等于 12mm 者用 HRB400 钢筋,直径小于 12mm 者用 HPB300 钢筋。

第 4 章　波形钢腹板 PC 组合箱梁桥

4.1　概　　述

自从 20 世纪 30 年代 PC 梁出现以来，现代桥梁获得了长足的发展，桥梁的跨越能力达到了一个新的水平。众所周知，大跨桥梁的恒载占总荷载的很大比例，有的达到 80% 以上，桥梁的自重成为约束其跨越能力的瓶颈，减轻自重就成了提高现代桥梁跨越能力的有效方法之一。对于预应力混凝土箱梁而言，由于需要在腹板内布筋和使预应力筋转向，故必须增加腹板厚度，腹板面积一般约占其总截面面积的 25% ~35%，因此，减小腹板厚度对减轻箱梁自重、降低箱梁纵向预应力值及减少预应力筋用量是十分有效的。为了实现桥梁结构轻型化，减小腹板厚度，法国首先提出了用平面钢腹板来代替传统箱梁的混凝土腹板，并通过箱形截面内的体外筋来施加预应力，称之为预应力钢-混凝土组合箱梁，并建成了 Ferte-saint-Aubin 桥。在该桥设计中发现，由于钢材与混凝土的变形量相差较大，平钢腹板对箱梁顶、底板混凝土在桥轴方向的变形产生较大的约束，从而造成混凝土截面的预应力效率降低。为解决平钢腹板箱梁这一缺陷，1975 年法国 CB(Campenon Bernard)公司提出了用波形钢板替代平面钢板的设想，将原来的平直钢腹板箱梁改为沿桥轴方向可伸缩的波形钢腹板箱梁，如图 4.1-1 所示，由此而形成了一种新型的、更为合理的箱梁结构——波形钢腹板组合箱梁结构。

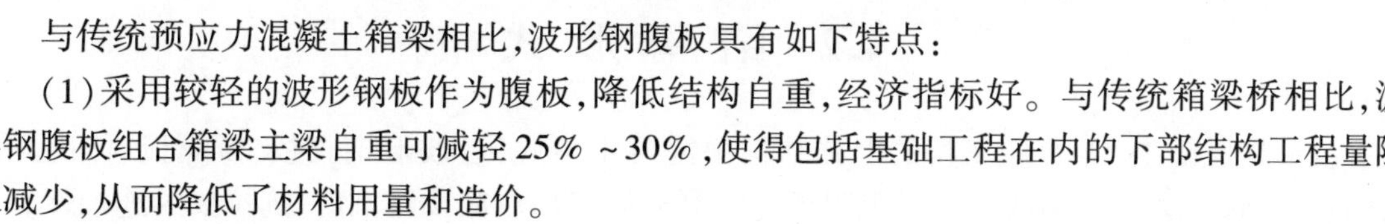

图 4.1-1　箱梁构造示意图

a)预应力混凝土箱梁；b)平钢腹板组合箱梁；c)波形钢腹板组合箱梁

与传统预应力混凝土箱梁相比，波形钢腹板具有如下特点：

(1)采用较轻的波形钢板作为腹板，降低结构自重，经济指标好。与传统箱梁桥相比，波形钢腹板组合箱梁主梁自重可减轻 25% ~30%，使得包括基础工程在内的下部结构工程量随之减少，从而降低了材料用量和造价。

(2)减少现场作业，加快施工进程。波形钢腹板可以在工厂里制作完成，使用体外索，免除了在混凝土腹板内设置预应力管道的复杂工艺，减少了预应力钢筋用量以及腹板模板的拼装、拆除作业，缩短了工期。

(3)波形钢腹板在受压时能自由收缩，沿桥梁纵向刚度几乎为零，基本不抵抗轴向力，从而避免吸收施加在顶、底板的纵向预应力，大幅提高了预应力的施加效率。

(4)波形钢腹板的纵向刚度几乎为零,使得上下混凝土翼缘板相互之间不受到约束,徐变、干燥收缩的影响减少,从而降低了混凝土顶底板产生的裂缝。最为重要的是,彻底解决了混凝土腹板的开裂问题。

(5)材料各尽其能,充分发挥其效率。混凝土顶底板抗弯,波形钢腹板抗剪,几乎所有的弯矩与剪力分别由上、下混凝土翼板和波形钢腹板承担。

(6)波形钢腹板使桥梁具有较强的美感,易与周围的环境相协调,是山区、风景区较好桥型的重要选择。

同时,与纵向加劲平面钢腹板 PC 组合箱梁相比,波形钢腹板组合箱梁桥具有以下优点:

(1)避免吸收纵向预应力,提高预应力效率。平钢腹板在纵桥向具有一定的刚度,因而不可避免地会吸收一部分纵向预应力,加劲的平钢腹板吸收的纵向预应力可达 20% ~25%,这是一种很大的浪费,同时需要采用纵向加劲肋来防止其发生屈曲。而波形钢腹板由于纵向刚度很低,几乎不吸收纵向预应力。

(2)混凝土收缩、徐变的影响小。对于传统的平钢腹板 PC 组合箱梁来说,由于混凝土的塑变特性,如混凝土收缩、徐变,随着时间的推移,混凝土翼缘处的预应力有进一步向钢腹板转移的趋势,这将大大影响其长期使用性能。波形钢腹板由于纵向刚度很低,几乎对混凝土收缩、徐变产生的变形不起约束作用,可以很好地避免上述缺点。

(3)波形钢腹板的抗剪强度较平钢腹板有很大提高。试验资料表明,与平钢腹板相比,波形钢腹板的抗剪能力可提高一倍。同时,还可通过调整波形板的波形形状来改变其剪切屈曲强度。

(4)无需加劲肋,钢腹板厚度进一步降低。波形钢腹板不承担弯矩,因而不存在由弯曲正应力引起的腹板失稳问题,故无需配置加劲肋,而且其抗剪强度较大,因此减小了腹板厚度。实际中采用的钢腹板厚度为 8 ~12mm,高厚比为 220 ~375。

(5)减小了中间隔板的数量。由于腹板的横向刚度得以提高,横向荷载(如风压引起的)可被直接传递至上、下混凝土翼缘。

(6)增强了截面的抗扭性能。

波形钢腹板 PC 组合箱梁是一种经济、高效、施工简便的新型桥梁形式。自从 1988 年 ACSI协会将波形钢腹板 PC 组合箱梁作为桥梁结构进行介绍后,世界各国均围绕这一新的组合结构进行研究。

4.2 结构形式

波形钢腹板 PC 组合箱梁桥的上部结构由混凝土顶底板、波形钢腹板、横隔板、体内预应力筋、体外预应力筋等构成。波形钢腹板与混凝土连接部位应设置抗剪、抗拉拔的连接件。整体结构构造如图 4.2-1 所示。波形钢腹板组合箱梁桥无需像通常的预应力混凝土箱梁那样在腹板内配置预应力筋并在腹板内实现转向,它一般采用体内、体外预应力并用的方式配置预应力束,即在混凝土顶、底板中配置纵向预应力筋,用以抵抗施工时的荷载及自重。在箱内配置体外预应力束并通过梁端的横墙和梁跨内的横隔板来转向,实现曲线或折线配筋,用来抵抗设计活载。

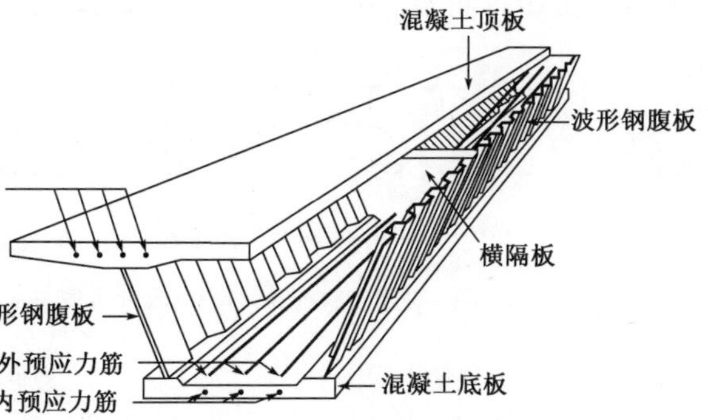

图 4.2-1　波形钢腹板 PC 组合箱梁示意图

波形钢腹板 PC 组合箱梁最显著的特点是用波折形钢腹板取代了混凝土腹板，使箱梁成为由钢筋混凝土和波形钢腹板组成的组合结构。从结构上看，波形钢腹板 PC 组合箱梁受力明确，在轴向力和弯矩作用下，腹板上的轴向应力基本为零，轴向力基本上由混凝土顶底板承担；在剪力作用时，87% 左右由波形钢腹板承受。相对于预应力混凝土箱梁来说，波形钢腹板 PC 组合箱梁截面的抗扭转刚度下降了约 60% 。

4.3　波形钢腹板构造与设计

4.3.1　波形钢腹板构造

波形钢腹板一般由卷材或板材弯折而成。波形钢腹板主要由直板段、斜板段以及圆弧段组成，具体构造如图 4.3-1 所示。通常桥梁中所用的波形钢腹板是等波长的。波形钢腹板形状的设计除了要满足力学方面的要求，还需兼顾制作、施工、美观以及经济等方面的因素。波形钢腹板的几何控制参数主要有：波形钢腹板高度 h，波形钢板波高 d，钢板厚度 t，直板段宽度 a_1，斜板段投影宽度 a_2，斜板段宽度 a_3等。

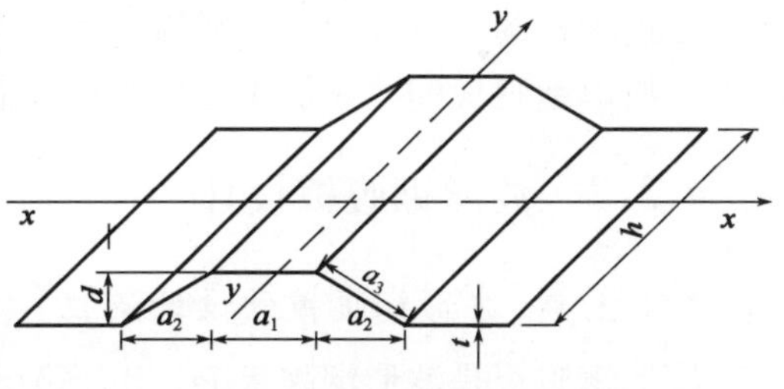

图 4.3-1　波形钢腹板构造示意图

波形钢腹板型号宜采用图 4.3-2 所示的 1000 型、1200 型、1600 型三种型号。波形钢腹板的其他构造细节应符合《组合结构桥梁用波形钢腹板》(JT/T　784—2010)的有关规定。小跨径桥梁宜用 1000 型和 1200 型波形钢腹板。40 ~ 150m 跨径连续梁桥，宜选用 1600 型波形钢腹板。当使用图 4.3-2 所示形状以外的波形钢腹板时，应对波高、幅段长度、幅段倾角等进行合适的选择，并做相应的研究、试验以确保安全性。

由于制造、运输及施工上的要求，波形钢腹板在纵桥向一般都分割成节段，在现场加以拼装。在工厂加工时，由于模具设备限制，一般按一个波长一块波形钢板进行压制，然后按照设计规定的节段长度在工厂内进行拼接。在工厂进行的节段内腹板间的连接一般采用对接焊接，在现场进行的节段与节段之间腹板的连接通常采用焊接、高强度螺栓连接或者焊接 + 螺栓连接相结合的形式。焊接连接根据连接形式可分为对接焊接和角焊接，如图 4.3-3 所示；高强螺栓连接分为单面摩擦连接和双面摩擦连接,如图 4.3-4 所示。

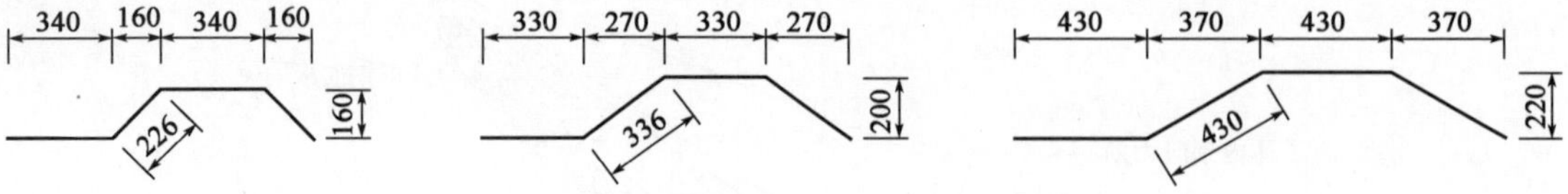

图 4.3-2　波形钢腹板几何尺寸(尺寸单位:mm)

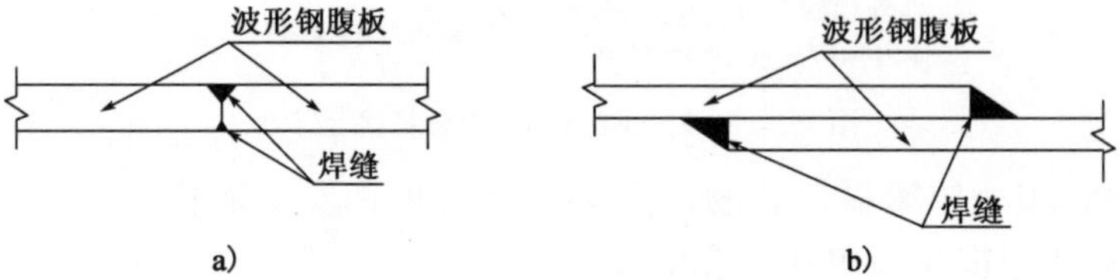

图 4.3-3　焊接连接形式

a) 对接焊接;b) 角焊接

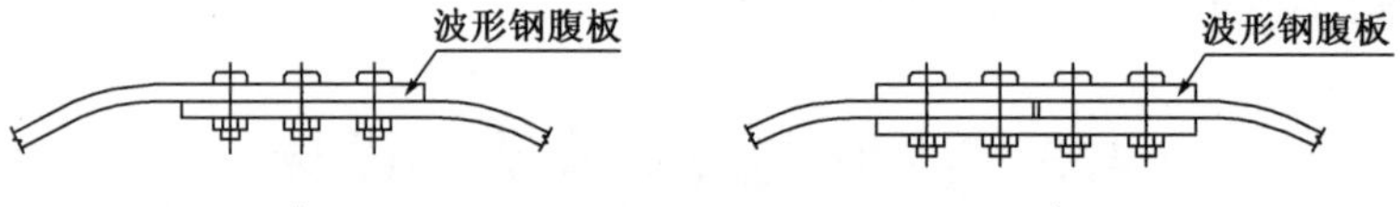

图 4.3-4　高强螺栓连接形式

c) 单面摩擦;d) 双面摩擦

波形钢腹板的厚度宜小于 40mm,且不宜小于 8mm。在不同厚度的波形钢腹板连接中,应从波形钢腹板的一侧或两侧做成坡度不大于 1:4 的斜坡。当板厚相差不大于 4mm 时,可不做斜坡。波形钢腹板的冷弯加工弯曲半径不宜小于 15 倍板厚。

4.3.2　波形钢腹板设计

4.3.2.1　波形钢腹板的设计流程

波形钢腹板是波形钢腹板 PC 组合箱梁结构中最具特点的部件。根据波形钢腹板与上下混凝土桥面板的构造,梁高、混凝土板厚、腹板厚度不同时,腹板仅承担全部剪力的 60% ~ 85%,但在到达极限状态时,混凝土顶、底板可能开裂,此时的剪力几乎完全由钢腹板承担,故按波形钢腹板承担全部剪力作为设计是偏于安全的。

波形钢腹板在剪力作用下既有剪切屈服问题,也有剪切屈曲问题,故应作强度验算、屈曲验算两种验算。此外,还需对钢腹板之间的连接进行验算。由于波形钢腹板承受的纵桥向轴力很小,波形钢腹板之间的连接验算中可以忽略轴向力的作用。对于组合腹板段的波形钢腹板应按波形钢腹板承担全部剪力设计,且剪应力沿腹板高度方向均匀分布。波形钢腹板的设计,通常按照图 4.3-5 所示的设计流程进行。

4.3.2.2　抗剪强度验算

波形钢腹板的剪应力应同时计入剪力、扭矩以及其与预应力的竖向分力产生的效应。其中剪力包括预应力的二次效应，扭矩可取汽车荷载最不利偏载情况下的组合设计值。抗剪强度与剪切稳定验算时预应力效应的分项系数不利时取1.2，有利时取1.0。

波形钢腹板承载能力极限状态抗剪强度与剪切稳定验算应采用《公路桥涵设计通用规范》(JTG D60—2015)规定的作用效应的基本组合。波形钢腹板正常使用极限状态剪应力验算应采用《公路桥涵设计通用规范》(JTG D60—2015)规定的作用效应的标准组合。

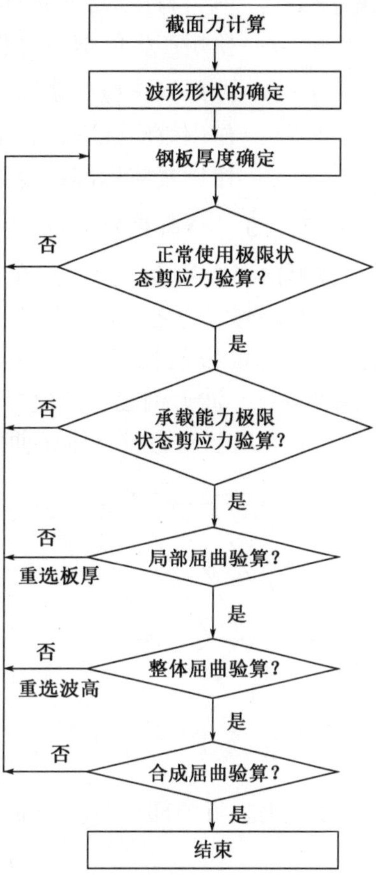

图4.3-5　波形钢腹板设计流程图

波形钢腹板的承载能力极限状态抗剪强度应符合式(4.3-1)～式(4.3-3)的要求：

$$\gamma_0(\tau_{md}+\tau_{td})\leqslant f_v \tag{4.3-1}$$

$$\tau_{md}=\frac{V_{d1}-V_{p1}}{h_w t_w} \tag{4.3-2}$$

$$\tau_{td}=\frac{T_d}{2A_m t_w(1+\alpha)} \tag{4.3-3}$$

式中：γ_0——结构重要性系数；

τ_{md}——剪力与预应力的竖向分力产生的剪应力设计值；

τ_{td}——扭矩产生的剪应力设计值；

f_v——钢板的抗剪强度设计值；

V_{d1}——作用效应基本组合下计算截面单块波形钢腹板的剪力设计值；

V_{p1}——作用效应基本组合下预应力对计算截面单块波形钢腹板产生的竖向分力标准值；

T_d——作用效应基本组合下计算截面的扭矩设计值；

A_m——箱梁薄壁中心线所围面积，$A_m=h_m\times b_m$，h_m为顶板与底板中心线之间的距离；$b_m=(b_1+b_2)/2$，其中b_1、b_2分别为顶、底板处波形钢腹板中心线之间的距离，如图4.3-6所示；

t_w——波形钢腹板的厚度；

α——修正系数，$\alpha=0.4h_m/b_m-0.06$，$\alpha\geqslant0$，且当$h_m/b_m<0.2$时，$\alpha=0$。

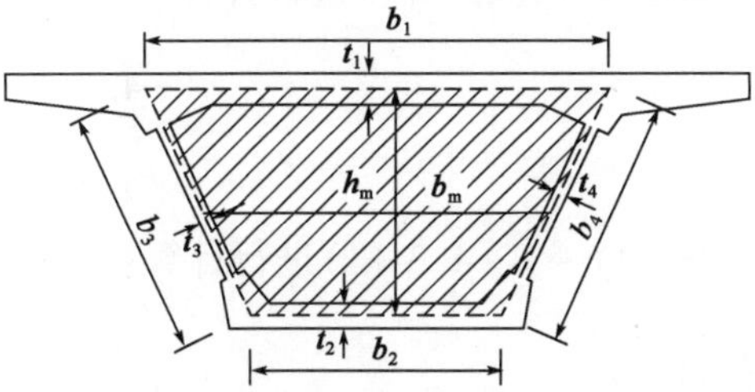

图4.3-6　波形钢腹板组合梁桥横断面示意图

波形钢腹板正常使用极限状态剪应力应符合式(4.3-4)～式(4.3-6)要求：

$$\tau_{mk}+\tau_{tk}\leqslant 0.625f_{yv} \tag{4.3-4}$$

$$\tau_{mk}=\frac{V_{k1}-V_{p1}}{h_w t_w} \tag{4.3-5}$$

$$\tau_{tk}=\frac{T_k}{2A_m t_w(1+\alpha)} \tag{4.3-6}$$

式中：τ_{mk}——剪力与预应力的竖向分力产生的剪应力设计值；

τ_{tk}——扭矩产生的剪应力设计值；

f_{yv}——波形钢腹板剪切屈曲强度标准值，取屈曲强度的 $1/\sqrt{3}$；

V_{k1}——作用效应标准组合下，计算截面单块波形钢腹板的剪力设计值；

T_k——作用效应标准组合下，计算截面的扭矩设计值。

4.3.2.3　屈曲稳定验算

波形钢腹板的剪应力控制在容许剪应力（屈服应力）以下，但按照波形钢腹板的形状，剪应力在容许剪应力之下仍可能发生屈曲，按照其破坏形态可分为局部屈曲、整体屈曲和合成屈曲。波形钢腹板的局部屈曲为波形钢腹板在一个平板条内（折痕与折痕之间）的屈曲（图 4.3-7a）。波形钢腹板的整体屈曲为波形钢腹板整体的屈曲（图 4.3-7b）。波形钢腹板的组合屈曲为局部屈曲与整体屈曲复合形成的屈曲形式（图 4.3-7c）。

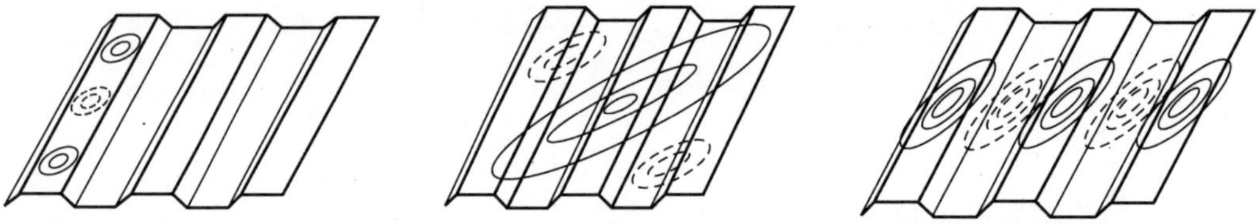

a)　　b)　　c)

图 4.3-7　波形钢腹板屈曲示意图

a）局部屈曲模式；b）整体屈曲模式；c）组合屈曲模式

波形钢腹板局部（整体）屈曲临界剪应力 $\tau_{cr,L}(\tau_{cr,G})$ 按式（4.3-7）~式（4.3-9）进行计算：

$$\begin{cases}\tau_{cr,L}(\tau_{cr,G}) = f_v & \lambda_s \leqslant 0.6 \\ \tau_{cr,L}(\tau_{cr,G}) = [1 - 0.614 \times (\lambda_s - 0.6)]f_v & 0.6 < \lambda_s \leqslant \sqrt{2} \\ \tau_{cr,L}(\tau_{cr,G}) = f_v/\lambda_s^2 & \sqrt{2} < \lambda_s\end{cases} \tag{4.3-7}$$

$$\lambda_s = \sqrt{f_v/\tau_{cr,L}^e} \tag{4.3-8}$$

或

$$\lambda_s = \sqrt{f_v/\tau_{cr,G}^e} \tag{4.3-9}$$

式中：λ_s——折算板宽厚比，计算 $\tau_{cr,L}$ 时，按式（4.3-8）进行计算，计算 $\tau_{cr,G}$ 时，按式（4.3-9）进行计算；

$\tau_{cr,L}^e$——弹性局部屈曲临界剪应力（MPa），按式（4.3-10）~式（4.3-11）进行计算：

$$\tau_{cr,G}^e = \frac{(k\pi^2 E)}{12(1-\nu^2)}\left(\frac{t_w}{h_w}\right)^2 \tag{4.3-10}$$

$$k = 4 + 5.34\,(h_w/a_w)^2 \tag{4.3-11}$$

式中：$\tau_{cr,G}^e$——弹性整体屈曲临界剪应力（MPa），按式（4.3-12）~式（4.3-14）进行计算：

$$\tau_{cr,G}^e = \frac{36\beta(EI_y)^{\frac{1}{4}}(EI_x)^{\frac{3}{4}}}{h_w^2 t_w} \tag{4.3-12}$$

$$I_x = t_w^3(\delta^2 + 1)/(6\zeta) \tag{4.3-13}$$

$$I_y = \frac{t_w^3}{12(1 - \nu^2)} \tag{4.3-14}$$

式中：k——波形钢腹板局部屈曲系数；

ν——波形钢腹板的泊松比；

β——波形钢腹板整体嵌固系数，取1.0；

I_y——单位长度波形钢腹板绕高度方向的惯性矩；

I_x——单位长度波形钢腹板绕纵桥向的惯性矩；

δ——波形钢腹板波高板厚比，取 $\delta = d_w/t_w$，d_w 为波形钢腹板波高，t_w 为波形钢腹板厚度；

ζ——波形钢腹板的形状系数。

波形钢腹板的承载能力极限状态组合屈曲应符合式（4.3-15）～式（4.3-16）的要求：

$$\gamma_0(\tau_{md} + \tau_{td}) \leqslant \tau_{cr} \tag{4.3-15}$$

$$\tau_{cr} = \frac{1}{\left(\frac{1}{\tau_{cr,L}^4} + \frac{1}{\tau_{cr,G}^4}\right)^{\frac{1}{4}}} \tag{4.3-16}$$

式中：τ_{cr}——波形钢腹板组合屈曲临界剪应力；

$\tau_{cr,L}$——波形钢腹板局部屈曲临界剪应力；

$\tau_{cr,G}$——波形钢腹板整体屈曲临界剪应力。

4.3.2.4　波形钢腹板之间的连接计算

高强度螺栓的抗剪承载力设计值应按式（4.3-17）进行计算：

$$N_v^b = 0.9n_f \cdot \mu \cdot P \tag{4.3-17}$$

式中：N_v^b——螺栓的抗剪承载力设计值；

n_f——传力摩擦面数；

P——高强度螺栓的预拉力，按《钢结构设计规范》（GB 50017—2017）取用；

μ——摩擦面的抗滑移系数，按《钢结构设计规范》（GB 50017—2017）取用。

连接处使用的螺栓个数应满足式（4.3-18）的要求：

$$N \geqslant \frac{V_{dl}}{N_v^b} \tag{4.3-18}$$

式中：N——螺栓个数。

波形钢腹板直角角焊缝在剪力作用下，其剪应力按式（4.3-19）进行计算：

$$\tau_f = \frac{V_f}{0.7h_f\sum l_w} \leqslant f_f^w \tag{4.3-19}$$

式中：τ_f——波形钢腹板直角角焊缝在剪力作用下产生的剪应力；

V_f——焊缝承受的竖向剪力设计值；

h_f——角焊缝的焊脚尺寸；

$\sum l_w$——焊缝的计算长度之和,对每条焊缝取其实际长度减去 $2h_f$;

f_f^w——角焊缝的强度设计值,按《钢结构设计规范》(GB 50017—2017)规定取值。

4.3.2.5 波形钢腹板与翼缘板的焊接计算

在承载能力极限状态下,应对焊接连接纵桥向和横桥向的合成应力进行验算。波形钢腹板与翼缘板的角焊缝可按图 4.3-8 进行以下等效。

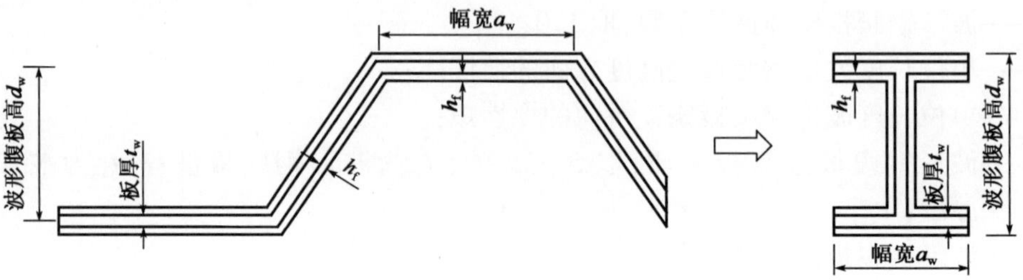

图 4.3-8 角焊缝计算等效图

纵桥向的验算按照式(4.3-20)进行:

$$\tau_f = \frac{2Q_d^e}{0.7h_f\sum l_w} \leqslant f_f^w \tag{4.3-20}$$

式中:τ_f——水平剪力产生的剪应力(MPa);

Q_d^e——波形钢腹板与箱梁顶、底板连接处的单位长度水平剪力设计值(N);

h_f——角焊缝的焊脚尺寸(mm);

$\sum l_w$——焊缝的计算长度之和(mm),对每条焊缝取其实际长度减去 $2h_f$。

横桥向的验算按照式(4.3-21)进行计算:

$$\sigma_M = \frac{6M_u}{\sum l_w (0.7h_f)^2} \leqslant f_f^w \tag{4.3-21}$$

式中:σ_M——由横向弯矩产生的正应力;

M_u——横向抗弯承载力设计值。

合成应力验算应满足式(4.3-22)的要求:

$$\left(\frac{\tau_f}{f_f^w}\right)^2 + \left(\frac{\sigma_M}{f_f^w}\right)^2 < 1 \tag{4.3-22}$$

4.4 波形钢腹板与混凝土的连接

4.4.1 波形钢腹板与混凝土顶底板的连接

波形钢腹板与混凝土顶底板的连接,是波形钢腹板 PC 桥梁中重要的构造部位,既要能够准确传递作用于结合部的桥轴方向水平剪力,而且应能抵抗因轮载所导致的与桥轴成直角方向的桥面板的角隅弯矩,以保证箱梁安全。在选择该接合部连接构造时,应采用已经通过试验确认其安全性的剪力连接构造。

波形钢腹板与混凝土顶、底板接合部的连接方式大致有3种:①波形钢腹板直接埋入到混凝土板中的嵌入型连接件;②波形钢腹板上、下端部焊接钢翼缘板并配置连接件的翼缘型连接件;③以上两种连接件组合而成的复合型连接件。其中,翼缘型连接件是在钢板的端部焊接翼缘板,再在翼缘板上配置连接件。根据所配置的连接件的不同,翼缘型连接件又可分成型钢连接件、焊钉连接件、开孔钢板连接件以及栓钉+开孔钢板组合连接件。

对于波形钢腹板与混凝土顶底板连接,目前工程中使用最广泛的有四种形式:嵌入型连接件(图4.4-1a);角钢剪力连接件(图4.4-1b);单开孔钢板+栓钉的连接(S-PBL+栓钉连接件,图4.4-1c);双开孔钢板连接件(Twin-PBL连接件)(图4.4-1d)。以上后三种连接件均属翼缘型连接件。若采用图4.4-1所示以外的连接构造,则应通过实验或分析,在安全性得到确认后方可采用。

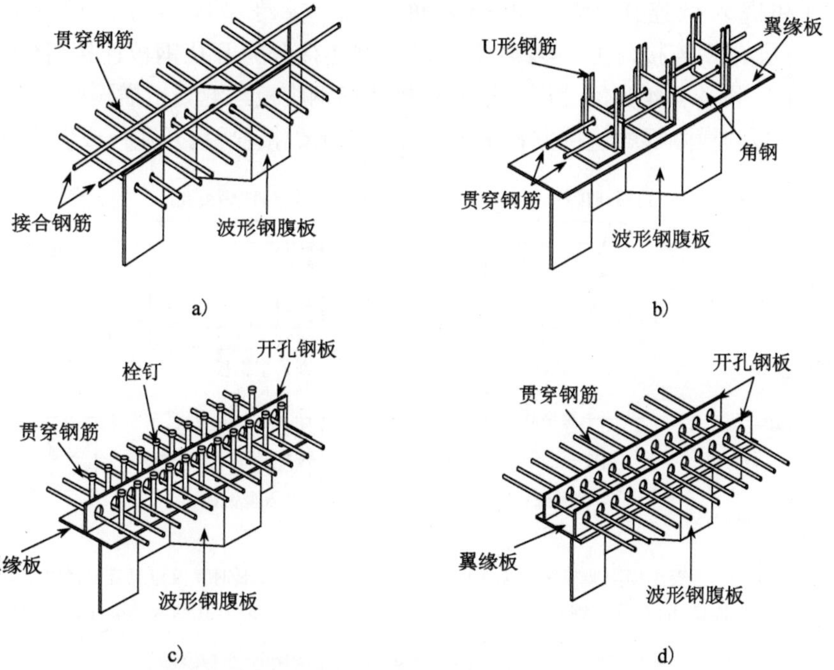

图4.4-1　波形钢腹板与混凝土顶、底板常用的连接方式

a)嵌入型连接件;b)角钢连接件;c)单开孔钢板+栓钉连接件;d)双开孔钢板连接件

在波形钢腹板PC组合桥梁中,波形钢腹板与混凝土底板的接合部是雨水或结露等直接作用的部位,所以需要对排水、止水措施等进行适当的防腐蚀处理。特别是使用嵌入型连接件时,由于波形钢腹板被直接埋入混凝土顶底板,为了不引起耐久性下降,应该在暴露于空气中的接合部处实施密封。

对于混凝土顶板,因为混凝土顶板是车辆荷载直接作用的部位,考虑到耐久性和维护修补,其波形钢腹板与混凝土顶板的连接构造,原则上应采用带翼缘板的连接件形式。此时,为防止焊接部位的疲劳破坏,连接件的翼缘板纵向连接间应留一定的间隙,同时波形钢腹板顶面应切圆角,以避免焊缝与翼缘板焊缝相交。也有另一观点认为,相比翼缘型连接件,嵌入型连接件不存在波形钢腹板与翼缘板的焊接问题,故不会引起焊接疲劳,更适合应用于波形钢腹板与混凝土顶底板的连接。

4.4.2 波形钢腹板与混凝土横隔梁、横隔板之间的连接

相比预应力混凝土梁桥,波形钢腹板PC组合梁桥扭转刚度较小,为使波形钢腹板预应力混凝土组合梁桥具有足够的刚度,必须以合适的间距来配置横梁和横隔板,来抑制因扭转而产生的截面变形。横隔板间距应根据桥梁的扭转和畸变效应确定。在中等规模跨径的波形钢腹板桥中,除在支点需要设置横隔梁外,由于体外索转向需要在每一桥跨上最少设置两处转向装置,转向装置可兼作横隔板。

波形钢腹板与横隔梁和横隔板的连接方式应根据横隔梁与横隔板形状、结构受力、横梁配筋、经济性、耐久性等因素综合考虑后确定。波形钢腹板与横隔梁的连接方式主要有翼缘型连接(图4.4-2)和嵌入型连接(图4.4-3)两种方式。翼缘型连接分为翼缘开孔钢板连接(图4.4-2a)、开孔角钢连接(图4.4-2b)等。嵌入型连接分为开孔钢板连接(图4.4-3a)和栓钉连接(图4.4-3b)。图4.4-4为河北邢台钢铁路桥波形钢腹板与混凝土横隔梁的嵌入式开孔钢板连接。波形钢腹板与横隔板的连接方式主要为在钢板上焊接栓钉、开孔板或者型钢等形式。

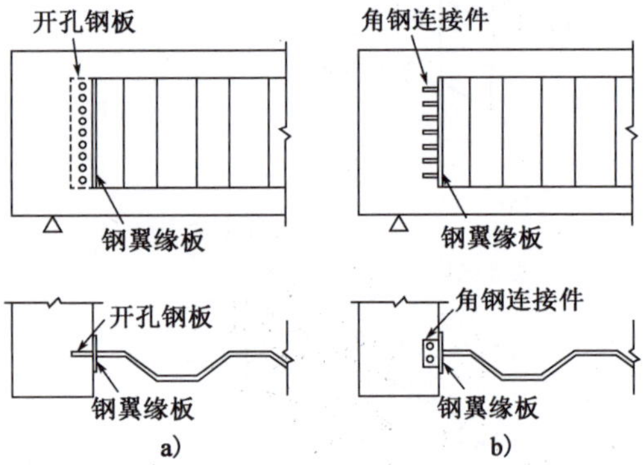

图4.4-2 波形钢腹板与混凝土横隔梁翼缘型连接形式
a)开孔钢板连接;b)开孔角钢连接

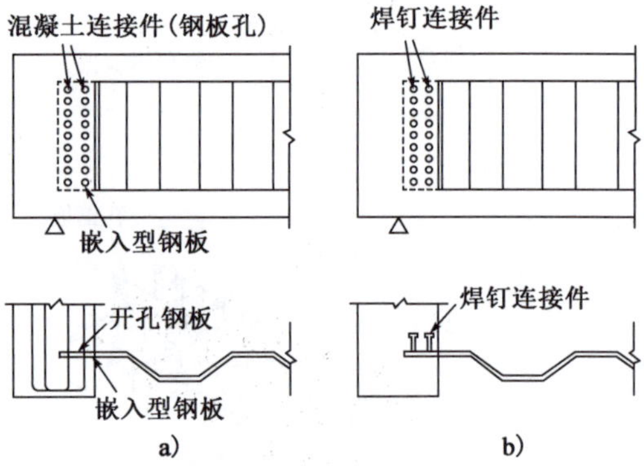

图4.4-3 波形钢腹板与混凝土横隔梁嵌入型连接形式
a)开孔钢板连接;b)焊钉连接

图4.4-4 河北邢台钢铁路桥波形钢腹板与混凝土横隔梁嵌入式开孔钢板连接

4.4.3 波形钢腹板与内衬混凝土之间的连接

当墩部或支点附近梁高过高时,波形钢腹板 PC 组合箱梁桥宜在墩顶横梁附近一定范围内采用波形钢腹板内衬混凝土的组合结构形式,这种形式可使作用于墩部的截面力有效地传递给波形钢腹板以及增强波形钢腹板结构的屈曲强度。波形钢腹板与内衬混凝土之间的连接件形式可以采用栓钉、开孔板、型钢等连接件。在日本前谷桥设计中,波形钢腹板与内衬混凝土之间采用栓钉连接件进行连接,由于钢板和混凝土之间剪力配额的变化对栓钉的工作应力的影响并不大,因此栓钉之间的间距只需小于规范中为防止栓钉脱落所规定的最大值,即纵桥向为600mm,箱梁高度方向为400mm。国内 2010 年竣工的卫河桥内衬混凝土与钢腹板的连接亦是采用栓钉连接形式。

4.4.4 抗剪连接件设计

在选用波形钢腹板组合梁桥抗剪连接件时,应保证波形钢腹板与混凝土板有效结合,使主梁断面能成为组合断面。抗剪连接件应进行承载能力极限状态抗剪强度计算和正常使用极限状态下的抗滑移和应力计算。其中承载能力极限状态抗剪强度计算应采用作用的基本组合,正常使用极限状态计算应采用作用的标准组合。在波形钢腹板预应力混凝土组合梁正常使用极限状态下,单个抗剪连接件承担的剪力设计值不应超过抗剪承载力设计值的 75%。

4.4.4.1 连接件抗剪承载力计算

(1)对于单箱单室截面,波形钢腹板与顶、底板连接处的单位长度水平剪力按照式(4.4-1)和式(4.4-2)进行计算:

$$Q_{\mathrm{d}}^{\mathrm{e}} = \frac{(V_{\mathrm{d}} - V_{\mathrm{p}})S}{2I} \tag{4.4-1}$$

$$Q_{\mathrm{k}}^{\mathrm{e}} = \frac{(V_{\mathrm{k}} - V_{\mathrm{p}})S}{2I} \tag{4.4-2}$$

式中:$Q_{\mathrm{d}}^{\mathrm{e}}$——抗剪强度计算时,波形钢腹板与箱梁顶、底板连接处的单位长度水平剪力设计值(N/mm);

$Q_{\mathrm{k}}^{\mathrm{e}}$——抗滑移计算时,波形钢腹板与箱梁顶、底板连接处的单位长度水平剪力设计值;

V_{k}——作用效应标准组合下单箱截面的竖向剪力设计值;

V_{d}——作用效应基本组合下单箱截面波形钢腹板的剪力设计值;

V_{p}——作用效应基本组合下预应力对单箱截面产生的竖向分力标准值;

S——混凝土顶板或底板对截面中性轴的面积矩;

I——组合梁截面的惯性矩。

(2)波形钢腹板与混凝土顶板、底板的连接件的抗剪强度应符合式(4.4-3)的要求:

$$\gamma_0 Q_{\mathrm{d}}^{\mathrm{e}} \leqslant Q_{\mathrm{pu}}/S \tag{4.4-3}$$

式中:γ_0——结构重要性系数;

Q_{pu}——连接件的水平抗剪承载力设计值;

S——连接件纵桥向间距,对于嵌入型连接件取 0.5 倍波形钢腹板波长。

(3)单个栓钉连接件的抗剪承载力设计值由式(4.4-4)、式(4.4-5)确定,取两者中的较小值:

①当发生栓钉剪断破坏时,

$$Q_{pu}^{c} = 1.19A_{std}f_{std}\left(\frac{E_c}{E_s}\right)^{0.2}\left(\frac{f_{cu}}{f_{std}}\right)^{0.1} \tag{4.4-4}$$

②当发生混凝土压碎破坏时,

$$Q_{pu}^{c} = 0.43\eta A_{std}\sqrt{E_c f_{cd}} \tag{4.4-5}$$

式中:Q_{pu}^{c}——栓钉水平抗剪承载力设计值;

A_{std}——栓钉截面面积;

f_{std}——栓钉抗拉强度设计值。当栓钉材料性能等级为4.6级时,取$f_{std}=400$;

E_c、E_s——混凝土和栓钉的弹性模量;

f_{cu}、f_{cd}——混凝土的立方体抗压强度和轴心抗压强度设计值;

η——群钉效应折减系数。当$6<l_d/d<13$时,对于强度等级为C30~C40的混凝土,$\eta=0.21l_d/d+0.73$(l_d为栓钉纵向间距,d为栓钉直径,单位为mm);对于C45、C50混凝土,$\eta=0.016l_d/d+0.80$;对于C55、C60混凝土,$\eta=0.013l_d/d+0.84$。当$l_d/d\geqslant13$时,不考虑群钉效应,取1.0。

(4)栓钉连接件的抗滑移应符合式(4.4-6)~式(4.4-8)的要求:

$$Q_{k}^{e} \leqslant Q_{sa}^{c}/s \tag{4.4-6}$$

$$Q_{sa}^{c} = 8.408\sqrt{f_{cu,k}}d^2 \quad (H/d \geqslant 5.5) \tag{4.4-7}$$

$$Q_{sa}^{c} = 1.538\sqrt{f_{cu,k}}dH \quad (H/d < 5.5) \tag{4.4-8}$$

式中:Q_{sa}^{c}——单个栓钉的抗滑移水平剪力限值;

$f_{cu,k}$——混凝土立方体抗压强度标准值;

d——栓钉直径;

H——栓钉长度。

(5)对于双开孔钢板连接件的水平抗剪承载力设计值Q_{pu}应取混凝土剪力销抗剪承载力Q_{pu1}、混凝土剪力销抗劈裂承载力Q_{pu2}以及开孔钢板孔间抗剪承载力Q_{pu3}的最小值:

①混凝土剪力销抗剪承载力设计值按式(4.4-9)进行计算:

$$Q_{pu1} = n_p[1.4(d_p^2 - d_s^2)f_{cd} + 1.2d_s^2 f_{sd}] \tag{4.4-9}$$

式中:d_p——钢板开孔直径;

d_s——贯穿钢筋直径;

n_p——开孔钢板连接件的排数。双开孔钢板连接件中,当两个开孔钢板之间的距离大于开孔钢板高度的1.5倍时,n_p取2。

②混凝土剪力销抗劈裂承载力设计值按式(4.4-10)进行计算:

$$Q_{pu2} = 7.5n_p f_{cd}d_p t \tag{4.4-10}$$

式中:t——开孔钢板厚度。

③开孔钢板孔间抗剪承载力设计值按式(4.4-11)进行计算：

$$Q_{pu3} = n_p f_v d_j t \tag{4.4-11}$$

式中：f_v——钢板抗剪强度设计值；

d_j——开孔钢板的孔净距。

双开孔钢板连接件抗滑移应符合式(4.4-12)、式(4.4-13)的要求：

$$Q_k^e \leqslant 2Q_{sa}/s \tag{4.4-12}$$

$$Q_{sa} = 0.154\pi[0.677f_{cu,k}(d_p^2 - d_s^2) + d_s^2 f_{stk}] - 35367 \tag{4.4-13}$$

式中：Q_{sa}——单个开孔钢板连接件销孔的抗滑移水平剪力限值；

f_{stk}——贯穿钢筋抗拉强度标准值；

$f_{cu,k}$——混凝土立方体抗压强度标准值。

(6)单开孔钢板+栓钉连接件的水平抗剪承载力取单个开孔钢板连接件与栓钉抗剪承载力之和。

(7)单开孔钢板+栓钉连接件抗滑移应符合式(4.4-14)的要求：

$$Q_k^e \leqslant (Q_{sa} + nQ_{sa}^c)/s \tag{4.4-14}$$

式中：n——栓钉的排数，$n \leqslant 4$。

嵌入型连接件水平抗剪承载力按式(4.4-15)进行计算：

$$Q_{pu} = 0.6f_{cd}A_1 + \mu f_{sld}A_s \tag{4.4-15}$$

式中：A_1——波形钢腹板斜板段的投影面积(图4.4-5)；

μ——系数，取1.0；

f_{sld}——接合钢筋的抗拉强度设计值；

A_s——接合钢筋的面积。

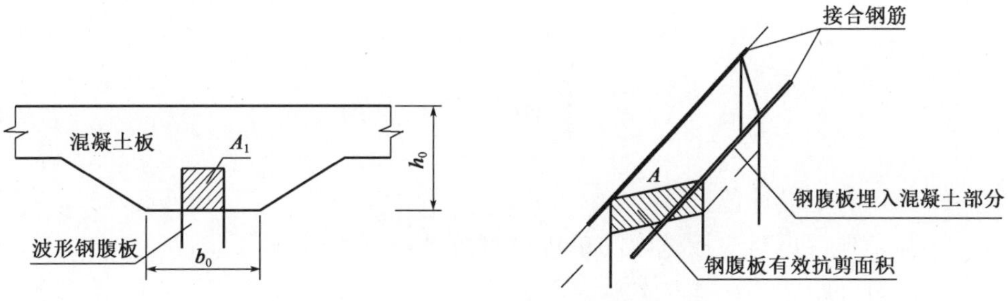

图4.4-5　嵌入型连接件斜板段投影面积示意图

(8)嵌入型连接件在波形钢腹板斜板段处的混凝土应力应按式(4.4-16)进行计算：

$$\frac{Q_k^e s}{0.25A_1 + 0.05A} \leqslant 0.8f_{cu,k} \tag{4.4-16}$$

式中：s——连接件纵桥向间距；

A_1——波形钢腹板斜板段的投影面积，如图4.4-5所示；

A——板腋有效承压面积，如图4.4-5所示。

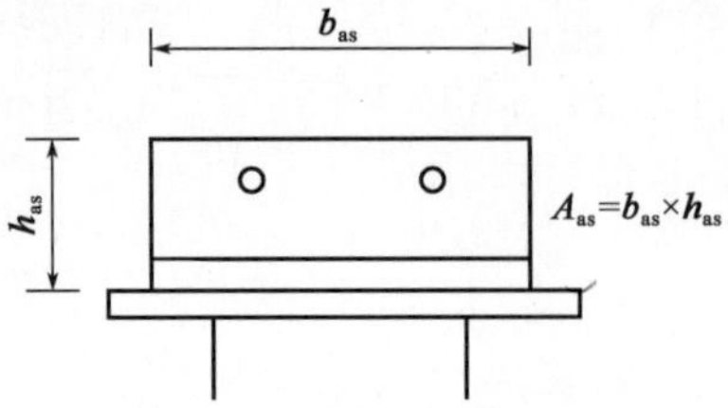

图 4.4-6 角钢连接件承压面积计算图

(9)角钢连接件的水平抗剪承载力按式(4.4-17)进行计算：

$$Q_{pu} = f_{cd}A_{as}/1.5 \tag{4.4-17}$$

式中：A_{as}——角钢承压面积(图 4.4-6)。

(10)在角钢连接件中，对角钢与翼缘板的连接焊缝应进行纵向水平力承载力验算，连接焊缝承受的水平剪力按式(4.4-18)进行计算：

$$F_h = sQ_d^e \tag{4.4-18}$$

式中：F_h——连接焊缝承受的水平剪力；

Q_d^e——角钢连接件承受的单位长度水平剪力设计值。

4.4.4.2 连接件抗角隅弯矩计算

采用双开孔钢板连接件、单开孔钢板 + 栓钉连接件、角钢连接件和栓钉连接件时，应进行连接件的抗角隅弯矩计算。

(1)双开孔钢板连接件承受的角隅弯矩应符合式(4.4-19)的要求：

$$M_d \leqslant n_p b_p Q_{pu} \tag{4.4-19}$$

式中：M_d——角隅弯矩设计值；

n_p——与角隅弯矩对应板宽内的开孔钢板数量；

b_p——开孔板的间距；

Q_{pu}——单个开孔钢板件抗剪承载力设计值。

(2)单开孔钢板 + 栓钉连接件、栓钉连接件承受的角隅弯矩(图 4.4-7)应符合式(4.4-20)、式(4.4-21)的要求：

$$M_d \leqslant n_s b_s N_d \tag{4.4-20}$$

$$N_d = 1.283H^2\sqrt{f_{cd}} \leqslant \frac{\pi}{4}d^2 f_{std} \tag{4.4-21}$$

式中：M_d——角隅弯矩设计值；

n_s——与角隅弯矩对应板宽内的单排栓钉数量；

b_s——栓钉间距；

N_d——栓钉抗拉承载力设计值；

H——栓钉长度；

f_{cd}——混凝土抗压强度设计值；

d——栓钉直径；

f_{std}——栓钉抗拉强度设计值。

(3)角钢连接件承受的角隅弯矩(图 4.4-8)应符合式(4.4-22)～式(4.4-25)的要求：

①U 形钢筋不与角钢焊接：

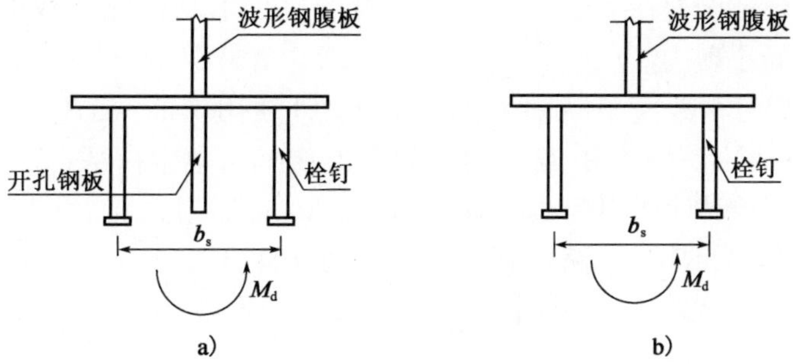

图 4.4-7　作用于单开孔钢板 + 栓钉连接件及栓钉连接件的角隅弯矩

a)单开孔钢板 + 栓钉连接件;b)栓钉连接件

$$M_d \leqslant A_s f_{sd} B_s / \sqrt{3} \tag{4.4-22}$$

$$M_d \leqslant 2A_u B_u f_u \tag{4.4-23}$$

$$M_d \leqslant 2u_u l_u B_u R_u \tag{4.4-24}$$

②U 形钢筋与角钢焊接:

$$M_d \leqslant A_s f_{sd} B_s / \sqrt{3} + \min(2A_u B_u f_u, 2u_u l_u B_u R_u) \tag{4.4-25}$$

式中:A_s——贯穿钢筋面积;

f_{sd}——贯穿钢筋抗拉强度设计值;

B_s——贯穿钢筋间距;

A_u——单根 U 形钢筋截面面积;

B_u——U 形钢筋的轴间距;

f_u——U 形钢筋抗拉强度设计值;

u_u——U 形钢筋截面周长;

l_u——U 形钢筋锚固长度;

R_u——U 形钢筋与混凝土黏结强度设计值,应根据试验确定。

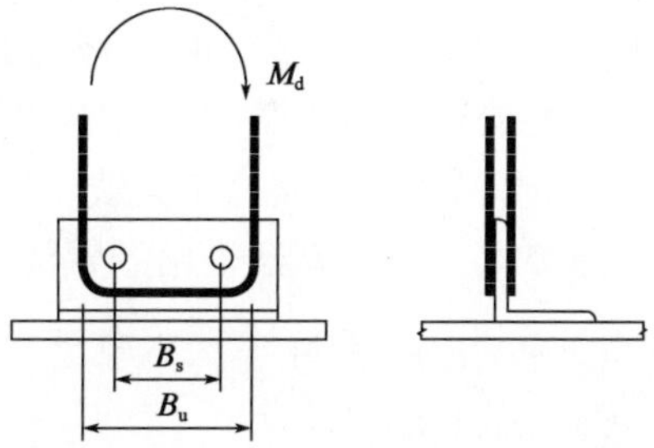

图 4.4-8　角钢连接件抗角隅弯矩计算图示

4.4.4.3　连接件疲劳计算

对抗剪连接件,应根据式(4.4-26)、式(4.4-27)进行疲劳验算:

$$\gamma_{Ff} \Delta N_p \leqslant \Delta N_L / \gamma_{Mf} \tag{4.4-26}$$

$$\Delta N_p = N_{p,max} - N_{p,min} \tag{4.4-27}$$

式中: γ_{Ff}——疲劳荷载分项系数,取 1.0;

γ_{Mf}——疲劳抗力分项系数,对重要构件取 1.35,对次要构件取 1.15;

ΔN_p——抗剪连接件按疲劳荷载模型计算得到的剪力幅;

ΔN_L——连接件疲劳容许剪力幅;

$N_{p,max}$、$N_{p,min}$——无限疲劳寿命验算的疲劳荷载模型按最不利情况加载于影响线得出的最大和最小剪力。

抗剪连接件的疲劳荷载模型，采用《公路桥涵设计通用规范》(JTG D60—2015)规定的等效车道荷载形式，其集中荷载为$0.7P_k$，均布荷载为$0.3q_k$，集中荷载标准值P_k和均布荷载标准值q_k应按《公路桥涵设计通用规范》(JTG D60—2015)的相关规定取值，计算时应考虑多车道的影响，横向多车道系数按《公路桥涵设计通用规范》(JTG D60—2015)的相关规定计算。

抗剪连接件的疲劳容许剪力幅应符合式(4.4-28)的规定：

$$\Delta N_L \leq 0.2N_v^c \tag{4.4-28}$$

式中：N_v^c——连接件的抗剪承载力设计值。

4.5　工程实例——邢(台)衡(水)高速公路南水北调大桥设计

4.5.1　设计概况

4.5.1.1　桥型构造

邢(台)衡(水)高速公路南水北调大桥位于邢台至衡水高速公路邢台段上，桥梁中心桩号为K24+353.185，起点桩号为K24+218.935，终点桩号为K24+487.435，全长268.5m，跨径组合为(70+120+70)m，桥梁跨越南水北调渠，桥轴线与南水北调渠呈90°，如图4.5-1所示。本桥为(70+120+70)m的波形钢腹板预应力混凝土变截面连续箱桥，上、下行分幅设置，单幅箱梁总宽14.012m，采用单箱单室断面，根部梁高为7.5m，跨中梁高为3.5m，波形钢腹板采用Q345D级钢材，波形钢腹板与顶板连接采用是Twin-PBL连接，与混凝土底板连接采用S-PBL与栓钉连接方式。下部结构桥墩采用矩形实体墩，桥台采用肋板式桥台，墩台基础均采用桩基础。桥梁平面位于直线上，纵断面位于$R=20000$m的竖曲线上，纵坡分别为0.220%、-3.522%。施工方案采用悬臂浇注方法施工。

4.5.1.2　主桥上部设计要点

1)混凝土箱梁

上部结构为268.5m的三跨波形钢腹板预应力混凝土连续箱梁，跨径布置70m+120m+70m，如图4.5-2所示。主梁采用单箱单室截面(图4.5-3)。桥面设置2%横坡，由箱梁沿顶板顶缘中点旋转形成，箱梁底板水平设置，左右幅箱梁关于桥梁中心线对称。单幅桥箱梁宽度为14.012m，箱梁底板宽度为7.50m。梁高和底板厚度均以二次抛物线的形式由跨中向根部变化，跨中梁高3.5m，底板厚度28cm，根部梁高7.5m，底板厚80cm。箱梁翼缘悬臂325.6cm，悬臂端厚度20cm，悬臂端根部厚度70cm。箱梁在左边跨设置3道横隔板，在中跨设置4道横隔板，隔板厚50cm。箱梁在0、1号块波形钢腹板内侧设置内衬混凝土。

2)波形钢腹板

南水北调大桥上部结构波形钢腹板波长1.60m，波高0.22m，水平面板宽0.43m；水平折叠角度为30.7°，弯折半径为$15t$(t为波纹钢腹板厚度)。波纹钢腹板厚度采用12mm、16mm、18mm和20mm四种型号，图4.5-4为$t=14$mm的波形钢腹板纵断面设计图。

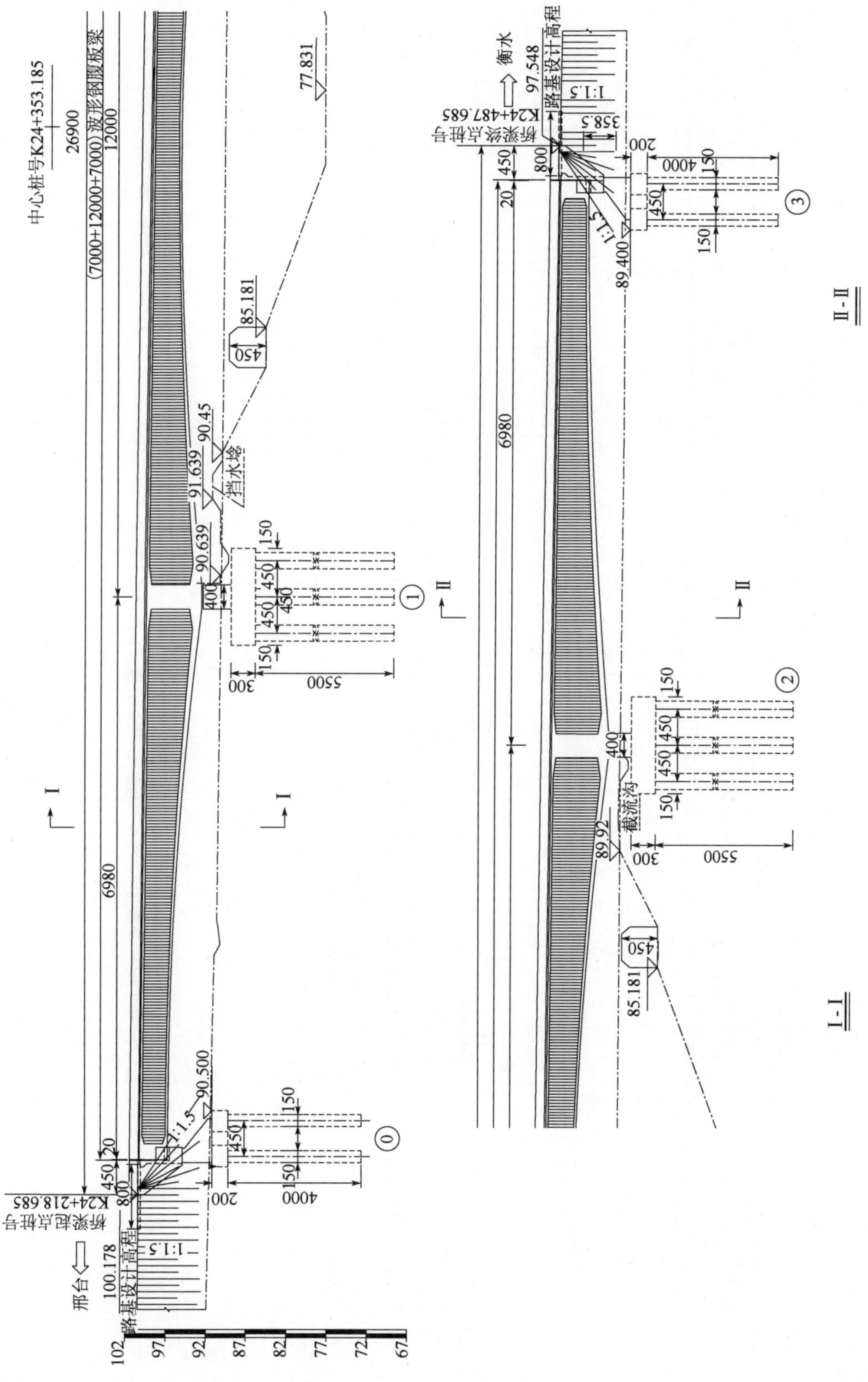
中心桩号K24+353.185
26900
(7000+12000+7000)波形钢腹板梁
12000
6980
77.831
85.181
450
90.45
91.639
挡水埝
90.639
400
150
450
5500
300
90.500
1:1.5
4000
200
800
20
桥梁起点桩号
K24+218.685
邢台
100.178
路基设计高程
102
97
92
87
82
77
72
67
I-I
衡水
97.548
桥梁终点桩号
K24+487.685
358.5
89.400
截流沟
89.92
II-II

图 4.5-1

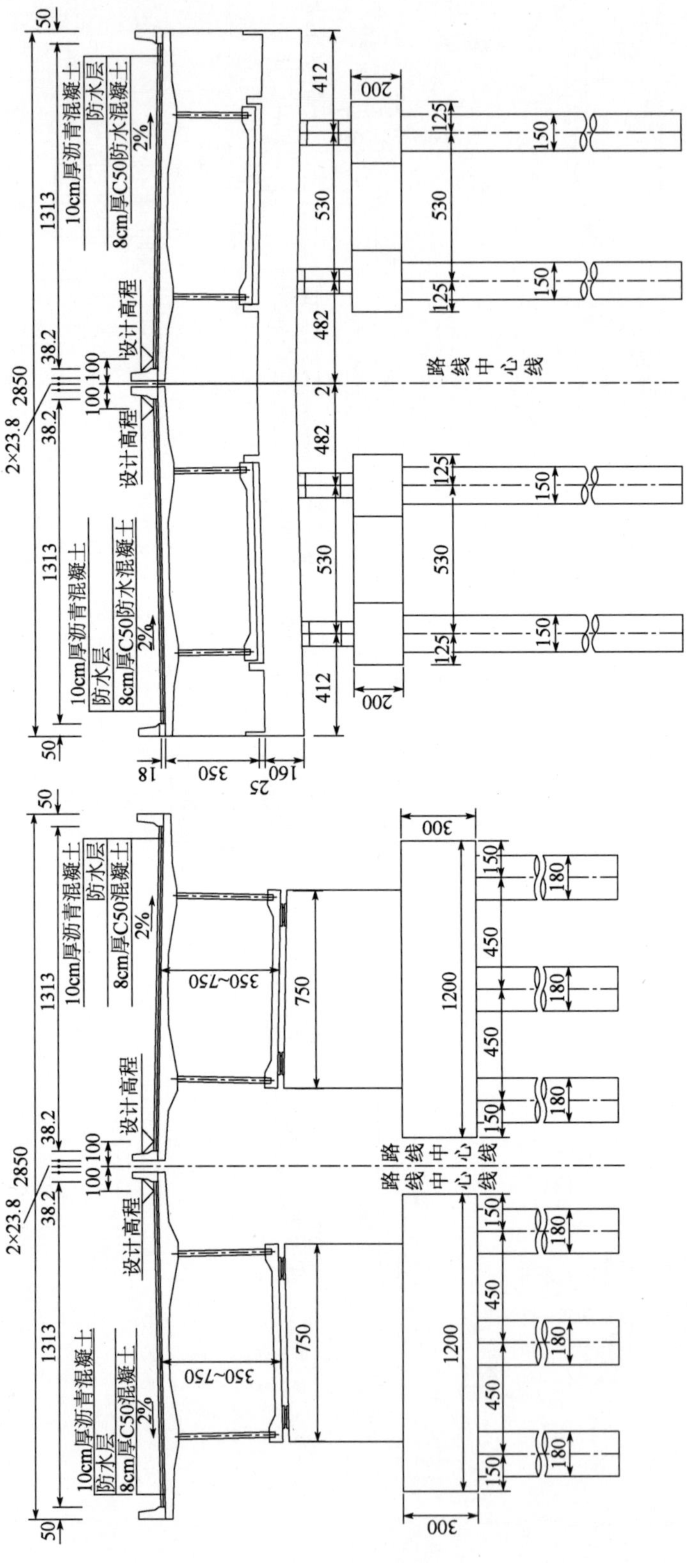

图 4.5-1　南水北调大桥桥型布置图（单位：除里程高程以m计外，其余为cm）

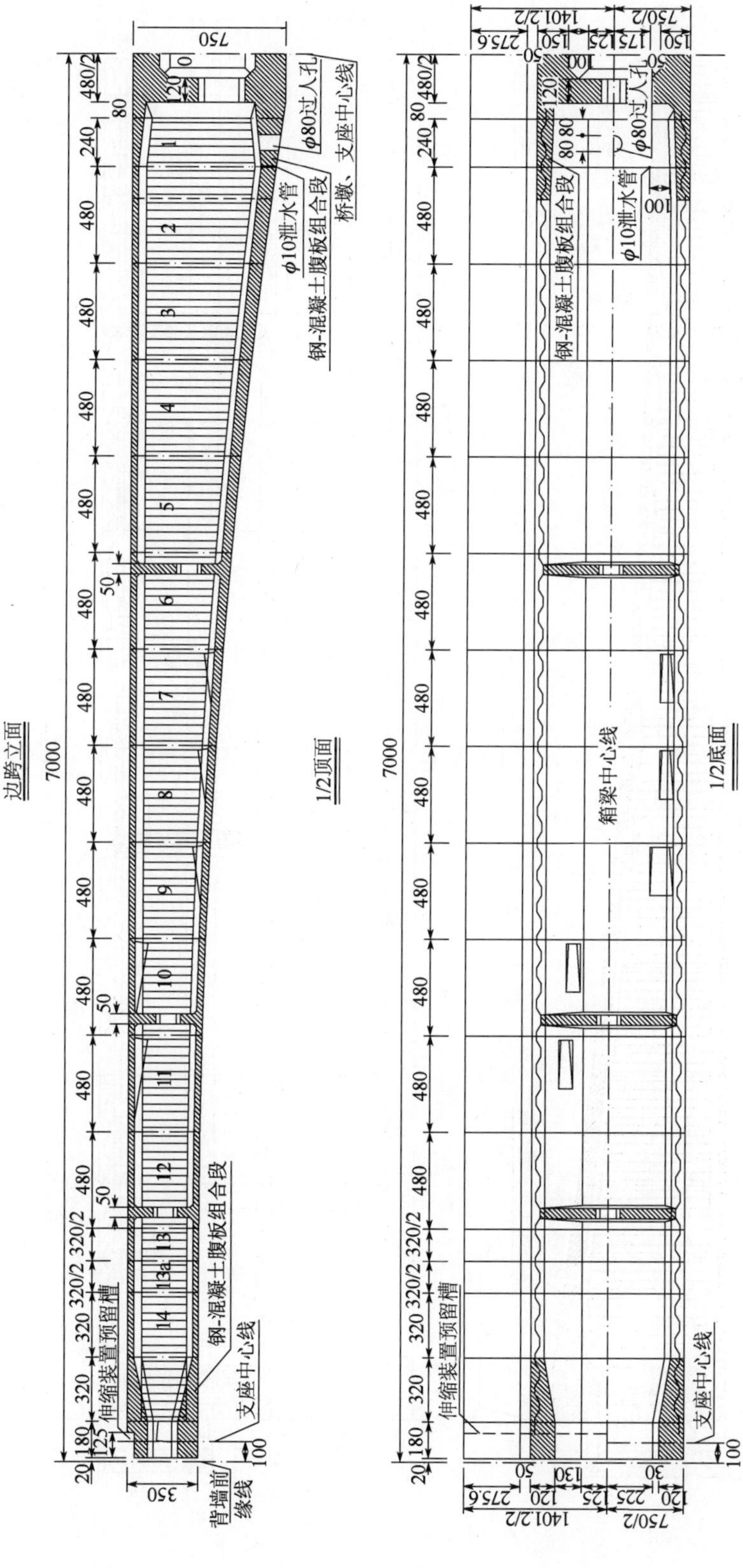
边跨立面
1/2顶面
1/2底面
7000
750
350
φ10泄水管
φ80过人孔
钢-混凝土腹板组合段
桥墩、支座中心线
伸缩装置预留槽
支座中心线
背墙前缘线
箱梁中心线
1401.2/2
750/2

图 4.5-2

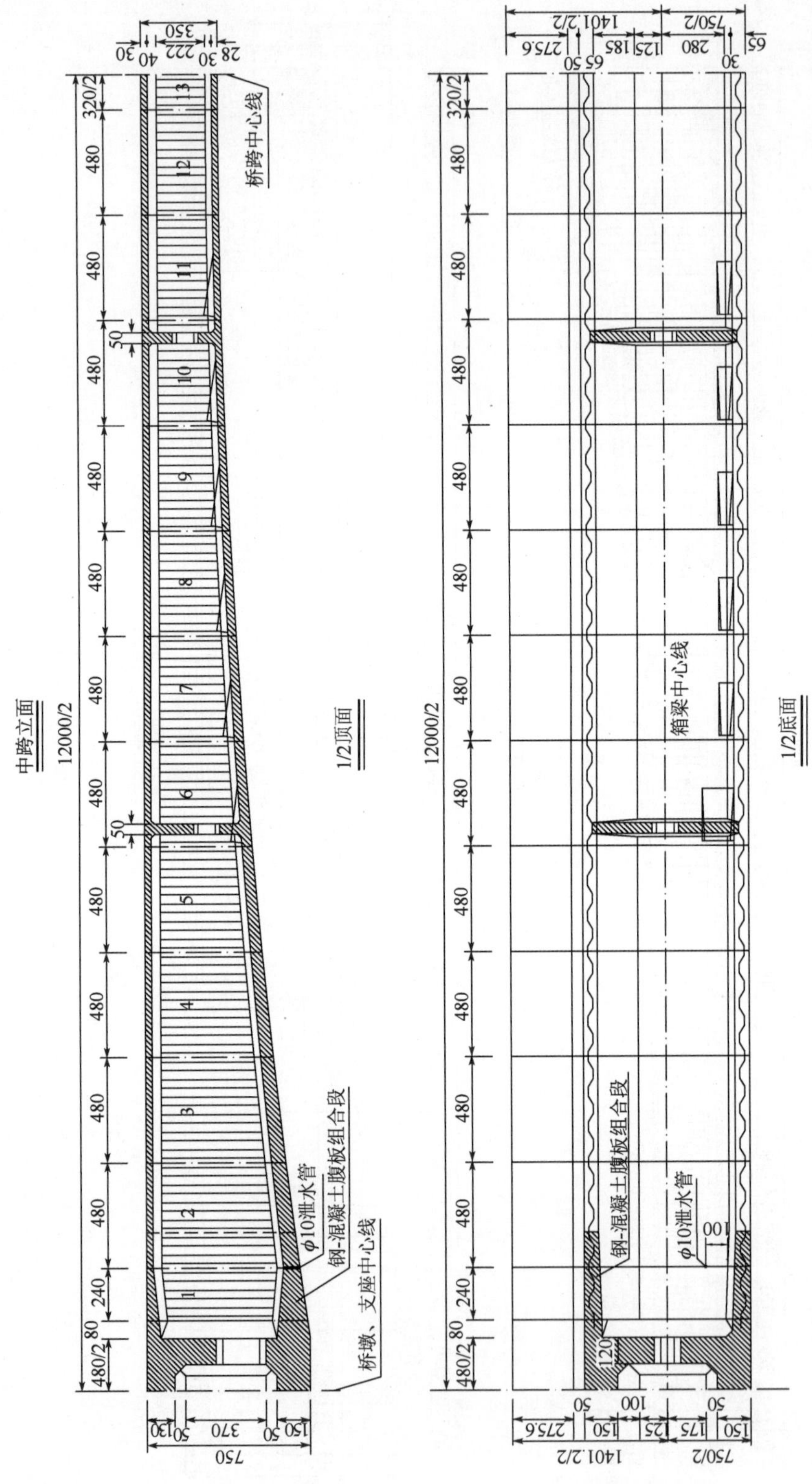

图4.5-2　南水北调大桥箱梁一般构造图(尺寸单位：mm)

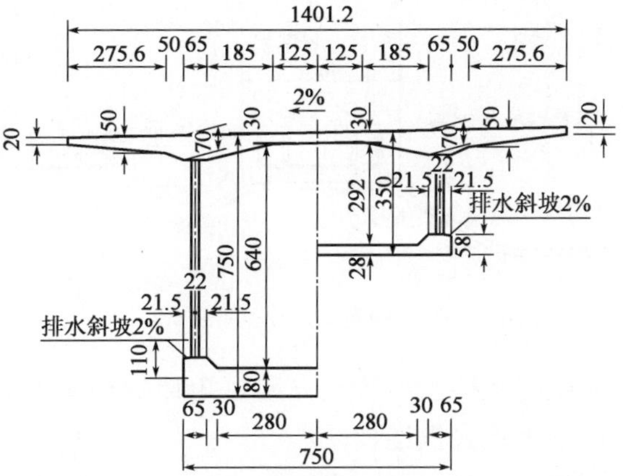

图 4.5-3　南水北调大桥箱梁典型断面图(尺寸单位:cm)

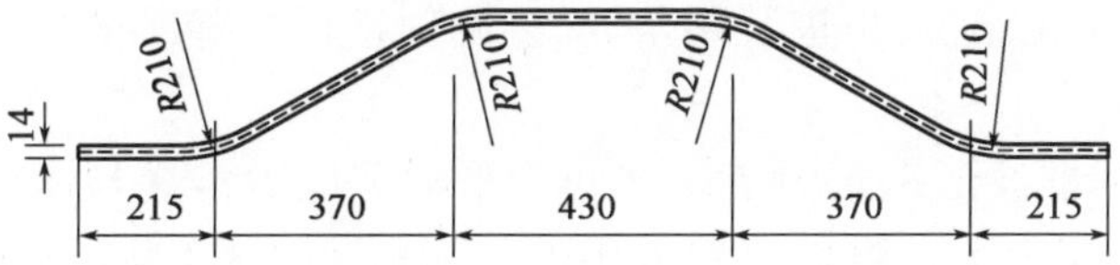

图 4.5-4　波形钢腹板纵断面设计图(尺寸单位:mm)

3)波形钢腹板与顶底板混凝土的连接

波形钢腹板与顶底板的连接,主要作用在于传递桥轴方向的剪力,抵抗由车轮荷载产生的横向顶板角隅弯矩,是确保波形钢腹板与预应力混凝土顶底板共同受力的关键构造。波形钢腹板与混凝土顶底板的连接应保证在运营寿命期内的耐久性,故必须能防腐蚀且必须具有较好的对抗因活荷载导致的耐疲劳性。为确保连接的可靠性,波形钢腹板与混凝土顶板的连接采用波形钢腹板顶端焊有翼缘板与穿孔板的 Twin-PBL 键连接方式,与底板的连接则采用 S-PBL 与栓钉连接方式。

4)波形钢腹板与横隔梁的连接

波形钢腹板与横隔梁的纵向连接采用嵌入型钢板开孔连接,图 4.5-5 为波形钢腹板与端横隔梁的连接示意图,图 4.5-6 为波形钢腹板与横隔梁的连接示意图。

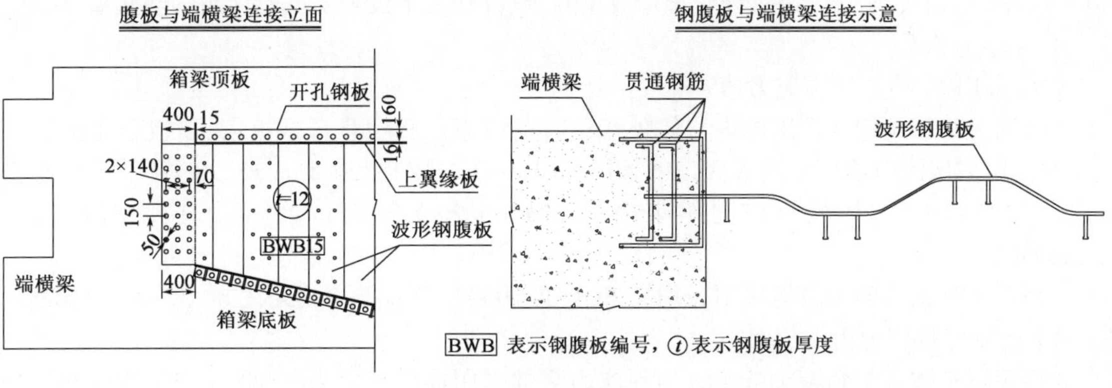

图 4.5-5　波形钢腹板与端横隔梁的连接示意图(尺寸单位:mm)

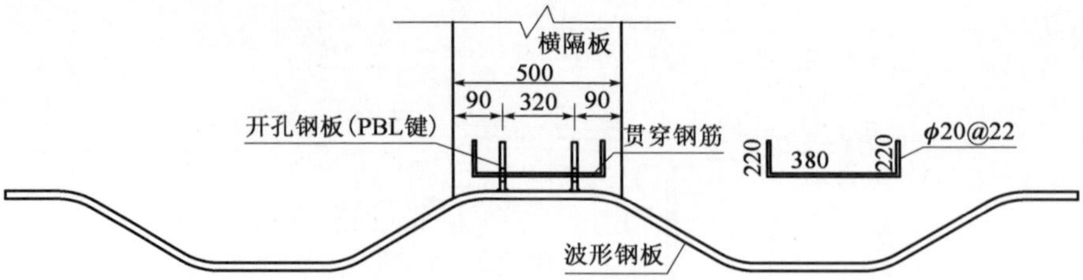

图 4.5-6　波形钢腹板与横隔梁的连接示意图(尺寸单位:mm)

波形钢腹板与横隔梁的纵向连接按与桥轴方向弯矩伴随产生的竖向剪力来验算,其连接方式类似于波形钢腹板与混凝土顶底板连接。

5)波形钢腹板之间的连接

如图 4.5-7 所示,节段与节段间的波形钢腹板在施工现场焊接完成。焊接时应采取有效的工艺措施,先用定位螺栓定位,再进行贴角焊,以确保钢板焊缝质量。

6)组合腹板

支座附近节段与标准波形钢腹板节段之间为平顺剪应力传递与承担较大剪应力设有钢-混凝土组合腹板,钢-混凝土组合腹板外侧采用波形钢板,内侧设混凝土内衬。图 4.5-8 为端支点和中支点的钢-混凝土腹板组合段构造。内衬混凝土仅在于加强波形钢腹板抗剪能力,其自身抗剪力作为安全储备,内衬混凝土与波形钢腹连接采用栓钉进行连接。

7)波形钢腹板的防腐

波形钢腹板的涂装防腐如下:波形钢腹板除锈后喷铝,其上涂环氧云铁厚 40μm,再上涂脂肪族聚氨酯 50μm。涂装产品应严格遵守《建筑用钢结构防腐涂料》(JG/T 224—2007)的规定,确保涂装质量,保证桥梁耐久性。钢板表面锈蚀等级应符合《涂装前钢材表面锈蚀等级和除锈等级》(GB 8923—1988)的规定。防腐设计寿命不低于 25 年。

波形钢腹板在工厂完成的防腐涂装,其施工的环境温度不得低于 5℃,相对湿度不得高于 85%,工作表面温度不得高于 50℃,工作表面不得有油或其他污渍。波形钢腹板的涂装范围包括波形钢腹板的内、外表面,翼缘钢板外表面等。

为防止附着在钢板上的水滴(结露)等流入或渗透入波形钢腹板嵌入混凝土底板的接合部位,应在底部钢混交接处设置硫化型橡胶密封剂,并在其上设置聚氨酯面漆的防水层。

8)预应力体系

箱梁采用纵、横双向预应力体系。

(1)箱梁纵向预应力采用体内与体外相结合的体系。其中悬臂顶板束、顶板合龙束和底板合龙束均采用体内预应力钢束,钢束采用 $19\phi^s15.20$、$15\phi^s15.20$、$12\phi^s15.20$ 等,锚下控制张拉应力为 1395MPa。体外预应力钢束采用 $22\phi^s15.20$ 类型钢绞线,锚下控制张拉应力为 1209MPa。

(2)箱梁顶板横向预应力采用 $3\phi^s15.20$ 类型钢绞线,竖向预应力采用 $8\phi^s15.20$ 类型钢绞线,锚下控制张拉应力为 1395MPa。

(3)箱梁悬臂施工和箱梁合龙时的预应力全部采用体内预应力,以抵抗一期恒载和施临时荷载;箱梁在连续状态下的体外预应力用于抵抗二期恒载和活载。

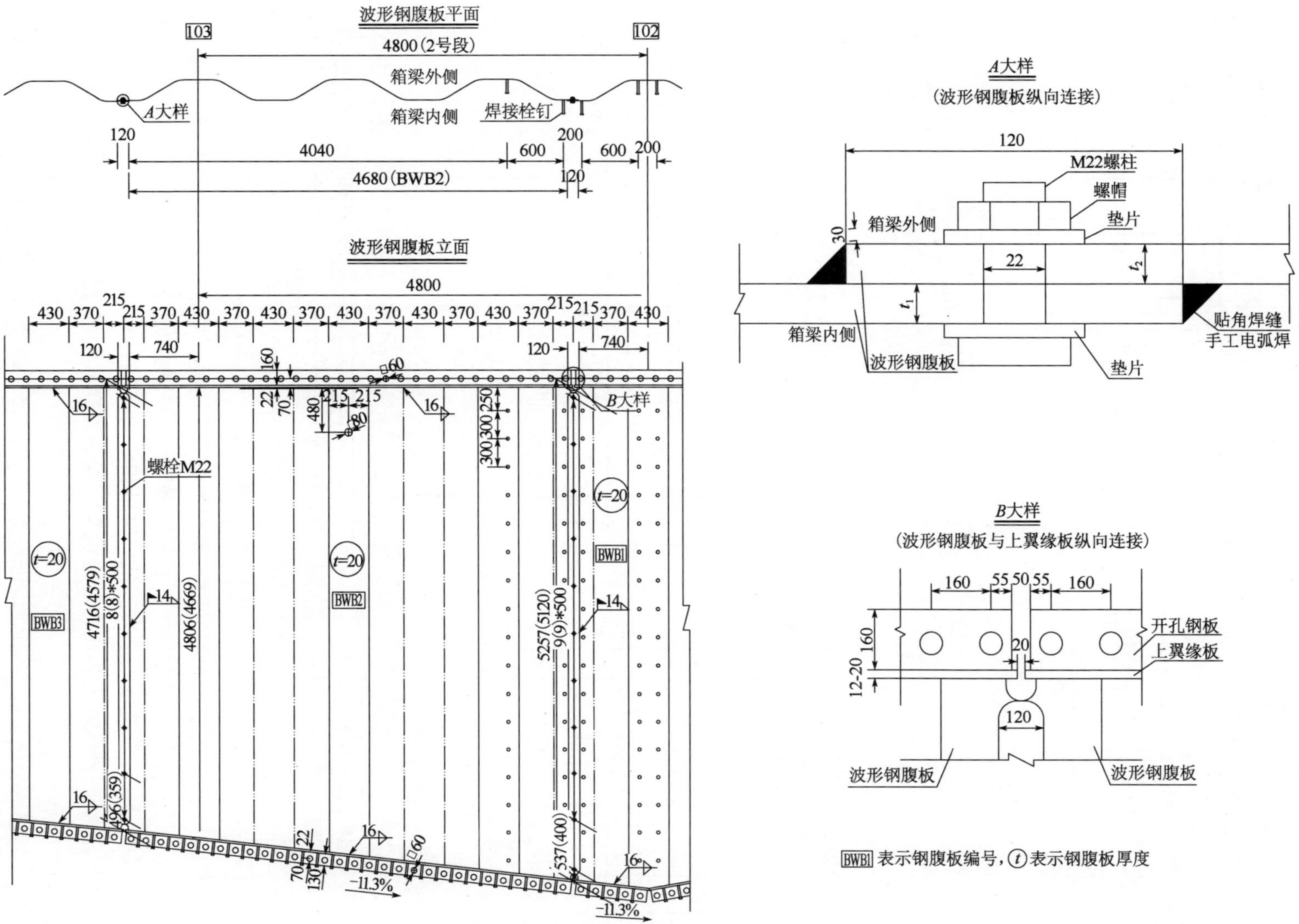

图4.5-7　波形钢腹板节段之间的连接(尺寸单位：mm)

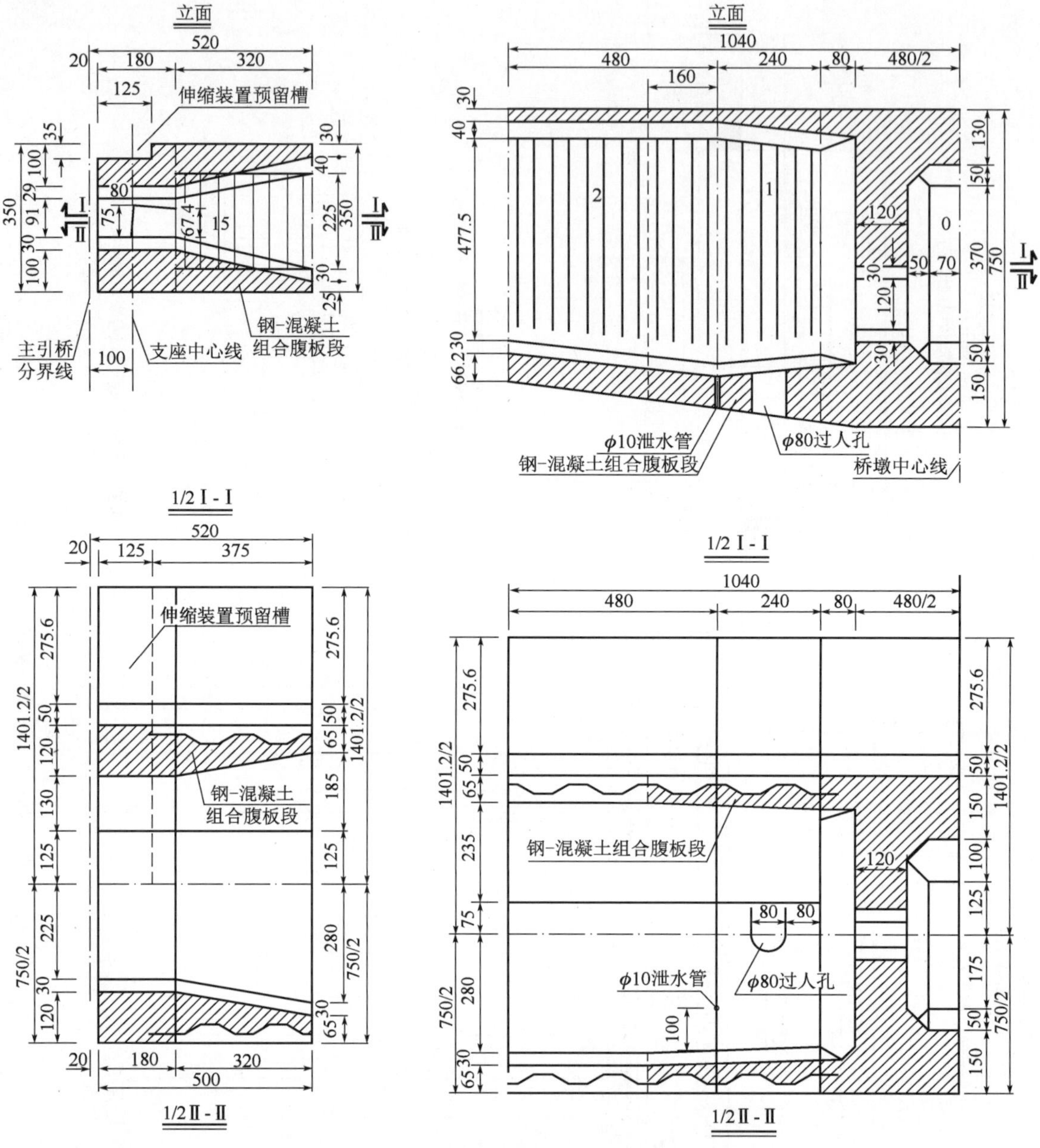

图4.5-8　波形钢腹板组合段示意图(尺寸单位:cm)

(4)纵向预应力采用两端整体张拉,横向预应力除边跨端部张拉外,其余均采用一端交替张拉。预应力钢束采用张拉力与伸长量双控,图纸上给出的伸长量为理论计算值,实际值需根据钢绞线检测结果与管道摩阻系数测试后进行相应的修正。

(5)所有纵向、横向体内预应力管道均采用圆形和扁形塑料波纹管,并采用真空辅助压浆工艺。

(6)纵向体内合拢预应力钢束按顺序对称张拉,先长束后短束;横向预应力钢束在挂篮前移且挂篮后锚点移出梁段后进行张拉。体外预应力钢束在全桥合龙后、桥面二期铺装及护栏等附属设施施工之前完成张拉。体外预应力采用在中跨交叉锚固于墩顶横隔板的方式，张拉时应在南北、上下游对称张拉。

（7）采用的体外预应力体系是以“易安装、可检查、可维护、可更换”为出发点进行设计，要求采用的体外预应力体系具备有效的防腐措施，能够方便进行单根换束，能够对钢束进行多次张拉、补张拉等操作。

（8）体外预应力转向器需确保钢束在转向过程中钢绞线间位置平行，使得钢绞线能均匀受力，减小钢绞线磨损，并且能够方便有效进行单根换束。

4.5.1.3　主要材料

1）混凝土

现浇箱梁及其封锚段采用C55高性能混凝土，箱梁现浇湿接缝采用C55微膨胀混凝土，伸缩缝预留槽内用C55铣削型钢纤维混凝土。

混凝土技术标准应符合《混凝土结构设计规范》（GB 50010—2002）、《公路钢筋混凝土及预应力混凝土桥涵设计规范》（JTG D62—2012）、《公路桥涵施工技术规范》（JTJ 041—2000）的规定。

2）钢材

波形钢腹板及其与箱梁混凝土顶板、横隔板和转向块的连接钢板采用Q345D，箱梁防落梁挡块和支座预埋调平钢板采用Q235B钢材，波纹钢腹板临时支架采用Q235A钢材。钢材技术指标应符合《低合金高强度结构钢》（GB/T 1591—2008）、《碳素结构钢》（GB/T 700—2006）。

所有钢材必须具有国家技术质量监督部门确认的产品质量说明、出厂合格证明。钢材焊接应采用符合要求的焊条或焊丝。

3）普通钢筋

采用HRB335钢筋，其技术标准应分别符合《钢筋混凝土用钢》（GB 1499.2—2007）的规定。

4）钢筋连接器

直径大于或等于25mm的钢筋接头采用机械连接方式，其技术标准应符合《钢筋机械连接通用技术规程》（JGJ 107—2003）中Ⅰ级接头以上性能要求，连接器按照9m定长计算数量。

5）预应力钢筋

（1）高强度低松弛预应力钢绞线

①体内预应力束钢绞线：其主要技术标准应符合《预应力混凝土用钢绞线》（GB/T 5224—2003）的规定。单股钢绞线直径为15.20mm，钢绞线面积140mm^2，钢绞线标准强度1860MPa，弹性模量1.95×10^5MPa。

②体外预应力钢绞线：采用OVM环氧涂层钢绞线成品索。单股钢绞线直径15.20mm，钢绞线面积140mm^2，钢绞线标准强度1860MPa，弹性模量1.95×10^5MPa。

6）预应力锚具及管道成孔

箱梁纵向体内预应力钢束锚具采用预应力钢绞线群锚锚具及其配套的设备。应符合国家标准《预应力筋用锚具、夹具和连接器》（GB/T 14370—2007）的规定。

箱梁纵向体外预应力钢束采用专用锚具，要求能够方便有效地进行体外束的安装、张拉、监测及单根更换，性能应满足国际后张拉预应力协会《后张拉预应力体系的验收和应用建议》以及国家标准《预应力筋用锚具、夹具连接器》（GB/T 14370—2007）的规定。锚固块和定位块处采用预埋无缝钢管成孔，应符合《结构用无缝钢管》（GB/T 8162—2008）的规定。体外预应力钢束转向处采用的转向装置除了必须满足结构受力要求外，还必须能方便有效地进行体外束的定位、安装、张拉、监测及单根更换。

横向预应力钢束采用扁形锚具，应符合国家标准《预应力筋用锚具、夹具和连接器》（GB/T 1430—2007）的规定。

预应力管道全部采用塑料波纹管，应符合《预应力混凝土桥梁用塑料波纹管》（JT/T 529—2004）的要求，梁段与梁段间接缝处应采用增设内套管、外垫圈等措施，以确保预应力管道的密闭性。

7）支座

主桥采用抗震型球形钢支座，有关球形支座技术标准、试验方法、检验规则等应满足《球形支座技术条件》（GB/T 17955—2000）中的相关要求。

8）伸缩缝

伸缩缝采用模数式，并应符合《公路桥梁伸缩装置》（JT/T 327—2004）行业标准。设计基准温度为20℃，施工单位应在安装伸缩缝时就根据实际温度对安装缝宽进行修正。

9）焊材

其技术标准应符合《碳钢焊条》（GB/T 5117—1995）、《气体保护电弧焊用碳钢、低合金钢焊丝》（GB/T 8110—2008）技术规定，并与所采用的钢材相适应。

4.5.1.4　技术标准

（1）设计荷载：公路—Ⅰ级。

（2）桥梁宽度：2 × [0.5m（防撞护栏）+13.13m（行车道）+0.382m（防撞护栏）]+0.476m（空）=28.5m。

（3）地震荷载：地震动峰值加速度0.1g。

4.5.1.5　计算依据

（1）《公路工程技术标准》（JTG B01—2003）。

（2）《公路桥涵设计通用规范》（JTG D60—2004）。

（3）《公路钢筋混凝土及预应力混凝土桥涵设计规范》（JTG D62—2004）。

（4）《公路桥涵施工技术规范》（JTJ 041—2000）。

（5）《公路桥涵地基与基础设计规范》（JTG D63—2007）。

（6）《公路桥梁抗震设计细则》（JTG/T B02-01—2008）。

（7）《公路交通安全设施设计技术规范》（JTG D81—2006）。

（8）《预应力混凝土用钢绞线》（GB/T 20065—2006）。

（9）《泵送混凝土施工技术规程》（YBJ 220—1990）。

（10）《公路桥梁抗风设计规范》（JTG/T D60-01—2004）。

（11）《公路桥涵钢结构及木结构设计规范》（JTJ 025—1986）。

（12）《组合结构桥梁用波形钢腹板》（JT/T 784—2010）。

(13)《公路工程结构可靠度设计统一标准》(GB/T 50283—1999)。

4.5.2　主桥结构有限元模型和计算参数

4.5.2.1　结构计算模型

根据结构的特点,将结构离散为70个单元、83个节点,利用Midas Civil 2010中自带的波形钢腹板箱梁截面建立分析模型。有限元模型如图4.5-9所示。

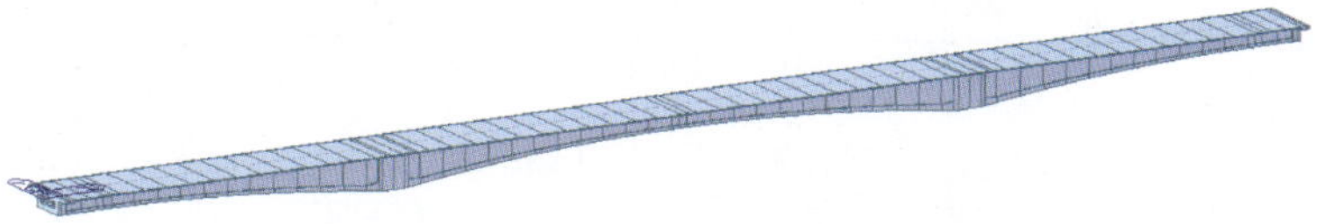

图4.5-9　南水北调大桥有限元模型示意图

4.5.2.2　主要材料参数

1)混凝土

混凝土的强度与容许应力见表4.5-1。

C55混凝土的强度与容许应力(MPa)　　表4.5-1

项　目			备　注
承载能力极限状态	轴心抗压强度设计值f_{cd}	24.4	—
	轴心抗拉强度设计值f_{td}	1.89	—
正常使用极限状态	容许压应力0.5f_{ck}	17.5	全预应力混凝土结构
	容许拉应力	0	全预应力混凝土不容许出现拉应力
施工阶段	容许压应力0.7f'_{ck}	24.8	全预应力混凝土结构
	容许拉应力0.7f'_{tk}	1.99	全预应力混凝土结构

2)预应力钢材

预应力钢材的强度与容许应力见表4.5-2。

预应力钢材的强度与容许应力(MPa)　　表4.5-2

项目	悬浇顶板束	顶板合龙束	底板合龙束	体外束
材料	高强度低松弛钢绞线	高强度低松弛钢绞线	高强度低松弛钢绞线	高强度低松弛钢绞线
公称直径	19－ϕ^s15.2	12－ϕ^s15.2	15－ϕ^s15.2	22－ϕ^s15.2
抗拉强度标准值f_{pk}	1860	1860	1860	1860
抗拉强度设计值f_{tk}	1260	1260	1260	1260
张拉控制应力σ_{con}	1395	1395	1395	1116
正常使用容许拉应力	1209	1209	1209	1209

3)钢筋

普通钢筋的强度见表4.5-3。

普通钢筋的强度(MPa) 表4.5-3

材料	HRB335
强度标准值	335
强度设计值	280

4)波形钢腹板

波形钢腹板的强度与容许应力见表4.5-4。

波形钢腹板的强度与容许应力(MPa) 表4.5-4

项　　目	Q345D	
	$t \leqslant 16\text{mm}$	$16\text{mm} < t \leqslant 35\text{mm}$
抗拉、抗压和抗弯强度设计值 f	310	295
抗剪屈服应力 τ_y	199	199
抗剪强度设计值 f_v	180	170

4.5.2.3　设计荷载

1)恒载

恒载包括主梁自重和二期恒载,其材料密度如表4.5-5所示。

桥梁结构材料密度表 表4.5-5

种　　类	重度(kN/m^3)	种　　类	重度(kN/m^3)
预应力混凝土	25.5	混凝土	25
钢筋混凝土	25.5	波形钢腹板	78.5
沥青混凝土	25		

2)汽车荷载

本桥汽车荷载等级为公路Ⅰ级,车道采用3车道,其荷载按《公路桥涵设计通用规范》(JTG D60—2004)规定选取。

由表4.5-6的桥梁结构动力特性可知,该桥面内一阶振型的自振频率 $f = 1.017\text{Hz}$,根据《公路桥涵设计通用规范》(JTG D60—2004),可得到车辆荷载冲击系数为1.05。

桥梁结构动力特性 表4.5-6

模态号	频率(Hz)	振 型 特 征	振 型 图
1	1.017	面内一阶对称	
2	1.936	面内一阶反对称	
3	2.480	面内二阶对称	

续上表

模态号	频率(Hz)	振 型 特 征	振　型　图
4	3.256	面内二阶反对称	
5	4.115	面外一阶对称	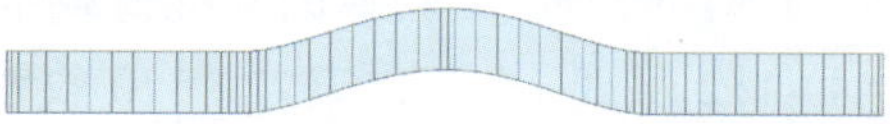

3)人群荷载

人群荷载标准值按照《公路桥涵设计通用规范》(JTG D60—2004)中4.3.5条取值。

4)均匀温度变化

温度变化时,整体温度差按±20℃计。

5)温度梯度

升、降温梯度模式按照《公路桥涵设计通用规范》(JTG D60—2004)中4.3.10条规定确定,如图4.5-10所示。

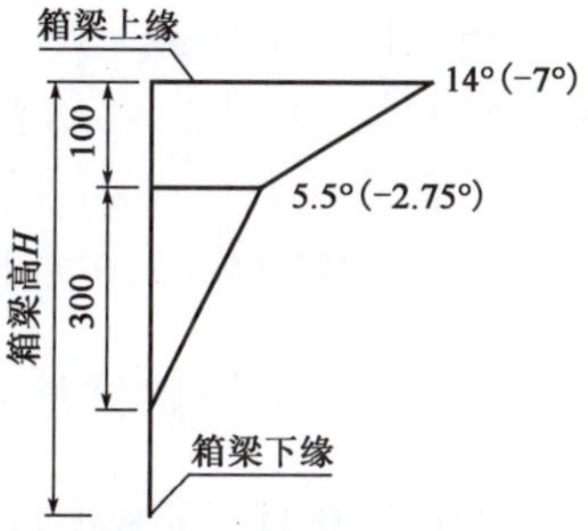

图4.5-10　主梁竖向温度梯度(尺寸单位:mm)

6)施工荷载

悬臂施工过程中考虑湿重以及挂篮的质量,$W=800\text{kN}$。

7)预应力荷载

该设计纵向预应力束采用符合《预应力混凝土用钢绞线》(GB/T 5224—2003)标准的高强度低松弛钢绞线。悬浇顶板束采用19ϕ^s15.2mm钢绞线成束,每节段配2束或4束,通过墩顶共32束,张拉控制应力1395MPa;顶板合龙束采用12ϕ^s15.2mm钢绞线成束,边跨4束,张拉控制应力1395MPa;底板合龙束采用15ϕ^s15.2mm钢绞线成束,边跨8束,中跨14束,张拉控制应力1395MPa;体外束采用22ϕ^s15.2mm钢绞线成束,共16束,张拉控制应力1116MPa。钢束孔道摩阻系数为0.25、局部偏差系数为0.0015、松弛系数为0.3。预应力损失以及预应力效应均按照《公路钢筋混凝土及预应力混凝土桥涵设计规范》(JTG D62—2004)有关规定计算。所有纵向束的布置见图4.5-11。

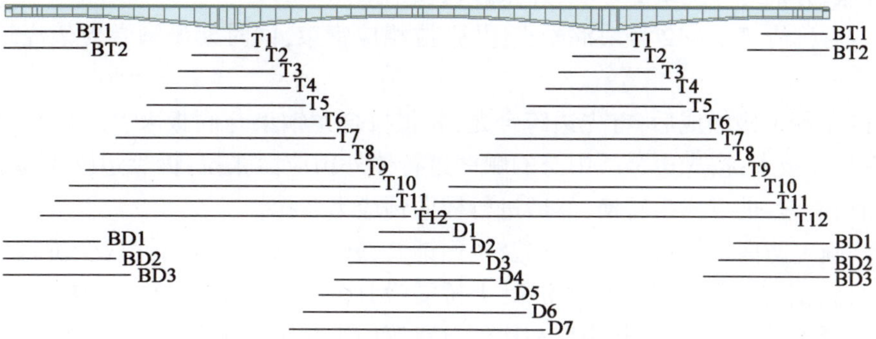

a)

b)

图4.5-11　纵向预应力束布置图

a)体内束;b)体外束

4.5.2.4　荷载组合工况

根据《公路桥涵设计通用规范》(JTG D60—2004)的规定,主要考虑如下几种荷载组合,其中组合Ⅰ、Ⅱ、Ⅲ为承载能力极限状态组合,组合Ⅳ为正常使用极限状态的作用短期效应组合,组合Ⅴ为弹性阶段应力验算的标准荷载组合。

组合Ⅰ:1.2 恒载 +1.0 预应力 +1.0 收缩徐变 +1.4 汽车荷载(含冲击) +0.8×1.4×人群荷载。

组合Ⅱ:1.2 恒载 +1.0 预应力 +1.0 收缩徐变 +1.4 汽车荷载(含冲击) +0.7×1.4×(人群荷载 + 温度梯度)。

组合Ⅲ:1.2 恒载 +1.0 预应力 +1.0 收缩徐变 +1.4 汽车荷载(含冲击) +0.6×1.4×(人群荷载 + 体系升降温 + 温度梯度)。

组合Ⅳ:1.0 恒载 +1.0 预应力 +1.0 收缩徐变 +0.7 汽车荷载(不计冲击) +1.0 人群荷载 +1.0 体系升降温 +0.8 温度梯度。

组合Ⅴ:1.0 恒载 +1.0 预应力 +1.0 收缩徐变 +1.0 汽车荷载(含冲击) +1.0 整体升降温 +1.0 人群荷载 +1.0 温度梯度。

4.5.3　主桥整体结构验算

利用全桥有限元模型进行恒载、汽车荷载及其他可变荷载作用下的主梁截面内力的计算,并进行各种荷载组合,对最不利的荷载组合下主梁整体结构的安全性进行复核。

4.5.3.1　施工阶段划分

本桥采用悬臂浇筑方法施工,设计采用挂篮质量为 800kN,主梁施工阶段划分如图 4.5-12 所示。

图 4.5-13 为本桥的主要施工阶段:

步骤一:在桥墩施工完成后,在主墩上安装托架,然后再立模浇筑 0 号块,拆除 0 号块上托架并安装挂篮,分别对称浇筑 1 号块,并张拉顶板钢束。

步骤二:对称浇筑 2 ~ 12 号块混凝土,并张拉相应钢束,同时架设满堂支架浇筑边跨不平衡段。

步骤三:在各 T 构形成后,首先边跨合龙,并张拉合龙钢束与底板束;然后合龙中跨,并张拉合龙钢束与底板束;按先边跨后中跨的顺序进行体外预应力张拉;拆除边跨满堂支架与 1、2 号墩临时固结措施,进行体系转换;然后进行横向预应力张拉。

步骤四:施工防撞护栏、桥面防水层及桥面铺装,施工桥梁伸缩缝,完成全桥施工。

根据《公路钢筋混凝土及预应力混凝土桥涵设计规范》(JTG D62—2004)第 7.2.8 条规定,预应力混凝土受弯构件,在预应力和构件自重等施工荷载作用下截面边缘混凝土的法向应力应满足:压应力 $\sigma_{cc}^{t} \leq 0.7f'_{ck} = -24.85\text{MPa}$;拉应力 $\sigma_{ct}^{t} \leq 0.7f'_{tk} = 1.99\text{MPa}$。

各主要施工阶段箱梁顶缘和底缘应力如图 4.5-14 ~ 图 4.5-20 所示。从图中可以看出,各个施工阶段的箱梁顶底板应力均满足要求。

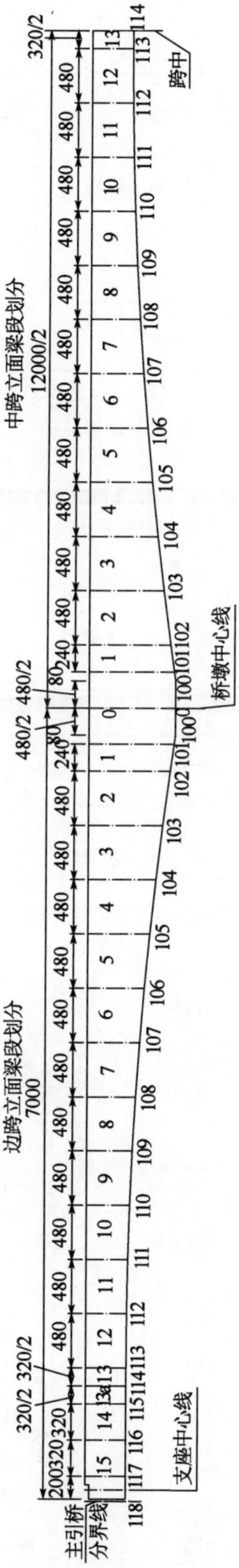

图4.5-12 主梁施工节段划分(尺寸单位：cm)

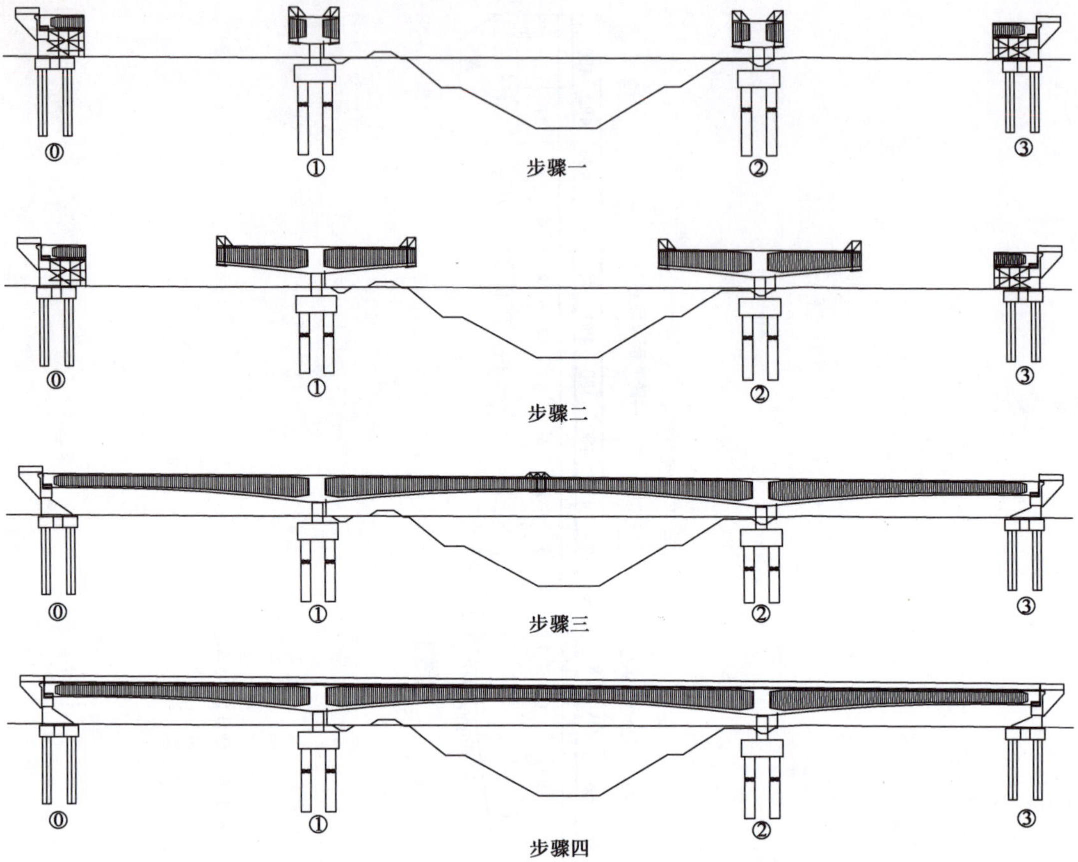

图 4.5-13　主梁施工顺序图

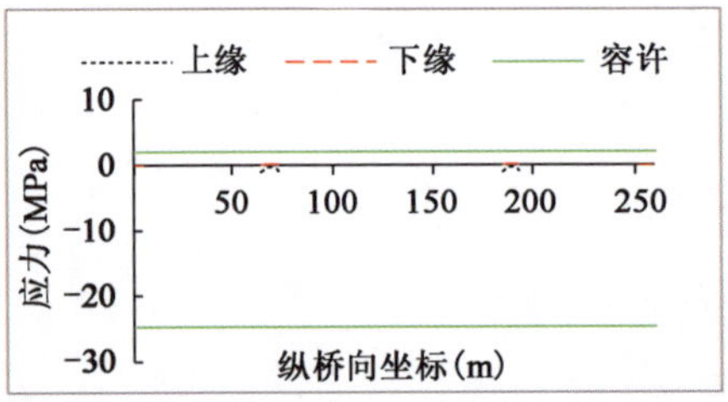

图 4.5-14　浇筑 0 号块、1 号块阶段主梁应力图

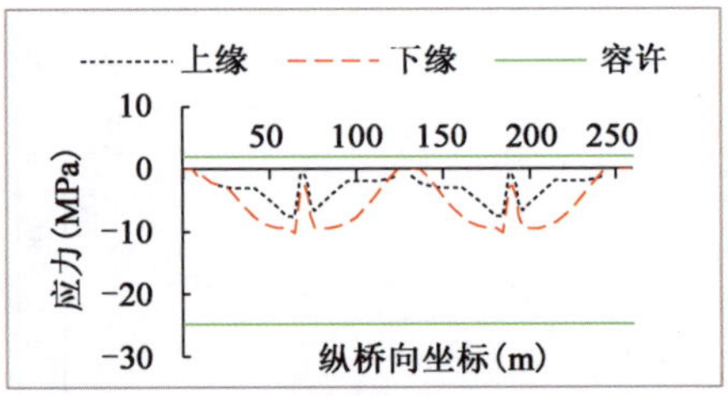

图 4.5-15　12 号块张拉阶段主梁应力图

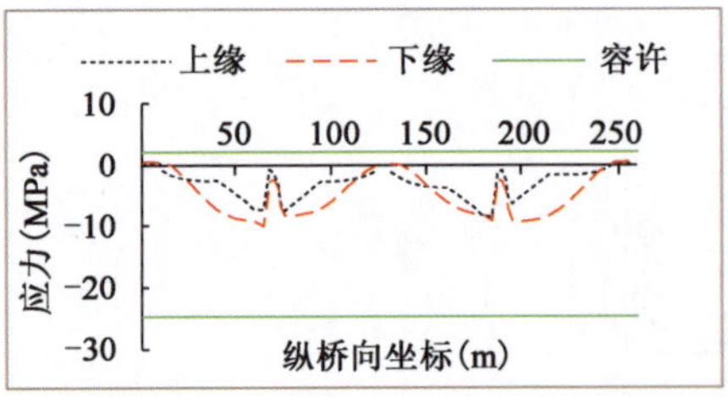

图 4.5-16　边跨合龙阶段主梁应力图

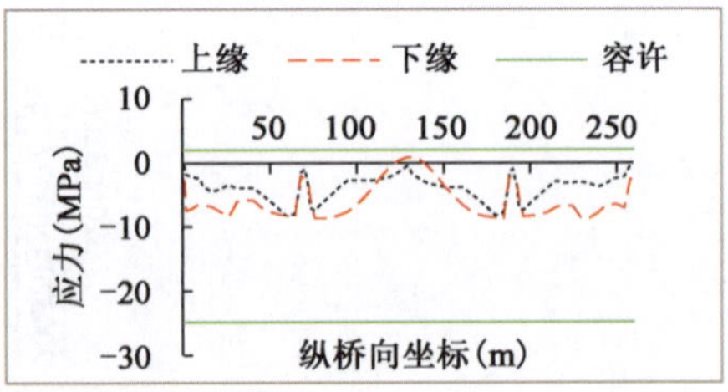

图 4.5-17　中跨合龙阶段主梁应力图

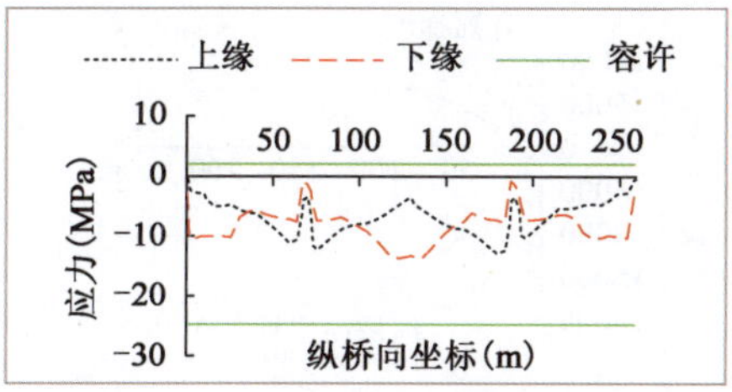

图 4.5-18　张拉体外束阶段主梁应力图

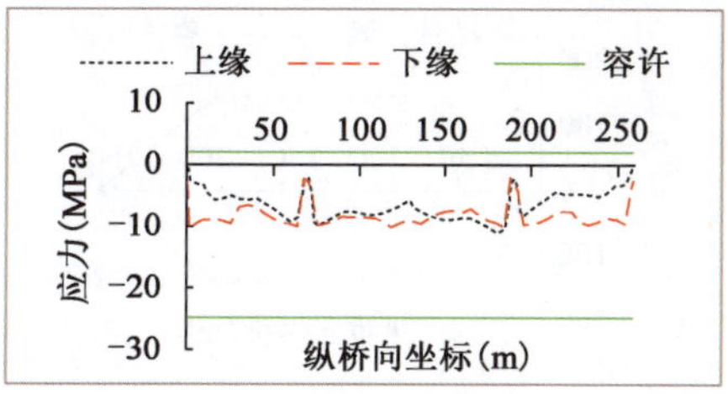

图 4.5-19　二期恒载阶段主梁应力图

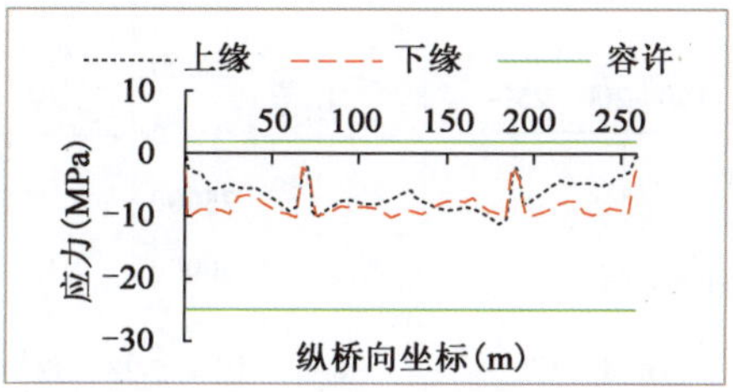

图 4.5-20　徐变 10 年阶段主梁应力图

4.5.3.2　使用荷载下结构内力与内力组合

1)各使用荷载下结构内力

图 4.5-21 ~ 图 4.5-32 给出了主梁在各使用荷载作用下弯矩和剪力图。

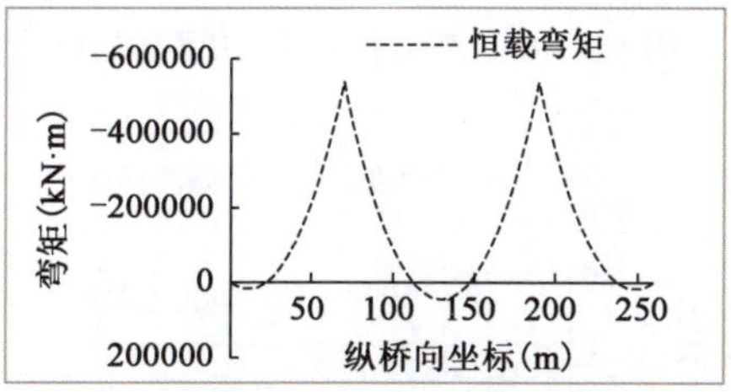

图 4.5-21　恒载作用下主梁弯矩图

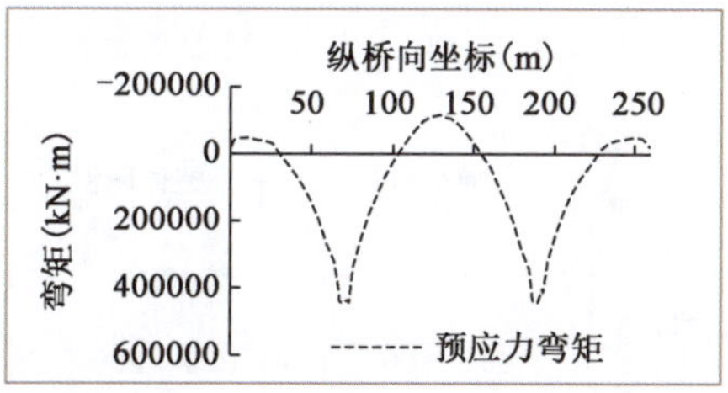

图 4.5-22　预应力作用下主梁弯矩图

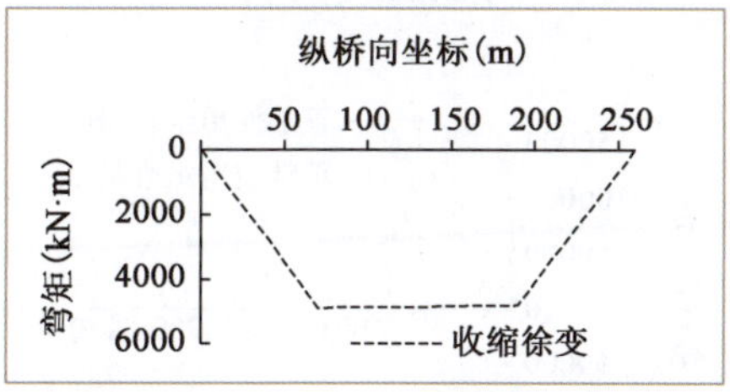

图 4.5-23　收缩徐变作用下主梁弯矩图

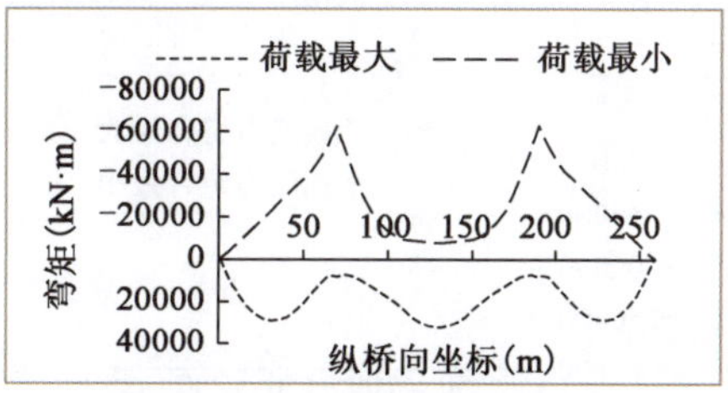

图 4.5-24　荷载作用下主梁弯矩图

2)荷载组合下结构内力

图 4.5-33 ~ 图 4.5-38 中给出了最不利荷载组合作用下内力包络图。

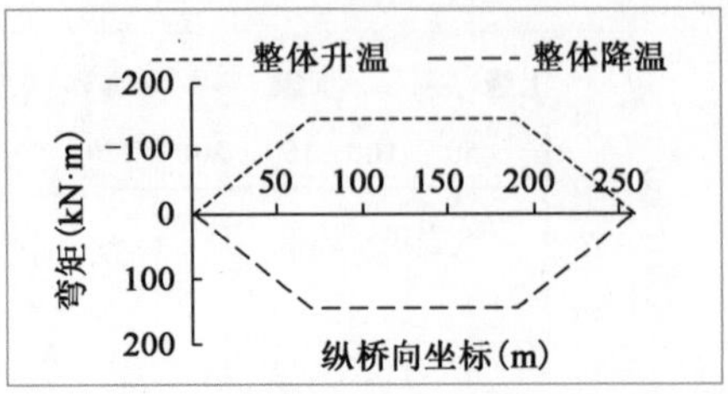

图 4.5-25　整体升降温作用下主梁弯矩图

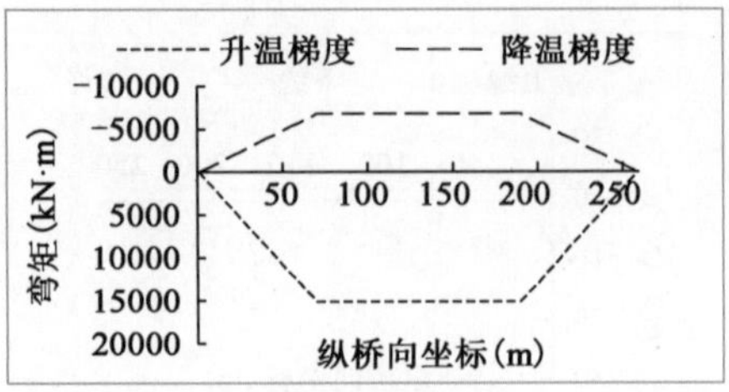

图 4.5-26　升降温梯度作用下主梁弯矩图

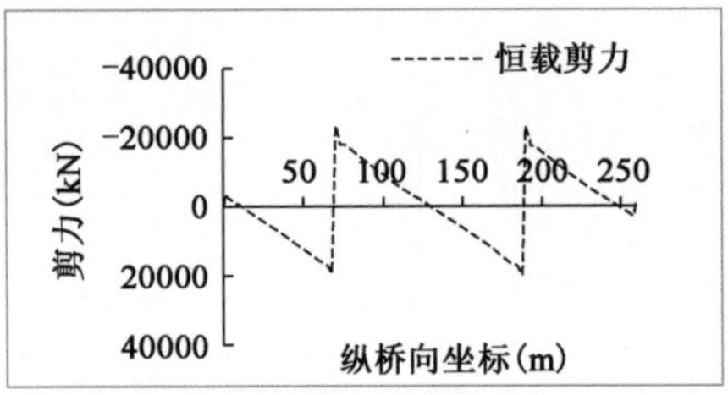

图 4.5-27　恒载作用下恒载剪力图

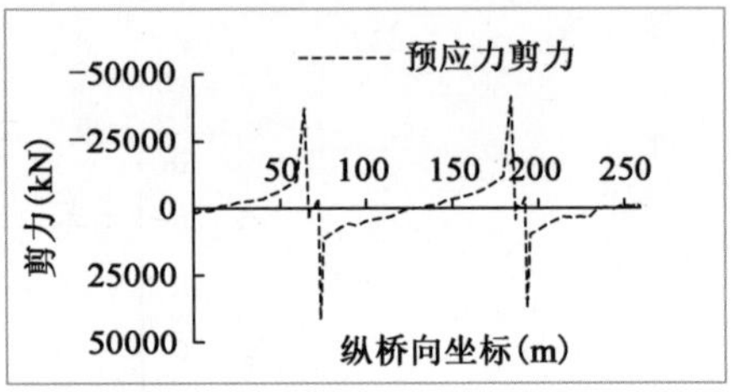

图 4.5-28　预应力作用下主梁剪力图

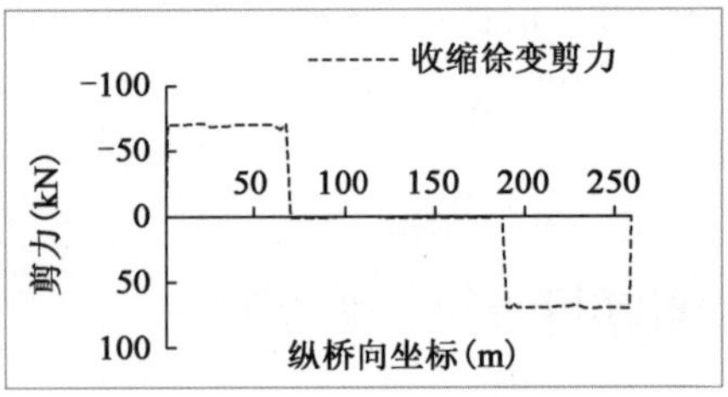

图 4.5-29　收缩徐变作用下主梁剪力图

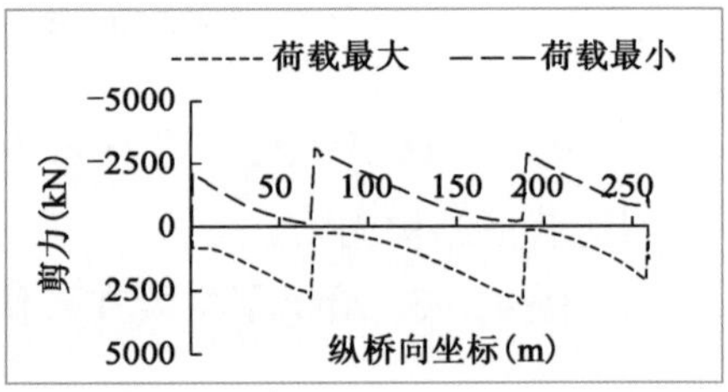

图 4.5-30　汽车荷载作用下主梁剪力图

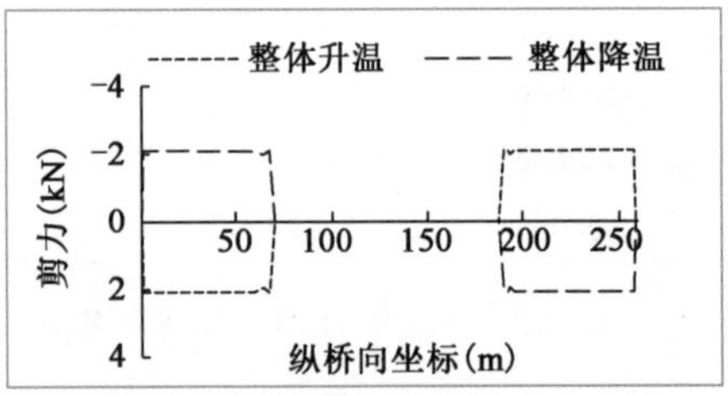

图 4.5-31　整体升降温作用下主梁剪力图

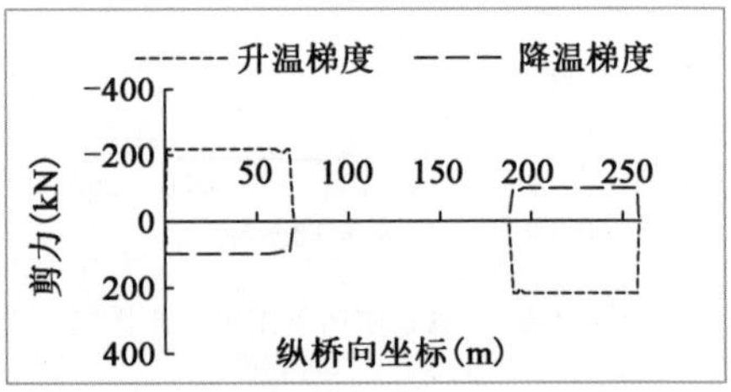

图 4.5-32　升降温梯度作用下主梁剪力图

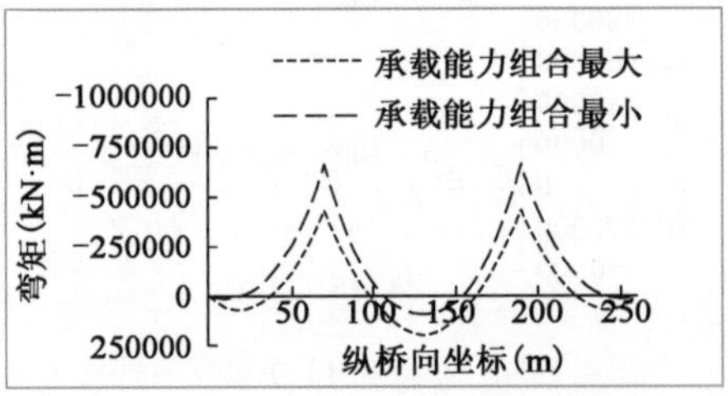

图 4.5-33　承载能力极限状况最不利荷载组合下主梁弯矩包络图

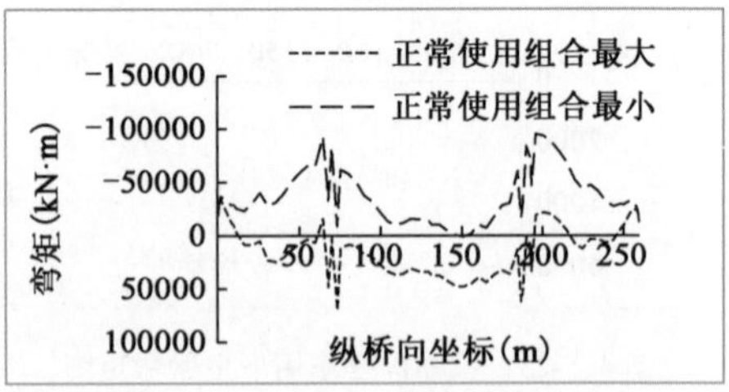

图 4.5-34　正常使用极限状况作用短期效应组合下主梁弯矩包络图

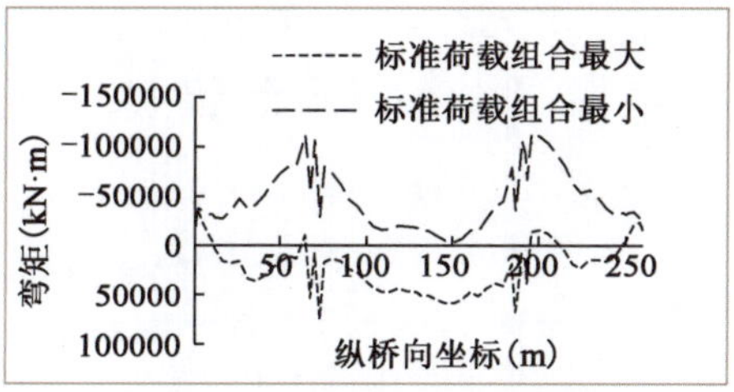

图4.5-35　弹性阶段应力验算的标准组合下主梁弯矩包络图

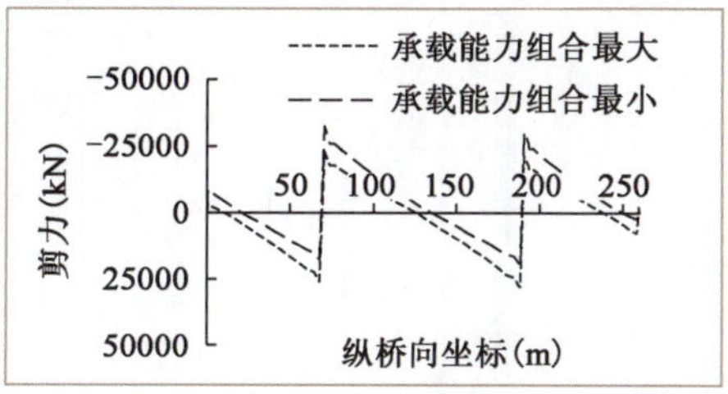

图4.5-36　承载能力极限状况最不利荷载组合下主梁剪力包络图

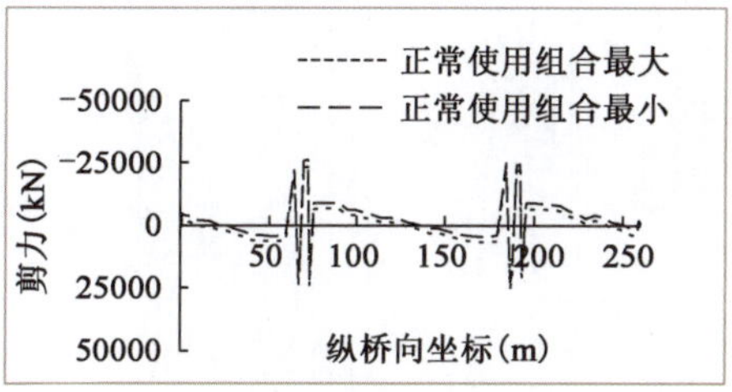

图4.5-37　正常使用极限状况作用短期效应组合下主梁剪力包络图

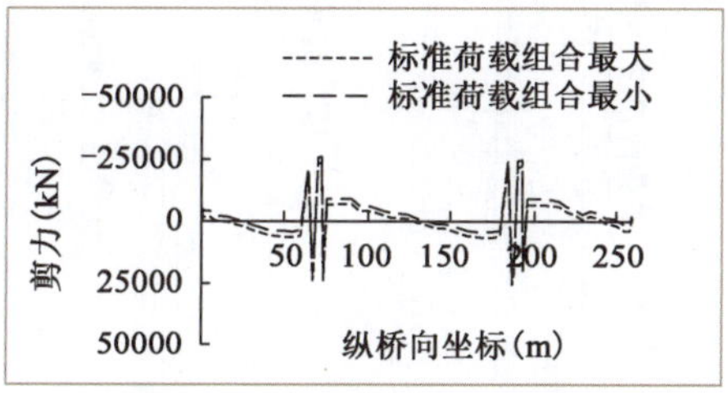

图4.5-38　弹性阶段应力验算的标准组合下主梁剪力包络图

4.5.3.3　承载能力极限状态

1)正截面抗弯承载力验算

上部结构截面弯矩包络图如图4.5-39所示。结果表明,上部结构抗弯承载力满足规范要求。

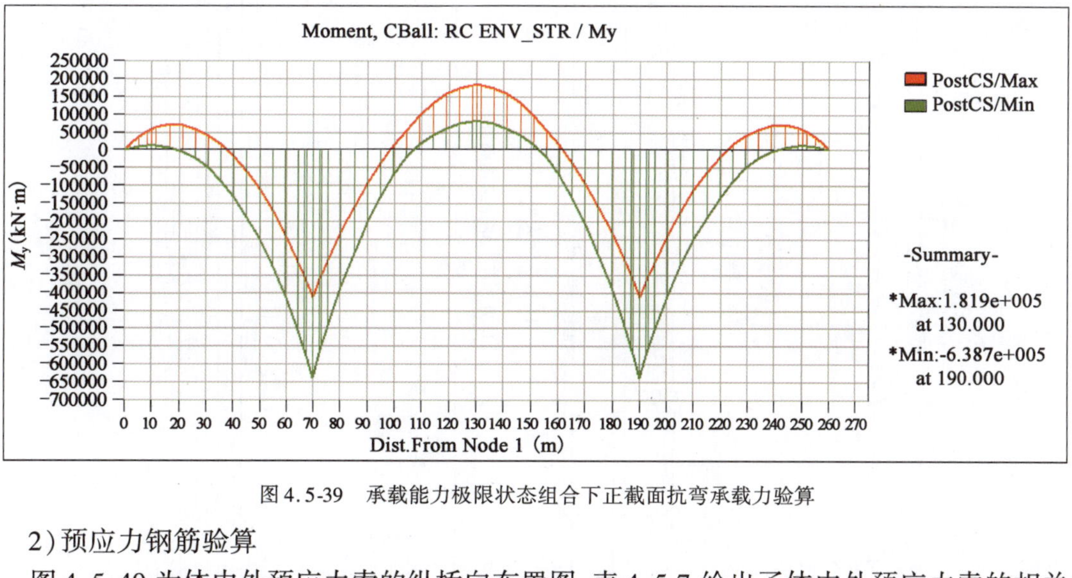

图4.5-39　承载能力极限状态组合下正截面抗弯承载力验算

2)预应力钢筋验算

图4.5-40为体内外预应力索的纵桥向布置图,表4.5-7给出了体内外预应力索的相关参数与验算结果。根据《公路钢筋混凝土及预应力混凝土桥涵设计规范》(JTG D62—2004)中规定,使用阶段预应力钢筋的拉应力应不大于$0.65f_{pk}=1209\text{MPa}$。由表4.5-7可知,体内外预应力筋满足要求。

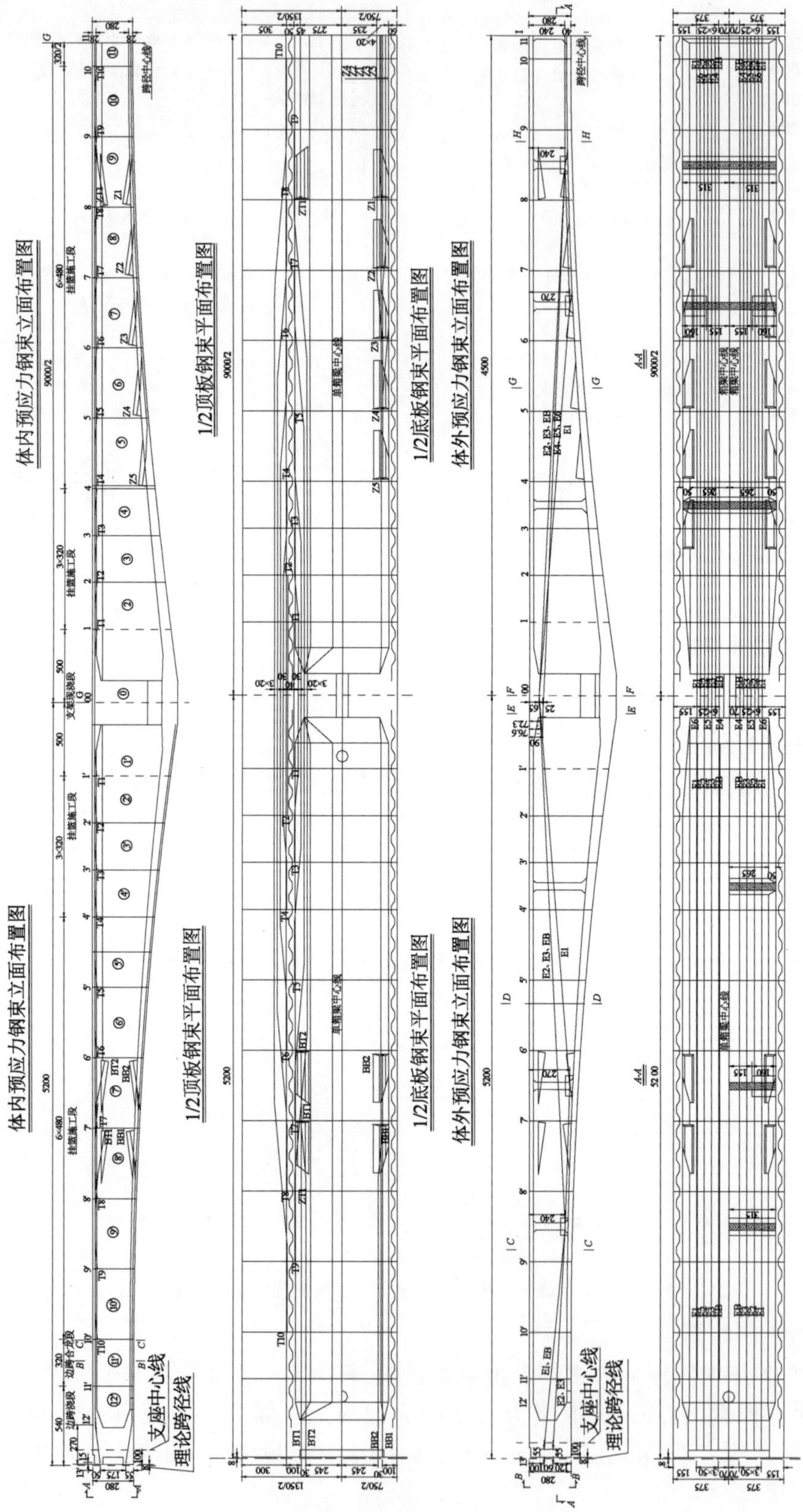

图4.5-40　体内外预应力索布置图(尺寸单位：cm)

体内外预应力钢筋参数与验算表 表4.5-7

节点号	中墩顶板束T	中跨底板束D	边跨顶板束BT	边跨底板束BD	体外束TW
1	—	—	1153.223	1153.984	—
2	—	—	1151.553	1145.699	1022.558
3	—	—	1117.738	1075.402	991.0395
4	—	—	1139.088	1109.114	991.843
5	—	—	1139.451	1088.368	971.8377
6	—	—	1141.177	1093.037	971.8579
7	1074.287	—	1135.88	1098.243	971.3048
8	1092.205	—	1137.985	1121.945	985.6743
9	1111.18	—	1144.492	1130.516	985.9838
10	1126.174	—	—	1128.826	981.3323
11	1131.006	—	—	1107.406	989.095
12	1135.231	—	—	1079.396	990.6906
13	1130.165	—	—	—	992.8768
14	1110.334	—	—	—	992.1377
15	1104.884	—	—	—	993.0983
16	1097.319	—	—	—	995.1665
17	1107.419	—	—	—	996.7656
18	1126.208	—	—	—	1009.064
19	1151.78	—	—	—	1027.01
20	1178.904	—	—	—	1049.268
21	1182.434	—	—	—	1049.4
22	1145.645	—	—	—	1034.79
23	1112.359	—	—	—	1019.609
24	1098.491	—	—	—	1005.329
25	1102.594	—	—	—	1002.713
26	1104.844	—	—	—	1000.401
27	1111.077	—	—	—	998.7944
28	1113.419	1024.261	—	—	996.0702
29	1115.069	1063.609	—	—	993.1294
30	1115.557	1066.822	—	—	992.6388
31	1108.813	1072.18	—	—	994.1364
32	1103.773	1064.823	—	—	996.6111
33	1100.153	1060.562	—	—	1002.977
34	1097.888	1069.437	—	—	1006.857
35	—	1055.863	—	—	1003.369

4.5.3.4 正常使用极限状态

1)顶底板混凝土抗裂验算

根据《公路钢筋混凝土及预应力混凝土桥涵设计规范》(JTG D62—2004)第6.3.1条规定,全预应力混凝土构件在作用(或荷载)短期效应组合下分段浇筑或砂浆接缝的纵向分块构件应满足式(4.5-1)的要求。

$$\sigma_{st} - 0.8\sigma_{pc} \leqslant 0 \tag{4.5-1}$$

从图4.5-41可以看出,在正常使用短期效应组合作用下,两墩墩顶处主梁上缘出现拉应力,拉应力为0.35MPa,应力幅值较小,尚未达到C55混凝土的抗拉强度。除此之外,主梁上均未出现拉应力。从图4.5-42中可看出,在正常使用短期效应组合作用下,主梁上所有计算截面均未出现拉应力,因而顶底板混凝土满足抗裂性要求。

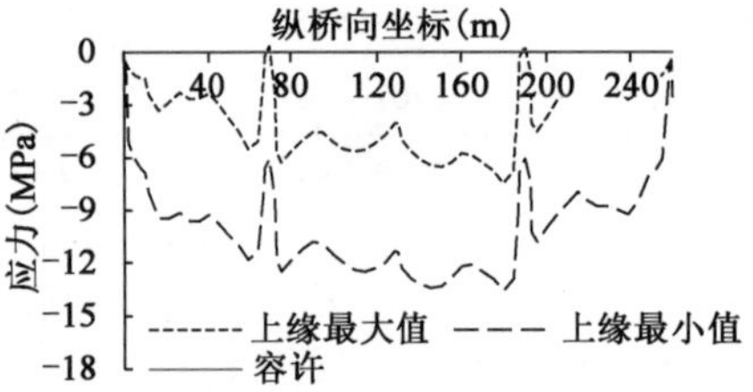

图4.5-41 正常使用短期效应组合作用下主梁上缘主应力包络图(单位:MPa)

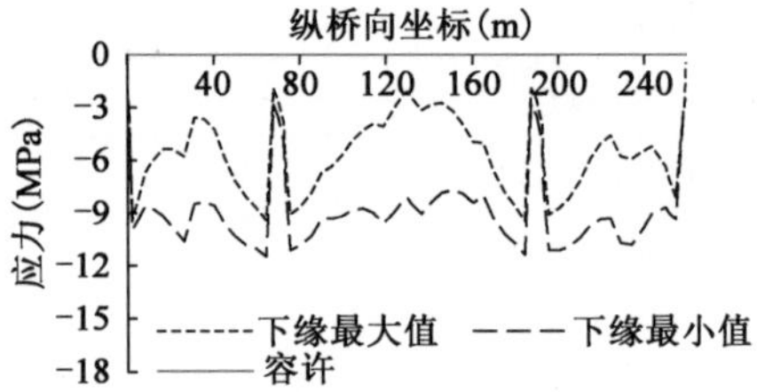

图4.5-42 正常使用短期效应组合作用下主梁下缘主应力包络图(单位:MPa)

2)顶底板混凝土压应力验算

根据《公路钢筋混凝土及预应力混凝土桥涵设计规范》(JTG D62—2004)第7.1.5条规定,全预应力混凝土构件,在作用(或荷载)标准效应组合下受压区混凝土的最大压应力,未开裂构件应满足式(4.5-2)的要求。

$$\sigma_{kc} + \sigma_{pt} \leqslant 0.5f_{ck} \tag{4.5-2}$$

从图4.5-43、图4.5-44可以看出,在作用(或荷载)标准效应组合下,截面顶底缘应力均在规定的限值范围内。

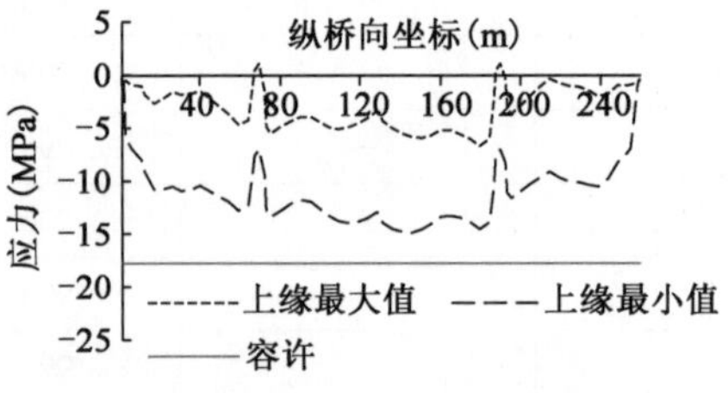

图4.5-43 标准效应组合下主梁上缘压应力包络图验算(单位:MPa)

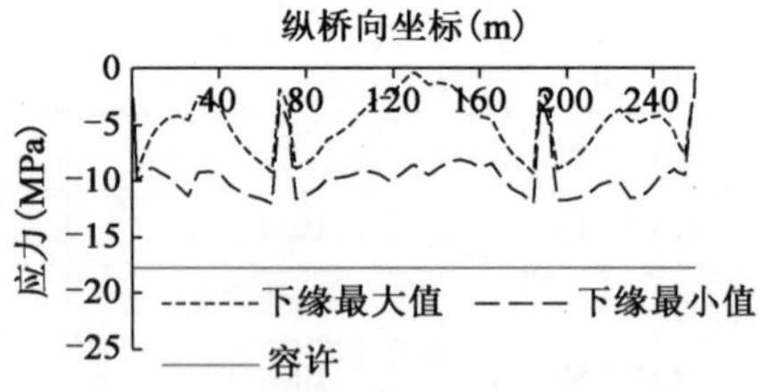

图4.5-44 标准效应组合下主梁下缘压应力包络图验算(单位:MPa)

3)变形验算

波形钢腹板预应力混凝土箱梁的变形验算按《公路钢筋混凝土及预应力混凝土桥涵设计规范》(JTG D62—2004)中第6.5条的规定进行,同时还应考虑波形钢腹板剪切变形对挠度的影响。波形钢腹板因剪切变形产生的挠度按式(4.5-3)~式(4.5-5)计算。

$$\delta = \int \frac{k_v \cdot V \cdot \beta_i \cdot \overline{V}}{G \cdot A_s} dx \tag{4.5-3}$$

$$\delta = h_w \cdot t_w \eta \tag{4.5-4}$$

$$\beta_i = h_w / h \tag{4.5-5}$$

式中：k_v——剪切修正系数，$k_v = 1$；

V——由荷载产生的剪力设计值；

$\overline{V}$——由单位荷载产生的剪力；

G——钢材的剪切模量；

A_s——波形钢腹板有效剪切面积；

β_i——波形钢腹板的剪切分担率；

h_w——波形钢腹板的高度；

t_w——波形钢腹板的厚度；

η——形状系数，$\eta = (a_w + b_w)/(a_w + c_w)$；

h——梁高。

从图4.5-45与表4.5-8的主梁位移分布与验算结果可以看出，考虑波形钢腹板剪切变形影响后的主梁短期效应最大位移分别为15mm(边跨)和49mm(中跨)，使用阶段的挠度还应考虑荷载长期效应的影响，乘以挠度长期增长系数 $\eta_\theta = 1.418$，故长期挠度值分别为23mm(边跨)和70mm(中跨)，均小于规范规定的容许值116mm(边跨)和200mm(中跨)，满足要求。

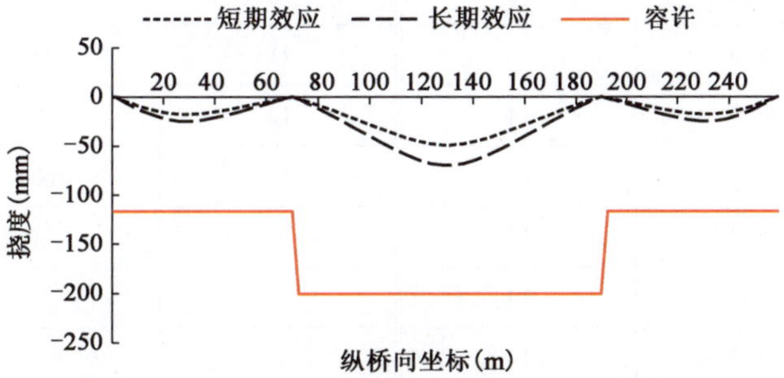

图4.5-45 正常使用阶段的主梁最大挠度分布图

主梁位移验算表 表4.5-8

控制截面	跨径(m)	短期效应挠度(mm)	长期效应挠度(mm)	挠度限值 L/600 (mm)	是否满足
边跨跨中	70	15	23	116	满足
中跨跨中	120	49	70	200	满足

4.5.3.5 整体结构验算小结

(1)主梁：承载能力极限状态下的正截面抗弯强度满足要求；正常使用极限状态短期效应组合下及标准组合下各验算截面应力均满足要求；主梁长期挠度值分别为23mm(边跨)和

70mm(中跨),均小于规范规定的容许值116mm(边跨)和200mm(中跨),满足要求。

(2)预应力钢筋:体内外预应力筋均满足要求。

4.5.4 波形钢腹板验算

4.5.4.1 波形钢腹板构造

波形钢腹板构造如图4.5-46所示,其几何参数见表4.5-9。

波形钢腹板相关参数表(mm) 表4.5-9

边跨波形钢腹板			中跨波形钢腹板		
梁段号	长度	厚度	梁段号	长度	厚度
1	2400	22	1	2400	22
2	4800	22	2	4800	22
3	4800	22	3	4800	22
4	4800	20	4	4800	20
5	4800	20	5	4800	20
6	4800	20	6	4800	20
7	4800	18	7	4800	18
8	4800	18	8	4800	18
9	4800	16	9	4800	16
10	4800	16	10	4800	16
11	4800	16	11	4800	16
12	4800	14	12	4800	14
13	1600	14	13	1600	14
13a	1600	14			
14	3200	14			
15	3200	14			

4.5.4.2 波形钢腹板设计验算流程

波形钢腹板应按照图4.5-47所示步骤进行应力验算。其中,以《公路钢筋混凝土及预应力混凝土桥涵设计规范》(JTG D62—2004)中持久状况和短暂状况构件的应力计算所用荷载标准值组合作为波形钢腹板PC箱梁桥的设计荷载,以持久状况承载力极限状态的荷载组合作为极限荷载。

按照上述规定验算,在极限荷载作用下,波形钢腹板的剪应力控制在容许剪应力(屈服应力)以下,但按照波形钢腹板的形状,剪应力在容许剪应力之下仍可能发生屈曲,按照其破坏形态可分为局部屈曲、整体屈曲和合成屈曲。因此,还要针对波形钢腹板的局部屈曲、整体屈曲和合成屈曲进行验算。

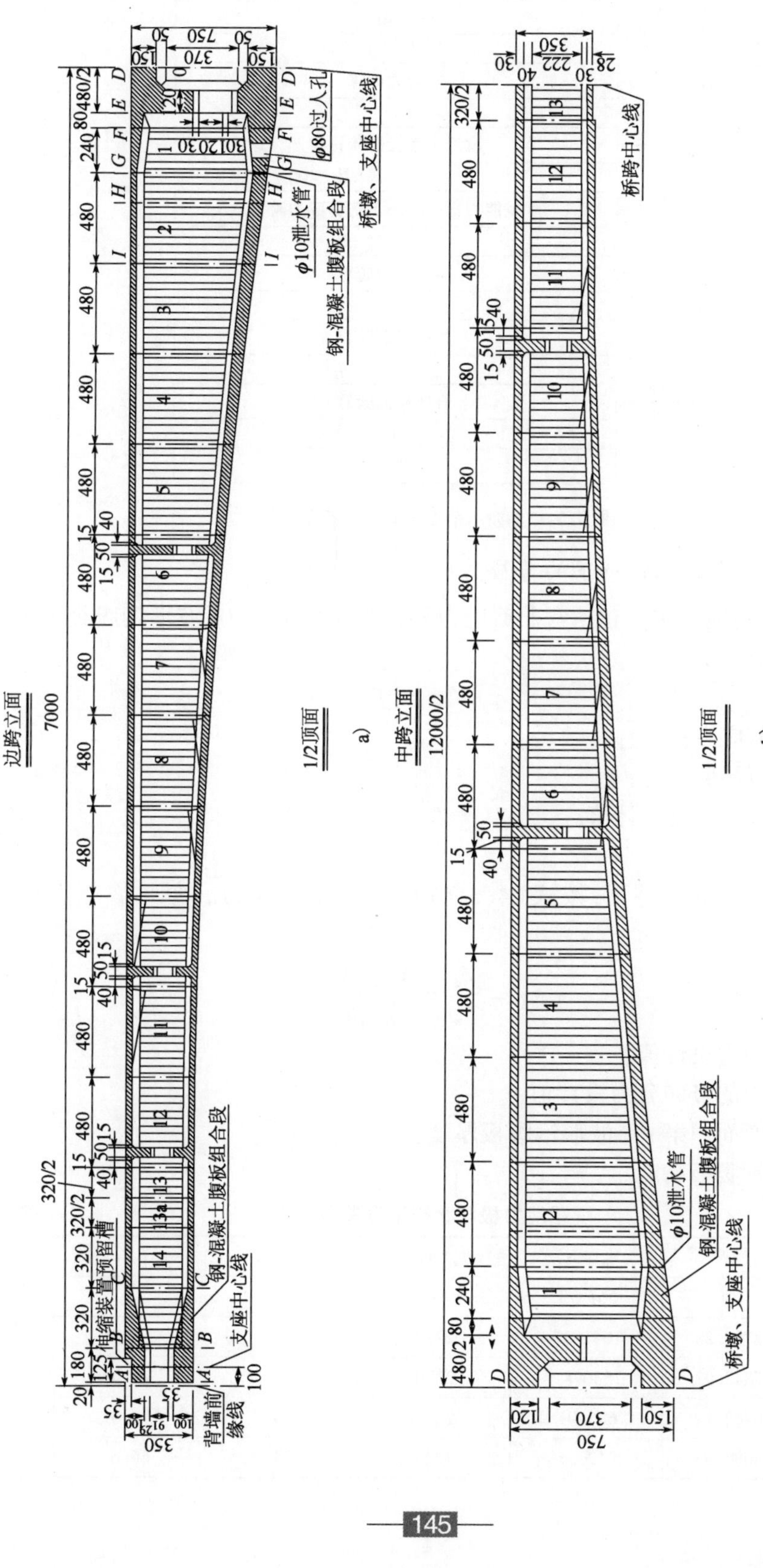

图 4.5-46　波形钢腹板沿纵桥向布置图(尺寸单位：cm)

a)边跨立面图；b)中跨立面图

图4.5-47　波形钢腹板剪切力计算流程

4.5.4.3　承载力极限状态下的剪应力验算

波形钢腹板的剪应力主要包括弯曲剪应力和自由扭转剪应力，波形钢腹板的剪应力应符合式(4.5-6)的规定。

$$\tau_a + \tau_t \leqslant f_v \tag{4.5-6}$$

式中：τ_a——弯曲剪应力；

τ_t——自由扭转剪应力；

f_v——钢板抗剪强度设计值。

1)弯曲剪应力

承载能力极限状态条件下，按式(4.5-7)计算弯曲剪应力。弯曲剪应力计算结果见表4.5-10。

$$\tau_a = \frac{V_w}{A_w} = \frac{V_d - V_p}{\sum t_i h_w} \tag{4.5-7}$$

式中：V_d——竖向剪力设计值；

V_p——预应力的竖向分力设计值；

t_i——同一断面中第 i 个波形钢腹板厚度；

h_w——波形钢腹板高度。

承载能力极限状态下弯曲剪应力　　表4.5-10

截　面	V_d(kN)	V_p(kN)	h_w(mm)	t(mm)	τ_d(MPa)	[τ](MPa)
1	-0.42	661.73	—	—	—	—
2	-8718.28	1641.27	2220	14	113.9	180
3	-7848.92	1530.81	2220	14	101.6	180
4	-6462.17	625.01	2220	14	93.9	180
5	-5084.93	942.31	2220	14	66.6	180

续上表

截　面	V_d(kN)	V_p(kN)	h_w(mm)	t(mm)	τ_d(MPa)	[τ](MPa)
6	-4399.8	942.33	2220	14	55.6	180
7	-3716.89	395.53	2220	14	53.4	180
8	2125.63	-922.77	2245.57	16	16.7	180
9	4084.98	-1269.85	2303.37	16	38.2	180
10	6073.22	-2235.88	2450.11	16	48.9	180
11	8089.81	-2559.18	2629.07	18	58.4	170
12	10151.35	-3047.37	2859.58	18	69.0	170
13	12259.93	-3584.24	3140.43	20	69.1	170
14	14430.89	-5130.36	3472.8	20	67.0	170
15	16665.95	-6592.09	3856.31	20	65.3	170
16	18973.03	-8308.52	4290.96	22	56.5	170
17	21368.15	-10514.4	4776.74	22	51.6	170
18	22566.83	-37204.5	5313.65	22	62.6	170
19	25401.19	4066.24	—	—	—	—
20	26169.18	-571.04	—	—	—	—
21	-32592.5	0	—	—	—	—
22	-28130.1	-4011.92	—	—	—	—
23	-25786.6	41630.46	5078.41	22	70.9	170
24	-25867.3	11393.14	5313.65	22	61.9	170
25	-23403.3	9199.04	4776.74	22	67.6	170
26	-21025	7284.73	4290.96	20	80.1	170
27	-18732	5680.49	3856.31	20	84.6	170
28	-16515.1	6483.38	3472.8	20	72.2	170
29	-14349.3	4837.39	3140.43	18	84.1	170
30	-12245.7	4162.36	2859.58	18	78.5	170
31	-10185.7	3504.23	2629.07	16	79.4	180
32	-8168.82	2934.68	2450.11	16	66.8	180
33	-6181.61	1493.77	2303.37	16	63.6	180
34	-4218.93	200.14	2245.57	14	63.9	180
35	-2273.83	0	2220	14	36.6	180
36	1630.65	0	2220	14	26.2	180
37	2275.32	-581.27	2220	14	27.3	180
38	4219.85	-1050.27	2245.57	16	44.1	180
39	6182.91	-1489	2303.37	16	63.7	180
40	8169.52	-3155.66	2450.11	16	63.9	180

续上表

截　面	V_d(kN)	V_p(kN)	h_w(mm)	t(mm)	τ_d(MPa)	[τ](MPa)
41	10186.84	-3751.41	2629.07	18	68.0	170
42	12243.48	-4406.99	2859.58	18	76.1	170
43	14348.54	-5121.05	3140.43	20	73.5	170
44	16501.07	-6313.04	3472.8	20	73.3	170
45	18721.12	-7881.37	3856.31	20	70.3	170
46	21009.57	-9713.15	4290.96	22	59.8	170
47	23382.35	-12039.7	4776.74	22	54.0	170
48	24445.69	-41485.4	5313.65	22	72.9	170
49	27384.87	3991.06	—	—	—	—
50	28149.48	-1153.73	—	—	—	—
51	-30632	0	—	—	—	—
52	-26153.5	-4081.86	—	—	—	—
53	-23922.6	37301.69	5078.41	22	59.9	170
54	-23879.5	9838.86	5313.65	22	60.1	170
55	-21389.6	7766.8	4776.74	22	64.8	170
56	-18989.3	5969.01	4290.96	20	75.9	170
57	-16677.9	4474.07	3856.31	20	79.1	170
58	-14439.5	3247.83	3472.8	20	80.6	170
59	-12267.1	3470.77	3140.43	18	77.8	170
60	-10155.8	2960.77	2859.58	18	69.9	170
61	-8093.74	3491.69	2629.07	16	54.7	180
62	-6072.5	481.69	2450.11	16	71.3	180
63	-4086.2	-354.28	2303.37	16	60.2	180
64	-2127.65	156.81	2245.57	14	31.3	180
65	3715.98	-942.07	2220	14	44.6	180
66	4398.67	-942.44	2220	14	55.6	180
67	5083.65	-962.65	2220	14	66.3	180
68	6461.3	-625.15	2220	14	93.9	180
69	7848.09	-1645.39	2220	14	99.8	180
70	-2252.55	-662.28	—	—	—	—

2)扭转剪应力

波形钢腹板的自由扭转剪应力按式(4.5-8)计算。

$$\tau_t = \frac{T}{2A_m \cdot t_w \cdot (1 + \alpha)} \tag{4.5-8}$$

式中:T——组合梁所受的扭矩设计值;

t_w——波形钢腹板板厚；

A_m——箱梁截面面积，$A_m = h_m \cdot b_m$，h_m为顶板与底板中心线之间的距离；$b_m = (b_1 + b_2)/2$，其中 b_1、b_2分别为顶、底板处钢腹板中心线之间的距离；

α——修正系数，$\alpha = 0.4h_m/b_m - 0.06$，当 $h_m/b_m < 0.2$ 时，$\alpha = 0$。

由箱形梁理论可知，扭转剪应力与弯曲剪应力相比，可以忽略不计。

3）剪应力验算结果

由于作用于主梁的剪力一部分由顶底板承担，但大部分由钢腹板承担，故计算中假定全部剪力均由波形钢腹板承担。承载能力极限状态下的剪应力分布与验算结果如图 4.5-48 所示。从图中可以看出，在承载能力极限状态下，各截面波形钢腹板的剪应力均在容许范围内，满足要求。

4.5.4.4　局部屈曲验算

1）局部屈曲临界应力

波形钢腹板弹性局部屈曲临界应力可按式（4.5-9）进行计算。

$$\tau_{cr,l} = k\frac{E\pi^2}{12(1-\nu^2)}\left(\frac{t_w}{h_w}\right)^2 \tag{4.5-9}$$

式中：$\tau_{cr,l}$——弹性局部屈曲临界应力；

k——剪切屈曲系数，$k = 4.0 + 5.34(h_w/a_w)^2$；

a_w——波形钢腹板直板段长度，$a_w = 430\text{mm}$；

E——钢材的弹性模量，$E = 2.06 \times 10^5\text{MPa}$；

ν——钢材的泊松比，$\nu = 0.3$；

t_w——波形钢腹板厚度。

主梁截面的波形钢腹板局部屈曲验算结果如图 4.5-49 所示。从图中可以看出，波形钢腹板的局部屈曲安全系数均大于 1，满足要求。

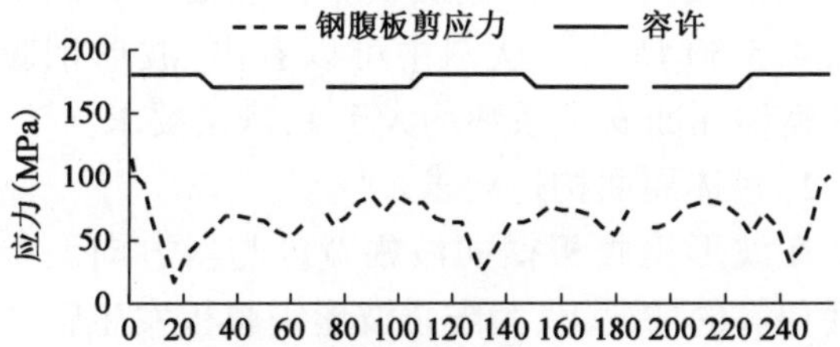

图 4.5-48　承载能力极限状态下波形钢腹板剪应力验算结果

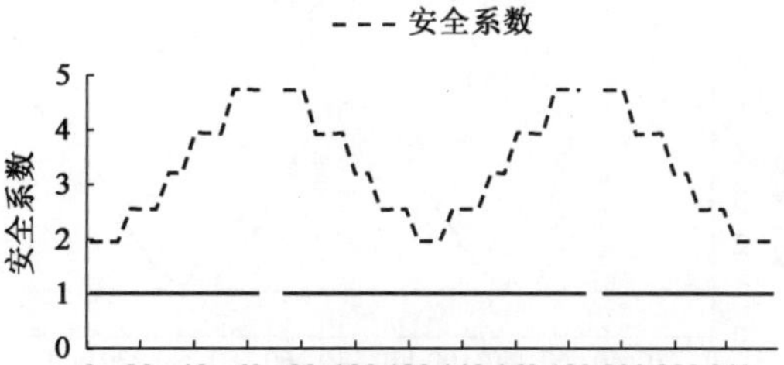

图 4.5-49　波形钢腹板局部屈曲验算结果

2）局部屈曲构造要求

为防止波形钢腹板的局部屈服强度破坏先于剪切强度破坏，波形钢腹板的波幅宽度应符合式（4.5-10）的规定。

$$\begin{cases} a_w \leqslant h_w & (h_w/t_w \leqslant k_l) \\ a_w \leqslant \dfrac{t_w}{0.865\sqrt{1/k_l^2 - (t_w/h_w)^2}} & (h_w/t_w > k_l) \end{cases} \tag{4.5-10}$$

式中：k_l——波形钢腹板局部屈曲系数，$k_1=36.7$。

因为 h_w/t_w 的最小值为158.57（大于 k_1），$\frac{t_w}{0.865\sqrt{1/k_1^2-(t_w/h_w)^2}}$ 的最小值为610.57（大于 $a_w=430$），所以满足局部屈曲构造要求。

4.5.4.5　整体屈曲验算

1）整体屈曲临界应力

波形钢腹板弹性整体屈曲临界应力可按式(4.5-11)~式(4.5-13)进行计算。

$$\tau_{cr,g}=36\beta\frac{(EI_y)^{1/4}(EI_x)^{3/4}}{h_w^2t_w}\tag{4.5-11}$$

$$I_x=\frac{t_w^3\cdot(\delta^2+1)}{6\eta}\tag{4.5-12}$$

$$I_y=\frac{t_w^3}{12(1-\nu^2)}\tag{4.5-13}$$

式中：$\tau_{cr,g}$——弹性整体屈曲临界应力；

β——波形钢腹板整体嵌固系数（可偏安全按简支取 $\beta=1.0$）；

I_x——单位长度绕波形钢腹板顺桥向中性轴的惯性矩；

δ——波形钢腹板波高与钢板板厚比，$\delta=d_w/t_w$；

η——形状系数，波形钢腹板沿桥轴向长度与展开长度之比，$\eta=0.93$；

I_y——单位长度对波形钢腹板高度方向的惯性矩；

ν——钢材的泊松比，$\nu=0.3$。

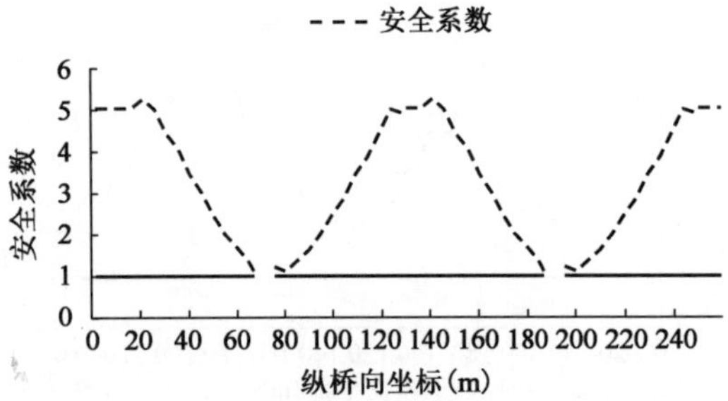

图4.5-50　波形钢腹板整体屈曲验算结果

主梁截面的波形钢腹板整体屈曲验算结果如图4.5-50所示。从图中可以看出，波形钢腹板的整体屈曲安全系数均大于1，满足要求。

2）整体屈曲构造要求

在波形钢腹板横向波幅宽度与斜方向波幅宽度相等的情况下，为防止波形钢腹板发生整体屈服强度破坏先于剪切强度破坏，波形钢腹板的波高应符合式(4.5-14)的规定。

$$d_w\geqslant t_w\sqrt{1/\sqrt[3]{(k_gt_w/h_w)^8}-1}\tag{4.5-14}$$

式中：d_w——波形钢腹板的波高，$d_w=220$；

k_g——波形钢腹板整体屈曲系数，$k_g=60.5$。

由于 $t_w\sqrt{1/\sqrt[3]{(k_gt_w/h_w)^8}-1}$ 的最大值为137.58，小于 $d_w=220$，所以满足整体屈曲构造要求。

4.5.4.6　合成屈曲验算

波形钢腹板的合成屈曲临界应力可按下式计算。

$$\frac{1}{\tau_{cr}^4} = \frac{1}{\tau_{cr,l}^4} + \frac{1}{\tau_{cr,g}^4} \tag{4.5-15}$$

主梁截面的波形钢腹板合成屈曲验算结果如图4.5-51所示。从图中可以看出，波形钢腹板的合成屈曲安全系数均大于1，满足要求。

4.5.4.7　波形钢腹板验算小结

1）波形钢腹板强度验算

各截面波形钢腹板的剪应力均小于抗剪强度设计值，满足要求。

2）波形钢腹板稳定验算

各截面波形钢腹板的局部屈曲、整体屈曲和合成屈曲的安全系数均大于1，满足要求。

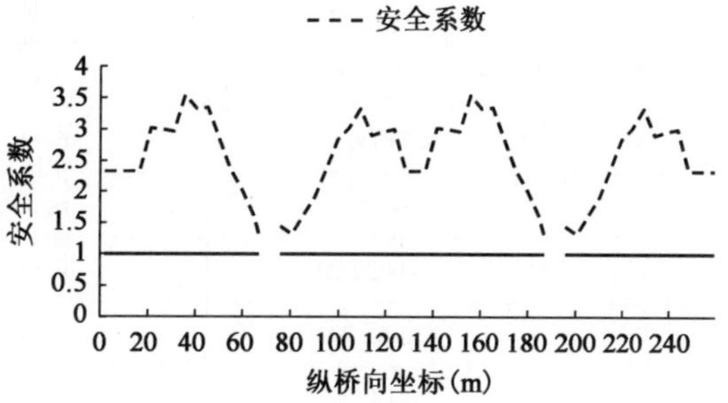

图4.5-51　波形钢腹板整体成屈曲验算结果

4.5.5　连接件纵向抗剪验算

4.5.5.1　连接件构造

波形钢腹板混凝土组合梁桥的连接件包括波形钢腹板与顶底板、波形钢腹板与横梁之间的连接件。南水北调大桥的波形钢腹板与顶板的连接采用了波形钢腹板顶端焊有翼缘板与穿孔板的Twin-PBL连接件，波形钢腹板与底板采用了S-PBL与栓钉连接的方式。

4.5.5.2　连接件设计验算流程

波形钢腹板混凝土组合梁桥的连接件包括波形钢腹板与上下桥面板之间的连接件，上述连接件均需满足式（4.5-16）的抗剪承载力要求。

$$\gamma_0 Q_d \leqslant Q_u \tag{4.5-16}$$

式中：γ_0——结构重要性系数，$\gamma_0=1.1$；

Q_d——连接件与混凝土顶底板连接处由作用效应产生的水平剪力设计值；

Q_u——连接件水平抗剪承载力设计值。

4.5.5.3　纵向水平剪力计算

波形钢腹板与混凝土顶底板之间的纵向水平剪力由连接件承受，纵向水平剪力按式（4.5-17）进行计算。

$$Q_d = V_d \cdot S/I \tag{4.5-17}$$

式中：Q_d——纵桥向连接处的水平剪力设计值；

V_d——截面竖向剪力设计值；

S——混凝土顶底板绕截面中性轴的面积矩；

I——混凝土顶底板绕截面中性轴的惯性矩。

在承载能力和正常使用极限状态下，波形钢腹板与顶底板的连接件的纵向水平剪力计算结果见表4.5-11和表4.5-12。

承载能力极限状态下连接件的水平剪力计算表 表4.5-11

截面	$\gamma_0 V_d$(kN)	S(m^3)	I(m^4)	Q_d(kN/m)
1	—	—	—	—
2	-6318.95	6.69	17.21	-2456.35
3	-5838.01	6.69	17.21	-2269.39
4	-4143.47	6.69	17.21	-1610.68
5	-3458.32	6.69	17.21	-1344.34
6	-3322.21	6.69	17.21	-1291.43
7	1202.02	6.8	17.65	463.10
8	2814.29	7.29	19.61	1046.21
9	3836.49	7.55	21.45	1350.37
10	5529.78	8.28	25.12	1822.71
11	7103.15	9.2	30.36	2152.47
12	8674.87	10.43	37.54	2410.20
13	9299.73	11.93	47.18	2351.54
14	10073.09	13.73	59.9	2308.91
15	10663.75	15.89	76.42	2217.31
16	10853.02	18.4	97.6	2046.06
17	-14638.08	21.33	124.41	-2509.69
18	29466.54	29.33	160.4	5388.11
19	—	—	—	—
20	—	—	—	—
21	—	—	—	—
22	-31371.76	29.33	160.4	-5736.49
23	17028.6	21.33	124.41	2919.54
24	-11343.56	18.4	97.6	-2138.54
25	-11296.74	15.89	76.42	-2348.93
26	-10839.79	13.73	59.9	-2484.65
27	-10186.63	11.93	47.18	-2575.81
28	-9225.85	10.43	37.54	-2563.28

续上表

截　面	$\gamma_0 V_d$(kN)	S(m^3)	I(m^4)	Q_d(kN/m)
29	-7838.89	9.2	30.36	-2375.42
30	-6432.84	8.28	25.12	-2120.38
31	-5011.05	7.55	21.45	-1763.80
32	-4691.13	7.29	19.61	-1743.92
33	-3140.19	6.8	17.65	-1209.82
34	-1691.23	6.69	17.21	-657.43
35	1632.17	6.69	17.21	634.47
36	1695.53	6.69	17.21	659.10
37	3171.07	6.8	17.65	1221.72
38	4695.42	7.29	19.61	1745.52
39	5015.4	7.55	21.45	1765.33
40	6436.95	8.28	25.12	2121.73
41	7837.98	9.2	30.36	2375.15
42	9228.95	10.43	37.54	2564.14
43	10189.41	11.93	47.18	2576.51
44	10841.08	13.73	59.9	2484.94
45	11297.71	15.89	76.42	2349.13
46	11343.92	18.4	97.6	2138.61
47	-17039.16	21.33	124.41	-2921.35
48	31377.48	29.33	160.4	5737.54
49	—	—	—	—
50	—	—	—	—
51	—	—	—	—
52	-29469.02	29.33	160.4	-5388.57
53	14623.1	21.33	124.41	2507.12
54	-10859.69	18.4	97.6	-2047.32
55	-10670.27	15.89	76.42	-2218.67
56	-10079.17	13.73	59.9	-2310.30
57	-9304.5	11.93	47.18	-2352.75
58	-8679.53	10.43	37.54	-2411.49
59	-7111.9	9.2	30.36	-2155.12
60	-5533.51	8.28	25.12	-1823.94

续上表

截　面	$\gamma_0 V_d$(kN)	S(m^3)	I(m^4)	Q_d(kN/m)
61	-3853.27	7.55	21.45	-1356.28
62	-2826.71	7.29	19.61	-1050.83
63	-1184.2	6.8	17.65	-456.24
64	3316.35	6.69	17.21	1289.16
65	3453.85	6.69	17.21	1342.61
66	4139.12	6.69	17.21	1608.99
67	5833.52	6.69	17.21	2267.65
68	6314.15	6.69	17.21	2454.48
69	—	—	—	—
70	—	—	—	—

正常使用极限状态下连接件的水平剪力计算表　　表 4.5-12

截　面	$\gamma_0 V_d$(kN)	S(m^3)	I(m^4)	Q_d(kN/m)
1	—	—	—	—
2	-4784.49	6.69	17.21	-1859.86
3	-4562.51	6.69	17.21	-1773.57
4	-3124.33	6.69	17.21	-1214.51
5	-2566.34	6.69	17.21	-997.61
6	-2556.7	6.69	17.21	-993.86
7	755.58	6.8	17.65	291.10
8	2015.76	7.29	19.61	749.36
9	2680.36	7.55	21.45	943.44
10	4009.88	8.28	25.12	1321.73
11	5211.56	9.2	30.36	1579.26
12	6403.01	10.43	37.54	1778.99
13	6636.94	11.93	47.18	1678.23
14	7008.16	13.73	59.9	1606.38
15	7184.18	15.89	76.42	1493.81
16	6943.67	18.4	97.6	1309.05
17	-18757.54	21.33	124.41	-3215.97
18	24836.07	29.33	160.4	4541.41
19	—	—	—	—
20	—	—	—	—
21	—	—	—	—
22	-26403.86	29.33	160.4	-4828.09
23	21469.44	21.33	124.41	3680.92

续上表

截　面	$\gamma_0 V_d$(kN)	S(m³)	I(m⁴)	Q_d(kN/m)
24	-7086.29	18.4	97.6	-1335.94
25	-7462.42	15.89	76.42	-1551.66
26	-7414.3	13.73	59.9	-1699.47
27	-7158.47	11.93	47.18	-1810.10
28	-6583.7	10.43	37.54	-1829.20
29	-5574.65	9.2	30.36	-1689.29
30	-4538.24	8.28	25.12	-1495.88
31	-3479.27	7.55	21.45	-1224.64
32	-3516.53	7.29	19.61	-1307.27
33	-2318.11	6.8	17.65	-893.10
34	-1217.53	6.69	17.21	-473.29
35	1273.88	6.69	17.21	495.19
36	1221.93	6.69	17.21	475.00
37	2349.08	6.8	17.65	905.03
38	3520.91	7.29	19.61	1308.90
39	3483.71	7.55	21.45	1226.20
40	4542.43	8.28	25.12	1497.27
41	5573.84	9.2	30.36	1689.04
42	6586.89	10.43	37.54	1830.08
43	7161.35	11.93	47.18	1810.83
44	7415.68	13.73	59.9	1699.79
45	7463.48	15.89	76.42	1551.88
46	7086.73	18.4	97.6	1336.02
47	-21479.91	21.33	124.41	-3682.71
48	26409.67	29.33	160.4	4829.15
49	—	—	—	—
50	—	—	—	—
51	—	—	—	—
52	-24838.63	29.33	160.4	-4541.88
53	18742.49	21.33	124.41	3213.39
54	-6950.42	18.4	97.6	-1310.33
55	-7190.78	15.89	76.42	-1495.18
56	-7014.33	13.73	59.9	-1607.79
57	-6641.79	11.93	47.18	-1679.45
58	-6407.75	10.43	37.54	-1780.31

续上表

截　面	$\gamma_0 V_d$(kN)	S(m³)	I(m⁴)	Q_d(kN/m)
59	-5220.39	9.2	30.36	-1581.94
60	-4013.7	8.28	25.12	-1322.99
61	-2697.23	7.55	21.45	-949.37
62	-2028.27	7.29	19.61	-754.01
63	-737.85	6.8	17.65	-284.27
64	2550.76	6.69	17.21	991.55
65	2561.8	6.69	17.21	995.84
66	3119.9	6.69	17.21	1212.79
67	4557.94	6.69	17.21	1771.80
68	4779.61	6.69	17.21	1857.97
69	—	—	—	—
70	—	—	—	—

4.5.5.4　波形钢腹板与顶板的连接件验算

该桥波形钢腹板与混凝土顶板连接采用 Twin-PBL 连接件，钢腹板上翼缘板厚度为 20mm，开孔钢板高度 16cm，开孔钢板厚度为 20mm，开孔板间距 30cm，开孔直径 60mm，间距 16cm，贯穿钢筋为 HRB335 直径为 28mm。

1）双 PBL 连接件抗剪承载力验算

在承载能力极限状态下，有贯穿钢筋的单个混凝土连接销的抗剪承载力可按式（4.5-18）进行计算。

$$Q_u = 1.4 \times (d_p^2 - d_r^2) \times f_{cd} + 1.2 \times d_r^2 \times f_{sd} \tag{4.5-18}$$

式中：Q_u——单个混凝土连接销的抗剪承载力设计值；

f_{cd}——混凝土强度设计值，$f_{cd} = 24.4$MPa；

d_p——混凝土销孔直径，$d_p = 60$mm；

d_r——贯穿钢筋直径，$d_r = 28$mm；

f_{sd}——贯穿钢筋抗拉强度设计值，$f_{sd} = 280$MPa。

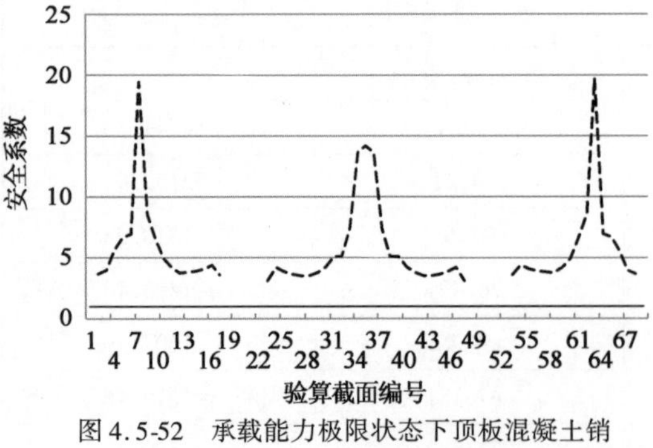

图 4.5-52　承载能力极限状态下顶板混凝土销抗剪承载力验算安全系数

由图 4.5-52 可知，在承载能力极限状态下，顶板混凝土销抗剪承载力安全系数均大于 1，满足要求。

根据日本设计要领规定，正常使用极限状态下的 Twin-PBL 连接件每个销孔的剪切抗力根据式（4.5-19）进行计算。

$$Q_{pa} = \gamma Q_{pu} \tag{4.5-19}$$

式中：Q_{pu}——正常使用极限状态下 1 个混凝土销的剪切承载力；

Q_{pa}——承载能力极限状态下 1 个混凝土销的剪切承载力；

γ——正常使用极限状态下检算安全系数，$\gamma=0.33$。

由图 4.5-53 可知，正常使用极限状态下，顶板混凝土销的抗剪承载力安全系数均大于 1，满足要求。

2）孔间钢板的剪切面积验算

两个孔间钢板的剪切面积应满足式(4.5-20)的要求。

$$A_{sl} \geqslant \sqrt{3} \times Q_d/f \tag{4.5-20}$$

式中：Q_d——承载能力极限状态下纵桥向单位长度内连接处的水平剪力设计值；

A_{sl}——两个孔间钢板的剪切面积，按照波形钢腹板实际厚度进行计算；

f——钢板抗拉强度设计值，$f=280\text{MPa}$。

由图 4.5-54 可知，承载能力极限状态下，顶板孔间钢板剪切面积验算满足要求。

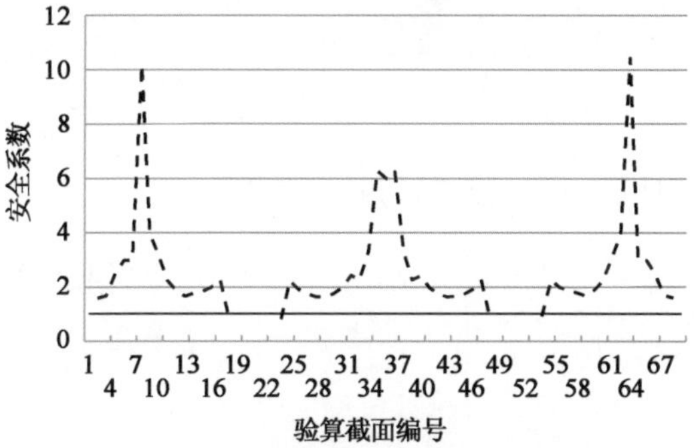

图 4.5-53 正常使用极限状态下顶板混凝土销抗剪承载力安全系数

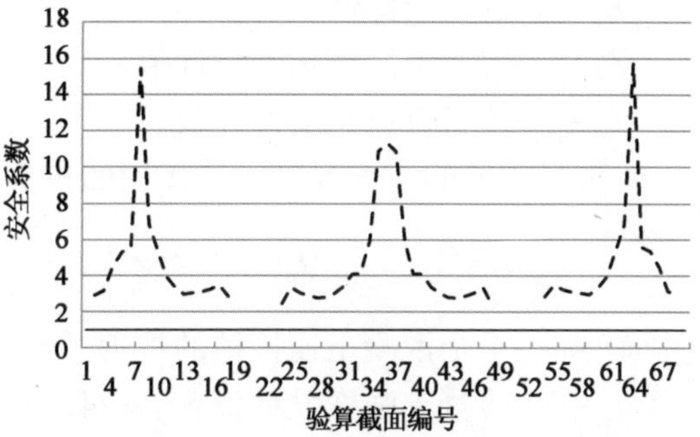

图 4.5-54 承载能力极限状态下顶板孔间钢板剪切面积验算安全系数

3）翼缘板与混凝土面间相对滑移验算

正常使用极限状态下，翼缘型连接件的翼缘板与混凝土面间相对滑移不宜大于 0.2mm，可按式(4.5-21)进行验算。

$$\delta_{pr} = \frac{Q_k}{29\sqrt{(d_p - d_r)d_r f_{ck} E_c}} \leqslant 0.2 \tag{4.5-21}$$

式中：δ_{pr}——开孔板连接件相对滑移设计值；

Q_k——开孔板连接件正常使用极限状态下作用的剪力设计值；

d_p——开孔板圆孔直径，$d_p=60\text{mm}$；

d_r——贯穿钢筋直径，$d_r=28\text{mm}$；

f_{ck}——混凝土抗压强度标准值，$f_{ck}=35.5\text{MPa}$；

E_c——混凝土弹性模量 $3.55\times10^4\text{MPa}$。

由图 4.5-55 可知，所有验算截面均满足要求。

4.5.5.5 波形钢腹板与底板的连接件验算

该桥波形钢腹板与混凝土底板连接采用 S-PBL + 栓钉连接件，钢腹板下翼缘板厚度为

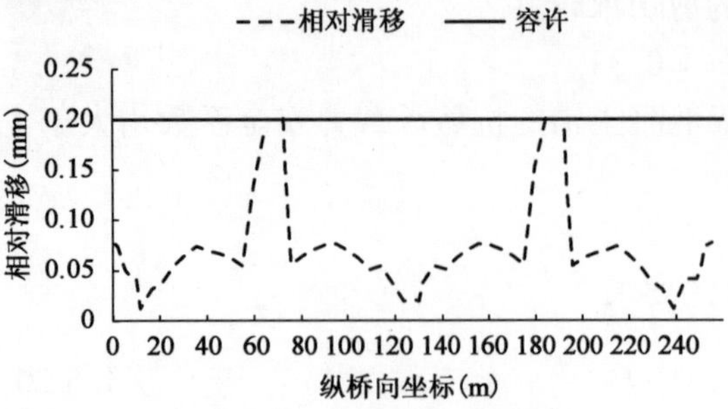

图 4.5-55　翼缘板相对滑移验算图

20mm,开孔钢板高度 16cm,开孔钢板厚度为 20mm,开孔板间距 30cm,开孔直径 60mm,间距 16cm,贯穿钢筋直径 28mm,栓钉直径 22mm,间距 16cm。

1)S-PBL + 栓钉连接件抗剪验算

极限荷载作用下栓钉连接件抗剪承载力可按式(4.5-22)进行计算:

$$Q_u = 0.43A_s\sqrt{E_c f_{cd}} \leqslant 0.7A_s\gamma f_{sd} \tag{4.5-22}$$

式中:Q_u——一个栓钉的极限剪切承载力;

A_s——栓钉截面面积;

E_c——混凝土弹性模量;

f_{cd}——混凝土抗压强度设计值;

f_{sd}——栓钉抗拉强度设计值。

有贯穿钢筋的单个混凝土连接销的抗剪承载力可按式(4.5-23)进行计算。

$$Q_u = 1.4 \times (d_p^2 - d_r^2) \times f_{cd} + 1.2 \times d_r^2 \times f_{sd} \tag{4.5-23}$$

式中:Q_u——单个混凝土连接销的抗剪承载力设计值;

f_{cd}——混凝土强度设计值,$f_{cd} = 24.4$MPa;

d_p——混凝土销孔直径,$d_p = 60$mm;

d_r——贯穿钢筋直径,$d_r = 28$mm;

f_{sd}——贯穿钢筋抗拉强度设计值,$f_{sd} = 280$MPa。

由图 4.5-56 可知,在承载能力极限状态下,底板连接件抗剪承载力安全系数均大于 1,满足要求。

在正常使用极限状态下,S-PBL + 栓钉连接件每个销孔的剪切抗力根据式(4.5-24)进行计算。

$$Q_{pa} = \gamma Q_{pu} \tag{4.5-24}$$

式中:Q_{pu}——正常使用极限状态下 1 个混凝土销的剪切承载力;

Q_{pa}——承载能力极限状态下 1 个混凝土销的剪切承载力;

γ——正常使用极限状态下检算安全系数,$\gamma = 0.33$。

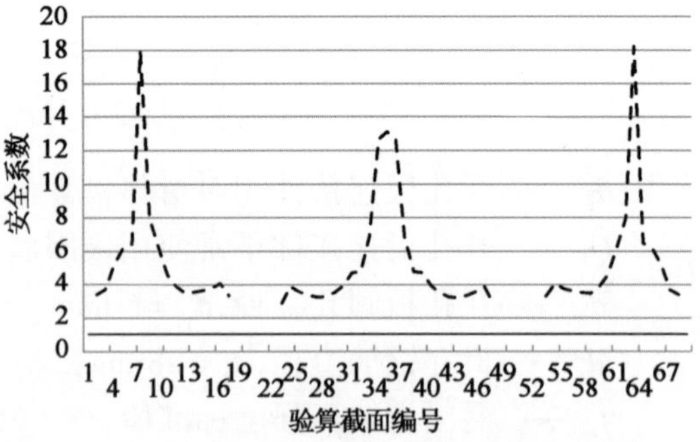

图 4.5-56　承载能力极限状态下底板混凝土销抗剪承载力验算安全系数

由图 4.5-57 可知,正常使用极限状态下,S-PBL + 栓钉连接件的抗剪承载力安全系数均大于 1,满足要求。

2)孔间钢板的剪切面积验算

两个孔间钢板的剪切面积应满足式(4.5-25)的要求。

$$A_{sl} \geqslant \sqrt{3} \times Q_d/f \tag{4.5-25}$$

式中：Q_d——承载能力极限状态下纵桥向单位长度内连接处的水平剪力设计值；

A_{sl}——两个孔间钢板的剪切面积，按照波形钢腹板实际厚度进行计算；

f——钢板抗拉强度设计值，$f = 280\text{MPa}$。

由图4.5-58可知，承载能力极限状态下，顶板孔间钢板剪切面积验算满足要求。

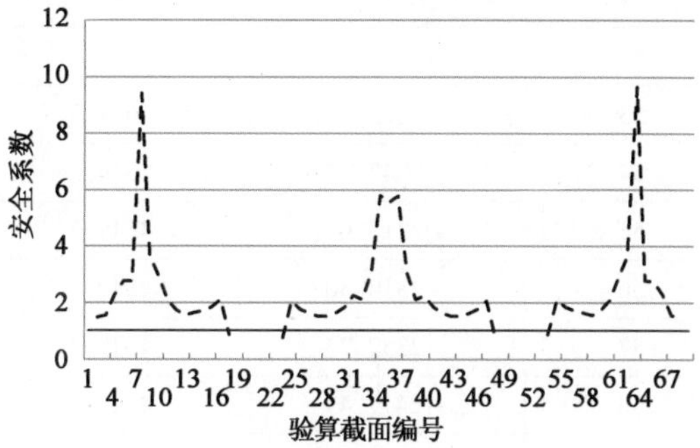

图4.5-57 正常使用极限状态下底板混凝土销抗剪承载力验算安全系数

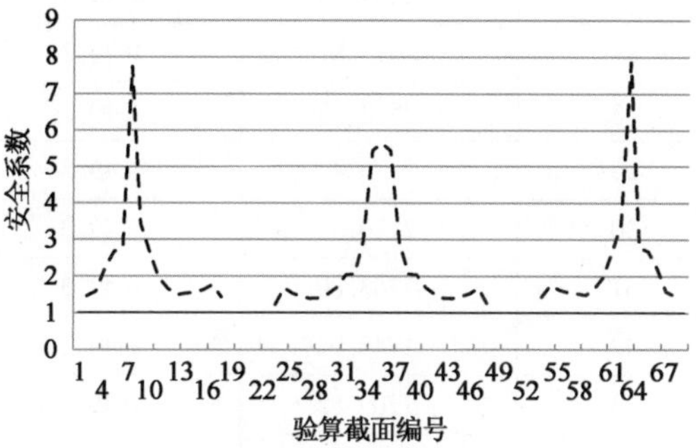

图4.5-58 承载能力极限状态下底板孔间钢板剪切面积验算安全系数

3)翼缘板与混凝土面间相对滑移验算

正常使用极限状态下，波形钢腹板与混凝土桥面板不宜发生过大的相对位移，栓钉连接件可采用式(4.5-26)进行验算。

$$Q_d \leqslant \frac{1}{2} Q_u \tag{4.5-26}$$

式中：Q_d——正常使用极限状态下，计算所得剪力；

Q_u——连接件抗剪承载力。

由表4.5-13可知，所有验算截面均满足要求。

正常使用极限状态下翼缘板相对滑移验算结果 表4.5-13

截 面	Q_d(kN)	$0.5Q_u$(kN)	截 面	Q_d(kN)	$0.5Q_u$(kN)
1	—	—	11	2152.47	4649.3
2	-2456.35	4649.3	12	2410.20	4649.3
3	-2269.39	4649.3	13	2351.54	4649.3
4	-1610.68	4649.3	14	2308.91	4649.3
5	-1344.34	4649.3	15	2217.31	4649.3
6	-1291.43	4649.3	16	2046.06	4649.3
7	463.10	4649.3	17	-2509.69	4649.3
8	1046.21	4649.3	18	—	—
9	1350.37	4649.3	19	—	—
10	1822.71	4649.3	20	—	—

续上表

截　面	Q_d(kN)	$0.5Q_u$(kN)	截　面	Q_d(kN)	$0.5Q_u$(kN)
21	—	—	46	2138.61	4649.3
22	—	—	47	-2921.35	4649.3
23	2919.54	4649.3	48	—	—
24	-2138.54	4649.3	49	—	—
25	-2348.93	4649.3	50	—	—
26	-2484.65	4649.3	51	—	—
27	-2575.81	4649.3	52	—	—
28	-2563.28	4649.3	53	2507.12	4649.3
29	-2375.42	4649.3	54	-2047.32	4649.3
30	-2120.38	4649.3	55	-2218.67	4649.3
31	-1763.80	4649.3	56	-2310.30	4649.3
32	-1743.92	4649.3	57	-2352.75	4649.3
33	-1209.82	4649.3	58	-2411.49	4649.3
34	-657.43	4649.3	59	-2155.12	4649.3
35	634.47	4649.3	60	-1823.94	4649.3
36	659.10	4649.3	61	-1356.28	4649.3
37	1221.72	4649.3	62	-1050.83	4649.3
38	1745.52	4649.3	63	-456.24	4649.3
39	1765.33	4649.3	64	1289.16	4649.3
40	2121.73	4649.3	65	1342.61	4649.3
41	2375.15	4649.3	66	1608.99	4649.3
42	2564.14	4649.3	67	2267.65	4649.3
43	2576.51	4649.3	68	2454.48	4649.3
44	2484.94	4649.3	69	—	—
45	2349.13	4649.3	70	—	—

4.5.5.6　连接件纵向抗剪验算小结

1)顶板连接件

双 PBL 连接件在承载能力极限状态及正常使用极限状态下的抗剪承载力均满足要求。

2)底板连接件

S-PBL + 栓钉连接件在承载能力极限状态下及正常使用极限状态下的抗剪承载力满足要求。

4.5.6　钢-混凝土组合段的验算

4.5.6.1　钢-混凝土组合段剪力验算截面

对于支点附近的钢-混凝土腹板组合段,应进行相应的抗剪验算。验算截面分别为 1 号截面、18 号截面、19 号截面、20 号截面、21 号截面、22 号截面、48 号截面、49 号截面、50 号截面、51 号截面、52 号截面、69 号截面、70 号截面。

4.5.6.2 波形钢腹板与内衬混凝土的剪切分担率

内衬混凝土承担的剪力可按式(4.5-27)进行计算。

$$V_{cd} = \frac{G_c \cdot A_c}{G_c \cdot A_c + G_s \cdot A_s} \cdot V_d \tag{4.5-27}$$

式中：V_{cd}——内衬混凝土承担的剪力设计值；

G_c——内衬混凝土的剪变模量，$G_c = 1.42 \times 10^4$MPa；

A_c——内衬混凝土平均断面面积；

G_s——波形钢腹板的剪变模量，$G_s = 7.9 \times 10^4$MPa；

A_s——波形钢腹板的有效断面面积，$A_s = h_w \cdot t_w \cdot \eta$；

V_d——竖向剪力设计值。

各验算截面的剪力分担率见表 4.5-14。

波形钢腹板与内衬混凝土的剪切分担率　　表 4.5-14

截面	b_c(mm)	t_w(mm)	h_w(mm)	A_c(mm^2)	A_s(mm^2)	内衬混凝土分担率	波形钢腹板分担率
1	1200	0	3500	4200000	0	1.00	0.00
18	275	22	7056	1940400	144366	0.71	0.29
19	580	22	7387	4284460	151138	0.84	0.16
20	800	0	7500	6000000	0	1.00	0.00
21	1500	0	7500	11250000	0	1.00	0.00
22	800	0	7500	6000000	0	1.00	0.00
48	275	22	7056	1940400	144366	0.71	0.29
49	580	22	7387	4284460	151138	0.84	0.16
50	800	0	7500	6000000	0	1.00	0.00
51	1500	0	7500	11250000	0	1.00	0.00
52	800	0	7500	6000000	0	1.00	0.00
69	1200	0	3500	4200000	0	1.00	0.00
70	275	0	3500	752500	0	1.00	0.00

4.5.6.3 内衬混凝土验算

内衬混凝土主拉应力可按式(4.5-28)进行计算。

$$\sigma_{tp} = \frac{1}{2}\left(\sigma_c - \sqrt{\sigma_c^2 + 4\tau^2}\right) \tag{4.5-28}$$

$$\tau = \frac{V_{cd} \cdot S_c}{b_c \cdot I_c} \tag{4.5-29}$$

式中：σ_{tp}——内衬混凝土的主拉应力；

σ_c——内衬混凝土的轴向压应力,轴向压应力按内衬混凝土平均厚度计算;

τ——内衬混凝土的剪应力;

V_{cd}——内衬混凝土承担的剪力设计值;

S_c——内衬混凝土最小厚度断面,剪应力计算点外侧部分面积对中性轴的一次矩;

I_c——内衬混凝土最小厚度断面,相对断面中性轴的二次矩;

b_c——内衬混凝土的最小厚度。

1)内衬混凝土斜截面抗裂验算

由表4.5-15可知,除18号、48号截面以外,所有验算截面均满足要求。

内衬混凝土斜截面抗裂验算结果 表4.5-15

截面	V_{cd} (N)	S_c (mm^3)	b_c (mm)	I_c (mm^4)	τ (MPa)	σ_c (MPa)	σ_{tp} (MPa)	$0.4f_{tk}$ (MPa)	是否满足
1	661311	3.68×10^9	1200	8.58×10^{12}	0.12	3.75	0.00	1.09	满足
18	15457073	3.42×10^9	275	1.61×10^{13}	5.97	27.76	−1.23	1.09	不满足
19	19312341	7.91×10^9	580	3.90×10^{13}	3.38	12.84	−0.84	1.09	满足
20	19994073	1.13×10^{10}	800	5.63×10^{13}	2.50	11.59	−0.52	1.09	满足
21	25697025	2.11×10^{10}	1500	1.05×10^{14}	1.71	6.20	−0.44	1.09	满足
22	25231148	1.13×10^{10}	800	5.63×10^{13}	3.15	10.19	−0.90	1.09	满足
48	15457073	3.42×10^9	275	1.61×10^{13}	5.97	27.76	−1.23	1.09	不满足
49	19312341	7.91×10^9	580	3.90×10^{13}	3.38	12.84	−0.84	1.09	满足
50	19994073	1.13×10^{10}	800	5.63×10^{13}	2.50	11.59	−0.52	1.09	满足
51	25697025	2.11×10^{10}	1500	1.05×10^{14}	1.71	6.20	−0.44	1.09	满足
52	25231148	1.13×10^{10}	800	5.63×10^{13}	3.15	10.19	−0.90	1.09	满足
69	661311	3.68×10^9	1200	8.58×10^{12}	0.12	3.75	0.00	1.09	满足
70	661311	6.58×10^8	275	1.97×10^{12}	0.52	16.36	−0.02	1.09	满足

2)持久状况内衬混凝土主拉应力计算

由表4.5-16可知,除48截面以外,验算截面在持久状况作用(或荷载)标准值组合下主拉应力均小于$0.5f_{tk}$,箍筋可仅按构造要求设置。而48号截面上的主拉应力不超出限制的5%,因此计算结果可以接受。

内衬混凝土持久状况主拉应力验算结果 表4.5-16

截面	V_{cd} (N)	S_c (mm^3)	b_c (mm)	I_c (mm^4)	τ (MPa)	σ_c (MPa)	σ_{tp} (MPa)	$0.5f_{tk}$ (MPa)	是否满足
1	661312	3.68×10^9	1200	8.58×10^{12}	0.12	3.75	0.00	1.37	满足
18	15541560	3.42×10^9	275	1.61×10^{13}	6.01	27.89	−1.24	1.37	满足
19	20762309	7.91×10^9	580	3.90×10^{13}	3.63	12.84	−0.96	1.37	满足
20	20834153	1.13×10^{10}	800	5.63×10^{13}	2.60	11.59	−0.56	1.37	满足
21	26737515	2.11×10^{10}	1500	1.05×10^{14}	1.78	6.20	−0.48	1.37	满足
22	27045115	1.13×10^{10}	800	5.63×10^{13}	3.38	10.19	−1.02	1.37	满足

续上表

截面	V_{cd} (N)	S_c (mm^3)	b_c (mm)	I_c (mm^4)	τ (MPa)	σ_c (MPa)	σ_{tp} (MPa)	$0.5f_{tk}$ (MPa)	是否满足
48	17515594	3.42×10^9	275	1.61×10^{13}	6.77	30.68	-1.43	1.37	不满足
49	22075670	7.91×10^9	580	3.90×10^{13}	3.86	14.20	-0.98	1.37	满足
50	21895587	1.13×10^{10}	800	5.63×10^{13}	2.74	11.59	-0.61	1.37	满足
51	25108294	2.11×10^{10}	1500	1.05×10^{14}	1.67	6.20	-0.42	1.37	满足
52	25474454	1.13×10^{10}	800	5.63×10^{13}	3.18	9.20	-0.99	1.37	满足
69	4668205	3.68×10^9	1200	8.58×10^{12}	0.83	5.23	-0.13	1.37	满足
70	2332694	6.58×10^8	275	1.97×10^{12}	1.82	16.38	-0.20	1.37	满足

3)内衬混凝土斜截面抗剪承载力计算

根据《公路钢筋混凝土及预应力混凝土桥涵设计规范》(JTG D62—2004)第5.2.10条规定,矩形、T形和I形截面的受弯构件,当满足式(4.5-30)时,可不进行斜截面抗剪承载力验算。

$$\gamma_0 V_d \leqslant 0.5\times10^{-3}\alpha_2 f_{td} b h_0 \tag{4.5-30}$$

式中:γ_0——桥梁结构的重要性系数,$\gamma_0=1.1$;

V_d——斜截面受压端上由作用(或荷载)效应所产生的最大剪力组合设计值;

α_2——预应力提高系数,$\alpha_2=1.25$;

f_{td}——混凝土抗拉强度设计值,$f_{td}=1.89$MPa;

b——斜截面受压端正截面处矩形截面宽度;

h_0——斜截面受压端正截面的有效高度。

由表4.5-17可知,除1号截面、69号截面、70号截面外,其余所有内衬混凝土验算截面均需要进行斜截面抗剪承载力验算。

内衬混凝土斜截面抗剪承载力验算结果 表4.5-17

截面	b (mm)	h_0 (mm)	内衬混凝土分担率	V_d (kN)	$\gamma_0 V_d$ (kN)	$0.5\times10^{-3}\alpha_2 f_{td} b h_0$ (kN)
1	1200	3500	1.00	2252.55	2478	9922.50
18	275	7056	0.71	16918.66	18611	4584.20
19	580	7387	0.84	21861.92	24048	10122.04
20	800	7500	1.00	32592.49	35852	14175.00
21	1500	7500	1.00	28130.11	30943	26578.13
22	800	7500	1.00	27383.57	30122	14175.00
48	275	7056	0.71	18238.59	20062	4584.20
49	580	7387	0.84	23516.28	25868	10122.04
50	800	7500	1.00	32593.80	35853	14175.00

续上表

截面	b (mm)	h_0 (mm)	内衬混凝土分担率	V_d (kN)	$\gamma_0 V_d$ (kN)	$0.5\times10^{-3}\alpha_2 f_{td} bh_0$ (kN)
51	1500	7500	1.00	30632.03	33695	26578.13
52	800	7500	1.00	26153.52	28769	14175.00
69	1200	3500	1.00	7848.09	8633	9922.50
70	1200	3500	1.00	2252.55	2478	9922.50

根据《公路钢筋混凝土及预应力混凝土桥涵设计规范》(JTG D62—2004)规定,斜截面抗剪承载力应符合式(4.5-31)~式(4.5-33)的规定。

$$\gamma_0 V_d \leqslant V_{cs} + V_{sb} + V_{pb} \tag{4.5-31}$$

$$V_{cs} = \alpha_1\alpha_2\alpha_3 0.45\times10^{-3} bh_0\sqrt{(2+0.6P)\sqrt{f_{cu,k}}P_{pb}f_{sv}} \tag{4.5-32}$$

$$\gamma_0 V_d \leqslant 0.51\times10^{-3}\sqrt{f_{cu,k}}bh_0 \tag{4.5-33}$$

式中:V_{cs}——斜截面内混凝土和箍筋共同的抗剪承载力设计值(kN);

$V_{sb}(V_{pb})$——与斜截面相交的普通(预应力)弯起钢筋抗剪承载力设计值(kN),内衬混凝土中未设弯起钢筋时,$V_{sb}(V_{pb})=0$;

α_1——异号弯矩影响系数,1 号截面、69 号截面和 70 号截面 $\alpha_1=1.0$,其余截面 $\alpha_1=0.9$;

α_3——受压翼缘影响系数,$\alpha_3=1.1$;

P——斜截面内纵向受拉钢筋的配筋百分率,$P=2.5$;

P_{pb}——竖向预应力筋配筋率,$P_{pb}=A_{pb}/S_{pb}b$;

A_{pb}——竖向预应力筋截面面积;

S_{pb}——竖向预应力筋间距。

由表 4.5-18 可知,所有验算截面均满足抗剪承载力要求。除 18 号截面和 48 号截面外,所有验算截面均满足抗剪截面构造要求。

内衬混凝土抗剪承载力验算结果 表 4.5-18

截面	α_1	b(mm)	h_0(mm)	P_{pb}	$\gamma_0 V_d$(kN)	V_{cs}(kN)	$0.51\times10^{-3}\sqrt{f_{cu,k}}bh_0$
1	1	1200	3500	0.001	2478	35668	31770
18	0.9	275	7056	0.006	18611	30981	14678
19	0.9	580	7387	0.003	24048	47103	32409
20	0.9	800	7500	0.002	35852	56166	45386
21	0.9	1500	7500	0.001	30943	76908	85099
22	0.9	800	7500	0.002	30122	56166	45386
48	0.9	275	7056	0.006	20062	30981	14678
49	0.9	580	7387	0.003	25868	47103	32409

续上表

截面	α_1	b(mm)	h_0(mm)	P_{pb}	$\gamma_0 V_d$(kN)	V_{cs}(kN)	$0.51\times10^{-3}\sqrt{f_{cu,k}}bh_0$
50	0.9	800	7500	0.002	35853	56166	45386
51	0.9	1500	7500	0.001	33695	76908	85099
52	0.9	800	7500	0.002	28769	56166	45386
69	1	1200	3500	0.001	8633	35668	31770
70	1	1200	3500	0.001	2478	35668	31770

4.5.6.4 钢-混凝土组合段验算小结

(1)除18号、48号截面外,所有验算截面均满足斜截面抗裂的要求。

(2)除48号截面外,所有验算截面在持久状况作用(或荷载)标准值组合下主拉应力均小于$0.5f_{tk}$,箍筋可仅按构造要求设置。

(3)所有验算截面均满足抗剪承载力要求。除18号截面和48号截面外,所有验算截面均满足抗剪截面构造要求。

第 5 章　钢桁腹-混凝土组合结构桥梁

5.1　概　　述

钢桁腹-混凝土组合梁桥是近 30 年出现的一种新型钢—混组合结构桥梁(图 5.1-1),其在构造上采用钢桁式腹杆代替混凝土箱梁中的混凝土腹板,将腹杆端部节点直接嵌固在混凝土顶及底板承托中,形成由混凝土顶板、钢桁腹杆、混凝土底板、体外、体内预应力钢束共同工作的组合结构体系。钢桁腹-混凝土组合梁桥构造简洁,它的腹部桁架没有上、下弦杆,桁架腹杆仅通过节点与混凝土顶、底板的承托相结合,这与带有完整弦杆的板桁-混凝土组合梁桥(如芜湖长江大桥)不同。

图 5.1-1　钢桁腹-混凝土组合梁桥(日本猿田川桥)

5.2　钢桁腹-混凝土组合结构梁桥结构形式

5.2.1　组合桁架桥结构形式

钢桁腹-混凝土组合梁桥结构的基本构造如图 5.2-1 所示。

由传统混凝土箱形截面演化而来的钢桁腹-混凝土组合梁的截面构造有多种形式,可根据实际工程设计需求灵活选取。如桥面宽度不大时,可设计为单箱单室截面(图 5.2-2a)、图 5.2-2b);桥面宽度较大时可采用空间桁架截面(图 5.2-2c);腹杆可竖直布置,也可以进行空间不同平面的倾斜布置。

图 5.2-3 为钢桁架与混凝土下弦结合的下承式桁架结构;图 5.2-4 所示为钢桁杆件与悬带板结合的组合桁架结构;图 5.2-5 为空间桁架结构,其下弦为钢构件,顶板为混凝土构件,是

用钢桁杆将钢下弦及混凝土顶板进行组合的桁架结构。

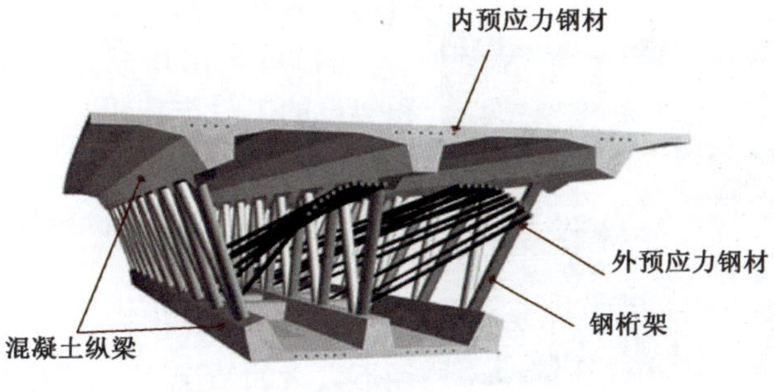

图5.2-1 钢桁腹-混凝土组合梁

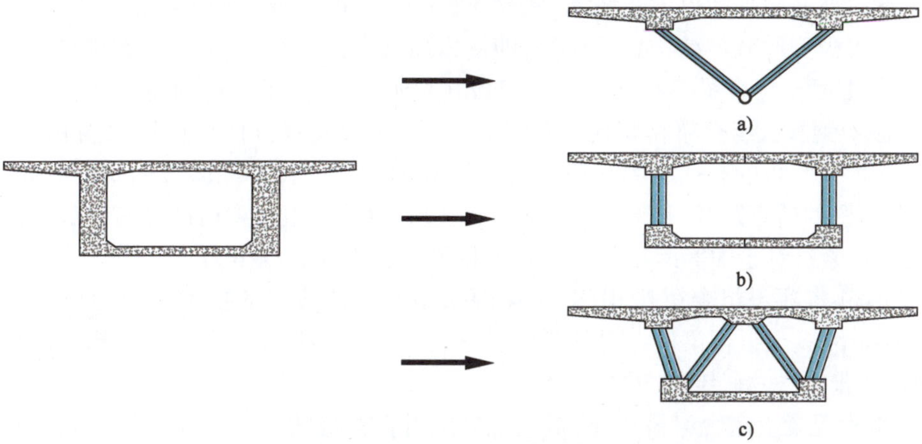

图5.2-2 钢桁腹-混凝土组合梁截面形式

图5.2-3 下承式桁腹结构

图5.2-4 上承式悬带板钢桁结构

5.2.2 钢桁腹-混凝土组合梁桥的优点

钢桁腹-混凝土组合梁桥具有许多优点：

(1)能有效地减轻桥梁结构自身质量，在提高桥梁跨越能力的同时节省工程造价。

(2)钢桁腹杆布置形式多样，设计灵活，结构美观。

图 5.2-5　空间桁架结构

(3)通透的腹板设计可大大减少风力影响，结构抗风性能好。

(4)可采用预制拼装的施工方法，节省制作和架设的工时与费用。

(5)结构通透性好，容易达到良好的美学效果，可作为城市高架桥和城市立交的理想选择。

钢桁腹-混凝土组合梁桥的技术优势在于：

(1)与传统预应力混凝土箱梁桥相比：在跨径不太大的情况下，预应力混凝土连续梁桥和连续刚构桥是一种很经济的桥型结构。但随着跨径的增大，主梁根部截面高度也不断增大，此时腹板的质量占自身质量比例较大。采用钢桁式腹板组合截面，可极大地减轻结构自身质量，即使增加梁高，自身质量也不会大幅提高，经济效益好；且钢桁腹-混凝土组合梁不存在混凝土腹板开裂问题，提高了结构的耐久性。

(2)与波形钢腹板组合梁桥相比：钢桁腹杆节点制造安装方便，且可预先拼装，现场安装工作量小；波形钢腹板的屈曲临界荷载不及型钢或钢管。据日本经验表明，60～100m 是波纹钢腹板组合梁桥的适宜跨径，而 80～150m 是钢桁腹-混凝土组合梁桥的适宜跨径。因此，钢桁腹-混凝土组合梁桥对于中等跨径与大跨径的桥梁结构更具有竞争力。

(3)与钢箱-混凝土组合梁桥相比：避免因采用厚钢板造成的技术问题，且现场安装工作量远小于钢箱-混凝土组合梁桥；腹板因采用钢桁腹杆使结构通透，提升了结构抗风性能；体外预应力钢束的张拉、检测、维护、更换方便。

(4)与板桁混凝土组合梁桥相比：板桁混凝土组合梁桥的受力性能与桁架结构相似，而钢桁腹-混凝土组合梁桥无上、下弦杆，节点连接了混凝土顶底板与钢桁腹杆件，全截面通过节点共同工作，需要配置体外预应力钢束。

钢桁腹-混凝土组合梁桥也有其缺点，主要表现在以下几方面：

(1)节点的设计和研究有待深入，在节点设计中，要仔细考察节点强度，明确节点的传力机理，保证节点的耐久性，一般需要通过试验确保其承载力。而且节点的加工工艺要求高，目前制作成本较大，但随着制作工艺的提高和计算方法的成熟，这一问题可以得到解决。

(2)如果采用尺寸较大、厚度较大的钢管作为腹杆，按照国内厂家的生产尺寸，只能选择有缝钢管，而有缝钢管的造价高于无缝钢管。

(3)钢桁腹-混凝土组合梁桥的施工工艺要求较高。

5.3　钢桁腹-混凝土组合梁结构力学特性分析

5.3.1　钢桁腹-混凝土组合梁的力学模型

对钢桁腹-混凝土组合梁桥进行结构分析时，针对计算需求采用相对适宜的分析模型，可在减少工作量的同时准确把握计算结果，以达到事半功倍的效果。目前国内外对该类桥梁的分析模型，主要有实体有限元模型、空间梁格模型、三维或二维桁架模型及单梁模型，各个模型的特点如下。

5.3.1.1　实体模型

对于钢桁腹-混凝土组合梁的各个构件采用适宜的单元类型进行模拟,如混凝土顶底板、梁体中横隔梁及端部横梁均采用实体单元模拟,钢桁腹管采用梁单元模拟。当不考虑节点处钢管与混凝土的局部作用,仅着眼于全桥的整体受力时,对于伸入混凝土顶底板内的钢桁腹杆可采用梁单元与实体单元节点耦合的方法处理。按照实际尺寸进行实体建模的优点是,单元网格划分可依据所需精度进行控制,当单元划分足够精细时,分析结果准确,其结果通常认为是精确解,除了可以得到桥梁整体受力情况外,还可以较真实地反映桥梁整体变化、空间效应和局部应力传递机理,能够进行各种极限状态的受力分析及结构破坏的全过程分析。但其缺点有计算烦琐,计算机运行工作量大,建模复杂,计算直接输出的是应力,查看内力不方便。

5.3.1.2　空间梁格模型

为了简化计算机工作量,可采用空间梁格法建模。空间梁格建模依据汉勃利的剪力柔性梁格理论进行顶、底板的梁格划分。汉勃利梁格划分原则为:①截面中性轴一致;②刚度等效;③各纵梁均带腹板。划分后,梁格的纵向杆件形心高度位置应尽量与箱梁截面的形心高度相一致。纵横杆件的中心与原结构梁肋的中心线相重合;杆件的间距不宜超过纵向梁肋间距。

对于钢桁腹-混凝土组合梁,在保证条件①和②的前提下进行截面划分后,在腹杆位置处必须有纵向梁格。桥梁横向梁格的宽度应小于板的荷载有效分布宽度。对于桥梁纵向,应在钢桁腹杆与顶底板相交的节点部位及节点之间建立横向梁格,且桥梁横向梁格的宽度小于板的荷载有效分布宽度。

采用空间梁格模型的,可在保证一定计算精度的情况下,减少计算机的工作量,且能较全面地分析钢桁腹-混凝土组合桥梁的纵向与横向受力情况。但是,由于划分截面时,纵梁需包含钢桁腹杆,故截面划分精细程度有限,因而无法保证剪滞效应的计算精度。截面划分既需满足中性轴一致的原则,又需满足刚度等效原则,在满足双原则的情况下,划分相对麻烦。对于截面宽度较大的情况,则无法准确计算横向的支座反力,且无法解决结构中的某些空间问题。

5.3.1.3　桁架模型

桁架模型可分为平面桁架模型与空间桁架模型。其中,平面构架模型是将混凝土顶底板视为桁架的上下弦杆,钢桁腹杆作为斜腹杆,两者一起组成的平面桁架结构;当平面桁架结构不足以反映空间受力时,采用横向梁格连接各单片桁架,成为空间桁架模型。当空间桁架模型具有横向联系,截面划分满足汉勃利梁格截面划分原则,同时混凝土顶底板与腹杆均用梁单元进行模拟时,也可归之为梁格模型。

由于钢桁腹-混凝土组合梁的剪力借助钢桁腹杆轴力来传递,因此钢桁腹杆与混凝土连接部位的节点设计十分重要。如果弦杆、腹杆轴线能交汇于一点,则节点应为钢桁架杆件轴线的交点,并可对其作刚性处理。如果没有,则建模时需考虑钢桁腹杆轴线错位,如图5.3-1所示。采用桁架分析模型进行弯曲分析时,可采用平面桁架模型;进行剪力分析时,若桥梁仅有平面倾腹杆,可采用平面桁架模型,若桥梁存在空间斜腹杆时,为了准确把握不同平面腹杆剪力,需采用能够反映空间影响的空间桁架模型。

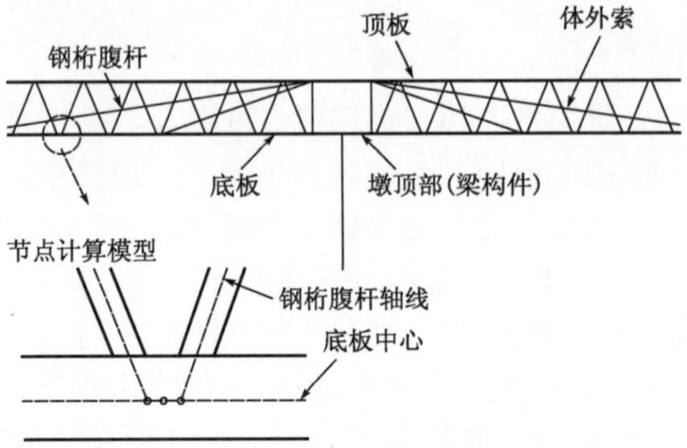

图 5.3-1　桁架模型示意图

此方法的优点是分析模型简洁实用,且比较能够满足计算结果的准确性;缺点是难以反映桥梁整体变化和局部应力传递机理。平面桁架模型仅能反映结构受弯受剪影响,当组合钢桁架结构承受扭转作用时,难以把握作用于混凝土桥板的扭转效应。

5.3.1.4　单梁模型

此方法源于日本《钢-混组合桁架桥设计、施工规准》(以下简称“日本《规准》”),即将钢桁腹-混凝土组合梁比拟为普通单梁。其采用的做法是,进行桥梁受弯分析时,忽略钢桁腹杆,仅考虑混凝土桥板的弯曲刚度,用简单梁理论计算断面弯矩;进行桥梁受扭分析时,将钢桁腹杆换算为等价的混凝土腹板,则钢桁腹-混凝土组合钢桁结构便作为单一材料的单梁模型,进而运用闭合断面扭转理论进行扭转分析。由于剪力借钢桁腹杆轴力来传递,很难用梁理论进行剪力计算,故无法用单梁模型计算剪力。

此方法的优点是,在忽略腹杆的情况下,模型简单,且在结构超静定次数不高的情况下,可以手工计算,极为方便。此外,对钢桁腹杆进行换算后,便于进行理论分析。该方法的缺点是仅局限于受弯、受扭分析。

表 5.3-1 比较了不同分析模型的主要特点。虽然实体模型建模烦琐,但是分析精度最高且功能强大。本章研究的主要目的是深入了解钢桁腹-混凝土组合梁的空间力学性能,因此采用实体模型对钢桁腹-混凝土组合梁进行结构分析。

不同分析模型特点　　表 5.3-1

模型	建模难度	用　　途	特　　点	结果输出形式
实体模型	烦琐	受弯、受剪、受扭分析	精度高,分析功能强大,可同时考虑整体与局部受力情况	应力
空间梁格	较烦琐	受弯、受剪分析	精度较高,可分析混凝土顶、底板受力与桁杆受力	内力 + 应力
桁架模型	较简便	受弯、受剪分析	适用于初步设计,可进行桁杆设计	内力 + 应力
单梁模型	简便	受弯、受扭分析	可直接计算混凝土顶、底板弯矩	内力

5.3.2　钢桁腹-混凝土组合梁的受力特点

以图 5.3-2 所示某简支钢桁腹-混凝土组合梁为例,分析其受力性能。该简支钢桁腹-混凝土组合梁跨径35m，梁两端设纵向长为0.925m的混凝土端横梁。梁截面顶板宽8.5m，底板宽4.8m。梁高2.343m，混凝土顶板厚0.243m，底板厚0.22m。截面形式与尺寸如图5.3-3所示。混凝土顶、底板采用C50混凝土，弹性模量为3.45×10^4MPa。钢桁腹杆采用Q420E级钢材，弹性模量为2.06×10^5MPa。腹杆规格为$\phi351\times16$mm钢管，钢管壁厚16mm，钢管轴线与桥纵轴线倾角为67°，节间距为1.95m。

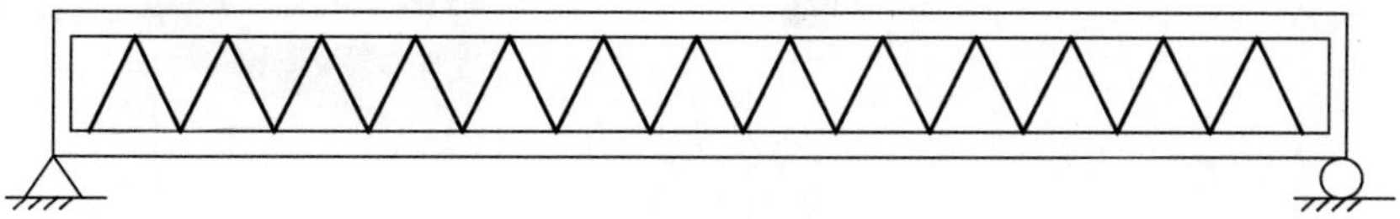

图5.3-2　桥梁立面示意图

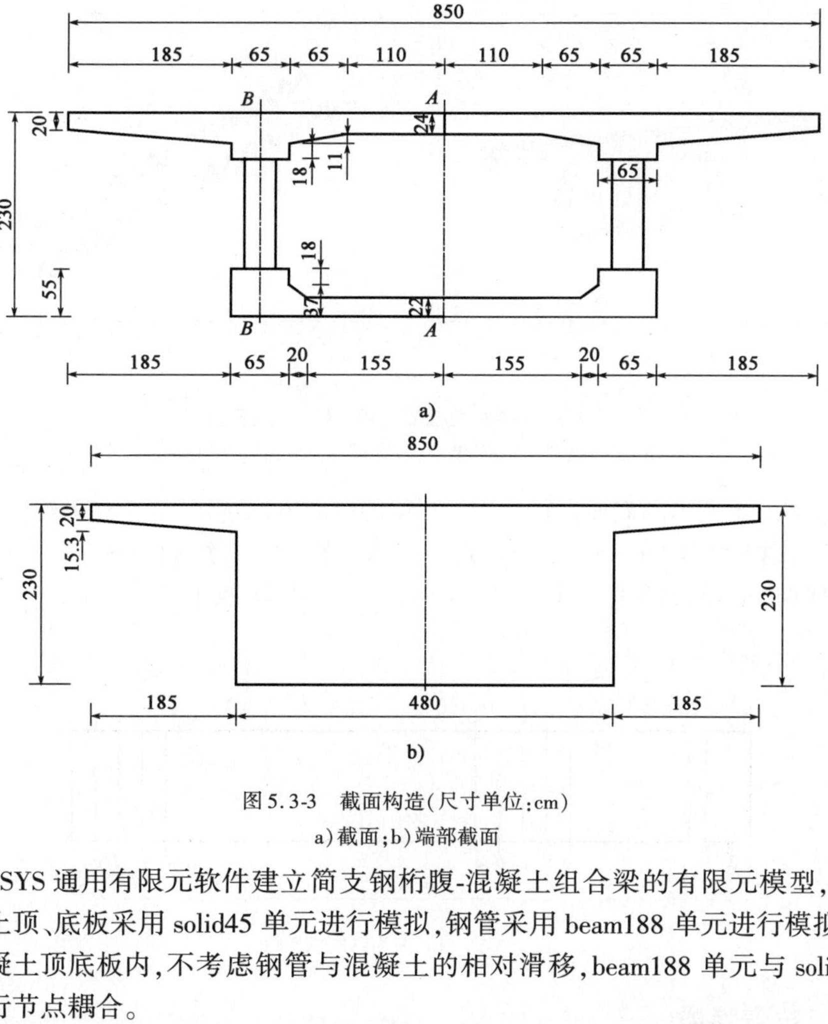

图5.3-3　截面构造(尺寸单位:cm)

a)截面;b)端部截面

利用ANSYS通用有限元软件建立简支钢桁腹-混凝土组合梁的有限元模型，如图5.3-4所示。混凝土顶、底板采用solid45单元进行模拟，钢管采用beam188单元进行模拟，钢管端部直接插入混凝土顶底板内，不考虑钢管与混凝土的相对滑移，beam188单元与solid45单元在连接位置进行节点耦合。

考虑三种典型荷载作用：跨中竖向集中荷载($P=1000$kN)、两点对称荷载($F=1000$kN)与全桥均布荷载($q=100$kN/m)，分析简支钢桁腹-混凝土组合梁在三种典型荷载作用下的受力性能。

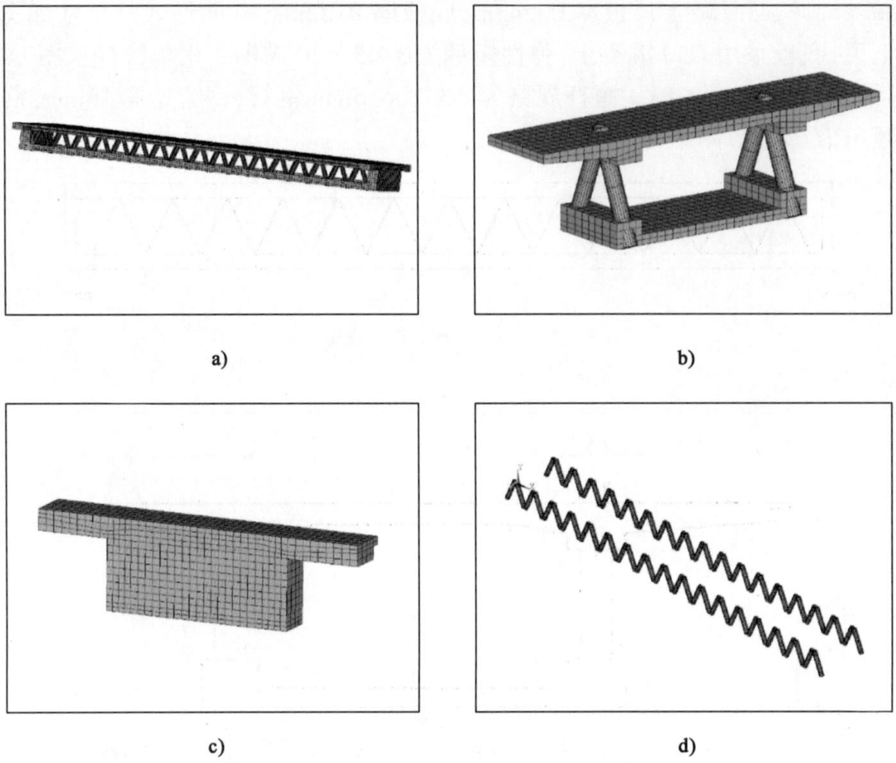

图 5.3-4　钢桁腹-混凝土组合梁有限元模型

a)实体模型;b)一般节段;c)端横梁节段;d)钢桁腹杆

选择如图 5.3-5 所示的截面进行分析。在梁的纵向方向选择 10 个代表性截面,分别为梁 $l/4$ 处单个节间内 5 个截面(a、b、c、d、e)、跨中处单个节间内 5 个截面(a、b、c、d、e);在 10 个代表性截面的横向,选择截面中心线(图 5.3-3a)中 A-A 与腹板承托(图 5.3-3a)中 B-B 位置分析。

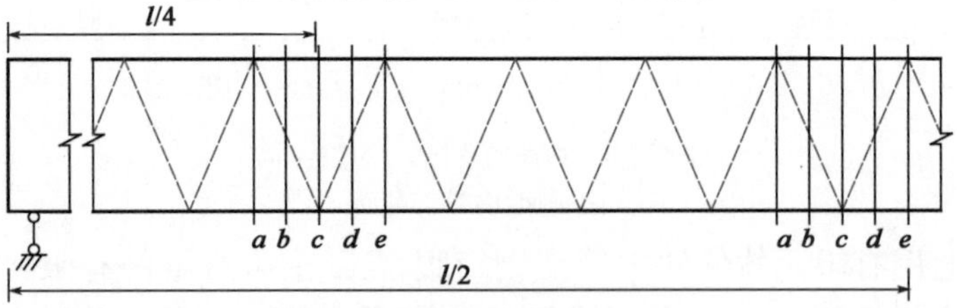

图 5.3-5　分析截面纵向位置图

5.3.3　抗弯性能

为了全面分析钢桁腹-混凝土组合梁在荷载作用下截面弯曲正应力沿梁高的分布情况,对图 5.3-5 所示 10 个截面的正应力进行计算,结果如图 5.3-6 ~ 图 5.3-11 所示。

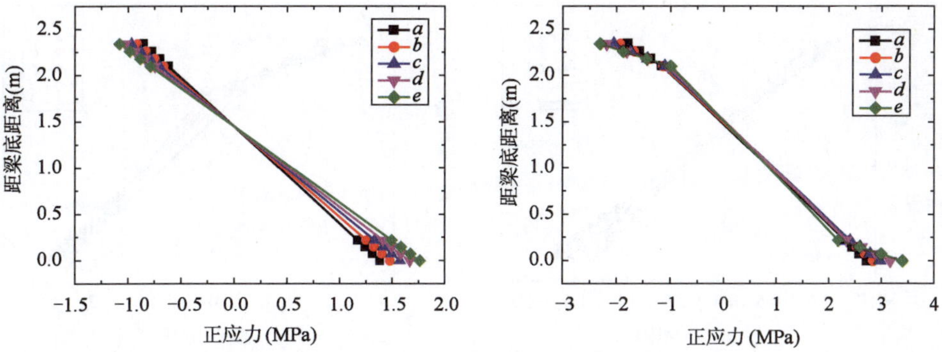

a)　　b)

图 5.3-6　跨中集中荷载下截面正应力沿梁高分布

a) l/4; b) l/2

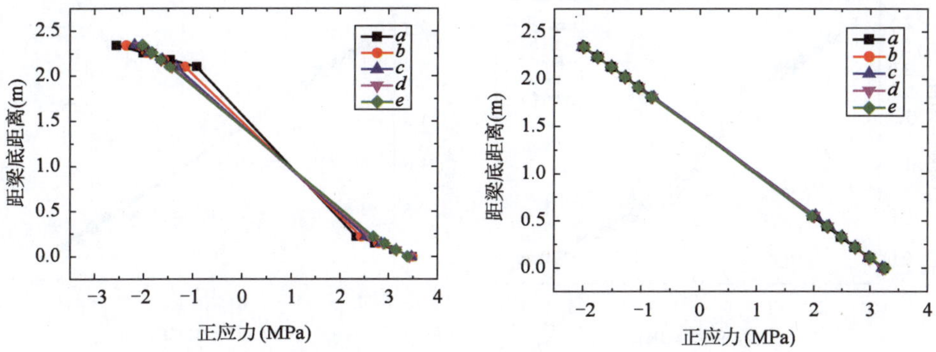

a)　　b)

图 5.3-7　两点对称荷载下截面正应力沿梁高分布

a) l/4; b) l/2

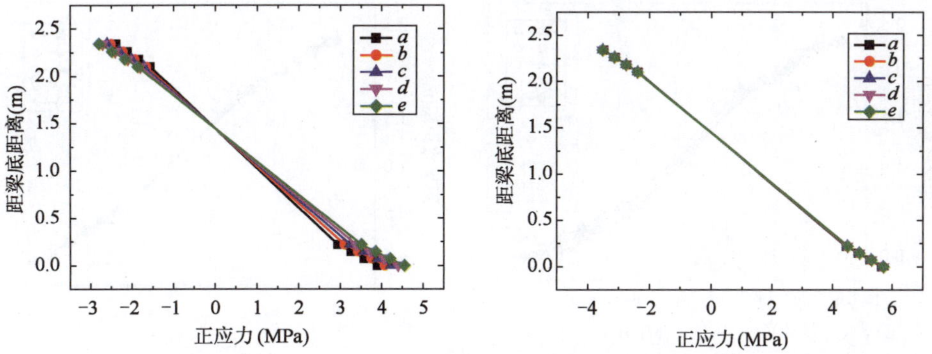

a)　　b)

图 5.3-8　均布荷载下截面正应力沿梁高分布

a) l/4; b) l/2

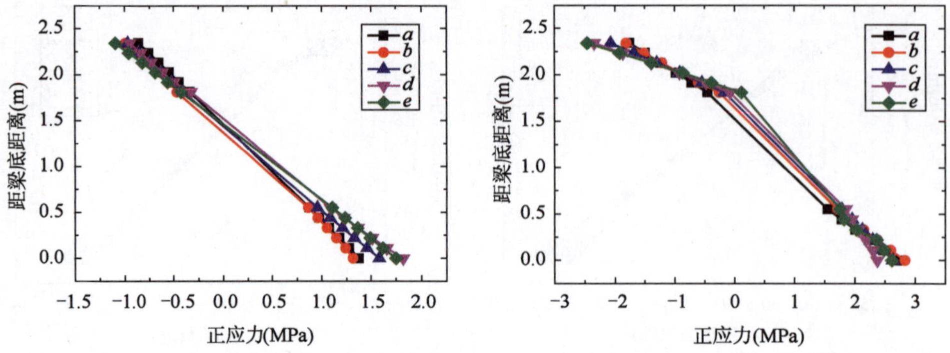

a) b)

图 5.3-9 跨中集中荷载下截面正应力沿梁高分布

a) $l/4$; b) $l/2$

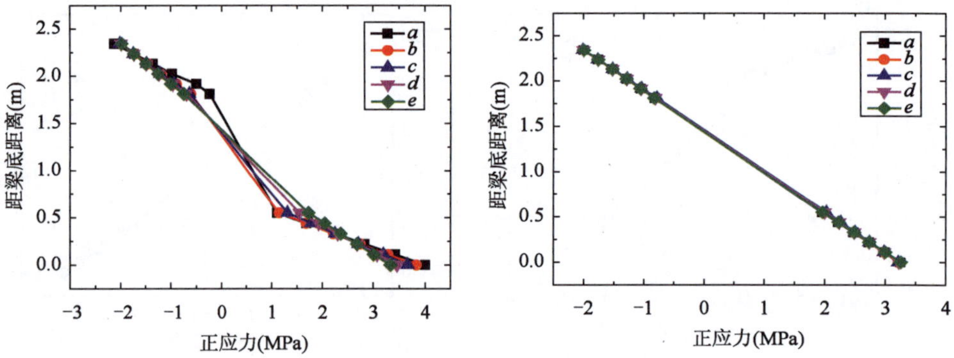

a) b)

图 5.3-10 两点对称荷载下截面正应力沿梁高分布

a) $l/4$; b) $l/2$

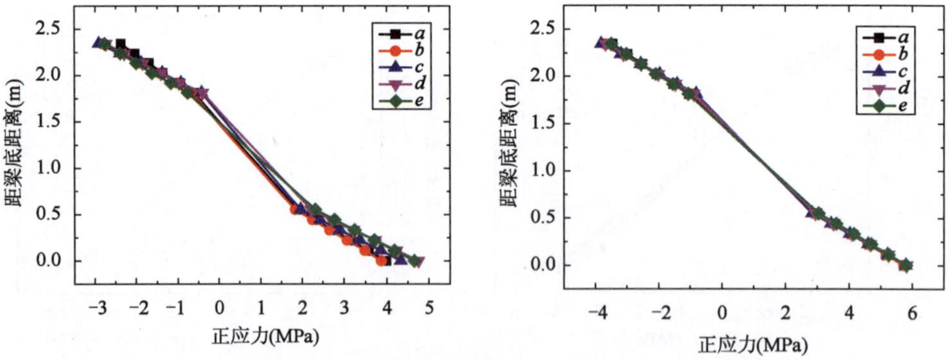

a) b)

图 5.3-11 均布荷载下截面正应力沿梁高分布

a) $l/4$; b) $l/2$

比较分析图5.3-6～图5.3-11所示的正应力计算结果，可以看出简支钢桁腹-混凝土组合梁在弯曲荷载作用下截面的应力分布具有以下特点：

(1)当梁承受纯弯作用或截面上的剪力较小时，整个截面内纵向正应力分布符合平截面假定，如两点对称荷载作用下位于纯弯段的跨中截面[图5.3-7b)、图5.3-10b)]、均布荷载下的跨中截面[图5.3-8b)、图5.3-11b)]。

(2)截面上的剪力对截面内纵向正应力沿截面高度方向的分布具有很大影响。在弯剪作用均较大的截面，截面内纵向应变在全截面内呈三折线分布，如集中荷载作用下的跨中截面[图5.3-6b)、图5.3-11b)]、两点对称荷载作用下的$l/4$截面[图5.3-7a)、图5.3-10a)]。

(3)同一截面内，腹板处的纵向正应力分布非线性程度比截面中部位置明显。这是因为截面上的剪力主要由腹杆承担，所以同一截面内腹板处的正应变分布受剪力的影响最大。

5.3.4　抗剪性能

计算跨中集中荷载作用下($P=1000$kN)，梁$l/4$处5个截面(a、b、c、d、e)的剪应力分布云图如图5.3-12所示。图5.3-12显示截面a顶板梁肋、截面c底板梁肋、截面e顶板梁肋处均出现应力集中现象，此处也为腹杆与混凝土结合的节点位置。除此部分以外，混凝土截面上的剪应力在整个截面内呈均匀分布，且剪力值很小。对称荷载与均布荷载作用下梁截面的剪应力分布具有相同的规律。

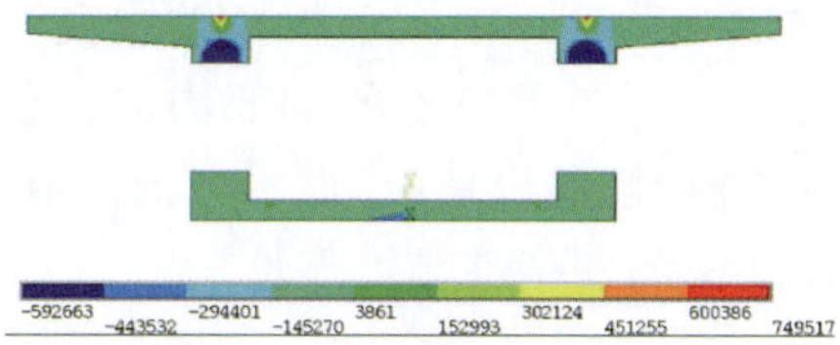

截面a

a)

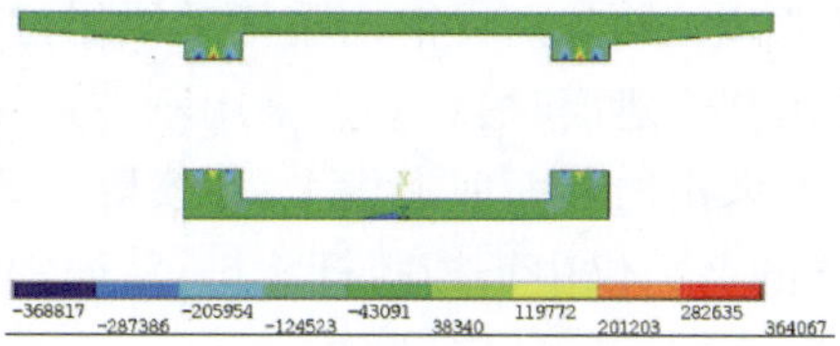

截面b

b)

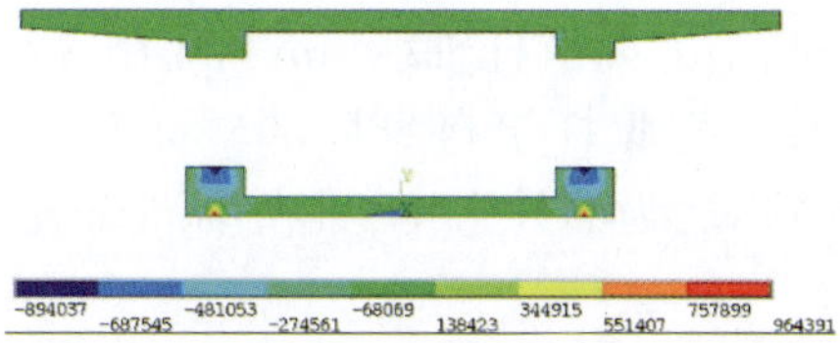

截面c

c)

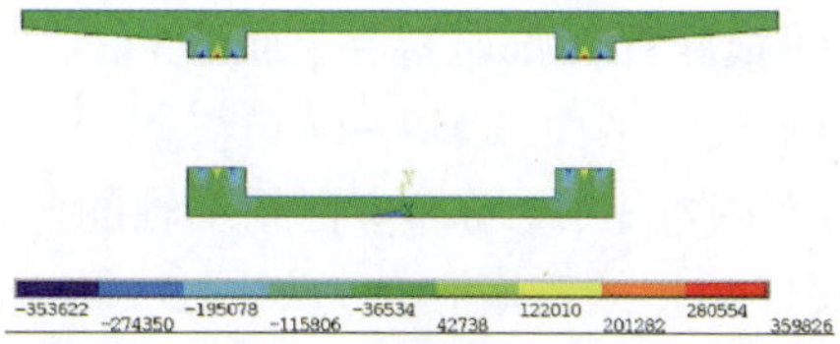

截面d

d)

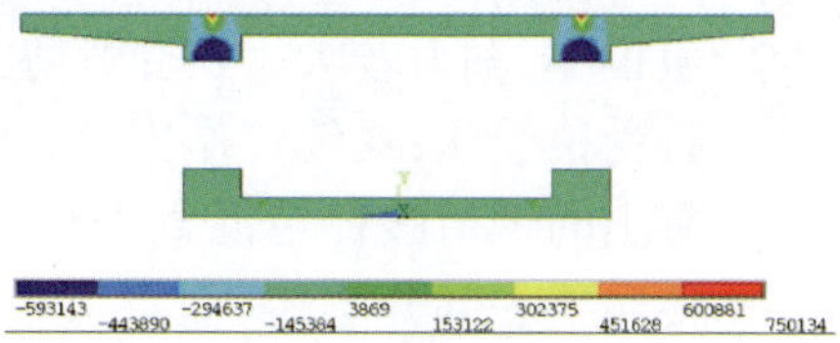

截面e

e)

图5.3-12　截面剪应力云图(单位：Pa)

a)截面a；b)截面b；c)截面c；d)截面d；e)截面e

计算各个断面上混凝土与钢桁腹杆承担的截面剪力之比,其中混凝土截面的剪力由截面剪应力积分求得,钢桁腹杆提供的剪力为腹杆轴力的竖向分力,计算结果见表5.3-2。

混凝土与钢桁腹杆承担的截面剪力(单位:kN) 表5.3-2

截面	a	b	c	d	e
V_c	205.03	48.41	48.224	48.224	204.47
V_w	294.97	451.59	451.776	451.776	295.53
$V_c : V_w$	2/3	1/9	1/9	1/9	2/3

注:V_c为混凝土顶底板承担的剪力;V_w为钢桁腹杆承担的剪力。

由表5.3-2的计算结果可知,在混凝土顶板的节点截面(a、e截面),混凝土顶底板承担的剪力约占截面剪力的40%;在其他截面,混凝土顶底板仅承担截面剪力的10%,梁的剪力主要由钢桁腹杆承担。这是因为混凝土顶板的节点断面,有相当一部分剪力由节点传递到混凝土板,此时该截面内混凝土板与钢桁腹杆共同承担截面剪力;而在其他截面,剪力主要由钢桁腹杆承担。

由于钢桁腹-混凝土组合梁的剪力借助钢桁腹杆节点来传递,因此在实际情况中钢桁腹-混凝土组合梁断面上的剪力分配受节点形式与位置的影响,而在模型中钢桁腹-混凝土组合梁断面上的剪力分配计算结果受建模方法与模拟效果的影响。在建模时不考虑节点的细部构造,采用点模拟节点时,如果腹杆轴线能交汇于一点,则节点应为钢桁腹杆轴线的交点,节点作刚性处理;如果没有,则在钢桁腹杆轴线错位的地方建立节点。本文中腹杆轴线交于一点,在进行有限元整体建模时,对节点采用刚性连接处理,同时不考虑节点的细部构造,故以上计算所得混凝土承担的断面剪力偏大,在实际工程应用中进行抗剪设计时,可不考虑混凝土抗剪能力,认为梁的剪力仅由钢桁腹杆承担,从而提高设计结构的安全性与可靠性。

5.3.5 钢桁腹杆内力

定义每根腹杆局部坐标系,如图5.3-13所示,其x方向沿杆轴线,xoy平面平行于模型整体坐标系的XOY平面,z轴平行于整体坐标系Z轴。把腹杆绕自身局部坐标系z轴的弯矩(M_z)称为面内弯矩,绕局部坐标系y轴的弯矩(M_y)称之为面外弯矩,梁在不同荷载工况作用下,每根腹杆承担的弯矩和轴力如图5.3-14所示。

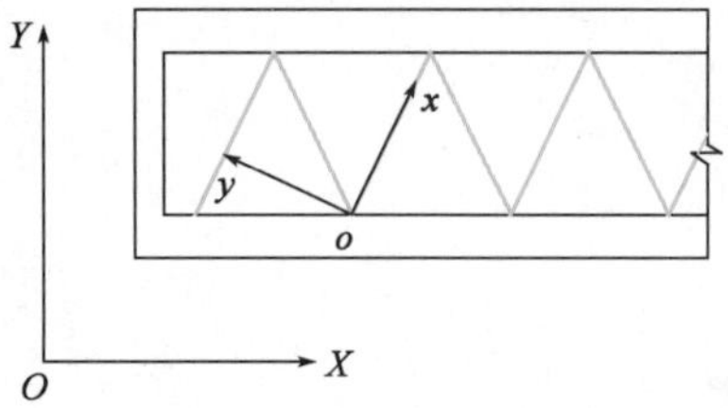

图5.3-13 腹杆坐标示意图

从图5.3-14可以看出,在三种荷载工况作用下,钢桁腹-混凝土组合梁的钢桁腹杆面外弯矩接近于0,面内弯矩值很小,轴力较大。在受弯剪共同作用的梁段,钢桁腹杆交替受拉受压;受纯弯作用的梁段,腹杆不受力。由于插入混凝土的钢桁腹杆与混凝土结合的节点不是铰接,所以节点传递了一部分弯矩,但量值很小,因此可以认为在钢桁腹-混凝土组合梁中腹杆主要承受轴向拉压作用。

综合以上分析可知,钢桁腹-混凝土组合梁的受力特点如下:钢桁腹-混凝土组合梁的混凝土顶底板主要承受弯曲作用,腹杆主要承受轴向拉压作用。钢桁腹-混凝土组合梁截面的弯矩由混凝土顶、底板承担,剪力则主要由钢桁腹杆轴力的竖向分力承担。

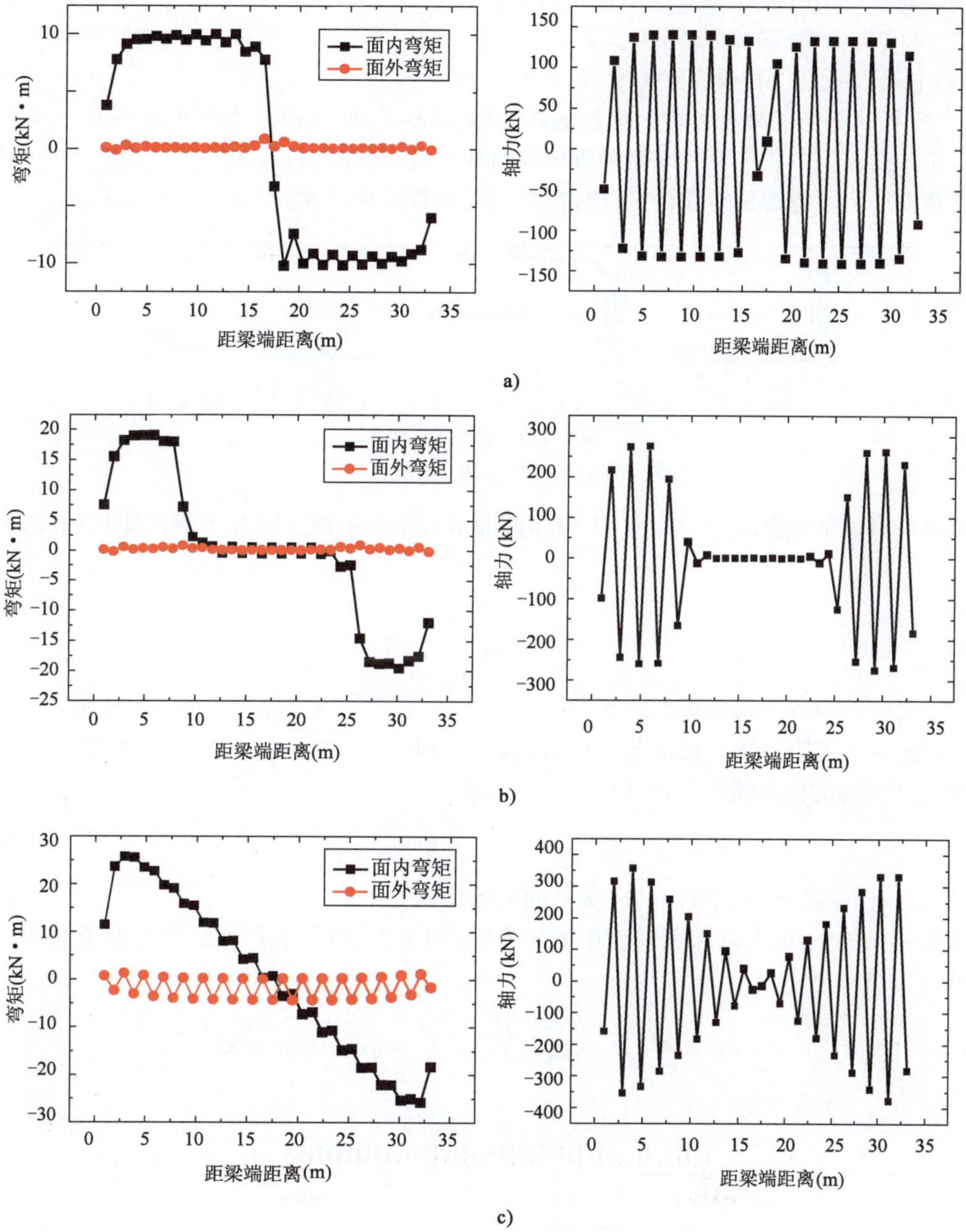

图 5.3-14　钢桁腹杆内力沿桥纵向分布

a)跨中集中荷载下钢桁腹杆内力沿桥纵向分布；b)两点对称荷载下钢桁腹杆内力沿桥纵向分布；c)均布荷载下钢桁腹杆内力沿桥纵向分布

5.3.6　梁的变形

将钢桁腹-混凝土组合梁当作仅有混凝土顶底板组成的单一梁，全截面有统一中性轴，采用经典梁理论对钢桁腹-混凝土组合梁进行变形计算，进行计算求解前基于以下基本假定：

（1）忽略钢桁腹杆的弯曲刚度。

（2）忽略混凝土顶底板的剪切变形。

（3）钢桁腹杆与混凝土板均为理想的弹性体，混凝土顶、底板的挠曲变形一致。

由于单梁模型中假定不考虑钢桁腹杆的弯曲刚度，则在进行弯曲计算时将钢桁腹杆忽略，弯曲计算模型为不考虑钢桁腹杆，仅由混凝土顶、底板组成的梁，如图 5.3-15b）所示。

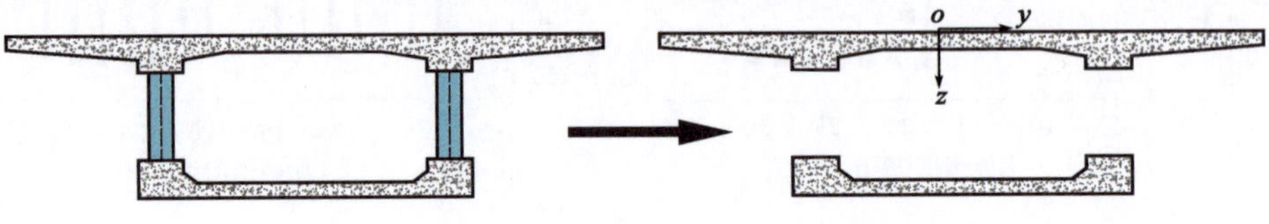

图 5.3-15 弯曲计算模型

a）断面图；b）简化断面图

根据材料力学知识，图 5.3-15b）中整体截面形心轴距混凝土顶板上缘的距离由式（5.3-1）表示。

$$z_o = \frac{A_u z_u + A_L z_L}{A_u + A_L} \tag{5.3-1}$$

式中：A_u、A_L——混凝土顶底板的面积；

z_u、z_L——混凝土顶底截面与底板截面各自的形心轴距混凝土顶板顶面的距离。

则整体截面的抗弯惯性矩由式（5.3-2）表达。

$$I = I_u + A_u (z_o - z_u)^2 + I_L + A_L (z_o - z_L)^2 \tag{5.3-2}$$

式中：I_u、I_L——混凝土顶板截面与底板截面的抗弯惯性矩。

根据结构力学知识，均布荷载作用下简支梁（图 5.3-16）任意截面 x 处的弯矩与剪力表达式如式（5.3-3）。

$$M(x) = \frac{qx}{2}(l - x), V(x) = \frac{ql}{2} - qx \quad (0 \leqslant x \leqslant l) \tag{5.3-3}$$

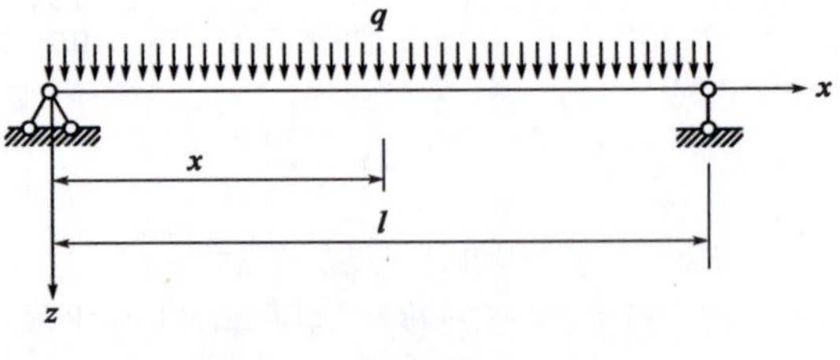

图 5.3-16 均布荷载作用下简支梁

外荷载作用下，混凝土顶底板所受轴力如式（5.3-4）：

$$N = \int \sigma \mathrm{d}A = \int \frac{M}{I} z \mathrm{d}A = \frac{MA_u}{I}(z_o - z_u) \tag{5.3-4}$$

混凝土顶、底板对截面弯矩的贡献按照顶、底板各自的抗弯刚度进行分配，则混凝土顶、底板所受弯矩如式(5.3-5)。

$$\begin{cases} M_u = \dfrac{M(x)}{I} I_u \\ M_L = \dfrac{M(x)}{I} I_L \end{cases} \tag{5.3-5}$$

混凝土截面正应力如式(5.3-6)。

$$\sigma(z) = \frac{M(x)}{I} z \tag{5.3-6}$$

不考虑钢桁腹杆的剪切变形与弯曲刚度，由 $w''(x) = -\dfrac{M(x)}{EI}$ 可得梁挠曲变形的方程如式(5.3-7)。

$$w(x) = \frac{qx(l^3 - 2lx^2 + x^3)}{24EI} \tag{5.3-7}$$

式中：E——混凝土的弹性模量。

将具体荷载、跨径与截面特性代入以上各式便可直解求解梁弯曲时的内力、应力与挠度。算例中全桥均布荷载 $q = 200\text{kN/m}$，$l = 35\text{m}$，其余各计算参数见表5.3-3，根据式(5.3-1)与式(5.3-2)计算出 $z_o = 0.8962\text{m}$。

计算参数　　表5.3-3

$A_u(\text{cm}^2)$	$I_u(\text{cm}^4)$	$A_l(\text{cm}^2)$	$I_l(\text{cm}^4)$	$z_u(\text{cm})$	$z_L(\text{cm})$
25664.5	5133846	14850	3122304	16.87	215.4

图5.3-17为全桥均布荷载作用下，钢桁腹-混凝土组合梁的变形曲线。

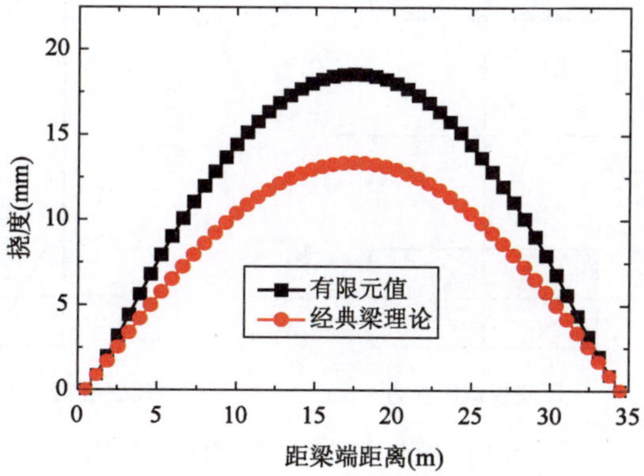

图5.3-17　变形沿纵桥向分布曲线

由图5.3-17可见，采用经典梁理论计算的钢桁腹-混凝土组合梁挠度较小，且具有较大的偏差。因此，在钢桁腹-混凝土组合梁的变形计算中，不可忽略钢桁腹杆的作用。由于采用经典梁理论进行变形计算时，无法考虑钢桁腹杆的作用，因此无法准确计算钢桁腹-混凝土组合梁的挠度。

5.4 钢桁腹-混凝土组合梁的变形计算方法

本节将基于钢桁腹-混凝土组合梁的受力特点,结合换算薄壁箱梁法与组合梁在竖向荷载作用下的位移模式与求解方法,推导钢桁腹-混凝土组合梁桥的挠度求解方程。

5.4.1 钢桁腹-混凝土组合梁的弯曲模型

由于钢桁腹-混凝土梁的弯矩主要由混凝土顶底板承担,假设忽略钢桁腹的抗弯刚度,钢桁腹-混凝土梁的截面弯矩全由混凝土顶底板承担,则在竖向荷载作用下,钢桁腹-混凝土组合梁的弯曲行为可分解为顶底板之间的桁架作用与弯曲作用的叠加。如图 5.4-1 所示,钢桁腹-混凝土组合梁的截面弯矩由两部分组成:混凝土顶底板各自所受弯矩以及顶底板的轴力所组成的力矩,其截面弯矩可按式(5.4-1)进行计算。

$$M = M_1 + M_2 + N_1 d_1 + N_2 d_2 \tag{5.4-1}$$

式中:M——截面总弯矩;

M_1——顶板弯矩;

M_2——底板弯矩;

N_1——顶板所受轴力;

N_2——底板所受轴力;

d_1——截面中性轴至混凝土顶板中性轴距离;

d_2——截面中性轴至混凝土底板中性轴之间的距离。

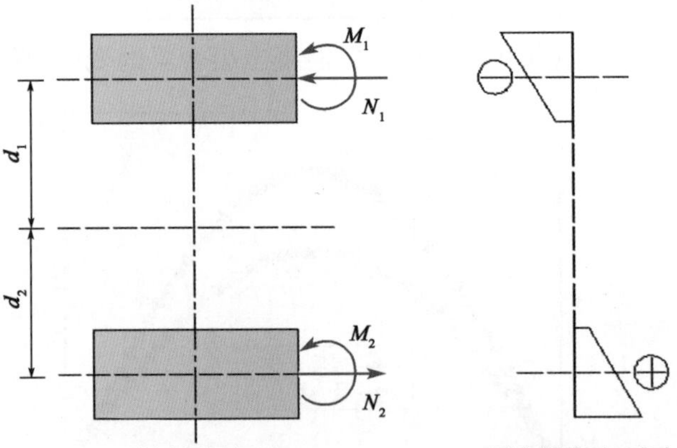

图 5.4-1 钢桁腹组合梁截面弯矩示意图

图 5.4-1 中钢桁腹-混凝土组合梁的截面正应力可分解为两部分应力的叠加,即轴力产生的应力与弯矩产生的应力,如图 5.4-2 所示。

5.4.2 钢桁腹-混凝土组合梁的等效梁

在竖向荷载作用下,钢桁腹-混凝土组合梁截面的剪力由钢桁腹杆轴力的竖向分量承担,进行挠度计算时不可忽略钢桁腹杆产生的剪切变形。为了考虑钢桁腹杆对挠度的贡献,将钢桁腹-混凝土组合梁桥(非连续体)等效为一个薄壁箱梁(连续体),如图5.4-3所示。将等效后的薄壁箱梁简称为等效梁,等效梁可视为由混凝土顶底板和钢腹板组成的组合梁。

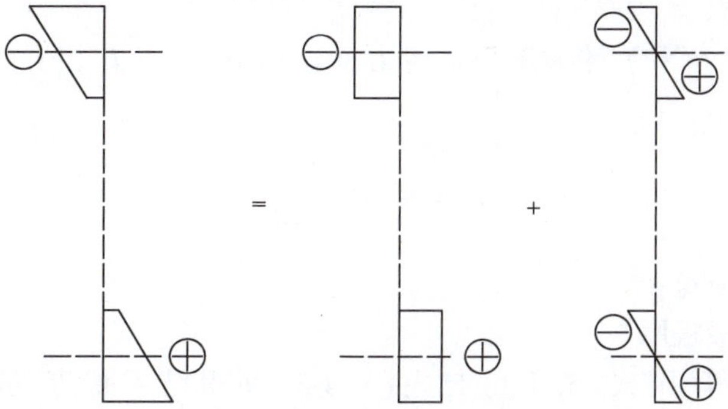

图5.4-2 钢桁腹-混凝土组合梁截面正应力示意图

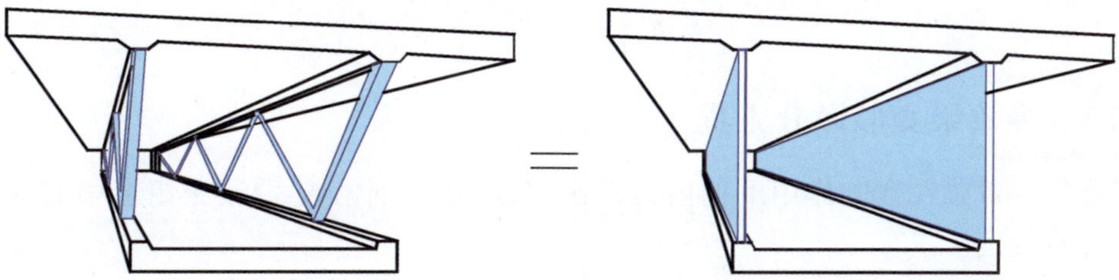

图5.4-3 钢桁腹-混凝土组合梁与等效梁示意图

采用换算薄壁箱梁法,按剪切变形相等的原则对钢桁腹杆进行换算。如图5.4-4所示,长度为 d 的斜腹杆,其杆的竖向高度与水平投影长度分别为 h 和 b,可将其换算为边长 h 和 b 的薄钢板,将钢桁腹杆换算所得薄钢板称为等效钢腹板或钢腹板。

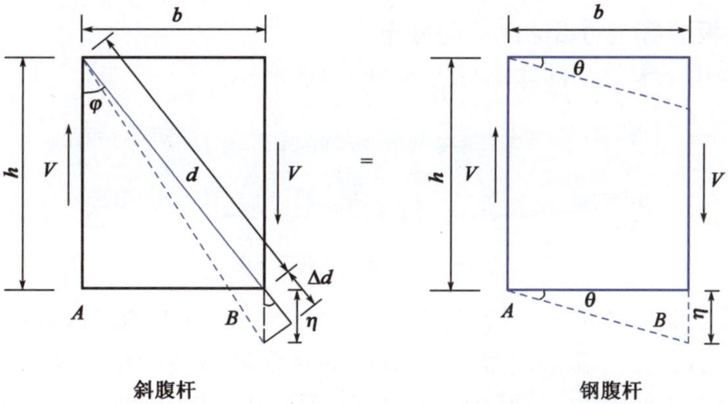

图5.4-4 钢桁腹杆换算钢腹板原则

图5.4-4所示的单根斜腹杆在节间剪力 V 作用下,节点 B 相对于节点 A 的位移 η 由式(5.4-2)确定。

$$\eta = \frac{\Delta d}{\cos\varphi} = \frac{Vd}{\cos\varphi \cdot EA} \cdot \frac{1}{\cos\varphi} = \frac{Vd}{EA\cos^2\varphi} = \frac{Vd^3}{EAh^2} \tag{5.4-2}$$

式中:E——钢材弹性模量;

A——钢管截面积。

而一块边长分别为 h 和 b 的薄钢板在剪力 V 作用下,节点 B 相对于节点 A 的位移 η 由式(5.4-3)确定。

$$\eta = b \cdot \theta = \frac{bV}{Ght} \tag{5.4-3}$$

式中:G——钢材剪切模量;

t——等效钢腹板板厚。

由于剪切变形相等,则式(5.4-2)与式(5.4-3)所得结果相等,故等效钢腹板板厚如式(5.4-4)。

$$t = \left(\frac{Vd^3}{EAh^2}\right)^{-1} \cdot \frac{bV}{Gh} = \frac{E}{G} \cdot \frac{Ahb}{d^3} \tag{5.4-4}$$

5.4.3 等效梁变形微分方程

为了推导等效梁在弯曲作用下的内力平衡方程,基于钢桁腹-混凝土组合梁的受力特点,引入如下计算假定:

(1)等效钢腹板与混凝土顶底板均为理想的弹性体,材料均处于线弹性阶段。

(2)混凝土顶底板的弯曲变形、轴向变形各自满足平截面假定,且混凝土顶底板的挠曲变形相等。

(3)混凝土顶底板板厚远小于腹板高度,混凝土顶底板自身剪切变形忽略不计。

(4)沿梁纵向等效钢腹板的压缩变形忽略不计,沿梁高方向等效钢腹板的压缩变形忽略不计。

(5)等效钢腹板的剪应力沿梁高均匀分布。

在竖向荷载作用下等效梁的弯曲行为如图5.4-5所示。

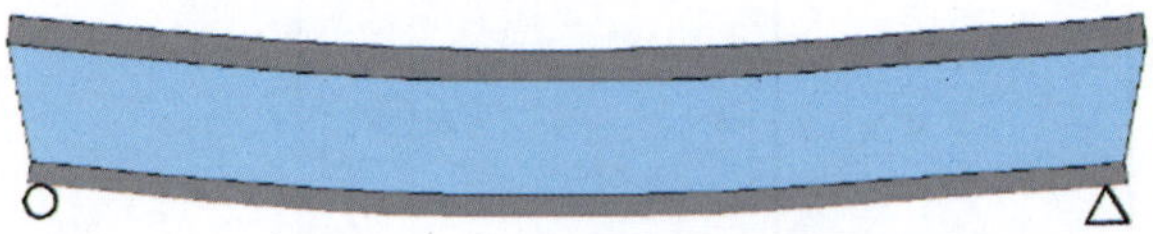

图5.4-5 等效梁弯曲示意图

取等效梁梁段的微元体进行分析,其变形后截面上任意一点的位移模式如图5.4-6所示。建立直角坐标系$\{o,x,y,z\}$,其 xz 平面与梁截面的对称轴组成的平面相重合,在直角坐标系$\{o,x,y,z\}$中,等效梁变形前与 x 轴平行,且上、下混凝土板的连线($O_u O_L$)与的中性层垂直。变形后,等效钢腹板发生剪切变形,使得混凝土顶板与底板产生相对转角 α。

等效梁变形后,截面上任一点的纵向位移由三部分组成:梁段的纵向线位移,梁段自身弯曲引起的纵向位移,等效钢腹板剪切变形引起的纵向位移。

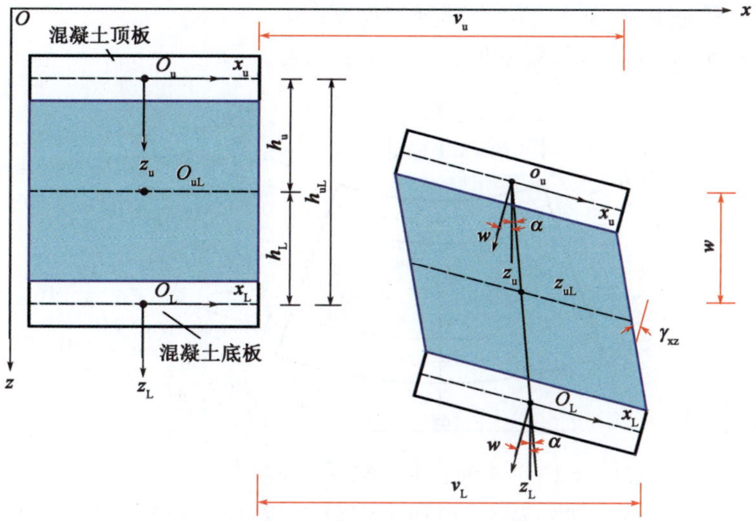

图 5.4-6 等效梁纵向位移分析模型

如上图所示,等效梁的上下混凝土翼缘 xz 平面任意一点纵向位移可表示为式(5.4-5)。

$$\begin{cases} v_u(x,z) = v(x) - h_u \cdot \alpha(x) - z_{ou} \cdot w'(x) \\ v_L(x,z) = v(x) + h_L \cdot \alpha(x) - z_{oL} \cdot w'(x) \end{cases} \tag{5.4-5}$$

式中:$v(x)$——等效梁纵向线位移;

下角$_{u、L}$——混凝土顶板和底板;

h_u、h_L——等效梁中性轴到混凝土顶板中性轴和底板中性轴的距离;

z_{ou}——混凝土顶板任意一点相对于顶板中性轴局部坐标系的 z 坐标;

z_{oL}——混凝土底板任意一点相对于底板中性轴局部坐标系的 z 坐标。

在竖向荷载作用下等效梁无轴向作用,则 $v(x)=0$,同时对式(5.4-5)求导,可得混凝土顶底板任意一点的正应变以及钢腹板的等效剪应变如式(5.4-6)。

$$\begin{cases} \varepsilon_u(x,z) = -h_u \cdot \dfrac{d\alpha(x)}{dx} - z_{ou} \cdot \dfrac{dw'(x)}{dx} \\ \varepsilon_L(x,z) = h_L \cdot \dfrac{d\alpha(x)}{dx} - z_{oL} \cdot \dfrac{dw'(x)}{dx} \\ \gamma_w(x,z) = \dfrac{(h_u + h_L) \cdot (w'(x) + \alpha(x))}{h_w} \end{cases} \tag{5.4-6}$$

式中:$\varepsilon_u(x,z)$——等效梁混凝土顶板 xz 平面任意一点纵向正应变;

$\varepsilon_L(x,z)$——等效梁混凝土底板 xz 平面任意一点纵向正应变;

下标 w——腹板;

$\gamma_w(x,z)$——钢腹板的等效剪应变；

h_w——钢腹板未埋入混凝土部分的高度。

等效梁梁段微元体所受内力模型如图 5.4-7 所示。

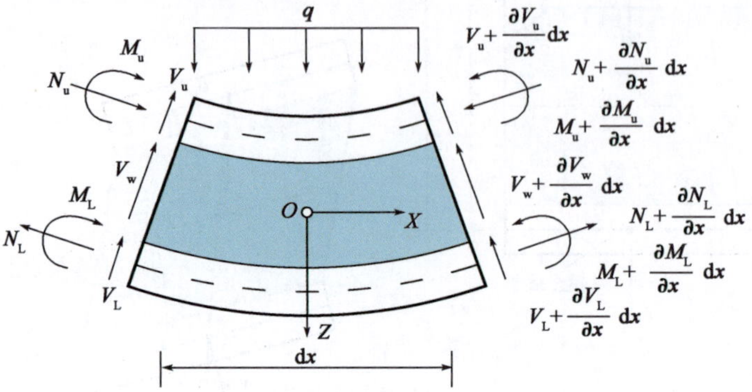

图 5.4-7　梁段微元受力示意图

对式(5.4-6)沿厚度方向进行积分,可得到混凝土顶底板所受的内力如式(5.4-7)。

$$\begin{cases} N_u = -(EA)_u h_u \alpha' \\ N_L = (EA)_L h_L \alpha' \\ M_u = -(EI)_u w'' \\ M_L = -(EI)_L w'' \end{cases} \tag{5.4-7}$$

式中:$(EA)_u$、$(EA)_L$——混凝土顶、底板的轴向刚度;

$(EI)_u$、$(EI)_L$——混凝土顶底板的抗弯刚度。

等效梁在竖向荷载作用下截面轴力有 $N=N_u+N_L=0$,即式(5.4-8)。

$$(EA)_u h_u = (EA)_L h_L \tag{5.4-8}$$

等效梁截面弯矩由混凝土顶底板各自所受弯矩、通过顶底板的轴力所组成的力矩组成如式(5.4-9)。

$$M = M_u + M_L + (-N_u)\cdot h_u + N_L \cdot h_L \tag{5.4-9}$$

同时,等效钢腹板提供的剪力如式(5.4-10)。

$$V_w = \gamma_w A_w G = GA_w \frac{(h_u + h_L)\cdot(w' + \alpha)}{h_w} \tag{5.4-10}$$

此外,根据材料力学知识,截面剪力可由弯矩求导得到,即 $V=M'$。将式(5.4-7)中两个轴力等式代入式(5.4-9)并求导,得式(5.4-11)。

$$V_{u+L} + V_w = M'_u + M'_L + (EA)_u h_u^2 \alpha'' + (EA)_L^2 \alpha'' \tag{5.4-11}$$

由于 $V_{u+L}=M'_u+M'_L$,则有式(5.4-12)。

$$V_w = [(EA)_u h_u^2 + (EA)_L h_L^2]\alpha'' = GA_w \cdot \frac{(h_u + h_L)\cdot(w' + \alpha)}{h_w} \tag{5.4-12}$$

于是，可得式(5.4-13)。

$$[(EA)_u h_u^2 + (EA)_L h_L^2]\alpha'' - GA_w \cdot \frac{(h_u + h_L)\cdot(w' + \alpha)}{h_w} = 0 \tag{5.4-13}$$

将式(5.4-7)代入式(5.4-9)并求导，可得式(5.4-14)。

$$[(EI)_u + (EI)_L]w''' - [(EA)_u h_u^2 + (EA)_L h_L^2]\alpha'' = -V \tag{5.4-14}$$

则梁内力平衡控制微分方程如式(5.4-15)。

$$\begin{cases} B_1\alpha'' - C(w' + \alpha) = 0 \\ B_2 w''' - B_1\alpha'' = -V \end{cases} \tag{5.4-15}$$

式中：B_1——由通过混凝土截面的轴力作用提供的弯曲刚度，$B_1 = (EA)_u h_u^2 + (EA)_L h_L^2$；

B_2——混凝土截面上的弯矩作用提供的弯曲刚度，$B_2 = (EI)_u + (EI)_L$；$h = h_u + h_L$，为混凝土顶底板中性轴之间的距离；

C——钢腹板提供的抗剪刚度，$C = GA_w \dfrac{(h_u + h_L)}{h_w}$。

通过等效梁的力平衡微分方程式(5.4-15)，结合具体的荷载条件与梁的边界条件可以得到梁的挠曲线方程。

5.4.4 变形计算理论公式

考虑集中荷载与全桥均布荷载两种情况，推导简支钢桁腹-混凝土组合梁变形计算的理论公式，对于其他荷载情况也可进行类似的推导。

5.4.4.1 集中荷载作用

如图5.4-8所示，距梁端任意位置 m 处有一竖向集中荷载 P，该荷载作用下的简支钢桁腹-混凝土组合梁边界条件如式(5.4-16)。

$$\begin{cases} w(0) = 0 \\ w(l) = 0 \end{cases},\begin{cases} w''(0) = 0 \\ w''(l) = 0 \end{cases},\begin{cases} \alpha'(0) = 0 \\ \alpha'(l) = 0 \end{cases} \tag{5.4-16}$$

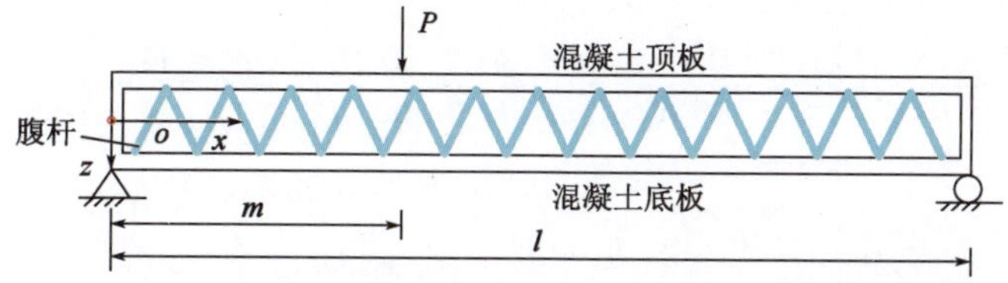

图5.4-8 简支钢桁腹-组合梁承受集中荷载示意图

在荷载作用下的内力如式(5.4-17)。

$$M(x)=\begin{cases}\dfrac{l-m}{l}\cdot Px & (0\leqslant x<m)\\[2ex] \dfrac{m}{l}\cdot Px & (m\leqslant x\leqslant l)\end{cases},V(x)=\begin{cases}\dfrac{l-m}{l}\cdot P & (0\leqslant x<m)\\[2ex] -\dfrac{m}{l}\cdot P & (m\leqslant x\leqslant l)\end{cases}\tag{5.4-17}$$

整理式(5.4-13)可得：

$$\beta\alpha''-\alpha=w'\tag{5.4-18}$$

式中，$\beta=\dfrac{B_1}{Gth}$。

将其代入式(5.4-14)，可得式(5.4-19)。

$$a_{11}\frac{d^4\alpha}{dx^4}+a_{12}\frac{d^2\alpha}{dx^2}=-V(x)\tag{5.4-19}$$

令 $a_{11}=\dfrac{B_1B_2}{Gth}$；$a_{12}=-(B_1+B_2)$，

则特征方程 $(a_{11}R^2+a_{12})R^2=0$ 特征根为 $R_{1,2}=0$，$R_{3,4}=\pm\sqrt{-\dfrac{a_{12}}{a_{11}}}$

可得到式(5.4-18)的特解。

$$\begin{cases}\alpha(x)=c_3e^{R_3x}+c_4e^{R_4x}+c_1x+c_2-\dfrac{(l-m)P}{2a_{12}l}x^2 & 0\leqslant x<m\\[2ex] \alpha(x)=c_3e^{R_3x}+c_4e^{R_4x}+c_5x+c_6+\dfrac{mP}{2a_{12}l}x^2 & m\leqslant x\leqslant l\end{cases}\tag{5.4-20}$$

将式(5.4-20)代入式(5.4-18)，对挠度进行积分：

当 $0\leqslant x<m$ 时，可得式(5.4-21)。

$$w(x)=\frac{(\beta R_3^2-1)}{R_3}c_3e^{R_3x}+\frac{(\beta R_4^2-1)}{R_4}c_4e^{R_4x}+\frac{(l-m)P}{6a_{12}l}x^3-\frac{c_1}{2}x^2-\left[\frac{(l-m)P}{a_{12}l}\beta+c_2\right]x+c_7\tag{5.4-21}$$

当 $m\leqslant x\leqslant l$ 时，可得式(5.4-22)。

$$w(x)=\frac{(\beta R_3^2-1)}{R_3}c_3e^{R_3x}+\frac{(\beta R_4^2-1)}{R_4}c_4e^{R_4x}-\frac{mP}{6a_{12}l}x^3-\frac{c_5}{2}x^2+\left(\frac{mP}{a_{12}l}\beta-c_6\right)x+c_8\tag{5.4-22}$$

各个积分常数由边界条件与荷载加载点处的挠度条件 $\begin{cases}w(m_-)=w(m_+)\\ w'(m_-)=w(m_+)\end{cases}$ 求得，如式(5.4-23)。

$$\begin{cases} c_1 = 0 \\ c_2 = \dfrac{1}{6}\dfrac{P(6m\beta + 2ml^2 - 6\beta l - 3m^2 l + m^3)}{a_{12}l} \\ c_3 = 0 \\ c_4 = 0 \\ c_5 = -\dfrac{mP}{a_{12}} \\ c_6 = \dfrac{1}{6}\dfrac{Pm(6\beta + 2l^2 + m^2)}{a_{12}l} \\ c_7 = 0 \\ c_8 = \dfrac{1}{6}\dfrac{Pm^3}{a_{12}} \end{cases} \tag{5.4-23}$$

则竖向集中荷载下，简支钢桁腹-混凝土组合梁挠度计算的理论公式如式(5.4-24)。

$$\begin{cases} w(x) = \dfrac{(l-m)P}{6a_{12}l}x^3 - \left[\dfrac{(l-m)P}{a_{12}l}\beta + \dfrac{1}{6}\dfrac{P(6m\beta + 2ml^2 - 6\beta l - 3m^2 l + m^3)}{a_{12}l}\right]x & (0 \leqslant x < m) \\ w(x) = -\dfrac{mP}{6a_{12}l}x^3 + \dfrac{mP}{2a_{12}}x^2 + \dfrac{mP}{a_{12}l}\beta x - \dfrac{1}{6}\dfrac{Pm(6\beta + 2l^2 + m^2)}{a_{12}l}x + \dfrac{1}{6}\dfrac{Pm^3}{a_{12}} & (m \leqslant x \leqslant l) \end{cases} \tag{5.4-24}$$

由上式可求得任一位置集中荷载作用下梁的变形，结合位移叠加原理，可求解多个集中力作用下梁的变形。

5.4.4.2　均布荷载作用

对于图5.4-9所示的承受竖向均布荷载 q 作用的简支钢桁腹-混凝土组合梁，其边界条件仍为式(5.4-16)。

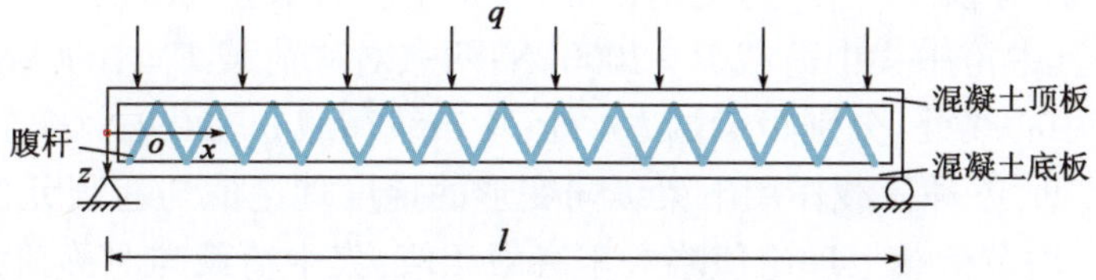

图5.4-9　简支钢桁腹-组合梁承受均布荷载示意图

在荷载作用下的梁内力如式(5.4-25)确定。

$$M(x) = q(L - x)x/2, V(x) = q(L - 2x)/2 \tag{5.4-25}$$

其方程式(5.4-19)的对应通解如式(5.4-26)。

$$\alpha(x) = c_3 e^{R_3 x} + c_4 e^{R_4 x} + c_1 x + c_2 + \frac{qx^3}{6a_{12}} - \frac{qlx^2}{4a_{12}} \tag{5.4-26}$$

则均布荷载作用下，简支钢桁腹-混凝土组合梁挠度计算的理论公式如式(5.4-27)。

$$w(x)=\frac{(\beta R_3^2-1)}{R_3}(c_3e^{R_3x}-c_4e^{R_4x})+\frac{qx^4}{24(B_1+B_2)}-\frac{qlx^3}{12(B_1+B_2)}-\frac{1}{2}\left(\frac{q\beta}{B_1+B_2}+c_1\right)x^2-\left[c_2-\frac{ql\beta}{2(B_1+B_2)}\right]x+c_5 \tag{5.4-27}$$

式中各系数分别由式(5.4-28)确定。

$$\begin{cases} c_1=\dfrac{q}{(B_1+B_2)R_3^2} \\ c_2=-\dfrac{ql^3}{24(B_1+B_2)}-\dfrac{ql}{2(B_1+B_2)R_3^2} \\ c_3=\dfrac{q}{2(B_1+B_2)R_3^3\sinh(R_4l)} \\ c_4=-\dfrac{qe^{R_3L}}{2(B_1+B_2)R_3^3\sinh(R_4l)} \\ c_5=-\dfrac{q(\beta R_3^2-1)}{(B_1+B_2)R_3^4(e^{R_4l}-1)} \end{cases} \tag{5.4-28}$$

5.4.5 算例

以5.3.2节的钢桁腹-混凝土组合梁桥为例，以ANSYS有限元实体模型计算结果为参考值，分别考虑跨中集中荷载、两点对称荷载与均布荷载作用，将三种荷载作用下梁的挠度理论值与有限元结果进行对比，并分析理论公式与有限元计算结果的偏差。

根据公式(5.4-4)将钢桁腹杆等效为薄钢板，钢桁腹杆的等效钢腹板厚度 t 见表5.4-1。

钢管等效钢腹板厚度及参数 表5.4-1

$A(\mathrm{mm}^2)$	h(m)	b(m)	d(m)	E(MPa)	泊松比 ν	t(mm)
16838.94	2.297	0.975	2.495	2.06×10^5	0.3	6.1

图5.4-10为三种荷载作用下，简支钢桁腹-混凝土组合梁沿纵向挠曲变形的理论公式与有限元计算结果。其中跨中集中荷载 $P=2000\mathrm{kN}$；两点对称荷载 $F=1000\mathrm{kN}$，两点对称荷载加载点位置为梁顶板中心线处，分别距梁端 $l/4$ 处；均布线荷载 $q=200\mathrm{kN/m}$。

由图5.4-10可见，三种荷载作用下梁纵向变形的挠度理论值与有限元值十分吻合。算例中的跨中挠度结果，均布荷载下理论值略大于有限元值，集中荷载与对称荷载下理论值略小于有限元值。图5.4-11为挠度理论公式计算值与有限元值的相对偏差，表5.4-2～表5.4-4分别给出了各荷载作用下1/4跨与跨中的挠度理论值与有限元计算结果的相对偏差。由于简支钢桁腹-混凝土梁在梁端(支座附近)设置了近1m长的实心混凝土段，ANSYS有限元模型对此进行了精确地模拟，而理论公式忽略了端横梁对于挠度的影响，所以此范围内相对偏差值偏大。对于简支梁而言支点附近的挠度不是工程中关注的对象，其挠度值显而易见很小，绝对偏差量也很小，本文不以梁端附近的挠度相对偏差值作为参考，而以距梁端4m以外范围内的相对偏差评定挠度理论公式的计算精度，对于集中荷载与均布荷载尤其关注跨中相对偏差，对于两点对称荷载尤其关注 $l/4$ 处相对偏差。

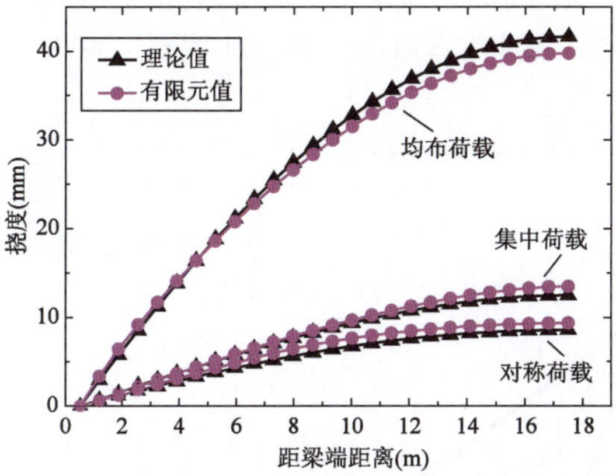

图 5.4-10 简支钢桁腹-混凝土梁变形沿纵向分布

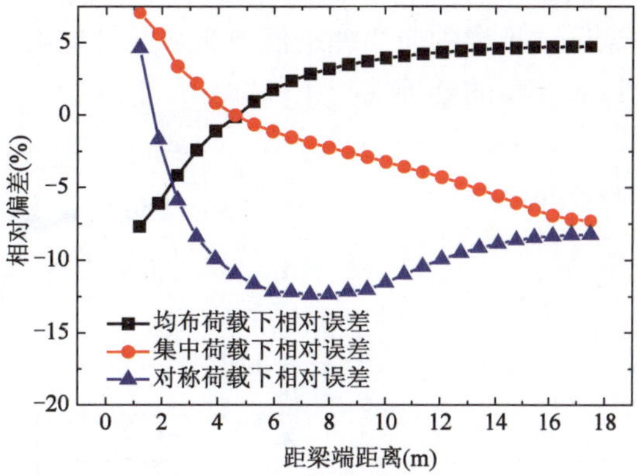

图 5.4-11 挠度理论值相对偏差

集中荷载($P=2000$kN)作用下挠度理论值与有限元结果 表 5.4-2

挠 度 位 置	理论值(mm)	有限元值(mm)	绝对偏差(mm)	相对偏差(%)
$l/4$	7.71	7.88	-0.17	-2
$l/2$	12.49	13.46	-0.98	-7

注:绝对偏差 = 理论值 - 有限元值;相对偏差 = 绝对偏差/有限元值 × 100%。

对称荷载($F=1000$kN)作用下挠度理论公式与有限元结果 表 5.4-3

挠 度 位 置	理论值(mm)	有限元值(mm)	绝对偏差(mm)	相对偏差(%)
$l/4$	5.65	6.47	-0.82	-12
$l/2$	8.58	9.35	-0.77	-8

注:绝对偏差 = 理论值 - 有限元值;相对偏差 = 绝对偏差/有限元值 × 100%。

均布荷载($q=200$kN/m)作用下挠度理论公式与有限元值对比 表 5.4-4

挠 度 位 置	理论值(mm)	有限元值(mm)	绝对偏差(mm)	相对偏差(%)
$l/4$	29.36	28.37	0.99	3
$l/2$	41.62	39.74	1.89	5

注:绝对偏差 = 理论公式 - 有限元值;相对偏差 = 绝对偏差/有限元值 × 100%。

由图 5.4-11 可知,集中荷载与均布荷载下,挠度相对偏差由梁端较大,在梁端附近较大,向跨中不断减小,在距梁端 4m 处接近于 0。从 4m 处向跨中挠度相对偏差又逐渐增大,直至跨中达到最大值,最大值为 5% 左右。对称荷载下,相对偏差最大值出现在对称荷载作用点(四分点)附近,跨中与梁端附近的相差对偏差值均小于荷载作用位置,相对偏差体现出由荷载作用位置向两端逐渐变小的趋势。整体而言,挠度理论公式精度均满足工程应用的偏差范围。

由表 5.4-2 ~ 表 5.4-4 可知,集中荷载作用下,跨中挠度相对偏差为 -7%,$l/4$ 挠度相对偏差仅为 -2%,说明集中荷载作用下的挠度理论公式精度较高;对称荷载作用下,跨中挠度相对偏差为 -12%,$l/4$ 挠度相对偏差仅为 -8%,对称荷载作用下挠度理论公式精度低于集中荷载的情况,但仍具有较高的计算精度;均布荷载作用下,跨中挠度相对偏差仅为 3%,$l/4$ 挠度相对偏差为 3%,说明挠度理论值与有限元结果十分吻合。

图 5.4-12 为跨中截面中心处正应变沿截面梁高的分布。从图中可以看出,基于本章挠度理论公式推导的应变理论值与有限元结果吻合较好,说明本章假设的钢桁腹-混凝土组合梁理论计算模型的合理性与正确性。

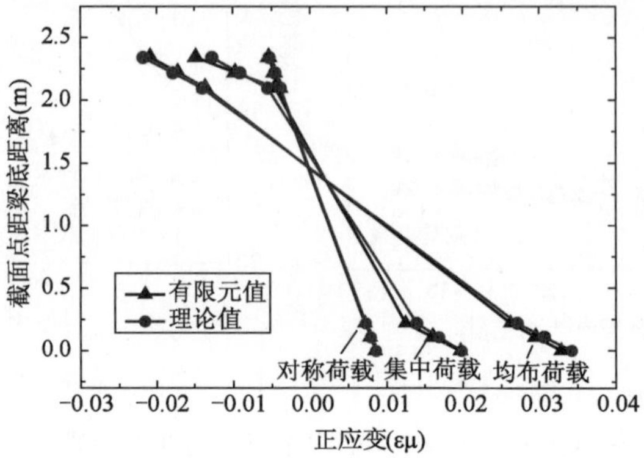

图 5.4-12　跨中截面正应变沿梁高分布

5.5　结构参数对钢桁腹-混凝土组合梁变形计算公式的影响

根据日本和中国目前已建钢桁腹-混凝土组合桥的尺寸范围(表 5.5-1),选取钢桁腹-混凝土组合梁的结构参数取值范围,分析不同几何参数的变化对钢桁腹-混凝土组合梁变形计算理论公式精度的影响,以较全面地把握式(5.4-24)与式(5.4-27)的适用情况。

日本与中国已建钢桁腹组合梁桥尺寸　　表 5.5-1

桥　　名	主跨径(m)	梁高(m)	梁宽(m)	钢桁榀数	顶板厚(cm)	底板厚(cm)	钢管直径(mm)	钢管壁厚(mm)
严门园地园路桥	39	3.4	2.3	2	35.7	26.2	—	—
木之川高架桥	85	6	11.15	2	30	25	406.4	9~22
青云桥	97	1~2.2	6.3	2	—	—	—	—
山仓川桥	53.2	5.2	6.75	2	—	—	457.2	—
志津见大桥	75	2.5~6.5	10.4	2	30	18	—	—
猿田川桥	110	6.5	16.5	4	—	—	457.2	9~30
巴川桥	119	6.5	16.5	4	—	—	457.2	9~30
中国江山桥	35	2.4	4.8	2	28	22	351	16

注:"—"表示未查到有效数据;钢管直径取钢管外径。

考虑梁截面特性、跨径、钢管布置角度与截面形式等方面因素影响,选取高跨比、悬翼比、高宽比和腹杆截面形式 4 个参数变量,分析不同参数的变化对梁变形的影响。

5.5.1 跨高比

以5.3.2节的钢桁腹-混凝土组合梁桥为例，梁高 $h=2.343\text{m}$，变化跨径 l 以分析跨高比 l/h 对理论公式的影响，跨高比按8～30的变化范围取值，其余尺寸不变。取14组不同跨径，共42个模型，以跨中与1/4跨位置处的挠度为代表值。图5.5-1为跨高比 l/h 变化时挠度理论值与有限元值，图5.5-2为跨高比 l/h 变化时挠度理论公式计算值与有限元值。

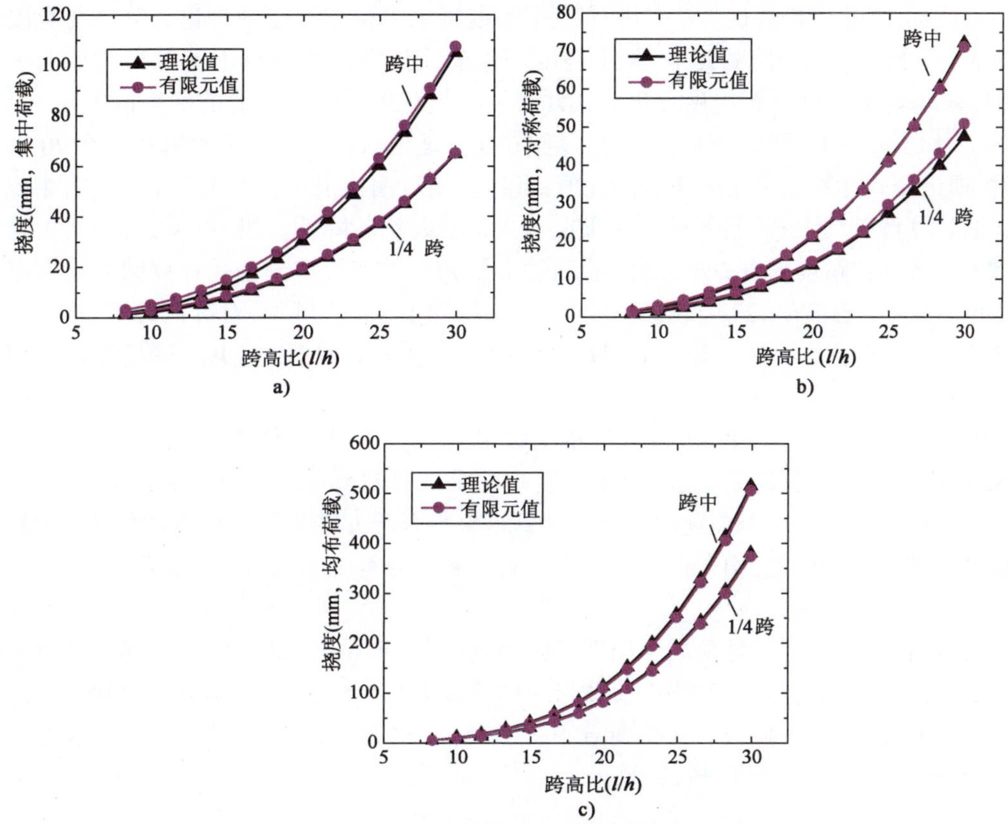

图5.5-1 跨高比(l/h)变化时挠度理论公式与有限元结果

a)跨中集中荷载；b)两点对称荷载；c)均布荷载

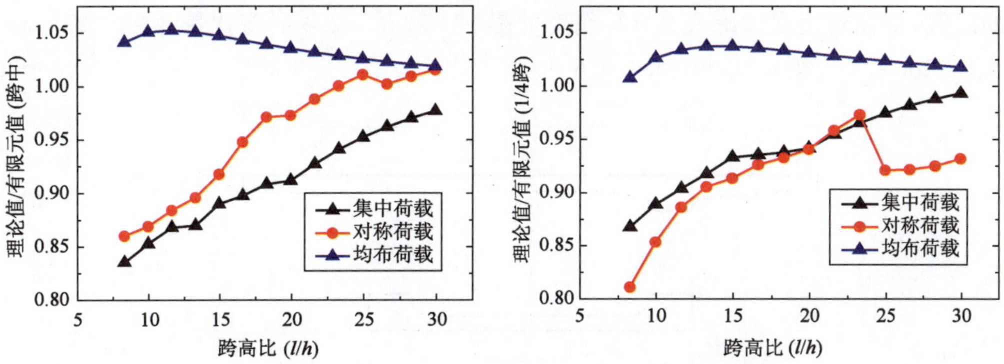

图5.5-2 跨高比(l/h)对挠度理论公式计算精度的影响

集中荷载作用下,跨高比 l/h 变化时钢桁腹-混凝土组合梁挠度的理论计算值与有限元值如图5.5-1a)所示。不同跨高比下,跨中挠度理论公式计算结果与有限元结果比值的平均值为0.90,标准差0.06;$l/4$ 跨挠度理论公式计算结果与有限元结果比值的平均值为0.94,标准差0.04。随着 l/h 的增大,理论公式计算结果与有限元值的相对偏差越来越小,偏差范围约为15%,理论公式计算精度受跨高比的影响较大。当 l/h 大于11时,挠度理论值相对偏差约10%,满足工程应用的精度要求。

对称荷载作用下,跨高比 l/h 变化时钢桁腹-混凝土组合梁挠度的理论计算值与有限元值如图5.5-1b)所示。不同跨高比下,跨中挠度理论公式计算结果与有限元结果比值的平均值为0.95,标准差0.06;$l/4$ 跨挠度理论公式计算结果与有限元结果比值的平均值为0.89,标准差0.06。从图5.5-1b)可见,l/h 在8~20范围内时,理论值略小于有限元值;l/h 在20~30范围内时,理论公式计算结果略大于有限元值,且计算相对偏差很小;l/h 大于10时,跨中挠度理论公式的计算偏差约15%,计算相对偏差随着 l/h 增大不断降低。当 $l/h<23$ 时,1/4跨处挠度的理论公式计算精度随着 l/h 增大不断提高;当 $l/h=23$ 时,理论公式计算结果与有限元结果的比值为97%;当 $l/h>23$ 时,计算相对偏差却增加了5%。可见,对称荷载下,跨高比对于理论公式的影响较大。当 l/h 等于11时,挠度理论公式相对偏差约10%,满足工程应用的精度要求。

均布荷载作用下,跨高比 l/h 变化时钢桁腹-混凝土组合梁挠度的理论计算值与有限元值如图5.5-1c)所示。不同跨高比下,跨中挠度理论公式计算结果与有限元结果比值的平均值为1.04,标准差0.01;$l/4$ 跨挠度理论公式计算结果与有限元结果比值的平均值为1.03,标准差0.01。从图5.5-2可见,均布荷载下理论公式计算值与有限元值符合程度很高,且计算结果稳定。

上述分析结果表明:三种荷载作用下,均布荷载下的理论公式受跨高比的影响较小,在不同跨高比下计算结果均较准确;集中荷载与对称荷载下,组合梁的挠度理论公式随 l/h 的增大计算精度不断提高;集中荷载与对称荷载下,建议跨高比 l/h 大于11时采用本文理论公式对钢桁腹-混凝土组合梁的挠度进行计算。

5.5.2 悬翼比

分析图5.5-3所示断面中悬翼比 a/b_1(悬臂板长度 a 和混凝土顶板腹板中心线间距的一半 b_1 的比值)变化对挠度理论公式计算精度的影响。取 $b_1=2.4$m,变化悬臂板的宽度 $a=0$m、0.96m、1.92m、2.4m,则 $a/b_1=0$、0.4、0.8、1。

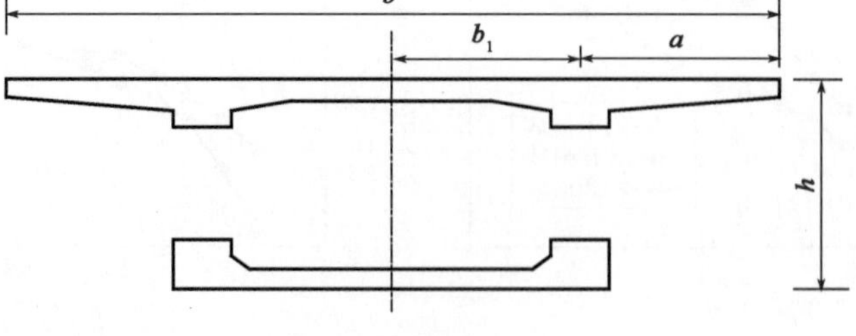

图5.5-3 断面尺寸图示

如图 5.5-4 所示,当悬翼比(a/b_1)在 0.4 ~ 1 范围内变化时,三种荷载作用下的挠度理论值与有限元结果十分吻合。跨中与 1/4 跨挠度的理论公式计算结果与有限元结果比值的平均值均为 0.99,方差均为 0.001,表明挠度理论公式受悬翼比(a/b_1)影响很小。

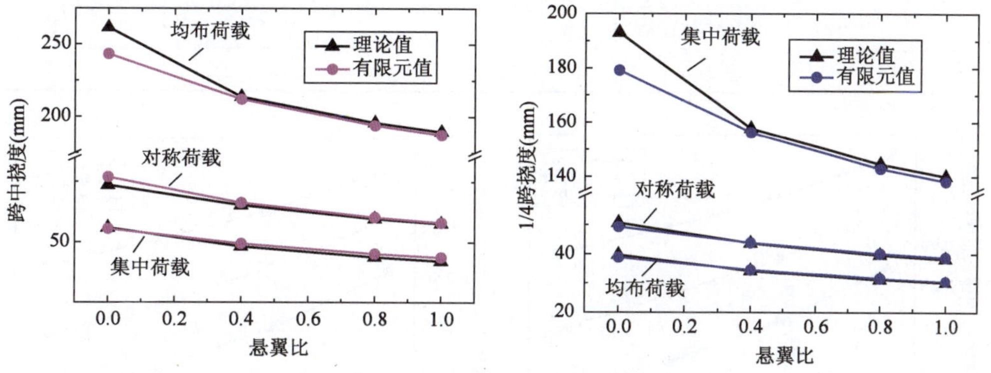

图 5.5-4 悬翼比(a/b_1)变化时挠度理论值与有限元结果

如图 5.5-5 所示,当悬翼比(a/b_1)变化时,挠度理论公式计算相对偏差约 ±5%。且当 $a/b_1>0$ 时,计算偏差迅速减小;当 $a/b_1>0.4$ 时,挠度理论公式的计算相对偏差在 ±2% 之间变化,可见当截面有悬臂段时,挠度理论公式的计算精度高于无悬臂段。一般箱梁截面均有悬臂段,可以认为挠度理论公式受悬翼比影响很小,可不考虑悬翼比不同时对挠度理论公式的影响。

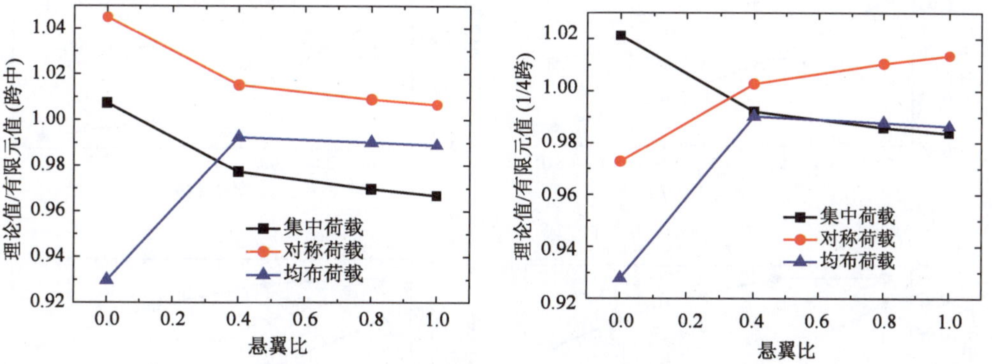

图 5.5-5 悬翼比(a/b_1)对挠度理论公式计算精度的影响

5.5.3 宽高比

分析不同宽高比 b/h 对组合梁挠度理论公式计算结果的影响,取梁高为 2m、2.5m、3m,不同梁高下的宽高比 b/h = 3、4、5、6,梁高不同时对应的梁宽取值见表 5.5-2,共 16 个模型。图 5.5-6 为宽高比 b/h 变化时,在均布荷载、跨中集中荷载与两点对称荷载作用下,钢桁腹-混凝土组合梁挠度理论公式计算结果与有限元结果的比值,表现了挠度理论公式的计算精度随宽高比 b/h 的变化。

梁宽取值　　　　表 5.5-2

h/m	宽高比 b/m			
	3	4	5	6
2	6	8	10	12
2.5	7.5	10	12.5	15
3	9	12	15	18

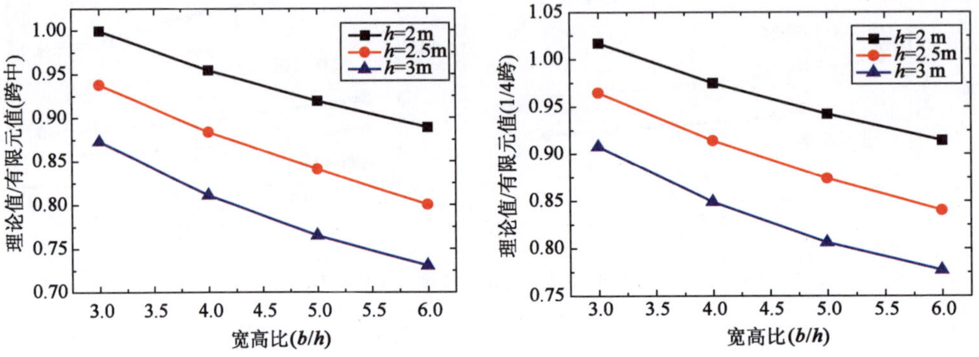

a)

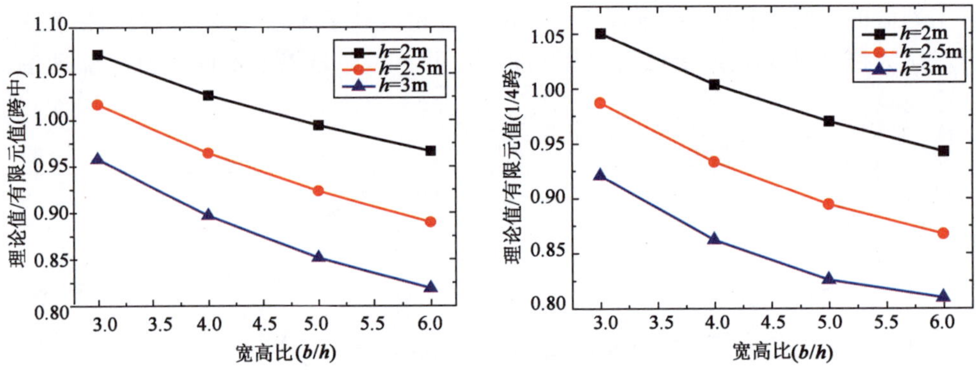

b)

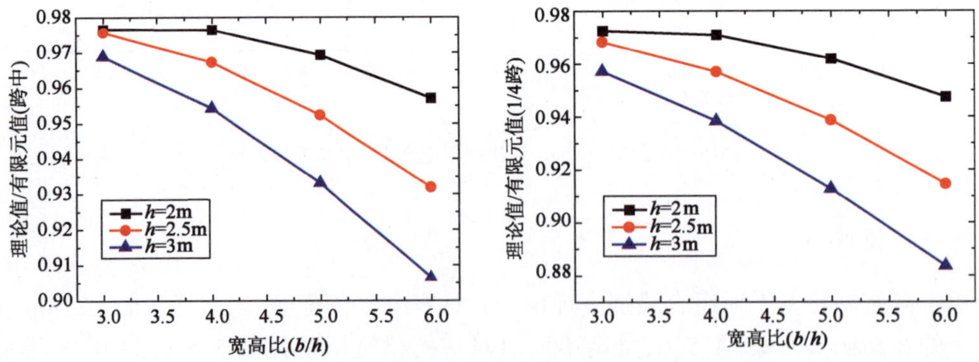

c)

图 5.5-6　宽高比(b/h)对变形的影响

a)集中荷载;b)对称荷载;c)均布荷载

从图 5.5-6 可以看出，在不同荷载作用下，随着梁高增大，挠度理论公式的计算精度均呈逐渐下降的趋势。

集中荷载与对称荷载下，不同梁高的宽高比 b/h 理论公式计算值与有限元值的相对偏差约为 10%（图 5.5-6a、b）。均布荷载下，宽高比 b/h 对理论公式的影响较小，最大影响约为 5%；宽高比小于 4 时，精度变化较小；宽高比大于 4 时，理论公式计算精度下降较快（图 5.5-6c）。

集中荷载作用下，当宽高比 $b/h<4$，$h<2.5\text{m}$ 时，挠度理论公式的计算精度较高；对称荷载作用下，当宽高比 $b/h<4$，$h<3\text{m}$ 时，挠度理论公式的计算精度较高；均布荷载作用下，当宽高比 $b/h<6$，$h<3\text{m}$ 时，挠度理论公式的计算精度较高。对于其他情况，尚需对挠度理论公式进行进一步的分析和验证。

5.5.4　腹杆截面

以 5.3.2 节的钢桁腹-混凝土组合梁桥为例，改变钢桁腹杆截面形式，当钢桁腹杆采用空心矩形截面、L 形截面、T 形截面、工字形截面时（图 5.5-7），分析挠度理论公式的计算精度。每种截面形式选择不同的厚度与尺寸，圆管截面外径取 25 ~ 35cm，空心矩形截面宽高取 20 ~ 35cm，L 形截面腿长取 20 ~ 35cm，T 形截面翼缘宽取 30 ~ 35cm，高取 15 ~ 20cm，工字形截面翼缘宽高取 20 ~ 35cm，各截面厚度取值范围 15 ~ 25mm。对上述取值范围进行分析，均布荷载下，建立 23 个模型；集中荷载与对称荷载下，建立 38 个模型。

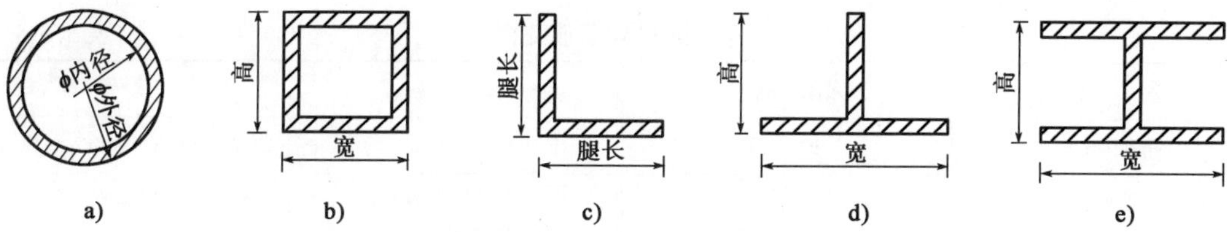

图 5.5.7　钢桁腹杆截面示意图

a）圆管截面；b）空心矩形截面；c）L 形截面；d）T 形截面；e）工字形截面

由图 5.5-8a）可知，在集中荷载与对称荷载情况下，挠度理论公式的计算结果对腹杆截面形式的变化不敏感，与有限元结果略有偏差，适用性较差；均布荷载下，挠度理论公式的适用性很好。

上述分析结果表明，在跨高比、悬翼比、宽高比三者中，悬翼比对挠度理论公式的影响较小，可不考虑悬翼比变化对挠度理论公式的影响。基于本文分析可知，在集中荷载与对称荷载作用下，当跨高比 $l/h>11$，宽高比 $b/h<4$ 时，可以采用本文理论公式计算钢桁腹-混凝土组合梁的挠度；均布荷载作用下，采用本章理论公式计算钢桁腹-混凝土组合梁挠度的适用性强，精度高，且计算结果稳定。

5.5.5　模型验证

为验证理论公式的正确性和适用性，根据工程中已采用的钢桁腹-混凝土组合梁尺寸与简支梁常用尺寸范围（表 5.5-3），钢桁腹-混凝土组合梁跨径 l 取 20 ~ 60m，梁高取 2 ~ 3m，混凝土顶板宽度 b 取 8 ~ 12m，混凝土底板宽度取 2 ~ 5m，顶板厚取 15 ~ 40cm，底板厚取 15 ~ 50cm，钢桁腹杆采用5.5.4节中所示的五种形式,各截面的几何尺寸参照5.5.4节中所述,钢桁腹杆与梁轴向夹角变化范围55°~75°。在跨高比$l/h>11$,悬翼比$a/b_1>0.4$,宽高比$b/h<4$的条件下,对上述取值范围内的钢桁腹-混凝土组合梁梁尺寸与钢腹杆类型进行随机组合,建立60个不同尺寸的钢桁腹-混凝土组合梁模型。

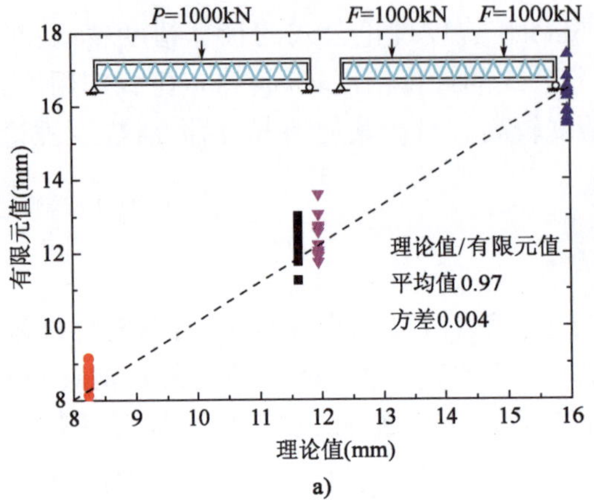

图5.5-8 腹杆截面对简支钢桁腹-混凝土组合梁挠度理论公式的影响

a)集中荷载与对称荷载情况;b)均布荷载情况

样本梁尺寸取值范围 表5.5-3

参数	变化范围	参数	变化范围
跨径(m)	20~60	顶板厚(cm)	15~40
梁高(m)	2~3	底板厚(cm)	15~50
顶板宽(m)	8~12	腹杆倾角(°)	55~75
底板宽(m)	2~5	腹杆截面厚度(mm)	15~30

如图5.5-9所示,挠度理论公式的计算结果与有限元分析结果吻合较好,且离散性很小。

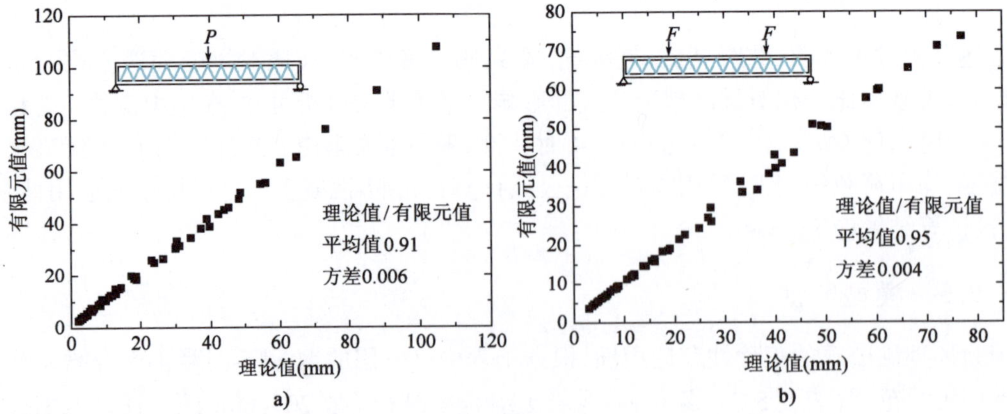

图 5.5-9

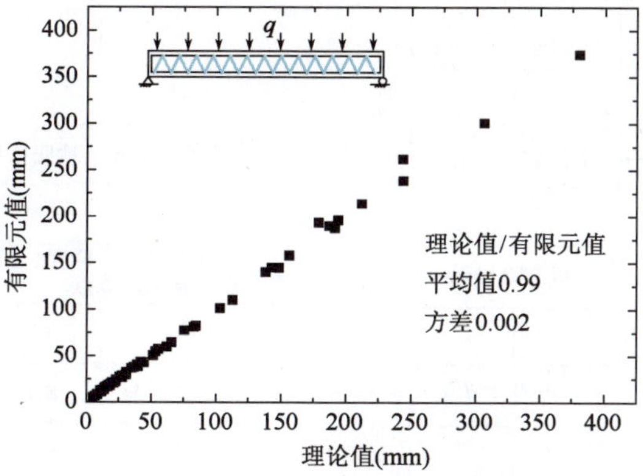

c)

图 5.5-9　钢桁腹-混凝土组合梁挠度理论值与有限元分析结果比较

a)跨中集中荷载;b)两点对称荷载;c)均布荷载

5.6　钢桁腹-混凝土组合桥的设计

5.6.1　基本设计要求

目前,国内外关于组合结构的设计规范,主要针对钢板梁或钢箱梁与混凝土桥面板的组合结构,而关于组合桁架的研究成果还很少。根据钢桁腹-混凝土组合结梁桥的受力特点,应对以下三方面进行验算:

(1)结构整体:验算承载能力极限状态和正常使用极限状态。

(2)钢桁腹:验算荷载作用时的钢腹杆是否超过容许应力,另外验算失稳和疲劳。

(3)节点:验算抗剪承载力、抗拔力。

5.6.2　设计流程

钢桁腹-混凝土组合梁桥的设计流程如图 5.6-1 所示。

钢桁腹-混凝土组合梁桥的设计流程如下:

(1)首先是结构选型,并拟定外观尺寸。

(2)根据设计要求的荷载进行内力计算。

(3)根据内力计算的结果进行预应力配筋设计。

(4)分别验算混凝土顶底板、钢桁腹和节点。在某一项验算不能通过的情况下,更改结构尺寸或者配筋设计,直至验算全部通过为止。

5.6.3　设计要点

钢桁腹-混凝土组合梁桥设计要点主要有:

(1)主梁截面设计形状的参数主要有梁高、梁宽、底板宽、顶底板厚度、横梁尺寸、钢桁腹尺寸。其中某些参数根据实际工程经验选取,另外根据计算选取。

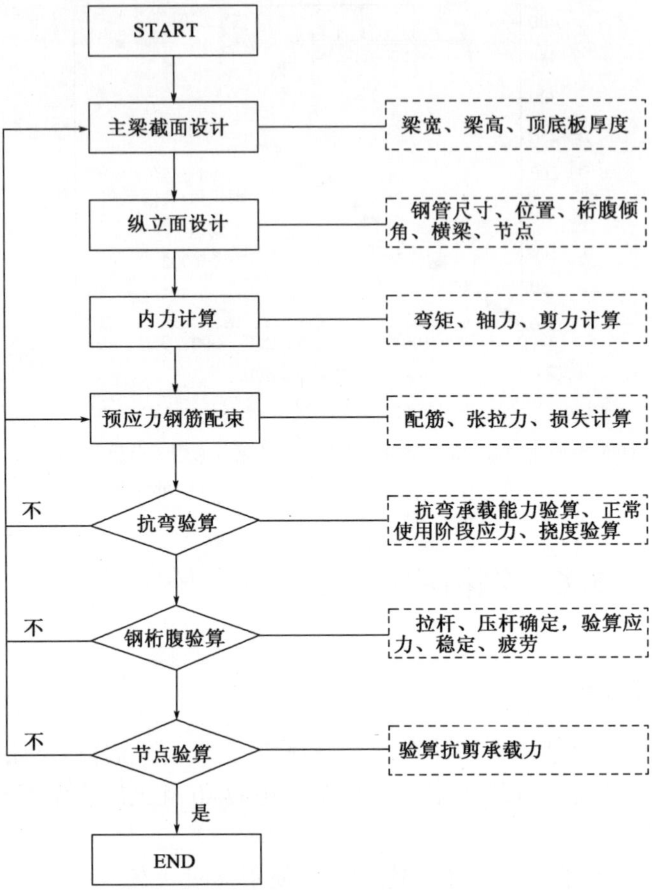

图 5.6-1　钢桁腹-混凝土组合梁桥设计流程图

(2)钢桁架腹杆倾角的选定,对其自身的受力性能有极大的影响:倾角过大,钢管布置过密,影响结构的美观通透性能;倾角过小,则其竖向力传递效率低,杆件的拉压应力增加或者截面尺寸变大。

(3)节点设计时,通常使节点处的斜腹杆中心线的交点位于顶底板截面形心上,以此来防止附加弯矩的发生。节点的形式根据桥梁的受力情况而定。在设计时,要保证"强节点弱构件",即节点的破坏在钢材和混凝土的破坏之后。

(4)配筋设计时,一般采用体内体外预应力混合配束。钢桁腹-混凝土组合梁桥由于采用钢桁腹代替了混凝土腹板,配筋设计时,因为预应力钢束不能穿越钢桁架腹板,体内束只能在顶底板按直线布置,而布置于箱体内的折线型体外束除增加结构抗弯能力外,还提供抗剪能力,所以在配束时通常采用体内体外混合配束的形式。对于体内顶底板预应力直线束,较为合理的布置方式是在跨中附近底板布置短束,在支座附近,顶板布置短束,能达到最高的效率,同时产生的次内力较小。但配置短束则必须在跨中设置锚固齿块。体外束按折线布置,邻近中间支座的转向块大致布置在恒载弯矩零点。

(5)转向块的设计,应根据体外束产生的竖向分力和水平分力进行设计,并应考虑转向块处的集中力对原结构整体及局部受力的影响,以保证预应力能够可靠地传递至梁体。转向块的承载力验算可分为抗拔承载力验算和接触面抗剪承载力验算。混凝土转向块抗拉承载力计算时,可偏于安全地只考虑内环箍筋的作用,但仍然需要布置一定数量的抗裂用外环箍筋。混凝土转向块接触面抗剪承载能力计算时,可忽略混凝土的界面黏结力。

(6)锚固区的设计,可以根据工程经验配筋。如需精确计算,可采用基于拉压杆模型的设计方法,该方法是定量化解决受力复杂区域构造设计和合理配筋的有力工具。

5.7 设计实例——水碾堡天桥设计

5.7.1 概述

水碾堡天桥是有河南省交通规划设计院与东南大学合作设计的河北省第一座钢桁腹-混凝土连续刚构桥,也是我国第一座变截面钢桁腹-混凝土连续刚构桥。该桥跨径为(30+40+30)m,全长107m,其与延崇高速主线于K51+960处交叉,交叉角度90°,桥平面位于直线段上,纵断面纵坡-0.5%,桥面横坡双向1.5%。桥梁下部结构桥台采用肋板台,钻孔灌注桩基础,桥墩采用带倒角的矩形墩,墩梁固结,钻孔灌注桩基础。

设计荷载:公路—Ⅱ级。

桥面宽:5.5m=0.5m防撞护栏+净4.5m+0.5m防撞护栏。

桥面横坡:双向1.5%。

桥下净空:≥5.0m。

地震动峰值加速度为0.15g。

5.7.2 技术标准及规范

(1)《公路工程技术标准》(JTG B01—2014)。

(2)《公路桥涵设计通用规范》(JTG D60—2015)。

(3)《公路钢筋混凝土及预应力混凝土桥涵设计规范》(JTG D62—2004)。

(4)《公路桥涵施工技术规范》(JTG/T F50—2011)。

(5)《公路桥梁抗震设计细则》(JTG/T B02-01—2008)。

(6)《公路桥涵地基与基础设计规范》(JTG D63—2007)。

(7)《公路钢结构桥梁设计规范》(JTG D64—2015)。

(8)《公路桥梁钢结构防腐涂装技术条件》(JT/T 722—2008)。

(9)《河北省高速公路施工技术标准化管理指南》。

5.7.3 主要材料

1)混凝土

(1)主梁:C50混凝土。

(2)桥墩:承台、桩基采用C30混凝土,墩身采用C40混凝土。

(3)桥台:盖梁、耳背墙、挡块采用C40混凝土;台身、承台、桩基采用C30混凝土。

(4)桥台防护:锥坡坡身采用饰面砖铺砌、踏步采用C25混凝土。

所有原材料必须符合国家有关标准或部颁标准。

2）钢材

（1）预应力钢束。

①体内预应力束：采用符合《预应力混凝土用钢绞线》（GB/T 5224—2003）规定的七股高强低松弛钢绞线，单根钢绞线公称直径为15.2mm，标准强度$f_{pk}=1860$MPa，弹性模量$E_p=1.95\times10^5$MPa。

②体外预应力束：采用符合《环氧涂层七丝预应力钢绞线》（GB/T 21073—2007）规定的填充型环氧涂层钢绞线，外包HDPE护套，单根钢绞线公称直径为15.2mm，标准强度$f_{pk}=1860$MPa，弹性模量$E_p=1.95\times105$MPa。

（2）普通钢筋。

采用HPB300级钢筋和HRB400级钢筋，其技术标准应符合国家标准《GB 1499.1—2008》和《GB 1499.2—2007》的规定。

3）锚具及管道

采用成品锚具及其配套设备，应符合《预应力筋用锚具、夹具和连接器》（GB/T 14370—2015）、《公路桥梁预应力钢绞线用锚具、连接器试验方法及检验规则》（JT 329.2—1997）等技术要求。体内束的管道成孔采用钢波纹管（壁厚不得小于0.3mm）。体外束锚具采用夹片式锚具，应满足整体换束的要求。

4）桁腹钢板

桁腹钢板采用Q420qE钢材，附属部位钢板采用Q345D钢材，须符合《桥梁用结构钢》（GB/T 714—2015）和《低合金高强度结构钢》（GB/T 1591—2008）的规定。

5）圆柱头焊钉

材料为ML15，应符合《电弧螺柱焊用圆柱头焊钉》（GB/T 10433—2002）的规定。

6）焊接材料

焊接材料采用与母材相匹配的焊丝、焊剂和手工焊条，且应符合相应的国标要求。

5.7.4 设计要点

5.7.4.1 上部结构

1）混凝土箱梁构造

混凝土箱梁上部结构为三跨变截面钢桁腹预应力混凝土组合梁，跨径布置为（30+40+30）m。桥梁设计高程为路线中心线处高程；桥梁位于直线段上，桥面全宽5.5m。

主梁采用单箱单室截面，主跨跨中梁高2m，按照圆弧线变化到距离主墩中心线0.6m处高为3.5m；边跨端部梁高为2m，从距离主墩中心线20m处按照圆弧线变化到距离主墩中心线0.6m处高为3.5m。主梁纵向布置如图5.7-1所示。主梁在主墩处设中横梁，中横梁厚1.2m，横桥向宽3.4m，与主墩固结。主梁在桥台处设端横梁，端横梁厚1.32m，横桥向宽3.4m。主梁顶板宽5.5m，顶面设1.5%双向横坡。顶板在与钢桁腹连接处设梗肋，梗肋宽60cm，中心处高45.5cm。顶板板厚25cm。为改善端部截面受力，在横梁附近顶板局部加厚。顶板两侧悬臂长1.2m，悬臂端厚15cm，根部厚45cm。

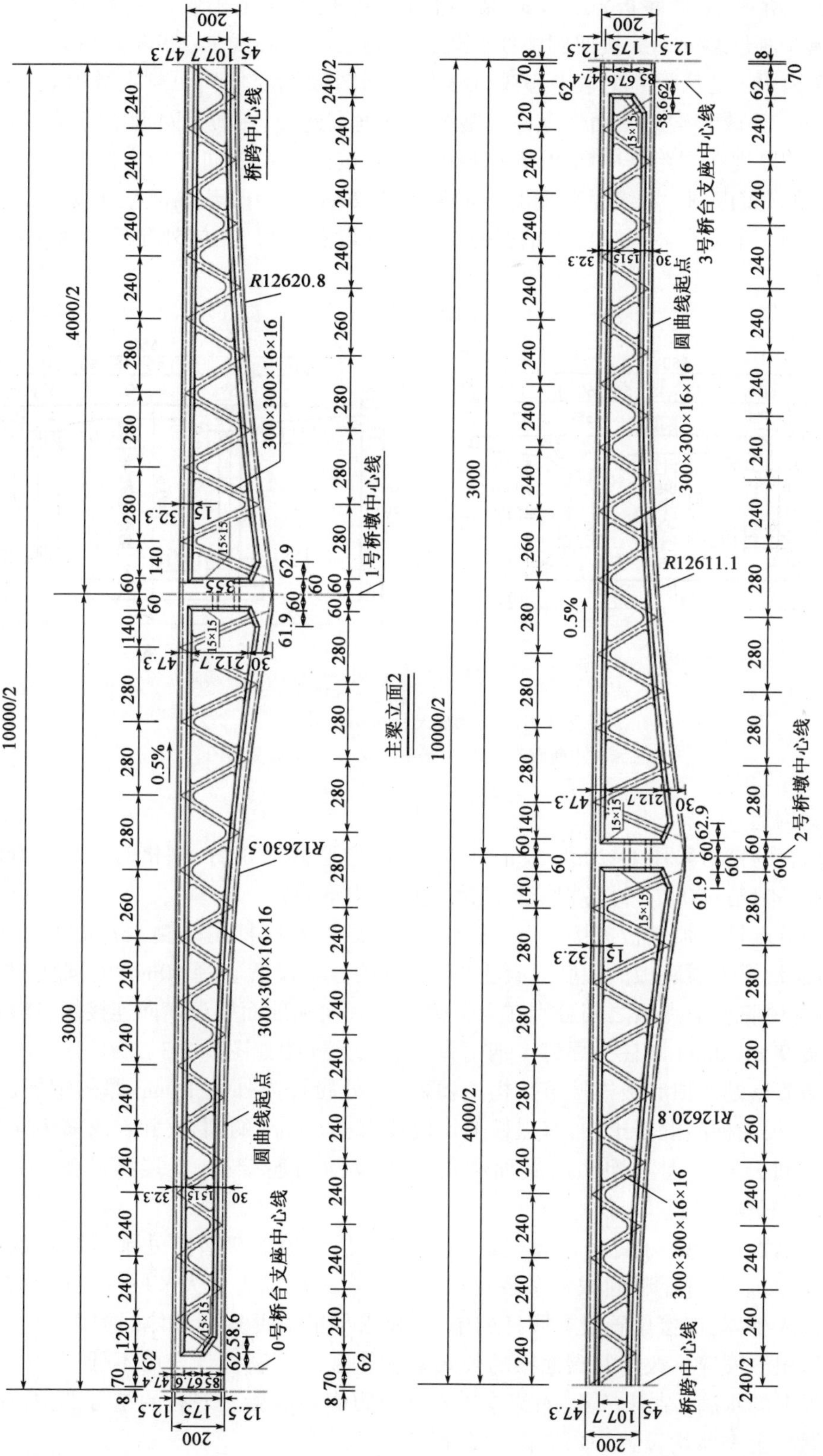

图5.7-1　水碾堡天桥主梁一般构造图

如图 5.7-2 所示，主梁底板宽 3.4m，保持水平。底板在与钢桁腹连接处设梗肋，梗肋宽 75cm。主跨跨中梗肋高 45cm，按照圆弧线变化到距离主墩中心线 1.229m 处高为 54.4cm；边跨端部梗肋高为 45cm，从距离主墩中心线 20m 处按照圆弧线变化到距离主墩中心线 1.219m 处高为 54.4cm。为改善端部截面受力并与钢桁腹杆垂直连接，在横梁附近梗肋局部加厚。梗肋中间的底板的厚度在主跨跨中和边跨端部为 25cm，按照圆弧线向主墩方向变厚，变化时底缘与两侧梗肋的底面齐平，上缘距离梗肋顶面高差为 20cm。为改善端部截面受力，在横梁附近底板局部加厚。主梁在体内预应力钢束的张拉位置设置齿块，在体外预应力钢束的转向位置设置转向块。

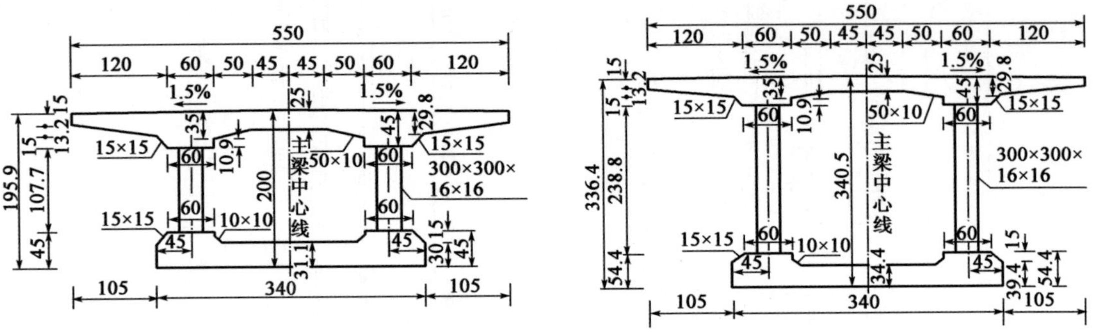

a)　　b)

图 5.7-2　水碾堡天桥典型断面图

a）主跨跨中断面图；b）距主墩中心线 1.219m 处断面图

2）钢桁腹构造

主梁钢桁腹的钢材采用 Q420qE 级钢，腹杆采用方形截面钢管，规格为 300×300×16×16mm，桁腹水平倾角 600 左右（各根桁腹角度及长度均不同）。

钢桁腹中节点处与顶底板连接节点构造：中节点处左右腹杆内外侧 16mm 厚的钢板均相交成整体节点板，插入顶底板的梗肋混凝土中，节点板上均设置直径 60mm 的圆孔，并贯通横桥向钢筋；内外侧整体节点板之间分别在上下梗肋的底面和顶面处设横向连接板，连接板外侧中间设一排 ϕ19×180mm 圆柱头焊钉。钢桁腹中节点大样图如图 5.7-3 所示。

钢桁腹端节点处与顶底板连接节点构造：端节点处腹杆内外侧 16mm 厚的钢板加宽成节点板，插入顶底板的梗肋混凝土中，节点板上均设置直径 60mm 的圆孔，并贯通横桥向钢筋；内外侧节点板之间分别在上下梗肋的底面和顶面处设横向连接板，连接板外侧中间设一排 ϕ19×180mm 圆柱头焊钉。

各根桁腹钢管及节点均在工厂加工完成（包括与顶底板连接节点处预留穿孔钢筋位置、焊接圆柱头焊钉）。每片钢桁腹根据吊装及运输能力在工厂加工成大节段，并进行预拼，在现场将各节段连成整体，连接位置设在腹杆的中部，要求尽量采用 CO_2 气体保护焊。

钢桁腹采用冷喷锌+改性氟碳面漆的长效防腐体系。防腐设计寿命不低于 25 年。为防止附着在钢板上的水滴（结露）等流入或渗透入钢桁腹嵌入混凝土底板的结合部位，在底板钢混交接处的混凝土表面均设置 2% 排水横坡。

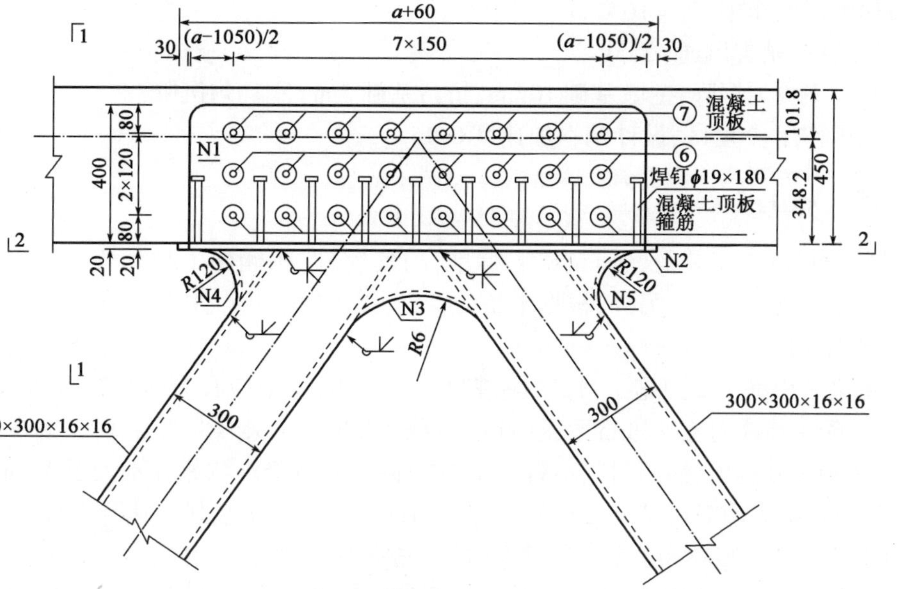

图 5.7-3　钢桁腹中节点大样图

3）预应力体系

主梁纵向预应力采用体内与体外相结合的体系。体内束主要用于承担一期恒载及施工临时荷载；主梁在连续状态下张拉的体外预应力用于抵抗二期恒载和活载。

纵向体内预应力钢束采用符合《预应力混凝土用钢绞线》（GB/T 5224—2014）规定的七股高强低松弛钢绞线，单根钢绞线公称直径为 15.2mm，标准强度 f_{pk} = 1860MPa，弹性模量 $E_p = 1.95 \times 10^5$MPa。顶底板束均采用 $10\phi^s15.2$ 钢绞线，于梁体现浇养生后张，锚下张拉控制应力 1395MPa。体内束均采用钢波纹管成孔真空压浆，锚具采用与之相配套的夹片锚。

纵向体外预应力束采用符合《环氧涂层七丝预应力钢绞线》（GB/T 21073—2007）规定的填充型环氧涂层钢绞线，外包 HDPE 护套，单根钢绞线公称直径为 15.2mm，标准强度 f_{pk} = 1860MPa，弹性模量 $E_p = 1.95 \times 10^5$MPa。体外束在体内束张拉完成后张拉，张拉控制应力为 1209MPa。锚具采用可换式体外束专用夹片式锚具。为使索体自由段的振动频率不与整体振动频率接近，在适当距离安装减振装置，以避免索体产生不利振动。

5.7.4.2　下部结构

下部结构桥台采用肋板台、桩基础，桩径为 1.2m。桥墩为矩形桥墩固结，桩基础，桩径 1.5m。

5.7.4.3　结构计算

采用 Midas 空间有限元程序进行结构计算，按照预应力混凝土 A 类构件考虑。

按承载能力极限状态和正常使用极限状态进行作用效应组成。计算内容主要为抗弯承载力、抗剪承载力、正截面抗裂、斜截面抗裂、挠度、应力、横向计算、节点计算等内容。计算相关参数如下：

（1）设计荷载：公路—Ⅱ级。

（2）设计成桥温度为 10℃，体系升温采用 30℃，体系降温采用 40℃。

(3)梯度温度作用：T_1 =16℃，T_2 =6.7℃。

(4)风荷载：基本风速32.5m/s。

(5)基础不均匀沉降：主墩基础10mm、桥台基础5mm不均匀沉降。

(6)地震作用：7度区，设计基本加速度0.15g。

5.7.5 施工要点

有关桥梁的施工工艺及其质量检查标准，均按《公路桥涵施工技术规范》(JTG/T F50—2011)中的有关规定执行。另外，根据本桥的特点，提出以下几点注意事项：

1)上部结构

(1)主梁采用满堂支架施工，每次应搭起整孔支架，支架应具有足够的强度、刚度和稳定性。浇筑混凝土前应对支架进行预压(预压荷载为120%主梁自身质量)，以减少非弹性变形并确保支架的承载能力，预压时间不得小于7d，连续3d沉降观测累计不大于3mm。当采用落地支架时，应在搭架前对地基进行严格处理。当预应力管道压浆强度达到设计强度的90%以上时方可拆除支架，支架拆除应纵向对称均匀(先跨中后两端)，横向应同时卸落(先翼缘后梁底)。支架拆除宜分两步进行，即先由跨中向两端对称送一次架，然后再从跨中向两端对称卸除，以防过大冲击。

(2)支架施工工艺流程为：施工准备—测量放样—地基分类处理—支架搭设—支架加固—支架验收—支架预压—钢桁腹安装及现浇混凝土箱梁—预应力张拉压浆—支架拆除。

混凝土箱梁立模时应考虑支架和模板自身的弹性变形。模板宜采用大块钢模板或塑料模板。钢模板初次使用时应将其与混凝土接触面上的锈迹清除干净。不得采用对混凝土表面有污染、有腐蚀的废机油、肥皂水、洗衣粉等材料代替脱模剂。箱梁端面各细部尺寸应严格控制。模板设置需满足以下要求：

①底模安装前复核支架顶部高程。

②底模板间的缝隙采用胶带堵缝，不允许用腻子或玻璃胶批嵌，避免混凝土表面颜色、光泽不一致。

③模板与钢筋安装工作应配合进行，妨碍绑扎钢筋的模板应待钢筋安装完毕后安设。

④安装侧模时，应防止模板移位和凸出。

⑤模板安装完毕后，应对其平面位置、顶部标高、节点联系及纵横向稳定性进行检查，签认后方可浇筑混凝土。

⑥浇筑时，发现模板有超过允许偏差变形值的可能时，应及时纠正。

⑦侧模板在安装过程中，必须设置防倾覆设施。

⑧模板允许误差见表5.7-1。

模板允许误差　　表5.7-1

模板标高	±10mm	模板表面平整度	2mm
模板内部尺寸	+5mm	预埋件中心线位置	3mm
轴线偏位	±10mm	预留孔洞中心线位置	10mm
模板相邻两板面的高低差	2mm		

(3)钢桁腹定位、节点安装。钢桁腹在工厂完成加工、冷喷锌防腐涂装,工厂加工中包括钢腹杆和节点的焊接及预留穿孔钢筋位置。钢构造的切割和开孔采用激光或等离子设备。钢桁腹杆制作需控制制作误差,建议的精度控制值;钢管最大边长与最小边长偏差 ±2mm,长度 ±2mm,弯曲 ±L/1000,间隔 ±2mm,其余可参考钢结构相关规范,如制作误差较大应采取适当矫正措施。施工工程中的支架搭设,钢桁腹杆安装等应适当考虑预拱度的影响。

(4)转向块定位。转向块定位包括钢筋安装、穿束、立模工作。

(5)浇筑底板混凝土,混凝土箱梁浇筑时横向要两侧对称进行浇筑。纵向从梁跨中向墩顶方向对称浇筑,以防止在浇筑过程中墩顶位置出现裂缝,全部浇筑在混凝土初凝前完成。浇筑箱梁混凝土时尽可能捣实,尤其应注意锚下、普通钢筋密集处及波纹管下方等位置。

(6)顶模安装,安装顶板钢筋,浇筑混凝土。混凝土振捣采用插入式振捣器为主,浇筑顶板时辅以平板振捣器。振捣时,应避免振捣器碰撞模板、钢筋、波纹管及其他预埋件。混凝土振捣应密实,不漏振、欠振。当混凝土浇筑邻近结束时,严格控制其顶面的标高。箱梁顶表面的混凝土应压实抹平,并在其初凝前进行拉毛处理。

(7)混凝土浇筑过程中,应保证节点部位、锚块、转向块部位等混凝土不留空洞完全充填。锚块、转向器、锚具周围振捣要距离其 10cm 左右,防止扰动其位置。要实行二次振捣,确保锚下混凝土密实。横梁处混凝土在底板混凝土稍沉实后分层浇筑,分层厚度 30cm 左右,每层混凝土振捣时深入下层 5 ~ 10cm。下翼缘板下混凝土,两边模板与钢板均间距 10cm,保证下料和振动工作面,并设翻边模板使浇筑时混凝土下面能高于下翼缘板,振捣时观察混凝土从翼缘板另一侧翻出,并采用二次振捣,以保证翼缘板下混凝土密实,振捣完成后铲除翼缘板两侧多余混凝土并压光混凝土面。

(8)混凝土立方体实测强度达到设计强度等级的 90%,且梁体养护 7d 以上,方可张拉预应力钢束。张拉钢束应遵循均匀、对称的原则,先张拉体内束再张拉体外束,同一断面左右对称张拉。预应力钢束应严格按照设计提供的张拉顺序和张拉控制应力进行,预应力钢束在同一截面上的断丝率不得大于 1%,在任何情况下每束钢绞线断丝不得大于 1 丝;张拉时应采取张拉力与伸长量进行双控,即以应力控制为主,伸长量作为校验,实际伸长值与理论伸长值之差应保持在 6% 以内,如发现伸长值异常应停止张拉,查明原因。预应力管道定位筋应设置准确,直线段每隔 80cm 设一处,其余部门每隔 40cm 设一处。施工时应确保锚垫板与预应力束垂直,锚垫板下设置钢筋网和厂家定型配套的螺旋筋。预应力管道的连接必须保证质量,杜绝因漏浆造成管道堵塞。在绑扎钢筋、浇筑混凝土过程中,严禁踏压波纹管致使其变形,影响穿束张拉。

(9)预应力体内索张拉完成后应立即压浆,水泥浆的水灰比宜控制在 0.4 ~ 0.45,其 (70 × 70 × 70) mm 立方体试块标准养护 28d 的抗压强度不低于 40MPa。应采用真空辅助压浆工艺。

(10)体外预应力筋穿束在顶板施工前,底板、隔板、端中横梁混凝土浇筑完成且有一定强度,体外索预埋件(转向器、锚垫板、预埋管等)清理合格后,由主跨向桥台方向人工进行穿索。体外预应力钢绞线张拉合格后,锚固端钢绞线在张拉完成后采用 C50 收缩补偿混凝土封锚,封锚之前对密封装置通过灌注聚氨酯密封胶进行密封,将锚固段钢绞线、锚具、夹片完全保护起来。

(11)钢桁腹钢管采用Q420qE级焊接矩形钢管,其制作、运输及安装要求下:

①本设计中桁腹钢管规格为300×300×16×16mm,由钢结构工厂制作。

②图中所有标注均为100℃基准温度下的尺寸,未计入焊缝收缩和加工余量。

③桁腹钢管加工应按《钢结构工程施工及验收规范》(GB 50205—2001)及本设计的要求进行。钢板的板厚偏差不得大于0.4mm,其尺寸、外形、重量应符合《热轧钢板和钢带的尺寸、外形、重量及允许偏差》(GB/T 709—2006)。焊接应尽量采用CO_2半自动焊接,并由下至上进行焊接。

④桁腹钢管在制作运输过程中应注意保护涂装。在钢板表面涂装未完全干透时不得进行搬运,在运输过程中应对防腐涂装采取保护措施,施工过程中也需采取适当措施防止施工期锈蚀。同时在存放过程中采取覆盖等有效措施防止生锈。

⑤桁腹钢管在制作、运输和架设过程中,施工单位应设置必要的临时支撑、连接或加劲构造,确保其形状,防止发生变形。

⑥安装准备:安装前应准备好临时支架、支撑、吊装设备等,按照施工图纸核对进场构件、零件的尺寸及质量证明文件。

⑦钢桁腹需现场预拼装。施工时注意将顶底板贯穿钢筋穿入预留孔。腹板两侧及翼缘板底部设置支撑,保证钢桁腹的位置准确。

⑧本桥景观要求较高,所有钢结构外露焊缝均需打磨光滑平整。

(12)钢绞线应妥善保管,避免刻痕及严重锈蚀,使用前必须对其强度、引伸量、弹模、外形尺寸进行严格检验、测试。采用的体内、体外预应力体系必须符合设计要求且质量可靠。

(13)混凝土箱梁顶面应进行拉毛处理,去除浮浆和油污,以提高与混凝土调平层的结合。支座下钢板的高程差控制在±2mm。

(14)支座安装时,应防止支座出现偏压或产生过大的初始剪切变形。安装完成后,必须保证支座与上下部结构紧密接触,不得出现脱空现象。

(15)其他未尽事宜严格按《公路桥涵施工技术规范》(JTG/T F50—2011)和《公路工程质量检验评定标准　第一册　土建工程》(JTG F80/1—2004)执行,并从严控制。

2)下部结构

(1)桥墩施工过程中应特别注意其稳定性,上部结构预应力施工前不可拆除模板支架。

(2)承台施工时须预埋墩柱钢筋。

(3)为确保桩基承载力,要求下钢筋笼、灌注混凝土前,钻孔桩严格清孔,摩擦桩孔底沉淀厚度控制不大于20cm。

(4)台后填土,密实度须达到96%。

(5)钻孔桩施工过程中要求对地质情况做好详细记录,若地质情况发生较大变化时,应及时通知设计单位,酌情调整桩长。钢筋位置一定要采取措施垂直放置,保证钢筋保护层厚度的准确性。

(6)应保证墩台及上部箱梁混凝土表面颜色一致、平整、光洁,以协调景观。

(7)预应力全部张拉完毕后,桥台背墙方可施工。

第6章　FRP-钢和FRP-混凝土组合结构桥梁

6.1　概　　述

近年来,在土木结构中,混凝土结构和钢结构的腐蚀、劣化问题日益严重,其中以钢材锈蚀最为常见,这不仅影响结构的正常使用和寿命,增加其维修费用,还造成大量的事故隐患。对于桥梁结构,尤其在于北方寒冷地区,冬天所洒的融雪用盐是导致钢筋混凝土桥面板腐蚀的最主要原因。

在公路桥梁中,桥面板直接承受轮压荷载和环境荷载,是受超载、腐蚀、疲劳等不利因素影响最直接的构件,传统的钢筋混凝土桥面板和钢桥面板在一些恶劣的环境下会很快地锈蚀、开裂、剥离,甚至塌陷,这些给道路交通带来巨大的隐患和损失。2001年我国铁道部对国内的混凝土桥梁进行了调查统计,结果显示我国有3000多孔钢筋混凝土桥梁存在钢筋锈蚀病害,估计所需加固修补费用超过2亿人民币。这种情况在世界各国都不同程度地存在着。根据美国国家桥梁数据库2003年的统计,美国592000座桥梁中近27%的是具有结构缺陷或者功能退化的,每年用于桥梁维修改造的费用高达106亿美元。由此可见,钢筋锈蚀给桥梁工程造成的经济损失是巨大的,人们一直在探索采用新的有效和可靠的建筑材料来代替传统材料。具有耐腐蚀、比强度高、比模量大、抗疲劳性能优异的纤维增强复合材料的出现成为建筑和桥梁工程中的一种选择。

复合材料(Fiber Reinforced Plastic,FRP)是由基体材料和增强材料等两种以上的组分材料在宏观尺度上的物理结合,它是一种新型的结构材料,其性能和特性既可以保持原组分材料的某些特点,又能发挥组合以后的新的特性,它可以根据结构需要进行设计,以满足单一材料无法达到的性能要求。就桥梁工程领域而言,最常见的是树脂基玻璃纤维增强复合材料(GFRP),树脂基碳纤维增强复合材料(CFRP)和树脂基芳纶纤维复合材料(AFRP)三种。

6.1.1　FRP桥面板特点

近年来,在土木结构中,混凝土结构和钢结构的腐蚀、劣化问题日益严重,其中以钢材锈蚀最为常见,这不仅影响结构的正常使用和寿命,增加其维修费用,还造成大量的安全和事故隐患。对于桥梁结构,尤其在于北方寒冷地区,冬天所洒的融雪用盐是导致钢筋混凝土桥面板腐蚀的最主要原因。

用FRP制成的桥面板体系是近十年内发展起来的一种新型桥面结构形式,有多种生产方法:拉挤成型工艺,手糊成型工艺,真空辅助树脂转移模塑成型法等。纤维增强复合材料桥面板的基本结构主要由2种形式:一种是夹芯板结构;一种是拉挤型黏合结构。夹芯板结构能设计制造各种不同厚度、不同截面形状及不同强度要求的桥面板，但是这种结构生产成本高，结构的连接和固定性能较差等缺点。拉挤型材具有生产效率高，原材料浪费少，整体性和截面形状一致性好，型材长度不受限制等优点，是目前国际上主要采用的桥面板结构形式。但是其生产设备初期投入大，且型材的截面形状和尺寸受设备限制。GFRP 桥面板与传统的钢筋混凝土桥面板相比有以下一些显著的优点。

(1)自重轻，强度高。GFRP 材料具有很高的比强度和比模量，普通的 GFRP 桥面板产品的自重约为传统混凝土桥面板的 20% ~40%。采用 GFRP 桥面板能大大减轻结构自重，同时降低基础结构的造价。

(2)工业化程度高。GFRP 桥面板均为在工厂中加工生产，相比普通桥梁结构露天施工，施工质量更容易得到保证。现场安装时，由于桥面板本身质量轻，对于起重设备的要求就低很多，大大降低了施工难度。

(3)耐腐蚀。GFRP 材料具有良好的耐腐蚀性能，采用 GFRP 桥面板能大大减少工程建设后的维护费用。

(4)抗疲劳性能好。

6.1.2 国内外研究概况

1997 年 5 月，美国西弗吉利亚州 Lewis 镇修建了一座全 GFRP 的样板桥梁工程。桥全长 6.1m，宽 4.88m，采用了 Superdeck 桥面系统和宽翼缘 GFRP 梁组合而成，GFRP 宽翼缘梁(WFB)间距 0.76m。桥面板与纵梁之间采用聚亚胺脂黏结剂和螺栓连接。桥面相对于纵梁的容许挠度 $L/300$，全桥总体容许挠度为 $L/500$。

由于 GFRP 材料弹性模量低，采用全 GFRP 材料制作桥梁时，其在荷载作用下挠度过大。为降低 GFRP 梁桥在荷载作用下的挠度，可以通过增高承重梁的高度或者将承重梁换为混凝土材料或者钢材以增大其承重梁的抗弯惯性矩。GFRP 桥面板和钢纵梁相组合这种形式是目前应用最为广泛的，类似的工程实例有很多。1999 年，DARPA 对俄亥俄州 Daker 县跨越 Woodington Run 的 SR47 号桥进行了重建。采用了 Duraspan766 桥面板和间距 2.51m 的 W27 ×84 镀锌工字型钢梁作为上部结构，桥梁宽 14m，跨径 15.24m。2001 年，纽约 Lewis 县修建了跨 EastB ranchS almon 河的桥。此桥采用 Duraspan500 桥面板系统和间距 1.24m 的 W21 ×62 的工字型钢梁作为上部结构，桥梁宽 7.92m，跨径 10.97m。

2002 年，俄亥俄州在 Fairground 路跨 Little Miami River 上修建了一座复合材料桥。此桥采用 Duraspan766 桥面板系统，桥梁宽 9.75m，为长 67.5m 的三跨连续结构。

2003 年，俄亥俄州在 Williams/Defiance County Line Road 上跨 Tiffin River 修建了一座 GFRP-钢组合梁桥。其桥面板采用 Duraspan766 系统，桥梁宽 8.53m，长 55.47m，为三跨连续结构。

2008 年 7 月，德国第一座 GFRP 公路桥建成，位于德国 Hessen 的 Friedberg，为跨越联邦 B3 路的跨线桥。桥梁跨径 27m，宽 5m，承重梁为变截面的工字钢梁，工字钢跨中高度0.625m，支座位置高度 0.9m，桥面板采用 ASSET 系统。

韩国的复合材料桥梁发展也比较迅速，近年来已经有 13 座公路桥和 19 座人行建造完成。

韩国开发了两种系列的桥面板:Tongue-and-groove(TG)和 Snap-fit(SF)。根据桥面板厚度,TG 系列的桥面板目前有 TG200,SF 系列的桥面板有 SF75,SF100 和 SF125。

Noolcha 桥建成于 2006 年,长 300m,宽 35m,为现在最大的复合材料——混凝土组合梁桥。其承重梁为混凝土结构,桥面板采用 TG200,施工过程中安装一块 2×17.5m 的桥面板只需要大概 2min。

2007 年建成 Bongsan 3 号桥为复合材料——钢组合梁桥,其桥面板同样采用 TG200,承重梁为钢梁。

TG 系列的桥面板广泛应用于公路桥,由于其安装过程中,桥面板需要横向插入相邻桥面板中,因此其剪力件的设置比较复杂,特别对于预埋的剪力件,容易造成安装上的困难。而 SF 系列的桥面板安装的时候为从上而下嵌入相邻桥面板的卡口中,相比较而言,安装更为快捷。但在卡口位置局部比较薄弱,因此 SF 系列的桥面板目前主要应用于人行桥。

2006 年,韩国的 Wolchul Mountain 桥建成,为一座 53m 长 1m 宽的人行悬索桥,桥面板采用 SF100。Hangang 桥的拓宽工程也采用了 GFRP 桥面板。Hangang 桥为一座 7 跨下承式拱桥。其两侧人行道部分用 SF75 桥面板代替以前的混凝土桥面板,同时将人行道的宽度有 2.5m 拓宽到了 5m。

英国也有若干复合材料的桥梁。其中比较著名的就是 West Mill 桥。West Mill 桥是跨越牛津郡 Cole 河的一座公路桥。旧的 West Mill 桥建于 19 世纪,宽 3.5m,跨径 7.5m,为混凝土—钢组合梁桥。经过检测评估,结果表明原有桥梁承载能力不足,需要重建。在 ASSET 项目的支持下,新的 West Mill 桥建成,新桥宽 6.8m,跨径 10m,为全复合材料梁桥。West Mill 桥桥面板采用 ASSET 系统,主梁为间距 1.75m 的"田"形复合材料梁。

位于英国 Standen Hey 的一座跨越铁路的梁桥和 West Mill 桥一样,也是改建之后采用 ASSET 系统。原桥承重梁为钢结构,桥面板为木质结构,在建成 44 年之后,桥梁状况恶化严重。2008 年 3 月拆除原桥,改建的桥梁为 GFRP 梁桥。新建成的梁桥宽 4m,跨径 9.1m,为两层 ASSET 系统黏结而成,在桥两侧多设置一根型材作为路沿。同 West Mill 桥不一样的地方,West Mill 桥 ASSET 系统方向为垂直于行车放下,Standen Hey 桥所用的 ASSET 系统方向与桥轴线平行。

1982 年,北京密云建成了跨径 20.7m,宽 9.2m 的 GFRP 简支蜂窝箱梁公路桥,该桥为世界上第一座公路桥。1986 年,我国重庆建成了一座斜拉 FRP 箱梁人行天桥——交院桥,此后,在四川、重庆等地又建成了近十座 FRP 悬吊体系的人行桥。

清华大学土木工程系与北京玻璃钢研究设计院联合开发了一种成本低、性能好的新型 GFRP 空心桥面板——HD 板:由两块拉挤面板,4 个缠绕芯管以及外部纤维缠绕增强(outside filament-wound reinforced),并经优化设计,研制成定型产品,如图 6.1-1 所示,并对该产品进行了一系列的试验研究。试验研究结果表明,HD 板具有优越的受力性能。但该桥面板并未在实际工程中应用。

北京海博思强桥梁新技术有限公司开发了 GFRP 人行桥的桥面板系统(图 6.1-2),由 9 根高 550mm,宽 250mm 的拉挤成型 GFRP 型材采用胶接和机械连接在一起成为承重主体结构,并在上面浇筑轻质混凝土以增大截面整体刚度,为此 GFRP 人行桥。GFRP 型材材料组分为环氧树脂和无碱玻璃纤维。东南大学对该 GFRP 型材进行了疲劳试验,试验结果表明,经过 450 万次疲劳荷载的加载,GFRP 型材的刚度变化在 5% 以内,GFRP 型材具有很好的抗疲劳性能。

图 6.1-1 FRP 空心桥面板

图 6.1-2 GFRP 人行桥

综合国内的应用情况可知,国外已经进行了大量的关于 GFRP 桥面板的应用、研究工作,但国内关于 GFRP 桥面板的应用、研究才刚刚起步,最近十年关于 FRP 桥面板工程实例并不是很多。

6.1.3 国内外应用概况

国内外进行了大量的关于 GFRP 桥面板的研究工作,对 GFRP 桥面板的研究手段主要是以试验研究为主,并辅以有限元数值模拟分析。

Henry 在他的硕士论文中研究了带竖撑 X 形、带竖撑 V 形、X 形和 V 形四种截面形式的 FRP 空心板。论文中主要进行了数值分析,没有制作构件。Plecnik 等人在此基础上进行了 X 形截面空心板的试验研究。试验表明,构件的刚度能满足实际使用要求,但发现构件的破坏都是从黏结层的剥离或板内的分层开始的。

Sotiropoulos 在博士论文中研究了 FRP 空心板以及固定在支承钢梁上的 FRP 空心板系统的刚度和极限承载力,进行了大量的试验,提出了受弯 FRP 构件的简化层合梁理论(simplied layered beam theory,简称 SLBT)和半经验性节点刚度计算理论。

Karbhari 以 Kings Storm Water 桥为工程背景,开发研究了 FRP 管混凝土梁组合 FRP 空心板的桥梁体系,并开展了一系列的研究。Aref 等人提出一个全部采用纤维缠绕的 FRP 桥面板的形式,但没有制成实物,也没有进行试验研究。

Zureick 研究比较了 4 种截面的 FRP 空心板,以最小质量为目标对 FRP 空心板进行了优化。发现箱形和 V 形是最有效的截面形式。Davalos 和 Qiao 等人提出了一个全部由 FRP 型材组成的梁板体系。他们从材料铺层、FRP 组件到梁板体系进行了系统的研究,提出了系统的设计方法:采用薄壁层合梁理论(mechanics of thin-walled laminated beams,简称 MLB)计算 FRP 型材的刚度系数,将 FRP 组合空心板等效为正交各向异性板,再利用一阶剪切变形理论计算刚度;研究了 FRP 型材的屈曲的计算方法并用于设计;采用 Tsai-Hill 准则进行首层破坏的预测;还进行了静载试验,与计算结果吻合较好。但该结构体系的实际应用效果并不理想,FRP

组件间的连接对结构的影响很大。

Estrada 提出了用拉挤方管拼装并上下粘贴拉挤面板的方式来组成 FRP 空心桥面板的方案，但并没有更深入的研究。Strongwell 前后生产了四代 FRP 空心板，并进行了多种工况的静载试验和疲劳试验，还在一个磅站的路面上安装设备，进行了长期的监测。在对这种 FRP 空心板的刚度和承载力进行深入分析的基础上，提出了等效弹性板的方法（method of elastic equivalent，简称 MEE）计算构件刚度。

He 和 Aref 对设置正交纵横肋板的 FRP 夹心板进行了深入研究。他们首先采用遗传优化算法以构件质量最小和刚度质量比最大为目标，对面板的铺层层数、角度、厚度以及纵横肋板的间距和厚度进行了优化分析，其中结构变形和承载力分析采用简化的 Ritz 方法和简化的半解析法。Eckel II 对正交纵横肋板 FRP 夹心板进行了深入研究。他用层合板理论和各向异性夹心板理论对 FRP 夹心板的性能进行了分析，并进行了足尺的静载试验和疲劳试验。以采用波状夹心板的 St. Johns Street 桥、Jay Street 桥为工程背景，Stone 和 Nanni 设计了这两座桥，在试验室内进行了静载试验和疲劳试验，还在现场进行了加载试验。Davalos 和 Qiao 等人则对这种形式的 FRP 空心板提出了等效刚度方法计算构件的变形，并通过 ANSYS 有限元软件计算和足尺试验验证了这一方法的准确性，研究了面层中纤维铺层对构件性能的影响。Reis 等人还研究了 3 维编织 FRP 夹心桥面板的受力性能，并进行了初步的试验研究。

英国的 Luke 等人对 ASSET 桥板系统的性能进行了静载试验、疲劳试验和徐变试验，用有限元软件进行了模拟，并设计了一座跨度为 10m 的车行桥——West Mill 桥。西班牙的 IETCC 对 ASSET 系统的弯曲强度、刚度及剪切强度进行了分析测试。测试结果表明 ASSET 系统的实际结构行为与设计一致，挠跨比小于 $L/300$ 且静力破坏模式主要为支承附近的腹板、底部的剪切破坏。同济大学的傅翰香和薛元德等人利用有限元分析软件 ANSYS 对类似这种断面的 FRP 空心板对比了不同铺层、板厚的组件方案进行了分析。

Zureick 等人对 EZSpan 系统进行了冻融循环试验和静载试验。经过 150 次的冻融循环后，桥面板的平均强度损失小于 5%。通过三点弯曲试验表明 EZSpan 系统具有良好的受力性能，其破坏模式为皱曲和弯曲变形破坏，强度安全系数达到了 10。

Hayels 等人对 Strongwell 系统进行了大量的强度测试、刚度测试和疲劳测试。在强度测试中，当桥面中跨加载到 92.5kN 时，跨中挠度为 3.81mm（$L/320$）。在强度测试中，左跨加载至 346.7kN 时破坏，其破坏形式为加载板周边冲剪破坏。在疲劳测试中，经过 300 万次循环加载，再单向加载至破坏。循环加载中未见明显的刚度损失和损伤，破坏荷载为 368.96kN，其破坏模式仍是加载板周边的冲剪破坏。

Will Duchett 等人对 ACCS 系统进行了分析和测试。测试目标包括检查 ACCS 系统作为主要结构构件是否具有充足的服务性能，提出静力设计原则和抵抗环境影响，养护、维修和更换的设计指南。验证了 ACCS 系统的抗疲能力，并提出疲劳设计的通用准则。Dat Duthinh 和 Kunwar Bajpai 对 ACCS 系统的互锁连接进行了强度测试。测试包括弯曲、平面内和平面外的剪切测试，并按仅有挂钩，仅用胶接和挂钩与胶接均采用的三种工况进行比较测试。测试结果表明第三种工况结果最好。

Lopez-Anido 对 Superdeck 系统进行了静载试验和疲劳试验。测试结果表明，桥面板系统的刚度在疲劳加载后无明显退化，疲劳周数对桥面的极限强度几乎没有影响。从破坏模式看，该系统的极限破坏是在邻接的双梯形单元间产生沿桥面全长范围的纵向剪切失效和加载板下的局部压缩和剪切屈曲这两种情况的组合。Superdeck 桥面系统与承重梁之间连接所用的剪力连接件为在承重梁上设置栓钉,并在桥面板相应位置钻孔,并浇筑混凝土。

Cassity 等人对 DuraSpan 桥面板进行了静载试验和疲劳试验,显示出其优越性能。测试结果表明,GFRP 桥面板提供了足够的强度和刚度。测试中桥面的局部剥离现象对结构的承载能力和刚度几乎没什么影响。经过循环加载试验,结构整体刚度没有退化,连接区域性能良好,结构行为也没有变化。欧洲的 Keller 等人对这种 GFRP 空心板体系进行了单点加载的弯曲试验,并进行了 ANSYS 有限元模拟,发现破坏模式主要都是分层破坏和剥离破坏后的局部屈曲。Moon II 等人通过试验研究了这种体系与钢梁的三种连接方式,推荐了其中性能相对较好的一种连接方法。University of Delaware 对 DuraSpan 桥面板和纵梁的连接系统进行了在水平剪切和横向弯曲方面的静载和疲劳试验。试验中评估了三种连接装置,推荐了灌注膨胀水泥的剪力连接件形式。经过疲劳荷载作用后,连接件的剩余强度几乎与静载下强度相等。连接件的破坏模式说明 GFRP 空腔和钢螺旋对水泥起了很好的约束作用,栓钉的抗剪承载能力为混凝土结合梁中的 60% ~70% ,破坏主要发生在复合材料中,承载能力的降低是由于 FRP 板的空心导致翘曲引起的局部失效所致。

D. Ston 和 A. Nanni 等人对 KSCI 系统进行了静载试验研究。测试结果表明剪切模量比期望值高,主要由于面板厚度有助于提高刚度,但面板的弹性模量实测较低。KSCI 系统的极限承载力比设计破坏极限高出约 30% ,其破坏模式为底层面板和蜂窝夹心产生了黏结剥落。Julio F. Davalos 等人对 KSCI 桥面系统的剪力件进行了试验研究,设计了一种专门用于夹层复合材料桥面板的剪力连接件,并进行了静载试验研究,获得了剪力件的 S-N 曲线。研究表明,剪力件的破坏为桥面板顶底板的局部受压破坏,且在破坏之前 S-N 曲线基本为线性的。Jennifer Rightman 等人在前人对剪力件研究的基础上在剪力件外增加了一层钢套筒,以使剪力件的局部压力均匀分散在整个桥面板内。试验结果表明,增加钢套筒后,单个剪力件的破坏荷载为 89kN,剪力件破坏都为套筒位与 FRP 桥面板底板位置变形过大导致局部受压破坏,并伴随着螺栓连接件的弯曲破坏。

由国外的研究现状可知,用 GFRP(玻璃纤维增强塑料)制成的桥面板体系是近十年内发展起来的一种新型桥面结构形式,关于 GFRP 桥面板已经进行了大量的研究,目前对 GFRP 板的研究手段主要以试验研究为主,并辅以有限元数值模拟分析。GFRP 桥面板可设计强,且生产工艺多样,可以根据实际使用要求对 GFRP 桥面板形状、尺寸参数进行设计分析。关于 GFRP 桥面板的简化分析方法有 Sotiropoulos 的简化层合梁法,Dacalos 和 Qiao 等人的薄壁层合梁理论,Brown 和 Zhou 等人的等效弹性法等。这些简化分析方法主要偏重于变形计算,对于极限承载力目前的方法还不能准确的确定。

关于桥面板与承重梁之间剪力连接件的研究并不是很多,采用的方法都为在 FRP 桥面板开设贯通的孔洞,并设置连接件。不同的桥面板系统采用的连接方式是不同的。拉挤成型的桥面板采用的都为栓钉和混凝土共同作用的连接件,蜂窝夹层的桥面系统采用的基本都为栓钉直接连接并设置钢套筒的连接方式。

国外已经进行了大量的关于 GFRP 桥面板的研究工作,但国内关于 GFRP 桥面板的研究才刚刚起步,清华大学的冯鹏等人开发了缠绕的 HD 板系统,但由于 HD 板采用了外部纤维缠绕增强,因此限制了单块桥面板的宽度,而 FRP 构件之间的连接问题是 FRP 结构设计最重要的问题,因此这些问题对 HD 板在实际工程中用的应用有一定的限制作用。海博思强公司开发的桥面板是为人行桥而设计的,所进行的一系列试验也全为针对人行桥的。而且这些研究都存在着 FRP 桥面板之间的连接和 FRP 桥面板与承重梁之间的连接问题。

6.2　结 构 形 式

目前国际上通常采用 GFRP 制造桥面板。一般 FRP 桥面板产品的自重为 0.75 ~ 1.1kN/m,是传统桥面板的 1/3 ~ 1/4,价格为混凝土桥面板的 3 ~ 4 倍,为钢桥板的两倍。在 HS20 级荷载的作用下,桥板最大变形为 $L/450$ ~ $L/1300$。生产 FRP 桥面板结构有多种方法:如拉挤成型工艺,手糊开模成型工艺,真空辅助树脂转移模塑成型法等。纤维增强复合材料桥面板的基本结构主要有两种形式,一种是夹芯板结构,另一种是拉挤型材黏合结构。夹芯板结构可设计性好,可设计制造各种不同厚度、截面形状尺寸及不同强度要求的桥面板,尤其是可以方便地形成组合结构。这种结构存在生产成本较高,结构的连接和固定性能差等缺点。拉挤型材具有可以连续生产,生产效率高,原材料浪费少,整体性和截面形状一致性好,型材长度不受限制等优点,是目前国际上主要采用的桥面板结构形式。但生产拉挤型材的设备的初期投资比较昂贵,且型材截面形状和尺寸受到设备限制。

自 1975 年以色列建成世界上第一座纤维增强复合材料人行桥以来,很多国家都在将 GFRP 桥面板作为新型的桥梁承重结构进行重点开发和研究。美国有多家公司开发出了 GFRP 空心板体系,生产不同形式的 GFRP 空心桥面板,并且在实际工程中得到了很好的应用。近年来欧洲一些国家也进行 GFRP 空心桥面板的开发和研究。短短十几年间,它就成了一种引人注目的结构形式。

6.2.1　拉挤成型桥面系统

拉挤型材黏合结构 FRP 桥面板产品性能可靠、强度高、自重轻(约为混凝土桥板的 20% ~ 40%)、有很好的抗疲劳和抗腐蚀性能、施工方便、安装快捷,因此得到了广泛应用。由于受设备牵引力的限制,拉挤成型的组合桥面板厚一般都在 200mm 左右,因此跨径也不会超过 3m。国外几种常见的 GFRP 拉挤型材桥面板产品见表 6.2-1。

国外几种 GFRP 桥面板　　表 6.2-1

产品名称	截面形状	厚度(mm)	面密度(kg/m^2)
DuraSpan	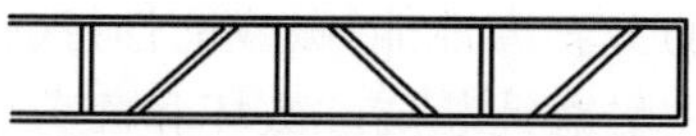	195	92.8577
Superdeck	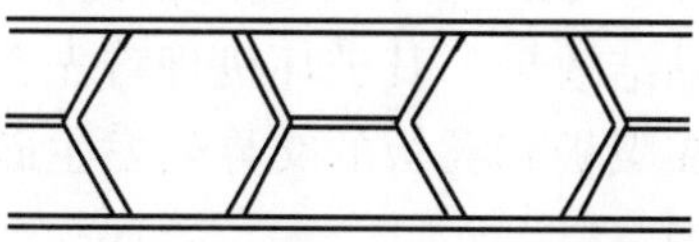	203	107.274

续上表

产 品 名 称	截 面 形 状	厚度(mm)	面密度(kg/m^2)
EZSpan		230	97.6
Strongwell	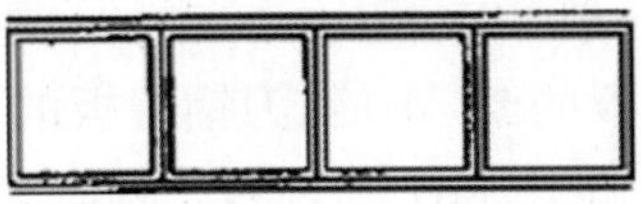	120 ~ 203	90 ~ 117
ASSET		225	90.72
ACCS	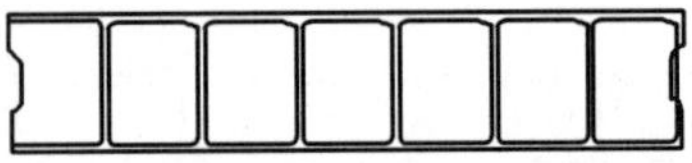	80	6.96

DuraSpan 系统是由 Martin Marirtta Composites Inc 公司生产,它由挤成 0.305mm 宽梯形截面的拉挤型材和拉挤板黏结而成。Duraspan 桥面板采用了由 Johnston Industries Inc.(JII)公司提供的 3 轴向和 4 轴向增强的 E 型玻璃纤维织物以及由 ACC(Ashland Chemical Co.)和 Reichhold 公司提供的注射用聚酯树脂。面板在满足 AASHTO HS25 标准的挠度要求下,力求用料最少。Strongwell 公司生产的桥面板由单向纤维拉挤方形管和平板组成。俄亥俄州的 DARPA Task 16 Bridge、First All-Composite Bridge,加利福尼亚州的 King's Storwater Channel Bridge、Schulyer Heim Lift Bridge,纽约的 Route 418 Truss Bridge 都采用了这种桥面板。

Superdeck 系统是由 Creative Pultrusions Inc 公司开发,它由仿蜂巢状的双梯形和六边形的 GFRP 拉挤型材黏结而成,桥面板采用了 3 轴向 E-玻璃纤维增强织物。俄亥俄州的 Laurel Lick Bridge、Wickwire Run Bridge、Shawnee Creek Bridge 和 Salem Avenue Bridge 采用了这种桥面板。该桥面板设计符合 AASHTO HS-25 荷载等级,拉挤型材的两个结合面均涂聚氨酯以增加黏结性。采用聚氨脂是因为这种材料的具有很好的抗剥离性能,吸收能性好,抗疲劳。施工时,在桥面板的表面铺了约 10mm 厚的聚合物混凝土耐磨铺装层。破坏和疲劳试验表明,这种结构的桥面板具有很好的结构强度和抗疲劳特性,用 GFRP 材料制造的桥面板的刚度小,造成挠度过大会造成面板桥面的过早的破坏并会影响黏结效果。其破坏机理首先在加载局部区域的腹板发生屈曲,然后在加载区的两边扩展开来,在腹板和翼板的交界处发生破坏。这是由于在腹板和翼板的交界凹角区域存在较大的应力集中。

EZSpan 系统是由 Atlantic Research Corp. 和 Georgia Institute of Technology 共同研究开发的。Ezspan 系统厚 230mm，由手糊的上下两层面板和拉挤成型的三角形架构芯管胶结组成。其中面板采用手糊工艺制程，材料组分为聚乙烯树脂和编结无碱玻璃纤维；芯管材料组分为聚乙烯树脂和三向编织无碱玻璃纤维，采用拉挤工艺而成。

Strongwell 公司生产的桥面板由单向纤维拉挤方形管和平板组成。该桥面板厚度可以随方形管尺寸的变化而进行调整，在美国，应用 Strongwell 桥面板的工程已有 10 多处。

ASSET 系统由两个梯形截面组成的平行四边形垃圾型材黏结而成。截面高度为 225mm，宽度包括搭接接头为 521mm。材料组分为异酞聚合树脂和无碱玻璃纤维。

ACCS 系统是应用于人行桥，因此桥面板厚度和面密度比其他几种形式小很多。

国外关于这几种常见的 GFRP 桥面板系统做了很多的试验研究。通过疲劳测试，结果表明疲劳荷载次数与结构静力刚度以及极限强度都无明显的关系，这说明 GFRP 材料具有优异的耐疲劳性能。

除 EZSpan 系统外，其余系统的主方向均为垂直行车方向，几种桥面板系统的正常使用应力也均远小于其极限强度，桥面板结构产生破坏的时候，破坏主要发生在连接处。这个说明连接结构的设计是否合理是 GFRP 桥面板能否正常使用的一个重要因素。

6.2.2 蜂窝夹层桥面板系统

FRP 夹芯板是由两层高强度复合材料薄板与轻质的泡沫塑料芯层、木材芯层、铝材蜂巢芯层或 FRP 蜂巢芯层组成的一种既有较高的弯曲刚度和强度，质量又很轻的结构物。薄面板放在芯层的外缘承受弯曲荷载，轻而厚的芯层连接薄面板并承受剪切荷载。这种结构虽然存在生产成本较高，结构的连接和固定性能差等缺点，但是它的可设计性好，能够根据荷载环境进行灵活设计制造。通常 FRP 夹芯桥面板采用的成型方法为开模成型和真空辅助树脂传递模塑成型，其代表性产品及性能见表 6.2-2。

蜂窝夹层桥面板产品 表 6.2-2

产品名称	截面形状	厚度(mm)	面密度(kg/m^2)
Hardcore	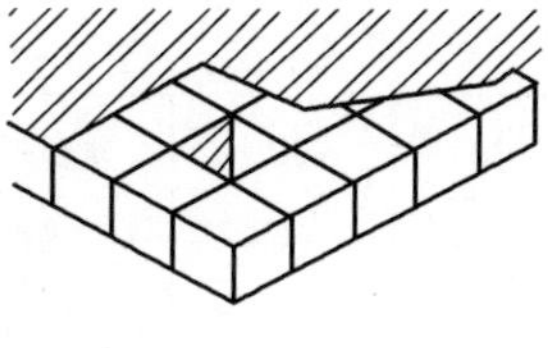	152～710	98～112
KSCI	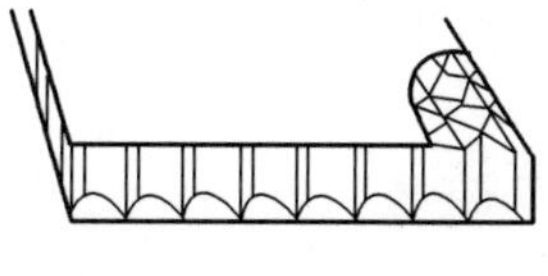	27～610	76

Kansas Structural Composites, Inc(KSCI)公司在 1996 年与加利福尼亚州的 Infrastructure Composites, International (ICI) 合作建筑的 No Name Creek 桥，采用了 KSCI 公司开模接触低压

成型技术生产的蜂巢芯层 FRP 夹芯桥面板，是世界上最早应用 FRP 夹心桥面板的桥梁，净跨 6.48m，宽 8.46m。该桥设计符合 AASHTO HS-25 荷载等级。KSCI 桥面板使用 FRP 蜂巢芯层结构，2 张蒙皮由大阵格蜂巢分开，具有用正弦波形腹板交替的垂直腹板，用短切原丝毡作芯子和 E 玻璃纤维织物作蒙皮手糊成型。这种芯层结构的优点在于根据性能要求很容易地改变正弦波的周期或波高，并且它可以黏结在平板上或者仅仅与上下板黏结。纽约州 1998 年建成的 Bennetts Creek 桥，采用了 Hardcore Composites 公司的真空辅助树脂传递模塑成型（VARTM）的 FRP 桥面板。Bennetts Creek 桥设计符合 AASHTO HS-25 荷载等级。面板路面高 24in，分成 2 部分，每块 16.5ft × 25ft，有一斜交角（即桥端和路中心线间夹角）为约 30°。每块整体夹层结构板用手工铺设：用一层薄的树脂分布网眼膜，接着用多层干的、滚压黏合的 E—玻璃织物。钢模具由侧边壁和底板组成，可将它们配置到有合适的部件尺寸和斜交角。用 E—玻璃纤维织物包裹闭孔聚异蜜胺泡沫块以获得所需强度的纤维定向，这样来创造一个正交的蜂巢状芯子。然后将预浸料坯部件用 DERAKANE 乙烯基树脂进行 VARTM 工艺浸渍。

6.3 FRP 桥面板的设计与制造

纤维增强复合材料（Fiber Reinforced Plastic，简称 FRP）是由高性能纤维，如碳纤维（Carbon Fiber）、玻璃纤维（Glass Fiber）和芳纶纤维（Aramid Fiber）等有机体，主要是树脂（Polymer）体系按一定比例、并经过一定加工工艺制成的一种复合材料。它的性能与其组成和加工工艺密切相关，随着 FRP 的开发应用和黏结剂性能的不断改进，高性能复合材料依靠其优异的性能在航空、航天、体育、电子、土木工程等领域得到了广泛的应用。

FRP 制品的性能取决于其组成和制备工艺。玻璃纤维由于其成本低，因此在土木工程中大规模使用时，采用玻璃纤维复合材料的成本要大大低于其他种类的纤维复合材料。玻璃纤维增强复合材料的主要组成为增强材料——纤维和基体材料——树脂。玻璃纤维的主要功能为：承受主要荷载和限制围观裂纹的扩展。基体材料的主要功能为：固定纤维的位置，承受应力并将应力传递给纤维，由纤维承受荷载，决定复合材料的热、电、化学性能和调整材料的制造工艺性能。如图 6.3-1 所示为 FRP 材料组分和性能示意图。如图 6.3-2 所示为纤维、基材和复合材料之间力学性能关系。

图 6.3-1　FRP 材料性能示意

6.3.1 玻璃纤维复合材料制品成型方法

将增强材料（玻璃纤维及其制品）、基体材料（树脂）及其他辅助材料等这些性质不同的材料，通过成型工艺使这些材料有机地相互结合，制造出具有优良特性的材料是复合材料的最大目的。如图 6.3-3 所示为树脂基复合材料的成型加工过程。

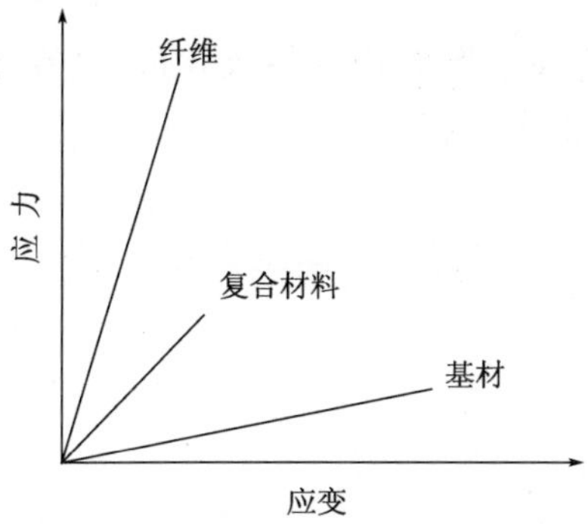

图6.3-2 纤维、基材和复合材料之间力学性能关系

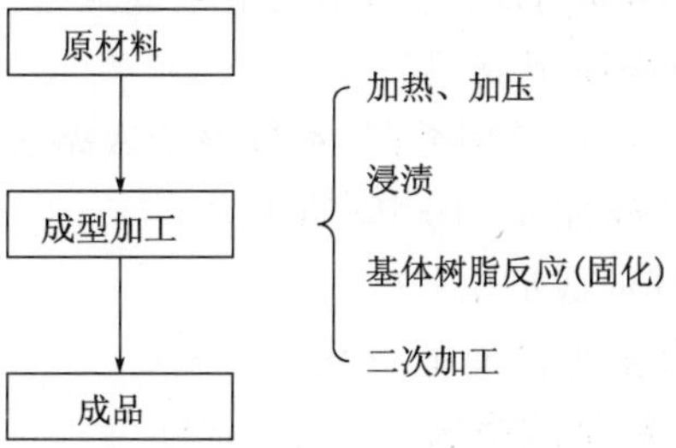

图6.3-3 树脂基复合材料成型加工过程示意

FRP制品的制备成型工艺与传统结构材料有很大的不同，且制备工艺是保证纤维和基体共同工作的前提，其力学性能对工艺的依赖性也很强，不同工艺生产的FRP产品，在力学性能、尺寸精度等方面有很大的差异，因此在FRP结构的设计中必须考虑其制备工艺。树脂基复合材料生产工艺可分为三大类。

1）对模成型

对模成型又可以分为以下5小类。

(1)模压成型

采用片状模塑料(SMC)、团状模塑料(BMC)预成型件等在一定温度与压力下成型。

(2)树脂传递成型(RTM)

RTM为将配有固化系统的树脂在一定压力下流入已铺覆增强材料的模内(连续玻璃纤维原丝毡、织物与短切原丝复合毡等)，经固化后脱模。采用RTM方法制备的制品两面光滑、尺寸与树脂含量较稳定。

(3)注射成型(RIM)

与热塑性塑料注塑相似，可以用长纤维或短纤维的BMC塑料注射。

(4)冷压成型

不采用外加热方式，仅仅依赖复合材料在室温下自身放热固化。

(5)结构反应注射成型(SRIM—structural reaction injection molding)

SRIM与RTM相似，但基体多用聚氨酯。多适用于中到大量生产，要求韧性或弹性较好的高强度制品。

2）接触成型

接触成型也可以分为以下4小类。

(1)手糊成型

手糊成型法是利用敞式模具在接触压力的情况下，使纤维浸胶、成型，在常温或中温固化，整个过程用手工操作生产。

(2)喷射成型

喷射成型法是使用喷射机将玻璃纤维切断(25～30mm)并与树脂一起喷到模具表面，再手工压平，在常温固化。

(3)真空袋成型

真空袋是手糊法与喷射法的延伸。将手糊或者喷射好的积层品放入模具,在积层上覆盖橡胶袋,四周封闭,然后用真空泵抽真空,使积层被压实、成型。

(4)高压釜成型

同真空袋成型类似,不过整个成型过程是在高压釜中进行。高压釜为一座压力加热罐,它能对铺层施加 5×10^5Pa 的压力。

3)其他成型法

其他成型法有如下几种。

(1)纤维缠绕法

将连续纤维或织物通过教槽浸胶后,按照一定的规律缠绕到芯模上,在通过加热或常温下固化成型。纤维缠绕法自动化程度高,质量稳定,生产效率高,所制成的产品纤维含量高,力学性能好。但此法适应性差,只能生产回转体形的制品,对设备要求高。

(2)连续板材成型

载体薄膜沿生产线方向移动,树脂自上而下落到薄膜上,并用刮刀控制树脂厚度。用对滚式切割器将玻璃纤维短切成 25~50mm 长,并随机均匀散布于树脂上。在树脂、玻璃纤维上覆盖载体薄膜进入固化室。在固化室内调整板材的形状并固化。连续板材成型法生产效率高,能生产不同形状规格的板材。但采用连续板材成型法制成的产品由于纤维含量有限,故其力学性能受到限制。

(3)离心成型

离心成型为将玻璃纤维短切落在高速旋转的模具内,在离心力作用下,树脂浸渍增强材料,通过固化后形成圆筒结构的产品。离心成型法设备简单,投资少,生产效率高于缠绕法,脱模简单,但模具费用高,加工难度大,同时产品局限性比较大。

(4)拉挤成型

主要采用玻璃纤维无捻粗纱提供纵向增强,采用连续原丝毡补充横向增强,同时用表面毡提高成品表面质量。拉挤成型的程序为:将纤维束或纤维织物通过纱架连续导入,经过树脂胶槽将纤维浸渍树脂,将纤维预成型后进入加热模具内,在其中固化后脱模进入牵引机构,形成连续的 FRP 制品,整个生产过程都是连续不断进行的。如图 6.3-4 所示为拉挤成型示意图。

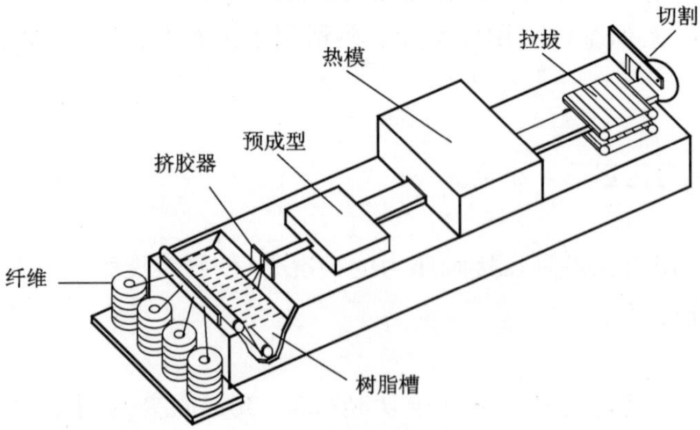

图 6.3-4　拉挤成型示意

拉挤成型适用于大批量生产,制造长尺寸构件。产品树脂含量可精确控制,型材轴向结构特性非常好,产品质量稳定,可生产复杂截面形状的连续型材。纤维含量高,受力性能好,纤维强度能充分发挥。缺点是产品尺寸和壁厚受生产能力限制,只能生产线性型材。

近十五年以来,我国玻璃钢行业技术进步明显首先以管道,继之以 SMC、BMC 模压制品及拉挤成型制品推动了整个行业向高层次发展。我国玻璃钢产品采用手糊(含喷射)工艺的产品约占 56.4%,采用纤维缠绕的约占 17.4%,采用 SMC、BMC 模压的占 12.4%,采用拉挤工艺生产的约占 9.6%,采用其他工艺(如连续成型波板、RTM 等)占 3.2%。不同的生产工艺,适应不同的制品性能与生产规模,尽管机械化、自动化日益发展,但劳动密集型的手糊与喷射成型工艺仍占相当的比例。

6.3.2 FRP 桥面板的设计与制造工艺

拉挤成型工艺过程是由送纱、浸胶、预成型、固化定型、牵引、切断等工序组成。无捻粗纱从纱架引出后,经过排纱器进入浸胶槽浸透树脂胶液,然后进入预成型模,将多余树脂和气泡排出,再进入成型模凝胶、固化。固化后的制品由牵引机连续不断地从模具拔出,最后由切断机定长切断。在成型过程中,每道工序都可以有不同方法:如送纱工序,可以增加连续纤维毡,环向缠绕纱或用三向织物以提高制品横向强度;牵引工序可以是履带式牵引机,也可以用机械手;固化方式可以是模内固化,也可以用加热炉固化;加热方式可以是高频电加热,也可以用熔融金属(低熔点金属)等。拉挤成型是复合材料成型工艺中的一种特殊工艺,其优点是:

(1)生产过程完全实现自动化控制,生产效率高。

(2)拉挤成型制品中纤维含量可高达 80%,浸胶在张力下进行,能充分发挥增强材料的作用,产品强度高。

(3)制品纵、横向强度可任意调整,可以满足不同力学性能制品的使用要求。

(4)生产过程中无边角废料,产品不需后加工,故较其他工艺省工,省原料,省能耗。

(5)制品质量稳定,重复性好,长度可任意切断。

(6)拉挤成型工艺的缺点是产品形状单调,只能生产线形型材,而且横向强度不高。

采用拉挤工艺生产桥面板,生产效率高,产品质量稳定,且生产过程没有废弃料的产生,更符合现在要求的节能减排要求。基于以上要求,采用拉挤工艺生产试验桥的桥面板。

6.3.2.1 FRP 型材的材料组分

实桥用 FRP 型材的铺层设计中,采用了全玻璃纤维材料的铺层设计方案,如图 6.3-5 所示。基体采用乙烯基脂树脂,增强材料为 1200Tex 的 E-glass 纤维丝束和预定向增强布(0°/-45°/45°/90°)。

顶、底板铺层数量都为 13 层,腹板铺层数量为 7 层,具体铺层材料见表 6.3-1 腹板的铺层数量为 7 层,材料同取表 6.3-1 中第 7 层到第 13 层。

顶底板铺层统计 表 6.3-1

层 数	所用产品	规格型号	备 注
第 1 层	多轴向织物	450g/m^2	双向布(0/90—1/1)两层,表面毡一层
第 2 层	玻璃纤维无捻纱	1200Tex	

续上表

层　数	所用产品	规格型号	备　注
第3层	多轴向织物	450g/m^2	双向布(－45/45—1/1)两层
第4层	玻璃纤维无捻纱	1200Tex	
第5层	多轴向织物	450g/m^2	双向布(－45/45—1/1)两层
第6层	玻璃纤维无捻纱	1200Tex	
第7层	多轴向织物	450g/m^2	双向布(0/90—1/1)两层
第8层	玻璃纤维无捻纱	1200Tex	
第9层	多轴向织物	450g/m^2	双向布(－45/45—1/1)四层
第10层	玻璃纤维无捻纱	1200Tex	
第11层	多轴向织物	450g/m^2	双向布(－45/45—1/1)四层
第12层	玻璃纤维无捻纱	1200Tex	
第13层	多轴向织物	450g/m^2	双向布(0/90—1/1)两层,表面毡一层

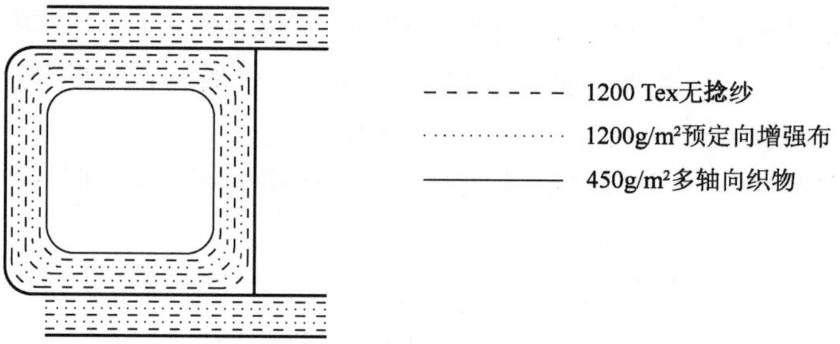

图6.3-5　铺层设计方案

6.3.2.2　FRP型材的尺寸设计与制造

由于玻璃纤维增强塑料(GFRP)材料具有弹性模量低和各向异性等特点,简单地使用GFRP材料制造桥面板不易满足高性能、低成本的要求。因此,将不同种类的FRP材料及传统结构材料进行合理的组合,开发出经济实用的新型FRP组合桥面板,这是目前国内外主要的研究领域之一。通过对目前国际上通常采用GFRP桥面板产品进行调研和比较后,拟定出GFRP桥面板结构的截面形式。实桥中所用的拉挤型材的几何尺寸如图6.3-6所示,所形成的桥面板如图6.3-7所示。

拉挤型材所用模具如图6.3-8所示,图6.3-8a)为芯模,图6.3-8b)为外模具。

采用国内提供的牵引力为25t的玻璃钢拉挤机组,性能可以满足生产的需要。目前国内拉挤工艺技术发展十分迅速,拉挤型材制品已在国际市场占有一定市场,已具备了生产大尺寸截面拉挤制品能力(图6.3-9~图6.3-12)。

6.3.2.3　FRP桥面板的黏结成型工艺

FRP桥面板由多根FRP型材连接而成。FRP型材之间可采用的连接方式有胶结和机械连接。但由于复合材料的脆性和 FRP 型材的各向异性,FRP 型材制孔后将导致孔周的局部应力几种,会降低连接效率。而采用胶结连接时无钻孔引起的应力集中,抗疲劳、密封、减震性能好,有阻止裂纹扩展的作用,破损安全性好。基于以上原因,FRP 型材间通过胶结连接制成 FRP 桥面板。

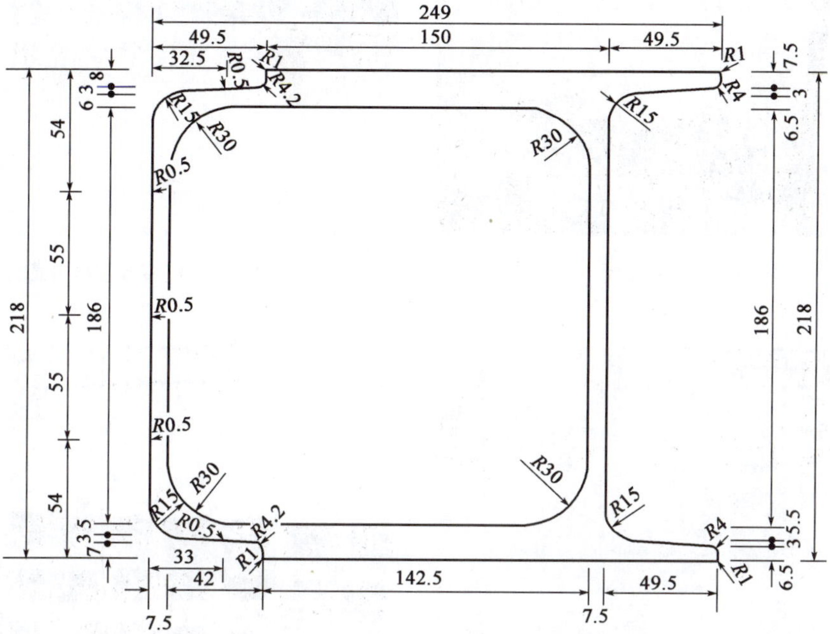

图 6.3-6　FRP 拉挤型材尺寸(尺寸单位:cm)

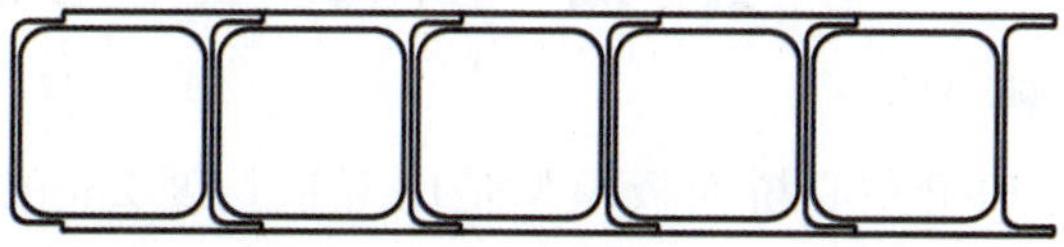

图 6.3-7　FRP 桥面板示意

a)　　　　b)

图 6.3-8　拉挤成型模具

图 6.3-9　无捻纱线

图 6.3-10　拉挤型材出模腔

图 6.3-11　拉挤型材

图 6.3-12　拉挤型材成品

黏结成型试验采用的 FRP 空心桥面板模型是用五根长度 2m 的 FRP 型材拼接而成。相邻 FRP 型材之间接触面用胶结，选用 LORD 公司生产的 7542A/D 聚氨酯黏结剂，如图 6.3-13 ~图 6.3-16 所示。

图 6.3-13　桥面板所用 FRP 型材

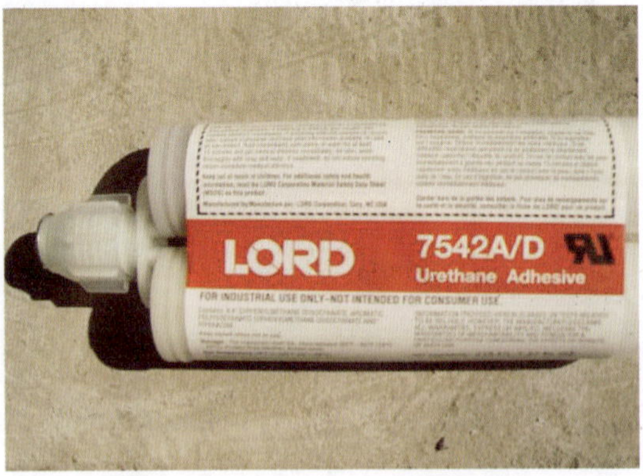

图 6.3-14　LORD7542 聚氨酯黏结剂

图 6.3-15　结合面涂胶

图 6.3-16　FRP 型材黏结成型

整个黏结工艺如下：

(1)首先将 FRP 管腹板结合面进行打磨,并擦拭干净,以去掉型材表面脱模剂同时形成一定粗糙度的黏结面。

(2)测试黏结剂的固化时间,以此确定黏结型材表面的工作时间范围。

(3)在型材腹板以及顶、底板结合面上涂胶,保证胶层均匀平整。

(4)结合面上黏结剂涂好后,套入相邻 FRP 型材,并用重物压实。

(5)FRP 型材全部黏结成型后,将制作完成的 FRP 桥面板放置 24 小时以上让黏结剂充分固化形成强度。

上述黏结工艺已用于实桥面板的制作过程中。

6.4　FRP 桥面板与钢梁的连接

FRP 桥面板与承重钢梁之间可采用多种连接方式,包括栓钉、螺栓连接、拉筋、铆钉和黏结等。由于 FRP 桥面板与承重钢梁之间的连接决定了 FRP 板的边界条件,并对其受力时的有效宽度、支座刚度以及与梁的组合作用有较大影响。在桥面板和承重梁连接处有较大的集中应力,并且局部受力状态复杂,对 FRP 桥面体系性能的影响大。本节对 FRP-钢桥面板的连接方式进行了试验研究。

GFRP 桥面板与承重梁的连接可采用多种连接方式,包括栓钉、螺栓连接、拉筋、铆钉和黏结等。由于 GFRP 桥面板与承重梁之间的连接决定了 GFRP 板的边界条件,并对其受力时的有效宽度、支座刚度以及与梁的组合作用有较大影响。GFRP 桥面板在连接处有较大的集中应力,并且局部受力状态复杂,对 GFRP 桥面体系性能的影响大,因此通过对比螺栓连接和胶结连接两种方式,选择合适可靠的连接方式,以保证 GFRP 组合梁桥的正常使用要求。

本节通过采用胶结和螺栓连接的抗剪连接件的推出试验,检测采用胶结和螺栓连接时抗剪连接件的承载力。

6.4.1　胶结连接

1)试件简介

GFRP 桥面板与承重梁之间采用胶结连接时,胶结层的承载能力只与 GFRP 板与承重梁之间的胶结界面有关，与 GFRP 板与承重梁的截面形式无关，将图 6.4-1 中 GFRP 管虚线范围内的管材部分切割下来，同钢板胶结，试件成型后进行推出试验，测量试件的承载能力。

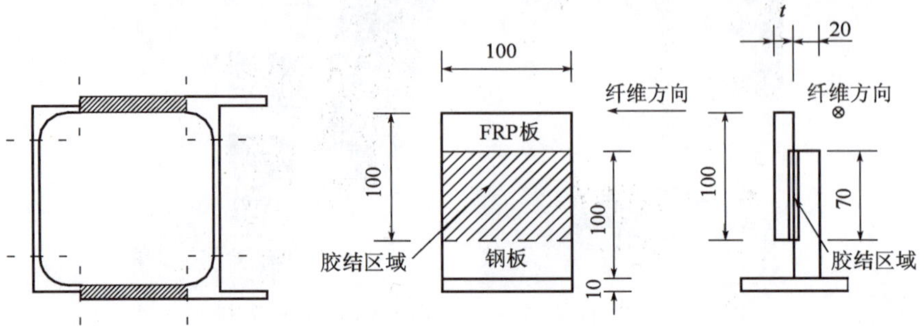

图 6.4-1　试件尺寸(尺寸单位：mm)

如图 6.4-2 和图 6.4-3 所示为制备的试件及试验加载示意图。

图 6.4-2　待试验试件

图 6.4-3　试验加载示意

图 6.4-4　黏结胶层开裂

2) 试验结果

(1) 采用环氧树脂胶的结果

如图 6.4-4 所示为采用普通环氧树脂胶的时候，试件的破坏照片。

环氧树脂胶未添加填料时属于脆性黏结材料，极限应变很小，因此试件胶结层破坏的时候属于脆性破坏。表 6.4-1 为采用普通环氧树脂胶时，试件的承载力和计算得到的抗剪强度统计表。

由表 6.4-1 可知，采用普通环氧胶时连接强度很高：平均每平方米承载的剪力能达到 4000kN。承重梁上翼缘板宽 60cm，因此，当采用胶结连接的时候，每延米能承受的剪力为 2400kN。

胶结试验结果统计　　表 6.4-1

试件编号	胶结面积(cm^2)	荷载(kN)	抗剪强度(kN/m^2)
JJB-1	7×10	27.5	3929
JJB-2	7×10	30	4286
JJT-1	7×10	28	4000
JJT-2	7×10	29	4143

(2)采用聚氨酯胶的试验结果

如图 6.4-5 所示为采用聚氨酯胶连接的时候,试件破坏的照片。

a)

b)

图 6.4-5　试件破坏

a)沿胶层破坏;b)黏结胶层开裂

由于聚氨酯胶极限应变比较大,在荷载作用下,胶结层的变形也比较大,试件破坏的时候,胶结层表现出一定的"延性"。表 6.4-2 为采用聚氨酯胶时,试件的承载力和计算得到的抗剪强度统计表。

胶结试验结果统计　　表 6.4-2

试件编号	胶结面积(cm^2)	荷载(kN)	抗剪强度(kN/m^2)
JJB-3	7×10	37	5286
JJB-4	7×10	33	4714
JJT-3	7×10	36	5143
JJT-4	7×10	33	4714

由表 6.4-2 可知,采用聚氨酯胶时平均每平方米承载的剪力大于 4700kN。承重梁上翼缘板宽 60cm,当采用聚氨酯黏结胶时,每延米能承受的剪力大于 2820kN。

3)试验分析

对比采用普通环氧胶和聚氨酯胶的试验结果:聚氨酯胶的极限变形比较大,而且采用聚氨酯胶的时候,每平方米承载的剪力比普通环氧胶要大。这是由于普通环氧胶属于脆性胶,聚氨酯胶属于韧性胶,在胶层剥离应力可以忽略的情况下,胶结连接静剪切强度由剪切应变能决定,因此聚氨酯胶的连接静强度较高。

而且，从疲劳特性看，脆性胶粘剂疲劳寿命短。韧性胶极限应变较大，因而可以降低胶层的应力峰值，即应力集中小，可承受较高的疲劳极限应力，疲劳寿命较长。因此 GFRP 板与钢纵梁之间的胶粘剂应选韧性胶粘剂。

6.4.2 螺栓连接

采用螺栓连接的时候分以下三种情况研究：单根螺栓连接，两根螺栓连接间距 100mm 和两根螺栓连接间距 150mm。

6.4.2.1 单根螺栓连接

1）试件简介

图 6.4-6 为采用单根螺栓连接的剪力连接件试件，GFRP 板尺寸为 100mm × 100mm，开孔直径 21.5mm。

a)　　　　　　　　　　　　b)

图 6.4-6　剪力连接件

分两种情况加载：①加载方向垂直于纤维方向；②加载方向平行于纤维方向。

2）试验结果分析

表 6.4-3 为设置单根螺栓时的试验结果。

单根螺栓连接试验结果　　　　表 6.4-3

试件编号	试 件 描 述	试 验 过 程
LS-ST-1	GFRP 板厚度 17mm，设置钢板垫片，加载方向垂直于纤维方向	试验加载至 60kN 的时候，试件发出噼啪声，随着荷载的提高，噼啪变大变密。加载至 90kN 的时候，试件破坏
LS-ST-2	GFRP 板厚度 17mm，不设置钢板垫片，加载方向垂直于纤维方向	试验加载至 40kN 的时候，试件发出噼啪声，随着荷载的提高，噼啪变大变密。加载至 90kN 的时候，试件破坏
LS-ST-3	GFRP 板厚度 17mm，不设置钢板垫片，加载方向平行于纤维方向	在试件加载至 75kN 的时候，试件发出噼啪声；加载至 95kN 的时候，噼啪声明显变大，出现频率变高；加载至 107kN 的时候，试件破坏
LS-SB-1	GFRP 板厚度 15mm，设置钢板垫片，加载方向垂直于纤维方向	在试件加载至 76kN 的时候，试件发出噼啪声，随着荷载的提高，噼啪变大变密。加载至 126kN 的时候，试件破坏

续上表

试件编号	试件描述	试验过程
LS-SB-2	GFRP板厚度15mm,不设置钢板垫片,加载方向垂直于纤维方向	在试件加载至42kN的时候,试件发出噼啪声,随着荷载的提高,噼啪变大变密。加载至97kN的时候,试件破坏
LS-SB-3	GFRP板厚度15mm,不设置钢板垫片,加载方向平行于纤维方向	在试件加载至90kN的时候,试件发出噼啪声,随着荷载的提高,噼啪变大变密。加载至102kN的时候,试件破坏
LS-SF-1	GFRP板厚度7mm,不设置钢板垫片,加载方向平行于纤维方向	在试件加载至30kN的时候,试件发出噼啪声,随着荷载的提高,噼啪变大变密。加载至47kN的时候,试件破坏
LS-SF-2	GFRP板厚度7mm,设置钢板垫片,加载方向垂直于纤维方向	在试件加载至28kN的时候,试件发出噼啪声,随着荷载的提高,噼啪变大变密。加载至52kN的时候,试件破坏
LS-SF-3	GFRP板厚度7mm,不设置钢板垫片,加载方向垂直于纤维方向	在试件加载至23kN的时候,试件发出噼啪声,随着荷载的提高,噼啪变大变密。加载至40kN的时候,试件破坏

由试验结果可知,设置单根螺栓的时候,试件的破坏形式主要有:螺栓孔附近GFRP材料受压破坏,GFRP板分层破坏和GFRP板受剪破坏。由于试件的抗剪能力由螺栓孔附近的GFRP材料与螺栓的挤压力提供,每个试件破坏的时候,都有螺栓孔附近GFRP材料受压破坏的情况发生。如图6.4-7所示为试件LS-ST-1试件破坏的总体视图和GFRP板局部视图。除了在螺栓孔位置的GFRP材料产生受压破坏之外,GFRP板中间位置产生了分层破坏,在靠近加载区位置,由于加载区表面处理的问题,GFRP板的分层情况比较严重。

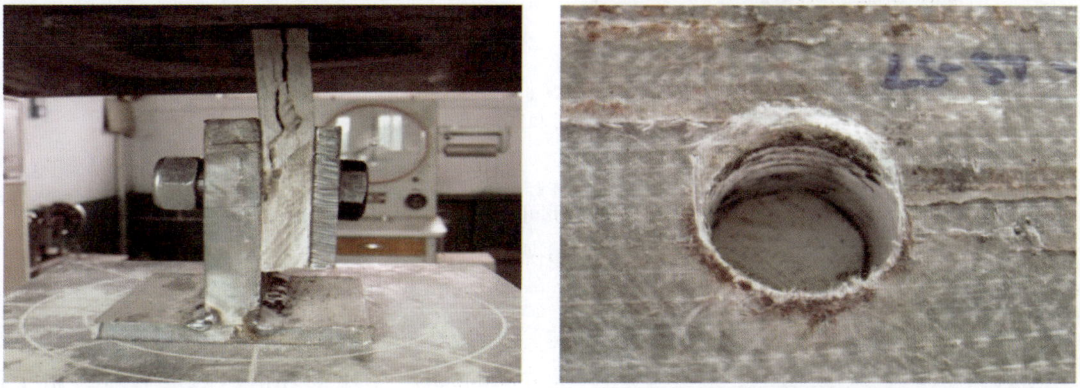

a)　　b)

图6.4-7　试验试件以及试验GFRP板局部

试件破坏的时候都产生螺栓孔附近的GFRP材料受压破坏和GFRP板中部分层破坏的情况。图6.4-8、图6.4-9分别为设置钢板垫片和不设置钢板垫片的时候,试件视图和试验GFRP板的局部视图。图6.4-8为试件LS-SB-1,试件设置钢板垫片;图6.4-9为试件LS-SB-2,试件未设置钢板垫片。

对比试件LS-SB-1和LS-SB-2可知,由于有钢垫片的约束作用,螺栓孔附近的GFRP材料的变形受到约束,一定程度提高了试件的承载力。

a)　　b)

图 6.4-8　试验试件和试验 GFRP 板局部

a)　　b)

图 6.4-9　试验试件和试验 GFRP 板局部

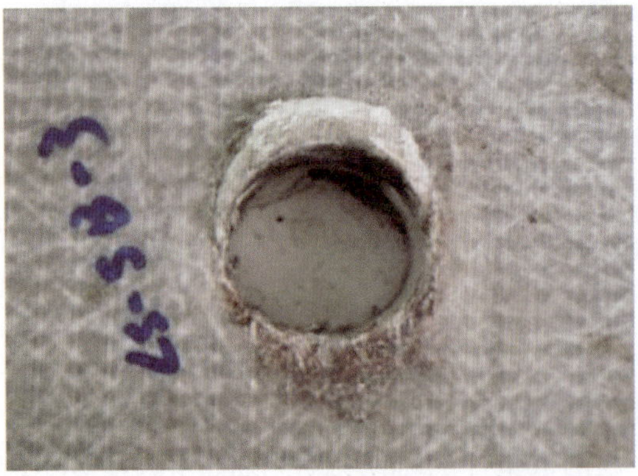

图 6.4-10　GFRP 板局部

如图 6.4-10 所示为当加载方向平行于纤维方向的时候,试件 LS-SB-3 破坏时 GFRP 板的局部视图。

比较可知,当受力方向垂直于纤维方向的时候,受压破坏的区域比较大,当受力方向平行于纤维方向的时候,受压破坏的区域要较小。由于钢板垫片的约束作用,因此在设置钢板垫片的时候,试件的承载力要大于未设置钢板垫片的情况。

3)试验小结

试验中,分别测试了设置钢板垫片,不设置钢板垫片和不设置钢板且加载方向垂直于纤维方向几种情况下,不同板厚的试件的承载力。通过试验可知:

(1)设置钢板垫片能显著提高试件的承载力。

(2)加载方向平行于纤维方向时,试件的承载力大于加载方向垂直于纤维方向的试件的承载力。

(3)当 GFRP 板材局部刚发生破坏(噼啪声刚出现)时的外荷载一般为极限承载力的 60%左右。

6.4.2.2　两根螺栓连接,间距 100mm

1)试件简介

图 6.4-11 为布置两根螺栓连接的剪力连接件试件,GFRP 板尺寸为 100mm × 200mm,开孔直径 21.5mm,开孔间距 100mm。

共做 9 个试件:厚度 15mm 的 GFRP 底板和钢板连接试件 3 个,厚度 17mm 的 GFRP 顶板和钢板连接试件 3 个,厚度 7mm 的 GFRP 腹板和钢板连接试件 3 个。分两种情况加载:①设置钢板垫片,如图 6.4-11a)所示;②不设置钢板垫片,如图 6.4-11b)所示。

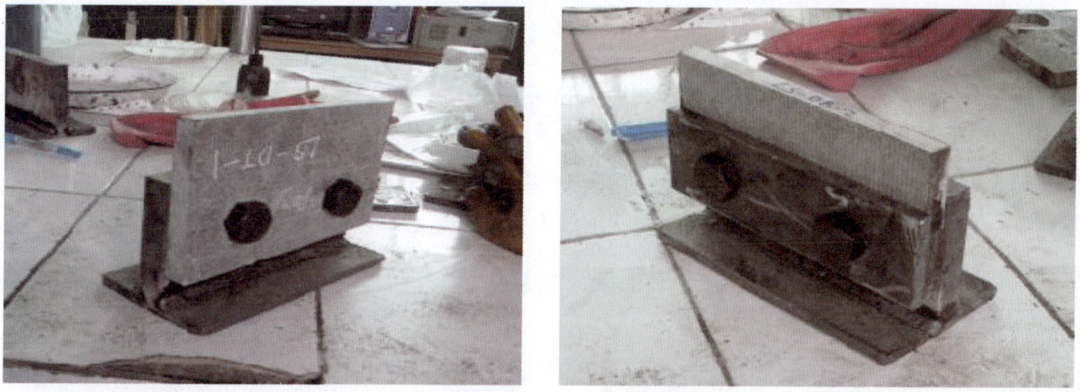

a)　　b)

图 6.4-11　试验试件

2)试验结果分析

表 6.4-4 为设置两根根间距 100mm 螺栓时的试验结果。

两根螺栓间距为 100mm 时的试验结果　　表 6.4-4

试件编号	试 件 描 述	试 验 过 程
LS-DT-1	GFRP 板厚度 17mm,不设置钢板垫片,加载方向垂直于纤维方向	试验加载至 77kN 的时候,试件发出一声噼啪声;加载至 100kN 的时候,噼啪声又出现;加载至 155kN 的时候,劈啪声明显变密;加载至 206kN 的时候,试件破坏
LS-DT-2	GFRP 板厚度 17mm,设置钢板垫片,加载方向垂直于纤维方向	试验加载至 123kN 的时候,试件发出噼啪声,随着荷载的提高,噼啪变大变密,但是增加的频率很低;加载至 260kN 的时候,试件破坏
LS-DT-3	GFRP 板厚度 17mm,设置钢板垫片,加载方向垂直于纤维方向	在试件加载至 120kN 的时候,试件发出一声噼啪声;加载至 150kN 的时候,劈啪声变多,变密;加载至 200kN 的时候,劈啪声出现的频率更高;加载至 255kN 的时候,试件破坏
LS-DB-1	GFRP 板厚度 15mm,不设置钢板垫片,加载方向垂直于纤维方向	在试件加载至 150kN 的时候,试件发出噼啪声,随着荷载的提高,噼啪声变大,出现频率变高;加载至 203kN 的时候,试件破坏

续上表

试件编号	试件描述	试验过程
LS-DB-2	GFRP 板厚度 15mm,设置钢板垫片,加载方向垂直于纤维方向	在试件加载至 170kN 的时候,试件发出噼啪声,随着荷载的提高,噼啪声变大,出现频率变高;加载至 220kN 的时候,劈啪声出现密集;加载至 248kN 的时候,试件破坏
LS-DB-3	GFRP 板厚度 15mm,设置钢板垫片,加载方向垂直于纤维方向	在试件加载至 140kN 的时候,试件发出噼啪声,随着荷载的提高,噼啪声变大,出现频率变高。加载至 205kN 的时候,试件破坏
LS-DF-1	GFRP 板厚度 7mm,不设置钢板垫片,加载方向垂直于纤维方向	在试件加载至 51kN 的时候,试件发出噼啪声;加载至 70kN 的时候,劈啪声明显变密;加载至 75kN 的时候,试件破坏
LS-DF-2	GFRP 板厚度 7mm,设置钢板垫片,加载方向垂直于纤维方向	在试件加载至 60kN 的时候,试件发出噼啪声;加载至 68kN 的时候,劈啪声变大,出现频率明显变大;加载至 108kN 的时候,试件破坏
LS-DF-3	GFRP 板厚度 7mm,设置钢板垫片,加载方向垂直于纤维方向	在试件加载至 49kN 的时候,试件发出噼啪声;加载至 84kN 的时候,试件破坏

由试验结果可知,设置两根自锁螺栓的时候,试件破坏主要为 GFRP 板螺栓孔附近位置的 GFRP 材料受压破坏,在靠近螺栓端头一侧还伴有一定的 GFRP 材料的分层起鼓破坏。图 6.4-12为试件 LS-DT-1 破坏后,试验 GFRP 板局部视图。其他试件的破坏形式类似。

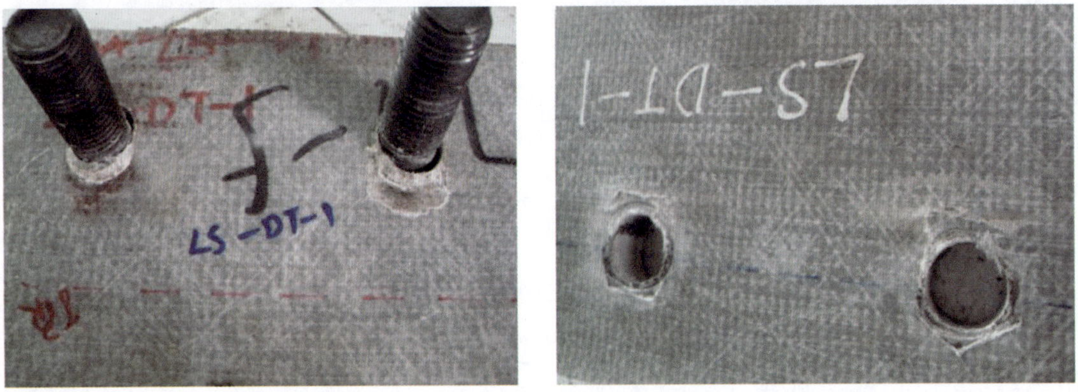

a)　　　　　　　　　　b)

图 6.4-12　试验 GFRP 板局部图

由表 6.4-3 和表 6.4-4 比较可知,采用两根自锁螺栓的时候,试件产生初次破坏时承担的外荷载为设置单根自锁螺栓的两倍,极限承载力为设置单根螺栓时的 2.5 倍左右。主要由于设置单根自锁螺栓的时候,试验试件宽度小于设置两根自锁螺栓的情况,试件容易产生一定弯曲变形,造成 GFRP 板更容易产生分层破坏,从而造成试件的承载力要略小于设置两根自锁螺栓的情况。当试件的 GFRP 板为 15mm 和 7mm 的时候,试验结果和以上类似。试件破坏的主要形式为螺栓孔位置的 GFRP 材料受压破坏和 GFRP 板在加工薄弱环节破坏。

3)试验小结

在设置两根螺栓的情况下,分别做了不设置钢板垫片和设置钢板垫片的情况的时间的承载力,并同设置单根螺栓的情况进行对比,通过对比可知:

(1)设置钢板垫片的时候,试件的承载力明显大于不设置钢板垫片的情况。这是由于设置钢板垫片的时候,螺栓孔位置的GFRP材料受到约束,从而一定程度上提高其承载能力。

(2)设置两根螺栓的时候,试件的初始破坏荷载和极限承载力都为设置单根螺栓的两倍。

(3)试件的承载力同试件的厚度有关系,但并不是完全的线性关系,主要是由于GFRP板受到垂直于板平面方向的约束的影响。

(4)不论是设置单根螺栓还是设置两根螺栓,试件刚出现第一声噼啪声的时候的承载力都大约为试件的极限承载力的60%左右。

6.4.2.3　两根螺栓连接,间距150mm

1)试件简介

图6.4-13为布置两根螺栓连接的剪力连接件试件,GFRP板尺寸为100mm×250mm,开孔直径21.5mm,开孔间距150mm。

2)试验结果分析

表6.4-5为设置两根根间距150mm螺栓时的试验结果。

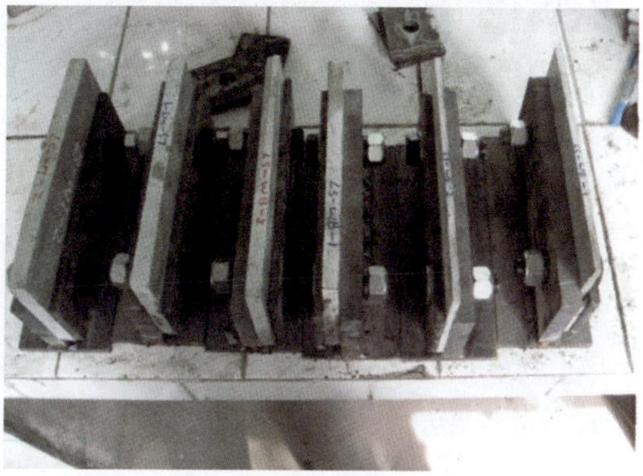

图6.4-13　试验试件

两根螺栓间距为150mm时的试验结果　　表6.4-5

试件编号	试件描述	试验过程
LS-WF-1	GFRP板厚度7mm,设置钢板垫片,加载方向垂直于纤维方向	当试验加载至56kN时,试件发出一声噼啪声;当加载至77kN时,噼啪声又出现;当加载至96kN时,劈啪声明显变密,荷载稳定在96kN时,劈啪声不停出现;然后荷载继续上升,当加载至113kN时,试件破坏
LS-WF-2	GFRP板厚度7mm,设置钢板垫片,加载方向垂直于纤维方向	当试验加载至57kN时,试件发出一声噼啪声,随着荷载的升高,劈啪声零星出现;当加载至78kN时,劈啪声明显变大,出现频率提高;当加载至111kN时,荷载短暂稳定;当加载至121kN时,试件破坏
LS-WB-1	GFRP板厚度15mm,设置钢板垫片,加载方向垂直于纤维方向	当试件加载至140kN时,试件发出一声噼啪声;当加载至165kN时,劈啪声变多,变密;当加载至225kN时,劈啪声出现的频率更高,荷载短暂稳定在225kN;当加载至275kN时,试件破坏
LS-WB-2	GFRP板厚度15mm,设置钢板垫片,加载方向垂直于纤维方向	当试件加载至140kN时,试件破坏
LS-WT-1	GFRP板厚度17mm,设置钢板垫片,加载方向垂直于纤维方向	当试件加载至150kN时,试件发出噼啪声,随着荷载的提高,零星出现噼啪声;当加载至175kN时,劈啪声出现密集;当加载至299kN时,试件破坏
LS-WT-2	GFRP板厚度17mm,设置钢板垫片,加载方向垂直于纤维方向	当试件加载至140kN时,试件发出噼啪声,随着荷载的提高,噼啪声零星出现;当加载至175kN时,劈啪声明显变大,出现频率明显变大;当加载至220kN时,试件破坏

由于加载区不平,造成加载时,加载区 GFRP 板应力集中情况比较明显,局部 GFRP 材料过早产生分层破坏,造成试件承载力比较低。图 6.4-14 为试件 LS-WB-2 破坏时的情况图。试件 LS-WB-2 中 GFRP 板宽 250mm,厚度 15mm,设置钢板垫片,加载方向垂直于纤维方向。加载过程中,在试件加载至 140kN 时,试件破坏。

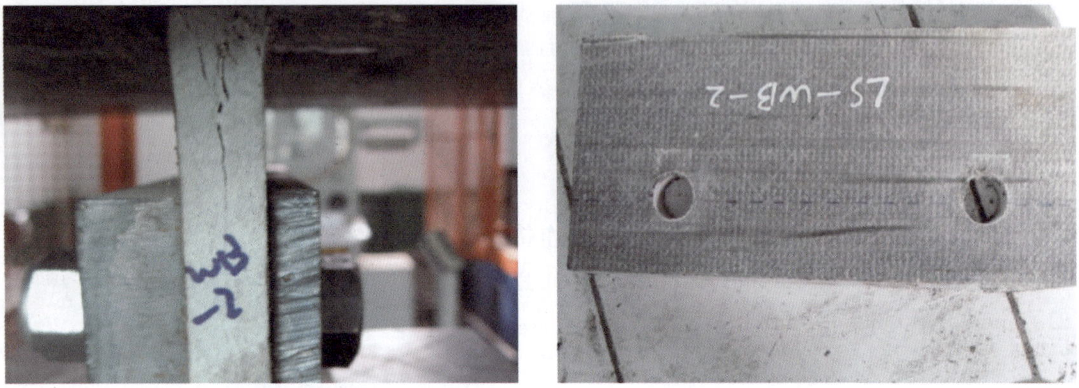

a) b)

图 6.4-14 试验试件和试验 GFRP 板局部

由图 6.4-14 可知,由于加载位置不平,造成加载至 140kN 时,加载区位置 GFRP 材料受压破坏,同时伴随材料分层;在螺栓孔位置 GFRP 材料出现一定程度的破坏现象,但并不明显。

对比表 6.4-3、表 6.4-4 和表 6.4-5 可知:螺栓间距对试件承载力的影响很小,设置两根螺栓的时候,试件的承载力都为设置单根螺栓的两倍。

3)试验小结

测试了两根螺栓间距 150mm 时,试件的承载力,并同螺栓间距 100mm 和设置单根螺栓的情况进行比较,通过对比可知:

(1)当设置两根螺栓,螺栓间距 150mm 时,试件的初始破坏荷载和极限承载力都为设置单根螺栓的两倍。

(2)试件的承载力同试件的厚度有关系,但并不是完全的线性关系,主要是由于 GFRP 板受到垂直于板平面方向的约束的影响。

(3)不论是设置单根螺栓还是设置两根螺栓,试件刚出现第一声噼啪声的时候的承载力都大约为试件的极限承载力的 60%。

6.4.3 螺栓连接和胶结共同作用

当 GFRP 桥面板与钢纵梁之间采用螺栓连接和胶结连接共同作用的时候,分为以下几种情况制作抗剪试件:

(1)单根螺栓同胶结层共同作用。

(2)两根螺栓(间距 100mm)同胶结层共同作用。

(3)两根螺栓(间距150mm)同胶结层共同作用。

试验采用GFRP板尺寸和以上螺栓连接试验一样,胶粘剂涂抹范围为GFRP板与钢板重合的区域,黏结胶采用聚氨酯胶。

6.4.3.1 单根螺栓同胶结层共同作用

如图6.4-15所示为采用单根螺栓连接同胶结连接共同作用的剪力件试件。

GFRP板与钢板之间设置胶粘剂层,螺栓和GFRP板之间设置钢板垫片,加载方向垂直于纤维方向。试验结果见表6.4-6。

图6.4-15 试验试件

单根自锁螺栓试验结果 表6.4-6

试件编号	试件描述	试验过程
MJ-SB-1	GFRP板厚度15mm,设置钢板垫片,加载方向垂直于纤维方向	当试件加载至30kN时,压力试验机读数回落,胶接层破坏;继续增加压力,当加载至90kN时,试件发出零星的劈啪声;当加载至105kN时,劈啪声变密,声音变大;当加载至129kN时,压力稳定一段时间,试件的变形继续增加,劈啪声变更密;当加载至134kN时,试件破坏
MJ-SB-2	GFRP板厚度15mm,无钢板垫片,加载方向垂直于纤维方向	当试件加载至24kN时,压力试验机读数回落,胶结层破坏;继续增加压力,当加载至63kN时,试件发出零星的劈啪声;当加载至67kN时,劈啪声变密;当加载至97kN时,在螺栓孔位置GFRP材料受压破坏
MJ-ST-1	GFRP板厚度17mm,设置钢板垫片,加载方向垂直于纤维方向	当试件加载至24kN时,压力试验机读数回落,胶结层破坏;继续增加压力,当加载至72kN时,试件发出零星的劈啪声;当加载至106kN时,压力稳定一段时间,试件的变形继续增加,劈啪声变更密;当加载至132kN时,试件破坏
MJ-ST-2	GFRP板厚度17mm,设置钢板垫片,加载方向垂直于纤维方向	当试件加载至24kN时,压力试验机读数回落,胶结层破坏;继续增加压力,当加载至67kN时,试件发出零星的劈啪声;当加载至32kN时,噼啪声出现频率变高,声音变大;当加载至82kN时,劈啪声出现频率明显变密;当加载至113kN时,试件破坏

当采用胶结连接和螺栓连接共同作用的时候,由于不能保证胶结层的厚度,因此胶结层破坏时候的极限承载力没有仅采用胶结连接的时候高。图6.4-16a)为破坏的试件,图6.4-16b)、图6.4-16c)、图6.4-16d)为GFRP局部破坏图。

由图6.4-16b)、c)可知,试件的破坏主要为螺栓孔附近位置GFRP材料受压破坏。由图6.4-17d)可知,由于在GFRP板涂抹胶结剂以后,就用螺栓和钢支座胶结在一起,由于不能保证一定的胶结厚度,因此此时胶结层的抗剪强度较低。

试件MJ-SB-2、MJ-ST-1破坏时,GFRP板的破坏情况和MJ-SB-1相似,试件MJ-ST-2由于所用 GFRP 初始缺陷比较大，因此当加载至 113kN 时，直接沿最初 GFRP 破坏的分层位置破坏，如图 6.4-17 所示。

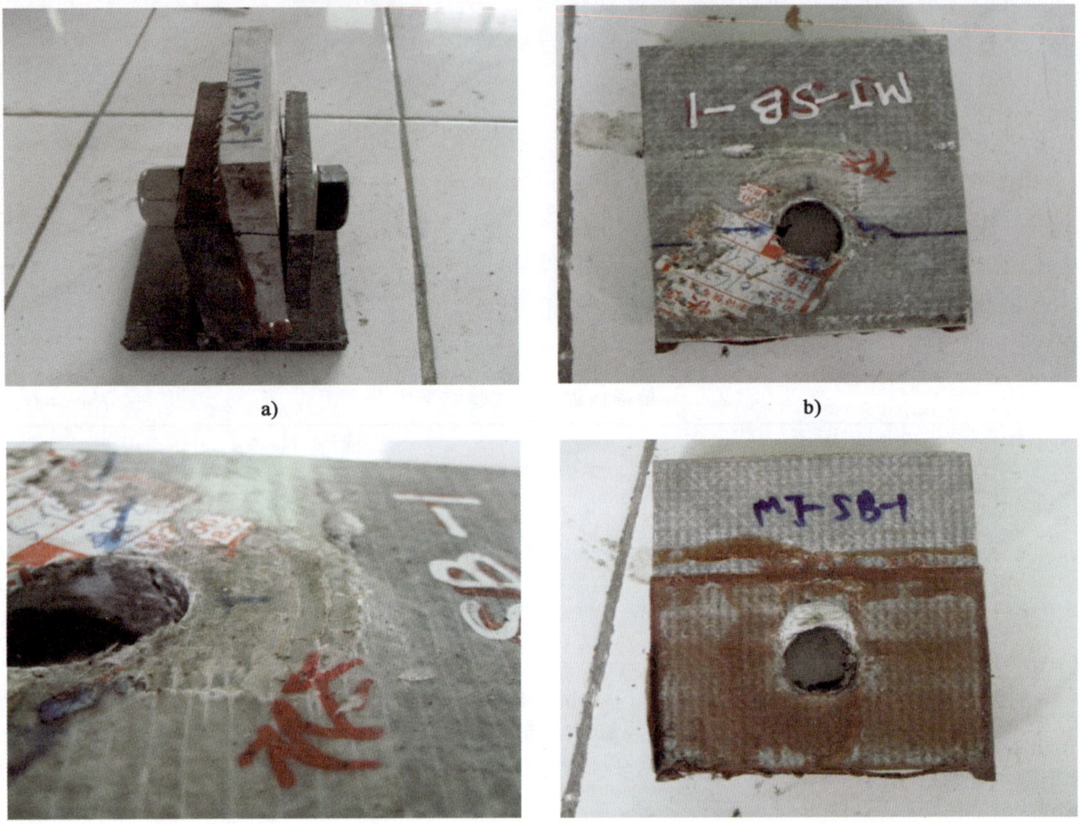

a) b) c) d)

图 6.4-16　试验试件和试验 GFRP 板局部

由图 6.4-17a）和图 6.4-17b）可知，在试件破坏的时候，螺栓孔位置的 GFRP 材料有部分也受压破坏。图 6.4-17c）可看到 GFRP 板的初始缺陷比较严重，由于初始缺陷的影响，试件的承载力相比较试件 MJ-ST-1 来说要低。

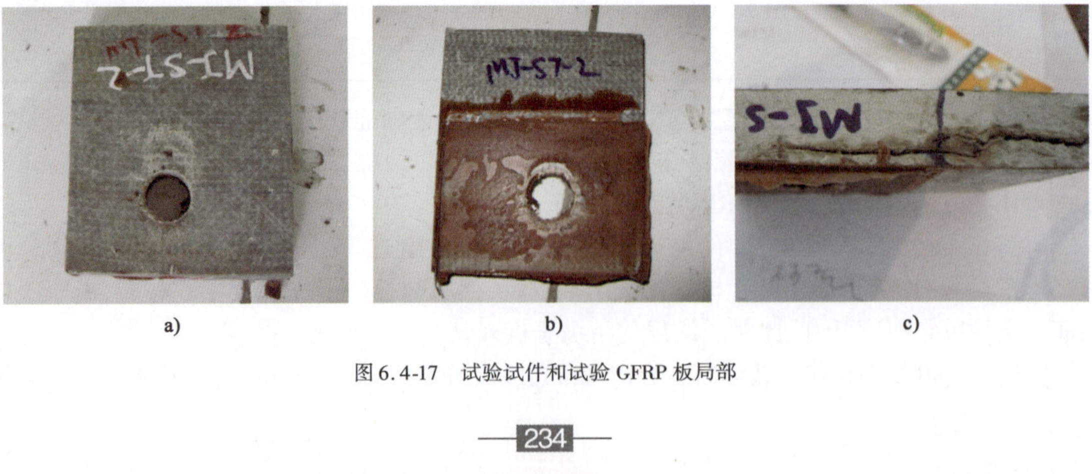

a) b) c)

图 6.4-17　试验试件和试验 GFRP 板局部

6.4.3.2　两根螺栓同胶结层共同作用

图6.4-18为采用两根螺栓连接同胶结连接共同作用的剪力件试件。图6.4-18a)试件的螺栓间距为100mm，图6.4-18b)试件的螺栓间距为150mm。

a)

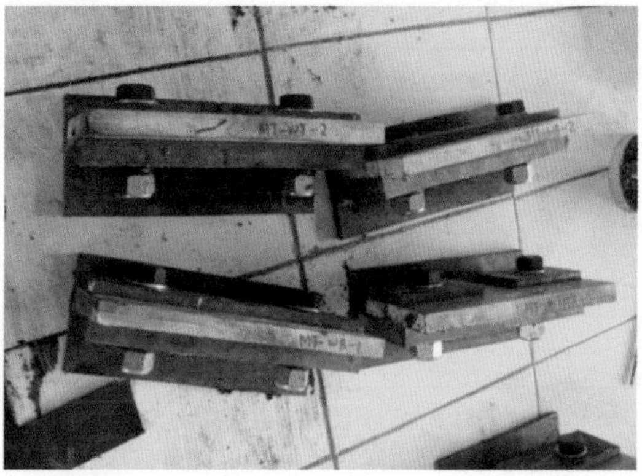

b)

图6.4-18　试验试件

设置两根螺栓和胶结共同作用的时候，试件的承载力列于表6.4-7中。

设置两根螺栓的试件的试验结果　　表6.4-7

试件编号	试件描述	试验过程
MJ-DT-1	GFRP板厚度17mm，螺栓间距100mm，设置钢板垫片，加载方向垂直于纤维方向	试件加载至48kN的时候，压力试验机读数回落，胶结层破坏；继续增加压力，加载至126kN的时候，试件发出一声劈啪声；加载至192kN的时候，劈啪声变密，声音变大；加载232kN的时候，压力稳定一段时间，试件的变形继续增加，劈啪声变更密；加载至246kN的时候，试件破坏
MJ-DT-2	GFRP板厚度17mm，螺栓间距100mm，设置钢板垫片，加载方向垂直于纤维方向	试件加载至49kN的时候，压力试验机读数回落，胶结层破坏；继续增加压力，加载至130kN的时候，试件发出一声劈啪声；加载至182kN的时候，劈啪声变密，声音变大；加载200kN的时候，劈啪声变更密；加载至245kN的时候，试件破坏
MJ-DB-1	GFRP板厚度15mm，螺栓间距100mm，设置钢板垫片，加载方向垂直于纤维方向	试件加载至47kN的时候，压力试验机读数回落，胶结层破坏；继续增加压力，加载至145kN的时候，试件发出一声劈啪声；加载至187kN的时候加载区位置GFRP材料受压分层破坏，且产生一条沿加载区的裂缝
MJ-DB-2	GFRP板厚度15mm，螺栓间距100mm，设置钢板垫片，加载方向垂直于纤维方向	试件加载至51kN的时候，压力试验机读数回落，胶结层破坏；继续增加压力，加载至129kN的时候，试件发出一声劈啪声；加载至160kN的时候，劈啪声又零星出现，加载至179kN的时候，荷载有一小段时间的稳定；加载至203kN的时候试件破坏，受压区位置GFRP材料分层严重，且在GFRP板上产生一条平行于加载区的裂缝

续上表

试件编号	试 件 描 述	试 验 过 程
MJ-WT-1	GFRP 板厚度 17mm，螺栓间距150mm，设置钢板垫片，加载方向垂直于纤维方向	试件加载至66kN的时候，压力试验机读数回落，胶结层破坏；继续增加压力，加载至125kN的时候，试件发出一声劈啪声；加载至165kN的时候，劈啪声又零星出现；加载至211kN的时候，试件破坏
MJ-WT-2	GFRP 板厚度 17mm，螺栓间距150mm，设置钢板垫片，加载方向垂直于纤维方向	试件加载至59kN的时候，压力试验机读数回落，胶结层破坏；加载至195kN的时候，劈啪声出现频率变大；加载至246kN的时候，劈啪声变更密；加载至255kN的时候，试件破坏
MJ-WB-1	GFRP 板厚度 15mm，螺栓间距150mm，设置钢板垫片，加载方向垂直于纤维方向	试件加载至57kN的时候，压力试验机读数回落，胶结层破坏；继续增加压力，加载至125kN的时候，试件发出一声劈啪声；加载至140kN的时候，噼啪声再次出现；加载至190kN的时候，劈啪声明显变密，加载至205kN的时候，试件破坏
MJ-WB-2	GFRP 板厚度 15mm，螺栓间距150mm，设置钢板垫片，加载方向垂直于纤维方向	试件加载至62kN的时候，压力试验机读数回落，胶结层破坏；继续增加压力，加载至125kN的时候，试件发出一声劈啪声；加载至198kN的时候试件破坏，受压区位置 GFRP 材料分层严重

采用螺栓和胶结连接破坏的时候，GFRP 板产生的破换形式也为螺栓孔附近 GFRP 材料受压破坏和加载区 GFRP 材料受压破坏。图 6.4-19 为试件 MJ-DT-1 破坏时 GFRP 板局部视图。

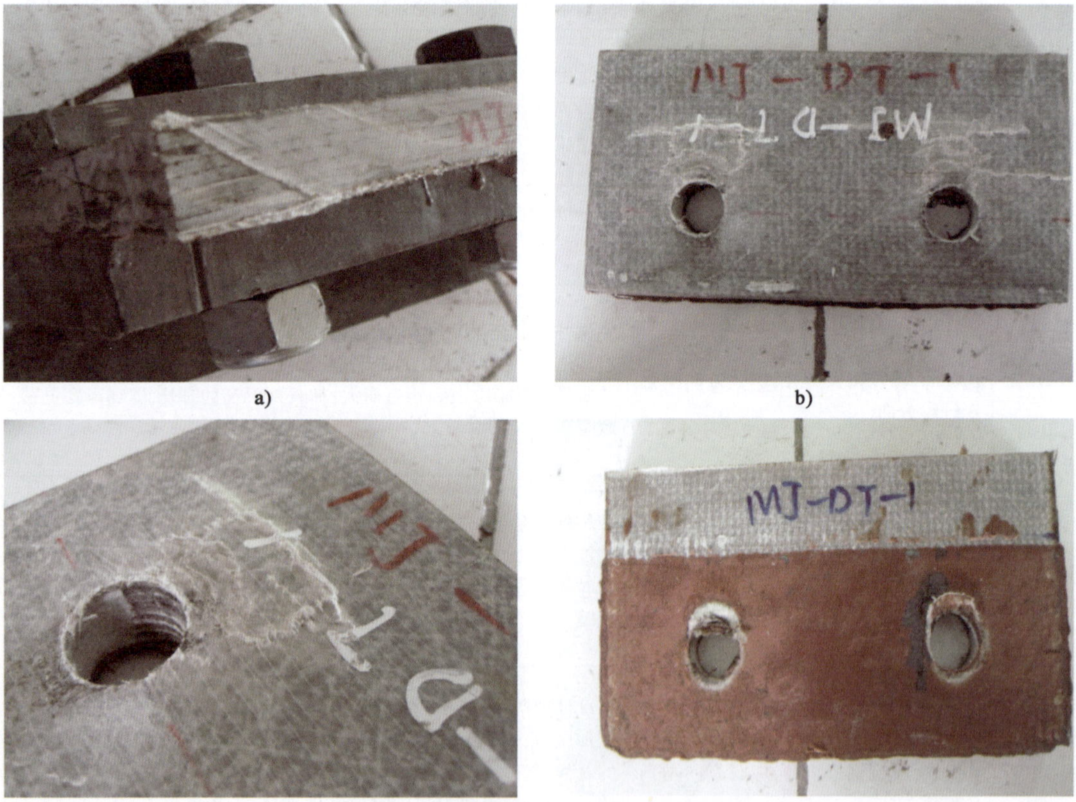

a) b) c) d)

图 6.4-19 试验试件和 GFRP 板局部

图6.4-19可知,试件的破坏主要为螺栓孔附近位置GFRP材料受压破坏和加载区附近位置GFRP材料受压分层破坏。

由试验可知,虽然螺栓和胶结层都设置,但并不能保证二者协同工作,在胶结层受剪力破坏之后,试件承受的剪力全由螺栓承担,试件的极限承载力和只设置螺栓的时候一致。主要因为试件在荷载作用下变形比较大,超过胶结层的极限应变,造成胶结层先破坏,然后剪力全由螺栓承担,最后试件破坏的时候为螺栓位置的GFRP材料受压破坏。表6.4-8为计算得到的时间的胶结层的抗剪强度。

胶结层试验结果统计表　　表6.4-8

试件编号	胶结面积(m^2)	试验剪力值(kN)	抗剪强度(kN/m^2)
MJ-SB-1	0.0066369	30	4520
MJ-SB-2	0.0066369	24	3616
MJ-ST-1	0.0066369	24	3616
MJ-ST-2	0.0066369	24	3616
MJ-DT-1	0.0132738	48	3616
MJ-DT-2	0.0132738	49	3691
MJ-DB-1	0.0132738	47	3540
MJ-DB-2	0.0132738	51	3842
MJ-WT-1	0.0167739	66	3934
MJ-WT-2	0.0167739	59	3517
MJ-WB-1	0.0167739	57	3398
MJ-WB-2	0.0167739	62	3495

比较试验结果可知,当螺栓和胶结层都设置的时候,胶结层的抗剪强度小于只设置胶结层的抗剪强度,不设置螺栓连接的情况、这是由于胶结剂涂抹后,直接用螺栓紧固,因此胶结层的厚度无法保证,造成胶结层的抗剪强度教开始的试验值要低,因此采用此种胶结剂的时候,一定要保证一定的胶结厚度才可以。

6.4.4　试验总结

通过胶结连接,螺栓连接和胶结和螺栓连接共同作用的抗剪连接试件,得到以下结论:

(1)设置钢板垫片的时候,试件的承载力明显大于不设置钢板垫片的情况。这是由于设置钢板垫片的时候,螺栓孔位置的GFRP材料受到约束,更利于其受力。

(2)加载方向平行于纤维方向时,试件的承载力大于加载方向垂直于纤维方向的试件的承载力。

(3)设置两根螺栓(螺栓间距100mm和150mm)时,试件的初始破坏荷载和极限承载力都为设置单根螺栓的两倍。且不论是设置单根螺栓还是设置两根螺栓,试件的初始破坏荷载都大约为试件的极限荷载的60%。

(4)采用胶结连接和螺栓连接共同作用的时候由于胶结剂涂抹后,直接用螺栓紧固,因此胶结层的厚度无法保证,造成胶接层的抗剪强度较开始的试验值要低,试件最后破坏时候的破坏形式,极限荷载的大小和不设置胶结层,单纯采用螺栓连接的一致。

6.5 FRP桥面板与混凝土梁的连接

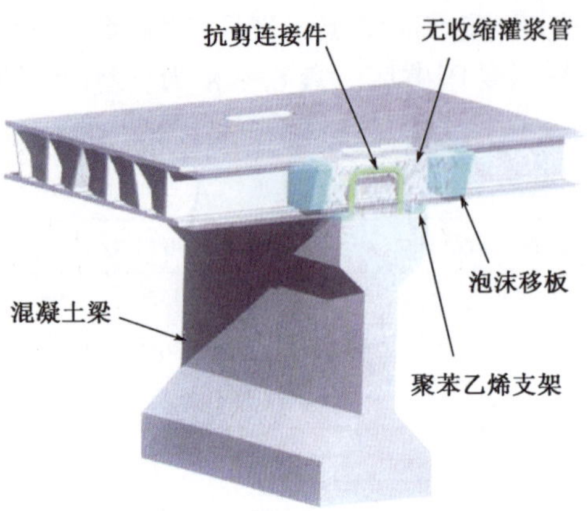

图 6.5-1 FRP 桥面板与混凝土梁连接构造形式

FRP 桥面板与混凝土结构连接构造形式如图 6.5-1所示。目前,GFRP 桥面板和钢纵梁相组合型式是目前应用最为广泛的,尤其在国外类似的工程实例有很多。相比而言,混凝土梁作为承重梁与 FRP 桥面板连接形成的组合结构应用较少。Noolcha 桥(图 6.5-2)建成于 2006 年,长 300m,宽 35m,为复合材料—混凝土组合梁桥。其承重梁为混凝土结构,桥面板采用 TG200,施工过程中安装一块 2 × 17.5m 的桥面板只需要大概 2min。图 6.5-2a)Noocha 桥的施工过程,图 6.5-2b)为 Noolcha 桥建成后的照片。

a)

b)

图 6.5-2 Noolcha 桥

FRP 桥面板与混凝土结构的连接同样是是一个极其重要的问题。目前大部分的钢梁桥面采用了传统的剪力键或蹬筋连接以利用其与纵梁的组合弯曲作用,如图 6.5-3 所示。此类板

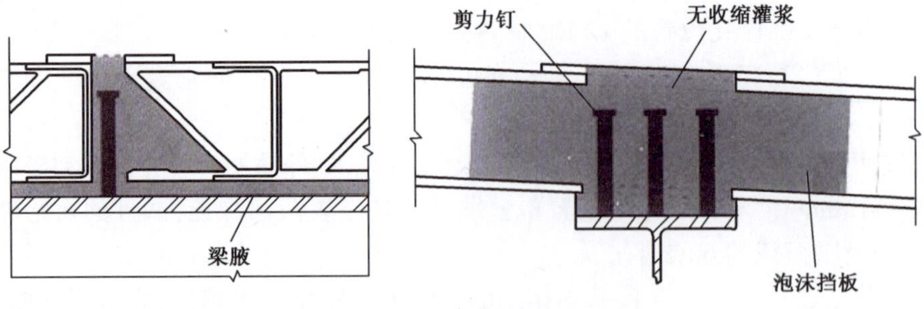

图 6.5-3 FRP 桥面板常用构造措施

梁连接已经进行了水平剪切和横向弯曲的静力和疲劳测试,效果良好。通常采用的方法是利用半硬泡沫塑料隔离板在桥面板内形成腔体,然后在腔体内浇入混凝土,如图6.5-4所示。

a)

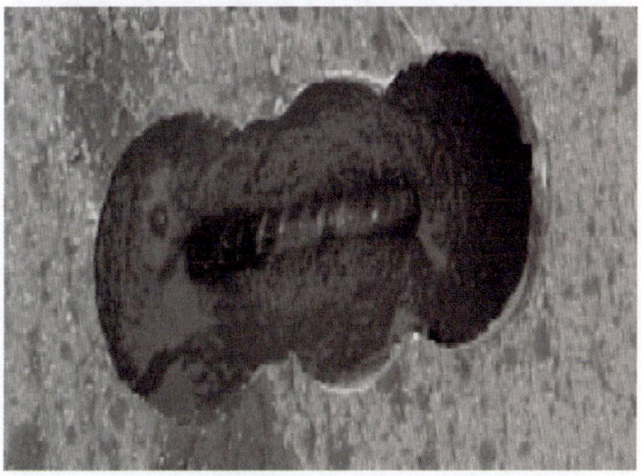

b)

图6.5-4　FRP桥面板与混凝土梁的连接构造措施

6.6　工程实例——大广高速公路6号立交桥设计与制造工艺

现以河北省建成的我国第一座基于GFRP桥面板的组合结构桥梁——大广高速公路6号立交桥为背景,介绍GFRP桥面板的设计与制造工艺。

6.6.1　工程概况

大广高速公路衡大改建段上跨大广高速公路6号分离式立交桥,是我国第一座GFRP-钢组合结构公路桥。桥梁整体布置见图6.6-1所示。该桥的桥面系采用拉挤GFRP桥面板+铺装桥面构造组成,下部结构采用薄壁墩、柱式台,桩基础(图6.6-2)。

桥梁的上部承重结构采用预应力混凝土工字梁+钢梁结构(20+4×25+20)m,布置形式为:预应力混凝土工字梁(图6.6-3)位于桥的边跨,采用C50混凝土筑造;预制钢梁为H形波形钢腹板梁(图6.6-4),采用Q345钢焊接而成;桥面板采用218mm厚的拉挤黏结成型的GFRP桥面板(图6.6-5,图6.6-6)。普通钢筋:钢筋直径<12mm时采用R235光圆钢筋,直径≥12mm时采用HRB335带肋钢筋,钢束采用高强度低松驰7丝捻制的预应力钢绞线,公称直径为15.2mm,公称面积139mm^2,标准强度$f_{pk}=1860$MPa,弹性模量$E_p=1.95\times10^5$MPa,1000h后应力松弛率不大于2.5%。

6.6.2　研制要点

1)桥面板截面形式

由于GFRP材料具有弹性模量低和各向异性等特点,简单地使用GFRP材料制造桥面板不易满足高性能、低成本的要求。因此,将FRP材料及传统结构材料进行合理的组合,开发出经济实用的新型GFRP组合桥面板,这是目前国内外主要的研究领域之一。通过对目前国际上通常采用GFRP桥面板产品进行调研和比较后,拟定出GFRP桥面板结构的截面形式,该截面形式已获国家外观设计专利(图6.6-7)。

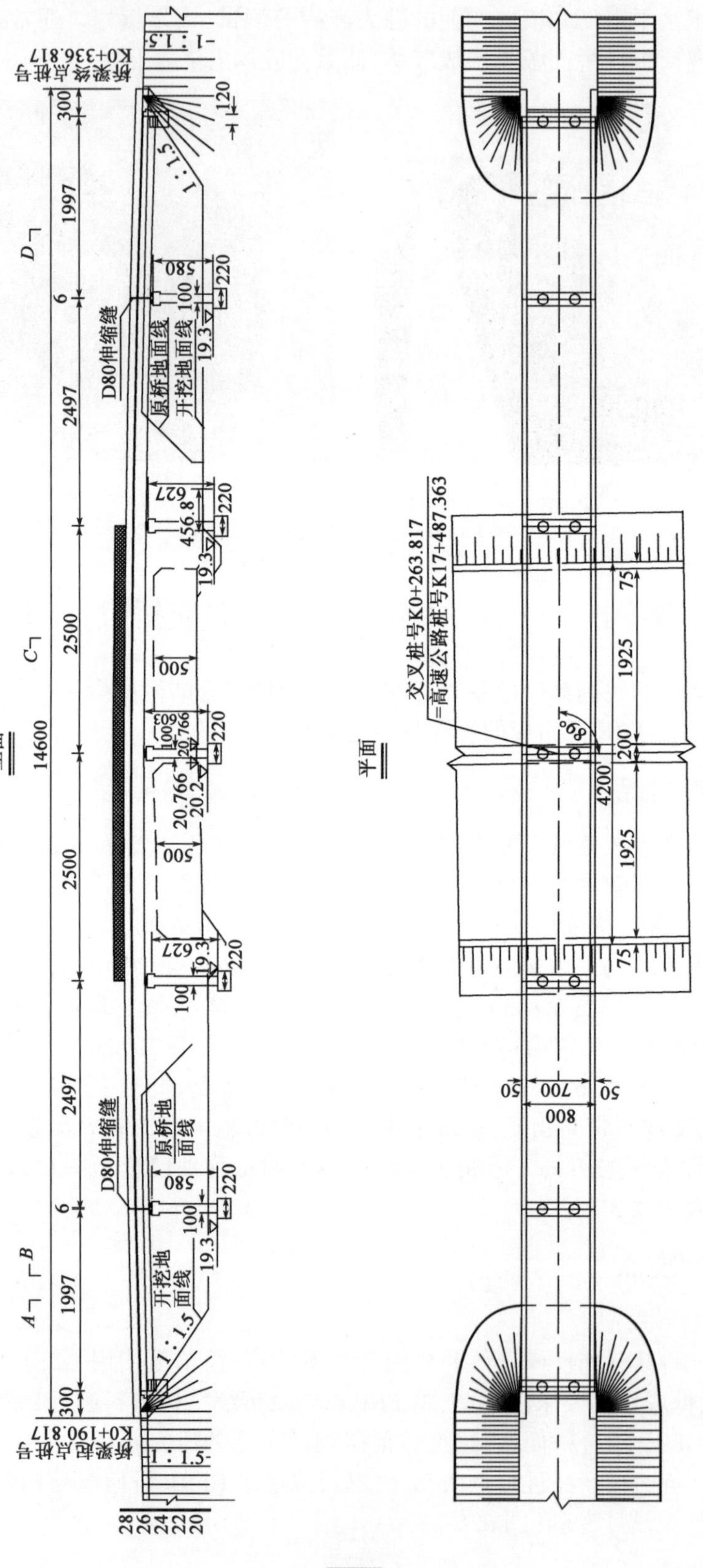

图6.6-1　GFRP-钢组合结构公路桥整体布置（尺寸单位：cm）

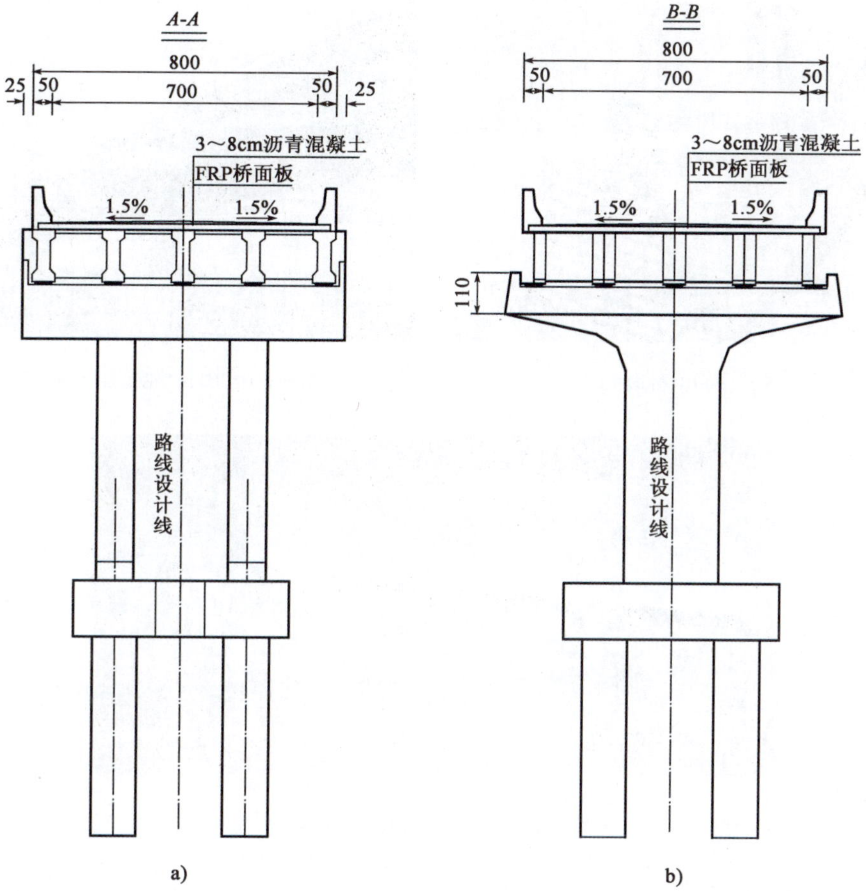

图6.6-2　GFRP-钢组合结构公路桥整体布置图(尺寸单位:cm)

图6.6-3　预应力混凝土梁

图6.6-4　波形腹板H形钢梁

图 6.6-5　GFRP 桥面板

图 6.6-6　GFRP-钢组合结构公路桥

图 6.6-7　GFRP 桥面板结构的截面

2)模具的设计与加工

模具是拉挤成型工艺中的关键部分,包括预成型模和成型模具的设计与加工。主要是设计和加工出有足够的强度和刚度,加热后热量分布均匀稳定、模腔表面光滑耐磨、摩擦阻力小且具有较高使用寿命的成型模具(图 6.6-8)。

3)GFRP 复合材料型材的拉挤成型工艺研究

采用国内提供的牵引力为 25t 的玻璃钢拉挤机组,开展 GFRP 桥面板所需型材的拉挤成型工艺的研究。

4)GFRP 复合材料拉挤型材黏结工艺与黏结性能试验研究

通过 GFRP 拉挤型材的黏结试验,来确定黏结工艺,试验中采用 7542 双组分聚氨脂树脂胶粘结。实桥桥面板采用普通的 E31 环氧树脂类胶将拉挤型材黏结成(图 6.6-9),黏结强度拉拔试验表明 E31 环氧树脂类胶具有足够的黏结强度。

5)GFRP 拉挤型材和桥面板力学特性计算分析与试验研究

生产出的 GFRP 复合材料拉挤型材的力学性能符合欧洲拉挤型材 E23 规范规定的指标以及桥面板设计的要求。

通过拉伸试验测定 GFRP 桥面板层合板结构的拉伸强度,纵、横向等效平均弹模和泊松比。采用高温卧式膨胀仪对 FRP 材料在 GFRP 管纵向和横向两个方向的宏观线热膨胀系数进行测量,如图6.6-10图所示。

图6.6-8　表面打磨

图6.6-9　GFRP型材的黏结

在制成GFRP复合材料桥面板后,进行GFRP拉挤材料的热胀特性试验(图6.6-11,图6.6-12)桥面板有限元建模与分析(图6.6-13),并进行了桥面板的静载试验、动载试验,如图6.6-14～图6.6-17所示。

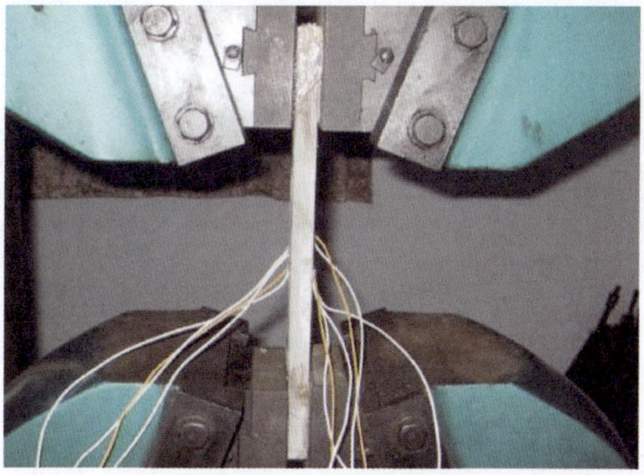

图6.6-10　拉伸试验

图6.6-11　用于热胀试验的GFRP试件

图6.6-12　GFRP拉挤材料热胀试验

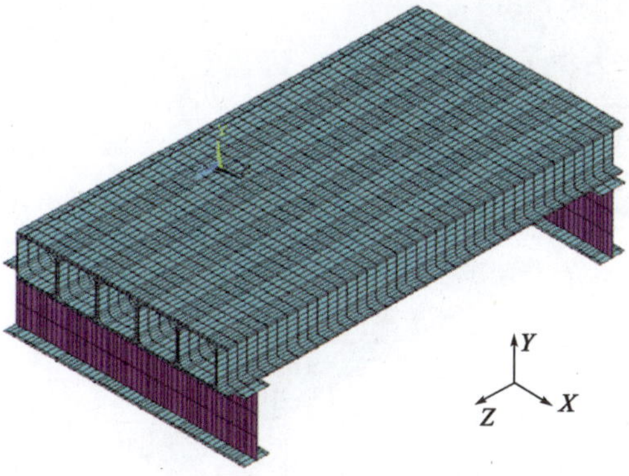

图6.6-13　GFRP桥面板FEA模型

图 6.6-14　GFRP 拉挤型材弯曲试验

图 6.6-15　GFRP 拉挤型材极限荷载试验

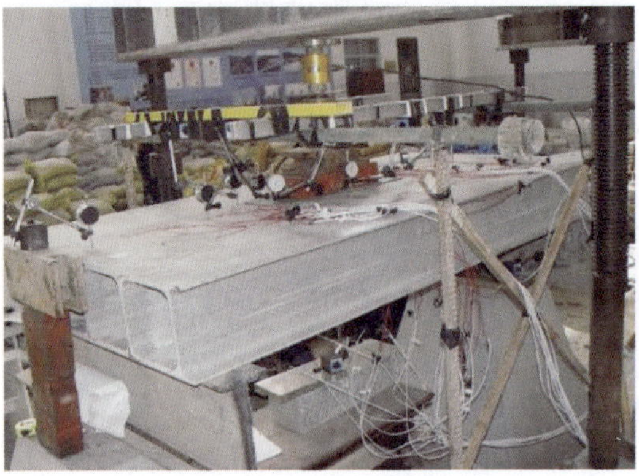

图 6.6-16　GFRP 桥面板静载试验

图 6.6-17　GFRP 桥面板动力特性试验

6) GFRP 桥面界面力学性能研究

GFRP 桥面板和承重梁之间的连接性能是 FRP-钢组合结构桥梁要解决的一个重要问题。为了考察 GFRP 桥面板和承重梁之间连接的可靠性，进行了 GFRP 桥面板和承重梁的连接试验，以检测桥面板和承重梁采用胶结连接时胶结层以及螺栓连接时的抗剪能力。进行了 GFRP 桥面板和承重梁之间界面剪力有限元分析(图 6.6-18、图 6.6-19)、GFRP 拉挤型材—钢黏结性能推出试验和 GFRP 拉挤型材—钢螺栓连接性能推出试验，如图 6.6-20 ~ 图 6.6-23 所示。

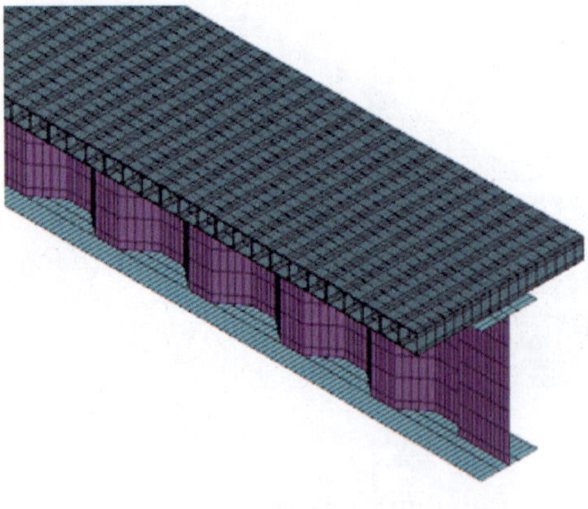

图 6.6-18　GFRP 桥面板—钢界面分析

7) GFRP 桥面板铺装试验研究

桥面铺装层与 GFRP 桥面板之间的黏结性能极为重要，一旦黏结性能丧失，就预示着 GFRP 桥面铺装已发生或者即将发生破坏，这点与一般公路路面有明显的不同。在完成混合料配合比设计与试验的基础上，进行 GFRP 桥面铺装拉拔试验，用于评价黏结层与 GFRP 面板之间的黏结强度以及 GFRP 桥面铺装体系的黏结性能，如图 6.6-24、图 6.6-25 所示。拉拔试验可用于检测黏结层与 GFRP 桥面板以及黏结层与铺装层之间的黏结性能，同时也能反应铺装层的抗拉性能，因而拉拔试验是 GFRP 桥面铺装研究中一项重要的试验内容，且作为一项基本评价指标用于检验铺装的黏结性能是否达到了相应的技术要求。

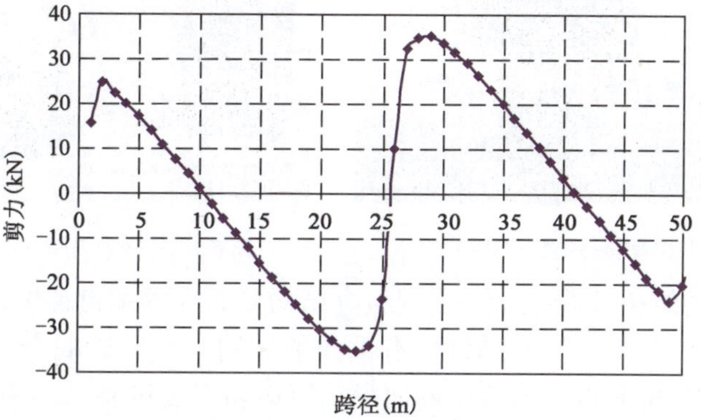

图 6.6-19　GFRP 与钢梁界面剪力分布

图 6.6-20　GFRP 型材—钢黏结性能试验

图 6.6-21　GFRP 型材—钢黏结性能试验

图 6.6-22　GFRP 型材—钢螺栓连接性能试验

图 6.6-23　GFRP 型材—钢螺栓连接性能试验

图 6.6-24 GFRP 型材—铺装层黏结

图 6.6-25 GFRP 型材—铺装层黏结性能试验

FRP 桥面铺装的结构性能是 FRP—钢组合结构要研究的关键课题之一。合理的结构组合对改善铺装的受力状况、提高其整体性能有重要的作用。在完成混合料配合比设计与试验的基础上，进行了 GFRP 桥面板—铺装层界面黏结层剪切强度试验。因为行车荷载的冲击、振动等引起的垂直力和水平力的综合作用，以及由于 GFRP 面板与铺装材料之间的热胀系数不同，都会在黏结层上产生的剪应力。当重车特别是超载车在桥面加速或制动时，施加于铺装层的水平荷载很大，在黏结层界面产生的剪应力也很大，如果黏结层界面的抗剪强度不足，会导致整个铺装层结构失效。为保证 GFRP 桥面板—铺装层结构的安全使用，需要测定黏结层的剪切强度，为 GFRP 桥面板铺装结构的设计及其使用提供依据。此外，还进行了车辙试验、低温弯曲试验，来考察 GFRP 桥面板的完整铺装体系的整体性能。制作了铺装结构的复合梁试件，进行复合梁试件的荷载变形试验和极限承载力试验。

6.6.3 成桥荷载试验研究

试验桥设计荷载等级为公路—Ⅰ级；桥面宽度为 0.5m（防撞护栏）+7m（车行道）+0.5m（防撞护栏）；设计基本地震加速度值 0.1g。

通过荷载试验拟解决的问题为：

（1）通过静载试验，评估桥梁结构的工作状况，判断桥梁的实际工作状况是否符合设计要求。

（2）通过局部加载检测桥面板在车轮荷载作用下的变形，并同有限元计算值相对比，验证 GFRP 桥面板同铺装结构的有限元模型的正确性。

（3）通过自振特性试验检测试验桥的固有频率并同简化模型计算值相对比，以验证桥面板简化模型的正确性。

1）全桥静载试验

（1）测试截面的确定

由于立交桥横跨已经通车的大广高速，而且波形钢腹板纵向刚度很小，因此，只在边跨 A 截面和 2 号墩墩顶截面的钢纵梁顶底板设置了应变测点。如图 6.6-26 所示为主梁测试截面位置示意。

挠度是检验桥梁工作状况一个重要的参数，各主梁下采用百分表读取挠度数据，桥面上采用精密水准读取支座沉降数据。同时,为了研究在车轮作用下,GFRP 桥面板的变形情况,在 2 号、3 号和 3 号、4 号主梁之间 GFRP 板底设置百分表,以测量局部加载时,GFRP 板的变形情况如图 6.6-27所示为边跨 A 截面测点布置图。*B* 截面在 2 号、3 号和 4 号三根主梁的顶底板分别布置应变测点,*C* 截面在 2 号和 3 号主梁腹板布置应变花。

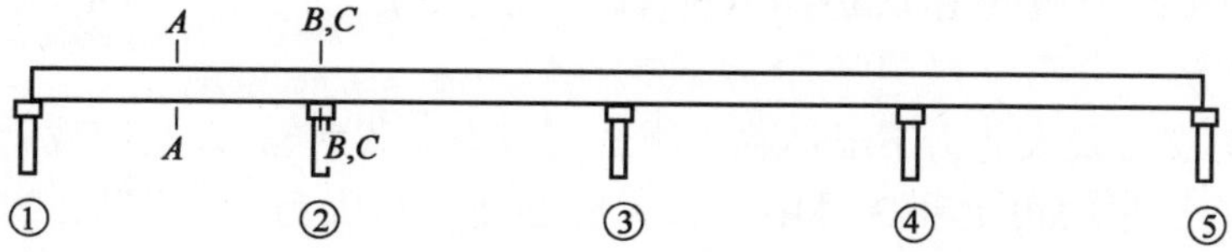

图 6.6-26 主梁测试截面位置示意

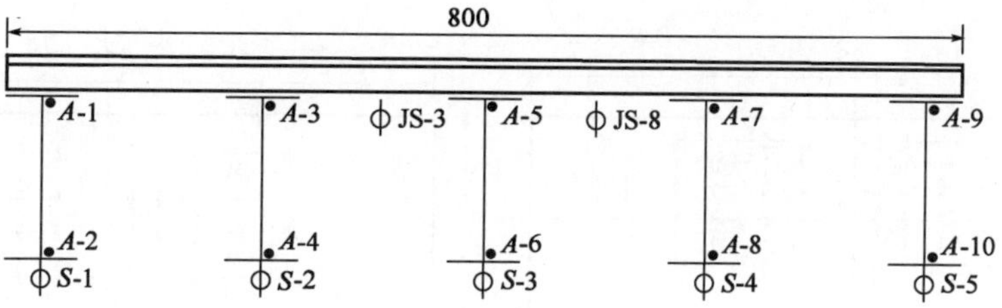

图 6.6-27 *A* 截面测点布置(尺寸单位:cm)

(2)加载工况

①加载车型。

静载试验采用车辆进行等效加载,车辆轴距为 140cm 和 350cm,车轮间距 180cm,车型如图 6.6-28 所示,试验车辆统计见表 6.6-1。

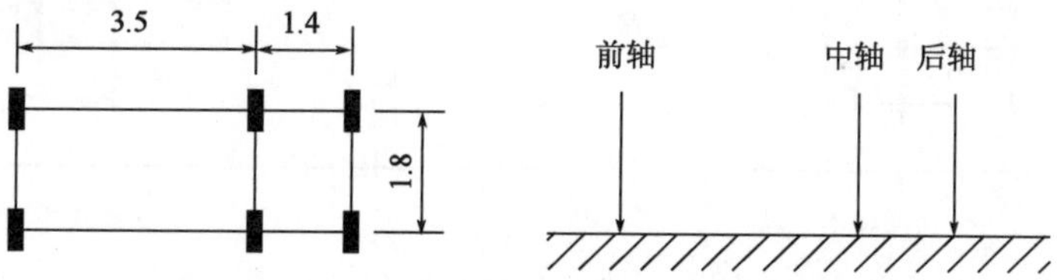

图 6.6-28 加载车型示意(尺寸单位:cm)

试验车辆统计 表 6.6-1

车辆编号	前轴(kN)	中轴(kN)	后轴(kN)	总重(kN)
1	6.4	11.89	11.89	30.18
2	5.52	12.3	12.3	30.12
3	6.02	12.1	12.1	30.22
4	7.8	11.2	11.2	30.20

②各加载工况及其荷载布置。

加载共分 4 个工况,各个工况测试项目,加载位置如下:

(a)工况 1 为跨中偏载。测试项目为加载前、后以及卸载后组合梁桥 *A* 截面应力、挠度。具体的加载位置为边跨布置 4 辆车,横向间距 1.3m,尾部相对,纵向间距 4m,偏载于一侧,具体加载位置如图 6.6-29a)所示。

(b)工况2为跨中对称加载。测试项目为加载前、后以及卸载后组合梁桥A截面应力、挠度。具体的加载位置为边跨布置4辆车,横向间距1.3m,尾部相对,纵向间距4m,对称于桥中线加载,具体加载位置见图6.6-29b)。

(c)工况3为支座最大负弯矩加载。测试项目为加载前、后以及卸载后,组合梁桥B截面应力。具体加载位置为边跨和次边跨各布置2辆车,横向间距1.3m。具体加载位置见图6.6-29c)。

(d)工况4为支座最大剪力工况加载。测试项目为加载前、后以及卸载后,组合梁桥C截面应力。C截面在2号次边梁和3号中梁布置应变花。最大剪力工况加载具体加载位置见图6.6-29d)。

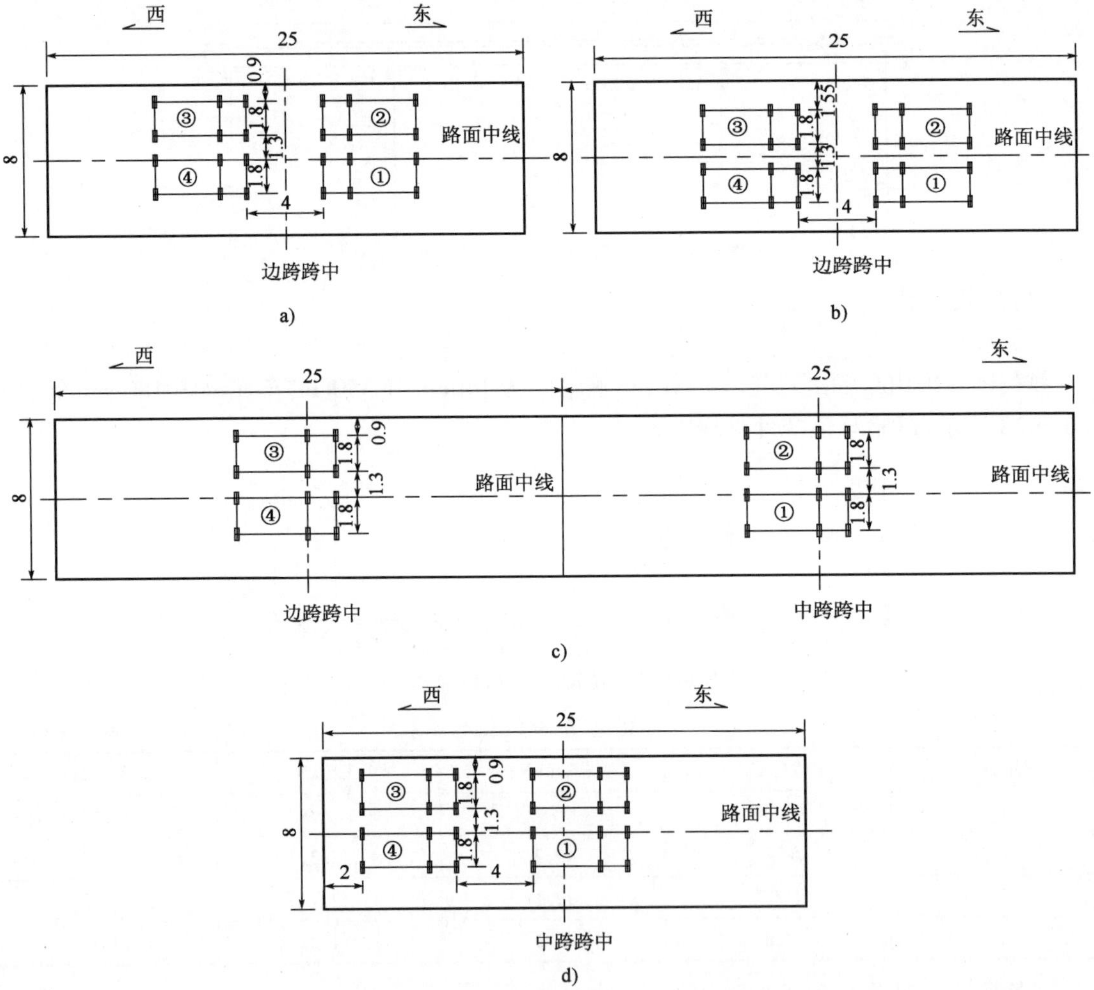

图6.6-29 各工况加载位置示意(尺寸单位:m)

图6.6-30为现场试验部分照片。图中a)为钢梁腹板应变花,b)、c)为车辆加载,d)为跳车试验。

a)　b)　c)　d)

图 6.6-30　桥梁静动荷载试验

(3)有限元模型

采用 ANSYS 软件建立全桥有限元模型,对桥梁的静动载试验进行模拟分析。为了使有限元模型规模控制在一个可计算的范围内,对该桥的 GFRP 桥面板进行了简化模拟,在桥梁的跨中处或支座处建立真实的三维 GFRP 桥面板模型[图 6.6-31a)、b)],并建立铺装层的有限元模型,用于分析其应力分布情况,这部分模型的宽度为 3.6m;其他区段采用等效的 GFRP 桥面板进行模拟[图 6.6-31c)、d)]。

波形钢腹板工字梁和横隔梁采用 shell63 单元按照实际尺寸建模计算,其材料参数为:弹性模量为 206GPa,比重为 78.5kN/m^3。等效桥面板采用 solid45 单元建模。分析局部加载时,采用 solish190 单元建模。沥青混凝土桥面铺装层采用 solish45 单元建模,通过混合料弯曲试验,测得沥青混合料 -15℃环境下弹性模量为 1668MPa,抗拉极限强度为 7.58MPa,室温下的弹性模量为 173MPa,抗拉极限强度为 1.32MPa。

通过有限元计算结果同试验结果的比较,即可对桥梁结构的工作状况进行评估,判断桥梁的实际工作状况是否符合设计要求。

(4)试验结果

①挠度试验结果。

a. 挠度实测值与计算值比较。

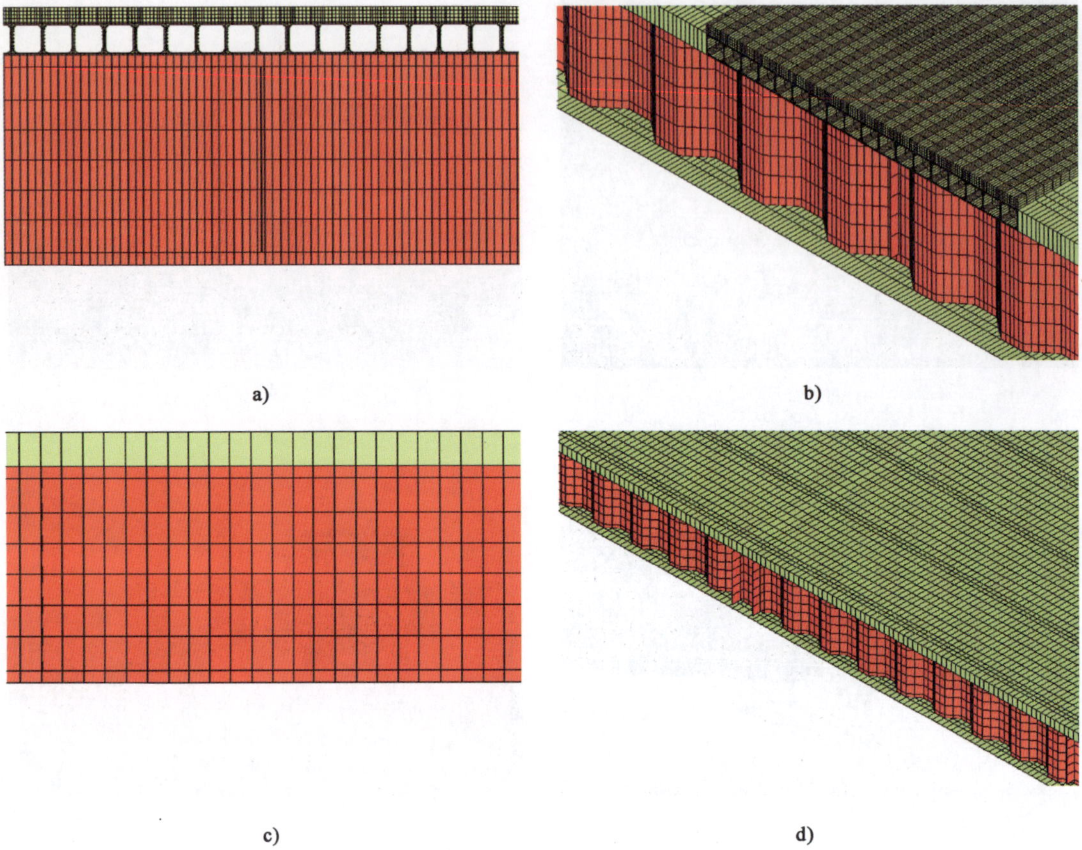

图 6.6-31　有限元模型局部视图

表 6.6-2 为 A 截面各主梁实测挠度值和计算挠度值统计表。

A 截面各主梁实测挠度值和计算挠度值数据表　　表 6.6-2

加载工况	主梁编号	实测挠度(mm)	计算挠度(mm)	校验系数
工况 1	1 号	17.2	21.1	0.82
	2 号	15.72	18.8	0.84
	3 号	13.5	16.36	0.83
	4 号	10.67	13.49	0.79
	5 号	8.04	10.27	0.78
工况 2	1 号	13.79	15.74	0.88
	2 号	14.17	16.20	0.87
	3 号	14.41	16.40	0.88
	4 号	14.12	16.20	0.87
	5 号	13.79	15.74	0.88

上表为工况 1 和工况 2,A 截面各主梁的实测挠度值与计算挠度值的对比。挠度以向下为正。各加载工况下,测试截面各主梁挠度实测值和计算值绘于图 6.6-32 中。图中 x 轴为测试梁梁号,y 轴为挠度值。

由图 6.6-32 可以看出,各测试梁挠度实测值均小于计算值,且实测挠度值曲线与计算值曲线形状接近。

工况 1 情况下,1 号边梁实测挠度值为 17.2mm,计算挠度值为 21.1mm,校验系数为0.82;5 号边梁实测挠度值为 8.04mm,计算挠度值为 10.27mm,校验系数为 0.78。其他各主梁的跨中挠度实测值也都比计算值小,校验系数在 0.78 ~ 0.84之间。

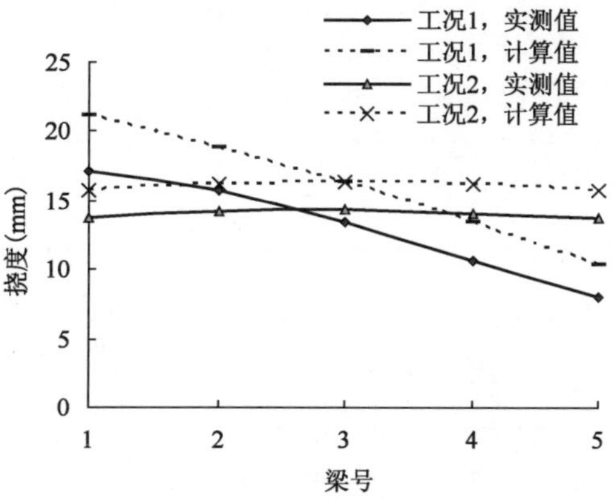

图 6.6-32 各主梁挠度实测值和计算值对比

工况 2 情况下,1 号边梁实测挠度值为 13.79mm,计算挠度值为 15.74mm,校验系数为 0.88;3 号中梁实测挠度值为 14.41mm,计算挠度值为 16.4mm,校验系数为 0.88。其他各主梁的跨中挠度实测值也都比计算值小,校验系数在 0.87 ~0.88 之间。

b. 挠度测试分析。

(a)桥梁实测挠度曲线形状与计算挠度值曲线形状接近。

(b)各加载工况下,测试梁实测挠度值均小于计算值,挠度校验系数均小于 1.0,表明结构刚度满足要求。

②应力试验结果。

本次试验对控制截面按最不利荷载位置进行加载,测试其在试验荷载下的应力状况。A 截面、B 截面和 C 截面各测点应力测量值与理论计算值分别见表 6.6-3 ~ 表 6.6-5。

A 截面测点应力 表 6.6-3

测点编号	偏载			对称加载		
	测量值(MPa)	计算值(MPa)	校验系数	测量值(MPa)	计算值(MPa)	校验系数
A-1	-16	-62.2	0.26	-15.2	-46.3	0.33
A-2	42.8	62.2	0.69	38.2	46.3	0.83
A-3	-26	-55.3	0.47	-25.6	-47.7	0.54
A-4	34.2	55.3	0.62	32.6	47.7	0.68
A-5	-25.6	-48.2	0.53	-25.6	-48.2	0.53
A-6	32.4	48.2	0.67	32	48.2	0.66
A-7	-25.2	-39.7	0.63	-25.8	-47.7	0.54
A-8	31.8	39.7	0.8	36	47.7	0.75
A-9	-15.4	-30.1	0.51	-17.2	-46.3	0.37
A-10	26.6	30.1	0.88	36.8	46.3	0.79

B **截面测点应力(工况3)** 表6.6-4

主梁编号	测点编号	实测值(MPa)	计算值(MPa)	校验系数
2号	B-1	18.80	28.10	0.67
	B-2	-20.40	-28.10	0.73
3号	B-3	20.20	28.40	0.71
	B-4	-22.80	-28.40	0.80
4号	B-5	16.60	28.10	0.59
	B-6	-21.20	-28.10	0.75

C **截面测点应力(工况4)** 表6.6-5

测点位置及编号		实测值(MPa)			计算值(MPa)		校验系数	
		测点应力	主拉应力	主压应力	主拉应力	主压应力	主拉应力	主压应力
2号	C-1	-1.4	31.77	-31.00	35.70	-35.70	0.89	0.87
	C-2	16						
	C-3	2.4						
3号	C-4	-5.8	29.49	-32.43	35.70	-35.70	0.83	0.91
	C-5	13						
	C-6	2						

由上表分析可知,各控制截面试验荷载作用下应力实测值均小于理论计算值,其应力校验系数小于1.0,这表明其强度满足要求,在试验荷载作用下具有一定的安全储备。

③残余挠度和应力。

控制截面在加载工况卸载后,各主梁的相对残余变形列于表6.6-6中,残余应力如表6.6-7所示。

控制截面相对残余变形 表6.6-6

加载工况		主梁编号				
		1号	2号	3号	4号	5号
残余挠度(%)	工况1	1.38	0.13	0.28	2.49	0.75
	工况2	0.65	0.35	1.6	0.85	0.80

各工况测试截面残余应力 表6.6-7

测点位置	残余应力(%)			
	工况1	工况2	工况3	工况4
1	1.25	3.95	1.06	14.29
2	0.93	0.00	1.96	3.75
3	2.31	4.69	3.96	16.67
4	-0.58	0.61	1.75	10.34
5	3.13	6.25	2.41	1.54
6	3.09	-2.50	0.00	0.00

续上表

测点位置	残余应力(%)			
	工况 1	工况 2	工况 3	工况 4
7	3.17	6.20	—	—
8	0.63	2.78	—	—
9	3.90	8.14	—	—
10	1.50	5.98	—	—

从上表中所计算的残余变形和残余应力可以看出：在试验荷载作用下，主桥各测试断面卸载后的残余应变很小，说明结构在卸载之后变形能够得到恢复，表明结构处于弹性工作状态。

(5)静载试验结论

①挠度试验值曲线与计算值曲线形状接近。

②测试截面在试验荷载作用下的挠度实测值均小于计算值，其挠度校验系数小于1.0，说明其强度满足要求。

2)局部加载试验

局部加载工况所用车辆前轴重6.02t，中轴和后轴重都为12.6t，采用对称加载。在车辆中轴车轮加载位置桥面板底设置应变测点和挠度测点。图6.6-33为GFRP桥面板底板测点示意图，横桥向测点编号为GH-1～GH-10，分别对应图中1～10个测点位置。位移测点编号为JS-3和JS-8，对应图中3和8两个位置。加载车辆中轴车轮位于测点3和测点8正上方。

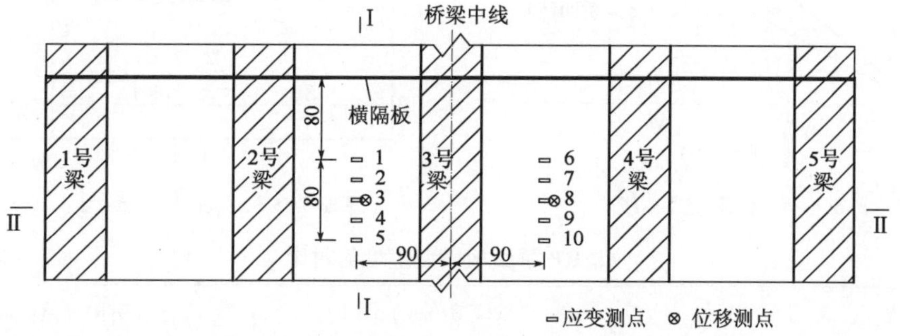

图6.6-33　GFRP桥面板底板测点布置(尺寸单位:cm)

(1)局部加载下的挠度和应变分析

在车轮荷载作用下，GFRP桥面板的局部挠度和挠跨比(跨度1.85m)列于表6.6-8中。

局部挠度值对比　　表6.6-8

测点位置	荷载(kN)	试验值(mm)	挠跨比
J-1	126	0.875	1/2114
J-2	126	0.895	1/2067

图6.6-34为没有沥青铺装层的GFRP桥面板模型和有铺装层的GFRP桥面板的荷载挠度曲线。

由图6.6-34可以看出，试验桥GFRP桥面板的刚度大于GFRP裸板的刚度，这是由于

GFRP 桥面板和钢纵梁采用刚接和沥青混凝土桥面铺装的影响造成的。表 6.6-9 为在车轮荷载作用下,GFRP 桥面板底应变情况。

测 点 应 变 表 6.6-9

测 点 编 号	应变(με)	测 点 编 号	应变(με)
GH-1	51	GH-6	52
GH-2	152	GH-7	147
GH-3	139	GH-8	147
GH-4	51	GH-9	60
GH-5	7	GH-10	9

(2)局部加载的有限元计算分析

采用有限元程序对 GFRP 桥面板局部加载受力过程进行分析。由表 6.6-9 可知加载点并不是完全位于测点 3 和测点 8 正上方,而是位于测点 2 和测点 3 之间的位置。因此根据实际加载点的位置有限元模型进行加载计算,加载区域如图 6.6-35 所示。GFRP 桥面板模型在车轮下的试验挠度值与有限元计算挠度值见表 6.6-10。

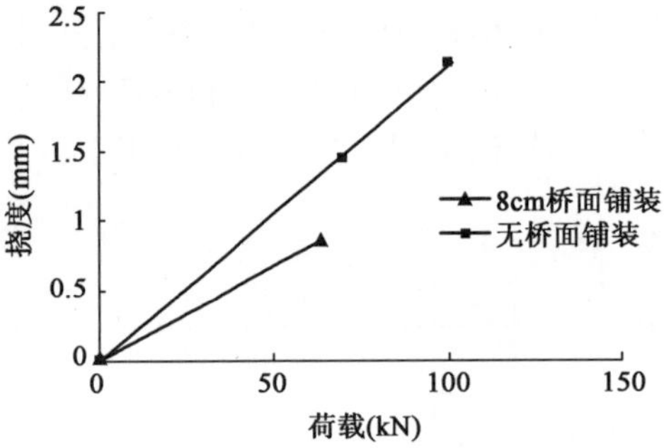

图 6.6-34 荷载-挠度曲线

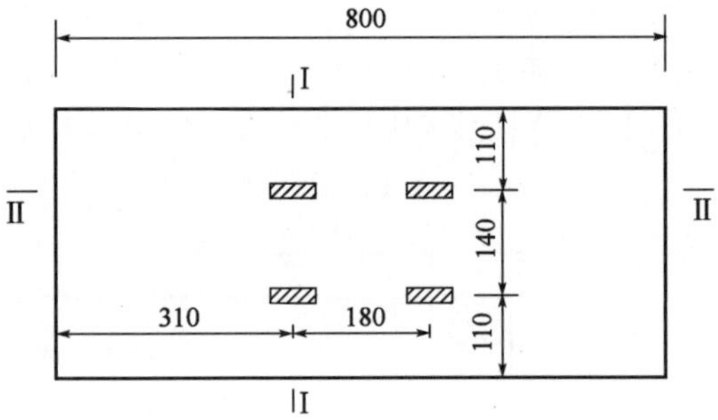

图 6.6-35 加载区域示意(尺寸单位:cm)

GFRP 桥面板模型挠度值对比 表 6.6-10

测 点 编 号	试验值(mm)	有限元值(mm)
JS-3	0.875	0.9
JS-8	0.895	0.916

由表 6.6-10 可知,有限元计算挠度值和试验挠度值差异较小。图 6.6-36 为 GFRP 桥面板在车轮荷载作用下Ⅰ-Ⅰ截面和Ⅱ-Ⅱ截面的挠度曲线,图 6.6-33a)为Ⅰ-Ⅰ截面 GFRP 板底挠度曲线,图 6.6-33b)为Ⅱ-Ⅱ截面 GFRP 板底挠度曲线。

由图 6.6-33 可以看出,车轮荷载对 GFRP 桥面板局部影响较大,随着距加载区距离的增加,桥面板的挠度急剧减小。Ⅰ-Ⅰ截面距离车轮中心 0.3m 处,荷载引起的挠度为 0.437mm;距离车轮中心 0.5m 处,荷载引起的挠度为 0.082mm;距离车轮中心 0.5m 时,荷载引起的挠度仅为 0.045mm,为最大值的 1/20。因此在对 GFRP 桥面板局部受力验算时,可只考虑荷载作用位置和靠近此位置的 2 片 GFRP 管材,而不考虑纵向其他桥面板的影响。

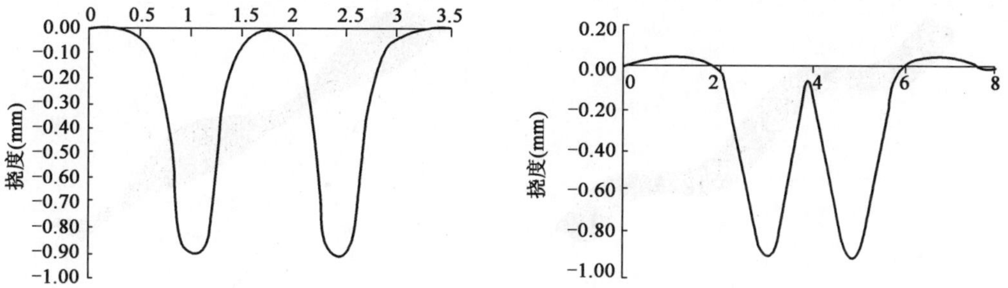

a)　　　　b)

图 6.6-36　局部挠度曲线

(3)局部加载试验结论

①由于桥面板连续简支于钢纵梁上,且铺装结构的存在增大了桥面板在荷载作用下的局部刚度。

②加载区采用实际桥面板结构,其他区域采用简化桥面板结构而建立的有限元模型能很好地模拟桥面板在荷载作用下的变形情况。

③在对 GFRP 桥面板局部受力验算时,可只考虑荷载作用位置和靠近此位置的两片 GFRP 管材,而不考虑纵向其他桥面板的影响。

3)桥梁结构固有振动特性试验

桥梁结构的自振特性,即自振频率、振型及阻尼取决于结构自身的刚度、约束状态、质量及其分布规律。桥梁经过长时间的使用或遇到其他诸如地震、意外撞击等破坏时,桥梁结构的动力性能会发生变化,而其改变的程度代表着桥梁结构物的损伤程度。因此,根据桥梁结构自振特性的改变情况,便可对桥梁的实际使用情况做出评价。这样,桥梁结构的实测动力特性结果便成为对桥梁使用状态进行评定的一项重要依据。为探讨 GFRP-钢组合梁桥的动力特性,使用有限元方法对 GFRP-钢组合梁桥进行模态分析,然后通过实桥动力特性试验进行对比研究,进而评估桥梁的承载能力。

(1)有限元计算模态

如图 6.6-37 所示给出了桥梁结构的前 6 阶振型,前 6 阶计算频率见表 6.6-11。

桥梁前 6 阶计算自振频率　　表 6.6-11

阶　数	频率(Hz)	阶　数	频率(Hz)
1	4.8436	4	5.5559
2	5.0144	5	6.2740
3	5.2975	6	6.6502

(2)试验测试模态

试验采用 DH5936 动态测试分析仪进行信号的采集及分析,信号的拾取采用 DH107 压电式加速度传感器,通频带为 0.2 ~ 500Hz,电荷灵敏度为 280 ~ 360pc/ms^{-2}。图 6.6-38a)为 DH5936 动态测试分析仪,图 6.6-38b)为 DH107 压电式加速度传感器。

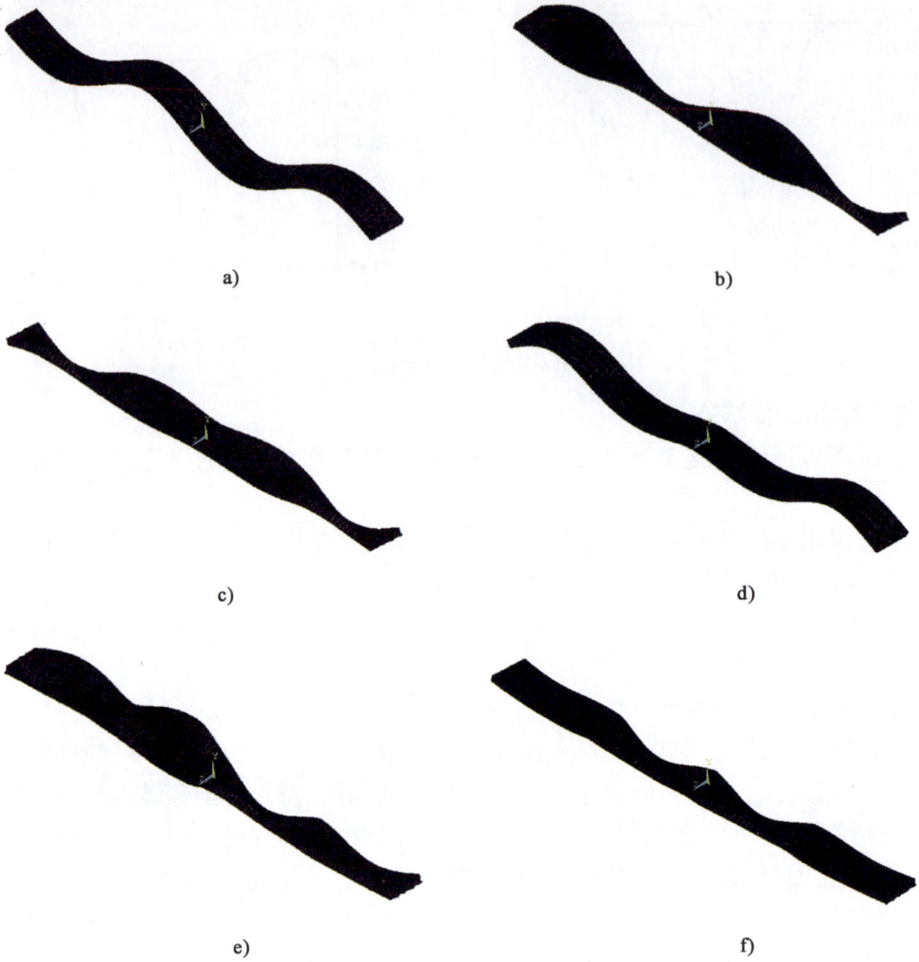

图 6.6-37　桥梁计算振型

a)第 1 阶振型;b)第 2 阶振型;c)第 3 阶振型;d)第 4 阶振型;e)第 5 阶振型;f)第 6 阶振型

图 6.6-38　试验仪器

在每跨的跨中和两个 1/4 处设置测点,共布置 12 个测点。图 6.6-39 为测点布置示意。

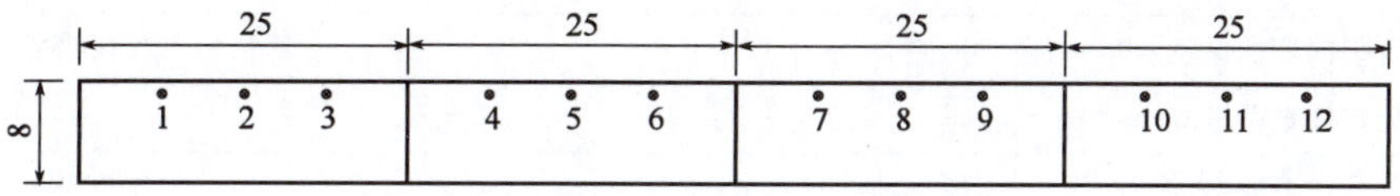

图 6.6-39 振动试验测点布置(尺寸单位:m)

在大广高速公路 6 号跨线桥自振特性的试验测试与分析中,采样采用如下参数设置:为有效地防止高频混叠现象,必须将采样前的信号限制在一定的频带范围内,因此,低通滤波器的截止频率设置为 50Hz。根据采样定理,采样频率设置为 100Hz;每次 FFT 的分析点数为 $N=1024$ 点,并采用加大数据长度($N=4096,8192$)校核谱图,证实 $N=1024$ 点的谱图没有漏掉重要的谱线,保证了谱分析结果的可靠性;实际分析 $N=1024$ 点谱分析数据时,依多次平均后求出谱分析结果。采用功率谱密度确定自振频率及各点振幅值大小,分析时还必须结合考虑相干函数。阻尼比采用半功率带宽法确定,并采用阻尼振动法校核。图 6.6-40 为竖向弯曲振动,第二跨跨中测点的时域波形、频率图和功率谱图。

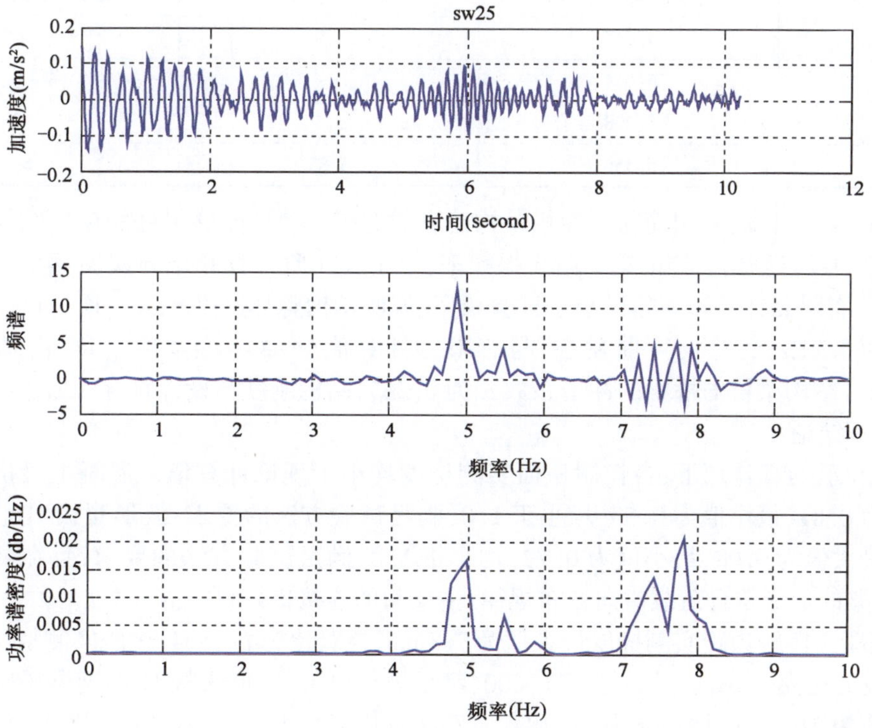

图 6.6-40 竖向振动第二跨跨中测点的时域波形,频谱和功率谱

由试验测得跨线桥的前 5 阶固有频率及其对应的阻尼比如表 6.6-12 所示。试验中没有得到桥跨的第 2 阶竖向弯曲振动模态。

桥跨结构竖向振动的5阶固有频率、阻尼比　　表6.6-12

类　型	实测固有频率(Hz)	实测阻尼比
第1阶竖向弯曲振动	4.9	0.00682
第2阶竖向弯曲振动	—	—
第3阶竖向弯曲振动	5.5	0.00395
第4阶竖向弯曲振动	5.85	0.00645
第5阶竖向弯曲振动	7.42	0.00211

冲击系数μ的计算根据《公路桥涵设计通用规范》(JTG D60—2015)确定,其计算公式如下:

$$\mu = 0.1767\ln f - 0.0157 \tag{6-1}$$

由公式(6-1)可计算背景桥梁的冲击系数为:

$$\mu = 0.1767\ln f - 0.0157 = 0.1767 \times \ln 4.9 - 0.0157 = 0.265$$

4)试验小结

表6.6-13为有限元计算自振频率与试验结果的比较。

有限元计算自振频率与试验结果的比较　　表6.6-13

阶　数	有限元计算频率(Hz)	试验频率(Hz)	(试验—有限元)/试验
1	4.844	4.9	1.14
2	5.014	—	—
3	5.298	5.5	3.67
4	5.556	5.85	5

由表6.6-12可知,采用简化桥面板结构建立的有限元模型能够很好的反应结构的动力特性。在试验中没有测到结构的第2阶自振频率,第1,3,4阶计算频率与实验频率相差值两者在5%以内,有限元计算频率略微小于试验频率,说明结构整体刚度较大。通过试验测得组合梁桥基频为4.9Hz,为竖向弯曲模态,与有限元计算值(4.84Hz)基本一致,由基频计算出GFRP-钢组合结构梁桥的桥梁的冲击系数μ为0.265,结构刚度与设计符合。通过成桥荷载试验,得到以下结论:

(1)在试验荷载作用下,各控制截面实测挠度均小于理论计算值。混凝土梁挠度校验系数最大值为0.81,最小值为0.53,均小于1.0,满足试验方法的要求;波形腹板H形钢梁挠度校验系数最大值为0.98,最小值为0.72,均小于1.0,满足试验方法的要求;且在试验荷载作用下,各主梁的变形符合荷载横向分布规律,主梁间的连接良好可靠。

(2)混凝土桥跨边跨实测挠度最大值为7.8mm,挠跨比为$L/2564$,中跨实测挠度最大值为6.06mm,挠跨比为$L/3300$,均远小于$L/600$,满足规范要求;波形腹板H形钢梁桥跨边跨实测挠度最大值为21.1mm,挠跨比为$L/1184$,中跨实测挠度最大值为16.4mm,挠跨比为$L/1524$,均远小于$L/600$,满足规范要求。

(3)在试验荷载作用下,各控制截面组合的实测应力均小于理论计算值,应力校验系数在0.25~0.96之间,均小于1,满足试验要求,说明其强度满足设计要求。

(4)在各加载工况前后,未发现试验桥跨混凝土梁截面有看得见的裂缝产生,同时各控制截面应力实测数据均处于正常范围内，无异常现象。

(5)试验跨各测试断面的相对残余变形均在20%以内，表明结构在卸载后变形能及时恢复，处于弹性工作状态。

从静载试验结果分析可以看出，在试验荷载下，混凝土梁桥跨和波形腹板H形钢梁桥跨结构无异常现象，实测数据和理论计算值基本吻合，结构校验系数满足试验方法的要求，说明加载后桥梁处于安全受力状态，满足设计荷载下的使用要求。

6.6.4　小结

FRP桥面板是近十年内发展起来的一种新型桥面结构形式。采用FRP桥面板—钢或FRP桥面板-混凝土组合梁桥能减小上部结构自重、降低下部结构造价，且与传统的与传统的预应力混凝土梁桥和钢混组合结构梁桥相比还具有抗疲劳性能好、耐化学腐蚀性好、施工方便、具有良好的建筑性能等的优点。通过FRP-钢及FRP-混凝土组合结构公路桥的设计与建造研究，获得了大量具有自主知识产权的专利技术，为FRP材料在我国的桥梁工程中的应用，积累了十分宝贵的经验。

第 7 章　公路波纹钢管(板)桥涵

7.1　概　　述

波纹钢管涵是使用截面形式为波纹形状的圆钢管分片拼装或整体制作而成的一种涵洞形式。波纹钢管涵是一种典型的空间薄壳柔性结构,波纹使其具有良好的受力性能(轴向和径向同时承载)和补偿横向位移的特征,能充分发挥钢材强度高、变形大的优点。波纹钢管涵填土后可用来代替钢筋混凝土涵洞,其工作原理为:波纹钢管与周围填土发生相互作用,形成一个拱形结构和弹性层组合的复合结构,该结构既柔韧又结拱成型受力;弹性层能不断均衡土压力,将荷载分散到两侧的土体上;周围土体在钢波纹管涵四周形成若干支撑点,提高了钢板的自身承载力。波纹钢管材料特有的波纹结构特性,使其同时具有刚性和柔性的特点,力学性能远优于平板结构。波纹钢管涵洞结构除满足一般涵洞的使用功能外,还具有以下特点:

(1)钢材强度高,并可利用波纹提高力学性能;结构尺寸小,自重轻。

(2)具有良好的环向刚性和轴向柔性,抗变形能力和基础适应性强,能满足不良地质的特殊要求;土-钢相互作用使结构受力合理、荷载分布均匀,整体柔性大幅提高了结构的抗疲劳性能和抗震能力,且无混凝土的收缩徐变和温变开裂等问题。

(3)具有更好的耐久性,大量工程实例表明,镀锌波纹钢管涵使用寿命完全能够达到 50 ~ 100 年,目前已有百年以上的结构仍在服役。

(4)工厂化加工与现场拼装分开实施,大幅缩短工期(一半以上)。且施工不受温度和环境的影响,延长了可施工期。

(5)运输和现场拼接施工,均无须大型机械设备,拼接只需手工操作即可,施工方便快捷、易于操作,且有利于降低成本、控制质量。

(6)工程实践表明,波纹钢管涵的工程造价比同跨径的钢筋混凝土或圬工涵洞的低,尤其对于不良地质、地形区域,经济效益更为可观。

(7)适用性强,波纹钢管涵能够适用于各种复杂的地形和地质条件,特别适用于冻土、膨胀土、软土、湿陷性黄土、高填方、采空区等特殊地段和地震多发区。

(8)避免"错台跳车",避免了桥头无刚度差异引起的不均匀沉降问题,有利于改善结构物与路堤交界处的"错台和跳车"现象,提高了行车的舒适度与安全性。

(9)减少或完全舍弃了水泥、木、沙石等常规建材,并合理利用弃土渣,对环境的破坏程度较小,且噪音和震动小,有利于环境保护、降低碳排放量。

(10)镀锌波纹钢管涵耐腐蚀性较强,且结构不需设置伸缩缝和支座等易损部件,因此结构在后期运营中几乎不用维护。

7.1.1 国外研究现状

波纹钢管工业的发展已有一百多年的历史，波纹钢管于1784年诞生于英国，并同时出现了第一台轧制波纹钢板的专用设备，但由于当时钢板供给不足，波纹钢板未能及时推广。直到19世纪末，波纹钢结构才开始迅速发展。1896年，美国的一位名为Tancly Simpon的建筑工程师提出波纹钢管此类结构的想法，随后美国率先进行了波纹钢管通道、涵管的可行性研究，并首次应用于涵洞。20世纪初，首条波纹钢管涵洞被应用于英国爱丁堡市近邻的农田灌溉。1929年，加拿大首座波纹钢管通道被应用于煤矿建设之中。1931年，澳大利亚首次建成一座跨径为8m的波纹钢管汽车通道。随后，波纹钢管结构物在美国、加拿大、日本、澳大利亚、西欧等国家和地区被广泛应用于公路和铁路建设中。韩国于1997年开始研究和应用波纹钢管涵洞，其被广泛应用于隧道、小桥建设中，韩国现已修建了2000多例波纹钢管涵结构。目前非洲多数国家在基础设施建设中也大量使用波纹钢管涵洞。随着对波纹钢管涵结构的不断应用和修建经验的积累，一些国家已制定了填土波纹钢管涵的设计、制造及施工安装手册和标准规范，提出了波纹钢管涵设计方法。如日本标准《波纹钢管及型材》(JIS G3471—1977)；韩国公团的《波形钢板结构物设计及施工指南》(2004年)；美国钢铁研究协会AISI于1999年出版的《Modern Sewer Design》系统地讨论了波纹钢管在涵洞和排水管道中的应用、设计和施工；加拿大2002年出版的《Hand Book of Steel Drainage & Highway Construction products》系统地总结了波纹钢管涵的构造、水力计算、应用、结构设计、施工和养护方法。表7.1-1列出了不同类型钢管应用的大小、波形、厚度和形状。

AISI不同类型钢管应用的跨径、波形、厚度和形状 表7.1-1

管类型	跨径(或直径)(mm)	波形(mm)	厚度范围(mm)	形状
波纹钢管	150~450	38×6.5	1.32~1.63	圆形
	150~900	51×13	1.32~2.01	圆形
	300~2400	68×13	1.32~4.27	圆形、管拱
	1350~3600	75×25	1.63~4.27	圆形
	1350~3600	125×25	1.63~4.27	圆形
	1350~3600	75×25	2.01~4.27	管拱
	1800~3000	125×25	2.77~4.27	管拱
结构板管	1500~8010	152×25	2.82~9.65	圆形、管拱、椭圆或其他形状

国外对波纹钢管涵结构的理论研究起步较早。早在1913年，美国土木工程师学会(ASCE)主席A. Marston教授在其首次发表的关于上埋式管道的土压力理论的论文中，提出"等沉面"土压力理论，揭开了对上埋式管道土压力研究的序幕。1923年，美国铁路工程建设和道路维护协会(AREMA)在伊利诺伊州的中央铁路进行波纹钢管通道的测试，这次测试证明了埋入式结构存在着明显的土—钢相互作用，起先土体会作为一个弹性层均衡地调整上部荷载，当埋置深度达到足够深时，管涵周围的土体会形成应力环来分散上部的荷载，实测结果表明，对于填土高度达到35m的圆管涵，波纹钢管只承担了上部土压力的60%，而相邻的土体承担其余的土压力。第二次世界大战以后，波纹钢管涵结构设计引进了被周围土压力支撑的压

应力环这一概念,这个基本的概念与经验相互兼容,而且为波纹钢管涵结构的设计提供了一条合理的设计准则途径。

1960 年在美国犹他州立大学,基于土压力测试结果,出现了薄受压环这一概念。通过研究得出的环向压力理论,理论认为随着上部填土垂直载荷的增加,管涵通过挤压两侧土体获得被动土压力,管道周围土压力分布趋于均匀。这一基本概念被证实与既有经验相符合,也为合理的设计准则的出现提供了可能。为研究原子能设备的爆炸效应的影响,对于柔性埋置结构的研究被大量开展。这项工作清晰地展现了埋置波纹钢结构的潜力。受美国钢铁协会资助,1967 到 1970 年间,犹他州立大学的 Reynold K. Watkins 博士开展了进一步的扩展研究。

1961 年,捷克的 M. L. Pruska 对上埋式管道的计算方法也提出了独到的见解。他假定管周土体是各向同性且均匀的,通过虎克定律可知,由于土体的不均匀沉降,管顶会产生除自重以外的外力,用弹性理论应力公式求出这个外力,即可得到管顶土压力。

日本学者汤浅钦史,于 1962 年发表了现场实测及室内模型试验的研究论文,文中对马斯顿理论进行了进一步的修正及完善,且提出了很多线索和依据。日本名神高速公路设计标准也是建立在马斯顿理论与公式的基础上的,只是对等沉高度的计算做了修正。

1965 年,Forrestal 和 Hermann 通过运用连续介质的力学理论分析了圆管涵在弹性连续介质中的受力状态,并得出了屈服压力公式。

1975 年,加利福尼亚州进行了一项名为“D. B. 涵洞”的著名研究项目,该管涵的直径为 3m,厚度为 2. 8mm,填土高度为 61m。这是目前唯一的一个没有安全设计并且在预料中要破坏的波纹钢管涵洞试验。从试验中所采集的数据为新的结构设计方法的确认和发展提供了重要的参考依据。

1978 年,美国钢铁协会(AISI)针对 81 道波纹钢雨水管进行了调查。研究表明,81 道雨水管中 77 道保持良好状况。雨水管的使用时间为 16 ~ 65 年。4 道需要维修的平均使用了 32 年,1 道处于极端腐蚀的环境中,电阻率只有 260Ω · cm,大幅度低于极小值。

1992 年,G. Abdel Sayed 用有限元模拟分析了一个考虑恒载与活载共同作用的弹性介质模型的管涵稳定问题,发现用 Moore 于 1987 年修正的管涵屈服压力公式计算得到的屈曲应力仍然偏大,原因是公式并没有考虑到如何对结构施加实际活载。

2006 年,韩国的 Senungho Lee 教授分别从规范公式、数值计算和模型试验三个方面验证了结构覆土厚度、开挖斜率、覆上压实度和截面加强这些变量对埋置波纹钢板桥涵结构动力特性的影响。研究表明:用地震反应谱法和规范式得出的结论几乎相同,弯矩与剪力却随着截面刚度的增大而增大;另一方面,反应位移法和 Mononobe-Okabe 法得出的结论不同,埋深增大可极大增加结构的压应力。Lee 教授认为这个差别是由于仅考虑了动土压力和地面相对位移,而没有考虑覆土对结构的约束作用所产生的影响,并用模型试验验证了这个结论。

2008 年,Teruhisa Masada、Shad Sargand 和 Andrew Moreland 在俄亥俄州对 2001 ~ 2002 年间修建的一个 6. 4m 直径的波纹钢管涵进行了有限元数值模拟。通过把现场试验采集的数据和有限元模拟分析的结果进行了对比分析得到:一般在施工结束一年后,波纹钢管涵的性能已趋于稳定;波纹钢管圆周有缩小的现象,这有利于减小管涵上部填土的负荷,但其缩小量不可以过大,否则就会影响到结构的稳定性和管涵的排水能力;对于钢板的腐蚀裂缝、螺栓材料的恶化、管道变形等每年都需要进行一定的检查评估。

以大量的理论和试验研究为基础，国外在工程应用技术上也已经取得了很多成果。美国加利福尼亚州调查了数百道涵洞的条件，并得出了利用 pH 值和电阻率预估涵洞的寿命的方法和涵洞的设计图，研究考虑了波纹钢管涵洞方面在土壤腐蚀、水腐蚀的联合效应下的耐久性问题，且这些涵洞未做特殊维护处理。

7.1.2 国内研究现状

新中国建立前，国民政府就已开始了对金属波纹管涵洞的应用。二战时，从美国进口的金属波纹管涵洞被应用于修建滇缅公路。1948 年，从美国进口的波纹钢管涵应用于上海浦东的军事便道。新中国成立后由于诸多因素，波纹钢管涵未能广泛应用，直至 20 世纪 90 年代末我国才逐步开展公路波纹钢管涵的生产和应用。

为解决多年冻土地区的涵洞工程病害，提高涵洞工程在多年冻土地区的使用寿命，改善青藏铁路多年冻土地区路基横向排水条件，我国于 1997 年在青藏公路 K3278 + 200 与 K3280 + 915 处各修建波纹管涵一道，作为试验工程；1998 年 9 月又在 K3263 + 094 修建波纹管涵一道作为对比研究，取得了初步成功，解决了多年冻土区涵洞融沉和冻胀破坏的难题，随后青海和西藏开始大量使用这一技术。

2001—2003 年青海省在青康公路、宁党公路、西宁久治公路等工程中应用波纹钢管涵近 418 道；黑龙江的 207 省道为解决关于大兴安岭多年冻土区涵洞基础稳定性的问题，修建了 100 余道无基波纹钢管涵洞；1998 年上海四号线、浦东国际机场中采用了钢质波纹板通道，之后该结构在上海市政工程中推广；2003—2005 年内蒙古、河北等地区开始大量应用波纹钢管涵，并开始使用分片拼装、拱形和椭圆形的波纹钢管。到目前为止，我国北方部分地区已开始大规模应用波纹钢管涵，华中、华南及西南地区也已开始尝试应用。2008 年，交通部发布并实施了部颁标准《公路桥涵用波形钢板》（JT/T 710—2008），为金属波纹管桥涵在我国的推广和应用提供了更有利的条件。2010 年交通运输部发布并实施了部颁标准《公路涵洞通道用波纹钢管（板）》（JT/T 791—2010），更加具体地完善了波纹钢管涵的生产要求和施工方法等。

国内对波纹钢管涵的理论研究起步较晚，1998—1999 年，中交一院对波纹钢管涵的受力特征进行了初步研究，研究结果表明：在相同围压的情况下，波纹钢管涵与普通钢圆管涵的径向最大位移基本相同，但波纹钢管涵的轴向位移比普通钢圆管明显要大，表现出波纹钢管涵具有轴向位移补偿的功能；波纹钢管涵内部应力的拉压相间，使金属材料各向同性的优异特性得到充分发挥，而普通钢圆管内部的压应力较大，拉应力较小；波纹钢管涵在施工过程中对地基的扰动小、不渗水，有利于保持冻土地区的水热平衡，从而达到保护冻土体、整治病害涵洞工程的目的。

为了减少涵洞工程病害，提高涵洞工程在多年冻土地区的使用寿命，改善青藏公路多年冻土地区路基的横向排水条件，结合整治工程的实施状况，公路部门于 1997 年修建了两座波纹钢管涵作为试验工程，1998 年 9 月又增修一座波纹钢管涵进行对比研究。三座波纹管涵使用至今，效果良好，管底平顺，未发现漏水现象，路基和涵洞基底也未发生变形。

2003—2006 年，内蒙古交通设计研究院也针对工程需要开展了波纹钢管（板）涵洞荷载试验、施工工艺等研究。

为推广公路工程波纹钢管涵洞技术，2000—2003 年中交第一公路勘察设计研究院开展了

"公路波纹钢管涵洞设计与施工技术研究"。通过大量的调研工作,结合波纹钢管涵洞试验工程开展了野外的波纹钢管涵洞不同工况下受力特征的施工现场测试,并进行了大量的室内模拟计算分析,同时对国内外波纹钢管涵洞的生产、应用、设计及防腐等进行了系统的分析研究,形成了整套研究报告,并绘制了"公路单管波纹管涵洞通用图"。

2000 年,中交第一公路勘察设计研究院的李祝龙对此进行了热学与力学方面的研究探讨,分析表明:钢质波纹管涵比钢筋混凝土盖板涵具有更优越的散热性能,对涵洞下地基或周围冻土上限的抬升较为有利,波纹钢管具有明显的横向补偿位移的作用,相比于普通圆管有更大的延伸性。

2003 年,北京交通大学与内蒙古交通设计研究院共同承担了交通部科教司资助项目"公路波纹钢管涵的试验研究与力学性能分析",在内蒙古进行了波纹钢拱涵和圆管涵试验。研究结果表明:应力最大值出现在施工过程中回填土高度接近拱顶时;位移最大值也出现在填土高度接近拱顶时,在整个施工过程中拱顶部位的位移一直处在上拱的状态。

2005 年,李祝龙通过对波纹钢板涵洞进行野外现场测试,从不同角度研究了其力学特征,结果表明:波纹钢板管涵的管顶、管侧沿波形方向呈现出不同的应力和应变的变化趋势,波峰和波谷处以及内侧和外侧、切向和轴向的应力和应变呈现出与管顶及管侧处的相反的变化趋势。

2006 年,内蒙古交通设计研究院与北京交通大学共同承担了西部交通建设科技项目"波纹钢结构在小桥和涵洞上的应用技术研究",结合我国的材料强度、荷载标准和可靠度标准,提出了适用于我国的波纹钢板桥涵设计方法,并编制了《波纹钢板小桥涵设计与施工指南》,填补了我国该领域的空白。

2007 年,广东省公路勘察设计院结合广梧高速公路河口至双凤段 K66 + 265. 5 处波形钢板桥涵工程实例,给出了波纹钢板结构物的设计和计算方法,并将波形钢板桥涵与传统桥梁进行了对比,表明波形钢板结构物的造价更低。2007 年,方亚飞和温学钧分别建立波纹钢板桥涵的二维平面和三维空间有限元模型,并将计算结果与现场实验进行了对比:二维模型和三维模型的计算结果是一致的,所以可采用二维模型代替三维模型;实测值小于有限元计算值,说明有限元结果偏保守,计算的结果是安全的。

2008 年,王艳丽从旋转对称壳理论着手,对波纹钢板涵洞的力学性能进行了探究,发现工程计算法、解析法等均不适用波纹钢板结构的计算,并将有限元模型与现场试验进行了对比分析,认为采用旋转对称壳理论分析波纹钢板涵洞是合理可行的。

2011 年,山东莱芜市水利局对波纹钢板桥涵力学性能的影响参数进行了分析,通过改变排水砂土、混凝土基础、回填地基土的弹性模量以及混凝土和回填土的泊松比等参数,建立有限元模型分析其对结构变形和等效应力的影响。分析结果显示增大回填土的弹性模量可以有效改善结构的变形,减小结构的等效应力;增大材料的泊松比则能够减小结构的位移。

2012 年李雨株针对一座跨径为 16m 的 180°波纹钢圆弧拱桥涵建立三维有限元模型,分别计算了其结构的局部加强、环向加强、双向加强的加强效果。并通过对比分析未加强结构和加强肋布置在的不同位置时结构的受力和变形,为结构加强选取的方式提出了一些合理的建议。

2014 年,廖鑫采用 ANSYS 有限元对高填方大跨径的波纹钢管涵洞进行了建模计算,考虑在不同施工工况、不同参数、恒活载作用以及地基沉降的条件下,结构的受力特点、变形规律和周围土压力变化情况。计算结果表明:波型选择对管涵性能有一定的影响,其中板厚主要影响结构受力;填土模量对受力和变形影响都较大。与国外研究相比较,此项研究主要在以下几个方面特点:

(1)国外波纹钢管涵洞应用技术主要以美国、加拿大的为先导,韩国、日本等国在美国、加拿大等国的基础上进行引进、优化,形成本国的相应技术。但这些国家波纹形状与波形参数存在共同点:波高与波长之比较小(简称浅波形,一般比值1/6~1/3)。浅波形能节省一定的用钢量,可以提供相对均匀的应力分布,但是用变形的能力受到限制。该项目主要采用了深波形,波高与波形之比为1/2左右,能够适应复杂的地基条件件的变形条件。

(2)关于公路钢波纹管涵洞的受力,尽管国外相关研究部门做了一定测试,但关于应力分布特征并未有明确结论;该项目通过试验并结合有限元模拟得出应力随波形、断面、填土高度等的分布规律,并得到不同管径、不同壁厚、不同填土的公路波纹钢管涵洞其最大等效应力和挠度的规律。

(3)国外关于公路波纹钢管涵洞设计多采用经验法,该项目首次推荐了反开槽法施工对应的不同管径、不同管顶填土高度时的壁厚,以指导设计。

7.2　结构形式

7.2.1　波纹钢板桥涵截面形式

波纹钢板桥涵的截面形式非常丰富,按大类划分主要有闭口形式和开口形式两类。闭口形式的线形有圆、水平椭圆、竖向椭圆、管形拱、梨形等,开口形式的截面主要有圆弧拱、低弧拱、高弧拱、梨形、箱形等,表7.2-1给出了覆土波纹钢板桥涵的不同截面形状及其功能与应用,表7.2-2给出了常用的一些波纹钢管规格。

波纹钢板桥涵结构形式及功能　　　　表7.2-1

结构名称	结构形式	功能与应用
圆形 Round	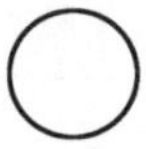	涵洞、雨水管、下水道、通道,在各种功能状况下均使用良好,尤其是埋深较大的情况下
竖向椭圆 Vertical Ellipse		涵洞、雨水管、下水道、通道,埋深较大时使用较好
梨形 Pear-shaped Pipe	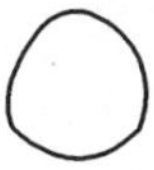	在取最小的埋置深度的情况时可作人行道、机动车道、自行车道使用
管形拱 Pipe-Arch		净空较小,具有水力优势,可作涵洞、下水道、立交桥、雨水管

续上表

结构名称	结构形式	功能与应用
横向椭圆 Horizontal Ellipse	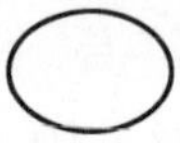	净空较小,具有水力优势,地基土较差时是个较好的选择
圆弧拱 Arch(single radius)		净空较小,过水断面较大,形式优美,无损天然河床的环境友好型截面
低弧拱 Low-Profile Arch		涵洞、小桥、下水道,净空较小,过水断面较大,无损天然河床的环境友好型截面
高弧拱 High Profile Arch	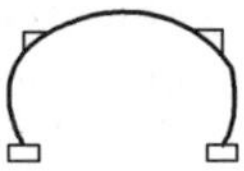	涵洞、小桥、下水管,净空较大,无损天然河床的环境友好型截面
梨形拱 Pear-Arch	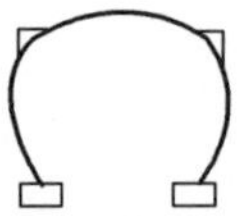	铁路通道或其他要求净空较大的情况
梨形 Pear	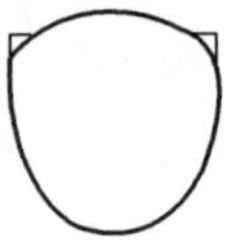	铁路通道或其他要求净空较大的情况
横向椭圆 Horizontal Ellipse	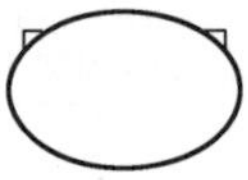	涵洞,净空较小,过水断面较大,地基土较差时是个较好的选择
箱形 Box Culvert		净空较小,跨度较大,是小跨度桥梁的较好替代

常用波纹钢管规格表 表 7.2-2

类　型	波距(mm)	波高(mm)	板厚(mm)	适用内径(mm)
整体型	68	13	1.3~4.2	300~1200
	75	25	1.6~4.2	750~1500
	125	25	2.0~5.0	750~1500
	150	50	2.0~5.0	1500~2000
	200	55	2.0~6.5	1500~2000

续上表

类　　型	波距(mm)	波高(mm)	板厚(mm)	适用内径(mm)
分片拼装型	68	13	1.6～4.5	750～1500
	75	25	3.0～5.0	1000～1500
	125	25	3.0～5.0	1000～1500
	150	50	3.0～10.0	1500～8000
	200	55	3.0～6.5	1500～8000
	230	64	3.0～6.5	1500～8000
	300	110	5.0～10.0	3000～8000
	380	140	5.0～10.0	4000～10000
	400	150	5.0～7.0	4000～10000

7.2.2　波纹钢板截面与特征参数

部分波纹钢板截面与参数见表7.2-3～表7.2-11。

68mm×13mm 波纹钢板截面图及截面特征参数　　表7.2-3

波形代号:B

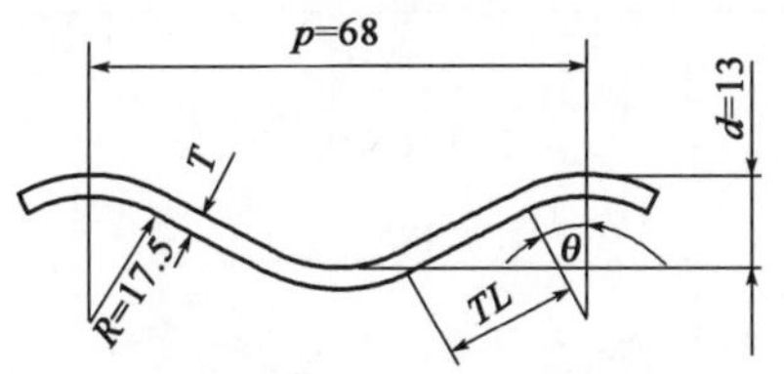

规定壁厚 T (mm)	截面积 A (mm^2/mm)	切线长度 TL (mm)	正切角度 θ (°)	惯性矩 I (mm^4/mm)	截面模量 W (mm^3/mm)	回转半径 r (mm)
1.3	1.408	19.524	27.303	27.87	3.90	4.449
1.6	1.733	19.324	27.402	34.54	4.73	4.464
2.0	2.167	19.053	27.537	43.62	5.82	4.487
2.7	2.926	18.569	27.781	60.18	7.67	4.535
3.2	3.469	18.215	27.961	72.62	8.97	4.575
4.0	4.338	17.635	28.263	93.81	11.04	4.650
4.2	4.555	17.487	28.341	99.38	11.56	4.671

75mm×25mm 波纹钢板截面图及截面特征参数 表 7.2-4

波形代号:C

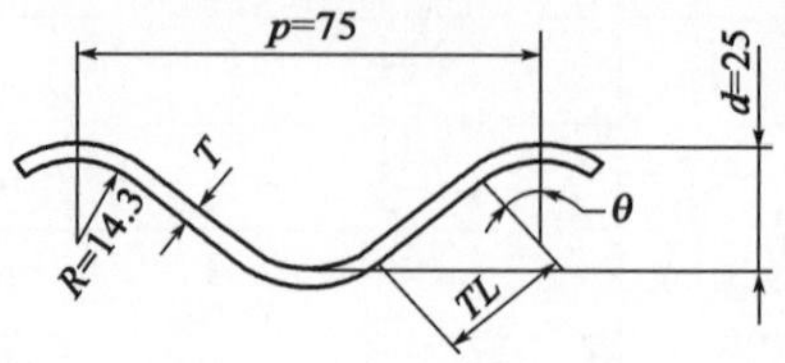

规定壁厚 T (mm)	截面积 A (mm^2/mm)	切线长度 TL (mm)	正切角度 θ (°)	惯性矩 I (mm^4/mm)	截面模量 W (mm^3/mm)	回转半径 r (mm)
1.6	1.986	22.831	45.016	145.88	10.97	8.570
2.0	2.485	22.389	45.315	183.60	13.60	8.596
2.7	3.359	21.593	45.863	251.12	18.13	8.647
3.2	3.984	21.006	46.275	300.66	21.32	8.687
4.0	4.988	20.031	46.974	382.51	26.38	8.757
4.2	5.239	19.780	47.158	403.51	27.64	8.776

125mm×25mm 波纹钢板截面图及截面特征参数 表 7.2-5

波形代号:D

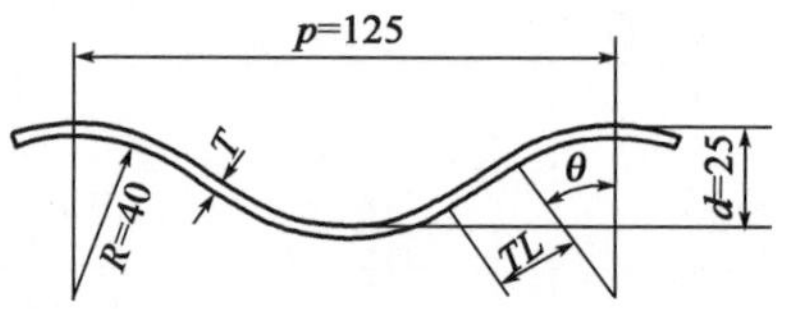

规定壁厚 T (mm)	截面积 A (mm^2/mm)	切线长度 TL (mm)	正切角度 θ (°)	惯性矩 I (mm^4/mm)	截面模量 W (mm^3/mm)	回转半径 r (mm)
1.6	1.756	21.243	33.244	138.74	10.43	8.889
2.0	2.195	20.767	33.424	174.10	12.90	8.905
2.7	2.965	19.906	33.753	236.83	17.10	8.938
3.2	3.514	19.268	34.001	282.43	20.03	8.965
4.0	4.395	18.200	34.425	356.99	24.62	9.013
4.2	4.615	17.923	34.536	375.94	25.75	9.025

150mm×50mm 波纹钢板截面图及截面特征参数 表 7.2-6

波形代号:F

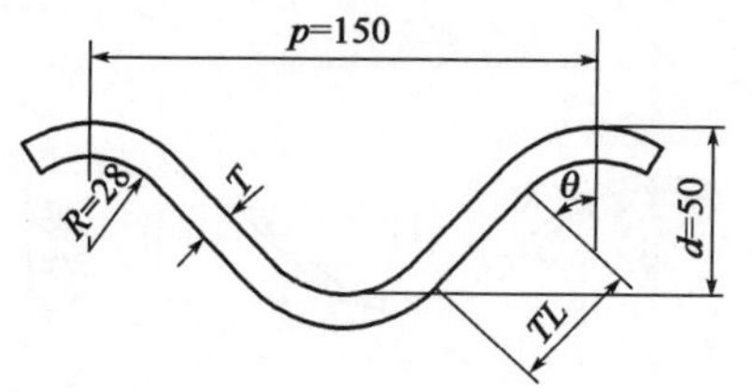

规定壁厚 T (mm)	截面积 A (mm^2/mm)	切线长度 TL (mm)	正切角度 θ (°)	惯性矩 I (mm^4/mm)	截面模量 W (mm^3/mm)	回转半径 r (mm)
2.0	2.478	48.218	44.173	717.58	27.60	17.016
3.0	3.720	47.170	44.515	1084.74	40.93	17.075
4.0	4.965	46.098	44.870	1458.63	54.02	17.141
5.0	6.211	45.000	45.240	1840.13	66.91	17.213
6.0	7.460	43.875	45.624	2230.13	79.65	17.290
7.0	8.711	42.720	46.025	2629.50	92.26	17.375
8.0	9.964	41.533	46.445	3039.13	104.80	17.465
9.0	11.220	40.311	46.884	3459.93	117.29	17.561
10.0	12.479	39.051	47.345	3982.81	129.76	17.662

200mm×55mm 波纹钢板截面图及截面特征参数 表 7.2-7

波形代号:G

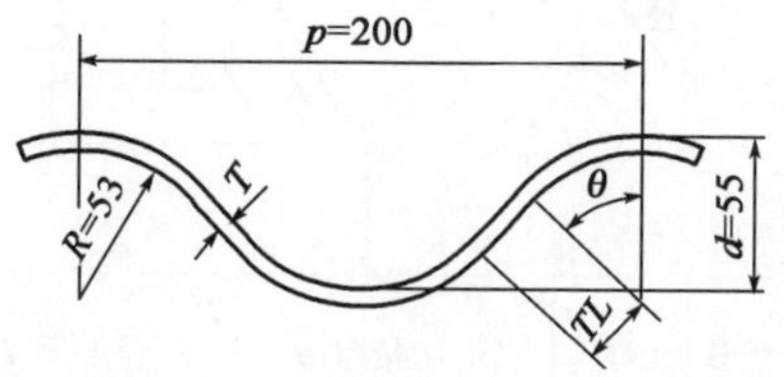

规定壁厚 T (mm)	截面积 A (mm^2/mm)	切线长度 TL (mm)	正切角度 θ (°)	惯性矩 I (mm^4/mm)	截面模量 W (mm^3/mm)	回转半径 r (mm)
2.0	2.361	33.838	44.680	899.39	31.56	19.517
3.0	3.544	32.171	45.187	1356.36	46.77	19.563
4.0	4.729	30.414	45.734	1819.24	61.67	19.614
5.0	5.915	28.548	46.328	2288.80	76.29	19.671
6.0	7.103	26.552	46.980	2765.85	90.68	19.733
7.0	8.293	24.393	47.705	3251.17	104.88	19.799
8.0	9.486	22.023	48.526	3745.58	118.91	19.871

230mm×64mm 波纹钢板截面图及截面特征参数 表 7.2-8

波形代号:H

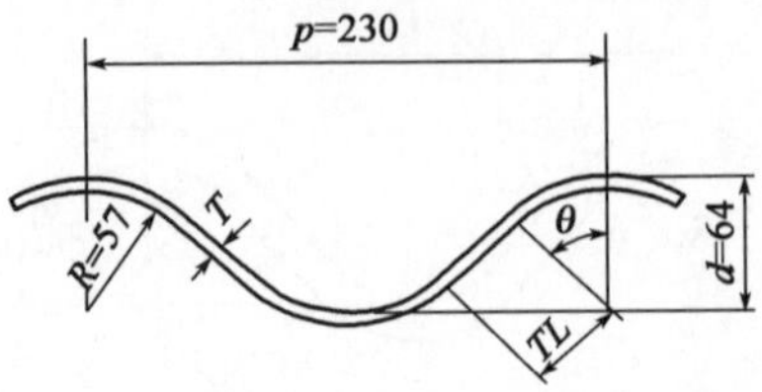

规定壁厚 T (mm)	截面积 A (mm^2/mm)	切线长度 TL (mm)	正切角度 θ (°)	惯性矩 I (mm^4/mm)	截面模量 W (mm^3/mm)	回转半径 r (mm)
3.0	3.542	48.425	42.772	1793.16	53.53	22.501
4.0	4.725	47.085	43.094	2402.72	70.67	22.551
5.0	5.909	45.706	43.429	3019.50	87.52	22.605
6.0	7.094	44.283	43.781	3644.30	104.12	22.665
7.0	8.281	42.814	44.149	4277.89	120.50	22.728

300mm×110mm 波纹钢板截面图及截面特征参数 表 7.2-9

波形代号:I

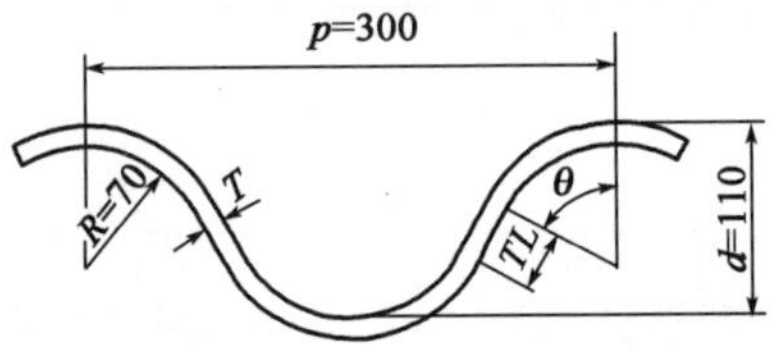

规定壁厚 T (mm)	截面积 A (mm^2/mm)	切线长度 TL (mm)	正切角度 θ (°)	惯性矩 I (mm^4/mm)	截面模量 W (mm^3/mm)	回转半径 r (mm)
4.0	5.238	54.037	56.660	7911.51	138.80	38.863
5.0	6.553	51.962	57.151	9925.92	172.62	38.919
6.0	7.870	49.800	57.670	11956.88	206.15	38.978
7.0	9.189	47.539	58.223	14005.36	239.41	39.039
8.0	10.511	45.166	58.813	16072.34	272.41	39.103
9.0	11.836	42.661	59.448	18158.81	305.19	39.170
10.0	13.163	40.000	60.137	20265.75	337.76	39.238

380mm×140mm 波纹钢板截面图及截面特征参数　　表 7.2-10

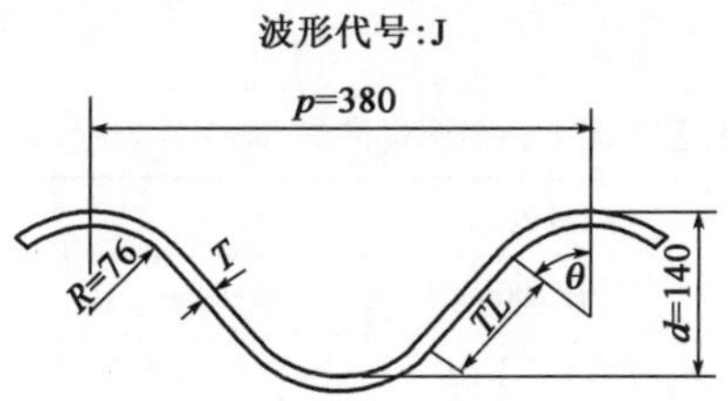

规定壁厚 T (mm)	截面积 A (mm^2/mm)	切线长度 TL (mm)	正切角度 θ (°)	惯性矩 I (mm^4/mm)	截面模量 W (mm^3/mm)	回转半径 r (mm)
5.0	6.477	108.351	50.276	15117.75	208.52	48.313
6.0	7.776	107.051	50.469	18194.44	249.24	48.373
7.0	9.076	105.736	50.665	21291.06	289.67	48.435
8.0	10.377	104.403	50.866	24408.55	329.85	48.500
9.0	11.679	103.053	51.070	27547.88	369.77	48.567
10.0	12.983	101.686	51.279	30710.01	409.47	48.636

400mm×150mm 波纹钢板截面图及截面特征参数　　表 7.2-11

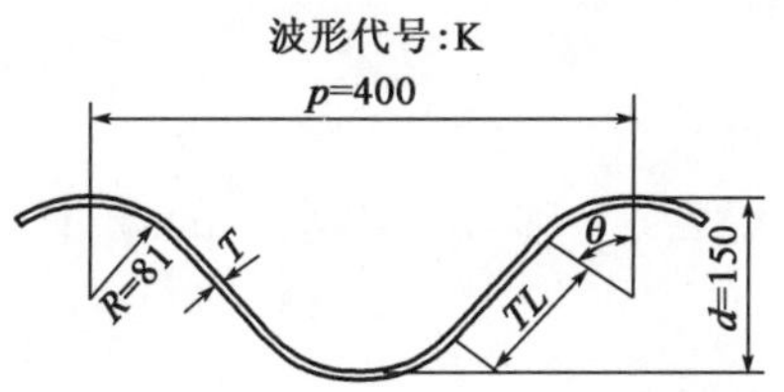

规定壁厚 T (mm)	截面积 A (mm^2/mm)	切线长度 TL (mm)	正切角度 θ (°)	惯性矩 I (mm^4/mm)	截面模量 W (mm^3/mm)	回转半径 r (mm)
5.0	6.533	111.355	51.446	17576.93	226.80	51.871
6.0	7.843	110.000	51.642	21150.36	271.16	51.931
7.0	9.154	108.628	51.842	24745.40	315.23	51.993
8.0	10.466	107.238	52.045	28362.99	359.03	52.057

7.3　波纹钢管(板)的设计与制造

7.3.1　应用原则

公路波纹钢管(板)涵洞通道应遵循因地制宜、因材制宜、满足功能、方便施工的原则。设计应综合考虑公路等级、重要性程度、地形地貌、地质、进出口排水条件、路基填高、材料运输、施工条件、养护因素等特征条件,合理布设波纹钢埋置式结构,并遵循安全、适用、经济、耐久的原则。公路波纹钢管(板)涵洞通道适用于各种地基条件,特别适用于地基承载力较低,或有较大沉降与变形的地基。各级公路桥涵设计洪水频率、汽车荷载及安全等级应符合表 7.3-1 与表 7.3-2 的规定。

桥涵设计洪水频率、汽车荷载及安全等级　　表 7.3-1

公路等级	高速公路	一级公路	二级公路	三级公路	四级公路
设计洪水频率	1/100	1/100	1/50	1/25	不作规定
汽车荷载等级	公路—Ⅰ级	公路—Ⅰ级	公路—Ⅱ级	公路—Ⅱ级	公路—Ⅱ级
安全等级	三级				

注:1. 二级公路作为干线公路且重型车辆多时,其桥涵设计可采用公路—Ⅰ级汽车荷载。

2. 四级公路重型车辆少时,其桥涵设计可采用公路—Ⅱ级车辆荷载效应的 0.7 倍。公路波纹钢管(板)桥涵的设计中,应验算承载能力极限状态下的内力,作用效应组合采用作用效应基本组合和作用效应偶然组合。各组合考虑的作用及分项系数如表 7.3-2 所示。

公路波纹钢管(板)桥涵内力验算作用组合方式与分项系数　　表 7.3-2

组合方式	作用	分项系数
基本组合	土的重力	1.2
	汽车荷载	1.4
偶然组合	土的重力	1.2
	地震作用	1.0

7.3.2　基础设计

波纹钢管(板)涵洞通道的墩台、基础及进出水口的设计应符合 JTG D62 及 JTG D63 的规定。

7.3.2.1　闭口截面结构物的基础

(1)闭口截面结构物的基础应为整个波纹钢管(板)提供均匀的支撑力。基础工后沉降量不应大于 20mm。

(2)闭口截面结构物的基础最小厚度与宽度应符合表 7.3-3 的规定。

闭口截面结构物地基或基础的最小厚度与宽度　　表 7.3-3

地质条件		基础最小厚度	基础宽
优质土地基		可直接将地基作为基础	
一般性土质地基	孔径 $D<900$mm	200mm	$2D$
	孔径 $D=900\sim2000$mm	300mm	
	孔径 $D>2000$mm	$0.20D$	
岩石地基		200~400mm,但当填土高度大于 5m 时,填土每增高 1.0m,其厚度增加 40mm	$2D$
软土地基		$(0.3\sim0.5)D$ 或 500mm 以上	$(2\sim3)D$

(3)闭口截面结构物基础宜设置预拱度,其大小应根据地基可能产生的下沉量、涵底纵坡和填土高度等因素综合确定,一般在基础上预留 $0.5\%H\sim1\%H$(H 为填土高度)的预拱度。

但管涵中心的高程应不高于进水口的高程。

7.3.2.2　开口截面结构物的基础

(1)开口截面结构物一般采用混凝土基础,基础混凝土内预埋钢板连接件与波纹钢板连接。

(2)波纹钢板件的内外面和连接件等均应进行热镀锌防腐处理,接缝应进行密封、防水和防腐处理。

(3)结构物周边特别夯实区应采用砂砾等结构性回填材料回填。特别夯实区是指管壁外缘两侧 0.5D 宽度范围内,从基底按 1∶1 坡度向上扩展到结构物顶部以上最小覆土厚度范围内的区域。结构物两侧和顶部填土应保持对称均匀、分层摊铺、逐层压实,每层厚度应为150 ~ 200mm,其压实度不应小于 96% 。

7.3.3　最小覆土厚度

通过下列与结构几何尺寸有关的公式来计算拱上最小覆土厚度,最小覆土厚度取式(7.3-1)中两个数的较大值,且不得小于 0.6m。

$$\begin{cases} \dfrac{D_h}{6}\left(\dfrac{D_h}{D_v}\right)^{1/2} \\ 0.4\left(\dfrac{D_h}{D_v}\right)^2 \end{cases} \tag{7.3-1}$$

式中:D_h 和 D_v——波纹钢板桥涵结构的有效跨度和有效矢高(m),对于不同横截面形式,它们的取值方法由图 7.3-1 来定义。

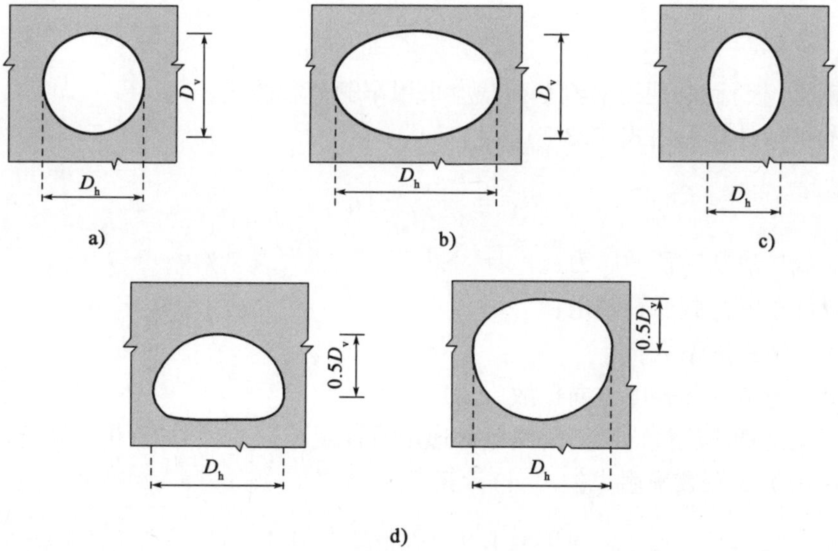

图　7.3-1

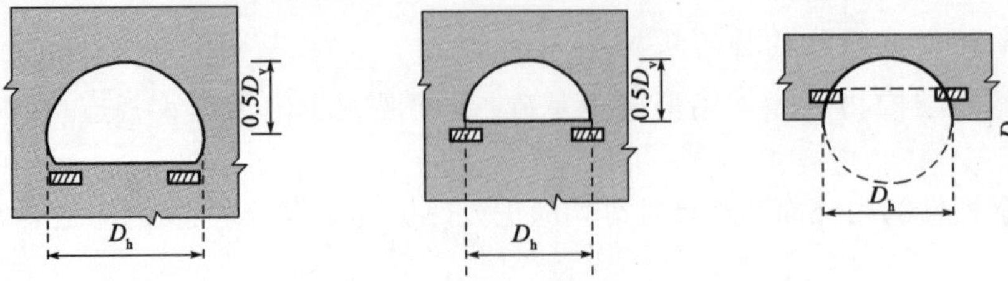

e)

图 7.3-1 D_h 和 D_v 的定义图示

a)圆管结构;b)横向椭圆结构;c)竖向椭圆结构;d)管拱结构;e)拱形结构

7.3.4 作用

7.3.4.1 恒载

作用在结构上的恒载是拱上填土每延米的重量(kN/m),如图 7.3-2 所示,按式(7.3-2)计算。

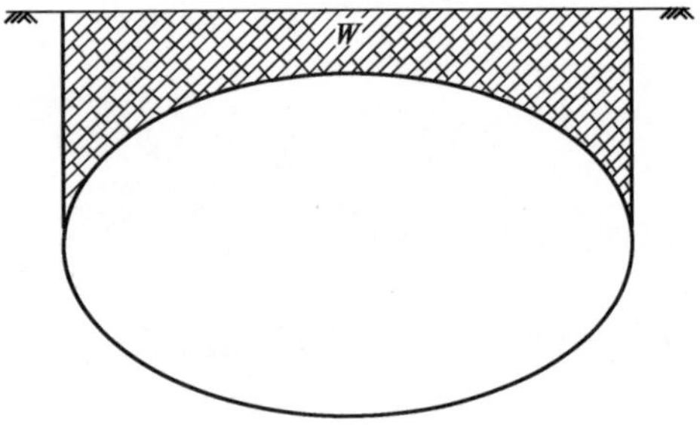

图 7.3-2 结构上恒载范围示意图

$$W = \gamma \cdot D_h \cdot (H + 0.1075D_v) \qquad (7.3\text{-}2)$$

式中:W——拱上填土每延米的重力;

γ——土的重度;

H——波纹钢管(板)桥涵顶部填土高度;

D_h——波纹钢管(板)桥涵结构的有效跨度;

D_v——波纹钢管(板)桥涵结构的有效矢高。

H 和 D_h/D_v 不能通过查表得到时,通过线性内插取值。

7.3.4.2 活载

(1)波纹钢管(板)涵洞通道的汽车荷载应采用车辆荷载图式。

(2)活载的扩散计算采用式(7.3-3)。

$$\sigma_L = \frac{A_L}{w \cdot l_t} \cdot m_f \qquad (7.3\text{-}3)$$

式中:σ_L——活载扩散到拱顶的压力;

A_L——设计车辆荷载后轴轴重;

m_f——多车道折减系数;

$w \cdot l_t$——沿车轮宽度和长度方向扩散后的尺寸。

活载扩散方法和折减系数参考《公路桥涵通用设计规范》(JTG D60)相关规定。

(3)车辆冲击扩大系数采用式(7.3-4)计算。

$$\mu = 0.4(1.0 - 0.5H) \geqslant 0.1 \qquad (7.3\text{-}4)$$

对于填土高度大于 2m 时的情况,可不考虑冲击影响。

7.3.4.3 地震作用

抗震设防烈度大于等于7(0.10g)的地区的公路波纹钢管(板)桥涵应进行抗震设计,考虑地震作用。对波纹钢板桥涵一般可只考虑竖向地震作用,其值按式(7.3-5)计算。

$$E_V = R_0 \times \delta \times M \tag{7.3-5}$$

式中:R_0——竖向地震作用与水平地震作用比值函数,取0.65;

δ——地震动水平加速度峰值,δ取值可参考表7.3-4;

M——拱上填土每延米的质量。

抗震设防烈度和水平向设计基本地震动加速度峰值 表7.3-4

抗震设防烈度	6	7	8	9
δ	0.05g	0.10(0.15)g	0.20(0.3)g	0.40g

7.3.5 内力验算

闭口截面和拱形截面公路波纹钢管(板)结构的内力可按以下方法验算:

当不考虑地震作用时波纹钢板的轴向压应力应满足式(7.3-6)。

$$\begin{cases} [\alpha_D \cdot T_D + \alpha_L T_L(1+\mu)]/A < \min(f_y, f_b) \\ T_D = 0.5(1.0 - 0.1C_s)W \\ T_L = 0.5D_h\sigma_L \\ C_s = \dfrac{1000E_sD_v}{EA} \end{cases} \tag{7.3-6}$$

当考虑地震作用时波纹钢板的轴向压应力应满足式(7.3-7)。

$$\begin{cases} [\alpha_D \cdot T_D + \alpha_L T_L(1+\mu) + \alpha_E \cdot E_V]/A < \min(f_y, f_b) \\ T_D = 0.5(1.0 - 0.1C_s)W \\ T_L = 0.5D_h\sigma_L \\ C_s = \dfrac{1000E_sD_v}{EA} \end{cases} \tag{7.3-7}$$

式中:α_D——恒载分项系数,取1.2;

α_L——活载分项系数,取1.4;

α_E——地震作用分项系数,取1.0;

T_D——恒载引起的波纹钢板压力;

T_L——活载引起的波纹钢板压力;

A——单位长度的波纹钢板截面积;

μ——车辆活载冲击系数;

f_y——波纹钢板材料屈服应力;

f_b——临界屈服应力;

W——拱上填土每延米的重量;

D_h,D_V——波纹钢板桥涵结构的有效跨度和有效矢高,见图7.3-1的定义;

E, E_s——波纹钢板材料和土体的弹性模量；

C_s——考虑回填土性质与结构尺寸的土压力折减系数。

7.3.6 钢板屈曲验算

为保证波纹钢板结构的稳定性，应按式(7.3-8)验算钢板的屈曲临界应力。

$$\begin{cases} f_b = \phi_t F_m \left[f_y - \left\{ \dfrac{f_y^2}{12E\rho} \left(\dfrac{KR}{r} \right)^2 \right\} \right], R \leqslant R_e \\ f_b = \dfrac{3\phi_t \rho E_m E}{(KR/r)^2}, \qquad R > R_e \end{cases} \tag{7.3-8}$$

式中：ϕ_t——抗力系数，取0.8；

f_y——波纹钢板材屈服强度；

K——结构与周围土体的相对弯曲刚度系数，$K = \lambda \left(\dfrac{EI}{E_m R^3} \right)^{\frac{1}{4}}$；

R——结构的曲率半径；

R_e——等效半径，$R_e = \dfrac{r}{K} \left(\dfrac{6E\rho}{f_y} \right)^{\frac{1}{2}}$；

E——波纹钢板材的弹性模量；

ρ——屈曲折减系数，$\rho = \left(1000 \dfrac{H}{R_c} \right)^{\frac{1}{2}} \leqslant 1.0$；

H——波纹钢管(板)桥涵顶部填土高度；

r——波纹钢板材回转半径；

λ——计算K的一个系数，$\lambda = 1.22 \left[1.0 + 1.6 \left(\dfrac{EI}{E_m R_c^3} \right)^{\frac{1}{4}} \right]$；

E_m——土体弹性模量的修正值，$E_m = E_s \left[1 - \left(\dfrac{R_c}{R_c + 1000H} \right)^2 \right]$(其中$R_c$为拱顶处的曲率半径；$E_s$为土体弹性模量)；

F_m——多跨结构屈曲应力折减系数，$F_m = \left(0.85 + \dfrac{0.3S}{D_h} \right) \leqslant 1.0$($S$为多跨结构之间的间距)。

7.3.7 施工过程的验算

施工过程中波纹钢板截面的弯矩与轴向压力的内力组合应满足式(7.3-9)。

$$\left(\frac{P}{P_{Pf}} \right)^2 + \left| \frac{M}{M_{Pf}} \right| \leqslant 1.0 \tag{7.3-9}$$

P为波纹钢板截面所受轴向压力，按式(7.3-10)计算。计算中包含两部分，分别为恒载和活载引起的压力，当$\dfrac{H_C}{D_h} < 0.2$时，可取$P = 0$，其中H_C为施工过程中的填土高度，D_h为波纹钢

板桥涵结构的有效跨度。

$$P = T_D + T_C \tag{7.3-10}$$

式中：T_C——施工机械引起的波纹钢板压力；

T_D——恒载引起的波纹钢板压力。

P_{Pf}——波纹钢板截面可承担的极限压力，按式(7.3-11)计算。

$$P_{Pf} = \phi_h A f_y \tag{7.3-11}$$

式中：ϕ_h——波纹钢板材抵抗塑性铰的抗力系数，取0.7；

A——波纹钢板材单位长度横截面面积；

f_y——波纹钢板材屈服强度。

M为波纹钢板截面所受弯矩，由三部分组成，按式(7.3-12)计算。

$$M = M_1 + M_B + M_C \tag{7.3-12}$$

M_1为波纹钢板桥涵结构在均布力作用下跨中截面的弯矩，按式(7.3-13)计算。

$$M_1 = k_{M1} R_B \gamma D_h^3 \tag{7.3-13}$$

M_B为由于周边土体的支承作用，而使波纹钢板桥涵结构跨中截面减小的弯矩，是负值。按式(7.3-14)计算。

$$M_B = -k_{M2} R_B \gamma D_h^2 H_C \tag{7.3-14}$$

M_C为施工机械引起的结构跨中截面的弯矩，按式(7.3-15)计算。

$$M_C = k_{M3} R_L D_h L_C \tag{7.3-15}$$

式中：L_C——施工过程中作用于结构上的施工机械等效荷载值(kN/m)，$L_C = A_C/k_4$。其中，A_C为施工过程中的车辆轴重。

其中，参数k_{M1}，k_{M2}，k_{M3}，k_4，R_B，R_L的计算需要根据柔度系数N_f来确定，具体公式见附录B。

M_{pf}为波纹钢板截面可承担的极限弯矩，按式(7.3-16)计算。

$$M_{pf} = \phi_h M_p \tag{7.3-16}$$

式中：ϕ_h——波纹钢板材抵抗塑性铰的抗力系数，取0.7；

M_p——波纹钢板材承受的最大塑性弯矩。

7.3.8　波纹钢板螺栓连接验算

波纹钢板采用高强螺栓连接，连接验算应满足《钢结构设计规范》(GB 50017—2003)的相关规定。

(1)承压型高强度螺栓的抗剪强度主要由螺栓杆受剪和孔壁承压两种破坏模式控制，因此应分别计算，取其最小值进行设计。

受剪承载力设计值可按式(7.3-17)计算。

$$N_v^b = n_v \cdot \frac{\pi d^2}{4} \cdot f_v^b \tag{7.3-17}$$

式中：n_v——每只螺栓受剪面数量；

N_v^b——高强度螺栓受剪承载力设计值；

d——螺栓杆直径；

f_v^b——高强度螺栓抗剪强度设计值。

承压承载力设计值可按式(7.3-18)计算。

$$N_c^b = d \cdot \sum t \cdot f_c^b \tag{7.3-18}$$

式中：d——螺栓杆直径；

N_c^b——高强度螺栓承压承载力；

$\sum t$——在不同受力方向中一个受力方向承压构件总厚度的较小值；

f_c^b——高强度螺栓承压强度设计值。

(2)高强度螺栓的摩擦型连接应按下列规定计算。

在抗剪连接中，每个高强度螺栓的承载力设计值应按下式(7.3-19)计算：

$$N_v^b = 0.9 n_f \mu P \tag{7.3-19}$$

式中：n_f——传力摩擦面数目；

μ——摩擦面的抗滑移系数，应按表7.3-5采用；

P——一个高强度螺栓的预拉力，应按表7.3-6采用。

摩擦面的抗滑移系数 μ 表7.3-5

在连接处构件接触面的处理方法	构件的钢号		
	Q235 钢	Q345 钢、Q390 钢	Q420 钢
喷砂(丸)	0.45	0.50	0.50
喷砂(丸)后涂无机富锌漆	0.35	0.40	0.40
喷砂(丸)后生赤锈	0.45	0.50	0.50
钢丝刷清除浮锈或未经处理的干净轧制表面	0.30	0.35	0.40

一个高强度螺栓的预拉力 P(kN) 表7.3-6

螺栓的性能等级	螺栓公称直径(mm)					
	M16	M20	M22	M24	M27	M30
8.8 级	80	125	150	175	230	280
10.9 级	100	155	190	225	290	355

7.3.9 内衬设计

当公路波纹钢管(板)涵洞通道可能发生较强腐蚀或磨蚀以及闭口截面结构物作为通行通道使用时，应对其做内衬设计。

7.3.10 进出口构造设计

7.3.10.1 一般规定

(1)波纹钢管(板)涵洞进出口形式的选择应根据地质、地形、路基边坡等因素进行,应优先采用轻型波纹钢或预制混凝土进出口形式。

(2)波纹钢管涵洞洞口形式可采用八字墙、端墙式(一字墙式)、锥坡式、平头式、直管延长式和簸箕式。

7.3.10.2 进出口构造设计

(1)字墙式适用于平坦顺直,纵断面高差不大的河沟,配合路堤边坡设置,用于收纳、扩散水流处。

(2)端墙式(一字墙式)适用于平原地区水流速度小、流量不大的河沟、水渠。

(3)锥坡式适用于宽浅的河沟,对水流压缩较大的涵洞洞口,宜采用八字墙的出口形式。

(4)平头式适用于水流过涵侧向的挤速不大、流速较小的河沟。

(5)直管延长式适用于流速较大的河沟、水渠。当管节孔径较大时适用于河沟宽的情形,采用直管不需延长;当孔径小时适用于河沟狭窄的情形,采用延长管节。

(6)簸箕式适用于流速较大、流量较大的宽浅河沟。

(7)洞口结构基础应埋置在洞深以下不小于0.25m,并对基础土质进行冰冻稳定性处理。

7.3.10.3 进水洞口沟床加固及防护

在涵洞上、下游河沟和路基边坡一定范围内,宜采取冲刷防护措施。当沟底纵坡小于或等于15%时,可铺砌到上、下游翼墙端部,并应在上、下游铺砌端部设置截水墙。其埋置深度不小于台身或翼墙基础深度。

7.3.10.4 进水口沟床加固及防护

(1)当河沟纵坡小于10%,河沟顺直,且土质和流速许可时,可对进口采用干砌片石铺砌加固。

(2)当河沟纵坡为10% ~50%时,除岩石沟槽外,沟底和沟槽侧向边坡以及路基边沟均须采取人工铺砌加固。加固类型由水流流速确定。

(3)当采用缓坡涵进口时,涵前沟底纵坡较陡,涵身纵坡较缓,应在进口段设置缓坡段,其长度为1~2倍的涵洞孔径。

(4)当采用陡坡涵进口时,涵身纵坡较大,水流呈急流状态,涵底坡度与涵前沟底纵坡基本平顺衔接,可不设缓坡段,只做人工铺砌加固。

(5)当河沟纵坡大于50%时,流速很大,进口处宜设置跌水井,可采用急流槽与天然河沟连接。急流槽底每隔1.5~2.0m宜设一防滑墙。为减缓槽内流速,可在槽底增设人工加糙设施。

7.3.10.5 出水洞口沟床加固及防护

(1)在河沟纵坡小于3%的缓坡涵洞中,当出水流速小于土壤的允许冲刷流速时,下游洞口河床可不作处理;当出水口流速大于或等于土壤的允许冲刷流速时,下游洞口沟床应铺砌片石进行加固或设置挑坎防护。

(2)在河沟纵坡小于或等于15%的缓坡涵洞中,出水口流速较小时,可对下游河床进行一般的铺砌加固,并在铺砌末端设置截水墙。其埋置深度应不小于洞身或翼墙基础深度。对截水墙外进行干砌片石加固。出口流速较大时,采用延长铺砌石块或混凝土块,同时设深埋的截水墙。其深度应大于铺砌末端冲刷深度0.1~0.25m。

(3)在河沟纵坡大于15%的陡坡涵洞中,其洞口末端应视河沟的地质、地形和水力条件,采用出口阶梯、急流槽、导流槽、跌水井、消力池、消力槛、人工加糙设施等特殊加固消能设施。

7.3.11 波纹钢管(板)涵通道的安装

7.3.11.1 一般规定

(1)波纹钢管和波纹钢板件在出厂前应严格按钢制波纹板加工验收标准进行验收,并进行必要的预拼装。

(2)波纹钢管和波纹钢板件现场拼装,必须严格按设计的相关规定进行。现场施工中土建部分的验收标准可参照交通运输部发布的JTG F80/1中的有关规定。

7.3.11.2 基本要求

(1)每座波纹钢板管涵单体出厂时,必须附有产品质量合格证书。

(2)波纹钢板运到施工现场后,必须逐块检查,凡是在运输过程中变形的钢板不得使用。

(3)波纹钢板在安装时,拼接处必须清理干净,以确保接缝搭接紧密。

(4)波纹钢板安装铺设应平顺、稳固,管底坡度不得出现反坡,管涵内不得有泥土、砖石等杂物。

(5)高强螺栓紧固后,在二次防腐处理前,应在搭接处采用专用的密封材料防水。

(6)验收表的格式采用交通部JTG F80/1中的分项工程质量检查评定表。

(7)回填之前应对波纹钢板的质量、钢板厚度、镀锌层厚度、波形的几何尺寸等进行检测,质量合格后才能进行拼装。

(8)在工地现场应事先规划波纹钢板和附属品的保管位置、各种施工机械设备的工作位置和进出路线等。

(9)为避免波纹钢板发生变形、遭受损坏,在搬运、操作时应多加小心,安装波纹钢板时也应避免和重、硬的东西发生碰撞。损坏的波纹钢板和镀锌层脱落的波纹钢板必须更换。

7.3.12 波纹钢管的施工

7.3.12.1 螺旋波纹钢管

(1)螺旋波纹钢管每节的长度由吊装、运输、安装条件确定。

(2)螺旋波纹钢管采用工厂咬口方式连接时,咬口应确保管体强度和防渗,咬口间最小间距和相应的最少螺旋波纹数量应符合表7.3-7的规定。

(3)螺旋波纹钢管采用平行式、螺旋式管箍连接时,其管箍形式和宽度应符合表7.3-7的规定,管箍钢板厚度不应小于螺旋波纹钢管的钢板厚度。

螺旋波纹钢管咬口及管箍连接要求　　表7.3-7

波距×波高(mm×mm)	咬口最小间距(mm)	咬口间螺旋波纹最少数量(个)	管箍形式	管箍最小宽度(mm)
68×13	610	6	1~2片箍	410
125×25	750	6	2~3片箍	410

7.3.12.2　环形波纹钢管

(1)环形波纹钢管每节的长度由吊装、运输和安装条件确定。

(2)环形波纹钢圆管(内径不大于2000mm)整体采用轴向法兰盘连接时,法兰盘和管节焊接及焊接质量应符合TB 10212的要求。法兰盘圆周边均匀布设单排螺栓孔,孔位、孔距根据设计来确定。互相拼接的两个法兰盘的连接孔应对应。

(3)环形波纹钢圆管(内径750~1500mm)轴向采用左右(或上下)半圆管节翻边连接时,螺栓孔应对应,纵向采用单排均布。

(4)环形波纹钢圆管(内径750~1500mm)采用外套与管体相同波形的管箍进行轴向拼接时,管箍沿管轴向的长度不应小于5个波距,管箍内径为环形波纹钢圆管管节的外径。

7.3.12.3　波纹钢板件

(1)波纹钢板件长度和宽度根据钢板尺寸及吊装、运输和拼装条件确定。

(2)波纹钢板件拼装时,板件之间应采用搭接,并用高强度螺栓连接,不得采用焊接。板件环向搭接的重叠部分边缘至最外缘螺栓孔距离应大于50mm,轴向搭接螺栓孔边缘距离视波距大小而定。

(3)加工时,根据设计的弧长、波形参数等计算确定螺栓孔位和螺栓数量。

(4)波纹钢板的拼装应按安装图纸或施工作业书进行,必要时可以利用支撑装置来维持设计截面的形状。

(5)波纹钢板搭接应结合紧密,在同一位置不得重叠4张以上的波纹钢板。在波纹钢板连接处可用衬垫或填充物来减小空隙。

(6)螺栓预紧力扭矩应为270~410N·m,全部螺栓都要用均等的扭矩来拼装。钢板拼装完毕后,应在纵向和横向连接处各自随机选取螺栓总数的3%,用扭矩计量器检查,若超出预紧力扭矩范围的螺栓数大于所检查螺栓数的10%,则必须对全部螺栓重新进行拼装。

7.3.13　结构性回填及上部土层

7.3.13.1　结构性回填

(1)结构性回填材料宜优先采用优质的砾类土和砂类土。特别夯实区不能采用大型机械填筑、压实。

(2)结构物两侧保持对称均匀、分层摊铺、逐层压实,每层厚度宜为150~200mm,其压实度不应小于96%,夯实高度差应小于一层夯实的厚度,由偏土压引起的结构物变形应采取措施以进行消除,校正截面形状后重新实施夯实。

(3)在回填夯实过程中,从结构物外边缘向外2.0m以内的范围内,应严格控制除夯实机械以外的重型机械的运行。夯实侧面时,夯实机械应沿结构物的长度方向平行行驶;夯实结构物上方回填土时,应垂直于结构物长度方向行驶。

(4)对于闭口截面结构物的管底下方的楔形部填料可采用“水密法”并用振荡器振实。

7.3.13.2 上部土层

(1)从波纹钢管(板)涵洞通道顶部到最小覆土厚度以内的范围应按结构性回填部分的要求进行施工。

(2)结构顶部填土应符合《公路桥涵施工技术规范》(JTG/T F50—2011)第22.3.7条表22.3.7的最小填土高度要求、并进行结构承载力验算后,方可允许车辆通行。

(3)夯实土层时应使夯实机械垂直于结构物长度方向行驶,在最小填土高度范围内,应禁止夯实机械以外的重型机械在结构物上方通行,不得堆放重物。

7.4 工程实例

波纹钢管(板)桥涵作为一种典型的空间结构,具备钢结构所特有的良好的延性,抗拉、抗压、抗剪强度较高,构件结构断面小、自重轻,施工速度快以及可提供大跨度结构等特点。与传统的钢筋混凝土涵洞和小跨径桥梁相比,波形钢管(板)桥涵具有强度高、耐久性好、受力性能好、抗变形能力强、施工简便、工期短、美观、建成后无须养护等工程特点,而且在对环境保护,改善软土、膨胀土、湿陷性黄土等特殊地基结构物处的不均匀沉降,减少桥头跳车、涵顶跳车现象,以及降低工程造价等方面具有明显优势。而其所具有的良好的柔性和高强度,使得这种新型桥涵结构在防灾、救灾、应急、抢险等方面更是具有不可替代的作用。自2003年开始在京赞公路保定满城北环路应用波纹钢管桥涵至2017年在太行山高速上全面应用这一技术,在河北对其应用的14年间,其先后被使用在承唐高速公路、青兰高速公路、张石高速公路、张涿高速公路、廊涿高速公路、张承高速公路张家口段、承秦高速公路秦皇岛段、唐曹高速公路、承赤高速公路、津汕高速公路沧州段、沿海高速公路、京新高速公路、京蔚高速公路、张家口东环快速路、承德滦河抢修工程、京赞公路保定满城北环路、京赞公路唐县段、G111线河北段、G112线涞源抢修工程、保定天走线、邯郸外环路、邯郸响堂山旅游路、保阜公路、保涞公路等公路上。凭借其独特的优点,波纹钢管涵服务于各公路工程,并得到了各业主以及监理和施工单位的好评。

7.4.1 波纹钢板桥涵在软土地区涵洞中的应用

2003年在京赞公路保定满城北环路建设工程中,工程设计人员采用了直径2m的波纹钢涵管(图7.4-1)。

波纹钢管长30m,管顶填高6m,本该区为软土区,沉降现象较为严重,且一般是管道中部沉降大于两端。为避免这种现象的发生,波纹管基础施工时在砂砾基础顶部设一定的预留拱度,确保涵管的使用效果。

7.4.2 波纹钢板桥涵在高填方涵洞中的应用

(1)2008年在承唐高速公路建设工程中,工程设计人员采用了直径为6m的波纹钢板涵管(图7.4-2),涵管长约92m,其填土高度约为19m。

图 7.4-1　直径 2m 的波纹钢涵管

图 7.4-2　直径 6m 的波纹钢涵管

(2)2009 年在河北承秦高速公路建设工程中,工程设计人员采用了直径 4m 的波纹钢板涵管(图 7.4-3),其填土高度为 18m。

(3)2017 年在张家口京新高速公路工程中,工程设计人员采用了直径 3m 的波纹钢板涵管(图 7.4-4),其填土高度为 35m。

图 7.4-3　直径 4m 的波纹钢涵管

图 7.4-4　直径 3m 的波纹钢涵管

7.4.3　波纹钢板桥涵替代小桥中的应用

(1)2008 年在西柏坡高速公路建设工程中,工程设计人员采用了并行排列的双孔直径 5m 的波纹钢板涵管(图 7.4-5),用以替代小桥。

(2)2017 年在河北荣乌高速公路涞曲段隧道口建设工程中,工程设计人员采用了双孔直径 6m 且双孔并排的波纹钢板涵管(图 7.4-6),其填土高度为 1.5m,用以替代小桥。其施工速度快,可以节约工期。

(3)2017 年在河北太行山高速公路涞曲段建设工程中,工程设计人员采用了直径 4m 且双孔并排的波纹钢板涵管(图 7.4-7),其填土高度为 8m,用以替代小桥。

7.4.4　波纹钢板桥涵立交通道中的应用

(1)2007 年河北省交通运输厅公路管理局、中交第一公路勘察设计研究院有限公司、承德市公路工程管理处以及衡水益通公司共同开展了河北省公路大孔径波纹钢管涵技术的课题研究,完成的波纹钢板通道直径6m、长14m、填土高度1.7m(图7.4-8),通道内路面4.5m×4.0m。该工程获得了河北省科学技术进步二等奖。

图7.4-5　双孔直径5m波纹钢板涵管

图7.4-6　双孔直径6m波纹钢板涵管

图7.4-7　双孔直径4m波纹钢板涵管

图7.4-8　直径6m波纹钢板通道

(2)2008年在修建邯郸青兰高速公路的立交通道时,工程设计人员采用了直径6m的波纹钢管涵(图7.4-9),其填土高度为10m。

(3)2017年在邯郸武安响堂山风景区内修建的大跨径马蹄形景观桥,使用了跨径15m、矢高11m的波纹钢管涵(图7.4-10)。

图7.4-9　直径6m波纹钢板通道

图7.4-10　跨径15m矢高11m波纹钢管涵

7.4.5 波纹钢板桥涵在水毁等抢险中的应用

2016 年在石家庄石太二通道的水毁路段,抢险人员采用了直径 8m 的波纹钢管接长进行抢险(图 7.4-11),施工速度快。

7.4.6 波纹钢板桥涵在旧桥涵加固接长中的应用

(1)2008 年在河北涞源 G112 线保定涞源段,有一处两跨 6m 的小桥中的桥板出现裂缝,存在安全隐患。2008 年 5 月,工程人员采用了直径 3.3m 的钢波纹管对桥进行加固(图 7.4-12),施工总用时 6 天。因在桥下施工,桥上交通也不用中断,保证了车辆的顺利通行。

图 7.4-11 直径 8m 波纹钢管涵

图 7.4-12 直径 3.3m 波纹钢管涵

(2)2010 年在保定满城旧桥涵加固结长工程中,工程人员采用了跨径 5m、矢高 2.5m 的波纹钢半圆拱(图 7.4-13)。

7.4.7 波纹钢板在竖向渗水井中的应用

(1)2014 年在京石高速公路改扩建工程中,工程人员采用直径 8m 的波纹钢板渗水井(图 7.4-14)。

图 7.4-13 跨径 5m、矢高 2.5m 波纹钢管涵

图 7.4-14 直径 8m 波纹钢板渗水井

(2)2009 年在大广高速公路邱县段建设中,工程人员采用直径有 10m、12m、14m 的变直径波纹钢板渗水井(图 7.4-15)。

7.4.8 波纹钢板桥涵在复杂地形中的应用

2014 年在河北武安西环连接线建设中,工程人员采用了直径 4m、接直径 3m 的波纹钢板三通弯头(图 7.4-16)。

图 7.4-15 变直径波纹钢板渗水井

图 7.4-16 波纹钢板三通弯头

7.4.9 波纹钢板半圆拱桥的应用

2016 年在河北阜平通惠桥建设中,工程人员采用了跨径 8m 的波纹钢板半圆拱(图 7.4-17)。

7.4.10 波纹钢板装配式综合管廊中的应用

2017 年在河北武邑建设的装配式钢制综合管廊,采用了跨径 6.5m、高度 4.8m 的波纹钢板管(图 7.4-18)。

图 7.4-17 跨径 8m 波纹钢板半圆拱

图 7.4-18 波纹钢板装配式钢制综合管廊

本章中的应用工程实例由衡水益通管业股份有限公司提供。衡水益通是一家集科研和生产为一体的企业,参与了多个省部级波形钢板桥涵的研究课题,是交通运输部交通行业标准《公路桥涵用波形钢板》(JT/T 710—2008)和《公路涵洞通道用波纹钢管(板)》(JT/T 791—2010)参与起草单位之一。

第 8 章　抗剪连接件设计

8.1 概　　述

随着桥梁工程技术的发展,钢-混组合结构在桥梁工程中的应用越来越广泛。经过近一个世纪的发展,钢-混组合结构已经成为比较成熟的结构体系,尤其是在结合梁方面,其设计及施工技术已被纳入各国规范。随着钢-混组合结构的发展,抗剪连接件的研究也逐渐展开。连接件在组合梁中主要用于实现两种不同材料之间的有效传力、截面过渡及减轻刚度突变造成的影响,承受钢筋混凝土翼板与钢梁之间的纵向剪力。严格地说,除上述作用外,它还能抵抗翼板与钢梁之间的掀起作用。

8.1.1 剪力连接件国外研究情况

最早对剪力连接件进行研究的国家是瑞士,其在 20 世纪 30 年代就对钢混组合梁中机械连接件进行了相关研究。至 50 年代,土木工程中(桥梁及房建)采用的连接件形式主要为锚筋和螺旋筋。1956 年,Viest 和 Thubrlimann 等人通过推出试验对栓钉连接件的受力性能进行了系统的研究,并形成了报告,他们提出了栓钉连接件的试验结构形式,确定了栓钉连接件临界承载力的经验公式,并认为栓钉剪力连接件的有效承载力由栓钉的抗拉屈服强度决定或混凝土的非弹性大变形所控制。这些结论于 1957 年被列入 AASHTO 的条款。

1965 年 Slutter 和 Driscoll 对比了不同的推出试验和梁式试验的数据,得出了推出试验的结果是梁式试验结果下限的结论,并认为梁中连接件的受力性能可以通过推出试验反映,一般情况下能够以推出试验的结果作为制定规范的依据。研究证明如果剪力连接件的总体抗剪强度能够抵抗混凝土的极限抗压强度,则钢梁与混凝土板交界面的滑移量不会对组合梁正截面的极限弯矩产生较大的影响。研究还表明钢-混组合梁的极限承载力与栓钉的极限抗剪能力有明确的关系,如果剪跨段内的栓钉极限抗剪承载力之和可以满足极限荷载下的平衡条件,则可以达到理论上的极限抗弯强度。如果剪力连接件的数量能满足理论上的极限抗弯强度,则滑移对荷载-挠度曲线的影响将不会很大。

1966 年,Slutter 和 Fisher 等人对槽钢及栓钉连接件进行了疲劳试验。试验表明,栓钉与槽钢连接件的疲劳主要发生在焊缝区。

1971 年,Ollgaard 等人根据推出试验的结果,对高度和直径之比大于 4 的栓钉连接件给出了承载力计算公式,之后各国对栓钉连接件开展了进一步研究,并在各自规范中给出了栓钉的承载力计算公式。

1982 年,日本的 Akao 等进行了推出疲劳试验。该试验考虑了混凝土浇筑位置对栓钉疲劳的影响。试验结果表明栓钉的高度不影响其疲劳强度,而混凝土浇筑方向的不同加大了疲劳试验结果的离散性。Akao 在可靠性分析的基础上给出了重复荷载作用下栓钉疲劳承载力的计算公式。

20 世纪 90 年代开始,国外的学者通过试验对 PBL 连接件的受力机理进行了较为全面的理论和试验研究。

1992 年加拿大 Saskatchewan 大学的两位研究人员 M. R. Veldanda 和 M. U. HoSain 对 48 个 PBL 连接件进行了推出试验,研究了钢板厚度、横向钢筋数量等因素对 PBL 连接件受力的影响。

同年,E. C. Oguejiofor 和 M. U. Hosain 又进行了足尺梁式试验,再次证实了 PBL 连接件的失效是与混凝土相关的,与推出试验的失效模式一致,同样带孔钢板在连接件失效后保持原状,没有明显的变形和破坏现象。研究人员凿开试件后发现 PBL 连接件的混凝土楔在钢板表面处被剪坏,此时 PBL 连接件在梁式试验中处于双剪受力状态。通过对比梁式试验和推出试验的结果发现,PBL 连接件在梁式试验中的抗剪承载能力比推出试验中的要高。

1993 年 E. C. Oguejiofor 和 M. U. Hosain 在推出试验和梁式试验的基础上,以钢板的开孔数量与间距、横向钢筋分布以及混凝土抗压强度为参数,借助推出试验对 PBL 连接件的特性和影响其抗剪承载能力因素进行了研究。结果表明:带孔钢板的最小孔距(中心距)为 2.25 倍的开孔直径,在保证最小孔距后,PBL 连接件的抗剪承载能力随着开孔数量的增加而增大。此外,混凝土抗压强度对 PBL 剪力连接件抗剪强度影响明显,随着混凝土强度的增加,剪力连接件的抗剪强度也相应提高,其提高幅度大约为混凝土强度增加幅度的一半,这是由于 PBL 连接件的破坏模式与混凝土相关这一特性所影响的。

8.1.2　剪力连接件国内研究情况

我国的钢-混组合结构应用相对较晚,于 20 世纪 80 年代才开始进行组合结构抗剪连接件的研究。1988 年颁布的《钢结构设计规范》(GBJ 17—88)首次给出了栓钉连接件的受剪承载力设计公式,并在 2003 对其进行了修订。

80 年代初,郑州工学院对槽钢连接件进行了试验研究,得出了槽钢连接件的极限承载力计算公式和极限承载力上限值等,并给出了破坏形态。哈尔滨建筑工学院 1984 年对弯筋连接件进行了试验,得出弯筋在拉—剪混合受力的状态下,不可忽略钢梁与混凝土板之间的摩擦作用,其承载能力均超过钢筋的极限抗拉强度。

90 年代开始,郑州工学院、同济大学、清华大学、中南大学等高校和科研单位开始对剪力连接件进行较为广泛的试验研究。

1990 年,郑州工学院进行了 10 个推出试件和 2 根压型钢板组合梁的疲劳试验,根据试验结果得到了栓钉连接件的疲劳寿命公式。

1999 年,铁道大桥工程局和长沙铁道学院结合芜湖长江大桥工程,对组合梁的疲劳性能进行了研究。对推出试件在不同荷载幅值的条件下进行了疲劳试验,得到的结论有:栓钉的疲劳寿命主要取决于剪应力幅,而剪应力最小值的大小对疲劳的影响是次要的;疲劳破坏主要有三种情况,即焊缝处母材被栓钉撕裂、栓钉焊缝半边拉脱母材、钉杆靠近焊缝处被剪断。

1996 年,聂建国、沈聚敏等人通过对 40 根钢-混凝土组合梁的试验研究,指出当时的栓钉剪力连接件承载力计算公式偏于保守,建议放宽对其承载力公式的限制条件,同时指出剪力连接件在部分剪力连接件组合梁中的抗剪承载力潜力更大。

1999 年,清华大学通过对钢-高强混凝土简支组合梁的大量试验,对高强混凝土的基本性能进行了试验研究,并对栓钉承载力计算得出相应表达式。

1999 年,宗周红等人进行了 9 只栓钉连接件和 6 只带孔钢板连接件的疲劳和静载破坏试验研究,分析了混凝土材料类型和强度等级、连接件类型、横向配筋等参数对连接件疲劳性能和极限承载力的影响,建立了相应的疲劳强度与极限承载力计算公式。

2007 年胡建华、侯文崎、叶梅新等人设计、制作了 20 组不同的 PBL 试件共 59 个,完成了极限承载力试验,研究分析了各种因素对 PBL 键承载力的影响,并在此基础上提出了 PBL 键承载力计算公式。结果表明,影响 PBL 键极限承载力的主要因素是钢板孔洞大小、贯通钢筋的大小和强度、混凝土强度和箍筋强弱;其次是每个试件的孔洞个数和贯通钢筋个数以及试件尺寸等。

2010 年,西南交通大学的肖林、李小珍、卫星等人通过 7 组 21 个 PBL 连接件试件的推出试验,研究了 PBL 剪力连接件的弹性承载力、极限承载力、滑移量及延性系数等静载力学性能。并运用非线性有限元仿真分析,研究 PBL 连接件的传力和破坏过程。

8.1.3 剪力连接件结构特点及分类

在钢-混结构设计中,钢腹板与混凝土上、下翼板的连接是设计的关键环节,它直接关系到整个组合梁的承载能力。结合部的设计必须考虑到钢材和混凝土材料两者之间发生的纵向水平剪力能否得到有效控制,并要有效地控制钢腹板和混凝土材料之间的水平剪切力,以确保桥梁运营时,两种不同材料之间不产生相对位移,因此需要合理地设计剪力连接件。剪力连接件按照形式分类,大致有钢筋连接件、型钢连接件、栓钉连接件、PBL 连接件及钢与有机材料组合连接件等;按照抗剪刚度的不同,连接件可以分成刚性连接件、弹性连接件、柔性连接件及刚度滞后连接件等。连接件的种类繁多,工作机理也不尽相同,各国规范也针对不同的连接件给出了不同的计算方法。

对于波形钢腹板 PC 组合箱梁来说,波形钢腹板与混凝土顶、底板的连接方式大致有 3 种:腹板上下端焊接翼缘板并配置连接件的翼缘型[图 8.1-1a)];腹板直接伸入到混凝土板中的嵌入型[图 8.1-1b)];以上两种连接件组合而成的复合型连接件[图 8.1-1c)]。依据使用的连接件不同,翼缘型接合方式又可以分成栓钉连接件型、型钢连接件型及开孔钢板连接件(PBL 连接件)型等。

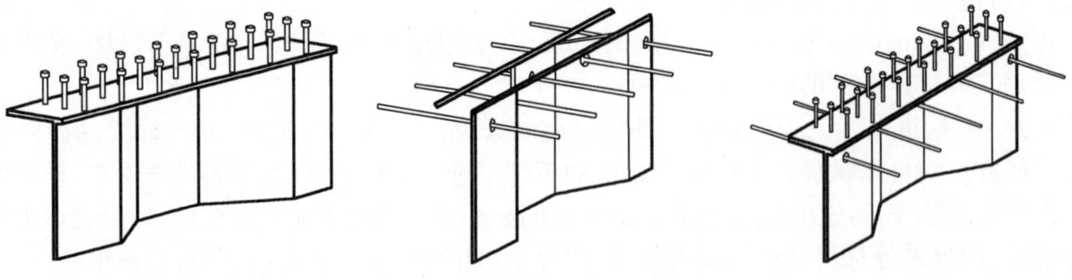

a)　　b)　　c)

图 8.1-1　剪力连接件方式

a)翼缘型连接件;b)嵌入型连接件;c)复合型连接件

波形钢腹板与混凝土顶底板的结合部是两者共同工作的基础，它主要用来抵抗两者接触面之间的纵向剪力，防止两者之间产生相对滑移，并且还起到抵抗它们之间的掀起作用的功效。除此之外，结合部还承担着横向面外弯矩，使得波形钢腹板与混凝土板构成一体，共同承受荷载。国外桥梁采用的连接方式中使用最多是型钢连接件型的连接方式，日本道路公团修建的大部分波形钢腹板 PC 箱梁桥都采用该连接件。值得一提的是嵌入型连接件，它充分利用了埋入混凝土板中的波形钢腹板的斜板段的抗剪功能，从而减少了抗剪部件的使用，也使得焊接总量大幅度地减少，从而使得施工更为方便，大大缩短了工期。

波形钢腹板与横隔梁板之间的连接处也是较为重要的接合部位，因为它要确保波形钢腹板所受到的剪力能有效地传递给下部结构。两者之间的连接方式与波形钢腹板跟混凝土翼缘板的连接方式基本相同，但由于该接合部的作用为传递竖向剪力，因而其连接件是与波形钢腹板竖向边相接合的。图 8.1-2 给出了波形钢腹板与横隔板连接的栓钉连接件形式以及型钢连接件形式。

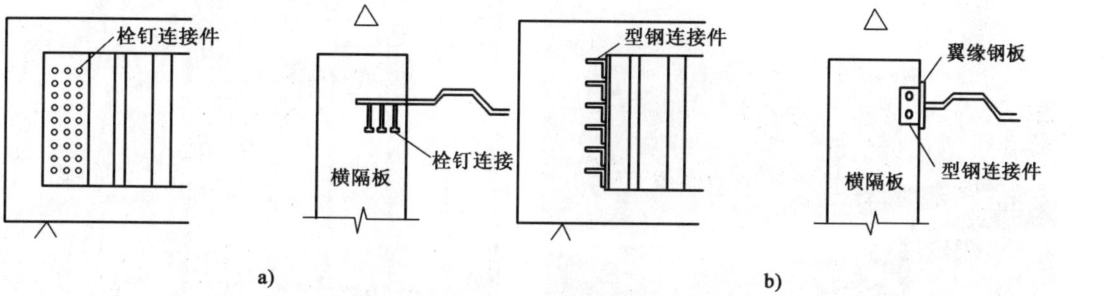

图 8.1-2　波形钢腹板与横隔梁板之间的连接形式

a) 栓钉连接件形式；b) 型钢连接件形式

当箱梁在支座处的梁高较高或者为了平衡主边跨结构自重的时候，有时在波形钢腹板内侧浇筑混凝土形成组合板结构。混凝土有助于提高波形钢腹板的抗屈曲能力，且可以有效地把腹板承受的剪力传递给下部结构。

8.2　嵌入型抗剪连接件

8.2.1　嵌入型抗剪连接件简介

嵌入型抗剪连接件如图 8.2-1 所示。与桥轴成直角方向的弯矩由埋入开孔波形钢腹板或与桥轴成直角方向的钢筋承担，桥轴方向的水平剪力由波形钢板间的混凝土块与焊接于钢板顶端的约束钢筋及与桥轴成直角方向的贯穿钢筋承担。

图 8.2-2 ~ 图 8.2-6 给出了嵌入型连接件在桥梁工程中的应用实例。为避免焊接于钢板顶端的钢筋与波形钢腹板之间存在应力集中问题，将开孔钢板用螺栓固定在波形钢板上（图 8.2-7、图 8.2-8），代替了焊接于钢板顶端的结合钢筋。

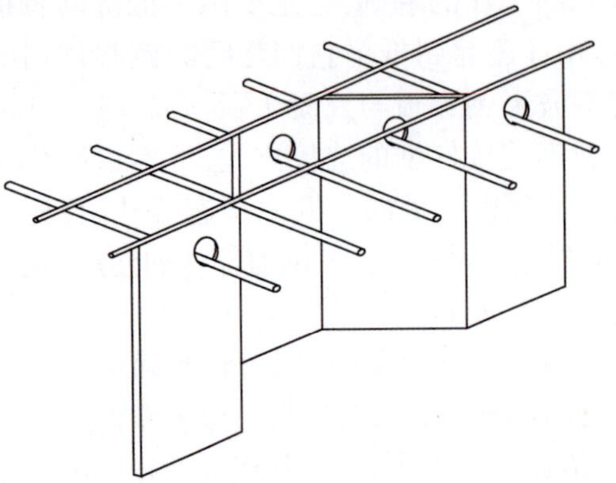

图 8.2-1　嵌入型抗剪连接件

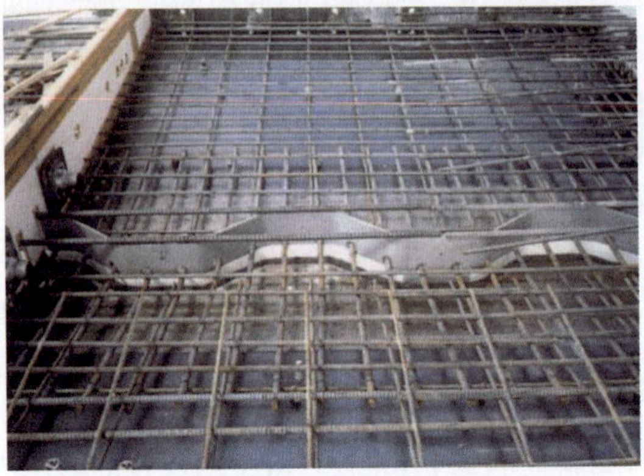

图 8.2-2　嵌入型抗剪连接件(日本木谷桥)

图 8.2-3　嵌入型抗剪连接件 1(中国鄄城桥)

图 8.2-4　嵌入型抗剪连接件 2(中国鄄城桥)

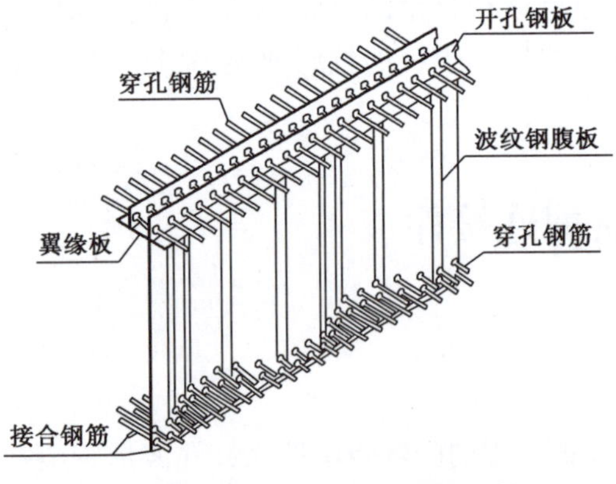

图 8.2-5　双排开孔嵌入型抗剪连接件

图 8.2-6　双排开孔嵌入型抗剪连接件(中国滁河桥)

8.2.2　嵌入型连接件抗剪承载力计算

嵌入型剪力连接件的抗剪承载力由混凝土齿键与混凝土抗剪销共同提供(图 8.2-9)。嵌入型连接件的抗剪承载力设计时,需分别验算斜幅板间的抗剪齿键、混凝土抗剪销、销间钢板以及贯穿钢筋等的抗剪力，见式(8.2-1)～式(8.2-8)。

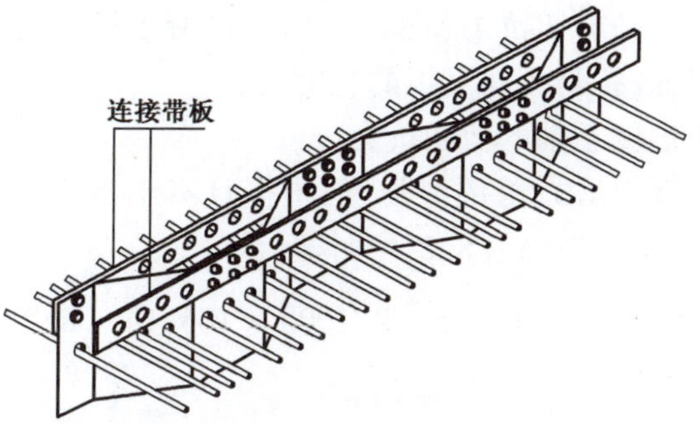

图8.2-7　带开孔板连接板嵌入型抗剪连接件

图8.2-8　抗剪连接件实例(中国桃花峪桥)

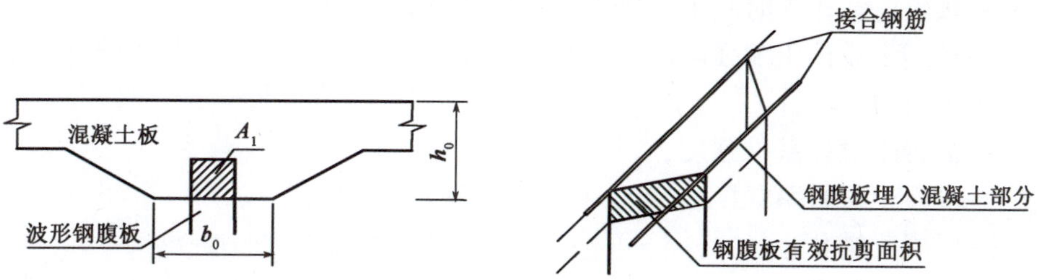

图8.2-9　嵌入型抗剪连接件

8.2.2.1　日本土木学会计算公式

1)斜折板间抗剪齿键的安全性验算

(1)极限荷载作用时的验算[式(8.2-1)]

$$Q_{eu}=\left(\frac{3}{5}\right)\cdot\sigma_{ck}\cdot A_1+\mu\cdot\sigma_{sy}\cdot A_2 \tag{8.2-1}$$

式中：Q_{eu}——一个混凝土齿键的抗剪允许承载力；

σ_{ck}——混凝土设计标准强度；

A_1——斜折板的投影面积(若 $A\leqslant 5A_1$ 时，取 $A=b_0h_0$)；

μ——$\mu=1$；

σ_{sy}——钢筋(或板带)的屈服应力；

A_2——约束钢筋(或板带)的断面面积。

(2)设计荷载作用时的验算[式(8.2-2)]

$$Q_{ea}=\sigma_1\cdot A_1+\mu\cdot\sigma_{sa}\cdot A_2 \tag{8.2-2}$$

式中：Q_{ea}——一个混凝土齿键的抗剪设计允许承载力；

σ_1——顶板混凝土允许压应力，$\sigma_1=(0.25+0.05A/A_1)\cdot\sigma_{ck}$；

σ_{sa}——钢筋(或板带)的允许拉应力。

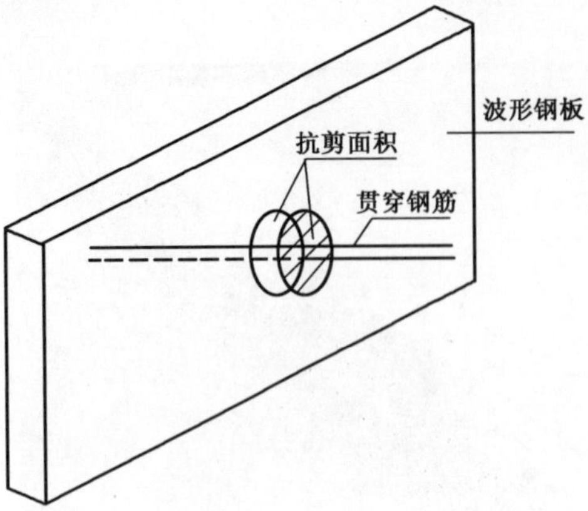

图 8.2-10　混凝土剪力销抗剪面积示意图

2）混凝土抗剪销的验算

（1）极限荷载作用时的验算

极限荷载作用时的安全性验算包括以下三项：混凝土销的剪切抗力（图 8.2-10）；混凝土销的劈裂破坏强度；孔与孔间钢板的抗剪力。

①混凝土销的剪切抗力

混凝土剪力销抗剪强度，根据日本土木学会的推荐式（8.2-3）、式（8.2-4）计算。

$$Q_{pu1} = (1.85 \cdot A/1000 - 106.1) \quad (8.2\text{-}3)$$

$$A = (1/4) \cdot \pi \cdot (d^2 - \varphi_{st}^2) \cdot f'_{cu} + (1/4) \cdot \pi \cdot \varphi_{st}^2 \cdot f_{st} \quad (8.2\text{-}4)$$

式中：Q_{pu1}——极限荷载作用时一个混凝土销的剪切抗力；

f'_{cu}——混凝土设计压缩强度（$=\eta \cdot f'_{ck}/\gamma_c$）；

η——$\eta = 1.1$；

f'_{ck}——混凝土设计基准强度；

γ_c——混凝土材料系数（$=1.3$）；

d——混凝土销孔直径；

φ_{st}——贯穿钢筋直径；

f_{st}——贯穿钢筋抗拉强度。

②混凝土销劈裂破坏强度［式（8.2-5）］

$$Q_{pu2} = \phi \cdot t \cdot 7.5\sigma_{ck} \geqslant Q_{pu1} \quad (8.2\text{-}5)$$

式中：ϕ——钢板孔的直径；

σ_{ck}——混凝土设计基准强度；

t——钢板厚度。

③孔与孔间钢板的剪切破坏强度［式（8.2-6）］

$$Q_{pu3} = A_s \cdot (\sigma_y/\sqrt{3}) \cdot (100/60) \geqslant Q_{pu1} \quad (8.2\text{-}6)$$

式中：A_s——两个孔间钢板横断面的面积；

σ_y——钢板的屈服应力。

钢板的最小板厚，基本上是由剪切（水平剪切）强度决定的，也就是由混凝土剪力销之间的钢板剪切屈服强度决定的。

④贯穿钢筋最小用量［式（8.2-7）］

$$A_{st} = (0.8 \cdot V_{s1})/\sigma_{sy} \quad (8.2\text{-}7)$$

式中：A_{st}——单个销孔所需最小贯穿钢筋面积；

V_{s1}——单个混凝土抗剪销设计抗剪强度；

σ_{sy}——贯穿钢筋屈服强度。

(2)设计荷载作用时的验算

设计荷载作用时混凝土剪力销剪切承载力按式(8.2-8)进行：

$$Q_{pa} = \gamma \cdot Q_{pu} \tag{8.2-8}$$

式中：Q_{pa}——设计荷载作用时一个混凝土销的剪切承载力；

Q_{pu}——极限荷载作用时一个混凝土销的剪切承载力；

γ——设计荷载作用时的安全系数(取决于设计荷载剪力与极限荷载剪力比值的比例系数，日本规范取为0.33，我国应取何值待深化，我们于设计计算中暂仍取为0.33)。

8.2.2.2 《公路波形钢腹板预应力混凝土箱梁桥设计规范》(DB41/T 643—2010)计算公式

(1)斜折板间抗剪齿键的安全性验算按式(8.2-9)计算：

$$Q_u = f_{cd}A_1 + \mu f_{sd}A_2 \tag{8.2-9}$$

式中：Q_u——混凝土齿键抗剪承载力设计值；

f_{cd}——混凝土轴心抗压强度设计值；

A_1——斜折板的投影面积，A_1 = 埋入深度 × 波高；

μ——取1.0；

f_{sd}——钢筋(或板带)的强度设计值；

A_2——接合钢筋(或板带)的截面面积。

(2)有贯穿钢筋的单个混凝土连接销的抗剪承载力可按式(8.2-10)计算：

$$Q_u = 1.4 \times (d_p^2 - d_r^2) \times f_{cd} + 1.2 \times d_r^2 \times f_{sd} \tag{8.2-10}$$

式中：Q_u——单个混凝土连接销的抗剪承载力设计值；

f_{cd}——混凝土强度设计值；

d_p——混凝土销孔直径；

d_r——贯穿钢筋直径；

f_{sd}——贯穿钢筋的抗拉强度设计值。

(3)两个孔间钢板的剪切面积应满足式(8.2-11)的要求：

$$A_{sl} \geqslant \sqrt{3} \times Q_d / f \tag{8.2-11}$$

式中：Q_d——纵桥向单位长度内连接处的水平剪力设计值；

A_{sl}——两个孔间钢板的剪切面积($= b_1 \times t$)；

f——钢板的抗拉强度设计值。

8.3　翼缘型抗剪连接件

依据使用的抗剪连接件不同，翼缘型抗剪连接件又可以分成焊钉连接件、开孔钢板连接件及型钢连接件等。组合梁中钢与混凝土间的连接件形式的布置应遵循以下原则：

(1)宜优先选用和布置焊钉连接件，特别当钢与混凝土间作用剪力方向不明确，或作用有较大的掀起力时适合布置焊钉连接件。

(2)当焊钉连接件布置过密，或对抗剪刚度、抗疲劳性能有较高要求时，宜选用开孔钢板连接件。

(3)当对抗剪刚度要求很高，且无掀起力作用时，宜选用型钢连接件。

8.3.1 翼缘型抗剪连接件简介

8.3.1.1 栓钉连接件

波形钢腹板与混凝土的连接常采用栓钉作为连接件(图8.3-1、图8.3-2)，用来进行波形钢腹板与顶底板的连接、波形钢腹板与混凝土横隔板的连接以及波形钢腹板与内衬混凝土的连接等。栓钉连接件的选取原则一般要确保钢与混凝土能够有效结合，宜按照《电弧螺柱焊用圆柱头焊钉》(GB/T 10433—2002)的有关规定选用。栓钉的长度有40mm、50mm、80mm、100mm、120mm、130mm、150mm、170mm和200mm。

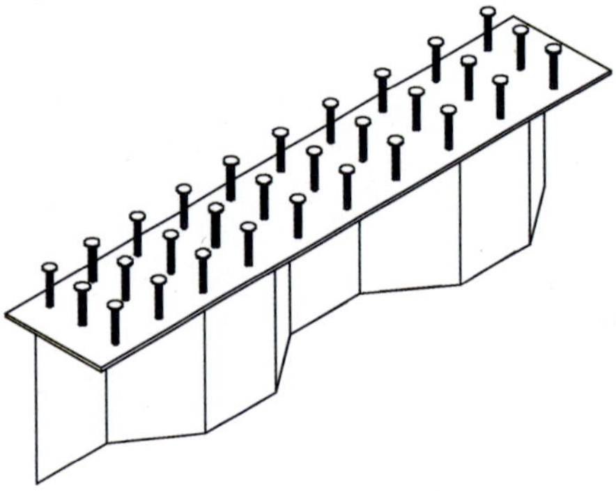

图8.3-1 栓钉抗剪连接件

图8.3-2 栓钉抗剪连接件(日本)

钢结构中的焊钉有两种，一种是普通型焊钉，一种是穿透型焊钉。焊钉一般为圆头焊钉。根据国家标准《电弧螺柱焊用圆柱头焊钉》(GB/T 10433—2002)中的规定，焊钉的规格有：ϕ10mm、ϕ13mm、ϕ16mm、ϕ19mm、ϕ22mm、ϕ25mm等多种，其外部形状如图8.3-3所示。在翼缘型抗剪连接件中所用的焊钉规格有ϕ19mm ~ ϕ25mm。焊钉的外观质量和力学性能及焊接瓷环尺寸应符合现行国家标准《电弧螺柱焊用圆柱头焊钉》(GB 10433—2002)的规定，并应由制造厂提供焊钉性能检验及其焊接端的鉴定资料。焊钉保存时应有防潮措施；焊钉及母材焊接区如有水、氧化皮、锈、漆、油污、水泥灰渣等杂质，应清除干净方可施焊。

焊钉抗剪连接件的焊接是在焊钉与母材之间通以电流，局部加热熔化焊钉端头和局部母材，并同时施加压力挤出液态金属，使焊钉整个截面与母材形成牢固结合。用于焊钉焊接的焊机有两种：电弧栓焊机和储能栓焊机。电弧栓焊机又可分为直接接触式与引弧结(帽)式。直接接触式是在通电激发电弧的同时向上提升栓钉，使电流由小到大，完成加热熔化过程。引弧结(帽)式是在栓钉端头镶嵌铝制帽，通电后不需要提升或略提升栓钉后再压入母材。储能栓焊机是利用交流电使大容量的电容器充电后,向栓钉与母材之间瞬时放电,达到熔化栓钉端头和母材的目的,由于电容器放电能量的限制,一般只用于 12mm 以下的栓钉焊接。波形钢腹板连接用栓钉的焊接均采用电弧栓焊机(图 8.3-4)。

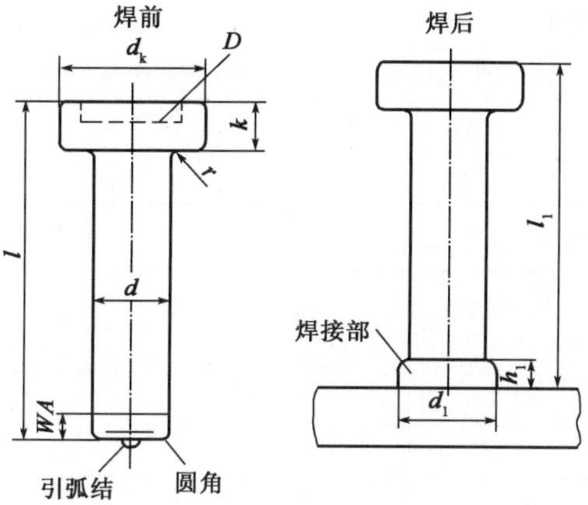

图 8.3-3　栓钉示意图

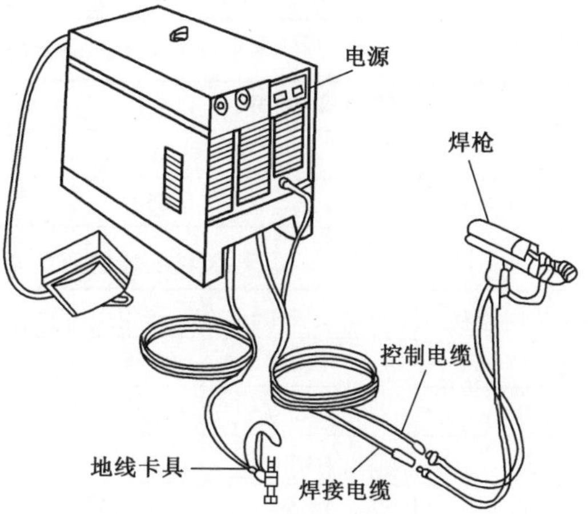

图 8.3-4　栓焊设备示意图

栓钉焊接的过程是稳定的电弧燃烧过程。为了防止空气进入熔池,影响接头质量,常采用陶瓷环进行保护(图 8.3-5、图 8.3-6)。图 8.3-5 中,B_1 型适用于普通平焊,也可用于 13mm 和 16mm 栓钉焊接的穿透焊。图 8.3-6 中,B_2 型仅适用于 19mm 栓钉焊的穿透焊接。陶瓷环除起保护作用外,可使熔化金属成型不外溢,起到铸模的作用,并可使熔化金属与空气隔离,防止熔化金属被氧化,还可使焊接时的热量集中,有助于空间位置焊接时的焊缝形成和维持焊脚形状,屏蔽电弧光与飞溅物。

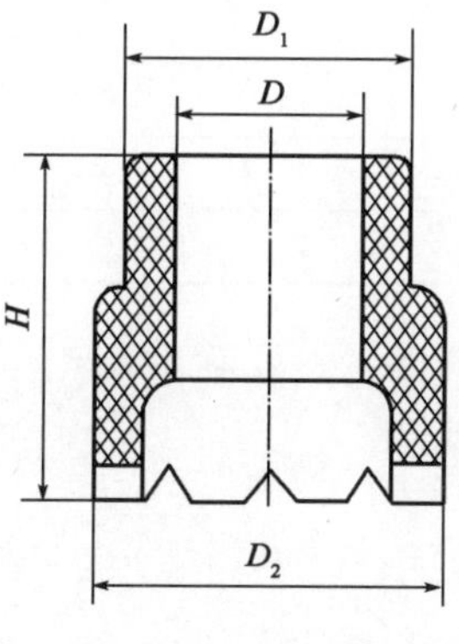

图 8.3-5　普通平焊用 B1 型环

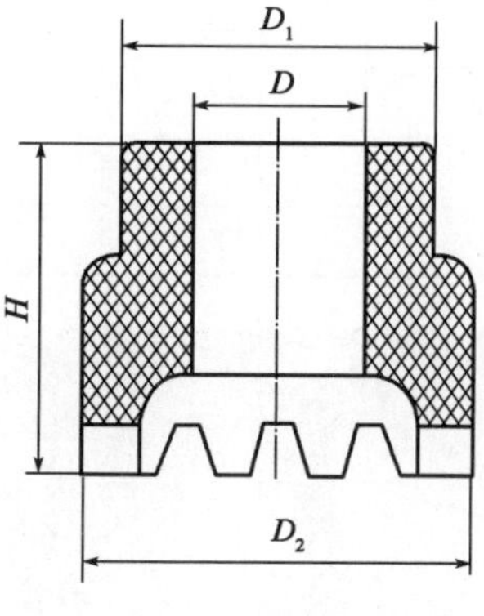

图 8.3-6　穿透焊用 B2 型环

按照焊接要求对栓钉进行定位划线,确定每个栓钉的位置。对栓钉、陶瓷环质量进行检验,栓钉材料的化学成分应符合表 8.3-1 要求,其力学性能应符合表 8.3-2 的规定。圆柱头栓钉所用瓷环的尺寸应符合表 8.3-3 的规定。栓钉、陶瓷环如果吸潮或受潮,应按产品要求的烘焙时间和温度,将其放置于烘箱中,在 150℃ 下烘焙 1h,或经 120℃ 烘焙 2h。栓钉的焊接参数试验,可按表 8.3-4 规定的参考值进行。图 8.3-7 和图 8.3-8 为焊接实例。

栓钉的化学成分　　表 8.3-1

化学成分(%)				
C(max)	Si(max)	Mn	P(max)	S(max)
0.2	0.1	0.3~0.6	0.04	0.04

栓钉的力学性能　　表 8.3-2

抗拉强度 σ_b(MPa)		屈服强度 σ_s(MPa)	伸长率 δ_S(%)
Min	Max	Min	Max
400	550	240	14

圆柱头栓钉所用瓷环的尺寸(单位:mm)　　表 8.3-3

栓钉公称直径 D	D		D_1	D_2	H
	Min	Max			
10	10.3	10.8	14	18	11
13	13.4	13.9	18	23	12
16	16.5	17	23.5	27	17
19	19.5	20	27	31.5	18
22	23	23.5	30	36.5	18.5
25	26	26.5	38	41.5	22

注:表中瓷环 D、D_1、D_2 和 H 参见图 8.3-5、图 8.3-6。

栓钉焊接参数参考值　　表 8.3-4

焊接形式	栓钉直径(mm)	焊接电流(A)	栓焊时间(s)	伸出长度(mm)	提升高度(mm)	阻尼调整位置
普通焊	ϕ13	950	0.7	4	2.0	适中
	ϕ16	1250	0.8	5	2.5	
	ϕ19	1500	1.0	5	2.5	
	ϕ22	1800	1.2	6	3.0	
穿透焊	ϕ16	1500	1.0	7~8	3.0	适中
	ϕ19	1800	1.2	7~9	3.0	

图 8.3-7　栓钉的焊接实例(中国卫河大桥)

图 8.3-8　栓钉的焊接实例

8.3.1.2 型钢连接件

型钢连接件是指在波形钢板上下端焊接翼缘板,再在翼缘钢板上焊接角钢、槽钢、工字钢等型钢部件(图 8.3-9 ~ 图 8.3-12)。与桥轴方向成直角的弯矩由角钢、U 形钢筋和穿过角钢的沿桥轴方向的贯穿钢筋承担,桥曲方向剪力由角钢、U 形钢筋承担。型钢连接件在日本的波形钢腹板 PC 组合箱梁桥中采用较多,在我国目前还没有应用实例。

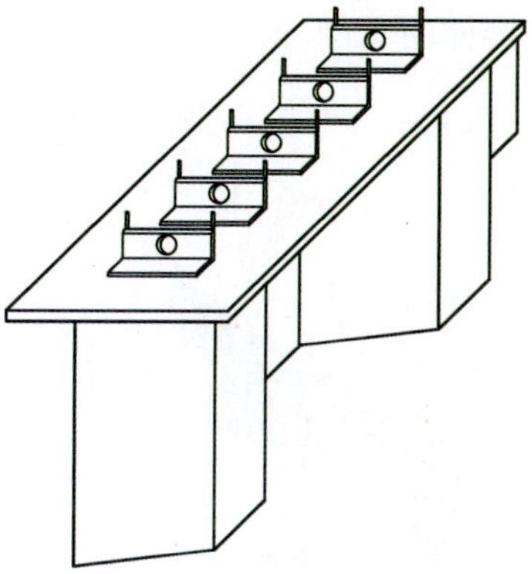

图 8.3-9 型钢抗剪连接件

图 8.3-10 型钢抗剪连接件(日本)

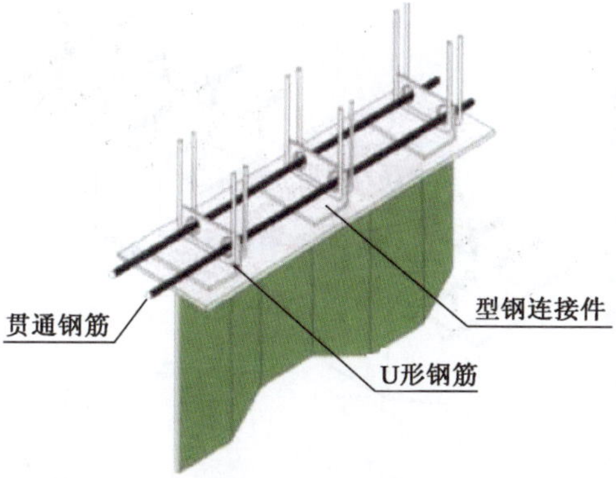

图 8.3-11 型钢 + U 形钢筋抗剪连接件

图 8.3-12 型钢 + U 形钢筋抗剪连接件(日本)

8.3.1.3 开孔钢板连接件

开孔钢板连接件又称为 PBL 连接件,由 Leonhardt 等人提出,它在日本得到大量应用和研究。PBL 连接件有嵌入型和翼缘型两种(图 8.3-13、图 8.3-14),它是利用钢板圆孔中的混凝土销承担钢与混凝土间作用力的新型连接件,在钢—混组合结构中,一般将它沿着钢梁的纵向布置,钢板上的孔中可以设置贯通钢筋,也可以不设置贯通钢筋。PBL 连接件在波形钢腹板 PC 组合箱梁桥中应用广泛。

试验研究表明,孔中混凝土具有很大的销栓作用,其最终的遭受的破坏是剪切破坏,且具有很好的抗疲劳特性。PBL 连接件是依靠圆孔中的混凝土来抵抗钢与混凝土间作用力的。其圆孔可以贯穿主钢筋,且不影响钢筋的布置;在不需要主钢筋贯穿时,在圆孔中设置螺纹钢筋后,承载性能及其延性进一步提高。PBL 剪力件抗剪能力分担主要有几个方面:一是依靠孔中混凝土的抗剪作用承担钢腹板的纵向剪力；二是靠孔中混凝土的抗剪作用承担钢与混凝土的分离力；三是依靠钢板受压承担面外横向剪力。PBL 连接件的孔中通常插入贯通钢筋，且钢筋直径应与孔径匹配。与桥轴方向成直角方向的弯矩由 PBL 抗剪连接件填充孔中的混凝土与穿过的贯穿钢筋承担。在波形钢板的顶端焊接翼缘板再在其上焊接两块带孔钢板，桥轴方向水平剪力由填充在孔内的混凝土及穿过孔的贯穿钢筋承担。日本在 PBL 抗剪连接件的基础上发展出 Twin-PBL 抗剪连接件（图 8.3-15）和 S-PBL 抗剪连接件（图 8.3-16），图 8.3-17 和图 8.3-18分别显示了我国应用 Twin-PBL 和 S-PBL 抗剪连接件的实例。

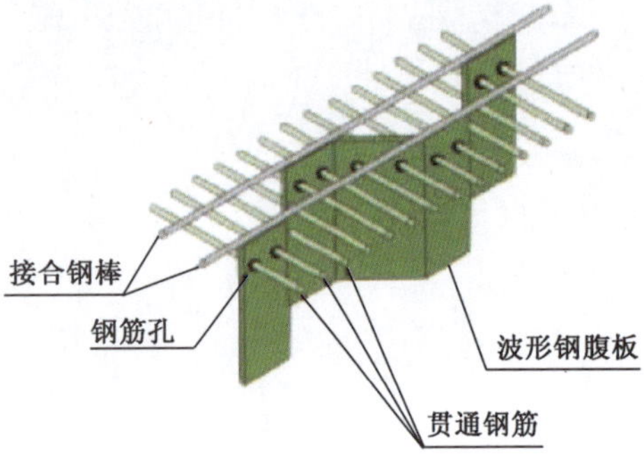

图 8.3-13　嵌入型 PBL 连接件

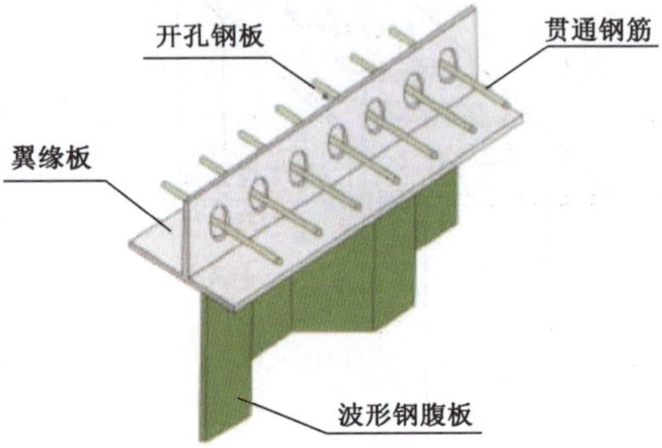

图 8.3-14　翼缘型 PBL 连接件

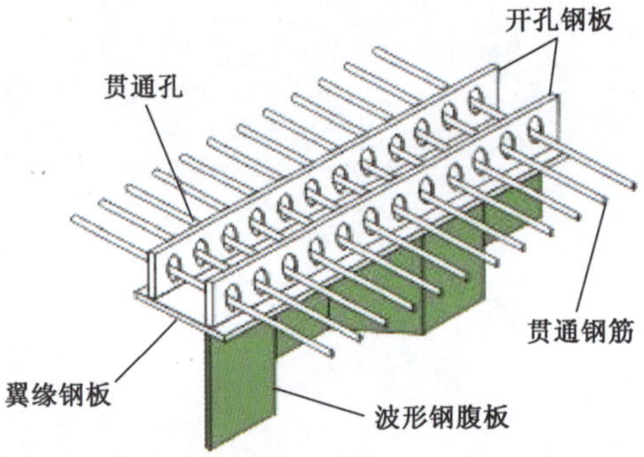

图 8.3-15　Twin-PBL 抗剪连接件示意图

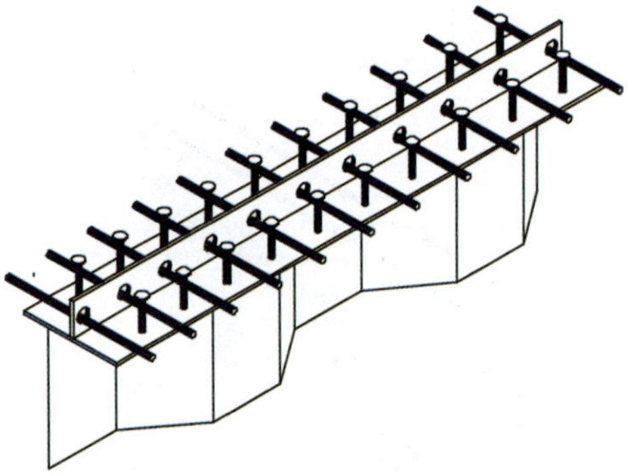

图 8.3-16　S-PBL 抗剪连接件示意图

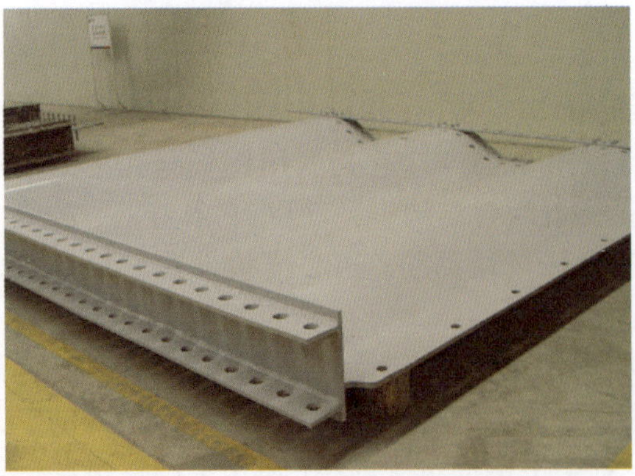

图 8.3-17　Twin-PBL 抗剪连接件（中国桃花峪桥）

图 8.3-18　S-PBL 抗剪连接件（中国百色桥）

波形钢腹板的设计中，与底板的连接多采用波形钢板的顶端焊接翼缘板，再在其上焊接一块带孔钢板并焊接栓钉的方式；桥轴方向水平剪力由填充孔的混凝土及穿过孔的贯穿钢筋以及栓钉承担；与桥轴成直角方向的弯矩主要由栓钉承担。

8.3.2 翼缘型连接件抗剪承载力计算

8.3.2.1 栓钉连接件抗剪承载力计算

栓钉在混凝土内的工作简图接近于弹性地基梁，它的破坏形式属于栓钉附近混凝土破坏，因而除了栓钉本身规格之外，栓钉连接件抗剪承载力主要与混凝土强度等级和弹性模量有关。栓钉剪力连接件的承载力计算公式是基于试验而得到的，各国对于栓钉连接件的承载力计算公式并不一致。

1) EuroCode 4(1996 年)的规定

EuroCode 4 标准是把各国的试验资料进行回归统计分析后，取均值减去二倍标准差的下限作为栓钉连接件的设计承载力[式(8.3-1)]。

$$N_V^c = \frac{31 \cdot A_s \cdot \sqrt{\dfrac{h_s}{d_s} \cdot f_c} - 2200}{\gamma_b} \tag{8.3-1}$$

$$或\ N_V^c = 0.7 \cdot A_s \cdot f_s$$

取二者中的较小值为设计值，但要求 $h_s/d_s > 4.0$

式中：N_V^c——单个栓钉设计抗剪承载力；

A_s——栓钉钉杆截面面积；

d_s——栓钉直径；

h_s——栓钉全高；

f_c——混凝土设计抗压强度；

f_s——栓钉具有 2% 永久变形时的抗拉强度，取 350N/mm^2；

γ_b——构件系数，一般取 1.3。

当带头栓钉剪力连接件同时承受剪力和张拉力作用的情况下，必须考虑张拉力对抗剪承载力的影响，但是如果作用于单根栓钉的张拉力不大于 $0.1N_V^c$ 时，可以不考虑张拉力的影响。

2) 日本铁路桥梁设计规范(1992 年)中极限状态设计法的规定

具体算式见式(8.3-2)和式(8.3-3)。

当 $h_s/d_s \geqslant 5.5$ 时，

$$N_V^c = \frac{52 \cdot d_s^2 \sqrt{f_{ck}}}{1 - 0.7(\tau_{min}/\tau_{max})} \tag{8.3-2}$$

且需满足 $N_V^c \leqslant 52 \cdot d_s^2 \sqrt{f_{ck}}$；

当 $h_s/d_s < 5.5$ 时，

$$N_V^c = \frac{9.5 \cdot d_s^2 \sqrt{f_{ck}}}{1 - 0.7(\tau_{min}/\tau_{max})} \tag{8.3-3}$$

且需满足 $N_V^c \leqslant 9.5 \cdot d_s^2 \sqrt{f_{ck}}$。

式中：N_V^c——单个栓钉设计抗剪承载力；

τ_{max}——作用在栓钉上的最大剪应力；

τ_{min}——作用在栓钉上的最小剪应力；

d_s——栓钉直径；

h_s——栓钉全高；

f_{ck}——混凝土抗压强度标准值。

3）日本公路桥梁设计规范（1996 年）的规定

极限荷载作用下栓钉的抗剪承载力按式（8.3-4）及式（8.3-5）计算。

$$N_V^c = 30 \cdot d_s^2 \cdot \sqrt{f_{ck}} \quad (h_s/d_s \geqslant 5.5) \tag{8.3-4}$$

$$N_V^c = 5.5 \cdot d_s \cdot h_s \cdot \sqrt{f_{ck}} \quad (h_s/d_s < 5.5) \tag{8.3-5}$$

式中：N_V^c——单个栓钉设计抗剪承载力；

d_s——栓钉直径；

h_s——栓钉全高；

f_{ck}——混凝土抗压强度标准值。

设计荷载作用时栓钉剪切承载力可按式（8.3-6）计算

$$Q_{pa} = \gamma \cdot Q_{pu} \tag{8.3-6}$$

式中：γ——设计荷载作用时验算安全系数，取 0.33；

Q_{pa}——设计荷载作用时一个混凝土销剪切承载力；

Q_{pu}——极限荷载作用时一个混凝土销的剪切承载力。

4）AASHTO（1994 年）的规定

具体算式见式（8.3-7）。

$$N_V^c = 0.5 \cdot A_s \cdot \sqrt{E_c \cdot f_c} \leqslant A_s \cdot f_{sy} \tag{8.3-7}$$

式中：N_V^c——单个栓钉设计抗剪承载力；

A_s——栓钉截面积；

E_c——混凝土弹性模量；

f_c——混凝土抗压强度；

f_{sy}——栓钉屈服应力。

5）《英国桥梁规范》（BS 5400）（1979 年）的规定

《英国桥梁规范》（BS 5400）以表格形式给出了栓钉的承载力，见表 8.3-5。

栓钉连接件的承载力 表 8.3-5

栓钉尺寸(mm)		栓 钉 材 料	单个栓钉的承载力(kN)(各种混凝土等级)		
ds	hs		C30	C40	C50
25	100	$f_s=385N/mm^2$ $\delta_s=18\%$ $f_b=495N/mm^2$	154	168	183
22	100		126	139	153
19	100		100	109	119
19	75		87	96	95
16	75		74	82	90
13	62		47	52	57

6)Fisher 的计算公式

J. W. Fisher 在 1971 年提出的普通混凝土和轻骨料混凝土的承载力公式,Fisher 的计算公式见式(8.3-8)。

$$N_V^c = 0.5A_s\sqrt{E_c f'_c} \tag{8.3-8}$$

式中:A_s——栓钉杆的横截面面积;

E_c——混凝土的弹性模量;

f'_c——混凝土圆柱体($\phi=150mm\times300mm$)的抗压强度。

7)中国《公路钢混组合桥梁设计与施工规范》(JTG/T D64-01—2015)的计算公式

《公路钢混组合桥梁设计与施工规范》(JTG/T D64-01—2015)结合 Fisher 公式,并参照 AASHTO 的规定,提出了栓钉连接件抗剪承载力计算公式,见式(8.3-9)。

$$V_{du} = 0.45A_s\sqrt{E_c f_{cd}} \leqslant 0.7A_s\gamma f_{sd} \tag{8.3-9}$$

式中:A_s——栓钉杆的横截面面积;

E_c——混凝土的弹性模量;

f_{sd}——栓钉抗拉强度设计值;

γ——栓钉材料抗拉强度最小值与屈服强度之比;

f_{cd}——混凝土轴心抗压强度设计值。

正常使用的极限状态下,钢梁和混凝土桥面板间不宜发生过大的相对滑移,可用式(8.3-10)验算其承载能力。

$$V_{dr} = 0.5V_{du} \tag{8.3-10}$$

8)《公路波形钢腹板预应力混凝土箱梁桥设计规范》(DB 41/T 643—2010)的计算公式

《公路波形钢腹板预应力混凝土箱梁桥设计规范》(DB 41/T 643—2010)规定的计算公式与《公路钢混组合桥梁设计与施工规范》(JTG/T D64-01—2015)规定的计算公式形式相同,只是系数不同,见式(8.3-11)。

$$N_V^b = 0.43A_s\sqrt{E_c f_{cd}} \leqslant 0.7A_s\gamma f \tag{8.3-11}$$

式中:A_s——焊钉杆的横截面面积;

E_c——混凝土的弹性模量;

f——焊钉抗拉强度设计值;

γ——焊钉材料抗拉强度最小值与屈服强度之比,一般可取 1.67;

f_{cd}——混凝土轴心抗压强度设计值。

8.3.2.2　角钢连接件抗剪承载力计算

角钢剪力连接件抗剪承载力计算采用式(8.3-12)~式(8.3-15)来验算。

$$Q_{aa} = 0.60 \cdot Q_{au} \tag{8.3-12}$$

$$Q_{au} = \min(Q_{au1}, Q_{au2}) \tag{8.3-13}$$

$$Q_{au1} = A \cdot \sigma_{ck}/1.5 \tag{8.3-14}$$

$$Q_{au2} = \sum a \cdot L \cdot (\sigma_{sy}/\sqrt{3}) \tag{8.3-15}$$

式中：Q_{aa}——抗剪连接件的设计使用抗力；

Q_{au}——抗剪连接件的极限抗力；

Q_{au1}——基于混凝土强度的抗力；

Q_{au2}——基于角钢焊接强度的抗力；

A——角钢面积（$=b \times h$）；

σ_{ck}——混凝土的设计基准强度（立方体强度=圆柱体强度/0.85）；

a——焊接的理论厚度；

L——焊接长度。

在这里，式(8.3-12)~式(8.3-15)是从欧洲规范中引用的公式，法国的CB公司也使用该公式进行了安全性的验算，同时以往的实验也确认了该公式的安全性。

8.3.2.3　槽钢连接件计算

槽钢连接件在混凝土中的作用接近于弹性地基梁。混凝土与槽钢之间的相互作用主要通过它们之间的局部承压来平衡。槽钢连接件的抗剪工作性能与栓钉连接件基本相似，其破坏模式基本是连接件附近的混凝土发生受压破坏。我国《钢结构设计标准（附条文说明［另册］）》（GB 50017—2017）的槽钢连接件抗剪承载能力设计值 N_V^c 的计算公式如式(8.3-16)所示。

$$N_V^c = 0.26(t + 0.5t_w)l_c\sqrt{E_c f_c} \tag{8.3-16}$$

式中：N_V^c——单个槽钢连接件的设计抗剪承载能力；

t——槽钢翼缘的平均厚度；

t_w——槽钢腹板的厚度；

l_c——槽钢的长度；

E_c——混凝土弹性模量；

f_c——混凝土抗压强度。

8.3.2.4　T形钢和方钢连接件计算

T形钢和方钢连接件属于刚性连接件。连接件与混凝土之间的相互作用主要是局部承压作用，而且可以认为在接触面上的承压应力是均匀分布的。因此连接件对纵向剪力的抵抗主要取决于混凝土的局部承压抗力，ECCS（欧洲钢结构协会）颁布的《组合结构规范》规定的表达式见式(8.3-17)。

$$N_{vu}^c = A_1 f_{cb} \tag{8.3-17}$$

式中：A_l——连接件的前沿承压面积，等于连接件的长×高，即 $A_l = l_s \times h_s$，见图 8.3-19；

f_{cb}——混凝土局部承压强度，见式（8.3-18）。

$$f_{cb} = f_{ck}\sqrt{\frac{A_b}{A_l}} \leqslant 2.5f_{ck} \tag{8.3-18}$$

式中：f_{ck}——混凝土 150mm×300mm 圆柱体抗压强度标准值；

A_b——参与局部承压抵抗工作的计算面积，由连接件前沿面按 1:5 坡度往后扩大到相邻连接件的后侧，$A_b = l_b \times h_b$，见图 8.3-19；如果 l_b 或 h_b 超过混凝土翼板实际尺寸，则按实际尺寸计。

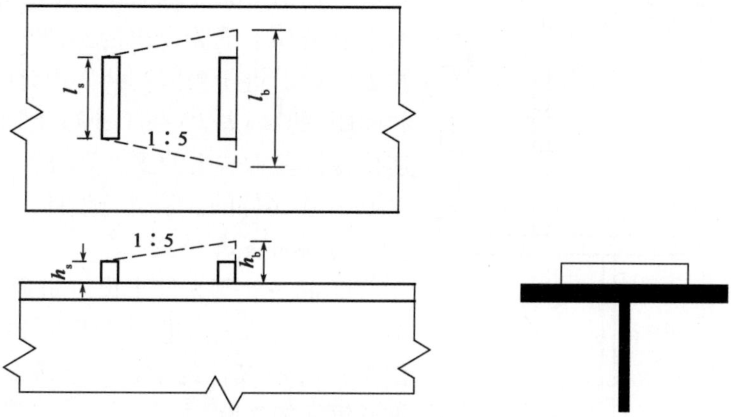

图 8.3-19　方钢连接件局部承压的计算面积

8.3.2.5　弯筋连接件计算

各国规范对弯筋连接件规定的抗剪承载力计算式差别很大。

ECCS 不考虑混凝土板与钢梁之间的摩擦力，根据钢筋受剪且受拉的复杂应力屈服条件确定其抗剪承载力，见式（8.3-19）。

$$Q_u = \frac{A_s f_y}{\sqrt{\cos^2\alpha + 2\sin^2\alpha}} \tag{8.3-19}$$

式中：A_s——钢筋截面面积；

f_y——钢筋屈服强度；

α——钢筋弯起角度。

EuoroCde 4 在式（8.3-19）的基础上，加入了抗力分项系数 γ_v，见式（8.3-20）、式（8.3-21）。

$$Q_u = \frac{A_s f_y}{\gamma_v\sqrt{\cos^2\alpha + 2\sin^2\alpha}} \tag{8.3-20}$$

$$Q_u = A_s f_y 1.2\gamma_v \quad (\alpha \leqslant 45°) \tag{8.3-21}$$

美国 ACI 规范则根据摩擦剪理论，假定钢筋单轴受拉，同时考虑混凝土板和钢梁之间的摩擦作用给出抗剪计算公式，见式（8.3-22）。

$$Q_u = A_s f_y(\cos\alpha + \mu\sin\alpha) \tag{8.3-22}$$

式中：μ——混凝土与钢之间的摩擦系数，可取0.7。

我国《钢结构设计规范》(GB 50017—2003)给出的弯筋连接件公式，见式(8.3-23)。

$$N_V^c = A_{st}f_{st} \tag{8.3-23}$$

式中：f_{st}——弯筋抗拉强度设计值；

A_{st}——弯筋的截面面积。

8.3.2.6 PBL连接件抗剪承载力计算

开孔钢板连接件又称为PBL连接件或Leonhardt剪力连接件。目前，各国规范基本上没有对开孔钢板的抗剪承载力作出规定，现有的公式基本上是基于试验提出的经验公式。由冲剪试验知2个PBL键于极限荷载作用时的抗剪承载力，当肋间距/肋高(b/h)在1.5以上时，其为一个PBL连接件抗剪承载力的2倍(图8.3-20)，所以可以按单PBL连接件的2倍进行设计。

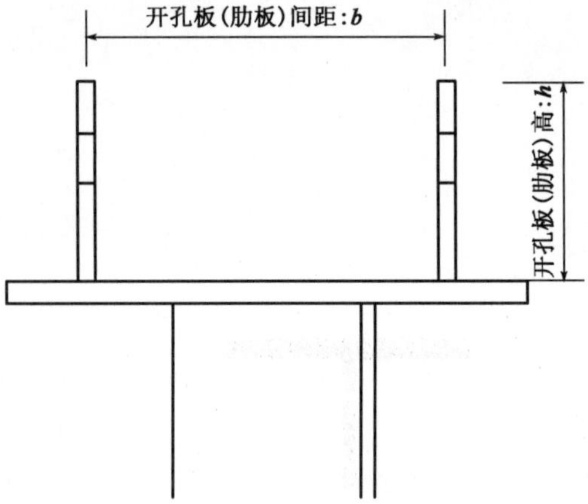

图8.3-20 肋板宽与肋板高的关系

1) Leonhardt公式

Leonhardt等人基于设有贯通钢筋试件的试验结果对抗剪承载力进行了研究，提出了式(8.3-24)作为PBL连接件的承载力计算式，但式中未反映贯通钢筋的影响。

$$N_V^c = 2 \times \left(\frac{\pi}{4}\phi^2\right) \times 1.14f_c \tag{8.3-24}$$

式中：N_V^c——单个PBL键设计承载力；

ϕ——钢板上孔洞直径；

f_c——混凝土抗压强度设计值。

2) Hosaka公式

Hosaka等人认为横向贯通钢筋对抗剪承载力的影响很大，因此在计算公式中考虑孔中横向钢筋的影响，得到抗剪承载力计算公式(8.3-25)。

$$N_V^c = 1.45[(\phi^2 - \phi_s^2)f_c + \phi_s^2 f_y] - 26100 \tag{8.3-25}$$

式中：N_V^c——单个PBL键设计承载力；

ϕ_s——孔中贯穿钢筋的直径；

ϕ——钢板上孔洞直径；

f_y——横向钢筋的屈服强度；

f_c——混凝土抗压强度设计值。

3) EuroCode 4公式

EuroCode 4(1999年)在对各个有效试验资料进行统计分析的基础上，取均值减去二倍标准差的下限作为开孔钢板连接件的承载力，考虑开孔板中配置贯穿钢筋和未配置贯穿钢筋两种情况，得出式(8.3-26)~式(8.3-30)作为开孔钢板剪力连接件抗剪承载力公式。

(1)无贯穿钢筋时

$$N_{\mathrm{V}}^{\mathrm{c}} = \frac{(4.31 \cdot A - 121 \times 10^{3})}{\gamma} \tag{8.3-26}$$

$$A = \frac{\pi d^{2}}{4} \cdot \sqrt{\frac{t}{d}} \cdot f_{\mathrm{c}} \quad [40 \times 10^{3}(\mathrm{N}) \leqslant A \leqslant 200 \times 10^{3}(\mathrm{N})] \tag{8.3-27}$$

式中:$N_{\mathrm{V}}^{\mathrm{c}}$——PBL 连接件设计承载力;

d——钢板孔孔径;

t——带孔肋板的厚度;

f_{c}——混凝土抗压强度;

γ——构件系数,一般取为 1.0。

(2)有贯穿钢筋时

$$N_{\mathrm{V}}^{\mathrm{c}} = \frac{(1.85 \cdot A - 106.1 \times 10^{3})}{\gamma} \tag{8.3-28}$$

$$A = \frac{\pi(d^{2} - d_{\mathrm{st}}^{2})}{4} \cdot f_{\mathrm{c}} + \frac{\pi d_{\mathrm{st}}^{2}}{4} \cdot f_{\mathrm{st}} \quad [56 \times 10^{3}(\mathrm{N}) \leqslant A \leqslant 380 \times 10^{3}(\mathrm{N})] \tag{8.3-29}$$

式中:$N_{\mathrm{V}}^{\mathrm{c}}$——PBL 连接件设计承载力;

d——钢板孔孔径;

d_{st}——横贯钢筋直径;

f_{c}——混凝土抗压强度;

f_{st}——横贯钢筋抗拉强度。

(3)孔间钢板抗剪承载力

$$N_{\mathrm{s}}' = \frac{5}{3} \cdot \frac{f_{\mathrm{s}}}{\sqrt{3}} \cdot A_{\mathrm{W}} \geqslant N_{\mathrm{V}}^{\mathrm{c}} \tag{8.3-30}$$

式中:$N_{\mathrm{V}}^{\mathrm{c}}$——PBL 连接件设计承载力;

A_{W}——孔间钢板最小纵向平面截面积;

f_{s}——钢板屈服强度。

EuroCode 4 中值得注意的是,在设计 PBL 抗剪连接件时应避免孔间钢板的剪切破坏先于混凝土的剪切破坏,这就需要设计合理的钢板厚度和开孔间距。

4)日本规范提供 Twin-PBL 连接件(图 8.3-21)的计算公式

日本是目前为止修建波形钢腹板 PC 组合梁桥最多的国家,对抗剪连接件的研究也最为全面,有些已经写入规范,我国桥梁设计中目前多参照日本公式。日本土木学会钢结构协会提供的开孔板连接件抗剪承载力计算公式见 8.2.2.1 节的 2)混凝土抗剪销的验算式(8.2-3)~式(8.2-6)。

5)中国《公路钢混组合桥梁设计与施工规范》(JTG/T D64-01—2015)的计算公式

承载能力极限状态下的抗剪承载力计算,无贯通钢筋时采用式(8.3-31),有贯通钢筋时采用式(8.3-32)。

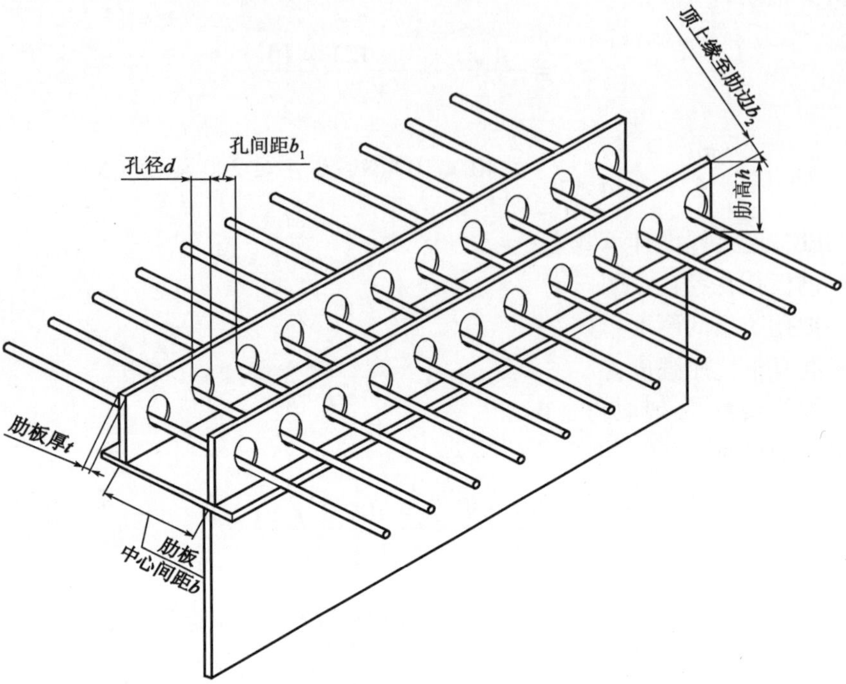

图 8.3-21 Twin-PBL 抗剪连接件

$$V_{du} = 1.9d^2 f_c \tag{8.3-31}$$

$$V_{du} = 1.5(d^2 - d_s^2)f_c + 1.6d_s^2 f_y \tag{8.3-32}$$

式中：V_{du}——极限荷载作用时一个混凝土销的剪切承载力；

d——钢板上孔洞直径；

f_c——混凝土抗压强度设计值；

d_s——孔中横向钢筋的直径；

f_y——横向钢筋的屈服强度。

正常使用极限状态下，钢梁和混凝土桥面板间不宜发生过大的相对滑移，可用式(8.3-33)验算其承载能力。

$$V_{dr} = 0.5V_{du} \tag{8.3-33}$$

6)《公路波形钢腹板预应力混凝土箱梁桥设计规范》(DB 41/T 643—2010)的计算公式

《公路波形钢腹板预应力混凝土箱梁桥设计规范》(DB 41/T 643—2010)将开孔板连接件按孔内是否贯穿钢筋单独计算。其中孔内贯穿钢筋的开孔板连接件承载力计算公式见8.2.2.2节中的式(8.2-10)、式(8.2-11)计算；无贯穿钢筋的开孔板连接件混凝土销抗剪承载力按式(8.3-34)计算。

$$d_p \geqslant Q_d/(t \times 7.5f_{cd}) \tag{8.3-34}$$

式中：t——钢板厚度；

d_p——混凝土销的直径。

8.4 抗剪连接件的一些改进方案

8.4.1 开孔波折板+焊接开孔板抗剪连接件

波形钢腹板箱梁由于其截面形状是几何可变的,因此在偏心荷载作用下,除引起截面刚性扭转外,还产生截面畸变。这种变形将使波形钢腹板与混凝土顶、底板接合部位产生一定的弯矩,因此,结合部位的剪力件不仅要承受纵向剪力,而且还要承受横向弯矩产生的拉拔力。现有的用于波形钢腹板混凝土组合梁结构的嵌入型抗剪连接件是把钢筋穿过波形钢腹板的圆孔,并沿着梁的纵向将两根钢筋焊接在波形钢腹板的端部,然后浇入混凝土。还有用螺栓将开孔钢板固定在波形钢腹板端部的左右侧,用来代替焊接在波形钢腹板端部的沿梁纵向的钢筋,浇入混凝土后形成嵌入型抗剪连接件。

该连接件技术方案为:嵌入型抗剪连接件由波形钢板1、波形钢板上的孔2、穿过波形钢板孔的钢筋3构成,其特征在于,在波形钢板1上,连接有若干钢板4,在钢板4上开有孔5,如图8.4-1~图8.4-3所示。

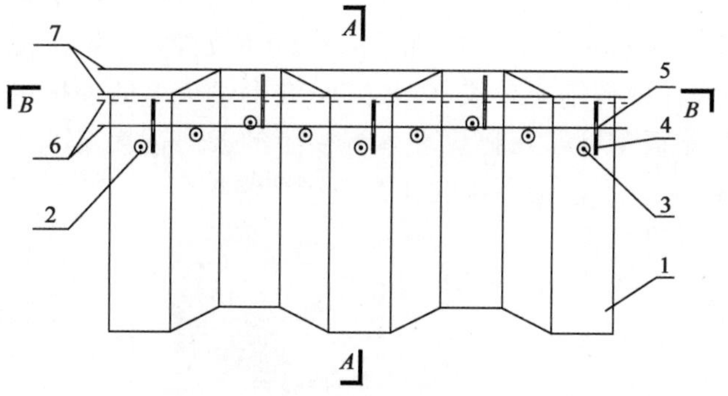

图8.4-1 嵌入型抗剪连接件构造示意图

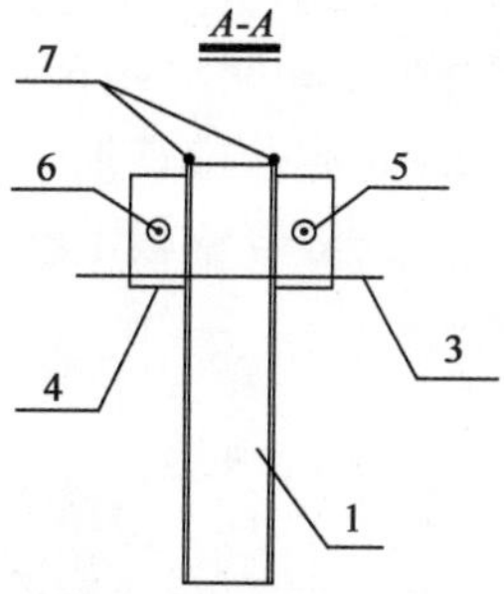

图8.4-2 嵌入型抗剪连接件 *A-A* 截面图

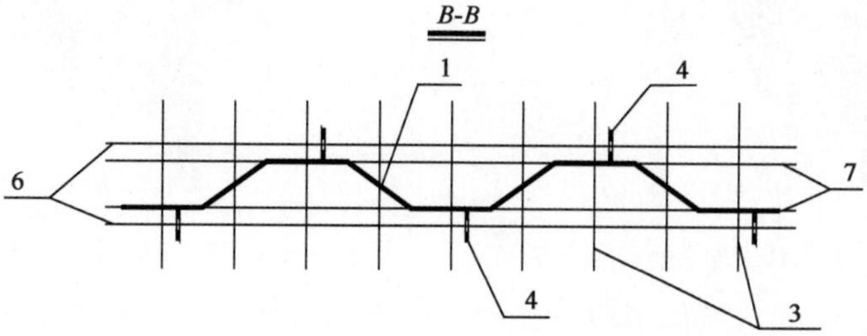

图8.4-3 嵌入型抗剪连接件 *B-B* 截面图

在上述嵌入型抗剪连接件中,还有穿过孔5的钢筋6,钢筋6与波形钢板1的端面平行。能更好地抵抗横向弯矩,钢筋6可与波形钢板1焊接,也可以不焊接。更进一步的技术方案是,嵌入型抗剪连接件中,还可在波形钢板1的上端部左右侧焊连接钢筋7,即两根沿梁纵向的钢筋。钢筋7与钢筋6平行。波形钢板上的孔2和钢板4上的孔5可以根据需要冲成圆、多边形和椭圆等各种几何形状,可以是同样的尺寸也可以不同,形状可以相同也可以不同;钢板4可以是任何形状,钢板4与波形钢板1的连接可以是焊接也可以是螺栓或其他形式的连接;钢板4可以在将要埋入混凝土的波形钢板端部区域中的任意位置与波形钢板1连接,最好是垂直于波形钢板1的端面。对比嵌入型波折板抗剪连接件,本抗剪连接件的技术方案具有以下有益效果:

(1)将开孔钢板与波形钢腹板通过焊接或螺栓连接起来,加工方便。

(2)开孔钢板垂直波形钢板表面,便于混凝土的浇筑,不影响钢筋布置。

(3)在钢板孔内的混凝土形成连接销,抵抗横向弯矩的作用,对于宽箱梁结构且波形钢板的波高较小时,可以通过增加钢板的宽度来增强抵抗横向弯矩的作用。

(4)钢板具有抵抗纵向剪力作用,当波形钢板波高较小时,可以通过增加平钢板面积来增强抵抗纵向剪力的作用。

本方案适用于不同宽度的波形钢腹板预应力混凝土组合箱梁以及波形钢板混凝土组合梁。进一步说明如图8.4-4、图8.4-5所示,一种嵌入型抗剪连接件,由波形钢板1、波形钢板上的孔2、穿过波形钢板孔的钢筋3、钢板4、钢板上的孔5、穿过钢板孔5的钢筋6、焊接于波形钢板端部两侧的连接钢筋7组成。若干钢板4与波形钢板1焊接在一起,浇入混凝土后,水平剪力由波形钢板1的斜折板、钢板4和波形钢腹板1上带钢筋3的混凝土销来抵抗。钢板4上开有孔5,浇入混凝土后与钢筋6一起形成钢筋混凝土销,抵抗横向弯矩和拉拔力。钢板4可以是任何形状,它也可以用角钢、槽型钢等各种型钢来替换;钢板4与波形钢板1的连接可以是焊接也可以是螺栓或其他形式的连接;钢板4可以在将要埋入混凝土的波形钢板端部区域中的任意位置与波形钢板1连接;如需要,可以不在钢板4的孔5中穿钢筋6。

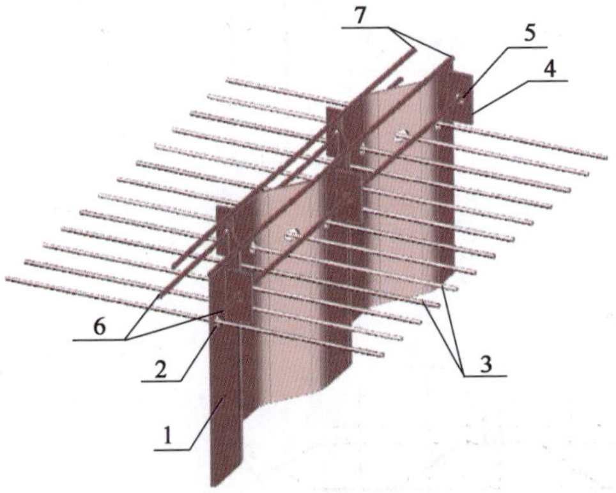

图8.4-4 嵌入型抗剪连接件三维示意(一)

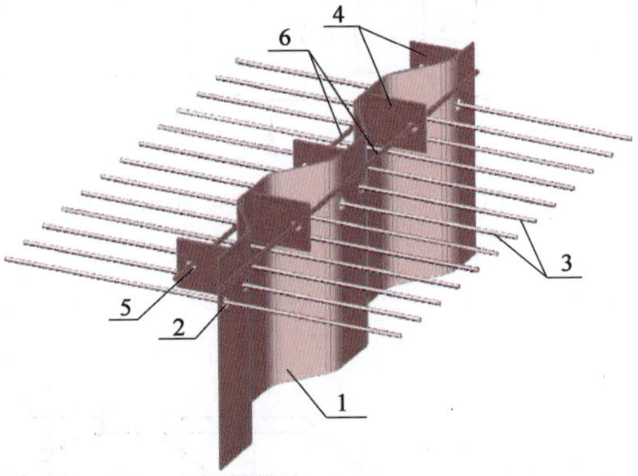

图8.4-5 嵌入型抗剪连接件三维示意(二)

这种抗剪连接件的构造增加了单位长度内混凝土齿块的抗剪面积和混凝土销个数,能提供更大纵向抗剪能力和横向抗弯能力,同时不影响结合部混凝土的施工性能。

8.4.2 螺旋筋抗剪连接件

螺旋筋抗剪连接件由波形钢板1、波形钢板上的孔2、螺旋钢筋3组成(图8.4-6~图8.4-8)。螺旋钢筋2的螺距与波形钢腹板1上孔2的孔距一致,螺旋钢筋2穿过波形钢板1上的孔3(图8.4-8)。水平剪力由波形钢板1的斜折板和波形钢腹板1上带螺旋钢筋2的混凝土销来抵抗。螺旋钢筋 2 起到了抵抗水平剪力和拉拔力的作用。波形钢板上的孔 3 的孔可以根据需要冲成圆、多边形和椭圆等任意几何形状。

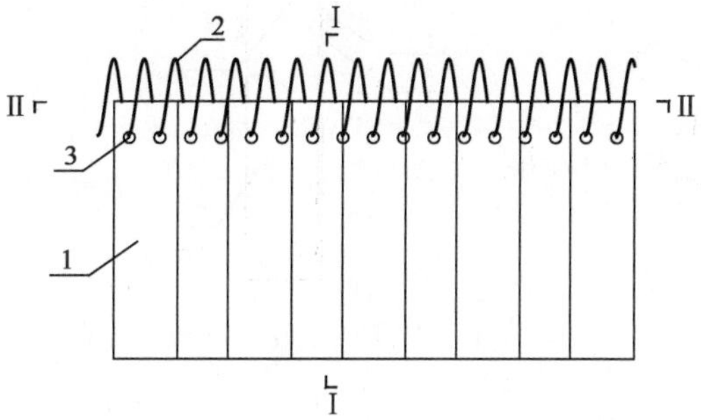

图 8.4-6 剪力键构造示意图

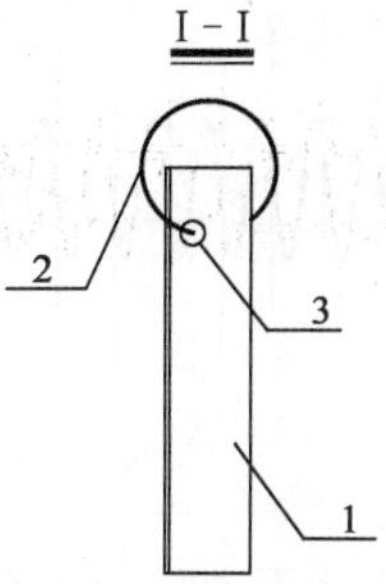

图 8.4-7 剪力键构造 I - I 截面图

另一种螺旋筋抗剪连接件(图 8.4-9)由波形钢板 1、螺旋钢筋 2、波形钢板上的孔 3、平钢板 4、平钢板 4 上的连接螺栓 5 和孔 6 组成(图 8.4-9 ~ 图 8.4-13)。螺旋钢筋 2 的螺距与波形钢腹板 1 上孔 3 的孔距一致,螺旋钢筋 2 穿过波形钢板 1 上的孔 3。平钢板 4 与波形钢板 1 通过螺栓 5 连接在一起。水平剪力由波形钢板 1 的斜折板、波形钢腹板 1 上带钢筋 2 的混凝土销、钢板 4 和钢板 4 上的孔 6 与混凝土构成的混凝土销来抵抗。螺旋钢筋 2 起到了抵抗水平剪力和拉拔力的作用。波形钢板上的孔 3 和钢板 4 上的孔 6 可以根据需要冲成圆、多边形和椭圆等任意几何形状。

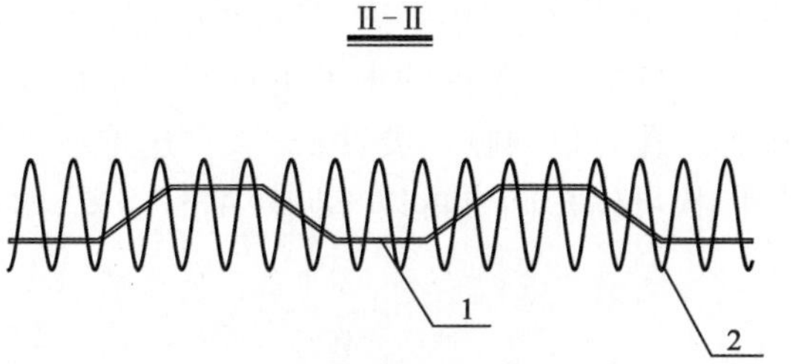

图 8.4-8 剪力键构造 II - II 截面图

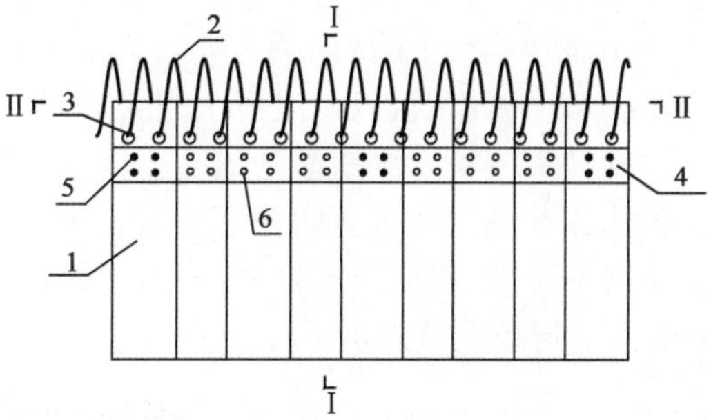

图 8.4-9 带有增强板的剪力键构造示意图

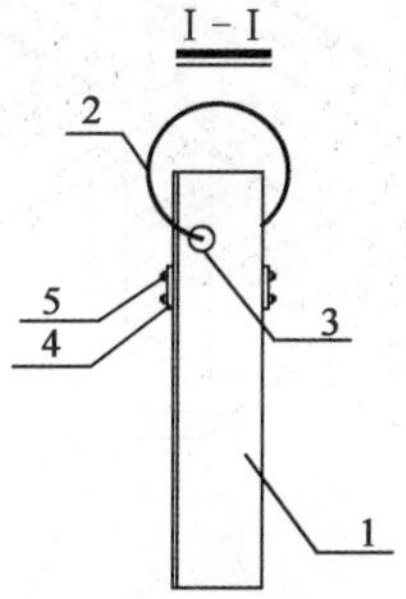

图 8.4-10 方案 2 剪力键构造 I - I 截面图

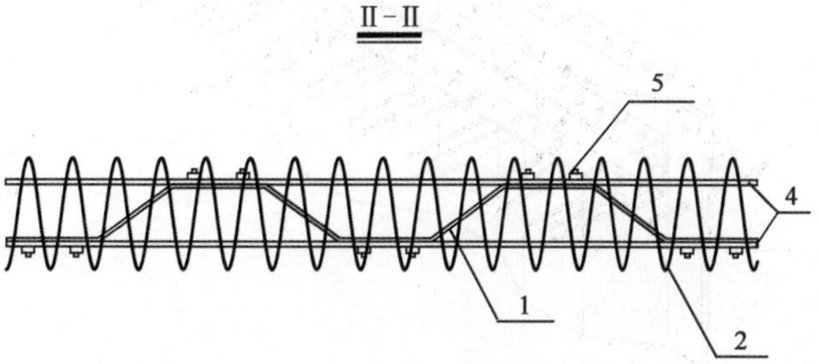

图 8.4-11 带有增强板的剪力键构造示意图

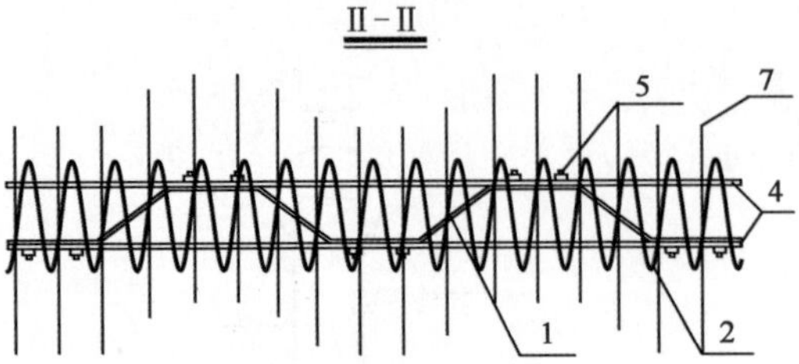

图 8.4-12　带有增强板的剪力键构造示意图

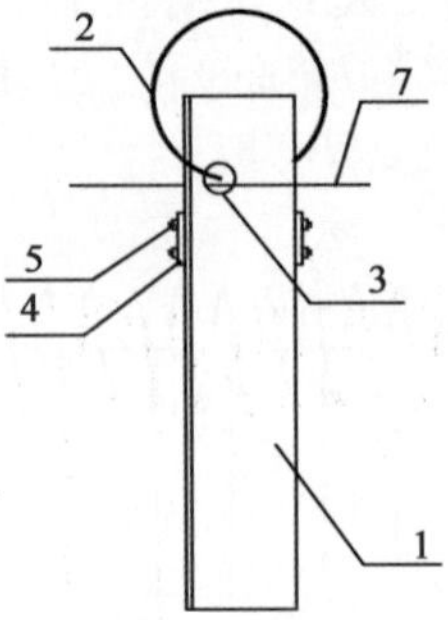

图 8.4-13　带有增强板的剪力键构造示意图

8.4.3　开孔型钢 + 焊接开孔板抗剪连接件

开孔型钢 + 焊接开孔板抗剪连接件如图 8.4-14 所示，由波形钢板 1、波形钢板上的孔 2、穿孔的钢筋 3、螺栓 4、槽型钢 5 和槽型钢上的孔 6 组成。槽型钢 5 通过螺栓 4 与波形钢板连接在一起。水平剪力由波形钢板 1 的斜折板、槽形钢 5 和波形钢腹板 1 上带钢筋 3 的混凝土销来抵抗。槽钢 5 的翼板上开有孔，以便混凝土流入，并且形成混凝土销，抵抗水平剪力。除了槽钢上的混凝土销和波形钢板上穿钢筋的混凝土销抵抗箱梁横向弯矩外，槽钢的翼板也起到了抵抗横向弯矩的作用。波形钢板上的孔 2 和槽形钢 5 上的孔 6 的孔可以根据需要冲成圆、多边形和椭圆等任意几何形状。

另一种类似嵌入抗剪连接件，如图 8.4-15 所示，由波形钢板 1、波形钢板上的孔 2、穿孔的钢筋 3、螺栓 4、角钢 5 和角钢上的孔 6 组成。角钢 5 通过螺栓 4 与波形钢板连接在一起。水平剪力由波形钢板 1 的斜折板、角钢 5 和波形钢腹板 1 上带钢筋 3 的混凝土销来抵抗。角钢 5 的水平折板上开有孔，以便混凝土流入，并且形成混凝土销，抵抗水平剪力。除了角钢上的混凝土销和波形钢板上穿钢筋的混凝土销抵抗箱梁横向弯矩外，角钢的水平折板起了抵抗横向弯矩的作用。波形钢板上的孔 2 和角钢 5 上的孔 6 的孔可以根据需要冲成圆、多边形和椭圆等任意几何形状，可以是同样的尺寸也可以不同，形状可以相同也可以不同。如有需要，角钢 5 上的水平折板也可以不开孔。

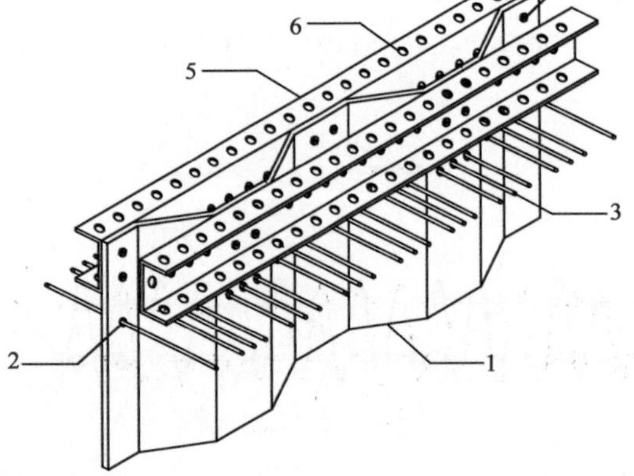

图 8.4-14　实施例 1 嵌入型抗剪连接件 3 维示意图

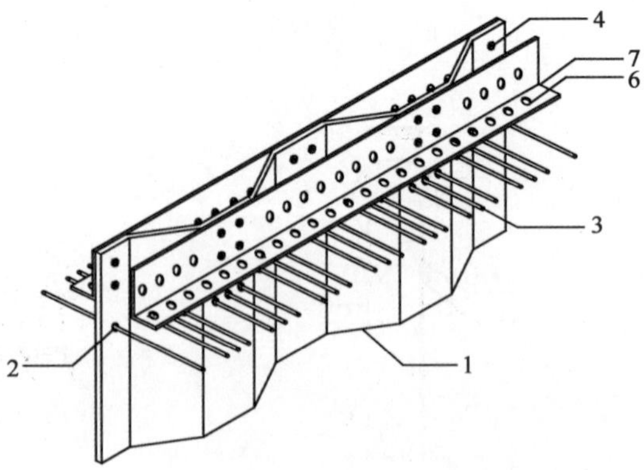

图 8.4-15　实施例 2 嵌入型抗剪连接件 3 维示意图

图 8.4-16 所示抗剪连接件为图 8.4-15 的另一种形式,由波形钢板 1、波形钢板上的孔 2、穿孔的钢筋 3、螺栓 4、角钢 5 和角钢上的孔 6 组成。角钢 5 通过螺栓 4 与波形钢板连接在一起。水平剪力由波形钢板 1 的斜折板、角钢 5 和波形钢腹板 1 上带钢筋 3 的混凝土销来抵抗。角钢 5 的水平折板上开有孔,以便混凝土流入,并且形成混凝土销,抵抗水平剪力。除了角钢上的混凝土销和波形钢板上穿钢筋的混凝土销抵抗箱梁横向弯矩外,角钢的水平折板起到了抵抗横向弯矩的作用。波形钢板上的孔 2 和角钢 5 上的孔 6 的孔可以根据需要冲成圆、多边形和椭圆等任意几何形状,可以是同样的尺寸也可以不同,形状可以相同也可以不同。如有需要,角钢 5 上的水平折板也可以不开孔。

这种抗剪连接件的构造不仅增加了单位长度内混凝土齿块的抗剪面积和混凝土销的个数,还加大了抵抗角隅弯矩的能力,能提供更大纵向抗剪能力和横向抗弯能力,同时不影响结合部混凝土的施工性能。图 8.4-17 所示的是翼缘型开孔波折板抗剪连接件。

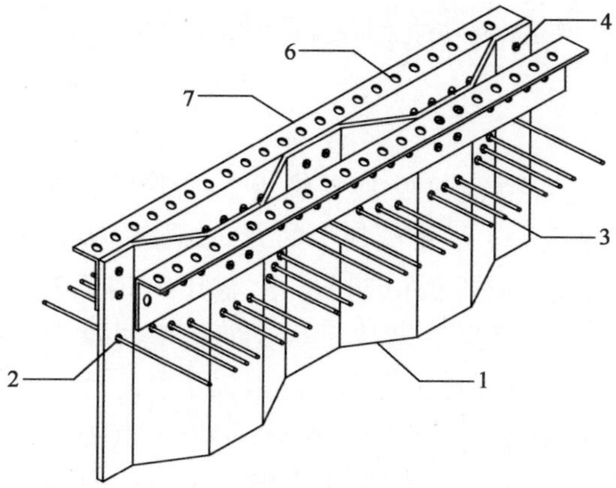

图 8.4-16 实施例 3 嵌入型抗剪连接件 3 维示意图

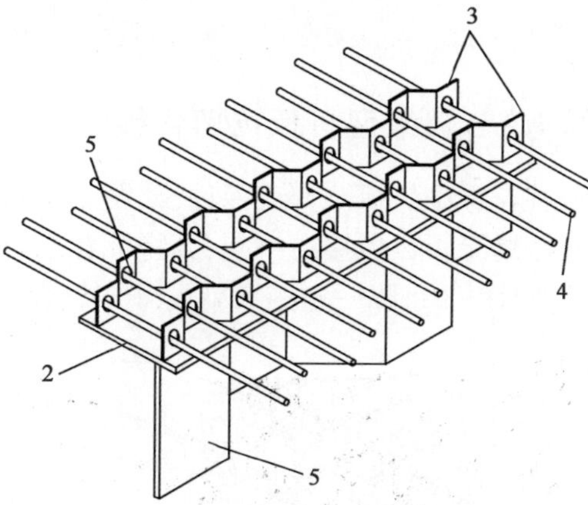

图 8.4-17 开孔波折板抗剪连接件 3 维示意图

8.4.4 开孔波折板 + 焊接钢筋抗剪连接件

开孔波折板 + 焊接钢筋抗剪连接件中的特点在于有一块开孔波折板,焊接钢筋可以为各种形状。这里仅给出焊接钢筋为栓钉和马蹄形两种形式的开孔波折板-焊接钢筋抗剪连接件。

开孔波折板 + 焊接钢筋抗剪连接件形式 A(图 8.4-18)由钢腹板 1、翼缘板 2、波形钢板 3、波形钢板 3 上开的孔 6、焊接钢筋 4 和横穿钢筋 5 组成。焊接钢筋 4 为带帽焊钉。钢腹板 1 的端头与翼缘板 2 焊接在一起,在翼缘板上梁的纵向焊接有带帽焊钉和 1 块开孔的波形钢板 3,横穿钢筋 5 穿过波形钢板 3 上的孔 6,孔 6 中的混凝土和横穿钢筋 5 一起形成钢筋混凝土抗剪销。水平剪力由波形钢板 3 的斜折板以及波形钢板 3 上带钢筋的混凝土销来抵抗。带帽焊钉和波形钢板 3 上带钢筋的混凝土销还有着抵抗拉拔力的作用。

开孔波折板 + 焊接钢筋抗剪连接件形式 B(图 8.4-19)由钢腹板 1、翼缘板 2、波形钢板 3、波形钢板 3 上开的孔 6、焊接钢筋 4 和横穿钢筋 5 组成。焊接钢筋 4 为马蹄形钢筋。钢腹板 1 的端头与翼缘板 2 焊接在一起,在翼缘板上梁的纵向焊接有马蹄形钢筋和 1 块开孔的波形钢板 3,横穿钢筋 5 穿过波形钢板 3 上的孔 6,孔 6 中的混凝土和横穿钢筋 5 一起形成钢筋混凝土抗剪销。水平剪力由波形钢板 3 的斜折板以及波形钢板 3 上带钢筋的混凝土销来抵抗。马蹄形钢筋和波形钢板 3 上带钢筋的混凝土销还有着抵抗拉拔力的作用。

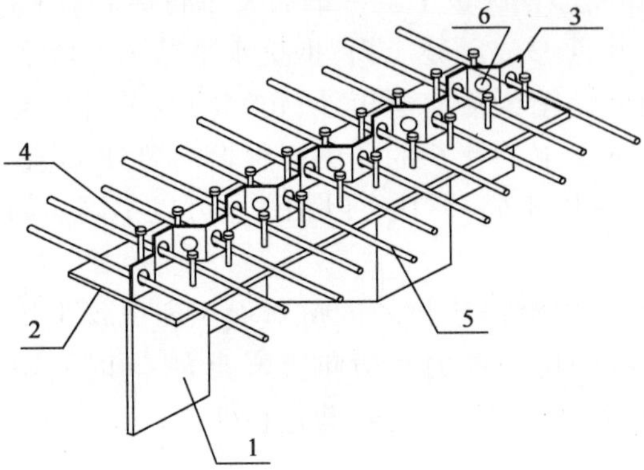

图 8.4-18　开孔波折板 + 焊接钢筋连接件形式 A

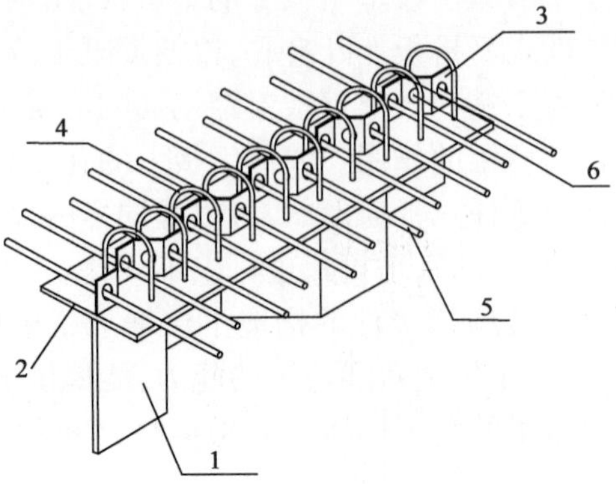

图 8.4-19　开孔波折板 + 焊接钢筋连接件形式 B

8.4.5　翼缘型折板抗剪连接件

一种翼缘型折板抗剪连接件,如图 8.4-20 所示,包括钢腹板 1、翼缘板 2,所说的钢腹板 1 的端头与翼缘板 2 焊接在一起,其特征在于,在翼缘板 2 上沿钢腹板 1 的方向焊接连接有两块钢板 3。钢板 3 每隔一定距离就向外弯折成一定角度形成折板 4,折板 4 上有孔 8,钢板 3 上未弯折部分上有孔 7,两块钢板 3 的折板间隔交错设置,钢筋 5 和钢筋 6 分别穿过钢板 3 上的孔 7 和折板 4 上的孔 8。混凝土浇筑后,钢板 3 上的孔 7 中的混凝土与钢筋 5,钢板 4 上的孔 8 中的混凝土与钢筋 6 一起形成钢筋混凝土抗剪销。水平剪力由钢板 3 上的孔 7 中的混凝土与钢筋 5 形成的钢筋混凝土抗剪销、折板 4 和折板 4 上孔 8 中的钢筋 6 来抵抗。钢板 3 和折板 4 上带钢筋的混凝土销还起抵抗拉拔力的作用。

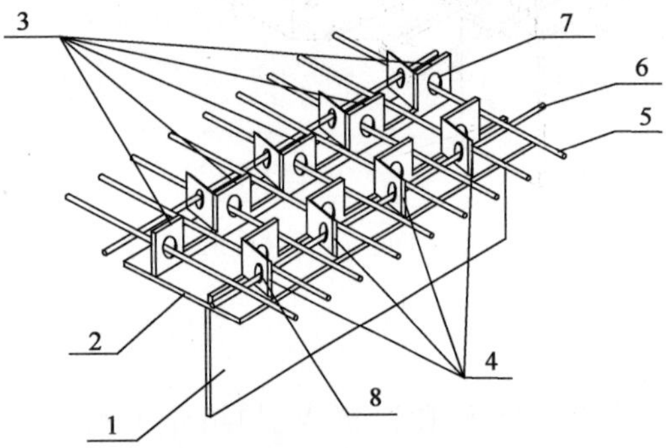

图 8.4-20　开孔波折板-焊接钢筋连接件形式 B

钢板 3 与折板 4 之间的夹角可以是任意的角度。钢板 3 的孔 7 和折板 4 的孔 8 中可以穿入钢筋,也可以不穿入钢筋。钢板 3 上的孔 7 和折板 4 的孔 8 的形状可以是圆、椭圆和多边形等任意几何形状。钢板 3 上的孔 7 和折板 4 的孔 8 的尺寸可以相同也可以不同,钢板 3 上的孔 7 和折板 4 的孔 8 的形状可以相同也可以不同,它们的位置可以在同一高度也可以不在同一高度。

8.5　抗剪连接件力学性能研究

8.5.1　翼缘型开孔波折板抗剪连接件

翼缘型开孔波折板抗剪连接件(图 8.4-17),包括钢腹板 1、翼缘板 2,所说的钢腹板 1 端头与翼缘板2焊接在一起，其特征在于，在翼缘板2上沿钢腹板1的方向焊接连接有两块或两块以上的开孔波折钢板3，钢筋4穿过波折形钢板3上的孔5。在上述技术方案中，所说的钢腹板，可以是平钢腹板，也可以是波折形钢腹板。波折形钢板的孔5中的混凝土和钢筋4一起形成钢筋混凝土抗剪销。水平剪力由波折形钢板的斜折板以及波折形钢板上带钢筋的混凝土销来抵抗。波折形钢板上带钢筋的混凝土销还有着抵抗拉拔力的作用。对比Twin-PBL抗剪连接件，开孔波折型抗剪连接件的技术方案具有以下有益效果：

(1)波折形钢板上设置有孔，波形钢板焊接在翼缘板上，不需要专用的焊接设备，加工方便。开孔钢板沿着翼缘板纵向布置，可以起到加劲板的作用。

(2)波折形钢板与翼缘板的焊缝为折线，在沿梁纵向的单位长度上，波折形钢板与翼缘板之间的焊缝长度比开孔平钢板与翼缘板之间的焊缝要长，所以在剪力一定的情况下，波折形钢板与翼缘板之间的焊缝上的剪应力比开孔平钢板与翼缘板之间焊缝上的剪应力要低。

(3)水平剪力由波折形钢板的斜折板以及波形钢板上带钢筋的混凝土销来抵抗，因而具有比开孔平板钢板连接件更强的抗剪性能。

这种抗剪连接件的承载力计算方法基本与普通PBL连接件相同，包括在极限荷载作用时PBL连接单个销孔的剪切承载力计算式，但由于将翼缘板上的平钢板改进成了波折形钢板，波折形钢板的斜折板亦提供了抗剪能力，故还需计算波形斜板齿件需提供的抗剪力。

为研究这种新型开孔波折板抗剪连接件的受力性能，3组共8个抗剪连接件试件被设计和浇筑出来进行模型的推出试验。其中第1组4个试件为含有传统的开孔平钢板抗剪连接件的试件，见图8.5-1，后2组为含有开孔波折板抗剪连接件的试件，见图8.5-2。试件的制作将三块平钢板焊接成工字钢，在工字钢的上下翼缘焊接开孔钢板，每个翼缘板上均焊接两块开孔钢板，形成双开孔钢板抗剪连接件；在工字钢的顶部焊接一块盖板，试验时在盖板上施加面荷载，参见图8.5-2，具体参数见表8.5-1，其中钢板尺寸为开孔钢板的投影长度×厚度×高度，开孔板上开单孔的试件是在开孔板中心位置开一直径为40mm的圆孔，开双孔试件是在开孔板的高度方向中间位置和竖直方向各1/3位置开一40mm的圆孔，见图8.5-2。试验在500t的压力机上进行，浇筑好的模型及推出试验照片见图8.5-3～图8.5-6。本次试验中，着重研究了两种试件中抗剪连接件的开孔个数、穿筋与否对试件承载能力的影响，并对荷载作用下，试件中混凝土块与钢板的相对滑移进行测量，荷载—滑移曲线见图8.5-7。

图8.5-1 开孔平钢板抗剪连接件

图8.5-2 开孔波折板抗剪连接件

推出试验的构件参数 表8.5-1

编号	试件说明	f_{cu} (MPa)	钢板尺寸 (mm)	孔径 D (mm)	穿筋直径 d (mm)	波长 l (mm)	波高 h (mm)	孔洞个数
C1-1	平钢板	40	400×6×150	40	0	—	—	4
C1-2	平钢板	40	400×6×150	40	0	—	—	8
C1-3	平钢板	40	400×6×150	40	16	—	—	4
C1-4	平钢板	40	400×6×150	40	16	—	—	8
C2-1	波折角45°	40	400×6×150	40	16	240	60	4
C2-2	波折角45°	40	400×6×150	40	16	240	60	8
C4-1	波折角45°	40	400×6×150	40	0	400	100	4
C4-2	波折角45°	40	400×6×150	40	0	400	100	8

图8.5-3 推出试验

图8.5-4 位移传感器布置

图8.5-5 试验破坏现象a

图8.5-6 试验破坏现象b

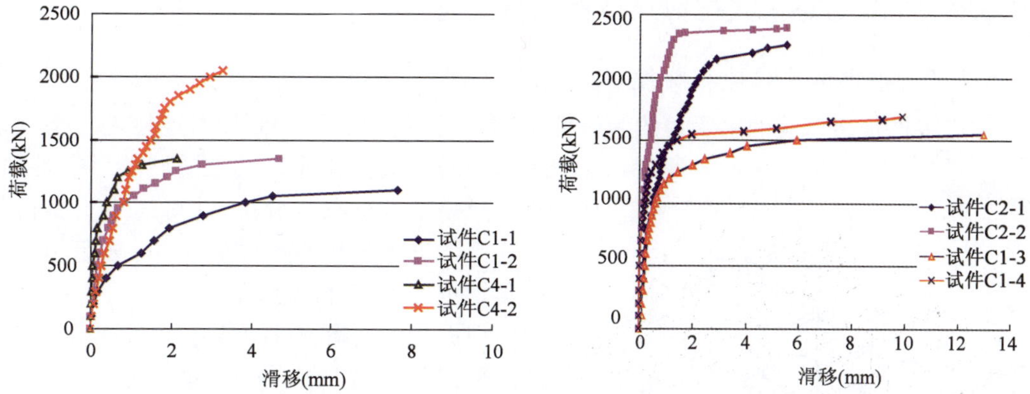

图 8.5-7 试件荷载—滑移曲线

由图 8.5-7 可以看出，在混凝土和钢板材料相同的情况下，无论是穿筋还是不穿筋，含有开孔波折板抗剪连接件的试件的抗剪承载力均高于含有开孔直钢板抗剪连接件的试件。相同荷载作用下，含有开孔波折板抗剪连接件的试件的钢板与混凝土的相对滑移量明显小于含有开孔直钢板抗剪连接件的试件。通过试验可得到如下结果：

（1）开孔板开孔个数相同且均不穿贯通钢筋时，波折钢板抗剪连接件的抗剪承载力比平钢板抗剪连接件的抗剪承载力平均提高约 38.8%；开孔板开孔个数相同且穿筋情况相同时，波折钢板抗剪连接件的抗剪承载力比平钢板抗剪连接件的抗剪承载力平均提高约 46%。

（2）波折钢板抗剪连接件开孔个数增加一倍时，抗剪承载力平均提高 28%。

（3）波折钢板抗剪连接件开孔个数相同时，孔中穿筋比不穿筋的抗剪承载力平均提高 45%。

由图 8.5-7 可以看出，在混凝土和钢板材料相同的情况下，无论是穿筋还是不穿筋两种情况，含有开孔波折板抗剪连接件的试件的抗剪承载力均高于含有开孔直钢板抗剪连接件的试件。在相同荷载作用下，含有开孔波折板抗剪连接件的试件的钢板与混凝土的相对滑移量明显小于含有开孔直钢板抗剪连接件的试件，且其刚度较高。

对于开孔波折板抗剪连接件的力学特性仍在深入研究之中，它的一种改进方案为：一种开孔波折板抗剪连接件由钢腹板 1、翼缘板 2、波形钢板 3、波形钢板 3 上开的孔 5 和槽 6 以及钢筋 4 构成，钢腹板 1 端头与翼缘板 2 焊接在一起，在翼缘板上梁的纵向焊接 1 块或 1 块以上的波形钢板 3。钢筋 4 穿过波形钢板上的孔 5 和槽 6。孔 5 或槽 6 中的混凝土和钢筋 4 一起形成钢筋混凝土抗剪销。水平剪力由波形钢板 3 的斜折板以及带钢筋的混凝土销来抵抗。波形钢板 3 上带钢筋的混凝土销还有着抵抗拉拔力的作用。波形钢板 3 上的孔 5 可以根据需要冲成圆、多边形和椭圆等任意几何形状，波形钢板 3 上的槽 6 可以开成矩形槽、半圆形槽以及其他各种几何形状的槽，可以是同样的大小也可以不同，形状可以相同也可以不同。根据需要，可在翼缘板 2 上面焊接 1 块或 1 块以上的波形钢板 3。波形钢板 3 上的孔 5 或槽 6 可以开在波形钢板 3 的平板或斜折板上，它们可以在波形钢板 3 上混合布置，也可以根据需要进行组合搭配，方便施工和混凝土销的形成，如图 8.5-8 所示。

8.5.2 带栓钉埋入式抗剪连接件试验研究

8.5.2.1 推出试件设计与制作

角钢连接件推出试验的主要目的为研究角钢厚度、角钢的承压面积对连接件抗剪性能的影响。通过试验验证有限元模型的可靠性,运用有限元模型进行参数分析,并对运用于实桥的角钢连接件进行足尺推出试验模拟,确定用于实桥的角钢抗剪连接件的承载力。

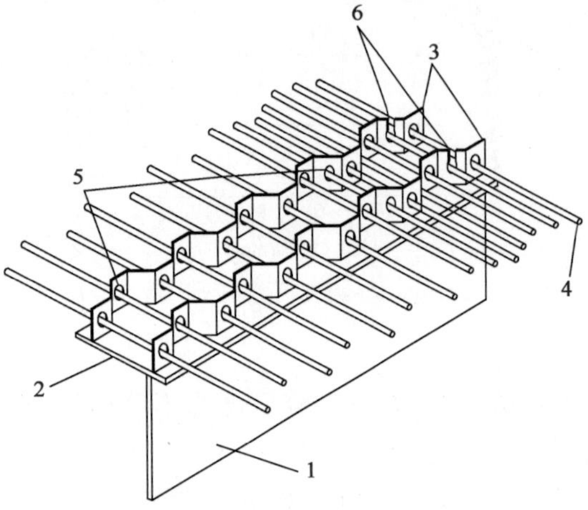

图 8.5-8 开孔波折板抗剪连接件

根据本次试验的目的,3 组 6 个推出试件被设计出来,其中 SC-1 组试件角钢尺寸为 L100mm × 100mm × 10mm,腹板和翼缘板高度为 100mm,厚度为 10mm;SC-2 组 2 个试件角钢尺寸为 L160mm × 100mm × 10mm,翼缘板高度为 160mm,腹板高度为 100mm(焊接在工字钢上),翼缘板和腹板厚度均为 10mm;SC-3 组试件角钢尺寸为 L100 × 100 × 16,腹板和翼缘板高度为 100mm,厚度为 16mm(图 8.5-9)。混凝土板尺寸均为 410mm × 875mm × 250mm,具体尺寸见表 8.5-2。试件编号见表 8.5-2,本次试验中推出试件各构件材料列于表 8.5-3 中。角钢连接件推出试件制作见表 8.5-3。试验布置如图 8.5-10 所示。

栓钉连接件推出试件编号　　表 8.5-2

编　号	角钢尺寸(mm)	开孔直径(mm)	贯穿钢筋直径(mm)
SC-1	100 × 100 × 10	25	12
SC-2	160 × 100 × 10	25	12
SC-3	100 × 100 × 16	25	12

栓钉连接件推出试件构件材料　　表 8.5-3

构　件	材　料	构　件	材　料
混凝土板	C50	贯穿钢筋	12mm HPB400 螺纹钢
角钢	Q235 钢材	普通构造钢筋	8mm HRB400 螺纹钢
工字钢	Q345 钢材		

8.5.2.2 试验测点布置与加载

试验主要采集作用于推出试件上的荷载数据以及推出试件的混凝土板和工字钢板之间的相对滑移数据。作用于推出试件上的荷载数据由与万能试验机连接的电脑读出。相对滑移数据采用布置位移计的方式采集,在推出试件两侧共布置 4 个位移计,位移计的布置见图 8.5-11。

推出试件采用电液伺服万能试验机加载的方式,并在工字钢顶部放置球铰支座保证试件两侧受力均匀。加载采用位移控制、分级加载的方式。

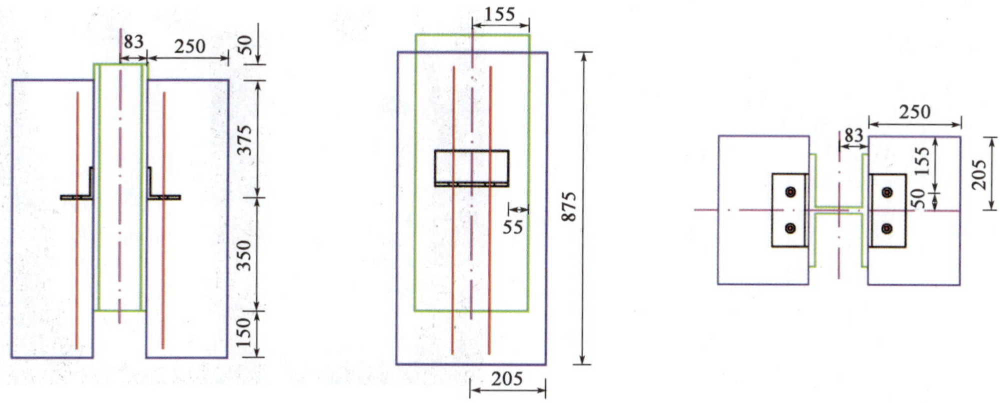

a)　　b)　　c)

图 8.5-9　角钢连接件推出试件尺寸示意(mm)
a)正视图;b)侧视图;c)俯视图

a)　　b)　　c)　　d)

图 8.5-10　角钢连接件推出试验测点布置
a)角钢推出试件钢板;b)推出试件钢筋布置;c)推出试件模板架设;d)推出试件钢筋布置

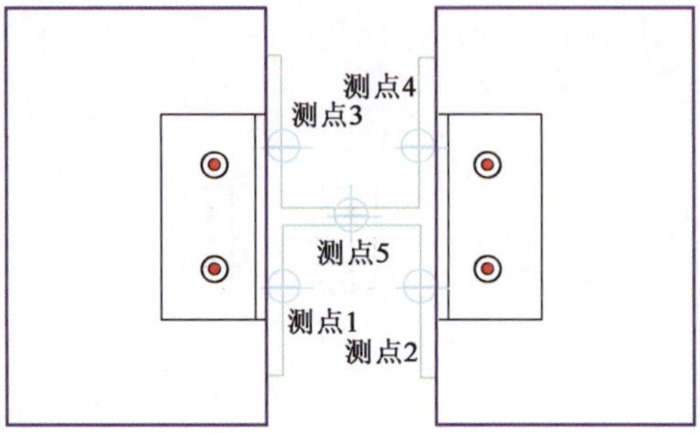

图 8.5-11　角钢连接件推出试验测点布置

试验内容包括测量试件的极限承载力、钢板与混凝土之间的相对滑移、观察混凝土表面裂缝开展情况以及试件的破坏现象。每个试件在正式加载前都进行预加载，以消除混凝土与钢板表面之间的黏结力。

8.5.2.3　试验现象

在加载初期，相对滑移量增长较为缓慢。随着荷载的增大，相对滑移增长加快。当加载至极限荷载的 45% 时，构件发出响声，工字钢与两侧混凝土板发生分离，工字钢下部与混凝土板脱开[图 8.5-12a)]，有混凝土碎屑剥落。荷载继续增大至极限荷载的 65% 时，在角钢连接件所处高度处混凝土（与工字钢相接的表面）出现横向水平裂缝，裂缝延伸至混凝土板侧面[图 8.5-12b)]。加载至极限承载力时，混凝土板侧面出现斜向裂缝，从角钢连接件所处高度处斜向延伸至底部[图 8.5-12c)]，同时在混凝土板外侧出现竖向裂缝[图 8.5-12d)]，裂缝由混凝土底部向上延伸至角钢连接件所在高度。采用位移控制继续加载，推出试件承载力有所下降，但仍保持在极限承载力的 85% 左右，混凝土板侧面上部出现斜向裂缝，在混凝土板外侧出现水平裂缝。

8.5.2.4　推出试件荷载—滑移曲线

SC-1、SC-2 和 SC-3 推出试件的荷载—滑移曲线见图 8.5-13 ~ 图 8.5-15。

a)

b)

图　8.5-12

c)

d)

图 8.5-12 角钢连接件推出试件破坏形态

a)工字钢与两侧混凝土板分离;b)角钢连接件附近混凝土板横向裂缝;c)混凝土板侧面斜向裂缝;d)混凝土板外侧竖向裂缝

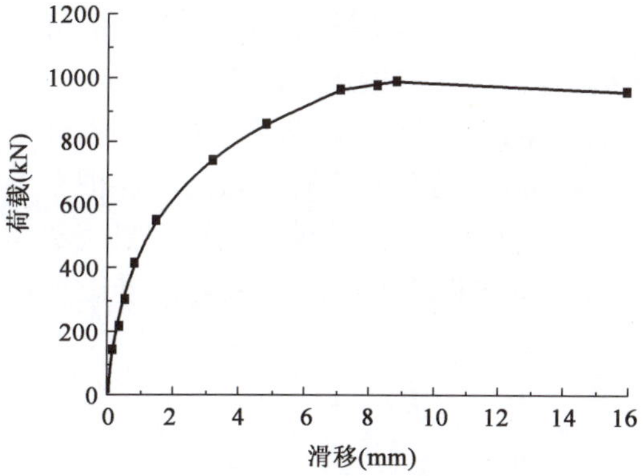

图 8.5-13 SC-1 推出试件荷载—滑移曲线

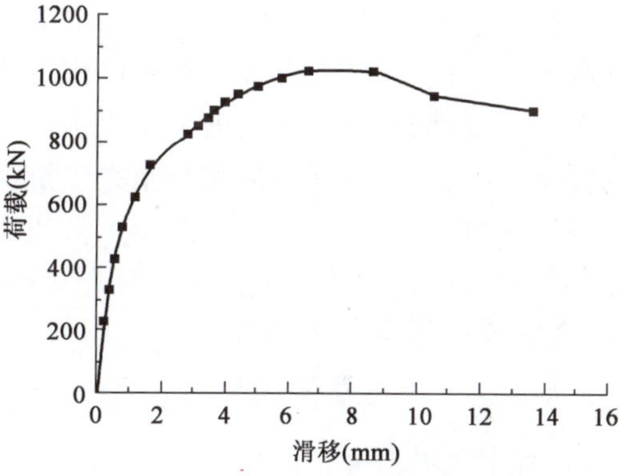

图 8.5-14 SC-2 推出试件荷载—滑移曲线

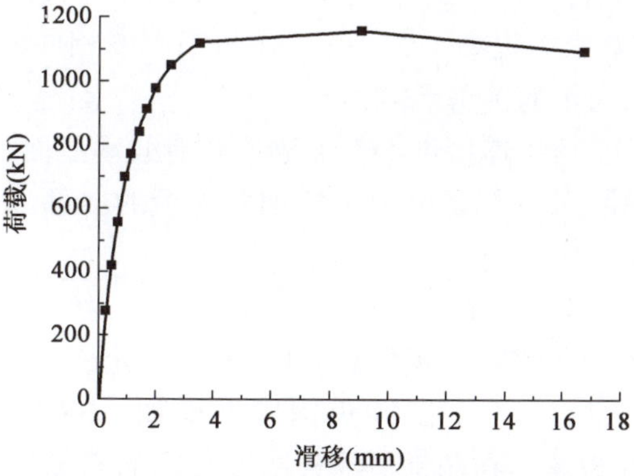

图 8.5-15 SC-3 推出试件荷载—滑移曲线

每个推出试件中包含两个角钢抗剪连接件,将试验得到的极限荷载除以 2 可得单个角钢抗剪连接件的线性阶段承载力及极限承载力,列于表 8.5-4 中。

单个角钢抗剪连接件承载力 表8.5-4

试件编号	角钢翼缘高度(mm)	角钢厚度(mm)	线性阶段承载力(kN)	极限承载力(kN)
SC-1	100	10	600	990
SC-2	160	10	650	1025
SC-3	100	16	750	1155

分析推出试件的荷载-滑移曲线,角钢抗剪连接件的荷载-滑移曲线可以划分为三阶段:线性阶段、塑性阶段以及下降阶段(P_u为连接件的极限承载力)。

(1)线性阶段($0 < P < 0.65P_u$):此阶段内工字钢梁与混凝土板间相对滑移较小,荷载-滑移曲线趋近于直线。这个阶段的荷载-滑移曲线接近于线性,在此阶段末端的最大承载力定义为角钢抗剪连接件的使用阶段承载力。

(2)塑性阶段($0.65P_u < P < P_u$):在此阶段内,连接件与混凝土板的相对滑移增大,荷载-滑移曲线斜率变缓。首先在混凝土板侧面靠近角钢连接件附近处产生横向裂缝,并不断延伸变长,之后在混凝土板外侧出现竖向裂缝,由底部向上延伸至角钢连接件高度处。此阶段末端的最大承载力的定义为角钢抗剪连接件的极限承载力。

(3)下降阶段:达到极限承载力之后,荷载缓慢下降,位移持续增长,角钢连接件保持一定的承载力。在此阶段中,混凝土板外侧出现横向裂缝,并贯通至混凝土板侧面。

角钢连接件承受荷载时,剪力首先由工字钢传递到角钢上,之后角钢将力传递至翼缘板下方的混凝土中,由下方区域的混凝土提供抗剪能力。在加载过程中,工字钢板与两侧混凝土板首先发生分离,角钢根部区域的混凝土被压碎,出现横向裂缝。混凝土板外侧出现自底部向上延伸的竖向裂缝。由于角钢开孔处存在贯穿钢筋,因此在试验结束时工字钢与混凝土板依然相连,角钢连接件没有被拔出。

8.5.2.5 推出试件抗剪承载力影响因素

(1)角钢翼缘厚度

在SC-1模型中,角钢翼缘板的高度为100mm,SC-2中角钢翼缘板的高度为160mm,两组试件角钢厚度均为10mm。对比SC-1试件,SC-2试件角钢翼缘板高度增加了60%,线性阶段承载力提高了约8%,极限承载力提高了约4%。在角钢厚度相同的情况下,只增加角钢翼缘板的高度,不能有效地增加角钢的抗剪承载力。

随着翼缘板高度的增大,角钢连接件下部混凝土的有效承压面积没有随之增大,呈现出类似于槽钢连接件的受力特性,压力主要集中于角钢翼缘板的根部(翼缘板与腹板的交界处),承载力得不到有效的提升。

(2)角钢厚度

SC-1试件和SC-3试件中角钢翼缘板的高度同为100mm,SC-1角钢厚度为10mm,SC-3角钢厚度16mm。对比SC-1试件,SC-3试件角钢厚度增加了60%,线性阶段承载力提高了25%,极限承载力提高了约17%。在角钢翼缘板高度相同的情况下,增加角钢的厚度,能够在一定程度上提高角钢抗剪连接件的承载能力。

由于角钢腹板的存在,角钢下部混凝土在根部处的承压能力大于其他区域。增大角钢的厚度,提高了角钢腹板的厚度,使得角钢根部处承压混凝土的面积增大,提高了角钢连接件的承载力。角钢翼缘板厚度的增加也提高了角钢翼缘的刚度,使得下部混凝土的有效承压面积增大,下部混凝土受力更均匀,提高了角钢连接件的承载能力。

8.5.3 角钢连接件有限元分析

8.5.3.1 有限元模型尺寸及网格划分

在本节中,建立上节试验中的三种推出试件的有限元模型(图 8.5-16)。建模时只建 1/4 模型。有限元模型的编号见表 8.5-5,编号形式为 SC-X-Y-Z,简称为 SC-X,其中 X 为有限元模型编号,与推出试验编号相同,Y 代表角钢翼缘板的长度,Z 代表角钢翼缘板和腹板的厚度。

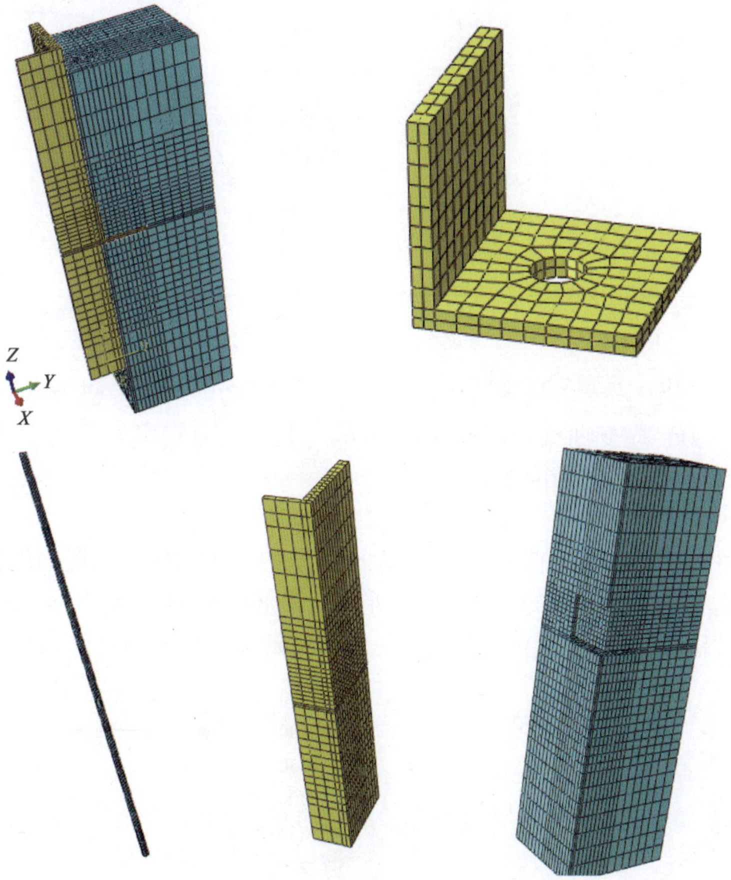

图 8.5-16 有限元模型网格划分示意

角钢连接件有限元模型编号 表 8.5-5

编号	SC-1-100-10	SC-2-160-10	SC-3-100-16
角钢尺寸(mm × mm × mm)	100 × 100 × 10	160 × 100 × 10	100 × 100 × 16

8.5.3.2 有限元模型材料本构关系

(1)角钢

角钢材料应力—应变曲线采用双折线模型模拟(图 8.5-17)。在弹性阶段,角钢的弹性模

量为 $E_s=210000\text{MPa}$,屈服强度 $f_y=250\text{MPa}$。当栓钉达到屈服强度 f_y 后,以较小的斜率缓慢的达到极限强度 $f_u=360\text{MPa}$,此时对应的极限应变为 ε_{us}。

(2)混凝土

混凝土受压时的应力—应变曲线分为三段(图 8.5-18)。其中,第一部分为直线,当应力小于 $0.4f_{ck}$(f_{ck} 为标准抗压强度)时,假设混凝土的应力与应变为线性关系。第二部分为曲线,当应力大于 $0.4f_{ck}$ 且小于 f_{ck} 时,应力与应变为非线性关系,这部分曲线由《混凝土结构设计规范》(GB 50010—2002)中的公式定义,其中 $f_{ck}=32.4\text{MPa}$,对应的应变取为为 0.002。第三部分为斜率为 0 的直线。

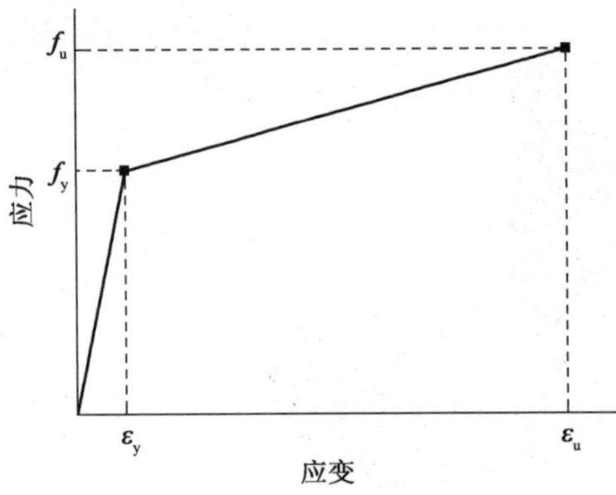

图 8.5-17　角钢材料应力—应变曲线

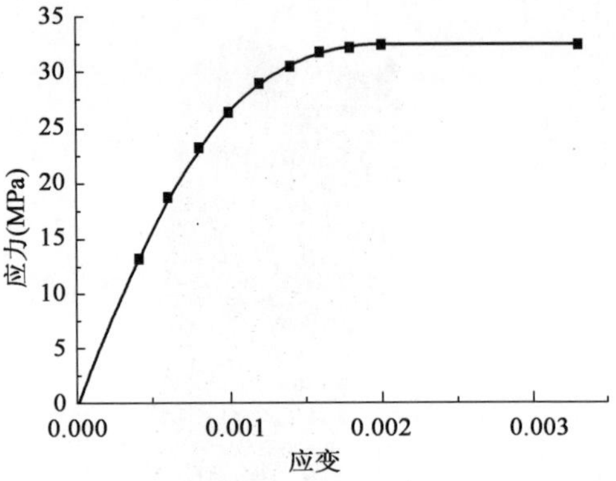

图 8.5-18　混凝土受压应力—应变曲线

混凝土受拉应力—应变曲线如图 8.5-19 所示。上升段为斜率为 E_c 的直线,为了保证计算的收敛和效率,将下降段定义为两条直线。

(3)钢筋

有限元模型中的贯穿钢筋、普通构造钢筋的型号均为 HRB400。将钢筋作为理想弹塑性材料进行模拟,应力—应变曲线如图 8.5-20 所示。钢筋的弹性模量 $E_s=210000\text{MPa}$,屈服强度 $f_y=400\text{MPa}$。当应力达到屈服强度后,应力—应变曲线为斜率为 0 的直线。

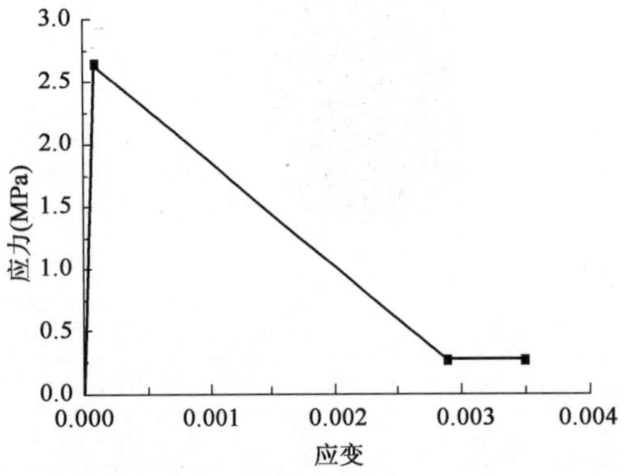

图 8.5-19　混凝土受拉应力—应变曲线

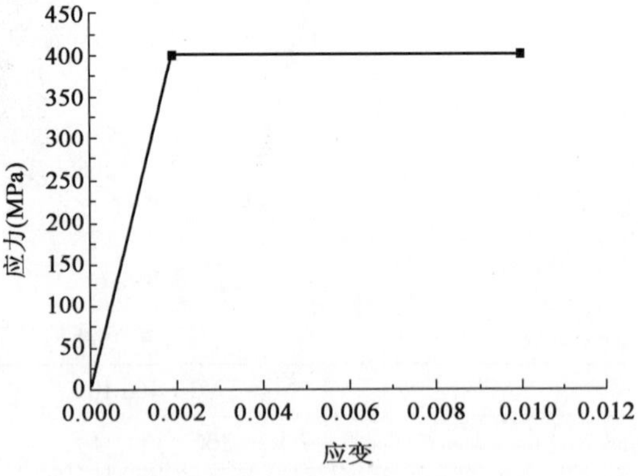

图 8.5-20　钢筋材料应力—应变曲线

(4)工字钢

工字钢采用 Q345 钢材,在有限元分析中,将其考虑为弹性材料,$E_s=210000\text{MPa}$。

8.5.3.3 有限元模型的加载、约束和边界条件

由于采用1/4对称建模(图8.5-21),因此约束*YZ*对称平面上的混凝土板的所有节点在*X*方向的位移(面2),也约束在*YZ*对称平面上的角钢以及工字钢的节点在*X*方向的位移(面2)。约束在*XZ*对称平面上的工字钢节点在*Y*方向的位移(面3)。约束混凝土板的底面的节点在*Z*方向的位移(面4)。由于混凝土板底面与加载台存在摩擦,试验过程中混凝土板向外滑移(*Y*方向)。但是由于摩擦系数等无法明确,因此在有限元模拟时直接约束混凝土板的*Y*方向位移。

采用位移加载的方式进行加载求解。在工字钢的上表面(面1)的所有节点上施加位移荷载进行求解。

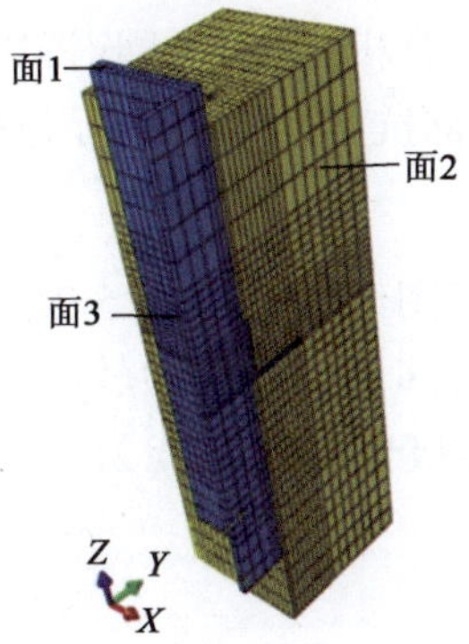

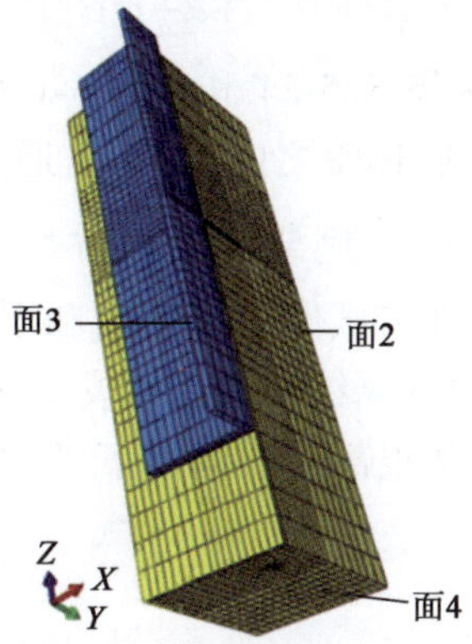

图8.5-21 有限元模型加载、约束和边界条件示意

8.5.3.4 有限元模型计算结果分析

提取SC-1、SC-2及SC-3的荷载—滑移曲线,绘制于图8.5-22~图8.5-24中。SC-1试件的有限元模型得到的最大承载力为1006kN,试验结果为990kN;SC-2试件的有限元模型得到的最大承载力为1003kN,试验得到结果为1025kN;SC-3试件的有限元模型得到的最大承载力为1124kN,试验得到结果为1155kN。对各个试件的单个角钢抗剪连接件进行有限元分析和试验后得出的承载力比较列于表8.5-6中。

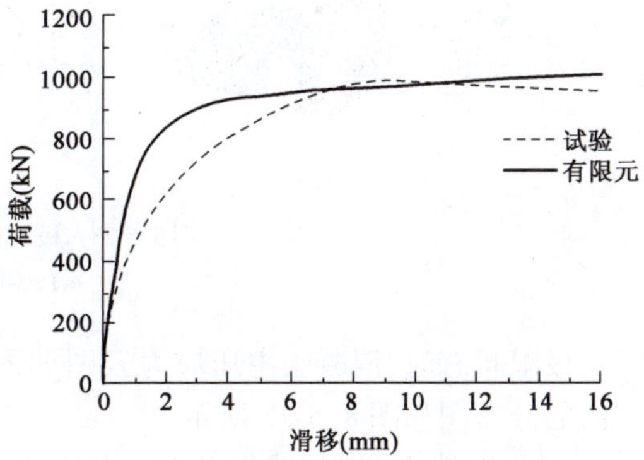

图8.5-22 SC-1有限元分析荷载—滑移曲线

有限元和试验结果比较 表8.5-6

试件编号	有限元结果	试验结果	有限元结果/试验结果
SC-1	1006kN	990kN	1.03
SC-2	1003kN	1025kN	0.98
SC-3	1124kN	1155kN	0.97

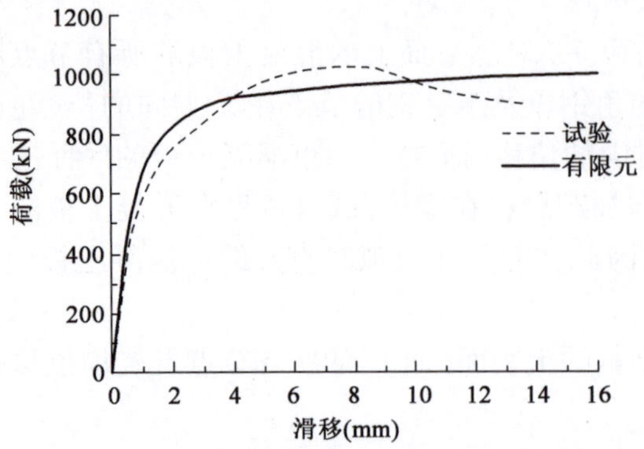

图 8.5-23 SC-2 有限元分析荷载—滑移曲线

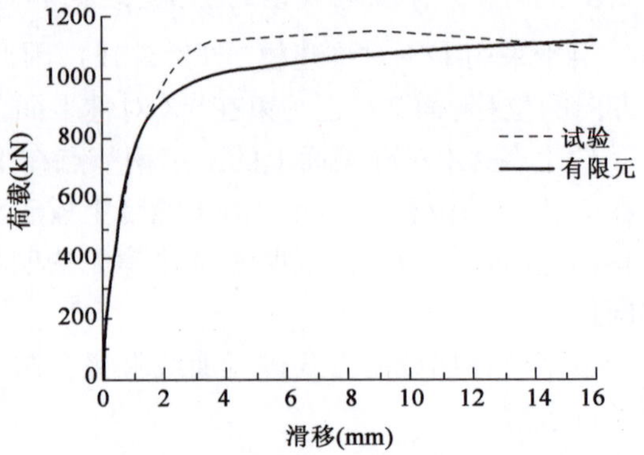

图 8.5-24 SC-3 有限元分析荷载—滑移曲线

从图 8.5-22 ~ 图 8.5-24 和表 8.5-6 中看出,有限元分析结果与试验得出的极限承载力较为吻合,两者相差在 10% 之内。因此,通过有限元对角钢抗剪连接件进行分析是可靠的。

8.5.3.5 有限元模型受力分析

极限状态时,推出试件中的角钢和混凝土的应力云图绘制于图 8.5-25 中。极限状态时,角钢应力主要集中于翼缘板和腹板交界处(角钢根部),其他区域应力较小。混凝土应力也集中于角钢根部,并从根部沿斜向向下扩散。角钢抗剪连接件的抗剪能力主要由根部区域的混凝土提供。

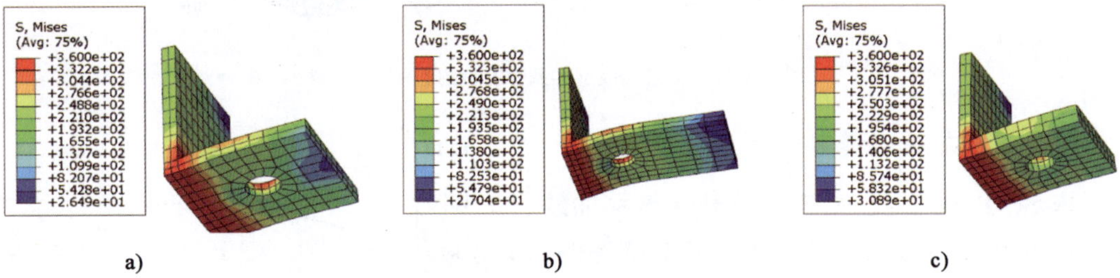

图 8.5-25 极限状态时角钢连接件应力分布

a) SC-1;b) SC-2;c) SC-3

极限状态时,混凝土主压应力云图如图 8.5-26 所示,混凝土主压应力沿角钢翼缘板高度方向的分布图如图 8.5-27 所示。

SC-2 试件与 SC-1 试件相比,主压应力沿角钢翼缘板高度方向的分布基本相同。如图 8.5-27所示,至角钢根部的距离超过 65mm 之后,SC-1 和 SC-2 试件角钢翼缘板下方混凝土的主压应力均小于 1MPa。虽然 SC-2 试件相比 SC-1 增大了角钢翼缘板的高度,但是对于角钢翼缘板下方混凝土主压应力的分布的影响较小,SC-2 模型的混凝土在角钢末端区域的应力很小。

对比 SC-1 和 SC-3 试件主压应力分布,SC-3 试件在角钢根部处混凝土主压应力大于 SC-1 试件,在其他区域分布更加均匀。当提高角钢厚度时,同时增大了腹板和翼缘板的厚度。增大腹板的厚度,使得根部区域混凝土的主压应力的高水平范围增大,从而增大了根部的混凝土承压面积。增大翼缘板的厚度,使得翼缘板的刚度增大,且翼缘板下部混凝土主压应力分布更加均匀。

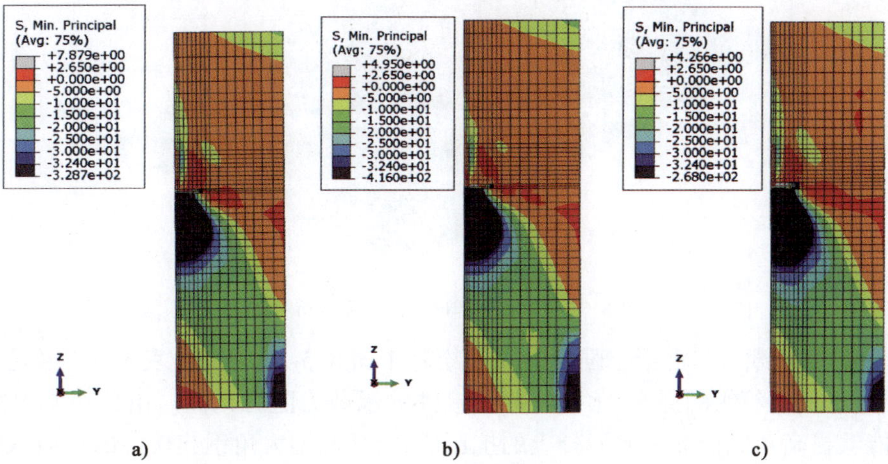

图 8.5-26 极限状态时角钢根部混凝土主压应力分布

a) SC-1; b) SC-2; c) SC-3

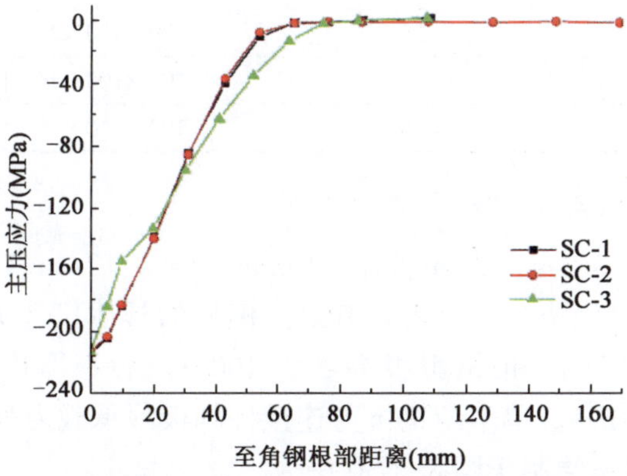

图 8.5-27 极限状态时混凝土主压应力沿角钢翼缘板高度方向的分布

8.5.4 角钢连接件模型参数分析

根据 8.5.2 节、8.5.3 节中的试验和有限元模拟结果,在本节中通过有限元模型对可能影响角钢抗剪连接件力学性能的因素进行参数分析。参数分析的对象包括混凝土强度、角钢翼缘板厚度 t_f、角钢翼缘板高度 H_f、角钢翼缘板宽度 L、角钢腹板厚度 t_w、角钢腹板高度 H_w,详细优化参数见图 8.5-28。

8.5.4.1 混凝土强度对承载力的影响

波形钢腹板预应力组合箱梁桥上部结构的混凝土强度等级不宜低于 C50。国内外已建成的波形钢腹板组合梁桥中常用的混凝土等级为 C50 至 C60。将 C50、C55、C60 三种等级混凝土进行参数分析,研究混凝土强度对承载力的影响。单个角钢抗剪连接件的极限承载力列于

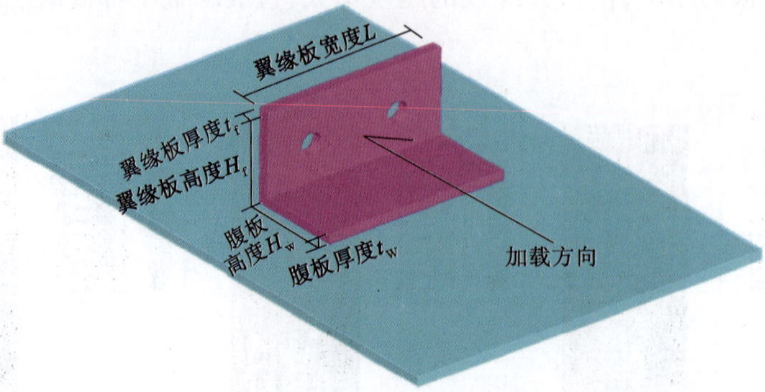

图 8.5-28　角钢抗剪连接件参数分析示意

表 8.5-7 中,抗剪承载力与混凝土强度的关系绘制于图 8.5-29 中。由表 8.5-7 及图 8.5-29 可知,随着混凝土强度等级的提高,角钢抗剪连接件的承载力随之提高。由此可知,提高混凝土强度等级能够提高角钢根部区域混凝土的抗压能力,从而增大角钢连接件的抗剪承载力。

混凝土强度等级对承载力影响　表 8.5-7

编　号	混凝土等级	混凝土抗压强度标准值(MPa)	角钢尺寸(mm × mm × mm)	单个角钢抗剪连接件承载力(kN)
CS-Hun-1	C50	32.4	100 × 100 × 10	1006
CS-Hun-2	C55	35.5	100 × 100 × 10	1067
CS-Hun-3	C60	38.5	100 × 100 × 10	1115

8.5.4.2　角钢翼缘板厚度对承载力的影响

考虑角钢翼缘板厚度为 7mm、8mm、9mm、10mm、11mm、12mm、13mm、14mm、15mm、16mm 时的十种情况,进行有限元模型参数分析。有限元模型的具体尺寸见表。模型中除角钢翼缘厚度不同外,其余参数均相同。角钢腹板高度为 100mm,腹板厚度为 10mm,翼缘板高度为 100mm,翼缘板宽度为 200mm。单个角钢抗剪连接件的极限承载力列于表 8.5-8 中,抗剪承载力与角钢翼缘板厚度的关系绘制于图 8.5-30 中。

角钢翼缘板厚度对承载力影响　表 8.5-8

编　号	角钢翼缘板厚度(mm)	单个角钢连接件承载力(kN)
CS-FD-1	7	951
CS-FD-2	8	969
CS-FD-3	9	988
CS-FD-4	10	1006
CS-FD-5	11	1026
CS-FD-6	12	1044
CS-FD-7	13	1063
CS-FD-8	14	1081
CS-FD-9	15	1104
CS-FD-10	16	1124

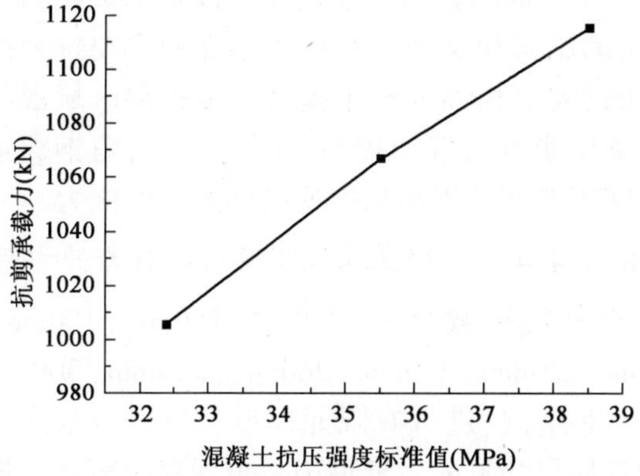

图 8.5-29 混凝土强度等级对承载力影响

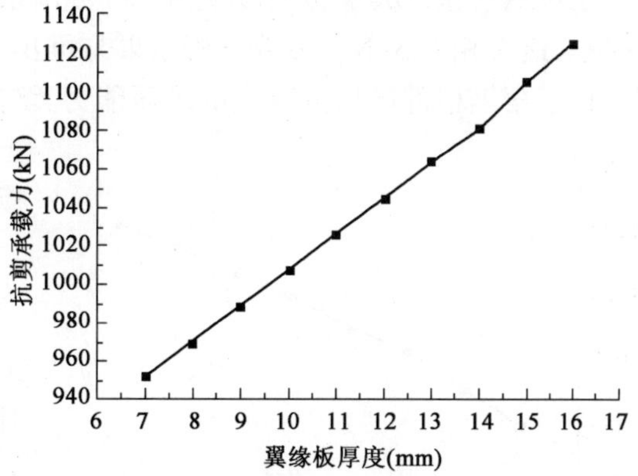

图 8.5-30 角钢翼缘板厚度对承载力影响

当角钢翼缘板厚度由 7mm 增加至 16mm 时，角钢连接件承载力由 951kN 增大到了 1124kN，增加了约 18%。角钢翼缘板厚度越大，角钢连接件承载力越高，两者近似呈线性关系。角钢连接件在承受荷载时，角钢根部区域的应力较大。增大角钢翼缘板的厚度可以增大角钢翼缘板的刚度，减小角钢翼缘板的变形，增大混凝土的承压面积，使翼缘板下部混凝土应力分布更加均匀，提高角钢连接件的承载能力。

8.5.4.3 角钢翼缘板高度对承载力的影响

考虑角钢翼缘板高度为 80mm、90mm、100mm、110mm、120mm、130mm、140mm、150mm、160mm 时的九种情况，进行有限元模型分析。有限元模型的具体尺寸见表。模型中除角钢翼缘高度不同外，其余参数均相同。角钢腹板高度为 100mm，腹板厚度为 10mm，翼缘板厚度为 10mm，翼缘板宽度为 200mm。抗剪承载力与角钢翼缘板高度的关系如图 8.5-31 及表 8.5-9 所示。

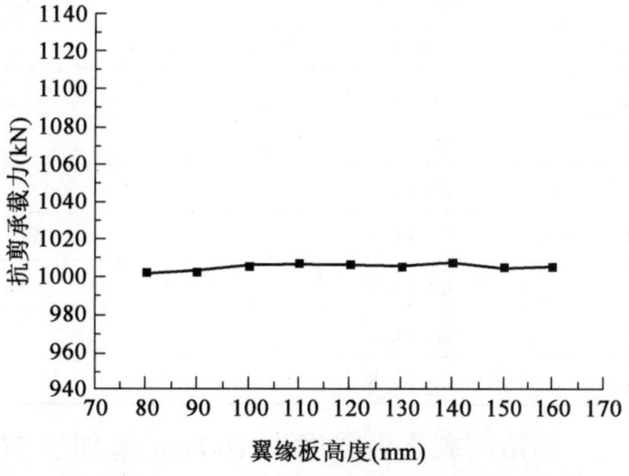

图 8.5-31 角钢翼缘板高度对承载力影响

角钢翼缘板高度对承载力影响 表 8.5-9

编 号	角钢翼缘板高度(mm)	单个角钢连接件承载力(kN)
CS-FH-1	80	1002
CS-FH-2	90	1003
CS-FH-3	100	1006
CS-FH-4	110	1006
CS-FH-5	120	1006
CS-FH-6	130	1006
CS-FH-7	140	1007
CS-FH-8	150	1005
CS-FH-9	160	1006

当角钢连接件翼缘板高度从80mm逐渐增大到160mm时，角钢连接件的极限承载能力变化很小，最大相差5kN。参数分析结果与推出试验的结果相类似。角钢连接件的主要抗剪能力来自于角钢根部区域混凝土的承压能力，增大角钢翼缘板高度对于提高角钢根部区域混凝土的承压能力的帮助较小。因此，提高角钢翼缘板高度不能有效提高角钢连接件的抗剪能力。

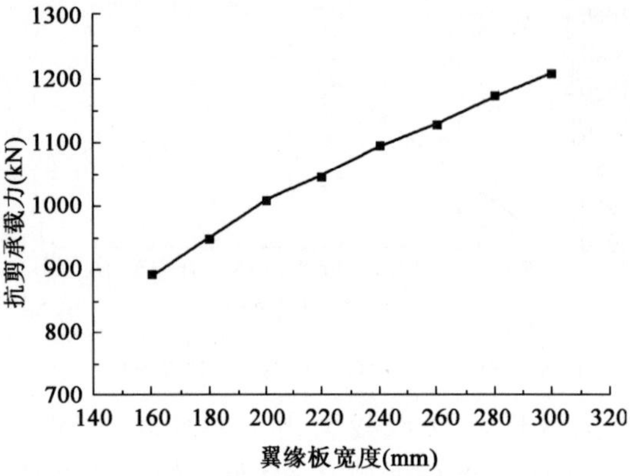

图8.5-32　角钢翼缘板宽度对承载力影响

8.5.4.4　角钢翼缘板宽度对承载力的影响

考虑角钢翼缘板宽度为160mm、180mm、200mm、220mm、240mm、260mm、280mm、300mm时的八种情况，进行有限元模型分析。有限元模型的具体尺寸见表。模型中除角钢翼缘宽度不同外，其余参数均相同。角钢腹板高度为100mm，腹板厚度为10mm，翼缘板厚度为10mm，翼缘板高度为100mm。抗剪承载力与角钢翼缘板宽度的关系如图8.5-32及表8.5-10所示。

角钢翼缘板宽度对承载力影响　　表8.5-10

编　　号	角钢翼缘板宽度(mm)	单个角钢连接件承载力(kN)
CS-FL-1	160	889
CS-FL-2	180	948
CS-FL-3	200	1006
CS-FL-4	220	1046
CS-FL-5	240	1090
CS-FL-6	260	1126
CS-FL-7	280	1171
CS-FL-8	300	1207

当角钢翼缘板宽度由160mm增加至300mm时，角钢连接件承载力由890kN增大到了1207kN，增加了约36%。角钢连接件承载力与角钢翼缘板宽度近似呈线性关系。角钢连接件的抗剪承载力主要由角钢根部区域混凝土的承压提供。增大角钢翼缘板的宽度增大了根部区域混凝土的承压面积，提高了角钢连接件的承载能力。

8.5.4.5　角钢腹板厚度对承载力的影响

考虑角钢腹板厚度为7mm、8mm、9mm、10mm、11mm、12mm、13mm、14mm、15mm、16mm时的十种情况，进行有模型参数分析。有限元模型的具体尺寸见表。模型中除角钢腹板厚度不同外，其余参数均相同。角钢腹板高度为100mm，翼缘板厚度为10mm，翼缘板高度为100mm，翼缘板宽度为200mm。抗剪承载力与角钢腹板厚度的关系如图8.5-33及表8.5-11所示。

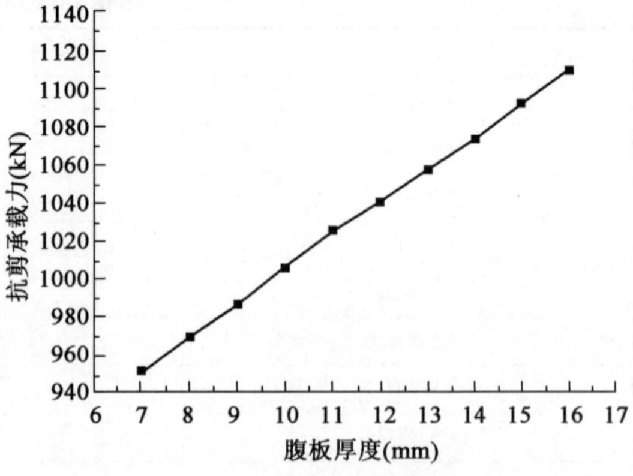

图8.5-33　角钢腹板厚度对承载力影响

角钢腹板厚度对承载力影响 表 8.5-11

编　号	角钢腹板厚度(mm)	单个角钢连接件承载力(kN)
CS-WT-1	7	951
CS-WT-2	8	970
CS-WT-3	9	987
CS-WT-4	10	1006
CS-WT-5	11	1025
CS-WT-6	12	1041
CS-WT-7	13	1057
CS-WT-8	14	1073
CS-WT-9	15	1092
CS-WT-10	16	1109

当角钢腹板厚度由 7mm 增加至 16mm 时,角钢连接件承载力由 951kN 增大到了 1124kN,增加了约 18%。角钢连接件承载力与角钢腹板厚度近似呈线性关系。角钢连接件在承受荷载时,主要靠角钢根部区域的混凝土承压抵抗剪力。增大角钢腹板的厚度可以增大角钢根部区域混凝土的承压面积,提高角钢连接件的承载能力。

8.5.4.6 角钢腹板高度对承载力的影响

考虑角钢腹板高度为 80mm、90mm、100mm、110mm、120mm、130mm、140mm、150mm、160mm 时的九种情况进行有限元模型分析。有限元模型的具体尺寸见表。模型中除角钢腹板高度不同外,其余参数均相同。角钢腹板厚度为 10mm,翼缘板高度为 100mm,翼缘板厚度为 10mm,翼缘板宽度为 200mm。抗剪承载力与角钢腹板高度的关系如图 8.5-34 及表 8.5-12 所示。

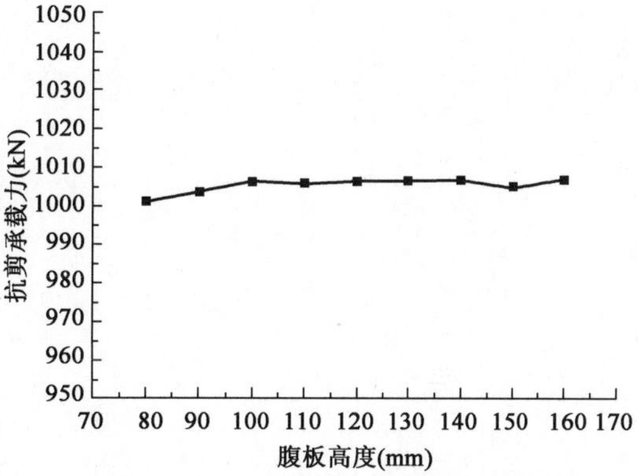

图 8.5-34 角钢腹板高度对承载力影响

角钢腹板高度对承载力影响 表 8.5-12

编　号	角钢腹板高度(mm)	单个角钢连接件承载力(kN)
CS-WH-1	80	1001
CS-WH-2	90	1004
CS-WH-3	100	1006
CS-WH-4	110	1006
CS-WH-5	120	1007
CS-WH-6	130	1007
CS-WH-7	140	1007
CS-WH-8	150	1005
CS-WH-9	160	1007

当角钢连接件腹板高度从 80mm 逐渐增大到 160mm 时,角钢连接件的极限承载能力变化很小,最大相差 6kN,差异可能来自有限元模型网格划分的差别。角钢连接件主要抗剪能力来自角钢根部区域混凝土的承压能力,增大角钢腹板高度对于提高角钢根部区域混凝土的承压能力的帮助较小。因此,提高角钢腹板高度不能有效提高角钢连接件的抗剪能力。

第9章　组合结构桥梁附属构件

9.1 概　　述

9.1.1　桥梁支座

桥梁支座(图9.1-1)在整个桥梁结构中虽然是个非常小的部分,在桥梁工程造价所占比例也很小,但它的作用却是不可忽视的。随着我国公路、铁路桥梁技术的发展,桥梁支座的类型也在不断地更新与增加。在20世纪60年代之前,可以说较大型桥梁的支座几乎都是钢支座和钢筋混凝土支座,对几乎所有的小跨径桥梁都只用简单的方法进行处理(如油毛毡等)。随着化学工业的发展,出现了橡胶支座和使用聚四氟乙烯滑板的平面滑动支座。从20世纪60年代初开始,板式橡胶支座和盆式支座被逐渐开发和应用。特别是到了20世纪80~90年代,板式橡胶支座及盆式支座设计标准、技术条件和相关检验规则相继发布并实施,使盆式支座很快成为我国公路桥梁最主要的支座形式。国外20世纪70年代开始研制球型支座,由于球型支座本身所具有的特点,其很快在弯桥上应用。德国对近几十年修建的预应力混凝土桥梁使用支座的状况进行了调查,结果表明在1964年以前,100%的桥梁采用钢支座,从1958年开始采用盆式支座,1970年以后开始采用球型支座。

图9.1-1　桥梁支座

随着我国桥梁支座的制造和加工水平的不断提高,在解决具有特种用途的支座的研究和开发进程也不断加快,出现了如可调式盆式支座、拉压式支座和专用于地震区桥梁上的盆式抗震橡胶支座、球型抗震支座以及铅销橡胶支座等,这些几乎都是专利产品,可以预计其不久将会在桥梁工程上得到有效使用。同时,对桥梁支座质量的监控工作也在不断加强,对桥梁支座的动力性能的实验研究也正在兴起,以使桥梁支座更好地适应我国桥梁建设的需要。总的来说,目前我国桥梁支座的加工水平已达到或接近国际先进水平。

桥梁支座的作用在于:①传递上部结构的支承反力,包括恒载和活载引起的竖向力和水平力;②保证结构在活载、温度变化、混凝土收缩和徐变等因素作用下能自由变形,以使上、下部结构的实际受力情况符合结构的静力图式。它能将桥梁上部结构的反力和变形(位移和转角)可靠地传递给桥梁下部结构,从而使结构的实际受力情况与计算的理论图式相符合。

按其变位的可能性,桥梁支座可以分为固定支座与活动支座。固定支座传递竖向力和水平力，允许上部结构在支座处能自由转动但不能水平移动；活动支座则只传递竖向力，允许上部结构在支座处既能自由转动又能水平移动。活动支座又可分为多向活动支座（纵向、横向均可自由移动）和单向活动支座（仅一个方向可自由移动）。按材料，桥梁支座可以分为：简易支座、钢支座、钢筋混凝土支座、橡胶支座与特种支座（如减震支座、拉力支座等）。目前广泛运用的有三类支座：

（1）板式橡胶支座（图9.1-2）。板式橡胶支座已不是一项新的产品了，它自国外开始研制至今已有70多年的历史，可以说是一项比较成熟的产品，具有结构简单、加工制造容易、用钢量少、成本低廉、安装方便、较强的耐疲劳性等优点。目前板式橡胶支座在国内外桥梁上得到了广泛应用。板式橡胶支座从近几十年在公路桥梁上使用的情况来看，除了交通行业标准中规定的种类外，也出现过一些行业标准以外的品种，即所谓的“非标”的产品，这些产品的技术在可靠性和成熟程度上还值得进一步探讨。所以，在这里对板式橡胶支座的分类只能按交通行业标准规定的范围划分，按结构形式可分为：普通板式橡胶支座有矩形普通板式橡胶支座和圆形普通板式橡胶支座；四氟板式橡胶支座有矩形四氟板式橡胶支座和圆形四氟板式橡胶支座。

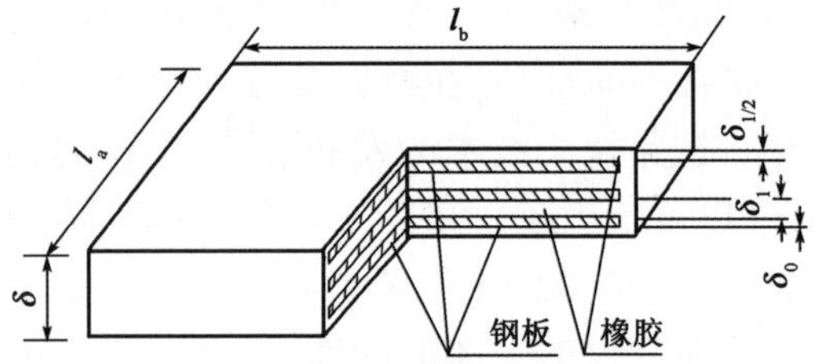

图9.1-2　板式橡胶支座构造图

（2）盆式橡胶支座。20世纪50年代末，国外开始研制并应用盆式支座，并于1959年在德国研制成功，而后在高速公路桥梁上使用，经较长时间的运营后，取得了较好的效果。盆式橡胶支座是在板式橡胶支座的基础上进一步改进的一种桥梁支座，是由滑动板与弹性橡胶块组合用以支承圆盆形支座。是以上顶板与滑动板的滑动来实现水平移动，采用密封的橡胶块来完成全方向的转动功能。图9.1-3为盆式橡胶支座构造示意图，工作原理是以上座板与聚四氟乙烯滑动板之间的滑动来实现水平移动，采用密封的橡胶块承压来完成全方向的转动功能。从前人盆式橡胶支座研究的实验数据来看，橡胶处于三向约束状态时，其抗压弹性模量比无约束时抗压弹性模量增大将近20倍，因此支座承载能力大大提高，解决了普通橡胶支座承载能力不足的问题。盆式橡胶支座以其承载吨位量大、水平滑动灵活、转角大、整体结构高度低、节省钢材等特点已成为我国公路和铁路桥梁主要的支座形式之一。

（3）球形支座。球型支座是在盆式支座的基础上发展起来的一种桥梁支座。早在20世纪70年代国外就开发和研制了球型支座，1988年我国也开始研制球型支座并开始用于工程实践，并于2000年完成国标的制定工作。球型支座的设计转角和承载力方面的适应范围都远比盆式支座大，所以进入90年代，球型支座在我国大跨径桥梁工程上得到了广泛的应用，并在2008年获得了国标的修订，同时有了新标准配套设计图纸。图9.1-4是球型支座示意图，球型支座是平面与曲面组合支承板式支座，球型支座是由下支座板（凹形底盆）、球冠衬板、上支座滑板、平面聚四氟乙烯滑板、球面聚四氟乙烯滑板（通常均简称四氟板）、密封圈和防尘罩等部件所组成。由支承板的平面部分的滑动完成水平移动，以平面与曲面部分实现转动功能的支座。如果将此类支座的曲面部分做成球面就变成全方向转动型支座，在我国称为球型支座；而做成圆柱面则变成单向型支座，通常可称之为摆柱支座。此类支座如果其曲面的曲率半径取得越小，就可以活动较大的转动量，这种支座的水平移动功能和转动功能取决于支承板和接触滑动材料的摩擦系数大小。所以,必须采用防尘和防护措施以防止其磨损和摩擦系统的增大。

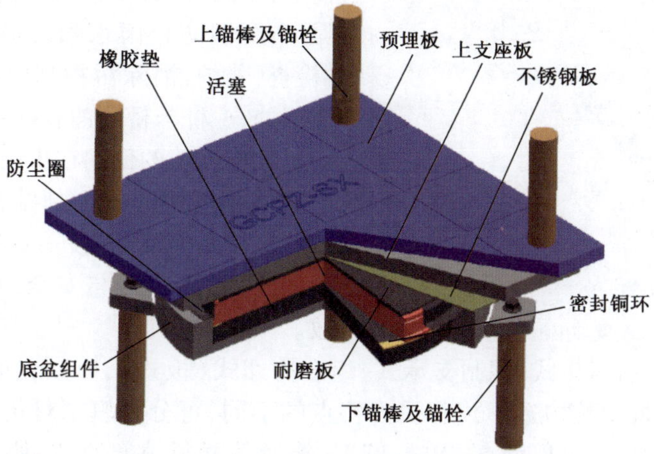

图9.1-3 盆式橡胶支座基本结构图

桥梁支座的布置原则为:

(1)对于有坡桥跨结构,应将固定支座布置在标高低的墩台上。

(2)对于连续梁桥及桥面连续的简支梁桥,为使全梁的纵向变形分散在梁的两端,宜将固定支座设置在靠近桥跨中心,但若中间支点的桥墩较高或因地基受力等原因,对承受水平力十分不利时,可根据具体情况将固定支座布置在靠边的其他墩台上。

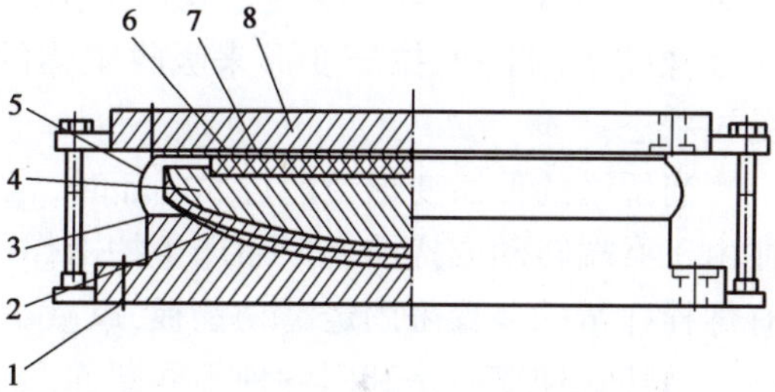

图9.1-4 球型支座整体结构图

1-下支座板;2-球面聚四氟乙烯滑板;3-球面不锈钢滑板;4-球冠衬板;5-密封装置;6-平面聚四氟乙烯滑板;7-平面不锈钢滑板;8-上支座滑板

(3)对于特别宽的梁桥,尚应设置沿纵向和横向均能移动的活动支座。对于弯桥则应考虑活动支座沿弧线方向移动的可能性。对于处在地震地区的梁桥,其支座构造还应考虑桥梁防震的设施,通常应确保由多个桥墩分担水平力。固定支座和活动支座的布置,应以有利于墩台传递纵向水平力为原则。

(4)对于桥跨结构,最好使梁的下缘在水平力的作用下受压,从而能抵消一部分竖向荷载在梁下缘产生的拉应力。

(5)对于桥墩,应尽可能使水平力的方向指向河岸,以使桥墩顶部在水平力作用下不是受拉。

(6)对于桥台,应尽可能使水平力的方向指向桥墩中心,以使桥台顶部受压,并能平衡一部分台后土压力。

9.1.2 桥梁伸缩缝

桥梁伸缩装置(图9.1-5)是设置于构成桥梁的两个梁体之间、梁体与桥台之间用于满足

图 9.1-5　桥梁伸缩缝

梁体因热胀冷缩所预留缝隙的连接装置。要求伸缩缝在平行、垂直于桥梁轴线的两个方向，均能自由伸缩，牢固可靠，车辆行驶过时应平顺、无突跳与噪声；要能防止雨水和垃圾泥土渗入阻塞；安装、检查、养护、消除污物都要简易方便。在设置伸缩缝处，栏杆与桥面铺装都要断开。

桥梁伸缩缝的作用在于调节由车辆荷载和桥梁建筑材料所引起的上部结构之间的位移和联结。斜交桥的伸缩装置一旦被破坏，将严重影响行车的速度、舒适性与安全，甚至造成行车安全事故。

桥梁伸缩缝一般有对接式、钢制支承式、组合剪切式（板式）、模数支承式以及弹性装置。对接式伸缩缝装置，根据其构造形式和受力特点的不同，可分为填塞对接型和嵌固对接型两种。填塞对接型伸缩装置是以沥青、木板、麻絮、橡胶等材料填塞缝隙，伸缩体在任何情况下都处于受压状态。该类伸缩装置一般用于伸缩量在 40mm 以下的常规桥梁工程上，但已不多见。嵌固式对接伸缩缝装置利用不同形态的钢构件将不同形状的橡胶条（带）嵌牢固定，并以橡胶条（带）的拉压变形来吸收梁体的变形，其伸缩体可以处于受压状态。也可以处于受拉状态。

当桥梁的伸缩变形量超过 50mm 时，常采用钢质伸缩装置。当车辆驶过时该伸缩装置往往由于梁端转动或挠曲变形而产生拍击作用，噪声大，而且容易使结构损坏。因此，需采用设有螺栓弹簧的装置来固定滑动钢板，以减少拍击和噪声，该伸缩缝的构造相对复杂。

剪切式伸缩缝是利用各种不同断面形状的橡胶带作为填嵌材料的伸缩装置。由于橡胶富有弹性且易于粘贴，又能满足变形要求且具备防水功能。在国内、外桥梁工程中已获得广泛应用。

板式橡胶制品这一类伸缩装置，很难满足大位移量的要求；钢制型的伸缩装置，很难做到密封不透水，而且容易造成对车辆的冲击，影响车辆的行驶性。因此，出现了利用吸震缓冲性能好又容易做到密封的橡胶材料，与强度高性能好的异型钢材组合的，在大位移量情况下能承受车辆荷载的各类型模数支承式（模数式）桥梁伸缩装置系列。

弹性体伸缩装置分为锌铁皮伸缩缝和 TST 碎石弹性伸缩缝，弹性体伸缩装置是一种简易的伸缩缝装置，对于中小跨径的桥梁，当伸缩量在 20 ~ 40mm 以内时可以采用 TST 碎石弹性伸缩缝装置。TST 碎石弹性伸缩缝装置是将特制的弹塑性材料 TST 加热熔化后，灌入经过清洗加热的碎石中，即形成了 TST 碎石弹性伸缩缝，碎石用以支持车辆荷载，TST 弹塑性体在 25 ~ 60℃条件下能够满足伸缩量的要求。

选择伸缩装置时需要考虑耐久性、平整性、排水性和防水性等因素。伸缩缝考虑耐久性时，必须根据公路的性质判断其耐久年限，因为对于伸缩缝来说容易破损的原因一般情况下并不是大交通量，而是重型车辆。因此，重型车辆的交通量大的高速公路，国家或省交通干线等，有必要选择耐久性好的伸缩装置，通常钢制型式的和采用整体成型的异型钢材组合的模数式伸缩装置的耐久性较好，且被广泛采用。一般来说，在施工时仔细控制组装的精度，牢固地固定,并采用先整体施工桥面,后切割桥面体,要安装伸缩装置的后嵌作法,就可以达到平整性良好的目的。绕城公路采用的万宝伸缩装置是无排水装置的。为保证其防水性,可合理地进行初始压缩和充分捣实两侧混凝土是极为重要的,为使条式橡胶密封带与钢材紧密连接,可以用黏质材料以提高其防水性能。

伸缩装置是桥梁结构中最薄弱的环节,由于伸缩装置直接承受反复的车轮荷载的冲击作用,即使是很微小的不平整在汽车荷载作用下也会使该处受到很大的冲击作用,在设计或施工中稍有缺陷和不足,就会导致其早期的损坏,因此伸缩装置也是桥梁最容易遭到破坏而失效的部位。伸缩装置的失效不仅直接使通行者感到不适,缺乏安全感,有时还会影响到桥梁结构本身的正常使用。

随着我国经济建设的发展,公路交通量急剧增加,公路上行驶车辆的行驶速度和车辆的轴重在不断增长,现有伸缩装置越来越难在满足桥梁设计要求同时满足人们对行车舒适性等的要求。曲线桥、悬索桥等由于气温变化、混凝土收缩徐变、载荷作用、风力作用等,在伸缩缝连接处容易形成水平夹角。另外大跨度桥梁由于自身的柔性以及公路车辆载荷的作用,同时因为两端墩台地基不同造成沉降不同,容易在伸缩装置处产生竖向折角。简支梁结构如遇支撑不均匀沉降,且在相邻两跨之间存在异向转角,线路在竖向会形成折角。同时T形钢构墩梁固结,不设支座,但若跨中设置有剪力铰或挂梁,在运营中剪力铰或挂梁处下挠,形成折角等,都不利于行车安全,对伸缩装置会造成较大冲击。因此,对伸缩装置的设计和构造应根据桥梁的位置、结构,桥梁支座的类型,桥梁的长度及当地的气候条件综合考虑合理选型外,还要对安装施工的程序和工艺进行严格控制,方能保证伸缩装置具有精确的定位和抵抗能力,满足桥梁运行的需求。

9.1.3　桥梁排水设计

桥梁桥面排水(图9.1-6)设计是桥梁设计的重要组成部分,也是桥梁工程实施的基础,桥梁桥面排水设计不但影响着桥梁的施工,还直接关系着桥梁的实用性。如果桥梁桥面排水设计存在问题,桥梁无法实现有效的排水,就会影响交通的安全性,并且会对桥梁的结构产生一定的影响,长此以往会导致桥梁结构病害的出现。从而严重影响桥梁的寿命及使用安全性。因此,明确桥梁排水设计技术,并对其中存在的问题进行有效的分析,进而找到提高设计效果的措施,以保障桥梁桥面排水设计的水平,促进桥梁工程质量的提升,保障桥梁的使用安全。

如今的桥梁普遍存在桥梁长度较长,纵坡变化较大的特点。因此,要做好桥面的排水工作,以保障车辆在桥面上的行驶安全,同时避免长期大面积的桥面积水导致的桥梁桥面结构损害。桥梁的排水设计是桥梁排水工作实施的基础。由于一般情况下桥面上的水会因为桥面的合成坡而向行车道的两侧排开,所以桥面必须要有足够的横向坡。一般情况下,桥面的泄水口设置在行车道的边缘,当雨水向泄水口汇集的时候可以通过泄水

图9.1-6　桥梁排水

口到达排水管道，以实现有效的排水。通常状况下，根据桥体设计的不同，可以将排水设计分为两种：①当桥体跨越相应的公路、铁路等交通道路时，排水设计一般会实现将桥面的水向纵向排水管中汇集的效果，然后在桥梁墩台处设计落水管，并与流入地面的排水设施相通，从而实现桥面的有效排水；②当桥体跨越相应的河流或者沟渠时，排水设计一般将水直接通过泄水管道进行排放，或者直接将雨水引导排泄。

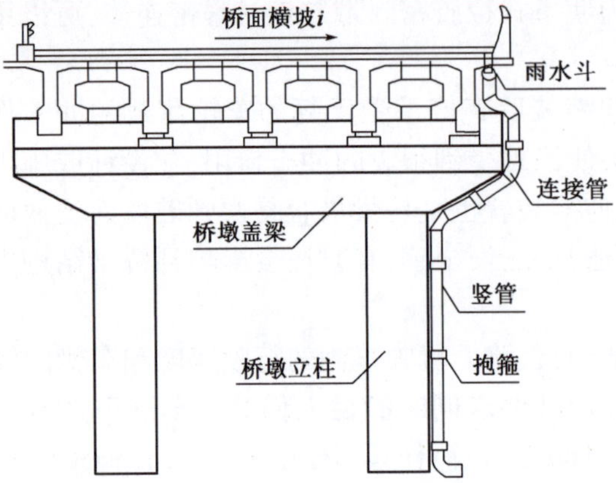

图9.1-7 常规的桥梁排水系统

公路桥面的积水由桥面排水系统汇集和排放，桥梁桥面排水系统一般由桥面雨水斗、连接管、竖管、纵向排水横管、抱箍组合安装组成。表面水首先依靠桥面横坡和纵坡组成的合成坡排向桥两侧，因而桥面应有足够的横向和纵向坡度。常规的桥梁排水系统如图9.1-7所示。

9.2 专用支座

9.2.1 高阻尼减隔震板式桥梁支座

用于公路、铁路桥梁梁体下方的板式橡胶支座以其阻尼特性好、承载力高的特性而被广泛应用。但普通板式橡胶支座（图9.2-1）是以承受垂直力的功能为主，水平力主要依靠摩阻力承担，通常只有垂直力的10%左右，在使用过程中容易因为地震水平力、车辆冲击力而产生较大的水平位移而产生破坏。而普通板式橡胶支座由于缺点明显，在高地震烈度区难以达到设计所要求的抗震效果，其结构必须加以改进。现有的抗震型支座造价高昂，难以在中小桥梁中普及使用。

高阻尼减隔震板式桥梁支座（图9.2-2）可解决现有的普通板式橡胶支座因较大水平力作用易产生位移破坏的问题。

图9.2-1 普通板式橡胶支座

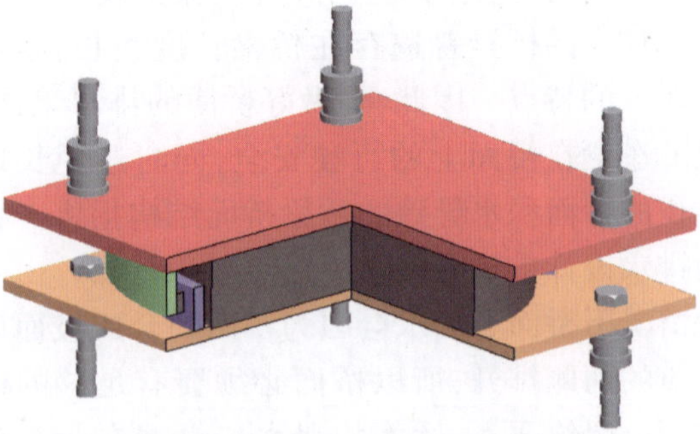
图9.2-2 高阻尼减隔震板式桥梁支座

高阻尼减隔震板式桥梁支座具有以下优点：

(1)支座顶面设置摩擦面，摩擦系数比传统支座增加一倍以上。

(2)支座自身设置限位装置，在水平力超过一定限值时，挡板与支座共同发挥作用。

(3)橡胶缓冲装置减小了结构动力反应。

(4)支座的抗剪切能力增加，并固定了支座位置，防止支座位置脱离。

9.2.2 桥梁用健康监测支座

桥梁用健康监测支座(图9.2-3)的基本目标为：

(1)支座竖向承载力监测：误差不超过5%，设计稳定工作寿命20年以上。

(2)支座水平滑动位移监测：误差不超过1%，设计稳定工作寿命15年以上。

(3)信号处理器：具备长期实时显示、预警、报警、数据信息下载等功能。

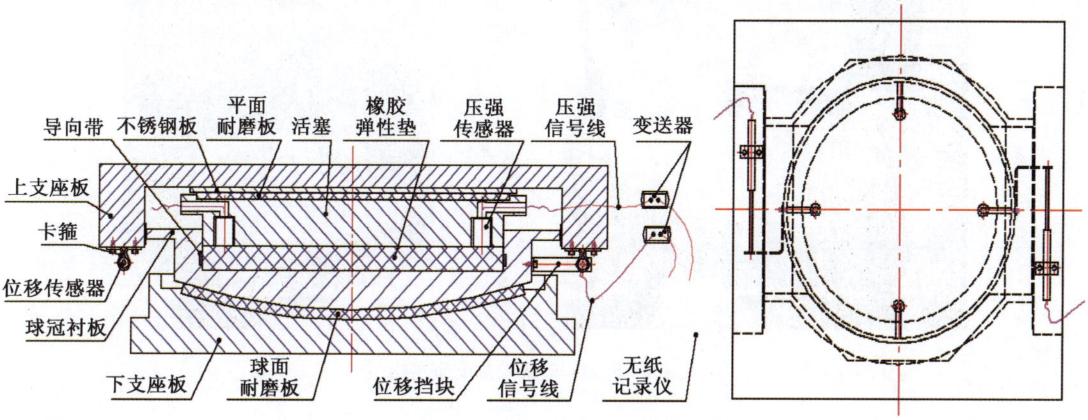

图9.2-3 桥梁用健康监测支座

竖向承载力监测技术(图9.2-4和图9.2-5)的方案原理在于：利用封闭腔体内部橡胶材料受压状态下呈液体状态并因此传递压强的特性，橡胶弹性垫作为力传递和压强信号采集的目标，它在封闭腔体内受压状态下可视为液体，根据液体帕斯卡定律，压强向四周传递，且各方向压强大小相同，球型支座、盆式橡胶支座的竖向承载力能通过压强转换而精确得到(支座竖向承载力=橡胶弹性垫的压强×活塞底面承压面积)，以此确保压强信号采集的准确度；橡胶材料表面被耐久性优越的硅油脂包裹，在封闭的环境中材料性能受外界的影响非常小，性能稳定，使用寿命长。

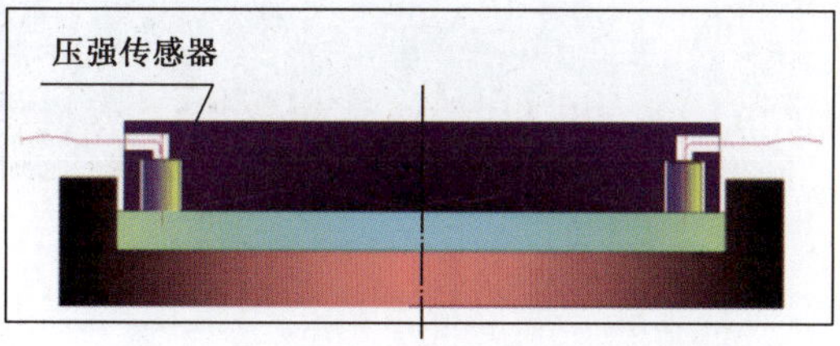

图9.2-4 竖向承载力监测技术基本原理示图

桥梁用健康监测支座的主要创新点包括：具备竖向承载力监测和水平滑动位移监测功能，并具有寿命长的特点，采用了压强测力原理精确测量支座的竖向承载力；适用于非直线型桥梁(例如：弯桥、匝道桥)以及复杂桥梁的监测(例如：斜拉桥、悬索桥)。目前桥梁用健康监测支座已成功应用于芜湖长江二桥主桥以及五里墩立交桥应急消缺工程中(图9.2-6和图9.2-7)。

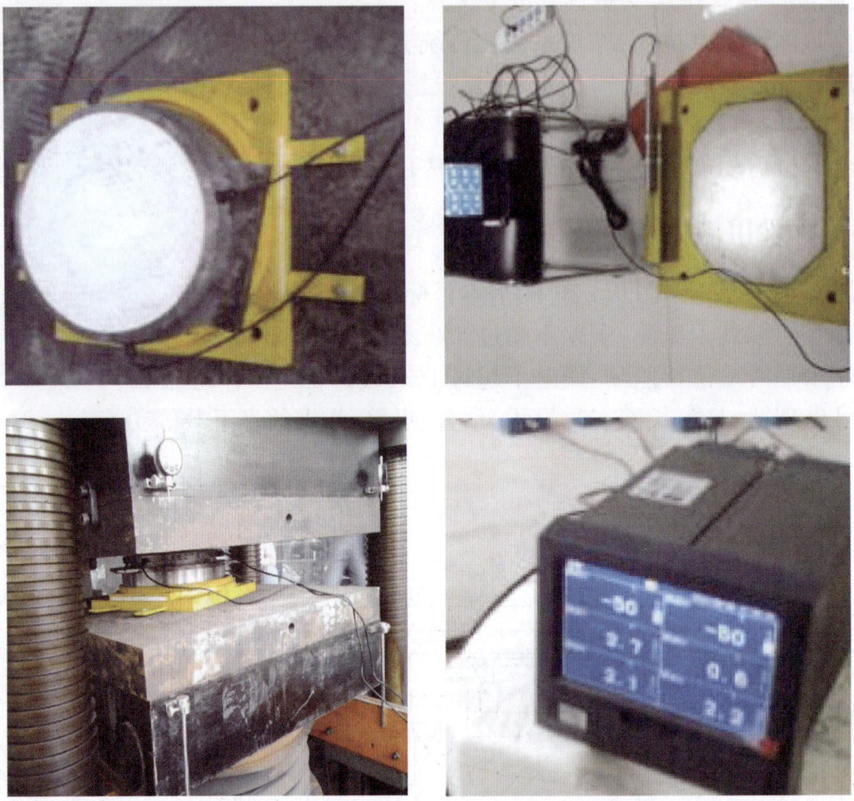

图 9.2-5　桥梁用健康监测支座实物图

图 9.2-6　桥梁用健康监测支座实物图

图 9.2-7　五里墩立交桥应急消缺工程

9.2.3　波浪形弹塑性钢阻尼支座

“减隔震技术”是指通过采用减隔震装置尽可能地将结构或部件与可能引起破坏的地震地面运动或支座运动分离，大大减少传递到上部结构的地震力和能量，使地震作用下大部分能量集中于减隔震装置，降低下部结构的延性需求和所承受的惯性力。

以在桥梁抗震中采用减隔震支座为例，采用这种新技术，一方面提高了桥梁结构的抗震性能,另一方面也降低了造价,甚至在有些情况下,采用这些抗震技术是解决实际桥梁结构抗震问题的唯一有效途径。

波浪形弹塑性钢阻尼支座(图9.2-8)应桥梁抗震需求随即出现,其特点在于:多级设防、协同抗震;弹塑性钢阻尼支座创造性的采用波浪形结构,结构紧凑,耗能及疲劳性能优异;维护成本低。

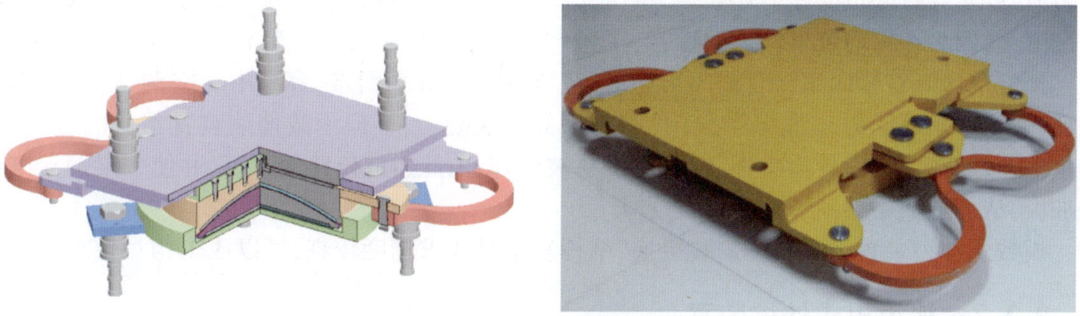

图9.2-8　波浪形弹塑性钢阻尼支座

试验数据表明:钢阻尼支座滞回曲线饱满,整体呈“梭形”,具有良好的双线性特征及滞回稳定性(图9.2-9和图9.2-10)。

图9.2-9　疲劳试验仪器

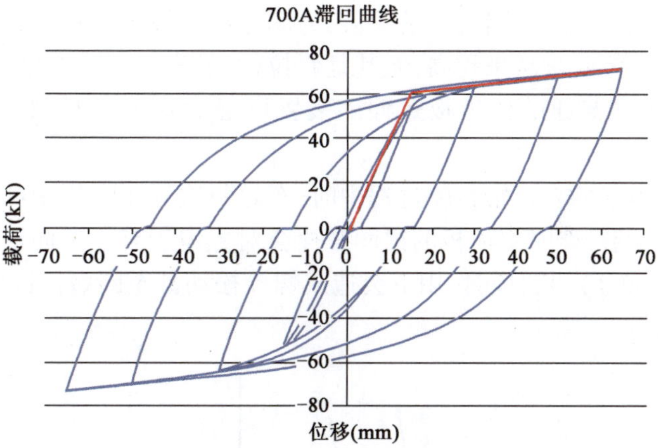

图9.2-10　钢阻尼器滞回曲线

9.3　专用伸缩缝

目前,我国常用的桥梁伸缩装置按照体系可以分为:

(1)模数式桥梁伸缩装置。

(2)梳齿板式桥梁伸缩装置,如普通梳齿板式桥梁伸缩装置、单元式多向变位梳齿板桥梁伸缩装置、模块化多向变位梳齿板式桥梁伸缩装置等。科技在发展,伸缩装置的结构、性能也在不断发展。

9.3.1 型钢(模数式)伸缩装置

型钢(模数式)组成的伸缩装置是由每道不超过80mm间隙的型钢组合而成。当桥梁同时处于水平、竖向及扭动变位时,中梁与支承梁形成夹角,桥梁伸缩的纵向力与支承梁运动方向形成夹角,中梁在扇形变位状态下发生塑性变形,中梁与边梁产生严重拉脱损坏,支承梁运动阻力剧增,导致限位支座剪切断裂,承压支座及其他构件被挤磨破损。由于存在间隙,车辆经过时,会因为冲撞而产生较大的噪音,在城市使用会影响居民的正常生活。

预留槽内既有锚固箱又有锚固钢筋,给浇筑混凝土带来困难,容易出现空洞、密实度不易保证、强度不足等问题。尤其是处于位移箱下部的混凝土,不但承载伸缩装置本身的重量,还需承担运载车重,应力较为集中,在使用中易被压碎,由此造成位移箱下沉,并使中梁钢支撑跨径加大,从而造成中梁断裂。

模数式伸缩装置因需整体安装更换,结构复杂且要求精度较高,所以成本相对较高。

9.3.2 梳齿板式伸缩装置

梳齿板式伸缩装置由预埋在梁体或桥墩端部的连接件和固定的主齿板和副齿板构成。桥梁在使用过程中,当梁体与梁体或梁体与桥台间产生水平位移变化时,梳齿板式伸缩缝可以通过主齿板与副齿板间的移动满足要求。梳齿板式伸缩装置以其优越的性能得到了广泛应用,但在长期的使用过程中也发现了很多问题。

随着高速公路的不断发展,为满足高等级公路和大跨径桥梁建设的需要,对伸缩装置的性能和安装要求越来越高,尤其是斜拉桥、悬索桥等大跨度桥梁更加突出。同时测量载重不断增加,造成普通的梳齿板式伸缩装置已经无法满足桥梁的多方变位要求,在使用过程中不断损坏。

当车辆在正常行驶过程中时,车轮每次碾压齿板中部,主齿板都会以两侧缝的边角为支点发生变形,此时主齿板的锚固螺栓会对主齿板有一个向下的约束力,致使螺栓受到一个上拔力(图9.3-1),长时间作用下会造成螺栓松动甚至断裂。同时,齿板长期振动拍打下部钢板会产生噪声。

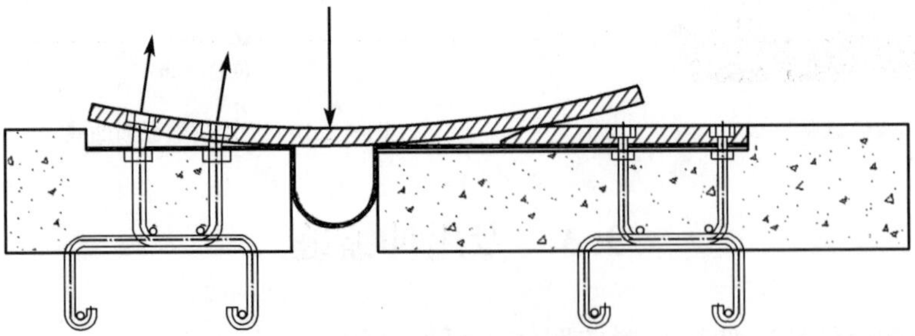

图9.3-1 普通梳齿板伸缩装置受力示意图

类伸缩装置采用两排锚栓将装置固定在梁体桥面上。当梁体两端出现高低变化不同时,普通梳齿板式伸缩装置的梳齿板会出现一端悬空或一端随梁而翘起的现象(图9.3-2),在车辆的不断碾压过程中,齿板上下震荡,主齿板受弯与桥面接触产生噪声,车辆碾压后产生梳齿断裂,锚固拉脱等现象。当在载荷不断作用下,装置极易弯曲变形、梳齿易折断,造成交通事故。

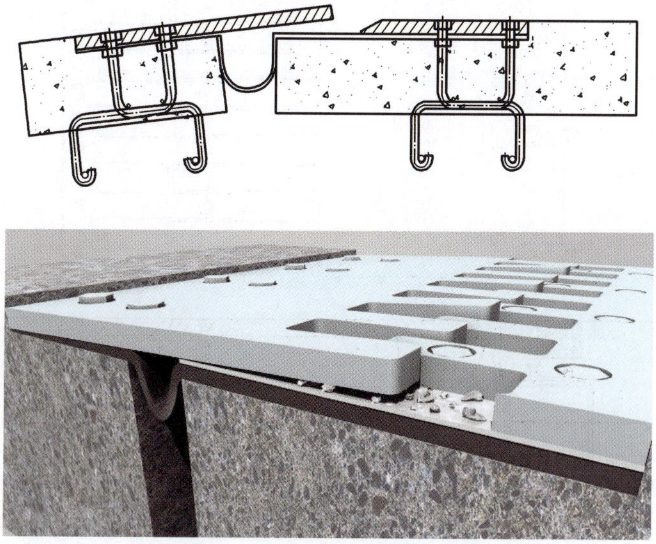

图 9.3-2 竖向折角高差示意图

梳齿板底部的橡胶板在车辆通过时易发生变形,造成垃圾侵入梳齿板底部,导致梳齿上翘,不锈钢板破裂,锚固螺栓弯曲折断。同时车辆不断碾压橡胶板容易造成损坏,使齿板脱空,螺栓松动。

9.3.3 多向变位伸缩装置

为了解决普通梳齿板伸缩装置的弊端,设计人员不断创新,成功研发了多种的多向变位伸缩装置,例如设有转轴的 RB 模块伸缩装置,设有曲面滑块的 MS 模块伸缩装置等,他们都是在现有齿板上增加了转动机构,来实现梳齿板伸缩装置的竖向折角,以满足桥梁两端高低不同变化的需求。

该装置在主齿板端部设置了能够满足竖向转动的横向转轴,并用上、下支座(合页)卡住转轴,当梁体承受荷载或梁体两端高低有变化时,通过转轴发生竖向转动(图 9.3-3)。

主齿板端部通过转轴承载竖向力,限制上下和水平位移,在转轴的内侧,设有一排具有弹性功能的锚固螺栓,通过这排螺栓的弹性施加预应力来满足主齿板齿端与梁体另一端的贴合,解决齿板悬臂的现象(图 9.3-4 和图 9.3-5)。

但这样会造成齿板长期处于受力状态,由于应力集中,容易在齿根处造成齿板断裂。同时由于螺栓只能设置在锚固端,距离转轴较近,力臂较小,很难起到有效作用。

9.3.4 磁力减震降噪多向变位伸缩装置

磁力减震降噪多向变位伸缩装置首次将永久磁铁引入到伸缩装置领域。在主齿板跨缝两端分别设置有永久磁铁,依靠永久磁铁给伸缩装置一个柔性的竖向力的作用。当梁体与梁体或梁体与桥台间产生垂直高差时,永久磁铁吸附主齿板使之与路面有效贴合,保证桥面的平整

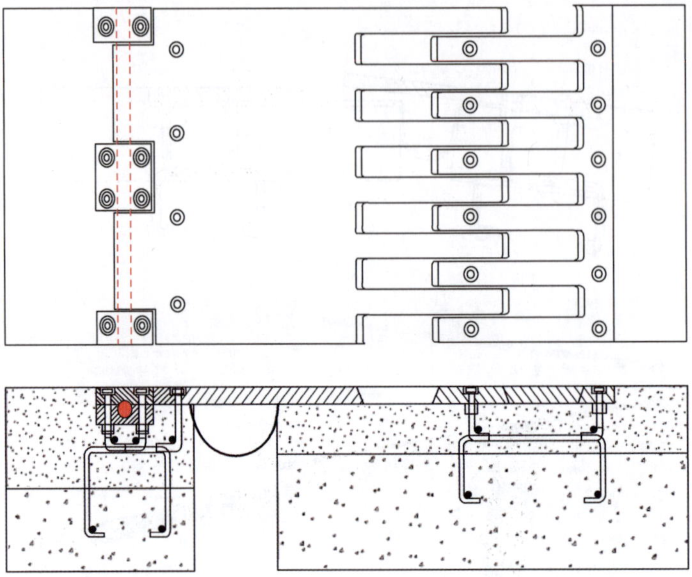

图 9.3-3　多向变位伸缩装置示意图

图 9.3-4　预应力螺栓示意图

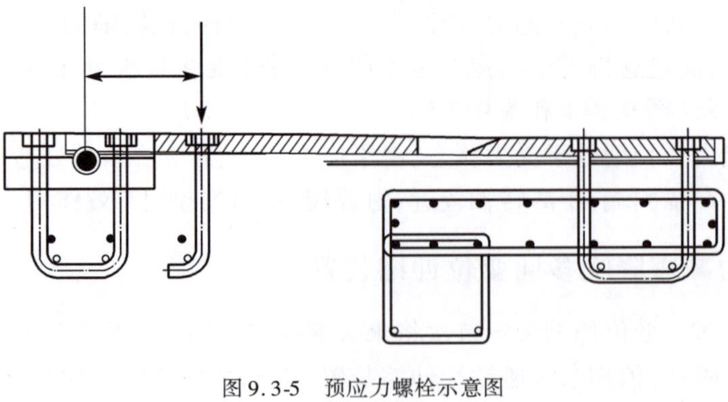

图 9.3-5　预应力螺栓示意图

性。不会在车辆通过时由于齿板的上下震动而发出噪音,保证行驶的安全和舒适性,延长伸缩装置的使用寿命。安全降噪,安装更换方便,更有效地保证了桥梁的正常使用及变位要求。产品结构如图9.3-6~图9.3-8所示。

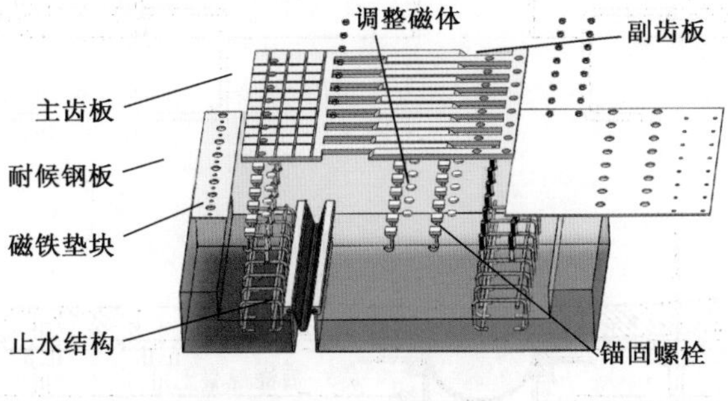

图9.3-6 结构爆炸图

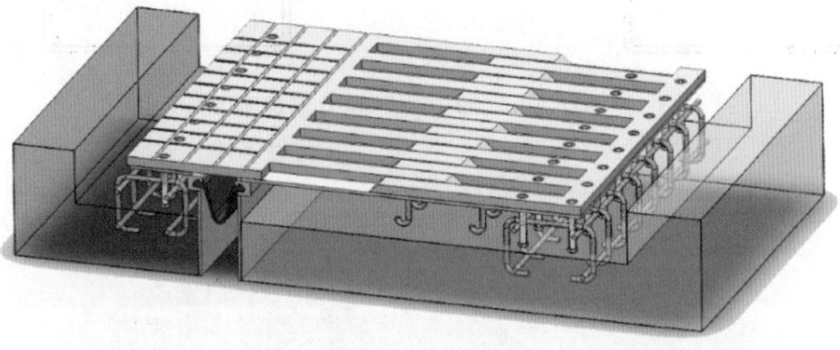

图9.3-7 组装示意图

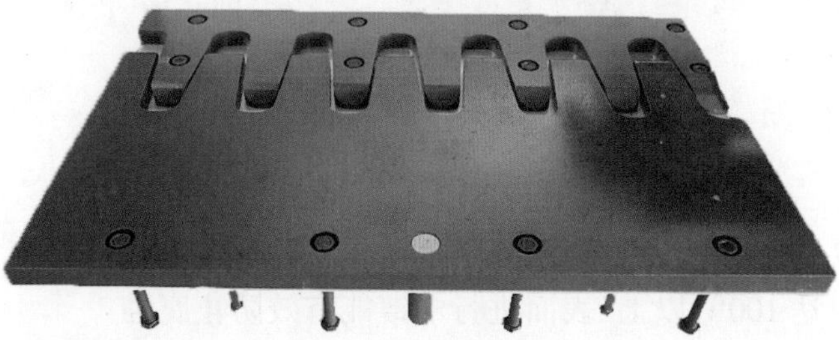

图9.3-8 实物图

车辆在路面正常行驶过程中,车辆载荷作用在齿板中部,造成齿板受弯,两端翘起。磁力减震多向变位伸缩装置以永久磁铁取代锚固螺栓的硬性连接,不会对螺栓造成损害,同时给齿板一个柔性的向下吸附力,减小齿板的振动,防止噪声的产生。具体结构及受力图如图9.3-9所示。

伸缩装置所采用的是第三代稀土永磁钕铁硼(NdFeB)(图9.3-10),也是当代磁铁中性能最强的永磁铁。他的最大磁能积是氧化铁的5~12倍,是铝镍钴磁铁的3~10倍;他的矫顽力相当于铁氧体磁铁的5~10倍,是铝镍钴磁铁的5~15倍,其展现的磁性能极高,能吸起相当于自身重量640倍的重物。

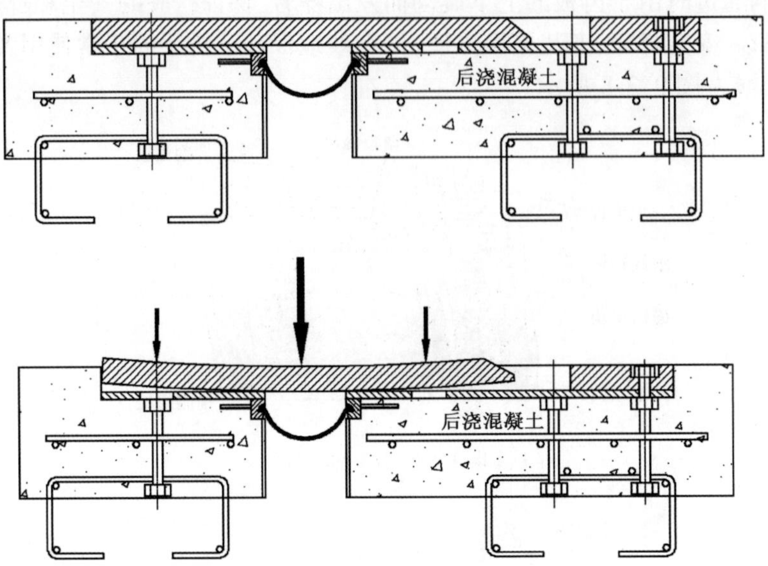

图 9.3-9　伸缩装置受力示意图

图 9.3-10　钕铁硼永久磁铁

由于钕铁硼磁铁的原矿非常便宜，稀土钕储量较高，所以价格相对便宜，同时经过特殊处理其最高工作温度可达 100℃以上，表面进行电镀能有效防止腐蚀。

伸缩装置依靠锚固螺栓上下设置的特制橡胶垫来顺应竖向转角功能，因为采用单排螺栓，所以锚固螺栓位置即为转动支点，即使竖向转角较大，但橡胶垫离支点很近，所以微小变形即能实现较大转角。主齿板依靠永久磁铁进行竖向限位，可实现竖向位移变形，其变形后通过减震橡胶垫来实现螺栓部分的转角要求，以此顺应齿板的变形，防止螺栓受弯损坏。同时转轴位置设置有永久磁铁，锚固螺栓拧紧即可，无须施加预应力就能有效保证竖向拉力的实现，如图 9.3-11、图 9.3-12 所示。

另外，以前的伸缩装置采用螺栓连接，在齿板上造成通孔，这就造成齿板与锚固螺栓存在一定间隙。在制动力的作用下，容易造成齿板滑动。而磁力减震降噪多向变位伸缩装置中心设置销轴连接，与齿板配合间隙小，既能限制齿板顺桥向滑动，也能保证齿板沿此轴进行水平转动，如图 9.3-13 所示。

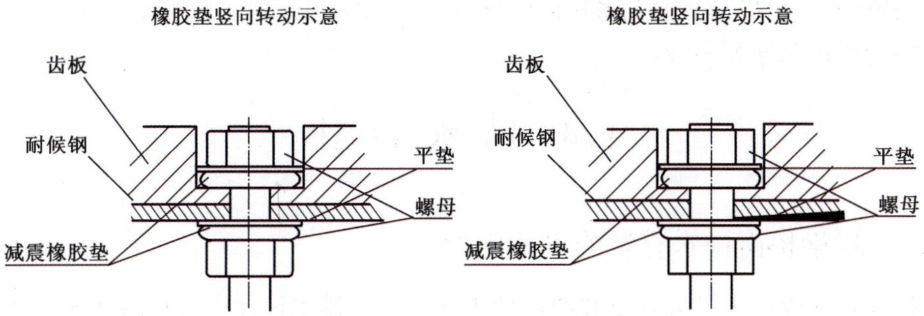

图9.3-11　橡胶垫竖向转动示意图

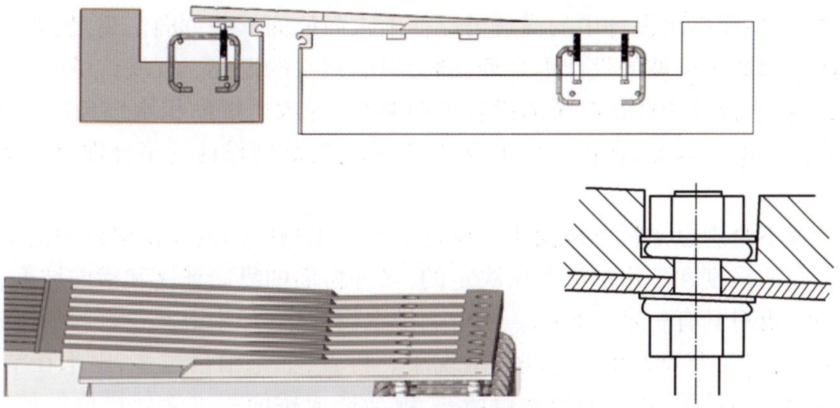

图9.3-12　竖向高差作用示意

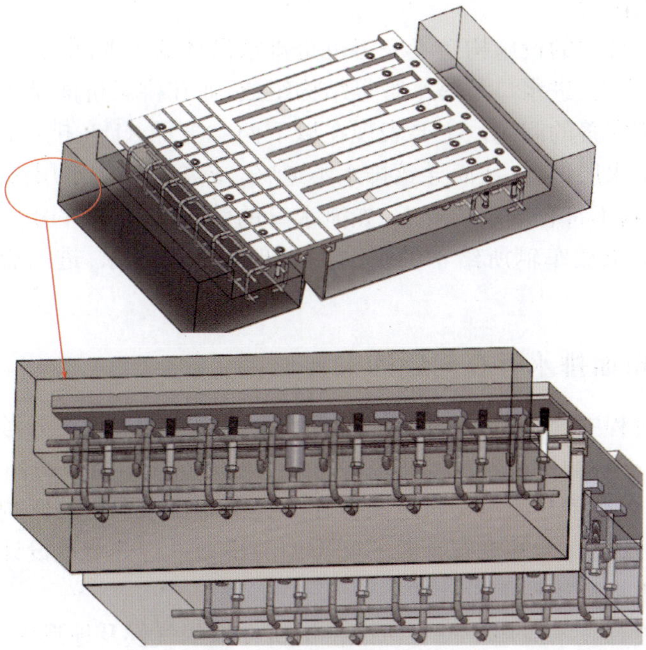

图9.3-13　销轴示意图

伸缩装置的平面纵桥向伸缩、横桥向位移及转角的实现原理同普通梳齿板伸缩装置相同，依靠齿板间的穿梭及间隙实现。

9.4 排水设计

9.4.1 桥梁桥面排水存在的主要问题

桥梁桥面排水设计中纵坡及横坡的设计不够合理是排水设计中常见的问题。桥面的横坡和纵坡的大小对排水的通畅程度有直接的影响，如果是纵坡设计的太小，则会导致桥面的雨水因为流速比较缓慢而增加汇流的时间；而如果是纵坡过大，则会导致雨水口的截留率较小，不利于排水。同时，桥面排水设计中的横坡可以使雨水向桥面低的方向汇集，从而促使雨水在泄水口集中排放。而如果横坡的设计不合理，则会影响雨水的汇集。在城市中的高架桥，往往由于桥体过长，在排水设计中往往将桥面设置为凹曲线，导致严重的积水现象的发生，对桥面的排水产生不利的影响。因此，在桥面排水设计中，桥面的坡度设计的不合理会严重影响排水的效果。

泄水口设置不合理也是桥梁桥面排水设计中经常出现的问题。桥梁桥面泄水口之间的距离往往是由降雨的强度和汇水的面积所决定的，另外桥面的纵向坡度和横向坡度，以及泄水管道的泄水能力等也对其有一定的影响。在桥面排水设计中，如果泄水口之间的距离比较大，或者泄水口的数量较少，会导致桥面出现积水现象。再者，如果雨量过多，雨水在清扫公路之后各种垃圾会在泄水口堆积，进而向泄水口堵塞，就会造成桥面积水无处排放的情况，进而使得积水对桥面造成一定的损害，对交通造成一定的影响。而其原因，便是在泄水口的设计中，没有有效的排水方法相配合。

桥梁桥面排水设计中的设施构造不完善也是排水设计的重要问题。桥梁的桥面排水系统一般由排水管、排水盲沟、进水口及落水管等结构组成，而在桥梁桥面排水设计当中，往往会出现相应设施的构造不完善的问题。主要表现在以下两个方面：①在排水设计中忽略了进水口和碎石盲沟周边的防水层设计，从而导致排水不通畅，或者导致防水层渗水，影响了桥梁排水的有效性；②相关材料不符合既定的要求，如泄水管的管口及管盖所用的材料强度较差，即会因在桥梁使用中无法承载车辆所给予的负荷而出现损坏的现象，进而影响排水设计的使用效果。

9.4.2 桥梁桥面排水存在问题的主要原因

桥梁桥面设计过程中，没有对桥梁桥面在排水上的特殊性进行充分考虑，从而导致设计存在问题。例如，在立交桥的桥梁桥面的排水设计上，没有考虑立交桥的外部轮廓、外形上下直接存在的关系，以及立交桥与周围建筑之间存在的关系对排水产生的影响，在选择立交桥的外形上不合理，而在排水设计上并没有针对不同类型的桥型进行针对性设计，从而造成了诸多设计不合理的问题出现在桥梁桥面设计中。

桥梁桥面排水设计技术应用中没有考虑桥梁所在地的气候及地形因素也是导致设计存在问题的原因。由于不同地区的全年降雨量不同，降雨的季节性及降雨强度也不同，因此对于不同地区的桥梁桥面排水设计如果不考虑当地的气候特点，会出现设计不合理的现象。另外，地形因素对桥梁的排水设计也有影响，如果没有考虑地形因素的影响也会导致设计中存在问题。

设计人员的设计技术能力不足是导致桥梁桥面排水设计问题的主要原因：①设计人员在进行桥梁排水设计之前没有对桥梁所在地区的环境及桥梁周围的地理信息、桥梁需求信息等进行仔细的调查分析，从而影响设计的效果；②设计人员之间缺乏有效的沟通，导致排水设计与其它设计环节出现脱节的现象，影响设计的合理性；③设计人员的能力有限，在设计之前缺乏相关的培训，导致设计问题的出现。

9.4.3　提高桥梁桥面排水设计技术应用效果的措施

9.4.3.1　科学设计

充分考虑各种因素对桥面排水的影响是避免桥梁桥面排水设计问题的重要措施。

(1)在充分考虑实用性及排水方便性的基础上进行排水管道的科学设计。

(2)充分考虑桥梁的类型及桥梁所在地的环境地理因素，以确保桥梁排水设计的合理性。

(3)在进行桥梁桥面排水设计时，对于桥面排水管的设计，应充分的考虑安全性因素。

9.4.3.2　改进排水系统

结合桥梁断面的形式进行设计是促进桥梁桥面排水设计合理性的基础。由于在城市桥梁的下方会有人行道的设计，在人行道下方会设置电力电信的排管空间，为了避免雨水渗到排管里面，在设计时要使人行道高出路面的桥梁桥面的车辆行驶道面，并且进行必要的隔挡设置。另外，还要根据断面的形式进行隔离墩及绿化带的设计，以有效地促进雨水排除及防止雨水汇集。

9.4.3.3　细节处理

细节处理是桥梁桥面排水设计合理与否的关键。

(1)针对下水道容易被垃圾堵塞的情况，在排水设计中尽量在泄水管的管口设计管盖，泄水管道向竖直方向埋设比较合理。如果是进行水平布设，则要避免横坡过小及管道过长的状况，以保持水流快且通畅。

(2)对于垃圾堵塞泄水口的情况，可以设计雨水篦配合泄水管进行排水处理，在对雨水篦进行设计时可以将其和花岗岩黏到一起，以避免雨水篦被盗的情况，保障排水的效果。

9.4.3.4　设计技术能力培养

加强设计人员的设计技术能力培养是促进桥梁桥面排水设计合理化的保障。

(1)要监督设计人员对相关的环境地理资料进行考察分析，并听取设计人员的设计想法，确保设计人员的设计充分地考虑了其他因素的影响。

(2)组织设计人员进行有效的沟通，以促进设计的合理性。

(3)在桥梁设计之前，对设计人员进行相关的培训，在使其对设计技术进行熟悉的同时，也对排水设计所应该注意的事项进行阐述，以促进设计的合理性。

第10章　组合结构桥梁制作与安装

10.1 概　　述

组合桥梁使用的材料以及安装应满足现行《公路桥涵施工技术规范》(JTG/T F50—2011)的相关规定。钢梁涂装材料应具有良好的附着性、耐蚀性,具有出厂合格证和检验资料,并符合耐久性要求。现浇桥面板宜采用无收缩混凝土,膨胀剂的掺量应以混凝土28d体积保持不变为原则,并根据试验确定。施工前应根据组合桥梁结构特点和受力特性确定施工程序和工艺,防止桥面板开裂。钢梁加工制作应满足以下要求:

(1)钢梁加工制作时,制造厂应对设计图纸进行工艺性审查。

(2)制造厂应依据设计图纸的文件内容绘制施工图并编制制造工艺等文件,并应报请监理工程师审批。

(3)制造厂在熟悉和校核全部设计图纸后,应根据设计图纸的内容和要求,结合钢箱梁的接头形式,进行焊接工艺评定试验。

(4)根据焊接工艺评定报告制定焊接工艺规程并报请监理工程批准。

(5)钢桥制造应根据施工图和制造工艺文件进行。

(6)对钢梁产品的各单元件都必须进行全面的质量管理,下料、零件制作、组装、焊接、矫形、探伤、涂装等都必须记录在案,并得到监理工程师认可。

(7)当需要修改设计时必须取得原设计单位的同意,并签署设计变更文件。

(8)钢结构应采用工厂制作。钢主梁不宜采用工地焊接连接。

(9)湿接缝连接钢筋的安装应避免与焊钉冲突。

(10)对开口槽型梁,应预留腹板之间的临时剪刀撑连接板件、临时吊点设施等。

10.2　组合结构桥梁的钢结构制作

本节以河北曲港高速南水北调大桥的引桥(工字梁—混凝土组合梁桥)为例,介绍工字钢梁的加工步骤。

10.2.1　工字梁加工制作流程

工字梁加工制作流程如图10.2-1所示。

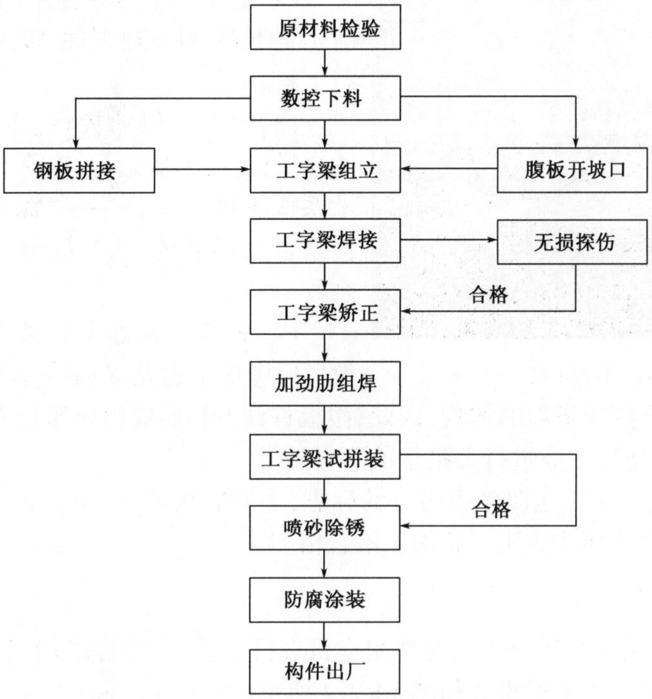

图 10.2-1　工字梁加工制作流程

10.2.2　工字梁加工制作步骤

10.2.2.1　材料复验

复验的主要材料有：钢板(Q345D)、角钢(Q235B)、焊接材料、剪力钉、高强度螺栓、油漆等。所有进厂材料必须按有关标准规定进行材料复验，复验合格后方可使用。

10.2.2.2　数控下料

(1)零件下料采用数控火焰切割机及数控直条切割机进行切割加工，切割质量应符合表 10.2-1要求。数控下料如图 10.2-2 所示。

切割质量要求　　表 10.2-1

项　　目	允许偏差	备　　注
零件宽度，长度	±2.0	
切割面平面度	0.05T，且不大于 1.5	T 为板厚
割纹深度	0.2	
局部缺口深度	1.0	
与板面垂直度	不大于 0.025T	
条料侧弯	不大于 3mm	

图 10.2-2 数控下料

(2)对工字梁的翼板采用直条切割机两面同时垂直下料,对不规则件、腹板采用数控切割机进行下料。

(3)对工字梁的翼板、腹板的长度加放适当的余量,宽度不放余量;在深化的下料图中,其尺寸系按净尺寸标注——"深化图中尺寸不含任何余量",准备车间下料时应按工艺要求加放余量。

(4)腹板下料首先要满足精度的要求,腹板放样时考虑了道路纵向线型及预拱度,另外翼缘板的板厚变化处也在腹板下料时体现,因此,腹板首件下料后应组织质检人员对腹板的下料精度进行验收,验收合格后方能进行大批量的下料施工。

(5)腹板下料完成后应立即采用明显的标志,表明腹板的上、下方向及前后方向,避免组装翼缘板时因方向搞错而造成工字梁加工不合格。

10.2.2.3　工字梁组立

(1)工字梁的组装采用工字梁流水线组立机进行组装,定位焊采用气保焊,定位焊缝尺寸和间距满足规范要求。工字梁组立如图 10.2-4 所示。

(2)工字梁组立前对腹板采用半自动火焰切割机对腹板进行开坡口;组立前对坡口及翼缘组立位置进行打磨处理。坡口打磨如图 10.2-3 所示。

(3)工字梁在进行组装定位焊时,母材上不允许有电弧擦伤,定位焊咬边应在 1mm 以内。

(4)工字梁翼板与腹板对接焊缝应错开 200mm 以上,以避免焊缝交叉和焊缝缺陷应力集中。

(5)工字梁翼板与腹板之间的组装间隙 $\Delta \leq 1$mm。

图 10.2-3　坡口打磨

10.2.2.4　工字梁焊接

(1)工字梁腹板与翼缘板之间的焊接在龙门埋弧焊机上进行。工字梁上龙门焊之前先用 CO_2 气体保护焊进行人工打底。工字梁的焊接及矫正如图 10.2-5 及图 10.2-6 所示。

(2)工字梁焊接人员持证上岗,焊接前进行焊接工艺试验。

(3)焊接完成后按相关标准进行外观检验及无损探伤检验,本工程融透焊缝主要有以下两种形式:一是所有的钢板对接焊缝;二是工字梁腹板与上下翼缘板的 T 形对接焊缝。以上两种形式焊缝要严格控制其质量,保证焊缝合格率。

a) b)

图 10.2-4 工字梁组立

图 10.2-5 工字梁焊接

图 10.2-6 工字梁矫正

10.2.2.5 工字梁矫正

工字梁焊接完成并检验合格后在翼缘矫正机上进行工字梁矫正(图 10.2-6)。矫正完成后翼缘板垂直度偏差满足允许偏差。

10.2.2.6 加劲肋组焊

(1)工字梁矫正完成后,将工字梁平放组焊腹板竖向及横向加劲肋(图 10.2-7)。

(2)加劲肋焊接采用二氧化碳气体保护焊,加劲肋焊缝形式为双面贴角焊。12mm 厚加劲板焊脚高度不小于 8mm,16mm 厚加劲板焊脚高度不小于 10mm。

10.2.2.7 工字梁试拼装

(1)工字梁在车间加工成分段后,倒运至车间外龙门吊下方场地上进行预拼装。预拼装前进行拼装胎架的制作,拼装胎架设置的位置及标高按相应的图纸制作,胎架应具有足够的强度、刚度及稳定性。工字梁分段如图 10.2-8 所示。

a)

b)

图 10.2-7　加劲肋组焊图(尺寸单位:mm)

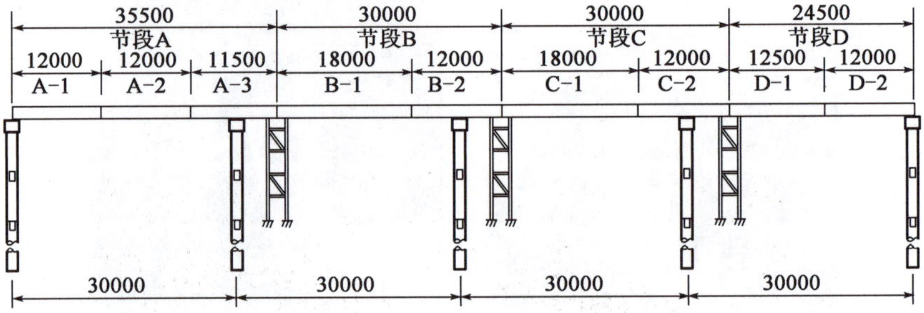

图 10.2-8　工字梁分段示意(尺寸单位:mm)

(2)工字梁分段在胎架上拼装完成后,进行横向联系及底平联的安装,小构件安装时保证安装尺寸符合设计要求。

(3)待整联钢梁预拼装完成(图 10.2-9)后,进行大节段高强螺栓连接位置的螺栓孔配钻。对高强螺栓连接摩擦面应进行处理,出厂时要求摩擦系数不小于 0.55,现场安装后应不小于 0.45。处理后的高强螺栓连接摩擦面采取措施保护,防止沾染脏物和油污。摩擦面应保持干燥,不得在雨中作业。

(4)栓接结构的栓接部位摩擦面底涂,可采用无机富锌防锈防滑涂料;栓接结构的栓接部位外露和螺栓头部,在现场涂装前应进行清洁处理。对螺栓头部和栓接部位外露底漆层清洁处理后,按设计涂装体系处理。

(5)工字梁预拼装完成后,进行剪力钉的焊接。剪力钉焊接前,清除上翼缘板表面的铁锈等污物,且上翼缘板表面不得涂装。焊接后焊钉做弯曲试验,用大锤打击焊钉圆柱头,使焊钉弯曲成 60°,其焊缝和热影响区不得有肉眼可见的裂纹。

10.2.2.8　喷砂除锈

为保证结构的使用寿命足够,钢结构必须防腐,防腐目标时长为 20 ~ 25 年。钢梁表面应喷砂除锈(图 10.2-10)露出金属本色,除锈质量要达到 Sa2.5 级。

图 10.2-9　工厂试拼装

图 10.2-10　喷砂车间

10.2.2.9　防腐涂装

防腐涂装根据施工条件选择喷涂方式、工艺等，并参照《公路桥涵施工技术规范》（JTG/T F50—2011）、《公路桥梁钢结构防腐涂装技术条件》（JT/T 722—2008）等有关规定执行。钢结构外表面涂层体系见表 10.2-2。

钢梁涂装要求　　表 10.2-2

配套编号	腐蚀环境	涂层	涂料品种	道数/最低干膜厚度（μm）
S06	C5-1	底涂层	环氧富锌底漆	1/60
		中间涂层	环氧云铁中间漆	（1～2）/120
		面涂层	聚硅氧烷面漆	2/100
		总干膜厚度		280

高强度螺栓连接处，必须经过喷砂处理，进行防腐处理；与混凝土接触的钢表面及剪力钉表面不喷漆。

10.3　钢结构加工与连接

10.3.1　波形钢腹板的加工

10.3.1.1　波形腹板弯曲成形技术

目前工厂常规生产方式：单波弯曲成型，采用大吨位油压机、专用组合模具，可以生产单波成型，最大波宽 1600mm，波长达 8.5m，厚度 25mm 的波形腹板（图 10.3-1 和图 10.3-2）。

图 10.3-1　单波一次成形设备和工装

图 10.3-2　单波一次成形压制过程

10.3.1.2　多波连续成形技术

采用特殊的油压设备和工装模具，进行数控连续送料和连续成形压制，可制作出若干个连续波形腹板模块，理论上可以无限连续。这种生产工艺，波长受设备的宽度限制，目前工厂可以生产波长不大于 2500mm 的等截面连续波形腹板梁板。特点是效率高，生产快，质量好。特别针对中小跨径梁型非常实用。难点是采用专用的设备和工装以及工艺配合才可以生产出合格的连续梁（图 10.3-3 和图 10.3-4）。

图 10.3-3　多波连续成形设备和过程

图 10.3-4　多波连续成形钢腹板

10.3.1.3　翼缘板成形技术

翼缘板成形下料采用数控等离子切割机断续下料。组对、焊接考虑反变形，焊接采用变位机和埋弧自动焊相结合的焊接工艺（图10.3-5～图10.3-8）。

图10.3-5　PBL连接件下料

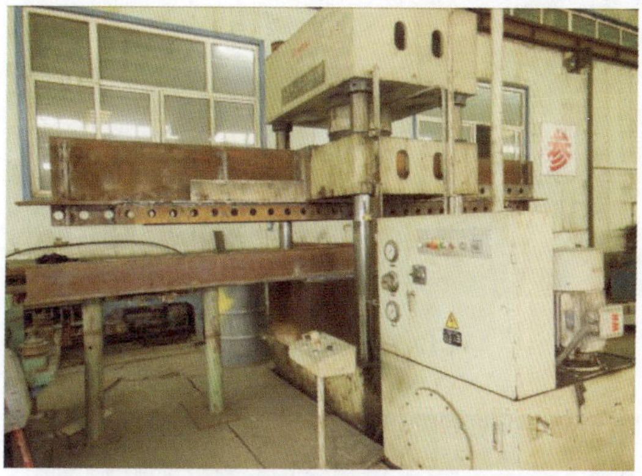

图10.3-6　翼缘板矫形与组对

图10.3-7　翼缘板打底焊

图10.3-8　翼缘板变位、埋弧焊接

10.3.2　焊接连接技术

10.3.2.1　波形钢腹板之间的对接焊缝焊接技术

采用埋弧自动焊，焊丝直径采用3.2mm和4.0mm的埋弧自动焊，焊接电源是大功率的直流埋弧焊焊接电源，焊道成形漂亮，焊接质量好，是直缝对接焊接的首选方案（图10.3-9～图10.3-12）。

10.3.2.2　腹板和翼缘板之间的角接焊缝焊接技术

焊接难点为焊接长度比较长，实现自动焊接比较难，焊接位置比较特殊，质量要求比较高。采用的焊接方法：

（1）人工焊接，采用药芯焊丝，背面贴陶瓷衬垫，双面焊接。此方法对人工素质要求比较高（图10.3-13和图10.3-14）。

图 10.3-9　腹板拼接组对

图 10.3-10　腹板拼接埋弧自动焊

图 10.3-11　埋弧焊焊接电源

图 10.3-12　埋弧焊接过程

图 10.3-13　腹板和翼缘板之间人工焊接

图 10.3-14　腹板和翼缘板焊接反面贴陶瓷衬垫

(2)焊接专机进行焊接,设计专用四轴焊接专机进行焊接,前导激光跟踪测距,后面进行跟踪焊接(图 10.3-15 和图 10.3-16)。

(3)焊接机器人进行焊接,激光测距存储处理,弧压跟踪技术,焊接时带焊接摆动设计,焊道位置精准,是较为适合采用的方法(图 10.3-17 和图 10.3-18)。

图 10.3-15 腹板和翼缘板之间专机焊接

图 10.3-16 腹板和翼缘板专机焊接后结果

图 10.3-17 腹板和翼缘板之间机器人焊接(一)

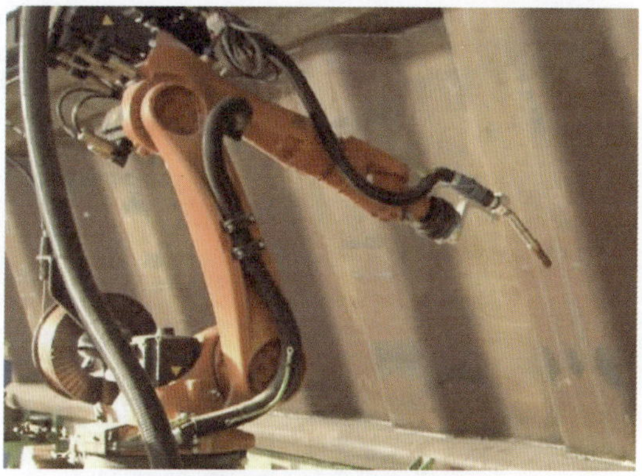

图 10.3-18 腹板和翼缘板之间机器人焊接(二)

10.3.2.3 腹板和隔板之间的角接焊缝焊接技术

腹板和隔板之间的角缝焊接方法：

(1)人工焊接，需要技术经验丰富的焊接技术工人。

(2)采用角焊小车自动焊接，局部地区人工补焊(图 10.3-19 ~ 图 10.3-22)。

图 10.3-19 焊接小车焊接(一)

图 10.3-20 角焊小车焊接(二)

图 10.3-21 腹板和隔板之间小车焊接(一)

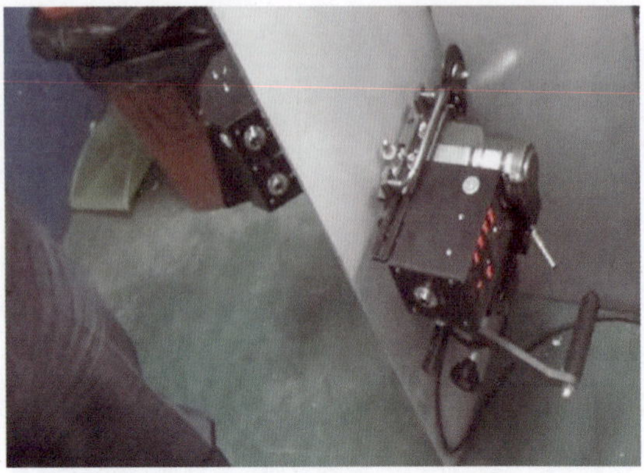
图 10.3-22 腹板和隔板之间小车焊接(二)

10.3.2.4 现场焊接连接技术

现场焊接通常采用以下 3 种焊接方法:

(1)人工立焊焊接方法,采用 CO_2气体保护焊,因为现场风大,故采用药芯焊丝,熔深与焊道成形好。难点为需要有经验的焊接人员才可以焊出合格的焊道(图 10.3-23 和图 10.3-24)。

图 10.3-23 现场腹板人工焊接

图 10.3-24 工焊接焊缝

(2)采用气电立焊焊接,设计专用角缝焊接铜模块,用水冷方式。特点是焊缝漂亮、焊接速度快,难点是设备庞大、整体移动速度慢(图 10.3-25 和图 10.3-26)。

图 10.3-25 气电立自动焊接(一)

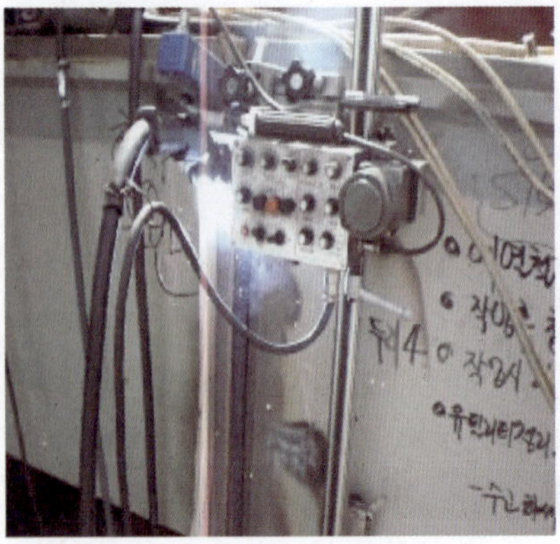
图 10.3-26 气电立自动焊接(二)

(3)采用全位置自动焊接小车,磁铁柔性导轨,机头带摆动器,成形漂亮美观,对操作员要求降低,而且一人可以同时操作2~3套改设备,效率高,移动方便,是这几种焊接方式中最佳焊接方法(图10.3-27~图10.3-30)。

图10.3-27　全位置小车自动焊接(一)

图10.3-28　全位置小车自动焊接(二)

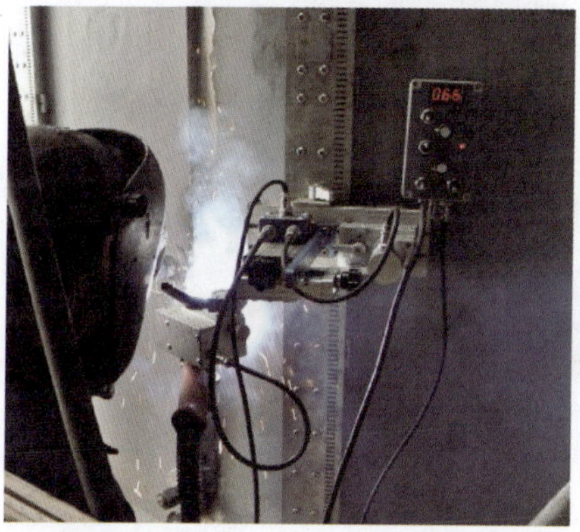

图10.3-29　全位置小车自动焊接(三)

图10.3-30　全位置小车自动焊接后焊缝

目前,自动焊接技术在工程中逐步开始推广应用。图10.3-29、图10.3-30所示的是采用全位置小车焊接现场的搭接自动焊。全位置小车焊接主要特点:

(1)各项参数数字控制,可数字调节,直观精确,带横枪枪夹,焊接横缝和角焊缝时进行斜式摆动,熔池不往下淌,焊缝饱满。

(2)全程跟踪焊接电流,自动控制小车行走速度,使焊缝成型始终饱满一致。

(3)焊接小车可以从行走导轨中间卸下,轨道及中途线可选配长度,不影响焊接。

(4)一编焊接厚度可达到12~28mm,一次成型,使用于中厚板角焊缝和纵缝时,焊接效率非常高,工艺非常完美,焊接死角小。

10.3.3　螺栓连接技术

现场螺栓连接区分两种情况:

(1)现场螺栓连接主要为了安装定位和压紧钢板,不参与受力计算,受力以现场焊接为主,代表桥型如邢衡高速公路桥梁(图10.3-31)。

(2)以螺栓连接为主要连接方式(如河南卫河大桥),现场焊接为辅助(图 10.3-32 和图 10.3-33)。

图 10.3-31　邢衡高速公路桥螺栓连接

图 10.3-32　河南卫河大桥螺栓连接(一)

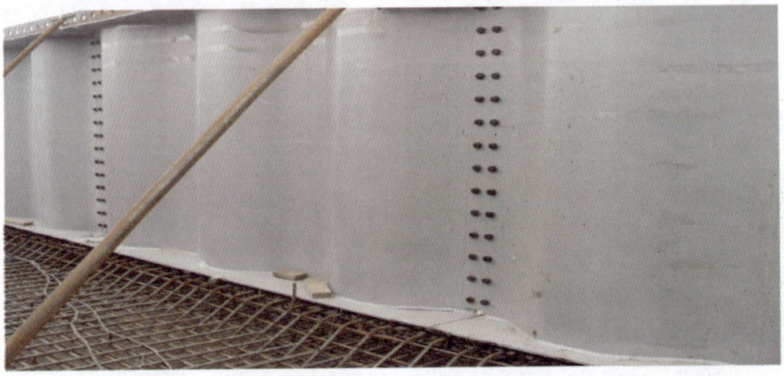

图 10.3-33　河南卫河大桥螺栓连接(二)

10.3.4　防腐涂装技术

防腐涂装是波形钢腹板制造技术中的一个重要的环节。现以河北邢衡高速南水北调大桥的波形钢腹板采用的复合重防腐涂装工艺为例,阐述波形钢腹板防腐涂装工艺步骤:

(1)悬挂式抛丸除锈,达到 Sa3.0 级,表面粗糙度介于 40 ~ 100μm(图 10.3-34 和图 10.3-35)。

图 10.3-34　悬挂式抛丸处理(一)

图 10.3-35　悬挂式抛丸处理(二)

(2)喷丸或喷砂处理

要求采用2.0钢丝切丸和1.0球丸混合使用。才能达到要求并且可以采用龙门式自动喷涂处理(图10.3-36)。

图10.3-36　人工抛丸处理

(3)底层处理技术

常规底层采用喷锌和喷铝处理,邢衡桥梁也采用了这一处理方法。主要采用的技术是使用高压热喷涂机,对大面积的喷涂尝试使用了龙门机架自热喷涂技术,自动调高喷枪的距离(图10.3-37和图10.3-38)。

图10.3-37　波形钢板喷锌喷铝处理(一)

图10.3-38　波形钢板喷锌喷铝处理(二)

(4)中层涂装技术

中间封闭层是承上启下的一层,对其进行涂装的主流工艺是采用高压无气喷涂,小面积局部修补采用空气喷涂(图10.3-39和图10.3-40)。

(5)面层涂装技术

在工厂进行了一遍面漆的涂装,然后贴膜处理,到现场再涂装第2道面漆(图10.3-41)。

(6)现场涂装技术

现场涂装采用专用的可移动(上下和左右移动)行走机构,采用无气喷涂技术。在整个桥梁上部结构安装完成后,及时安排现场最后一道面层的涂装(图10.3-42～图10.3-48)。

图 10.3-39　波形钢板涂装封闭层(一)

图 10.3-40　波形钢板涂装封闭层(二)

图 10.3-41　波形钢腹板涂装聚氨酯面层

图 10.3-42　现场涂装前预处理

图 10.3-43　现场涂装处理(一)

图 10.3-44　现场涂装处理(二)

图 10.3-45　现场涂装处理(三)

图 10.3-46　施工现场涂装

图 10.3-47　施工现场涂装完成

图 10.3-48　完成涂装后的邢衡高速跨南水北调大桥

10.4　组合结构桥梁的安装与施工

10.4.1　一般规定

(1)应充分考虑现场实际场地情况,选择合理的吊装方法,编制详细施工方案。

(2)应进行主体结构、临时结构和吊具等的施工阶段承载力、变形和稳定性计算,确保施工安全。

(3)应对结构做好保护,防止结构损伤和破坏。钢构件在运输和安装过程中,被破坏区域的补涂漆工作等,宜在钢结构安装完成后进行。

(4)在钢梁与组合结构梁安装前,应对墩顶、垫石等相关结构的高程和坐标等进行全面检查和必要的复测,精度符合要求后,方可进行钢梁与组合梁的安装。

(5)钢梁与组合结构梁的安装误差应满足《公路桥涵施工技术规范》(JTG/T F50—2011)的相关规定要求。

10.4.2 吊机安装

10.4.2.1 钢梁在吊装、对位、拼装各环节应采取的措施

(1)吊具的刚度应满足吊装需要,吊点应均匀布置,避免钢梁发生扭转、翘曲和侧倾。

(2)应轻吊轻放,支垫平稳,安装前应对临时支架、吊机起吊能力和钢梁结构在不同受力状态下的强度、刚度及稳定性进行验算。

(3)对焊钉、连接板等连接件应进行防护。

10.4.2.2 整孔安装钢梁应满足的要求

(1)梁体吊装前应做好专项方案,并进行吊装工况下结构应力验算。

(2)吊点应设置在支承线或横隔板的位置,梁上吊点以4个为宜。

(3)钢梁预制前应在梁体内设置吊点连接设施,并能保证较大且集中的荷载的传递。

(4)应合理设置吊点位置,或设置吊具以减少吊装荷载产生的水平力。

(5)应严格控制钢梁安装的平面精度和高程,钢梁与理论位置的允许偏差应为±5mm。

10.4.3 支架安装

支架上分段安装钢梁应满足下列要求:

(1)支架应具备钢梁就位后的平面纠偏、高程及倾斜度调整等功能。

(2)支架纵横向线形应与设计要求的梁底线相吻合,同时兼顾支架变形产生的影响。

(3)钢梁安装宜减少分段,从简支梁的一端向另一端顺序地安装,并应及时纠偏调整,避免误差累积;应严格控制其平面精度和高程,钢梁与设计位置的偏差不得超过5mm。

(4)拼装过程中应减少相邻梁段的接缝偏差,在纵、横向及高度方向的拼接错口不宜大于2mm。

10.4.4 顶推安装

钢梁顶推安装应满足下列要求:

(1)顶推的方式应根据钢梁的结构特点确定,并制订专项方案,进行顶推施工过程的结构验算,包括强度、整体稳定性、局部应力、局部稳定性等验算。

(2)宜设置导梁,导梁和钢梁之间可采用焊接或螺栓连接,其长度宜为最大顶推跨度的0.4~0.75倍,并具有足够的刚度和强度。

(3)对钢梁腹板和底板应采取必要的加固措施,防止在顶推过程产生变形和失稳。

(4)顶推设备应具有横向纠偏功能和位移控制功能,防止顶推过程中钢梁产生过大的横向偏位和钢梁自身的滑移。

(5)钢梁顶推到位后应利用墩顶布置的微调装置精确就位,其轴线允许偏差应为±10mm,高程偏差应符合设计要求。

(6)混凝土桥面板应该在钢梁顶推安装就位后再进行施工。

10.4.5　拖拉安装

钢梁拖拉施工可采用有轨道或无轨道方法施工。具体施工方式应根据钢梁结构特点和工地施工条件确定,并制定专项方案,进行拖拉施工过程的结构验算,包括强度、整体稳定性、局部应力、局部稳定性等验算。

10.4.5.1　*采用有轨道拖拉施工应满足的要求*

(1)轨道有足够的刚度,防止其在钢梁拖拉施工过程中出现过大变形。

(2)钢梁支承点应采取必要的加强措施,防止其在拖拉施工工程中出现过大变形。

(3)拖拉设备应具有横向纠偏功能和位移控制功能,防止拖拉过程中钢梁产生过大的横向偏位和钢梁自身的滑移。

(4)钢梁拖拉落位后应利用墩顶布置的微调装置进行精确就位,其轴线允许偏差应为±10mm,高程偏差应符合设计要求。

10.4.5.2　*采用无轨道拖拉施工应满足的要求*

(1)应设置导梁,导梁和钢梁之间宜采用焊接或螺栓连接,其长度宜为最大顶推跨度的0.4～0.75倍,并具有足够的刚度和强度。

(2)钢梁腹板和底板应采取必要的加固措施,防止其在顶推过程产生变形和失稳。

(3)拖拉设备应具有横向纠偏功能和位移控制功能,防止拖拉过程中钢梁产生过大的横向偏位和钢梁自身的滑移。

(4)钢梁拖拉落位后应利用墩顶布置的微调装置精确就位,其轴线允许偏差应为±10mm,高程偏差应符合设计要求。

10.4.6　悬臂安装

钢梁悬臂安装应满足下列要求:

(1)钢梁悬拼过程中,应严格控制预拱度及轴线偏差,轴向允许偏差应为±10mm。

(2)钢梁拼装过程中,应减少相邻梁段的接缝偏差,在纵、横向及高度方向的拼接错口宜不大于2mm。

(3)钢梁悬臂拼装过程中,应及时施工混凝土桥面板,浇筑湿接缝使两者形成整体。

节段悬壁安装应满足的要求:

(1)节段吊点的布置应综合考虑截面重心、钢梁位置等,吊点预埋件应避开结合部。

(2)节段悬拼设备应安全可靠,应具备节段平面位置、高程、倾角的调整功能。

(3)应根据组合梁构造特点,采取合理措施定位和锚固吊机。

(4)应严格控制起始节段的拼装精度,包括节段高程和纵横轴线。

10.4.7 现浇混凝土桥面板施工

混凝土桥面板的现场浇筑施工应符合下列规定:

(1)混凝土板的现浇时机和程序应符合要求。

(2)混凝土板浇筑可利用钢梁支撑安装支架模板,并应在桥面板的混凝土达到规定的强度后拆除。支架与钢梁之间可采用栓接形式,在钢梁上焊接临时连接板,支架安装、拆除过程中应避免损伤钢梁及表面防腐涂层。

(3)浇筑桥面板的混凝土之前,应清除钢梁上翼缘和连接件上的锈蚀、污垢,保持表面清洁。

(4)在湿接缝混凝土达到85%设计强度前,不应进行吊机移动、大型构件吊装等作业。

10.4.8 预制混凝土桥面板施工

桥面板预制应符合下列规定:

(1)桥面板安装前,宜存放3个月以上。

(2)桥面板预制及存放台座基础宜选择坚实地基,对软质地基应进行加固。

(3)桥面板底模、侧模宜采用刚度较大的钢模,保证接缝平顺、板面平整、转角光滑,并定期校正。底模制作安装的平整度不应大于2mm,长宽尺寸允许偏差应为±3mm。

(4)为保证连接件与钢筋准确地进行匹配,应在底模上严格标出桥面板的钢筋位置,并宜在板各边标出至少3排焊钉等连接件的相对位置。

(5)侧模上应开有钢筋定位槽口。侧模的对角线长度允许偏差应为±3mm,钢筋预留槽位置允许偏差应为±3mm。

(6)桥面板的预制混凝土强度达到2.5MPa时,板四周和板顶面应为人工凿毛保证粗集料出露,凿毛深度不宜小于5mm。

(7)预制板的长宽尺寸允许偏差应为±3mm,厚度允许偏差应为±5mm;连接钢筋预埋位置允许偏差应为±5mm。桥面沿板长方向支承面平整度应控制在2m范围内小于2mm。

10.4.9 混凝土桥面板运输与安装

(1)预制板的存放支点宜和吊点位置相吻合;同时4个支点应严格调平,保证其在同一平面内。

(2)混凝土强度达到85%强度后方可吊装,应采用四点起吊,并配置相应的吊具,防止吊装受力不均而使混凝土产生裂缝。

(3)吊装和移动过程中应避免碰撞湿接缝钢筋,应保证湿接缝混凝土的浇筑质量。

(4)桥面板安装允许偏差应为±5mm,相邻两板错开量应小于3mm。

10.4.10 湿接缝施工

(1)湿接缝浇筑前,应对安装过程中变形的连接钢筋予以校正和调直,对损伤的连接件予以修补。

(2)连接钢筋应焊接,并应通过垫块保证连接钢筋的保护层厚度。

(3)湿接缝混凝土浇筑应防止干缩裂纹。

(4)湿接缝混凝土应保湿、保温养护不少于7d;当气温低于5℃时,宜采用热水拌和混凝土,浇筑完成后应及时覆盖保温。

(5)湿接缝混凝土强度达到85%设计强度前,不得在其上进行施工作业。

10.5　波形钢腹板安装与质量控制

随着波形钢腹板PC(预应力混凝土)组合箱梁桥的优点越来越多地被设计人员所熟知,这种组合结构在我国桥梁工程建设中迎来了一个快速发展的时期。近几年来,在我国已建成近100座波形钢腹板PC组合箱梁桥。在大跨径波形钢腹板PC组合箱梁桥的施工中,都采用了悬臂施工法。现以某波形钢腹板PC组合箱梁桥的施工建设为例,说明波形钢腹板PC组合箱梁桥的施工过程中,波形钢腹板的安装顺序和施工要领,为同类桥梁施工提供参考。

波形钢腹板PC组合箱梁桥的悬臂施工,与普通预应力混凝土箱梁的悬臂施工不同之处在于预应力混凝土箱梁桥腹板是与顶、底板一起浇筑而成,而波形钢腹板PC组合箱梁桥的腹板是由工厂加工,后在现场定位安装而成。这两种箱梁的施工流程异同之处如图10.5.1所示(省略号为工序相同部分)。图10.5.1a)为普通预应力混凝土箱梁桥悬臂施工工艺流程图;图10.5.1b)为波形钢腹板PC组合箱梁桥悬臂施工工艺流程图。由图10.5.1b)与图10.5.1a)对比可知,波形钢腹板PC组合箱梁桥悬臂施工减少了侧模及腹板的钢筋捆扎与预应力管道的安装,增加了钢腹板的定位与安装工序。掌握波形钢腹板的安装与定位技术,将大大减少节段施工的工期。

10.5.1　波形钢腹板PC组合箱梁悬臂施工顺序

波形钢腹板PC组合箱梁悬臂施工顺序如图10.5-1所示。

10.5.2　波形钢腹板的吊装

波形钢腹板是在工厂加工而成,经过长途运输后到达施工现场的,有些钢板还要在施工现场存放一段时间才能被使用。虽然现行规范对波形钢腹板的运输和存放有着严格的要求和措施,但由于波形钢腹板的面外刚度较小,仍然容易在运输和存放过程中发生变形,这就要求在波形钢腹板安装前应先对波形钢腹板进行检测,对有微小变形的钢板采取一定措施现场进行矫正,对变形较大的钢板应返厂矫正。确定波形钢腹板的尺寸与形态满足表10.5-1的精度要求后方可起吊安装。

起吊时应注意以下几点:

(1)吊点不得设在结合钢筋上,只能设在贯穿钢筋孔或通气孔上。

(2)水平起吊时设偶数个对称吊点,避免出现斜拉、拖拽,特别是薄板起吊,防止产生不可恢复的变形。

(3)起吊时应有专人指挥,避免碰撞挂篮、模板等。

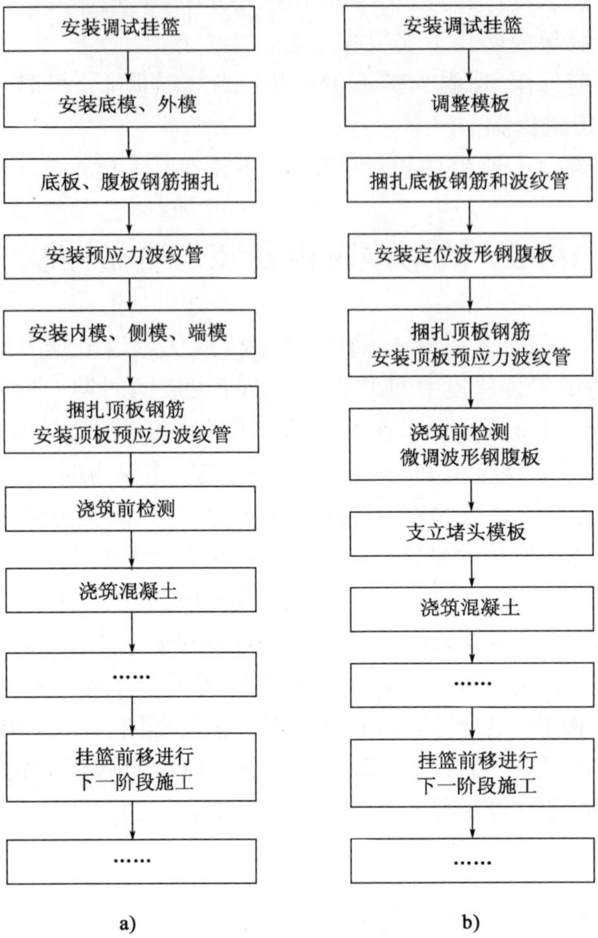

图 10.5-1　施工流程图

波形钢腹板精度要求　　表 10.5-1

项　　目	翼缘板的平整度 Δ	腹板高方向平整度 e	平面挠曲量（带翼缘板的波形钢腹板）a
精度要求	$\pm w/250$(mm)	$\pm h/500$(mm)	± 5(mm)
测量位置	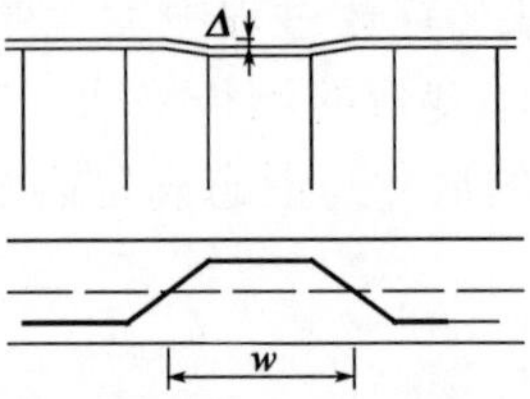	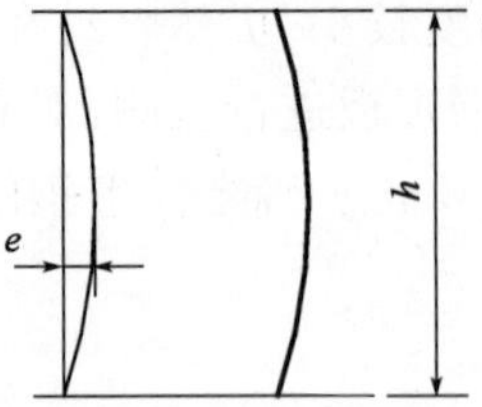	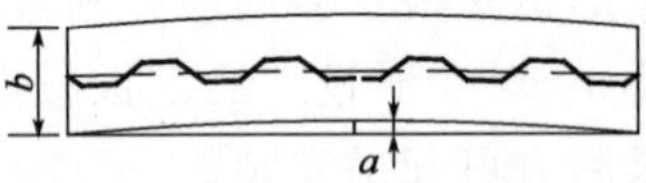

波形钢腹板的吊装分两个步骤：

步骤一，挂篮行走到位并锚固（内模板在波形钢腹板安装后行走），由起吊装置将波形钢腹板从挂篮主梁与内模板滑梁之间吊入，如图 10.5-2 所示。

步骤二，将安装在挂篮主梁上的4个手拉葫芦与波形钢腹板连接，起吊装置吊钩下放使钢腹板重量由内侧的2个手拉葫芦承担，解除起吊装置的吊钩连接。挂篮主梁两侧手拉葫芦一收一放将波形钢腹板荡移至挂篮主梁下方，如图10.5-3所示。

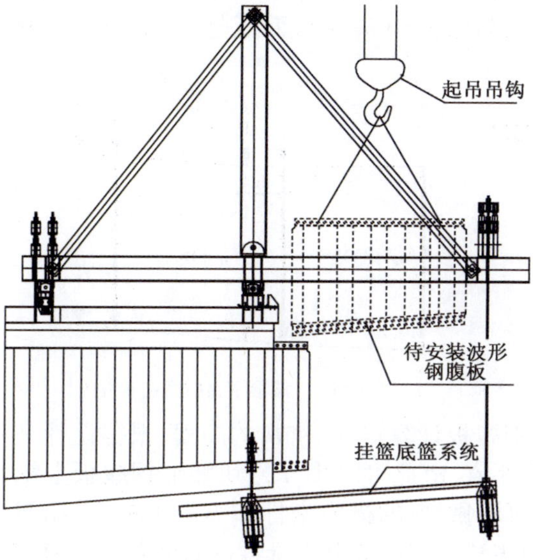

图10.5-2　波形钢腹板吊装步骤一

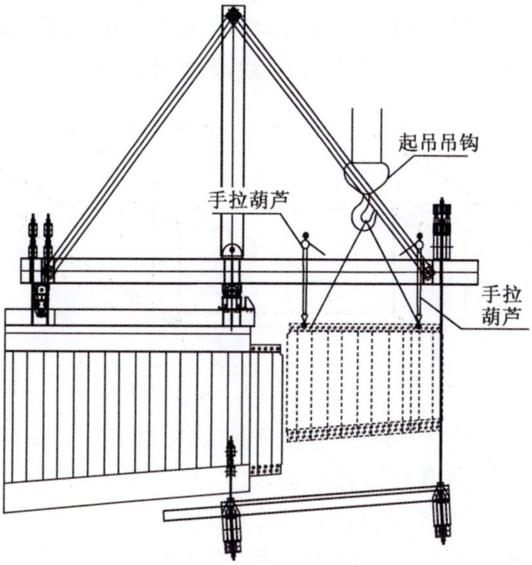

图10.5-3　波形钢腹板吊装步骤二

10.5.3　波形钢腹板的定位

波形钢腹板由起吊装置和手拉葫芦运送至预定位置，但要使波形钢腹板进行精确定位，还要对波形钢腹板的高程及横向坐标和纵向坐标进行测量调整，即确定波形钢腹板的空间姿态位置。

高程的误差不仅仅影响桥梁线形，而且使得前后波形钢腹板搭接长度过富或过贫，如图10.5-4和图10.5-5所示。横向坐标的误差不仅会改变箱梁的截面形状，而且还会影响截面受力的合理性，必须对波形钢腹板进行精确定位。

图10.5-4　搭接过贫

图10.5-5　搭接过富

根据三点确定面的原则，如图 10.5-6 所示，每个阶段钢板测试点位 $p_1 \sim p_6$，其中 $p_1(p_2)$ 为每块波形钢腹板上缘后端点，$p_3(p_4)$ 为每块波形钢腹板上缘前端点，$p_5(p_6)$ 为每块波形钢腹板下缘前端点。其侧视图如图 10.5-7 所示，a_1-a_3 截面、a_2-a_4 截面分别为各块段混凝土截面前沿截面位置，b_1-b_3 截面、b_2-b_4 截面分别为各块段波形钢腹板前沿截面位置，混凝土截面前留有 l 长度的波形钢腹板，便于与后一块段的波形钢腹板搭接，图中 b_1-b_3 截面既是 $n-1$ 号块段波形钢腹板的前端，也是 n 号块段波形钢腹板的后端。

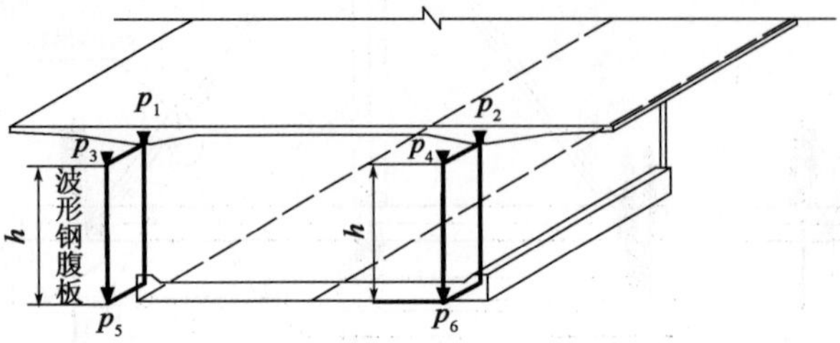

图 10.5-6　波形钢腹板测点

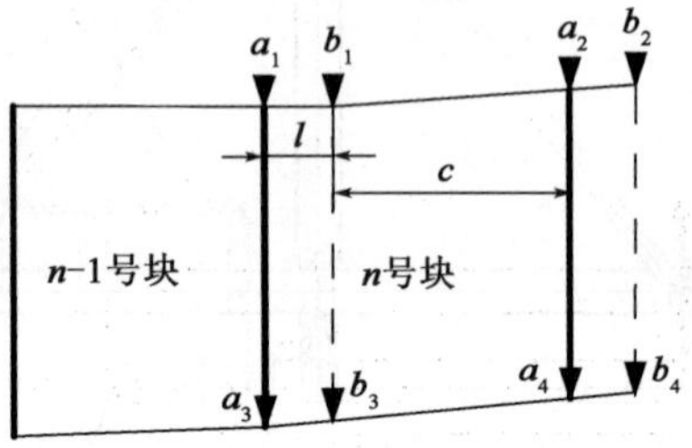

图 10.5-7　波形钢腹板测点侧视图

n 号块波形钢腹板测量为例，由 $n-1$ 块波形钢腹板计算得 b_1 和 b_3的高程，根据设计高程和预抛高值及箱梁截面尺寸，可求出 a_2 和 a_4的高程值，由此可求出 n 号块波形钢腹板上缘和下缘的斜率，进而求出 b_2 和 b_4的高程值。对于波形钢腹板的横向坐标和纵向坐标，采用与放样坐标系相一致的坐标系，根据相对坐标和绝对坐标的关系，求出测量各点的横向坐标值和纵向坐标值。对测点进行空间姿态测量并对波形钢腹板进行精确调整，精度要求见表 10.5-2，通过收放调整四个手拉葫芦进行钢腹板精确定位，如图 10.5-8 和图 10.5-9 所示。

波纹钢腹板精确安装　　表 10.5-2

项　　次	检 查 项 目		规定值及允许偏差	测 量 方 法
1	中心线偏差(任意方向)(mm)		±3	全站仪
2	夹角(°)	与水平面	0.05	全站仪或经纬仪
		与竖直面		
3	波纹钢腹板偏位(mm)		5	用全站仪
4	波纹钢腹板高程(mm)		±5	水准仪或全站仪

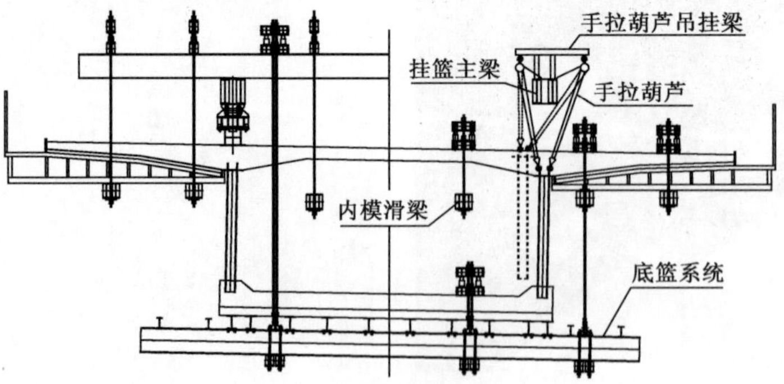

图 10.5-8　调整钢腹板位置

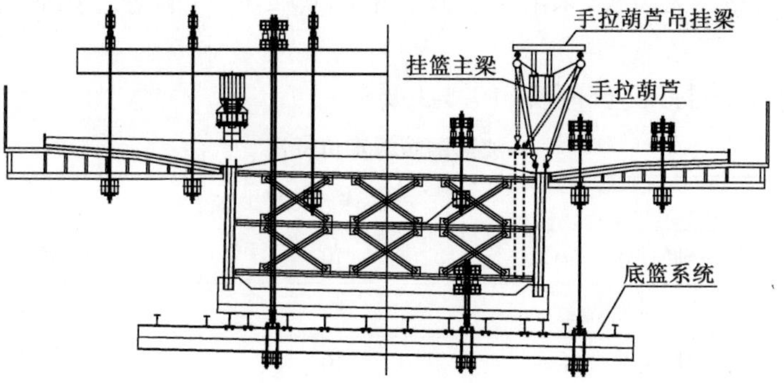

图 10.5-9　钢腹板定位

采用设置临时吊架和支撑马镫的方式进行高度定位，在腹板外侧依靠底模水平方向支撑钢腹板，钢腹板之间相对位置可采用双肢型钢桁架相对定位，如图 10.5-9 所示，以确保在浇筑底、顶板混凝土时钢腹板不移位。

10.5.4　波形钢腹板的焊接质量控制

(1)焊前每个焊工必须做现场模拟焊接试件，合格后方准许焊接，同时焊接条件变化后按照钢结构规范做焊接工艺试验，采集相关数据指导施工，如电流、电压、焊接速度、焊条直径、焊条型号等数据。

(2)焊接前清除氧化皮、铁锈、水分、油污等脏物。

(3)焊条药皮与焊剂的防潮：焊条受潮后易形成焊芯锈蚀及药皮酥松脱落，焊剂易受潮结块，为此焊条、焊丝和焊剂必须有防潮的措施。

(4)同一焊缝内外同时从底部向上焊接，采用“单面焊双面成型”工艺，以减小板的焊接变形。焊条烘焙：焊条、焊剂、药芯焊丝电渣焊渣嘴和焊钉焊用的瓷环等在使用前必须按照产品说明书及有关焊接工艺文件的规定进行烘焙，碱性低氢型焊条须在温度 350 ~ 400℃ 中烘焙 1 ~ 2h，并放在保温箱内，随用随取。

(5)焊后首先进行外观检查，无咬边、焊瘤、裂纹、未熔合、夹渣、气孔等缺陷，焊缝厚度等满足Ⅱ级焊缝要求，焊后 24 小时进行 100% 的超声波检测。

(6)做好相关文字记录，如焊条烘烤领用记录、焊接责任卡、超声波检测记录(报告)、焊接检测记录。

10.5.5　波形钢腹板安装质量检测

波形钢腹板现场焊接接口的无损检测应满足下列要求：

(1)不论接口形式如何，应对接口线的全长进行肉眼观测。

(2)不论接口形式如何，在顶板和底板附近部分，应通过渗透、探伤试验来进行表面检测。

(3)对于对接接头，应通过超声探伤试验进行内部缺陷检查。

波形钢腹板安装质量检验应满足下列要求：

(1)波形钢腹板的内外表面不得有凹陷、划痕、焊疤、电弧擦伤等缺陷，边缘应无毛刺。

(2)焊缝均应平滑、无裂纹、未溶合、夹渣、未填满弧坑、焊瘤等外观缺陷,预焊件的装焊应符合设计要求。

波形钢腹板的定位标准应符合表10.5-3要求。

波形钢腹板定位标准　　表10.5-3

项　次	项　　目	允许偏差	备　　注
1	波形钢腹板轴向偏位(mm)	10	内外侧波形钢腹板分别测量
2	内外侧波形钢腹板间距偏差(mm)	5	间距2m量3处
3	内外侧波形钢腹板高差(mm)	10	间距2m量3处
4	波形钢腹板垂直度	1/500	间距2m量3处
5	波形钢腹板纵桥向坡度	1/500	间距2m量3处

注:此表格为参考斜拉桥结合梁工字梁悬臂拼装制定。

波形钢腹板连接控制指标参照表10.5-4,安装质量按表10.5-5进行控制。

波形钢腹板连接控制指标　　表10.5-4

项　次	项　　目		规定值或允许偏差	检验方法和频率
1	钢腹板高程(mm)		±10	水准仪或钢尺
2	钢腹板中心距(mm)		±20	尺量:检查两腹板中心距
3	钢腹板横断面对角线差(mm)		±30	尺量:检查两端断面
4	钢腹板拱度(mm)		+10,-5	拉线用尺量:检查跨中
5	钢腹板连接	焊缝尺寸	符合设计要求	量规:检查全部
		焊缝探伤		超声:检查全部
		高强螺栓扭矩	±10%	测力扳手:检查5%,且不少于2个

波形钢腹板安装实测项目　　表10.5-5

项　次	检 查 项 目		规定值或允许偏差	检查方法和频率
1	跨径L(mm)		$\pm(5+0.00015L)$	全站仪或钢尺:测两支座中心线距离
2	全长(mm)		±15	全站仪或钢尺
3	波形钢腹板中心距(mm)		±3	尺量:检查两波形钢腹板中心距
4	横截面对角线差(mm)		4	尺量:检查两端截面
5	拱度(mm)		+10,-5	水平仪测量:检查跨中
6	扭曲(mm)		每米≤1	安装前置于平台,四角中有三角接触平台,用尺量另一角与平台间隙
7	焊接	焊缝尺寸	符合设计要求	量规:检查全部
		焊缝探伤		无损探伤:检查全部

波形钢腹板现场涂装质量检验应符合TB/T 1527和表10.5-6的要求。

波形钢腹板防护涂装检验要求　　表 10.5-6

项　次	检 查 项 目		规定值或允许偏差	检查方法和频率
1	除锈清洁度		符合设计规定，设计未规定时表面取 Sa2.5	比照板目测：100%
2	粗糙度（μm）	外表面	70～100	按设计规定检查，设计未规定时，用粗糙度仪检查，每段检查 6 点，取平均值
		内表面	40～80	
3	总干膜厚度（μm）		符合设计要求	漆膜测厚仪检查
4	附着力（MPa）		符合设计要求	划格或拉力试验：按设计规定频率检查

注：项次 3 的检查频率按设计规定执行，设计未规定时，每 $10m^2$ 测 3～5 个点，每个点附近测 3 次，取平均值，每个点的量测值如小于设计值应加涂一层涂料，每涂完一层后，应检测干膜总厚度。

参考文献

[1] 蔡千典,冉一元.波形钢腹板预应力结合箱梁结构特点的探讨[J].桥梁建设,1994(1):26-30.

[2] 陈宜言.波形钢腹板预应力混凝土桥设计与施工[M].北京:人民交通出版社,2009.

[3] 黄卿维,陈宝春.日本前谷桥的设计与施工[J].福建建筑,2005(01):50-53.

[4] 聂建国.钢-混凝土组合结构桥梁[M].北京:人民交通出版社,2011.

[5] 刘玉擎.组合结构桥梁[M].北京:人民交通出版社,2004.

[6] 黄华琪,张建东,刘钊.钢桁腹式混凝土组合箱梁桥的空间梁格模型[J].现代交通技术,2011(06):27-30.

[7] 日本预应力混凝土协会.钢-混组合桁架桥设计施工规准[M].2005.

[8] 王新敏,李义强,许宏伟.ANSYS结构分析单元与应用[M].北京:人民交通出版社,2011.

[9] 王新敏.ANSYS工程结构数值分析[M].北京:人民交通出版社,2007.

[10] E.C.汉勃利.桥梁上部构造性能[M].北京:人民交通出版社,1982.

[11] 李明.板桁组合梁桥空间梁格模型简化计算方法研究[A]中国土木工程学会桥梁及结构工程分会.第二十一届全国桥梁学术会议论文集(上册)[C].中国土木工程学会桥梁及结构工程分会:中国土木工程学会,2014:8.

[12] 虞谨菲.剪力柔性梁格法在异形箱梁桥分析中的应用[D].长安大学,2009:89.

[13] 黄奶清,何沛祥,叶宽友.空间梁格在多格式箱梁中的应用[J].安徽建筑工业学院学报(自然科学版),2009,17(01):34-36+44.

[14] 聂建国,李法雄,樊健生.波形钢腹板梁变形计算的有效刚度法[J].工程力学,2012(08):71-79.

[15] 陈卓异,黄侨,杨明,等.波形钢腹板组合槽型梁剪切挠度计算方法与试验研究[J].工程力学,2014(10):116-122.

[16] 冀伟.波形钢腹板组合箱梁桥的力学性能分析与试验研究[D].兰州交通大学,2013:143.

[17] Jung K, Yi J, Kim JJ. Structural safety and serviceability evaluations of prestressed concrete hybrid bridge girders with corrugated or steel truss web members [J]. Eng Struct. 2010;32(12):3866-3878.

[18] 王彤,谢旭,王渊,史鹏程.桁腹式组合桁梁结构计算理论[J].浙江大学学报(工学版),2014(04):711-720.

[19] 张妙平.钢腹杆组合箱梁的发展研究[J].建筑技术,2013(07):641-645.

[20] 蓝光欣.浅谈公路桥梁伸缩缝[J].湖南交通科技,2001,(01):58-59+62..

[21] 何维.桥梁支座结构分析及疲劳性能研究[D].西南交通大学,2011.(01):58-59+62.

[22] 尹家哲.谈桥梁桥面排水设计技术[J].低碳世界,2014,(15):290-291.

[23] 官卡利.关于桥梁桥面排水设计技术的探讨[J].科技创新导报,2015,(15):58-59.